Leins · Wissensbasierte Unternehmensanalyse

Herwig Leins

Wissensbasierte Unternehmensanalyse

Effizienzsteigerung der Bonitätsbeurteilung
im Firmenkundengeschäft

SPRINGER FACHMEDIEN WIESBADEN GMBH

Die Deutsche Bibliothek – CIP-Einheitsaufnahme

Leins, Herwig:
Wissensbasierte Unternehmensanalyse : Effizienzsteigerung der
Bonitätsprüfung im Firmenkundengeschäft / Herwig Leins.

Zugl.: Mannheim, Univ., Diss., 1992 u.d.T.: Herwig, Leins:
Computergestützte Unternehmensanalyse
ISBN 978-3-409-14042-3   ISBN 978-3-663-12854-0 (eBook)
DOI 10.1007/978-3-663-12854-0

© Springer Fachmedien Wiesbaden 1993
Ursprünglich erschienen bei Betriebswirtschaftlicher Verlag Dr. Th. Gabler GmbH,
Wiesbaden 1993
Softcover reprint of the hardcover 1st edition 1993

Lektorat: Silke Strauß

ISBN 978-3-409-14042-3

Vorwort

Lange Zeit hat sich das Dienstleistungsgewerbe und insbesondere die Kreditwirtschaft im Rahmen der Investitionsentscheidungen den neuen Möglichkeiten der computergestützten Entscheidungen und Entscheidungsvorbereitungen versperrt. Computertechnologien fanden zuerst insbesondere im Bereich der Auftragserfassung und Auftragsabwicklung Anwendung. Anschließend wurden sie wiederum zur Kostenreduzierung, zur verstärkten Kundenselbstbedienung insbesondere im Mengengeschäft und dabei primär im Zahlungsverkehr eingesetzt. Die Arbeit von Herrn Leins ist einem sehr zukunftsträchtigen Rationalisierungsbereich des Kreditgeschäftes gewidmet. Angesichts hoher Personalkosten bestehen im Bankbereich beim Einsatz von Computertechnologien noch große Rationalisierungspotentiale. Der Autor diskutiert deshalb ein wissensbasiertes System, mit dem die Bonitätsanalyse im Rahmen des Kreditgeschäftes standardisiert und weitgehend automatisiert vorgenommen werden kann. Die Anwendung wissenbasierter Systeme auf die Bonitätsanalyse ist nicht leicht zu bewerkstelligen, da die Qualität der zu beurteilenden Unternehmen sich nicht nach einfachen Auswertungsregeln aus den Bilanzdaten ablesen läßt, sondern von qualitativen und quantitativen Faktoren des Produktions- und Leistungsbereichs sowie des Absatz- und Vertriebsbereichs und der Branche abhängt.

Kritisch setzt sich die Arbeit mit den im Kreditgewerbe immer noch eingesetzten traditionellen Verfahren der Jahresabschluß-analyse auseinander. Der Vorteil der statischen Verfahren der Jahresabschlußanalyse liegt in ihrer relativ leichten und kostengünstigen Durchführbarkeit, der Nachteil besteht jedoch in ihrer geringen Aussagekraft für Zukunftsprognosen. Die Bonitätsanalyse wird als ein dynamisches Unternehmensbewertungsmodell angesehen, das eine hohe Flexibilität erfordert und qualitative Faktoren zur Charakterisierung der zukünftigen Chancen und Risiken eines Unternehmens enthalten muß. Sie soll das Verfahren der Kennzahlensysteme, statischen Insolvenzprognosen, Planbilanzen, qualitative Verfahren der Faktorenanalyse, Indikatorenanalyse und Analyse der Insolvenzursachen miteinander verknüpfen. Diese Arbeit zeigt, daß sich mit Hilfe eines wissensbasierten Systems die Analyse der Unternehmensqualität sowohl qualitativ verbessern als auch zeitlich verkürzen läßt.

Prof. Dr. Wolfgang Gerke
Universität Erlangen-Nürnberg

Inhaltsverzeichnis

Verzeichnis der Abbildungen

XIV

Verzeichnis der Abkürzungen

A	Automatische Bewertung
a.a.O.	am angegebenen Ort
Abb.	Abbildung
ADS	AION Development System
Afa	Abschreibungen auf Anlagevermögen
allg.	allgemein
a.o.	außerordentliches
Aufl.	Auflage
ausl.	ausländisch
Baugew.	Baugewerbe
B.Bl.	Bankbetriebswirtschaftliche Blätter
Br(an.)	Branche
Bsp.	Beispiel
bzw.	beziehungsweise
ca.	circa
cl	Klasse, (class)
CY	California
d.	der/die
dec.	December, Dezember
d.h.	das heißt
Dienstl.	Dienstleistung
Diss.	Dissertation
DM	Deutsche Mark
Dr.	Doktor
durchs(chnittl.)	durchschnittlich
DV	Datenverarbeitung
Dyn.Versch.grd.	Dynamischer Verschuldungsgrad
EDV	Elektronische Datenverabeitung
EK	Eigenkapital
Eigenkap.	Eigenkapital
Erg.	Ergebnis
Ertr.	Ertrag
etc.	et cetera
F	Fragen
f.	für

FOL	first order logic
F + E	Forschung und Entwicklung
fu	Funktion, (function)
Fü	Führungspotential
Ges.	Gesellschafter
Ges.anl.d.grad	Gesamtanlagendeckungsgrad
ggf.	gegebenenfalls
Gl.	Gesamtleistung
GmbH	Gesellschaft mit beschränkter Haftung
GMD	Gesellschaft für Mathematik und Datenverarbeitung
HGB	Handelsgesetzbuch
hrsg.	herausgegeben
Hrsg.	Herausgeber
ifo	Institut für Wirtschaftsforschung
in	Instanz, (Instance)
inl.	inländisch
Inv.	Investitionen
ist	Intelligente Softwaretechnologien
it	Informationstechnologie
Jg.	Jahrgang
K	Konditionierte Fragen
KADS	Knowledge Acquisition, Documentation and Structuring
Kap.	Kapitel
kfr.	kurzfristige
KI	Künstliche Intelligenz
Korr.	Korrektur
KWG	Kreditwesengesetz
LAN	Local-Area-Network
lfd.	laufende
Liqu.	Liquidität
Ma	Marktpotential
md	Methode, (method)
me	Nachricht, (message)
Min	Minimum
Mio.	Millionen
Mittelw.	Mittelwert
Nr.	Nummer

ÖBA	Österreichisches Bankarchiv
OFW	Organisationsforum für Wirtschaft
Orga.	Organisation
o.V.	ohne Verfasser
P.	Produkte
pa	Parameter
PC	Personal-Computer
Pers.quote	Personalaufwandsquote
pr	Prozeß
Pr	Produktionspotential
prod.	produzierendes
Prod.	Produktion
Qual.	Qualität
qu.	Quote
re	Bericht, (report)
Rewe	Rechnungswesen
ru	Regel, (rule)
S.	Seite
Selbst.fin.kraft	Selbstfinanzierungskraft
S & P's	Standard and Poor's
sl	Slot
stat.	statisch
stellv.	stellvertretend
t	Zeitpunkt
T	Trennwert
TDM	Tausend Deutsche Mark
Technolog.	Technologie
Tr.	Trend
ty	Typ, (type)
u.	und
u.a.	unter anderem
Uq	Unternehmensqualität
Ums.rend.v.St.	Umsatzrendite vor Steuern
usw.	und so weiter
u.U.	unter Umständen
unterdurch(schn.)	unterdurchschnittlich
überdurch(schn.)	überdurchschnittlich
Versch.	Verschuldung

Verwa.	Verwaltung
vgl.	vergleiche
Vol.	Volume
volkswirtschaftl.	volkswirtschaftlich
WAN	Wide-Area-Network
WBS	wissensbasiertes System
WiSt	Wirtschaftswissenschaftliches Studium
ZfB	Zeitschrift für Betriebswirtschaft
ZfbF	Zeitschrift für betriebswirtschaftliche Forschung
z.B.	zum Beispiel
z.T.	zum Teil

1. Einführende Betrachtungen

1.1 Problemstellung

Kreditinstitute evaluieren Engagements im Firmenkundengeschäft in der Regel mit Hilfe eines Instrumentariums zur Bonitätsanalyse und -bewertung. Verschärfter Wettbewerb zwingt sie dabei, ein verstärktes Augenmerk auf die Kostenblöcke Risikokosten und Arbeitsaufwand zu richten[1].

Dies führt einerseits dazu, daß vor dem Hintergrund sich schnell verändernder ökonomischer Rahmenbedingungen eine zukunftsorientierte Überprüfung der Risiken und Chancen an Bedeutung gewinnt[2]. Andererseits ist die Tendenz erkennbar, personalintensive Prozesse im Bankgeschäft weitestgehend zu automatisieren[3].

In der jüngeren Vergangenheit findet sich in der einschlägigen Fachliteratur eine Vielzahl von Vorschlägen, die Analysekonzepte diesen Anforderungen anzupassen. Es fehlt jedoch ein Konzept zur Analyse von qualitativen Faktoren, das den steigenden Anforderungen der Risikoermittlung im Firmenkundengeschäft gerecht wird. Ebenso existiert kein Modell, das aufbauend auf einer umfangreichen Merkmalsbasis die automatische Durchführung von unterschiedlichen Analysen mit differierenden Zielrichtungen unterstützt.

Versuche, eine verbesserte Bearbeitungseffizienz zu erreichen, sind oftmals mit der Problematik verbunden, daß durch eine Reduktion und Verdichtung der Daten der Verlust von Informationen in Kauf genommen werden muß, was wegen der komplexen Strukturen im Firmenkundengeschäft kritisch zu beurteilen ist[4]. Ansätze, die Bonitätsanalyse mit Hilfe von wissensbasierten Systemen zu verbessern, sind mit dem Manko behaftet, daß qualitative Merkmale nur in aggregierter Form oder überhaupt nicht berücksichtigt werden[5].

---

[1] Vgl. Deckers, Michael, Zukunftsorientierte Kreditentscheidung im mittelständischen Firmenkundengeschäft, München 1990, S.1.

[2] Vgl. Hertenstein, Karl-Heinz, Zukunftsorientiertes Kreditmanagement: Chancen und Perspektiven im Firmenkreditgeschäft, Wien 1988, S.I.

[3] Vgl. Gerke, Wolfgang, Finanzstrategien der Banken im Wandel, in: Strategische Unternehmensführung und Rechnungslegung, Hrsg. Gaugler, Eduard, Jacobs, Otto H., Kieser, Alfred, Stuttgart 1984, S.117-131.

[4] Vgl. Nolte-Hellwig, Ulf K.; Leins, Herwig; Krakl, Johann, Die Steuerung von Bonitätsrisiken im Firmenkundengeschäft, in: Risikomanagement in Banken -Konzeption und Steuerungssystem-, Bonn 1991, S.100-101.

[5] Beispielsweise: "Lending Advisor" der Firma Syntelligence (Quelle: O.V., Capabilities of the Lending Adivsor System, Syntelligence, Palo Alto 1989), "AIDE" der Firma Steria (Quelle: O.V., AIDE, premier système expert de diagnostic d'entreprise opérationnel dans une banque centrale, in: steramedia, 1990, S.5-7.), "Bankadvisor" - Marzen, Veneta, Expertensystem für die Bonitätsprüfung und Beratung im Firmenkundengeschäft, in: Die Bank 4/89, S.214-218.

Die Entwicklung eines Konzeptes und wissensbasierten Systems zur Analyse von qualitativen Bonitätsmerkmalen stellt eine interessante Möglichkeit dar, die Komplexität der Problemstellung angemessen zu berücksichtigen und trotzdem die Vorteile eines automatisierten Vorgehens auszuschöpfen[6].

1.2 Begriffsabgrenzung

Unternehmensqualität:

Mit dem Begriff "Unternehmensqualität" werden in dieser Arbeit die Bonitätssachverhalte verstanden, die nicht ohne weiteres aus den Finanzunterlagen einer Unternehmung ersichtlich sind. Im einzelnen handelt es sich dabei um die Merkmale des Produktions- und Leistungsbereichs, des Absatz- und Vertriebsbereichs sowie des Führungsbereichs eines Unternehmens; ebenso werden Branchenindikatoren und das Unternehmensumfeld dazugerechnet[7].
Inhaltlich ähnlich gelagert ist die Unternehmensanalyse, wie sie im Rahmen von strategischen Untersuchungen durchgeführt wird. Zweck der Unternehmensanalyse ist es, die Position einer Unternehmung hinsichtlich ihrer spezifischen Schwächen und Stärken im Vergleich zu qualifizierten Konkurrenten festzulegen[8]. Die zu analysierenden Einzelkriterien sind bei beiden Forschungsrichtungen nahezu identisch. In der bankbetriebswirtschaftlichen Literatur werden sie jedoch in der Regel mit dem Terminus "qualitative Merkmale" oder "qualitative Faktoren" bezeichnet und als Ergänzung zur quantitativen Bilanzanalyse vorgeschlagen[9].

Bonität:

Eine einheitliche Definition des Begriffes "Bonität" hat sich nicht durchgesetzt. In der Fachliteratur werden Bonität und Kreditwürdigkeit oftmals synonym verwendet[10]. Eine gute Bonität bzw. Kreditwürdigkeit wird dann als gegeben angesehen, wenn persönliche Eigenschaften und wirtschaftliche Faktoren des Kreditnehmers auf eine termingerechte Verzinsung und Rückzahlung eines Kredites schließen lassen. Die Ana-

---

6   Vgl. Nolte-Hellwig, Ulf K.; Leins, Herwig; Krakl, Johann, a.a.O., S.100.

7   Vgl. Schmoll, Anton, Theorie und Praxis der Kreditprüfung unter besonderer Berücksichtigung der Klein- und Mittelbetriebe(I), in: Österreichisches Bankarchiv 3/83, S.94-101.

8   Vgl. Hinterhuber, Hans, Strategische Unternehmensführung, Berlin, New York 1989, S.83.

9   Vgl. Müller, Horst, Aktuelle Entwicklungen in der praktischen Kreditprüfung, in: Der Bankbetrieb zwischen Theorie und Praxis, hrsg. von Süchting, Joachim, Wiesbaden 1977, S.120.

10 Vgl. beispielsweise Heno, Rudolph, Kreditwürdigkeitsprüfung mit Hilfe von Verfahren der Mustererkennung, Stuttgart 1983, S.11 und Deckers, Michael, a.a.O., S.18-20.

lyse der Unternehmensbonität umfaßt hierbei alle Untersuchungen, die vorgenommen werden, um die wirtschaftliche Fähigkeit und den Willen des Kreditnehmers festzustellen, vereinbarten Zins- und Tilgungsleistungen nachzukommen[11].

In Abweichung zur obigen Definition werden in dieser Arbeit mit dem Begriff "Bonitätsanalyse" alle Aktivitäten bezeichnet, die die Zielsetzung verfolgen, Aussagen über die wirtschaftliche Situation einer Unternehmung zu erhalten. Der Analysezweck wird dabei umfassender definiert[12]:

- Beurteilung des Ausfallrisikos im Kreditgeschäft;
- Beurteilung von Innovationen und Neugründungen;
- Beurteilung von Kapitalbeteiligungen;
- Ermittlung von einzelnen Risikofaktoren;
- Erstellung von Ratings, wie sie im Wertpapiergeschäft eingesetzt werden;
- Strategische Unternehmensanalyse;
- Grundlage für die Beratung;
- Identifikation von Geschäftsmöglichkeiten;
- Risikosteuerung und Erstellung von Risiko-Portfolios.

Im wesentlichen handelt es sich bei den genannten Analysezwecken um Bereiche, bei denen die Beurteilung von qualitativen Faktoren eine besondere Bedeutung hat. Dies, weil es einerseits erforderlich ist, die Finanzanalyse um eine zukunftsgerichtete, qualitative Komponente zu ergänzen (strategische Analyse, Ratings, Ausfallrisiken, Identifikation von Geschäftsmöglichkeiten) und weil andererseits Finanzunterlagen nur sehr eingeschränkt zur Verfügung stehen (Neugründungen, Innovationen).

Wissensbasierte Systeme:

Unter einem wissensbasierten System ist ein Computerprogramm zu verstehen, in dem bereichsspezifisches Wissen repräsentiert ist und das in der Lage ist, dieses Wissen zu verarbeiten. Ziel ist es, Aufgaben zu automatisieren, die bisher aufgrund der Größe des Suchraumes, der Vagheit des Wissens und der Struktur des Gebietes menschlichen Experten vorbehalten oder überhaupt nicht lösbar waren[13].

---

[11] Vgl. Diepen, Gerhard, Der Bankbetrieb, nach dem gleichnamigen Werk von Karl Hagenmüller, hrsg. von Gerhard Diepen, 12. Auflage, Wiesbaden 1989, S.383.

[12] Vgl. auch Marzen, Veneta, a.a.O., S.214.

[13] Vgl. Mertens, Peter, Biebinger, Henning, Entwicklungsphasen wissensbasierter Systeme, in: KI 3/89, S.64.

Der Begriff "Expertensystem" wird in der Fachliteratur zumeist synonym zu dem Terminus "wissensbasiertes System" verwendet. Vom Autor wird allerdings der Ausdruck "wissensbasiertes System" vorgezogen, da er die Assoziation zur menschlichen Intelligenz und zu Expertenleistungen vermeidet[14]. Es soll der Tatsache Rechnung getragen werden, daß die Arbeitsweise eines wissensbasierten Systems auf der logischen Analyse des abgespeicherten Wissens bzw. der verfügbaren Daten beruht und nicht auf Intuition[15].

Eine Verwendung des Begriffes "Expertensystem" erfolgt nur, falls die zugrundeliegende Literatur oder die Bezeichnung von Systemen es erfordert. Für diesen Fall werden Anführungszeichen verwendet.

1.3 Intention und Umfang der Arbeit

Die Abhandlung befaßt sich sehr ausführlich mit der Identifikation, Beurteilung und Gewichtung von qualitativen Bonitätsmerkmalen. Intention der Arbeit ist es darzustellen, wie mit Hilfe eines wissensbasierten Beurteilungsansatzes eine deutliche Verbesserung bei der gezielten und flexiblen Auswahl von qualitativen Einzelmerkmalen und damit eine Zunahme der Analysegüte bei gleichzeitiger Steigerung der Bearbeitungseffizienz erreicht werden kann. Dabei gilt es, den Verlust von Informationen zu vermeiden und die Analyseprozesse transparent zu gestalten. Außerdem soll gezeigt werden, wie sich aufbauend auf der umfangreichen Merkmalsbasis eine Vielzahl von Analysen ohne Zusatzaufwand durchführen läßt; dies nicht nur als theoretisches Modell, sondern zusätzlich durch die Entwicklung eines auch in der Beurteilungspraxis einsatzfähigen wissensbasierten Computersystems.

Als methodischer Ansatz für den Aufbau der Gewichtungs- und Beziehungsmodelle dient eine strukturierte Vorgehensweise bei der Wissenserhebung, so wie es in der KADS - Methodologie (Knowledge Acquisition, Documentation and Structuring) verfolgt wird. Der Grundgedanke ist, ein Wissensgebiet vor der Umsetzung in ein Pro-

---

[14] Vgl. auch Scheer, August-Wilhelm und Steinmann, Dieter, Einführung in den Themenbereich Expertensysteme, in: Betriebliche Expertensysteme: Einsatz von Expertensystemen in der Betriebswirtschaft, hrsg. von Scheer, August-Wilhelm, Wiesbaden 1988, S.6.

[15] Vgl. Milling, Peter, Expertensystem zur Unterstützung betrieblicher Entscheidungsprozesse, in: WiSt Heft 9, September 1989, S.385.

gramm sehr detailliert aufzuarbeiten und mit Hilfe von Modellen unabhängig von einem Implementierungsalgorithmus zu strukturieren[16].

Drei eigenständige Untersuchungen auf der Basis von Expertenbefragungen geben die Grundlage für den Aufbau der Modelle und des Computersystems. Eine differenzierende Vorgehensweise ist durch Berücksichtigung branchen-, größen- und altersspezifischer Unterschiede im Rahmen einer auch für die Praxis sinnvollen Schichtung sichergestellt.

Eine der Befragungen befaßt sich mit der Bedeutung von Einzelmerkmalen für die jeweiligen Unternehmensbereiche sowie deren Relevanz für einzelne Branchen, bestimmte Unternehmensgrößen und feststehende Altersklassen. Eine weitere Untersuchung widmet sich der Frage, welche Schlußfolgerungen von bestimmten Kennzahlenentwicklungen auf einzelne qualitative Bonitätsmerkmale gezogen werden können. Die dritte Erhebung schließlich untersucht die relative Bedeutung der Qualität einzelner Unternehmens- und Umfeldbereiche (z.B. der Unternehmensführung oder des Produktionsbereiches) für die Bonitätsanalyse im Firmenkundengeschäft.

Ziel der Umsetzung der Untersuchungen in ein wissensbasiertes Datenverarbeitungs-System ist es zu zeigen, daß die umfangreichen Strukturen mit Hilfe der Technologie der Wissensverarbeitung zu einem handhabbaren Unterstützungswerkzeug für die Bonitätsanalyse im Firmenkreditgeschäft gemacht werden können.

1.4 Abgrenzung

Im Mittelpunkt der Arbeit steht die Untersuchung von qualitativen Kriterien zur Analyse der Unternehmensbonität. Das zu diesem Zweck entwickelte wissensbasierte Computersystem zur Unternehmensanalyse untersucht darüberhinaus neben den qualitativen Kriterien auch die Jahresabschlußdaten einer Unternehmung. Aufgrund der Themenstellung und der Komplexität des Gebietes wird die Finanzanalyse jedoch nur am Rande beschrieben. Jahresabschlußzahlen werden nur dann in die Untersuchung einbezogen, wenn sich mit Hilfe eines innerbetrieblichen Zeitvergleichs oder eines zwischenbetrieblichen Vergleichs Aussagen über qualitative Zusammenhänge ergeben.

---

[16] Vgl. Breuker, Jost und Wielinga, Bob, Use of Models in the Interpretation of Verbal Data, in: Kidd, Alison L., Knowledge Acquisition for Expert Systems, New York, London 1987, S.17-44.

In den empirischen Untersuchungen werden nur konzernunabhängige Unternehmen, gleich welcher Größe, berücksichtigt. Auf die Einbeziehung von Konzernen wurde verzichtet, da die Entwicklung eines Risiko-Konsolidierungsmodelles den Rahmen der Arbeit gesprengt hätte. Dennoch können mit Hilfe der entwickelten Verfahren einzelne Tochterunternehmen von Konzernen als eigenständige Einheiten analysiert werden.

Der Schwerpunkt der Ausführungen liegt auf der Darstellung der betriebswirtschaftlichen Sachverhalte der Unternehmensqualitätsanalyse. Trotzdem wird auf eine Beschreibung technischer Grundlagen und Zusammenhänge nicht vollständig verzichtet. Insbesondere sollen die Vorteile, die sich durch den Einsatz der Techniken der Wissensverarbeitung bezüglich Repräsentations- und Erklärungsmöglichkeiten gegenüber anderen Automationsformen ergeben, herausgearbeitet werden.
Ebenso erfolgt eine Beschreibung des Aufbaus des wissensbasierten Systems, soweit dies für das Verständnis der Analysekonzepte erforderlich ist. Eine vollständige Abbildung der Programme ist jedoch nicht möglich, da das System aus über 12.000 Objekten besteht.

Die Ergebnisse des wissensbasierten Programms wurden an realen Fällen in Expertengesprächen überprüft, wobei die Resultate sehr positiv bewertet wurden. Auf eine ausführliche Deskription des Testprogramms muß verzichtet werden, da die Darstellung von realen Testfällen aus Gründen des Datenschutzes nicht möglich ist. Zur Veranschaulichung der Funktionsweise werden die Analyseergebnisse von zwei fiktiven Beispielfallstudien im Anhang abgebildet.

1.5 Vorgehensweise

Aus der Intention und der Zielsetzung der Arbeit leitet sich ihr Aufbau und die Gliederung ab:

Das zweite Kapitel diskutiert unterschiedliche Verfahren der Bonitätsanalyse. Es sollen Verfahrensmängel aufgezeigt werden, die sich durch den Einsatz der Technik der Wissensverarbeitung verbessern lassen.

Im dritten Kapitel wird ein theoretischer Rahmen für die Erstellung von wissensbasierten Systemen dargelegt. Außerdem werden die Techniken der Wissenserhebung diskutiert.

Zielsetzung des vierten Kapitels ist es, ein geeignetes Strukturmodell des Wissensgebietes festzulegen. Ausgehend von den Informationsverarbeitungs-Ansätzen der Entscheidungstheorie werden die Elemente der Domäne und deren Attribute bestimmt und hierarchisiert.

Das fünfte Kapitel befaßt sich im ersten Teil ausführlich mit der Struktur der durchgeführten Expertenbefragungen zur Ermittlung von relevanten Einzelmerkmalen. Im zweiten Teil des Gliederungspunktes werden die Erhebungsergebnisse vorgestellt und diskutiert. Aus den Ergebnissen erfolgt eine Ableitung der Beurteilungs- und Beziehungsmodelle.

Das sechste Kapitel schildert die Operationalisierung der Analyse. Ausgehend von den abgelegten Merkmalen werden mehrere Gewichtungs- und Analysemodelle entwickelt und diskutiert. Hierbei steht die Konstruktion eines eigenen Modells zur Analyse der Unternehmensqualität im Vordergrund.

Daran anschließend erfolgt im siebten Kapitel die Beschreibung des technischen Aufbaus der Wissensbasis. Nach der Identifikation eines geeigneten Wissens-Repräsentationsformalismus wird ein Implementierungskonzept für die Bonitätsmerkmale und die unterschiedlichen Analysetypen vorgestellt. Der abschließende Teil des Kapitels beschreibt die Unterstützungfunktionen der Analyse und einen Vorschlag für die Gestaltung der Systemarchitektur.

Im Anhang werden die Analysemodelle an zwei fiktiven Fallstudien vorgestellt und getestet.

Der in Abbildung 1 dargestellte Gedankenflußplan illustriert die Vorgehensweise:

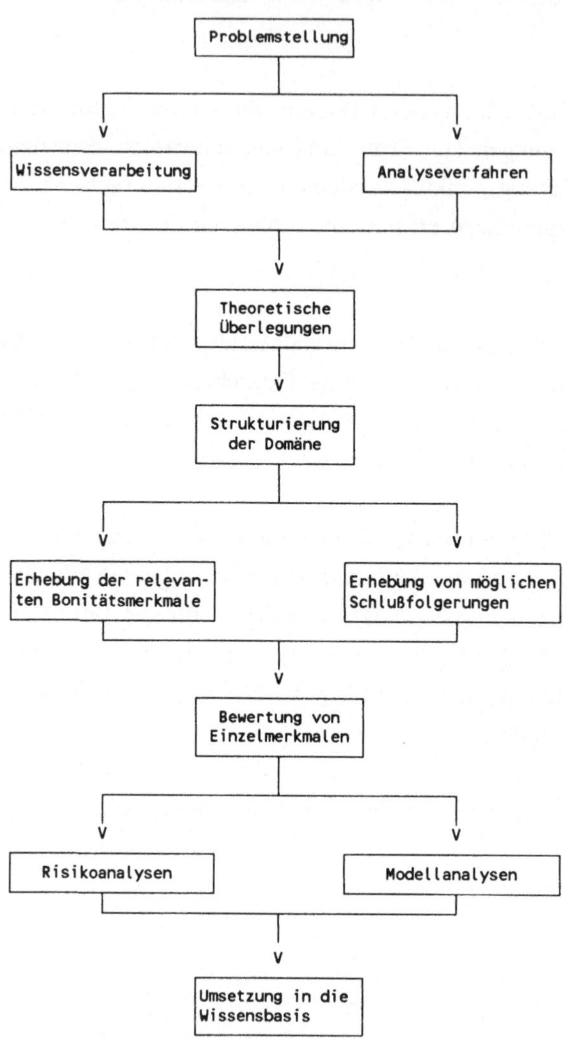

Abbildung 1: Gedankenflußplan

2. Ansätze zur Bonitätsbeurteilung im Firmenkundengeschäft

2.1 Überblick

Die Analyse der Bonität von Firmenkunden ist ein weitgespanntes Aufgabengebiet mit heterogenen Strukturen. Entsprechend vielseitig sind auch die in der Fachliteratur vorgeschlagenen und die in der Praxis angewandten Verfahren zur Bestimmung der wirtschaftlichen Situation eines Unternehmens.

Bei einer Einordnung der Verfahren lassen sich unterschiedliche methodische Richtungen erkennen:

Erfolgt eine Differenzierung der Verfahren nach dem Untersuchungsgegenstand, so finden sich auf der einen Seite Ansätze zur Bonitätsbeurteilung, die im wesentlichen auf den Zahlen von Jahresabschlüssen aufbauen. Dabei handelt es sich sowohl um die klassische Jahresabschlußanalyse als auch um statistische Auswertungen auf der Basis von Jahresabschlußkennzahlen.

Die Verfahren der anderen Gruppe versuchen, für die Analyse der Unternehmensbonität möglichst alle die Kriterien zu identifizieren, die für den langfristigen Erfolg einer Unternehmung oder als mögliche Krisenursache relevant sein könnten.

Zwischen beiden Gruppen angesiedelt sind Methoden, die die Analyse der Kennzahlen des Jahresabschlusses mit der Analyse von qualitativen Merkmalen kombinieren.

Bei gemischten Verfahren (Mustererkennung, gemischte statistische Verfahren) werden die qualitativen Merkmale meist in Form von Punktwerten quantifiziert, was eine Einbeziehung in die mathematische Untersuchung ermöglicht.

Einen Überblick über die Verfahren der Bonitätsanalyse gibt nachstehendes Schaubild:

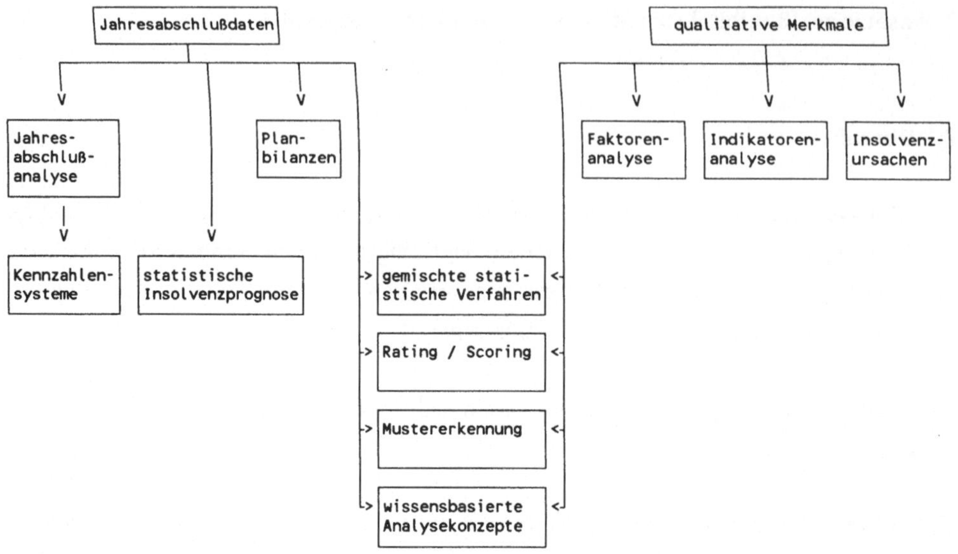

Abbildung 2: Verfahren zur Bonitätsanalyse

Die nachfolgenden Abschnitte skizzieren die einzelnen Verfahren der Bonitätsanalyse. Zunächst wird die Jahresabschlußanalyse und der Aufbau von Kennzahlensystemen diskutiert. Im Anschluß daran werden mehrere statistische Verfahren zur Insolvenzprognose vorgestellt. Nach der Darstellung der Forschungsansätze zur Analyse der Unternehmensqualität erfolgt schließlich eine kritische Betrachtung der unterschiedlichen Verfahrensgruppen im Hinblick auf Verbesserungsmöglichkeiten mit Hilfe der Techniken der Wissensverarbeitung.

2.2 Analyseverfahren auf der Basis von Jahresabschlüssen

2.2.1 Jahresabschlußanalyse

Als Jahresabschlußanalyse (Jahresabschlußauswertung, Bilanzanalyse, Bilanzbeurteilung) wird die Auswertung und kritische Beurteilung des Jahresabschlusses mit Hilfe betriebswirtschaftlicher Kennzahlen bezeichnet. Die Auswertung verfolgt das Ziel, Erkenntnisse über die wirtschaftliche Lage einer Unternehmung zu gewinnen[17]. Die

---

[17] Vgl. Ott, Christoph H., Die Beurteilung gewerblicher Kreditnehmer aus betriebswirtschaftlicher Sicht, Köln Sindelfingen 1986, S.81.

10

Bilanzanalyse unterscheidet sich von einer Unternehmensanalyse insbesondere dadurch, daß nur Zahlenmaterial aus dem Jahresabschluß untersucht wird, andere unternehmensinterne Daten (z.B. Kostenrechnung, Finanzplanung, Produktstatistiken etc.) dagegen unberücksichtigt bleiben[18].

In der bankbetriebswirtschaftlichen Literatur nimmt die Analyse von Jahresabschlüssen als Instrument der Bonitätsbeurteilung von Firmenkunden einen großen Raum ein. Auch in der Praxis ist die Jahresabschlußanalyse das unter Banken wohl am weitesten verbreitete Mittel zur Bestimmung der Bonität von mittelständischen Firmenkunden[19]. Eine vom Institut für Statistik und Mathematik der Universität Frankfurt unter 128 Banken und Sparkassen durchgeführte Studie ergab, daß 97% der befragten Kreditinstitute der Analyse von Bilanzen große bis höchste Bedeutung beimessen[20]. Ein Grund für die Verbreitung der Jahresabschlußanalyse dürfte die Vorschrift des Gesetzgebers[21] sein, daß diejenigen Kreditnehmer, deren Kredite insgesamt mehr als DM 100.000,-- betragen, die wirtschaftlichen Verhältnisse durch Vorlage der Jahresabschlüsse offenlegen müssen. So ist der Jahresabschluß oftmals der einzige für ein Kreditinstitut zugängliche "hard fact", der die Bestimmung der wirtschaftlichen Position eines Unternehmens erlaubt. Dies zeigt, daß die Bedeutung der Analyse von den in der Bilanz dargelegten Zahlen des betrieblichen Rechnungswesens unbestritten ist und ein wichtiges Instrument zur Bonitätsbeurteilung darstellt. Inwieweit die Jahresabschlußdaten zur Unternehmensanalyse von Nutzen sein können, hängt vom Einzelfall ab und verlangt ein differenziertes Betrachtungssystem, welches in der Lage sein muß, einen komplizierten Sachverhalt in einzelne Komponenten zu zerlegen[22].

Mit Hilfe von Kennzahlen, die aus den Jahresabschlußdaten errechnet werden, ergibt sich die Möglichkeit, finanzielle Sachverhalte gezielt darzustellen. Die Bilanzanalyse bedient sich hierbei einer Reihe von betriebswirtschaftlichen Kennzahlen, die über quantitativ erfaßbare Zustände Auskunft geben sollen[23]. Die folgende Zusammen-

---

[18] Vgl. Coenenberg, Adolf Gerhard, Jahresabschluß und Jahresabschlußanalyse, 11. erweiterte Auflage, Landsberg 1990, S.547.

[19] Vgl. Seipp, Walter, Risikopolitik im Firmenkreditgeschäft, in: Österreichisches Bankarchiv 3/84, S.93.

[20] Vgl Rommelfanger, Heinrich und Unterharnscheidt, Dieter, Entwicklung einer Hierarchie gewichteter Bonitätskriterien für mittelständische Unternehmung, in: Österreichisches Bankarchiv 12/85, S.427.

[21] Gesetz über das Kreditwesen vom 10. Juli 1961, zuletzt geändert durch das Dritte Gesetz zur Änderung des Gesetzes über das Kreditwesen vom 20. Dezember 1984, BGBl. I S.1693, Paragraph 18.

[22] Vgl. Pilgerstorfer, Herbert, Quantitative Methoden der Bonitätsanalyse, in: Handbuch der Kreditprüfung, Hrsg. Walter Wiesinger, Wien 1987, S.66.

[23] Vgl. Ott, Christoph H., a.a.O., S.85.

11

stellung nennt beispielhaft einige dieser Kennzahlen, die aus der großen Fülle von Kennziffern in den meisten Untersuchungen Eingang finden[24]:

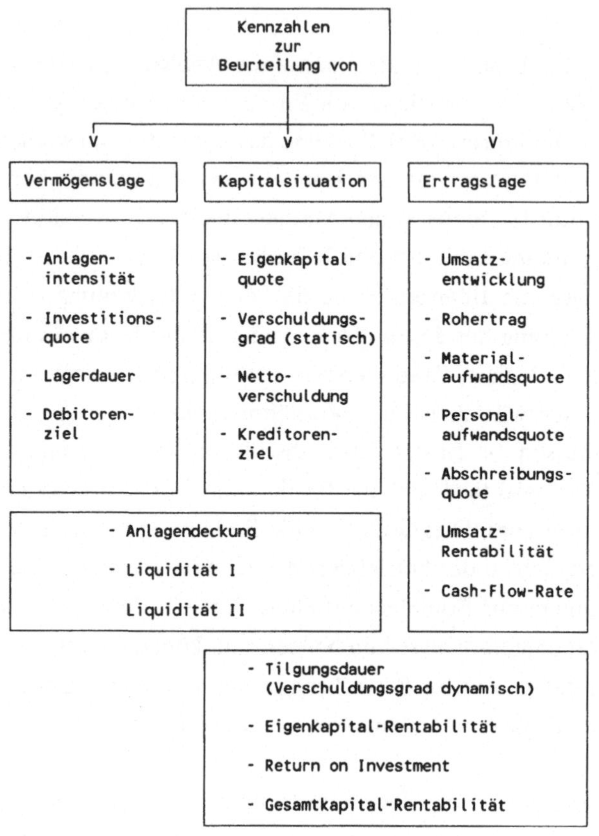

Abbildung 3: Kennzahlen

Der Problematik, daß sich aus einzelnen Kennzahlen nur begrenzt betriebliche Zusammenhänge erkennen lassen, wird in der Beurteilungspraxis mit der Zusammenfassung von Einzelzahlen zu Kennzahlensystemen begegnet. Im Extremfall münden mehrere Kennzahlen in eine Spitzenkennzahl, anhand derer ein bestimmter wirtschaftlicher Sachverhalt beurteilbar gemacht werden soll. Ziel ist es, mit Hilfe der Kennzah-

---

[24] Nach Ott, Christoph H., S.101, S.121-133, S.152-159, S.177-183 und S.190-194.

lenkonzentrate den Zustand eines Unternehmens möglichst ausgewogen und vollständig zu erfassen[25].

Je nach Verwendungszweck wird ein Kennzahlensystem differenziert aufgebaut und strukturiert. Da die gestellten Aufgaben unterschiedlich sind, müssen Kennzahlensysteme eine hohe Flexibilität aufweisen[26].

Beim Aufbau von Kennzahlensystemen ist zu beachten, daß die Reduktion auf eine sinnvolle Anzahl relevanter Kennzahlen gelingt und die für die Beurteilung eines bestimmten Sachverhaltes notwendigen Zahlen nicht aus dem System herausfallen[27].

Die Aufbereitung der einzelnen Kennzahlen bzw. der Kennzahlensysteme muß im kreditwirtschaftlichen Bereich vor allem im Zusammenhang mit Vergleichen zwischen mehreren Unternehmungen gesehen werden. Mit Hilfe von betrieblichen Vergleichen sollen die Stärken und Schwächen einer Unternehmung erkennbar gemacht werden, deren Ursachen in der Vergangenheit liegen. Die Jahresabschlußdaten müssen im Hinblick auf künftige Dispositionen aufbereitet werden, um Trends in der Firmenentwicklung bestimmen zu können. Die zwei Hauptgruppen betrieblicher Vergleiche sind in der nachstehenden Übersicht zusammengestellt[28]:

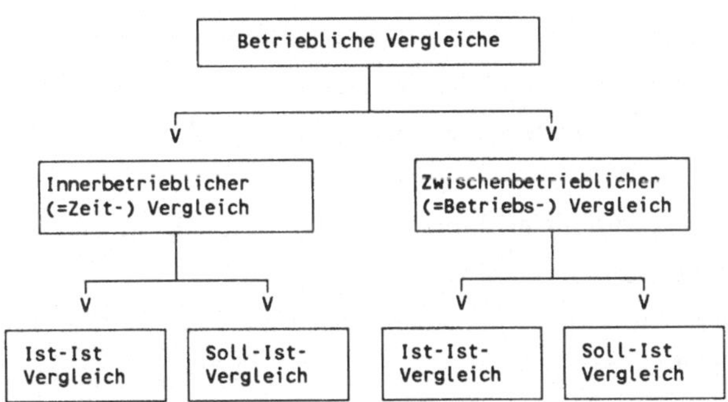

Abbildung 4: Betriebliche Vergleiche

---

[25] In der Literatur findet sich eine Vielzahl von Kennzahlensystemen. Für Beispiele siehe: Lachnit, Laurenz, Systemorientierte Jahresabschlußanalyse, Wiesbaden 1979 und Tamari, Meir, Finanzwirtschaftliche Kennzahlen als Mittel zur Vorhersage von Insolvenzen, in: Management International Review, Heft 4/1966, S.29-34.

[26] Vgl. Lachnit, Laurenz, Weiterentwicklung betriebswirtschaftlicher Kennzahlensysteme, in: Zeitschrift für betriebswirtschaftliche Forschung, Heft 28/1976, S.216-230.

[27] Vgl. Lachnit, Laurenz, Systemorientierte Jahresabschlußanalyse, a.a.O., S.281.

[28] Ott, Christoph H., a.a.O., S.104.

Beim innerbetrieblichen Zeitvergleich werden die Bilanzdaten verschiedener Zeiträume innerhalb eines Unternehmens verglichen. Mit Hilfe von Trends soll die Unternehmensentwicklung und deren Ursachen aufgezeigt werden. Im Rahmen der Betriebskontrolle kann die Entwicklung einzelner Kennzahlen über mehrere Bilanzperioden verfolgt und eine eventuelle Verschlechterung rechtzeitig erkannt werden[29]. Bei der Soll-Ist Analyse werden die Bilanzdaten mit internen und externen Soll- und Planwerten verglichen. Der externe Vergleich könnte z.B. dazu dienen, mit Hilfe von Trends Planbilanzen aus den Positionen vorhergehender Jahresabschlüsse zu ermitteln, die dann als Vergleichswerte angesetzt werden[30].

Anhand des zwischenbetrieblichen Vergleichs soll die Entwicklung einer Unternehmung innerhalb der Branche bzw. im Vergleich mit einem oder mehreren anderen Unternehmen verdeutlicht werden. Um einen sinnvollen Vergleich durchführen zu können, sind eine Reihe von Voraussetzungen erforderlich, wie z.B. die Gewährleistung der formellen Vergleichbarkeit durch einheitliche Bewertungsregeln, ähnliche Betriebsgrößen, gleiche Rechtsform, Zugehörigkeit zur selben Branche und vergleichbare Standorte.

Besondere Schwierigkeiten können aufgrund der Diversifikationsbemühungen der Industrie bei der Zuordnung zu einer bestimmten Branchengruppe auftreten. Durch eine mehr oder weniger tiefe Branchengliederung läßt sich dieses Problem begrenzen. Ebenso werden Branchenzahlen erst dann aussagefähig, wenn die Zahl der einbezogenen Unternehmen einen ausreichenden Repräsentationsgrad gewährleistet. Für die Bildung von Durchschnittswerten eignen sich drei statistische Methoden[31]:

(1) Der Durchschnittswert wird als arithmetisches Mittel der Kennzahlen aller einbezogenen Unternehmen der Branche berechnet.
(2) Der Branchendurchschnitt wird als gewogenes arithmetisches Mittel bestimmt.
(3) Als Branchenkennzahl wird der Zentralwert (Median) der geordneten Reihe aller Firmenkennzahlen der Branche ermittelt.

In der Literatur findet sich eine Vielzahl von kritischen Aussagen über die Grenzen und Möglichkeiten der Jahresabschlußanalyse. An dieser Stelle erscheint es ausreichend, die wesentlichen Einwände zusammengefaßt wiederzugeben[32]:

---

[29] Vgl. Ott, Christoph H., a.a.O., S.104-105.
[30] Vgl. Antensteiner, Ernst und Hinterleitner, Alfred, Flexible Kreditbeurteilung mittels Planbilanzen, in: Österreichisches Bankarchiv 12/87, S.885.
[31] Vgl. Müller, Horst, a.a.O., S.126-128.
[32] Nach Kreim, Erwin, Zukunftsorientierte Kreditentscheidung, Wiesbaden 1988, S.54.

- Die Jahresabschlußdaten sind vergangenheitsbezogen. Schlußfolgerungen in die Zukunft können nur begrenzt und unter Vorbehalten gezogen werden.
- Der Jahresabschluß dient der Befriedigung von Informationswünschen einer Vielzahl von Adressaten, wie dem Finanzamt, den Arbeitnehmern, dem Eigentümer und auch dem Kreditgeber. Die mangelnde Zielhomogenität macht es schwierig, mit den Mitteln der externen Bilanzanalyse optimale Informationen aus Jahresabschlüssen zu gewinnen.
- Bei der Beurteilung anhand von Kennzahlenvergleichsrechnungen kommen unterschiedliche Produktionstechnik, Betriebsgröße, Beschäftigungsgrad und Preissituation als Störfaktoren hinzu.
- Im Jahresabschluß sind eine Reihe von Vermögenswerten und Schulden nicht enthalten (stille Reserven, private Verbindlichkeiten etc.), die sowohl die Ertragslage als auch die Zahlungsbereitschaft beeinflussen können.

2.2.2 Mathematisch-statistische Insolvenzprognosen

Ausgehend von den Kritikpunkten an der traditionellen Jahresabschlußanalyse verfolgen die Verfahren der Insolvenzprognose das Ziel, die Sicht des externen Analytikers auf das Unternehmen zu verbessern. Insbesondere sollen Schwächesignale und Krisenursachen so frühzeitig erkannt und aufgedeckt werden, daß noch ausreichend Spielraum für angemessene Reaktionen besteht, bevor sich eine Krise manifestieren kann. Die Insolvenzforschung versucht, zukünftige Entwicklungen aus dem Verlauf vergangener Unternehmenskrisen zu prognostizieren[33].

Bei der Insolvenzprognose auf Grundlage von Bilanzen handelt es sich um eine Weiterentwicklung der Jahresabschlußanalyse. Hierbei wird versucht, die zukünftige Entwicklung einer Unternehmung auf Basis von Bilanzdaten vorherzusagen. Zur Durchführung der Prognose werden mathematisch-statistische Verfahren eingesetzt mit dem Ziel, insolvenzgefährdete Unternehmen von nicht gefährdeten zu trennen. Die Trennung erfolgt durch ein systematisches Testen bestimmter Kennzahlen von insolvent gegangenen Unternehmen gegen Kennzahlen solvent gebliebener Unternehmen[34].

---

[33] Vgl. Steiner, Manfred, Ertragskraftorientierter Unternehmenskredit und Insolvenzrisiko, Stuttgart 1980, S.157.

[34] Vgl. Uhlir, Helmut, Bedeutung von Kennzahlenanalysen zur Früherkennung negativer Unternehmensentwicklungen (Insolvenzen) aus der Sicht der Anteilseigner, in: ZfB-Ergänzungs-Heft 2/79, S.90-91.

Zur Bestimmung der Unternehmensbonität mit Hilfe von statistischen Methoden lassen sich zwei Ansätze unterscheiden. Bei univariaten Verfahren wird die Prognosefähigkeit verschiedener Kennzahlen einzeln untersucht. Als prognosefähig identifizierte Kennzahlen werden gleichwertig nebeneinander gestellt. Eine Gewichtung hinsichtlich der Prognosequalität einzelner Kennziffern ist nicht möglich. Dagegen betrachten multivariate Ansätze mehrere Kennzahlen einschließlich ihrer Abhängigkeiten gleichzeitig. Dies ermöglicht eine Gewichtung der Kennzahlen entsprechend der ermittelten Bedeutung für die Bonitätsprognose[35].

Zweck beider Verfahren ist es, eine Zuordnung einzelner Unternehmen entweder zu einer Klasse von schlechten oder von guten Risiken vorzunehmen. Die Hauptschwierigkeit besteht darin, eine möglichst zuverlässige Trennlinie ("cut off-line") zwischen den beiden Klassen zu finden. Dies erfordert einerseits die Definition eines geeigneten Maßstabs zur Beurteilung der Bonität. Andererseits gilt es, einen Wert auf dieser Meßlatte zu bestimmen, der die Schwelle zwischen den guten und den schlechten Unternehmen markiert. Als Entscheidungshilfe für die Trennung werden die Werte der Kennzahlen vergangener Kreditfälle und deren Entwicklung herangezogen[36].

2.2.2.1 Der dichotomische Klassifikationstest

Ein Beispiel für ein univariates Verfahren ist der dichotomische Klassifikationstest. Bei dieser Methode werden zunächst die Unternehmungen nach der Höhe eines bestimmten Kennzahlenwertes so sortiert, daß die kritischen Unternehmen am einen Ende der Reihe, die Vergleichsunternehmen am anderen Ende dieser Reihe zu finden sind. In einem weiteren Schritt wird ein Wert ermittelt, der die Gruppe der guten Unternehmen von der der schlechten Unternehmen trennt. Als Trennwerte sind der Median oder der gewichtete Durchschnittswert geeignet.

Die Problematik der Trennung in gute und schlechte Betriebe liegt darin, daß Überlappungen zwischen beiden Gruppen existieren, die zu Fehlklassifikationen führen können. Je nach Trennwert kommen diese mit einer unterschiedlichen Häufigkeit vor. Das Gütekriterium für einen Trennwert ist der Anteil der falschen Zuweisungen an der Zahl der insgesamt klassifizierten Unternehmungen. Eine Kennzahl gilt als besonders prognosefähig, wenn falsche Zuordnungen relativ unwahrscheinlich sind[37]. Einer Verdeutlichung dieses Sachverhalts dient nachfolgendes Beispiel:

---

[35] Vgl. Staroßom, Heiko, Die Bank in der Krise ihres Schuldners, Diss., Heidelberg 1988, S.49-50.
[36] Vgl. Heno, Rudolph, a.a.O., S.61.
[37] Vgl. Heno, Rudolph, a.a.O., S.60-62.

Tabelle 1:   *Rangfolge der Werte der Kennzahl*
$$\frac{\textit{Jahresüberschuß + Steuern + a.o. Ergebnis}}{\textit{Umsatz}}$$
der untersuchten Unternehmungen ein Jahr vor der Insolvenz[38]

Lfd. Nummer	Scheiternde Unternehmen	Vergleichs-Unternehmen	
..			
..			
9	-0.0411		
10	-0.0388		
11		-0.0262	
12	-0.0190		
13	-0.0185		
14		-0.0173	
15	-0.0081		
16	0.0012		
17	0.0061		
18		0.0064	
19	0.0079		
20	0.0114		
21		0.0121	T_{Min1}
22		0.0129	T_{Median}
23		0.0132	
24	0.0137		
25	0.0166		
26	0.0218		
27		0.0254	T_{Min2}
28		0.0260	
29		0.0287	
30		0.0309	
31		0.0363	
32		0.0410	
33	0.0464		
34		0.0513	
35		0.0537	
36		0.0628	
..			
..			

Wird der Median als Trennlinie verwendet, so ergeben sich acht Fehlklassifikationen. Das bedeutet, daß für vier später scheiternde Unternehmen eine Einstufung als nicht scheiternd und für vier Vergleichsunternehmen eine Einstufung als scheiternd erfolgt. Bei einer Versetzung der Trenngrenze um einen Wert nach oben (T_{Min1}), verbleiben nur noch sieben falsche Zuweisungen. Der Gesamtfehler sinkt von 19% auf 16,7%. Der Trennwert ist damit als besser zu bezeichnen. Wird die Grenze, vom Median aus betrachtet, um fünf Unternehmen nach unten verschoben (T_{Min2}), so werden drei Klassifikationsfehler bei den scheiternden Unternehmen beseitigt. Es erfolgt jedoch eine zusätzliche Fehleinstufung von zwei nicht scheiternden Betrieben, was wiederum

---

[38] Beermann, Klaus, Prognosemöglichkeiten von Kapitalverlusten mit Hilfe von Jahresabschlüssen, Düsseldorf 1976, S.82.

17

eine Gesamtfehlerquote von 16,7% ergibt. Die Problematik der Trennwertfindung ist an diesem Beispiel unschwer zu erkennen.

Die Schwäche des dichotomischen Klassifikationstestes liegt vor allem im univariaten Charakter dieses Verfahrens. So kann selbst für den Fall, daß eine zur Prognose geeignete Trenngrenze gefunden wurde, das Dilemma auftreten, daß die Unternehmung anhand einer Kennzahl als insolvenzgefährdet und anhand einer anderen Kennzahl als nicht gefährdet eingestuft wird. Die Kennzahlen sind dann keine Entscheidungshilfe mehr[39]. Eine Verbesserung der Einstufung ergibt sich aus dem Einsatz multivariater Verfahren.

2.2.2.2 Multivariate Verfahren

Erfolgt bei den univariaten Verfahren eine isolierte Betrachtung einzelner Kennzahlen, so werden bei multivariaten Verfahren zusätzlich die Abhängigkeiten zwischen einzelnen Kennzahlen einbezogen. Eine Einteilung erfolgt auf der Basis einer gleichzeitigen Berücksichtigung mehrerer Bonitätskriterien in der Erwartung, daß die simultane Betrachtung der Kennzahlen eine bessere Trennung zwischen scheiternden und ungefährdeten Unternehmen erlaubt[40].

Multivariate Verfahren berücksichtigen bei der Trennung von guten und schlechten Unternehmungen mehrere Kennzahlen, die zu einem endgültigen Beurteilungsergebnis zusammengefaßt werden müssen. Diese Zusammenfassung läßt sich durch eine Gewichtung der einzelnen Merkmale erreichen. Ziel der multivariaten Verfahren ist es, eine optimale Festlegung der Gewichtungen so zu erreichen, daß die Überlappungen der guten und der schlechten Risiken möglichst gering sind. Grundsätzlich sind für die Trennung alle multivariaten Klassifikationsverfahren geeignet[41]. Da die meisten Untersuchungen jedoch mit Hilfe der Diskriminanzanalyse durchgeführt wurden, beschränkt sich die folgende Detaillierung im wesentlichen auf dieses Verfahren[42].

Die Klassifikation mit Hilfe der multiplen Diskriminanzanalyse erfolgt in zwei Stufen:

---

[39] Vgl. Beermann, Klaus, a.a.O., S.80-86, S.98.

[40] Vgl. Gebhardt, Günther, Insolvenzprognosen aus aktienrechtlichen Jahresabschlüssen, Wiesbaden 1980, S.242.

[41] Vgl. Heno, Rudolf, a.a.O., S.69-72.

[42] Vgl. Hauschildt, Jürgen, Vorgehensweise und Ergebnisse der statistischen Insolvenzdiagnose, in: Hauschildt, Jürgen, Krisendiagnose durch Bilanzanalyse, Köln 1988, S.128.

In der ersten Stufe wird auf der Basis vorhandener abgeschlossener Kreditfälle, deren Ausgang bekannt ist, eine Funktion ermittelt, die für den einfachsten Fall, den einer linearen Funktion[43], folgendes Aussehen hat:

$$Z = g_1 * x_1 + g_2 * x_2 + \ldots + g_n * x_n$$

Mit g werden die einzelnen Gewichte bezeichnet, mit x die verschiedenen Bonitätskriterien, mit n die Anzahl dieser Kriterien. Z steht für den Gesamtrisikowert, der einer Unternehmung schließlich zugeordnet wird.

Die Funktion projeziert die einzelnen Bonitätsindikatoren in einen künstlichen Diskriminanzraum, der durch den Gesamtrisikowert Z beschrieben wird. Es gilt, die Gewichtungskoeffizienten g_{1-n} so zu bestimmen, daß der Überlappungsbereich zwischen den scheiternden Unternehmen und den ungefährdeten Unternehmen minimal wird. Die Gewichtung wird mit Hilfe der Diskriminanzanalyse ermittelt. Liegen alle in der Funktion verwendeten Kennzahlen für ein Unternehmen vor, läßt sich ein Z-Wert errechnen. Die Z-Werte von mehreren Unternehmen können dann wiederum wie beim dichotomischen Klassifikationstest in eine Rangfolge gebracht werden. Die sich ergebende Reihe erlaubt es, einen optimalen Trennpunkt zu bestimmen, der die Fehlklassifikationen minimiert[44].

In der zweiten Stufe des Klassifikationsprozesses werden weitere Unternehmen, deren Zukunft nicht bekannt ist, anhand der berechneten Funktion eingeteilt. Dies geschieht durch den Vergleich der Z-Werte dieser Betriebe mit dem zuvor ermittelten optimalen Trennpunkt. Anhand der Abweichungsrichtung läßt sich die Klassifikation vornehmen. Die Höhe der Abweichung ist ein Indikator für die Eindeutigkeit der Zuordnung[45].

Ein weiteres, bisher ausgeklammertes Problem, stellt die Suche nach den für die Diskriminanzanalyse geeigneten Kennzahlen dar. Wie die Forschungen der Insolvenzprognose zeigen, existieren keine allgemeingültigen Bonitätskriterien, die eine hohe Prognosefähigkeit aufweisen. Bei der Frage, ob eine Kennzahl in die Untersuchung mit einbezogen werden soll, ist der Aufwand für die Informationsbeschaffung und -verarbeitung dem Beitrag, den dieses Kriterium zur Verbesserung des Gesamtergebnisses leisten kann, gegenüberzustellen. In der Untersuchungspraxis werden prognose-

---

[43] Eine detaillierte Unterscheidung in lineare und nichtlineare Klassifikationsregeln findet sich bei Gebhardt, Günther, a.a.O. S.244-249.
[44] Vgl. Heno, Rudolf, a.a.O., S.74-75.
[45] Vgl. Staroßom, Heiko, a.a.O., S.59.

fähige Kennzahlen sowohl durch eine "Eignungsprüfung" mit Hilfe von univariaten Verfahren als auch durch Literaturrecherche bzw. anhand von Tests ermittelt[46].

Exemplarisch für die Vielzahl von Untersuchungen[47], die im Bereich der Insolvenzforschung mit Hilfe von multivariaten Analyseverfahren durchgeführt wurden, soll an dieser Stelle die 1968 veröffentlichte Arbeit von Edward I. Altmann kurz erläutert werden. Es handelt sich hierbei um eine der ersten Untersuchungen im Firmenkreditgeschäft, bei der die multiple Diskriminanzanalyse zur Anwendung kam.

Altmann berücksichtigte in seiner Untersuchung 33 Unternehmenspaare, wobei er jeder insolventen Firma eine entsprechende solvent gebliebene gegenüberstellte. Schichtungskriterien waren die Branchenzugehörigkeit und die Unternehmensgröße, ausgedrückt durch die Bilanzsumme. Die Bilanzsummen der Unternehmungen bewegten sich in der Größenordnung zwischen 0,7 und 25,9 Millionen Dollar, die Insolvenz wurde im Zeitraum von 1946 bis 1965 erklärt. Als Ausgangsbasis für das Kennzahlenmodell dienten zunächst 22 Kennzahlen, die durch eine Reihe von Tests schließlich auf fünf Kennzahlen reduziert wurden. Im Rahmen dieser Tests führte Altmann eine Reihe von Diskriminanzanalysen mit jeweils variierenden Mengen von Kennzahlen durch. Dabei stellte sich heraus, daß bei Verwendung vieler Kennzahlen keine wesentlich besseren Ergebnisse erzielt wurden als bei fünf Kennzahlen. Bei einer Unterschreitung dieser Zahl verschlechterten sich die Ergebnisse jedoch. Die aus den Untersuchungen resultierende Diskriminanzfunktion lautet folgendermaßen:

$$Z = 0{,}012\,x_1 + 0{,}014\,x_2 + 0{,}033\,x_3 + 0{,}006\,x_4 + 0{,}010\,x_5$$

Bei den ausgewählten Kennzahlen handelt es sich um

x_1 - working capital/total assets
(Umlaufvermögen und kurzfristiges Fremdkapital/Gesamtkapital)

x_2 - retained earnings/total assets
(Rücklagen/Gesamtkapital)

x_3 - earning before interest and taxes/total assets
(Gewinn vor Zinsen und Steuern/Gesamtkapital)

---

[46] Eine Beschreibung verschiedener Auswahlverfahren findet sich bei Weibel, Peter, Die Bonitätsbeurteilung im Kreditgeschäft der Banken, Bern, Stuttgart 1978, S.105-106, 108, 111-112, eine allgemeine Diskussion der Problematik kann bei Heno, Rudolph, a.a.O., S.69-71 nachgelesen werden.

[47] Eine detaillierte Aufstellung und Beschreibung von verschiedenen Forschungsarbeiten findet sich bei Altmann, Edward I., Corporate Financial Distress, A Complete Guide to Predicting, Avoiding and Dealing with Bankruptcy, New York, Toronto 1983, S.127-173 sowie bei Rösler, Joachim, Die Entwicklung der statistischen Insolvenzdiagnose, in: Hauschildt, Jürgen, Krisendiagnose durch Bilanzanalyse, Köln 1988, S.105-112. Im deutschsprachigen Raum sind die Untersuchungen von Weibel, Peter, a.a.O., von Beermann Klaus, a.a.O., von Gebhardt, Günther, a.a.O. und von Weinrich, Günter, Steuerung des Kreditgeschäfts durch Risikoklassen, Wiesbaden 1978 erwähnenswert.

x_4 - market value of equity/book value of total debt
(Marktwert des Eigenkapitals/Fremdkapital)

x_5 - sales/total assets
(Umsatz/Gesamtkapital)

Besonders gute Ergebnisse erzielte Altmann mit seinen Prognosen bis zu zwei Jahre vor der Insolvenz. So erreichte er im ersten Jahr vor der Insolvenz eine Trefferquote von 95%, im zweiten Jahr vor der Insolvenz immerhin noch 72%. Eine Vergrößerung des Prognosezeitraums über zwei Jahre hinaus führte jedoch zu so hohen Fehlklassifikationen, daß das Modell keine Entscheidungshilfe mehr bieten konnte (48% Trefferquote im dritten Jahr, 29% im vierten Jahr und 36% im fünften Jahr vor der Insolvenz)[48].

2.2.2.3 Grenzen der Insolvenzprognose mit Hilfe von mathematisch-statistischen Verfahren

Vorraussetzung für das Arbeiten mit statistischen Wahrscheinlichkeiten ist es, daß eine Vielzahl gleichartiger Fälle vorliegt. Da es sich bei Insolvenzen jedoch um seltene Ereignisse handelt, ergeben sich kleine, nicht zufällige Stichproben, die eigentlich für statistische Tests ungeeignet sind. Untersuchungen, die sich auf unzureichende Stichproben stützen, sind nicht repräsentativ. Ein aus solchen Untersuchungsergebnissen abgeleitetes, verallgemeinerndes Prognosemodell hat bestenfalls spekulativen Charakter[49].

Ebenso stellt die Auswahl von prognosefähigen Kennzahlen ein Problem dar. Fast jeder Autor empfiehlt eine andere Kennzahlenbasis für die Insolvenzprognose[50], was darauf hindeutet, daß die Kennzahlenkombination zwar für die jeweilige Untersuchung optimal ist, die Gültigkeit jedoch auf die in den Stichproben repräsentierten Unternehmen beschränkt bleibt.

Bereits als Kritikpunkt angesprochen wurde der Überlappungsbereich zwischen guten und schlechten Unternehmen, innerhalb dessen die Verfahren keine eindeutige Klassifizierung erlauben. Prognosen für mehr als zwei Jahre weisen bereits so erhebliche

---

48 Vgl. Altmann, Edward I., Corporate Bankruptcy in America, Lexington, Toronto, London 1971, S.58-65. und Altmann, Edward I., Corporate Financial Distress, a.a.O., S.170.

49 Vgl. Fischer, Jürgen H., Computergestützte Analyse der Kreditwürdigkeit auf Basis der Mustererkennung, Düsseldorf 1981, S.52.

50 Vgl. Altmann, Edward I., Corporate Financial Distress, a.a.O., S.170-173, Überblick über verschiedene bei Untersuchungen im amerikanischen Raum ausgewählte Kennzahlen.

Fehler auf, daß der Einsatz des statistischen Verfahrens als sinnlos erscheint. Auch wenn sich diese Fehler ausklammern ließen, bleibt immer noch die Problematik, daß die Verfahren zwar Hinweise auf eine zukünftige Insolvenz liefern, jedoch keine Aussagen über deren Zeitpunkt machen[51].

Ein weiterer Einwand betrifft die zur Bestimmung der Analysefunktion gemachte Aufteilung in zwei gleich große Gruppen von solventen und insolventen Unternehmen. In der Realität ist davon auszugehen, daß die Zahl der unkritischen Fälle die der kritischen bei weitem übersteigt, was zu einer ungewollt hohen Fehlklassifikation von solventen Unternehmen führen kann[52].

Schließlich bleibt noch anzumerken, daß für die Anwendung der Diskriminanzanalyse bestimmte Voraussetzungen erforderlich sind: Die einzelnen Merkmale müssen stetig und voneinander unabhängig sein. Dies ist bei den Kriterienkatalogen der Bonitätsanalyse sehr unwahrscheinlich. Als Folge ergibt sich eine Verzerrung der Gewichtungskoeffizienten. Außerdem sollten die Ausprägungen der Bonitätskriterien normalverteilt und mit annähernd gleichen Varianzen und Kovarianzen ausgestattet sein. In den bisherigen empirischen Untersuchungen konnte insbesondere die Bedingung der Normalverteilung überwiegend nicht erfüllt werden[53]. Dies führt dazu, daß einige Autoren auf die Anwendung der Diskriminanzanalyse ganz verzichten. In verschiedenen Forschungsarbeiten finden sich daher Ansätze, die auf verteilungsfreie Klassifikationsverfahren abzielen. So verwendet z.B. Weinrich in seiner Untersuchung anstelle der multiplen Diskriminanzanalyse den verteilungsfreien multivariaten Klassifikationstest, um speziell die Problematik der Verteilung in den Griff zu bekommen[54].

Erfolgversprechend für die Insolvenzprognose auf der Basis von Jahresabschlußdaten scheint auch der Einsatz von Künstlichen Neuronalen Netzwerken[55] zu sein. Es wurde nachgewiesen, daß es grundsätzlich möglich ist, mit Neuronalen Netzwerken zumindest die Prognosefähigkeit von diskriminanzanalytischen Verfahren zu errei-

---

[51] Vgl Beermann, Klaus, a.a.O., S.121-122.
[52] Vgl. Fischer, Jürgen H., a.a.O., S.53-54.
[53] Vgl. Heno, Rudolf, a.a.O., S.79-80.
[54] Vgl. Weinrich, Günter, a.a.O., S.138-148.
[55] Bei Künstlichen Neuronalen Netzwerken handelt es sich um eine Programmierungsphilosophie, die den Vorgängen im menschlichen Gehirn nachempfunden ist. Hierbei sind eine große Anzahl von Prozessorelementen mit gewichteten Verbindungen untereinander verknüpft. Eine solche Struktur kann programmiert werden, indem man ihr eine Reihe von Beispieldaten präsentiert und mit Hilfe einer Lernregel eintrainiert. Daran anschließend können Prognosen auf Muster, die nicht zur Testmenge gehören getroffen werden.

chen, wobei der Einsatz eines neuronalen Netzwerks folgende Vorteile mit sich
bringt[56]:

- Die Analyse kann auch mit einer geringen Anzahl von Datensätzen erfolgreich
  durchgeführt werden.
- Neuronale Netze sind in der Lage, unvollständiges und partiell fehlerhaftes
  Wissen zu verarbeiten.

2.3 Analyse auf der Basis von qualitativen Faktoren

2.3.1 Überblick

In den meisten Veröffentlichungen zur Kreditwürdigkeitsprüfung finden sich Hinweise
auf die Notwendigkeit, qualitative Aspekte zur Bestimmung der Bonität eines Unternehmens mit zu berücksichtigen. Unter qualitativen Aspekten werden insbesondere
die betriebswirtschaftlichen Elemente und das Umfeld einer Unternehmung verstanden, Faktoren, die nicht ohne weiteres aus der Bilanz ersichtlich sind[57]. Im einzelnen
handelt es sich dabei, wie in der Einführung definiert, um Merkmale des Produktions-
und Leistungsbereichs, des Absatz- und Vertriebsbereichs sowie des Führungsbereichs
einer Unternehmung; ebenso werden Branchenindikatoren und das Unternehmensumfeld dazugerechnet[58]. Die Untersuchung von qualitativen Bonitätsmerkmalen
ist vor dem Hintergrund zu sehen, daß sich mit Hilfe von Bilanzanalysen und
statistischen Insolvenzprognosen zwar durchaus eine sinnvolle Einschätzung der wirtschaftlichen Lage einer Unternehmung vornehmen läßt, jedoch sehr wenig darüber zu
erfahren ist, wie einzelne Bilanzpositionen zustande kommen oder warum es in den
Bilanzen Unterschiede zwischen vergleichbaren Betrieben geben kann. Des weiteren
wird eine umfassende Bonitätsbeurteilung eigentlich erst ermöglicht, wenn auch die
künftigen Erwartungen und Potentiale einer Unternehmung, wie z.B. die Absatz-
chancen, der technische Standard der Produkte oder die Unternehmensstrategie in
die Analyse mit einbezogen werden[59].

---

[56] Vgl. Erxleben, Karsten; Baetge, Jörg; Feidicker, Markus; Koch, Heidi; Krause, Clemens; Mertens,
Peter, Klassifikation von Unternehmen, in ZfB 62.Jg.(1992), H.11, S.1237-1262.

[57] Beispielhaft für die Vielzahl der Veröffentlichungen: Buchner, Robert, Grundzüge der Finanzanalyse, München 1981, S.203, Seipp, Walter, a.a.O, S.96, Hielscher, Udo, Instrumente der Kreditwürdigkeitsprüfung, WiSt Heft 7, Juli 1979, S.309.

[58] Vgl. Schmoll, Anton, a.a.O, S.94-101.

[59] Vgl. Bühler, Wilhelm, Bonitätsbeurteilung jenseits von Bilanzanalyse und Insolvenzprognose, in:
Kreditinformations- und Überwachungssysteme, Tagungsbericht des Banken-Symposiums, St. Gallen
1987, Hrsg. Wilhelm Bühler und Leo Schuster, Wien 1987, S.11 und S.17.

Für die Beurteilung der zukünftigen Bonität wird aus diesen Gründen die Erarbeitung eines betriebswirtschaftlichen Stärken- und Schwächenprofils gefordert mit der Aufgabe, die Einflußfaktoren des dauerhaften Unternehmenserfolges zu analysieren, systematisch darzustellen und eventuelle Risikobereiche zu identifizieren[60].

In der bankbetriebswirtschaftlichen Literatur finden sich im wesentlichen zwei Richtungen zur Beurteilung von qualitativen Bonitätsmerkmalen. Zum einen sind dies Bewertungssysteme und Checklisten, die aus den Ergebnissen der Insolvenzursachenforschung abgeleitet werden. Zum anderen handelt es sich um Versuche, möglichst detailliert betriebswirtschaftliche Zusammenhänge zu untersuchen, um so gezielt Chancen- und Risikopotentiale aufzuspüren. Zwischen den Ergebnissen beider Untersuchungsrichtungen existieren Überlappungen. Beide Ansätze verwenden im wesentlichen dieselben Bonitätsmerkmale als Basis für die Analyse. Der Unterschied zwischen den Verfahren ist darin zu sehen, daß die Insolvenzursachenforschung versucht, besonders kritische Merkmale aus vergangenen Betriebszusammenbrüchen empirisch abzuleiten, während die betriebswirtschaftliche Analyse für die Untersuchung Merkmalskataloge einsetzt, die auf Erfahrungswissen bzw. theoretischem Wissen aufbauen.

2.3.2 Bestimmung von qualitativen Bonitätskriterien anhand von Insolvenz- und Krisenursachen

Die Untersuchungen zur Erforschung von Insolvenzursachen stützen sich auf die Auswertung von Insolvenzakten sowie auf Befragungen, die bei Konkursverwaltern und bei Kreditreferenten durchgeführt werden. Untersucht wird, welche Kriterien dafür verantwortlich sein könnten, ein Unternehmen in eine kritische Situation zu führen. Außerdem ist für die Untersuchung von Interesse, welchen Einfluß einzelne dieser Kriterien auf das Zustandekommen der Insolvenz haben. Anhand der ermittelten Häufigkeit einzelner Ursachen und einer Gewichtung der Größe ihres Einflusses auf die Insolvenz lassen sich diese Kriterien entsprechend ihrer Bedeutung in eine Rangfolge bringen[61]. In den folgenden Abschnitten sollen exemplarisch drei Untersuchungen beschrieben werden[62], die die Grundlage für die eigenen Erhebungen bilden.

---

[60] Vgl. Schmoll, Anton, a.a.O., S.97.

[61] Vgl. Tichy, Bruno, Insolvenzursachen als Kriterien für ein Scoring-Modell, in: Österreichisches Bankarchiv 7/83, S.245-247.

[62] Ein umfassender Überblick über Untersuchungen zur Themenstellung "Insolvenzursachen" und "Krisenindikatoren" findet sich bei: Krehl, Harald, Krisendiagnose durch klassische Bilanzkennzahlen, in: Hauschildt, Jürgen, Krisendiagnose durch Bilanzanalyse, Köln 1988, S.23-32 und Diez, Bruno, Krisenunternehmen - empirische Identifikation und Finanzierungsverhalten, Diss., Hrsg. Aschoff, Christoph und Müller-Bader, Peter, München 1988, S.277-282.

Die Untersuchung von Reske, Brandenburg und Mortsiefer

Als Mitarbeiter des Instituts für Mittelstandsforschung führten Reske, Brandenburg und Mortsiefer in den Jahren 1971-1975 eine empirische Untersuchung zur Ermittlung von Insolvenzursachen bei kleinen und mittleren Betrieben durch. Insgesamt wurden dazu 1.300 Insolvenzakten durchgesehen und 74 Konkursverwalter bundesweit befragt. Die Untersuchung führte zu einer Dreiteilung der Entstehungsbereiche von Krisenursachen, die die folgenden Einzelkriterien umfaßt[63]:

Tabelle 2: Insolvenzursachen nach Reske, Brandenburg und Mortsiefer

I. INNERBETRIEBLICHER BEREICH

BETRIEBSFÜHRUNG	BETRIEBSSTRUKTUR
Mangelhafte Unternehmer- 　qualifikation Unzureichender Informationsstand Ungenügende Führungskenntnisse Charaktermängel Mangelnde Praxiserfahrung Schlechter Führungsstil Krankheit Gering ausgeprägte 　Unternehmermentalität	Kapitalausstattung Mietkostenprobleme Rechtsformprobleme Gesellschafterprobleme Wachstumsprobleme Unabhängigkeitsprobleme Betriebszweckprobleme Standortprobleme Betriebsgrößenprobleme

BESCHAFFUNG	BETRIEBSLEISTUNG
Beschaffungspreiserhöhungen Falsche bzw. zu wenige 　Beschaffungsquellen Lagerhaltungsprobleme Einschränkung der Finanzierungs- 　modalitäten bei der Beschaffung Falsche Beschaffungsmengen	Zu schnelle Kapazitätsausweitung Falsche Kapazitätsauslastung Unrationale Leistungserstellung Überalterte Anlagen zur 　Leistungserstellung Zu hohe Kosten der Leistungs- 　erstellung und Entwicklung Falsche Sortimentsstruktur

ABSATZ	FINANZIERUNG
Falsche Markteinschätzung Schlechte Akquisitionstätigkeit Auftragsstrukturprobleme Fehlerhafte Preisgestaltung Distributions- und Service- 　probleme Falsche Abnehmerstruktur Spezialisierungsprobleme Fehlerhafte Produktpolitik	Eigenkapitalmangel Fehlerhafte Finanzierungsweise Zu hohe Zinsbelastung Falsche Finanzierungsquellen Fehlinvestitionen Zu hohe Privatentnahmen Ungenügende Kreditwürdigkeit Unterschlagung

---

[63] Reske, Winfried, Brandenburg, Achim, Mortsiefer, Hans-Jürgen, Insolvenzursachen mittelständischer Betriebe, Göttingen 1976, S.57-58.

25

Tabelle 2: Fortsetzung

<table>
<tr><td>

VERWALTUNG

Zu hohe Personalkostenbelastung
Unqualifiziertes Personal
Zu hohe Verwaltungskosten
Personalabgänge
Überaltertes Personal

</td><td>

RECHNUNGSWESEN

Unterlassungen im Bereich der
  Buchhaltung
Mangelhaftes Kalkulationswesen
Fehlende Rechnungslegung
Verspätete Rechnungslegung
Überalterte Buchungstechniken
Bilanzmanipulation

</td></tr>
</table>

II. ZWISCHENBETRIEBLICHER BEREICH

<table>
<tr><td>

KREDITINSTITUTE

Versäumnisse bei der
  Kreditvergabe
Kreditlimitierungen
Hochzinspolitik
Übermäßige Ausdehnung der
  Sicherungsrechte
Mangelhafte Bonitätsprüfung

</td><td>

LIEFERANTEN

Verschärfung von Liefer-
  modalitäten
Verschärfung der Zahlungs-
  modalitäten (Preisdruck)
Liefereinschränkungen
Vertragsbruch
Insolvenzen von Lieferanten

</td></tr>
<tr><td>

ABNEHMER

Nachfragerückgang
Insolvenzen von Abnehmer-
  betrieben
Verschlechterung der
  Zahlungsmoral
Zunehmende Reklamationstätigkeit
Preisdruck
Vertragsbruch

</td><td>

KONKURRENTEN

Konkurrenzdruck
Ruinöser Wettbewerb
Konkurrenzzunahme aus dem
  Ausland

</td></tr>
</table>

III. ÜBERBETRIEBLICHER BEREICH

<table>
<tr><td>

UMFELD

Konjunktureinflüsse
Steuer- und Sozialkosten-
  belastung
Tarifpolitische Lohnauswirkungen
Verschleppung fiskalischer Über-
  wachungsaufgaben
Überstaatliche Einwirkungen
Umweltschutz
Strukturpolitische Einwirkungen

</td></tr>
</table>

Die Autoren untersuchen neben der Häufigkeit des Auftretens einzelner Insolvenzursachen auch deren Bedeutung für das Zustandekommen einer Insolvenz. Ein Gewichtungsfaktor stellt den Einfluß eines Einzelkriteriums an der Insolvenz eines Betriebes dar. Die zusammenfassende Betrachtung der Auftrittshäufigkeit und des Gewichts einer Ursache erlaubt es, die Gesamtbedeutung einer Ursache für das Zustandekommen eines Unternehmenszusammenbruchs richtig zu beurteilen[64].

Zusammenfassend läßt sich als Ergebnis der Untersuchung festhalten, daß die größte Bedeutung für die Insolvenz den Bereichen Betriebsführung und Kundenbeziehungen zukommt. Die Bedeutung des Finanzbereiches wird zusammen mit dem Konkurrenzsektor an dritter Stelle eingestuft. Überdurchschnittliche Wichtigkeit kommt Mängeln in der Betriebsstruktur, dem Absatz, der Produktion und dem überbetrieblichen Bereich zu.

Die Untersuchung von J. H. von Stein

Im Rahmen des Forschungsprojektes "Früherkennung von Kreditrisiken" für den Sparkassen- und Giroverband stellte von Stein 130 gefährdeten bzw. insolventen Unternehmen 25 vergleichbare gute Firmen gegenüber und untersuchte die Unterschiede zwischen beiden Gruppen. Die Erhebung basierte sowohl auf der Auswertung von Kreditakten bei Banken als auch auf der Befragung von Kreditreferenten[65]. Berücksichtigt wurden folgende Merkmale[66]:

---

64 Vgl. Reske, Winfried, Brandenburg, Achim, Mortsiefer, Hans-Jürgen, a.a.O., S.51.

65 Vgl. von Stein, Johann Heinrich und Mitarbeiter, Früherkennung von Kreditrisiken - Allgemeiner Teil -, Teil I des Gutachtens aus dem Forschungsprojekt "Früherkennung von Kreditrisiken", Stuttgart 1982, S.I/6-7 und S.II/21.

66 Vgl. von Stein, Johann Heinrich und Mitarbeiter, a.a.O, S.I/66-76. Neben den genannten Merkmalen werden noch zusätzliche Daten über den Unternehmer, über Frühwarnsymptome und außerbetriebliche Einflüsse erhoben.

Tabelle 3: Krisenursachen nach von Stein

```
Kaufmännische Unternehmensführung
Technische Unternehmensführung
Personalführung
Führungsstil
Betriebsklima
Starke Abhängigkeit vom Unternehmer
Starke Abhängigkeit von anderen Personen
Nachfolgeprobleme
Generationsprobleme
Wird in der Unternehmung geplant
Erfolgsplan
Finanzplan
Liquiditätsplan
Sonstige Pläne
Pläne zugänglich
Aussagefähigkeit der Pläne
Kontrollsystem
Funktionsfähigkeit des Kontrollsystems
Welche Familienangehörigen arbeiten mit
Betriebsorganisation
Zustand des Rechnungswesens
Informations- und Berichtswesen
Aussagefähigkeit der Jahresabschlüsse
Jahresabschlüsse mit "DATEV"
Vorlage der Jahresabschlüsse
Zustand der Kostenrechnung
Höhe der Privatentnahme angemessen
Höhe des Lagerbestandes
Abhängigkeiten von einem oder mehreren Lieferanten
Bezug von überwiegend ausländischen Rohstoffen
Abnahmeverpflichtungen
Abhängigkeiten von wenigen Rohstoffen
Produktionsverfahren - aktueller Stand der Technik
Wachstum
Fehlinvestitionen
Kapazitätsauslastung
Angaben über Auftragsbestand
Saisonschwankungen
Ladenhüter
Warenmängel
Vertriebssystem
Liegen Produkte richtig im Markt
Aufträge zu nicht kostendeckenden Preisen
Abhängigkeiten von einzelnen Abnehmern
Mahnwesen
Konkurrenzdruck
Gründungsfehler bekannt
Keine notwendigen Entlassungen von Arbeitskräften
```

Von Stein kommt dabei zu folgenden Ergebnissen:

- Von herausragender Bedeutung für die Analyse der Unternehmensbonität ist die
  Beurteilung der Unternehmensführung. Mängel in der Leitung führen zu Schwachstellen, die durch außerbetriebliche Einflüsse erst wirksam oder verstärkt werden[67].
- Alle Einzelmerkmale der Bonitätsanalyse müssen im Zusammenhang betrachtet
  werden. In einer Zusammenschau lassen sich Widersprüche klären, die sich aus den

---

[67] Vgl. von Stein, Johann Heinrich und Mitarbeiter, a.a.O, S.II/202-203.

Bilanzanalyseergebnissen und den Funktionsbereichsuntersuchungen ergeben. Außerdem verringert sich die Gefahr der bewußten oder unbewußten Täuschung durch den Kreditnehmer[68].

Die Untersuchung von Hauschildt

Die Ergebnisse der Untersuchung von Hauschildt basieren auf einer Inhaltsanalyse der Zeitschrift "Manager Magazin". Unter dem Stichwort "Mis-Management" wurde dort in den Jahren 1971-1982 regelmäßig über Unternehmen berichtet, die nach Meinung der Journalisten auf eine Krise zusteuerten.

Bei einer Auswertung dieser Veröffentlichungen ermittelten die Wissenschaftler die Indikatoren, die als Syndrom für eine Krise in der jeweiligen Unternehmung angesehen wurden[69]. Im einzelnen ließen sich so zwölf Mißerfolgssegmente mit ungefähr 60 Einzelursachen identifizieren. Folgende Tabelle verdeutlicht die Struktur der Ergebnisse[70]:

Tabelle 4: Mißerfolgsursachen nach Hauschildt

MIßERFOLGSURSACHEN UND MIßERFOLGSSEGMENTE

1. Person des Unternehmers - Ein-Mann-Regiment - Starres Festhalten an früher erfolgreichen Konzepten - Nepotismus, Ämterpatronage - Unangemessener patriarchalischer Führungsstil - Unkündbarkeit, Krankheit, Tod. **2. Führungsfehler** - Zentralistischer Führungsstil, mangelnde Delegation - Koordinationsmängel, - Fehlende Kontrolle, Konfliktscheu - Entscheidungsschwäche, umgekehrt: Politik der vollendeten Tatsachen - Fluktuation des Managements.	**7. Mängel in der Beschaffung und Logistik** - Starre Bindung an Lieferanten und Rohstoffquellen - Politische und Währungsrisiken bei Rohstoffimport - Großlager am falschen Standort - Bau statt Miete von Gebäuden - Verquickung von Beschaffung mit Gewinnverwendung. **8. Mängel im Personalwesen** - Fehlende Personalplanung - Schnelle Entlassung unbequemer Mitarbeiter - Scheu vor Belegschaftsabbau - Konfliktscheu und mangelnde Härte bei Verhandlungen über Löhne, Gehälter, Sozialleistungen, Sozialpläne, Sachbezüge - Unsachgemäße Sparsamkeit bei leistungsfähigen Mitarbeitern.

---

[68] Vgl. von Stein, Johann Heinrich und Mitarbeiter, a.a.O, S.II/208-209.

[69] Vgl. Hauschildt, Jürgen, Unternehmenskrisen - Herausforderungen an die Bilanzanalyse, S.1-16 und Grenz, Thorsten, Typisierende Krisendiagnose, S.174-199, in: Krisendiagnose durch Bilanzanalyse, hrsg. von Hauschildt, Jürgen, Köln 1988.

[70] Hauschildt, Jürgen, Unternehmenskrisen - Herausforderungen an die Bilanzanalyse, a.a.O., S.7-8.

Tabelle 4: Fortsetzung

<table>
<tr><td valign="top">

3. Organisation oder Konstitution

- Unübersichtliche Organisation
- Fehlen organisatorischer Anpassung
- Zu großspurige Umstrukturierungen
- Rechtsformnachteile
- Konflikte mit Arbeitnehmern.

4. Überhastete Expansion

- Fanatisches Streben nach Umsatzerhöhung oder Marktanteilsausweitung
- Aufbau von Leerkapazitäten
- Unkritisches externes Wachstum
- Zu früher Start mit nicht fertig entwickelten Produkten.

5. Mängel im Absatzbereich

- Unzeitgemäße Produkteigenschaften, zu hohe/zu niedrige Qualität
- Zu breites/zu schmales Programm, kein bewußtes Portfolio
- Falsche Hochpreispolitik/falsche Niedrigpreispolitik
- Keine Wertsicherung, keine Gleitpreise
- Mängel des Vertriebsweges.

6. Mängel im Produktionsbereich

- Veraltete/zu neue, noch unerprobte Technologie
- Hoher Produktionsausschuß
- Mangelhafte Fertigungssteuerung bei zersplitterter Produktion
- Zu starre Bindung an eine einzige Produktfamilie/sprunghafter Wechsel der Produktion
- Unwirtschaftliche Eigenfertigung statt Fremdbezug.

</td><td valign="top">

9. Mängel im Investitionssektor

- Fehlendes Investitionskalkül
- Fehleinschätzung des Investitionsvolumens
- Koordinationsmängel bei der Investitionsabwicklung
- Zu frühe/zu späte Investition
- Unterlassen von Investitionen (Investitionsmüdigkeit/unzweckmäßige Investitionshektik).

10. Mängel in der Forschung und Entwicklung

- Zu geringe F + E Tätigkeit keine Portfoliopflege
- F + E ohne Konzeption
- Detailbesessenheit
- Mangelnde Sachkontrolle / zu starke Kontrolle
- Starres Budgetdenken.

11. Mangel an Eigenkapital

- Hohe Zinsbelastung
- Niedrige Kreditwürdigkeit
- Keine Möglichkeit des Verlustausgleichs
- Überschätzung der Rücklagen
- Mangelnde Fristenkongruenz im Langfristbereich.

12. Mangelhaftes Planungs- und Kontrollsystem

- Fehlen eines konsolidierten Abschlusses
- Defekte in der Kostenrechnung
- Mangelhafte Erfolgsaufschlüsselung (nach Produkten etc.)
- Fehlende Finanzplanung
- Mangelhafte Projektplanung.

</td></tr>
</table>

Hauschildt ermittelte in seiner Erhebung, daß in den meisten Fällen eine Vielzahl von Einzelursachen für eine Krise verantwortlich ist. Außerdem sieht es Hauschildt als problematisch an, von der Krise schlechthin zu sprechen. Die Untersuchung förderte vielmehr eine Reihe von unterschiedlichen Mustern und Typen von Unternehmenskrisen zutage[71]. Diese Krisentypen sind dadurch gekennzeichnet, daß mehrere Krisenursachen miteinander verknüpft sind und unterschiedliche Mischungen von Krisenursachen existieren[72].

---

[71] Eine detailliertere Beschreibung der unterschiedlichen Krisentypen findet sich im Kapitel 6.3.2, S.211-214.

[72] Vgl. Hauschildt, Jürgen, Unternehmenskrisen - Herausforderungen an die Bilanzanalyse, a.a.O., S.14.

30

2.3.3 Ermittlung betriebswirtschaftlicher Risikofaktoren und Risikoindikatoren

Sind die Verfahren der Insolvenzprognose ausschließlich auf die Früherkennung von Risiken ausgerichtet, so wird mit Hilfe der Faktoren- und Indikatorenanalyse der Betrachtungshorizont um die Erfolgspotentiale einer Unternehmung erweitert.

Bei der Faktorenanalyse besteht die Vorgehensweise darin, möglichst tief in alle Unternehmensbereiche vorzudringen, Risikobereiche und Chancenpotentiale zu identifizieren und damit eine Aussage über die Unternehmensbonität vorzunehmen. Ziel ist es, die voraussichtliche Entwicklung dieser Bereiche zu beurteilen. Einzelne Merkmale werden in Form von standardisierten Checklisten geprüft oder verbal beschrieben[73].

Eine auf der Basis von betriebswirtschaftlichen Faktoren ermittelte Beurteilung läßt sich als Stärken-Schwächen-Profil, als Feedback-Diagramm oder in Portfolios darstellen[74].

Im Gegensatz zur Faktorenanalyse wird bei der Indikatorenanalyse nicht versucht, Risikoursachen und Erfolgspotentiale bis ins Detail zu verfolgen. Es gilt, die Informationen auszuwählen, welche für die Beurteilung einzelner Risikoursachenbereiche symptomatisch sein könnten. Untersucht werden nur solche Kriterien, von denen anzunehmen ist, daß sie Indikator für einen bestimmten positiven oder negativen Unternehmenszustand sind. Die Indikatorenanalyse setzt die Kenntnis von Schlüssel-Indikatoren voraus, mit deren Hilfe sich Schlußfolgerungen auf die Qualität bestimmter Bereiche eines Unternehmens ziehen lassen. Die Ergebnisse der Indikatorenanalyse lassen sich als Indikatoren-Verlaufsmuster oder als Ursache-Wirkungsketten darstellen[75].

---

[73] Vgl. Bühler, Wilhelm, Bonitätsprüfung und ihre ungenutzten Informationsressourcen, in: Kreditmanagement, Hrsg. Bühler, Wilhelm und Schmoll, Anton, Wien 1987, S.89-99.

[74] Einzelne Darstellungsmethoden werden im sechsten Kapitel dieser Arbeit diskutiert, soweit sie für eine wissensbasierte Umsetzung geeignet sind.

[75] Vgl. Bühler, Wilhelm, Bonitätsprüfung und ihre ungenutzten Informationsressourcen, a.a.O., S.100-102.

2.4 Gemischte Verfahren

2.4.1 Kreditscoring

Die Konzeption von Kreditscoring - Verfahren besteht darin, einer Reihe von Bonitätskriterien Punktwerte zuzuordnen. Je nach Ausprägung eines Einzelkriteriums können die vergebenen Punkte in der Höhe variieren, so daß zum Beispiel für ein negativ zu bewertendes Kriterium weniger Punkte vergeben werden als für ein positiv zu bewertendes. In Abhängigkeit von ihrer Bedeutung für die Bonität werden die Kriterien unterschiedlich gewichtet und mit den jeweiligen Punktewerten multipliziert. Die Gewichtungskoeffizienten und die relevanten Einzelmerkmale sollten nicht dauerhaft festgelegt werden, da sich ihre relative Bedeutung im Zeitablauf ändert[76].
Das aufsummierte Gesamtergebnis ergibt schließlich den Gesamtpunktewert (Gesamtscore), der für den Grad der Bonität einer Unternehmung steht. Wird der Gesamtscore mit einem Trennwert (Cut-off-score) verglichen, der die Grenze zwischen vertretbarem Risiko und nicht vertretbarem Risiko darstellt, ist es möglich, daraus eine Einteilung nach bonitätsmäßig einwandfreien und bonitätsschwachen Unternehmen abzuleiten. Der Gesamtscore läßt sich auch für eine Einteilung in mehrere Risikoklassen nutzen, indem je nach Höhe des Punktwertes das zu untersuchende Unternehmen einer bestimmten Risikoklasse zugewiesen wird.

Für den Aufbau von Kreditscoring-Systemen lassen sich bezüglich der Ermittlung der Bewertungskriterien und der Gewichte zwei Verfahrenstypen unterscheiden:
Die Kriterien und ihre Gewichte können anhand von Erfahrungswerten festgelegt werden. Dazu werden Kreditreferenten oder Konkursverwalter danach befragt, welche Kriterien für die Bonitätsbeurteilung maßgeblich sind und welche absolute Gewichtung sie einzelnen Faktoren zumessen. Dies hat allerdings den Nachteil, daß eine subjektive Komponente mit eingebracht wird, die nicht notwendigerweise den tatsächlichen Gegebenheiten entsprechen muß[77]. Das alternative Verfahren basiert auf demselben Ansatz wie die Verfahren der mathematisch-statistischen Insolvenzprognose. Mit Hilfe von statistischen Verfahren wird durch systematisches Testen versucht, geeignete Einzelmerkmale zu identifizieren und eine Gewichtung festzulegen. Einzelnen Merkmalen werden dann den Testergebnissen entsprechende Punktwerte zugeordnet. Hierbei besteht auch die Möglichkeit, qualitative Kriterien mit Punktwerten zu versehen und in die statistische Analyse mit einzubeziehen[78].

---

[76] Vgl. Heno, Rudolf, a.a.O., S.72-73.
[77] Vgl. Tichy, Bruno, a.a.O., S.245.
[78] Vgl. Heno, Rudolf, a.a.O., S.72.

Die Vor- und Nachteile dieser Verfahrensweise sind im wesentlichen mit denen der empirischen Insolvenzprognose identisch[79].

2.4.2 Rating

Mit Rating bezeichnet man die Einordnung von bestimmten Sachverhalten auf einer anhand vorgegebener Kriterien festgelegten Skala[80].

Ratings entspringen dem Wunsch, die Bonität eines Unternehmens nicht nur verbal zu beschreiben, sondern in klar definierte Klassen einzuordnen und diese entsprechend mit Noten oder Buchstabensymbolen zu kennzeichnen. Die Veränderung eines Ratings kann als Signal verstanden werden, in welche Richtung sich eine Unternehmung bewegt[81].

Als Methode zur Analyse der Unternehmensbonität ist unter Rating die Zuordnung von einzelnen Engagements zu Risikoklassen zu verstehen. Die Zuordnung zu Risikoklassen geschieht in Abhängigkeit von der Ausprägung einzelner Bonitätsmerkmale[82]. Über eine festgelegte Skala wird eine Meinung über die wirtschaftliche Fähigkeit eines Unternehmens ausgedrückt, alle Zahlungsverpflichtungen vollständig und termingerecht zu erfüllen. Ratings können sich auf die Zahlungsfähigkeit von einzelnen Unternehmen genauso beziehen wie auf die Qualität von Finanztiteln, für die das Bonitätsrisiko relevant ist. Im Wertpapiergeschäft umfaßt die Skala der Ratings für kurzfristige Titel die Kategorien Prime-1 bis Not Prime (Moody's) und A-1+ bis D (Standard & Poor's). Schuldverschreibungen mit einer Laufzeit von mindestens einem Jahr erhalten Ratings von Aaa bis C (Moody's) und von AAA bis D (Standard & Poor's)[83].

---

[79] Siehe Kapitel 2.2.2.3, S.21-22.

[80] Vgl. Nieschlag, Robert; Dichtl, Erwin; Hörschgen, Hans, Marketing, 15. erweiterte Auflage, Berlin 1988, S.649 und Schmidt, Reinhart, Rating börsennotierter Unternehmen, in: Anleger an die Börse, Hrsg. Gerke, Wolfgang, Berlin Heidelberg 1990.

[81] Vgl. Mattem, Erhard, Rating im internationalen Kreditgeschäft, in: Die Bank 8/84, S.374-378.

[82] Vgl. Klima, Kurt, Obligo-Management, Ein Instrumentarium für das Kreditmanagement bei Nichtbankunternehmen, Wien 1987, S.42-43.

[83] Vgl. Everling, Oliver, Wie unterscheiden sich Rating und Bonitätsprüfung, in: Kreditpraxis 5/91, S.19.

Tabelle 5: Ratings nach Moody's und Standard & Poor's[84]

	Langfristige Ratings		Kurzfristige Ratings	
Investment Grade	Aaa Aa1 Aa2 Aa3 A1 A2 A3 Baa1 Baa2 Baa3	AAA AA+ AA AA- A+ A A- BBB+ BBB BBB-	Prime-1 Prime-2 Prime-3	A-1+ A-1 A-2 A-3
Speculative Grade	Ba1 Ba2 Ba3 B1 B2 B3 Caa Ca C	BB+ BB BB- B+ B B- CCC+ CCC CC- CC C CI D	Not Prime	B C D
	Moody's	S&P's	Moody's	S&P's

Prinzipiell lassen sich zwei Institutionsgruppen unterscheiden, die für die Durchführung von Ratings in Frage kommen: Kreditinstitute und unabhängige Agenturen.

Das Rating durch unabhängige Agenturen spielt im Wertpapier-Emissionsgeschäft in den USA eine große Rolle. So können bestimmte Wertpapiere nur mit einem Rating emittiert werden, da gesetzliche Vorschriften dies erfordern. Außerdem ist vielen institutionellen Anlegern die Kapitalanlage ausschließlich in Wertpapiere erlaubt, die ein Rating tragen. Ein freiwilliges Rating durch eine unabhängige Agentur lohnt sich insbesondere dann, wenn aus der hohen Marktakzeptanz ein Einfluß auf die Zinsbildung resultiert. Die relativ niedrigen Ratingkosten sind in der Regel vorteilhafter als eine höhere Zinsbelastung[85].

Ein von Banken durchgeführtes Rating ordnet Firmenkunden-Engagements bestimmten Risikoklassen zu. Für diese Zuordnung sind die Bonität des Kunden und die Ausfallwahrscheinlichkeit eines Kredites relevant. Durch genaue Definition wird vorgegeben, wann im Einzelfall für eine Bonitätsdimension welche Bewertung vergeben werden muß. In Abhängigkeit von der Ausprägung dieser Bereiche erfolgt intuitiv oder

---

[84] Everling, Oliver, a.a.O., S.19.
[85] Vgl. Everling, Oliver, a.a.O., S.20.

mit Hilfe von Vorgaben die Zuordnung eines Unternehmens zu einer von mehreren Risikoklassen.

Die Vorteile des Ratings als Verfahren der Bonitätsanalyse sind in folgenden Punkten zu sehen:

- Mögliche Kosteneinsparung durch Anpassung der Prüfungsintensität an das Risiko.
- Risikogerechte Preispolitik durch Anpassung der Zinsen an das Risiko.
- Geringerer Wertberichtigungsbedarf durch einheitliche Analyse aller risikorelevanten Faktoren.
- Erleichterung der bankinternen Kommunikation durch eine klare Vorgabe von Risikoklassen.

Als Nachteil ist anzuführen, daß

- ein völlig objektives Verfahren der Risikoklassenzuordnung in der Bankpraxis bisher nicht existiert,
- die vorgegebenen Merkmalsbereiche meist nur grob strukturiert sind und dem Anwender einen großen Spielraum lassen und
- die Maßstäbe nicht zeitinvariant sind[86].

2.4.3 Bonitätsanalyse mit Hilfe der Mustererkennung

Die Theorie der Mustererkennung basiert auf der menschlichen Fähigkeit, bestimmte Sachverhalte zu erkennen und Probleme durch Rückgriff auf bekannte ähnliche Probleme zu lösen. Ziel der Mustererkennung ist es, abgegrenzte Muster zu analysieren und bestimmten Klassen zuzuordnen[87]. Im betriebswirtschaftlichen Bereich ist unter einem Muster die modellmäßige Kombination von Merkmalen eines Objektes oder eines Sachverhaltes zu verstehen[88].

Mit Hilfe der Mustererkennung erhofft man, Objekte anhand von charakteristischen Eigenschaften zu unterscheiden und zu klassifizieren. Der Aufbau eines Modells zur Erkennung von Mustern erfordert zunächst, die zur Untersuchung anstehenden Ob-

---

[86] Vgl. Derninger, Friedemann; Krey, Uwe; Wiebecke, Gernot und Zöllner, Uwe, Kosten - Nutzen - Analyse alternativer Kreditentscheidungsprozesse, OFW-Studie, Köln 1988, S.38.

[87] Vgl. Heno, Rudolf, a.a.O., S.121.

[88] Vgl. Mertens, Peter, Die Theorie der Mustererkennung in den Wirtschaftswissenschaften, ZfbF, 29. Jhrg., 1977, S.779.

jekte auf trennende und gemeinsame Eigenschaften hin zu untersuchen. Merkmale, die nur einen geringen Beitrag zur Unterscheidung leisten, werden bei der Klassifikationsentscheidung gar nicht oder nur am Rande berücksichtigt. Entsprechend der ermittelten Bedeutung einzelner Eigenschaften wird eine mehrdimensionale Entscheidungsfunktion festgelegt, aufgrund deren eine Einordnung der Objekte in bestimmte definierte Klassen erfolgt. Mit Hilfe dieser Entscheidungsfunktion lassen sich anschließend Stichproben unbekannter Klassenzugehörigkeit einer bestimmten Klasse zuordnen[89].

Auf den Prozeß der Unternehmensanalyse übertragen sieht die Erkennung eines Bonitätsmusters folgendermaßen aus:

In einem ersten Schritt gilt es, die wirtschaftliche Lage und die Umweltsituation zu bestimmen. Hierfür eignen sich sowohl statistische Methoden als auch heuristische Verfahren auf der Basis von intuitiven Expertenentscheidungen. Die Zahl der in die Betrachtung einbezogenen Merkmale kann in diesem Stadium noch sehr groß sein. In einem weiteren Schritt werden die einzelnen Werte verdichtet und normiert, so daß für alle Merkmale ein einheitlicher Maßstab vorliegt, aber auch keine für die Klassifikation wichtige Information verloren geht. Ziel ist es, alle Unternehmen durch ein Bonitätsmuster in einem mehrdimensionalen Raum zu charakterisieren.
In der daran anschließenden Klassifizierungsphase werden diese Muster einer aus zwei oder mehreren Risikoklassen zugeordnet[90]. Für die Zuordnung eines Bonitätsmusters zu einer bestimmten Klasse steht eine Vielzahl sowohl mathematisch-statistischer, als auch symbolischer Verfahren zur Verfügung[91].

---

[89] Vgl. Heno, Rudolf, a.a.O., S.123-124.
[90] Vgl. Heno, Rudolf, a.a.O., S.135-137.
[91] Vgl. Fischer, Jürgen H., a.a.O., S.89 und Heno, Rudolf, a.a.O., S.181-186.

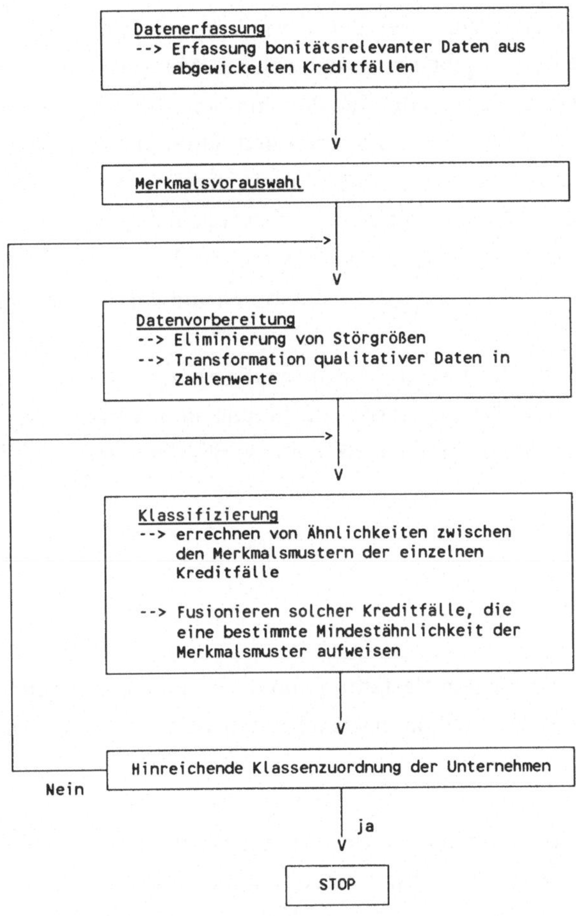

Abbildung 5: Flußdiagramm Mustererkennung

Bei einer automatischen Klassifizierung neuer Fälle müssen diese den in der Entwicklungsphase gebildeten Klassen zugeordnet werden. Für ein einzelnes Unternehmen wird ein entsprechendes Merkmalsmuster ermittelt. Dieses Muster wird mit den vorhandenen Mustern verglichen und daraufhin in eine Klasse eingeordnet. Wird kein passendes Muster gefunden, ist das Unternehmen als Graustufenfall einzuordnen und muß einer individuellen Prüfung unterzogen werden. Wann ein Muster noch passend ist, wird durch ein Ähnlichkeitsmaß festgelegt[92].

---

[92] Vgl. Heno, Rudolf, a.a.O., S.137.

Das Problem bei der Anwendung der Verfahren der Mustererkennung ist das Fehlen eines einheitlichen Lösungsweges. So gibt es sowohl bei der Merkmalsauswahl als auch bei der Klassifizierung eine Vielzahl möglicher Variationen, die bei gegebenem Datenmaterial jeweils zu anderen Ergebnissen kommen und damit auch zu einer unterschiedlichen Fehlerquote bei der Klassifizierung führen. Hinzu kommt, daß während der Entwicklungsphase die Merkmalsauswahl, die Ähnlichkeitsmaße und die Verfahren der Klassifizierung simultan optimiert werden sollten. Da dazu kein fester Algorithmus existiert, kann der beste Lösungsweg nur durch aufwendige Versuche ermittelt werden.

Für einen sinnvollen Praxiseinsatz erfordert das Verfahren die Speicherung sämtlicher Muster, die Entscheidungskriterium für die Klassenzuordnung sind. Dazu ist bei der Vielzahl der möglichen Einzelmerkmale im Firmenkreditgeschäft ein immenser EDV-Aufwand erforderlich[93].

2.5 Mängel der Analyseverfahren

Als prinzipielle Probleme der aufgezeigten Verfahren und der bislang in der Literatur dargestellten Analysemethoden lassen sich die nachstehenden Gesichtspunkte anführen:

Bei der Bonitätsanalyse von Firmenkunden existiert ein Zielkonflikt. Einerseits soll die Analyse möglichst kostengünstig und nur mit einem eng begrenzten Aufwand an Bearbeitungszeit möglich sein. Andererseits soll jedoch die Durchführung von sehr gründlichen Analysen Chancen und Risiken bei einer Unternehmung aufzeigen und diese möglichst detailliert einzelnen Unternehmensbereichen zuordnen können. Dies ist sowohl unter Risiko- als auch unter Marketinggesichtspunkten als erstrebenswert anzusehen.

Wird ein Bonitätsurteil mit Hilfe von statistischen Verfahren gefällt, kann zwar davon ausgegangen werden, daß nach einer aufwendigen Modellaufbau- und Testphase in kürzester Zeit die Klassifizierung eines neuen Engagements in die Klasse der guten oder der schlechten Unternehmen vorgenommen werden kann, eine Aussage darüber, welche betrieblichen Ursachen zu dieser Klassifizierung führen, ergibt sich daraus jedoch nicht. Auch lassen sich nur sehr eingeschränkt Aussagen über zukünftige Chancen- und Risikopotentiale einer Unternehmung treffen. Falls überhaupt qualitative

---

[93] Vgl. Heno, Rudolf, a.a.O., S.276 und van Gisteren, Roland, Bonitätsanalyse - Das optimale Verfahren gibt es nicht, in: Kreditpraxis 5/86, S.17.

Faktoren in die Analyse einbezogen werden, handelt es sich dabei meist um einige wenige Kennzahlen[94], die allerdings dem Wunsch, Potentiale und Risiken aufzuzeigen, nicht gerecht werden können.

Das andere Extrem stellen Versuche dar, durch umfangreiche Kennzahlen- und Indikatorenkataloge ein vollständiges und sehr differenziertes Bild von einem Unternehmen zu erhalten. So ist bei einer solchen Vorgehensweise zwar durchaus anzunehmen, daß unter dem Gesichtspunkt der Risiken- und Chancenerkennung alle Möglichkeiten ausgeschöpft werden, allerdings stehen Aufwand und Kosten oftmals in keinem Verhältnis zu den dabei erzielten Resultaten.

Zwischen den Jahresabschlußdaten und den qualitativen Merkmalen bestehen Interdependenzen. Insbesondere spiegeln die im Jahresabschluß dargestellten Zahlen das Betriebsgeschehen einer vergangenen Periode wider. Es ist davon auszugehen, daß aus bestimmten Kennzahlenentwicklungen Schlußfolgerungen auf die Strukturen des Unternehmens und auf einzelne Unternehmensbereiche wie z.B. die Stellung im Markt, das Investitionsverhalten im Vergleich zur Konkurrenz etc. gezogen werden können. Keines der beschriebenen Verfahren berücksichtigt diese Zusammenhänge angemessen. Bei den statistischen Verfahren ist die Erklärung für das Zustandekommen bestimmter Kennzahlenwerte von untergeordneter Bedeutung. Die meisten Verfahren der Jahresabschlußanalyse versuchen zwar, bestimmte Entwicklungen mit Hilfe der Bilanzkennzahlen zu erklären[95], verzichten aber darauf, diese ganz bestimmten Unternehmensstrukturen zuzuschreiben.

Die Bonitätsanalyse ist ein dynamischer Prozeß, der in einer sich ständig verändernden Umwelt abläuft. Bei Beurteilungsmodellen, die einmal mit einem sehr großen Aufwand entwickelt wurden, ist davon auszugehen, daß diese nach einer gewissen Zeit, zumindest in Teilbereichen, bereits überholt sind. Dies gilt sowohl für die mit Hilfe statistischer Verfahren ermittelten Trennwerte als auch für aufwendige Unternehmens-Checklisten.

Ein qualitativ hochstehendes Verfahren zur Bonitätsanalyse erfordert eine hohe Flexibilität. Eine adäquate Berücksichtigung von Branchen-, Größen-, Alters- und Rechtsformunterschieden ist genauso erforderlich wie die Möglichkeit zur Analyse in ver-

---

94 Siehe beispielsweise Orgler, Yair E., A Credit Scoring Model for Commercial Loans. In: Journal of Money, Credit and Banking, November 1970, S.440-445.
95 Siehe beispielsweise Coenenberg, Alfred, a.a.O, S.545-651 oder Obst, Georg, Kloten und Norbert, Geld-, Bank- und Börsenwesen, Hrsg. von Stein, Heinrich und Kloten, Norbert, 38. Aufl., Stuttgart 1988, S.316-324.

schiedenen Detaillierungsstufen. Bei einem Jahresabschlußvergleich wird eine Abstufung durch die Auswahl einer geeigneten Vergleichsgruppe bis zu einem gewissen Grad gewährleistet. Auch bei statistischen Verfahren ist eine Schichtung zwar prinzipiell möglich, der Aufbau eines validierten Modelles, das diese Unterschiede entsprechend berücksichtigt, ist jedoch sehr aufwendig. So muß die Trennfunktion für jede Stichprobe separat ermittelt werden. Eine Vereinfachung durch eine einheitliche Analysefunktion über alle Schichtungsmerkmale hinweg ist mit Vorsicht zu geniessen[96]. Ebenso ist für den Bereich der qualitativen Merkmale eine Checkliste, mit deren Hilfe bei einer kleinen Einzelhandelsunternehmung dieselben Kriterien überprüft werden wie bei einem großen Maschinenbaukonzern, als nicht sinnvoll anzusehen.

Die Ergebnisse der Analyse sollten gerade für den qualitativen Bereich einer Unternehmung eindeutig nachvollziehbar sein. Für die Einschätzung der zukünftigen Entwicklung eines Betriebes ist es notwendig, daß, falls Mängel vorliegen, genau bestimmt werden kann, in welchen Bereichen Abhilfe geschaffen werden muß. Auch hier sind deutliche Schwächen zu sehen, besonders bei den statistischen Verfahren. Da gerade im Firmenkreditgeschäft der Beratungsfaktor eines der wesentlichsten Elemente für die Dauerhaftigkeit der Kundenbeziehung ist[97], ist der Nutzen eines Analyseverfahrens, das keine Erklärung für das Zustandekommen einer bestimmten Beurteilung liefert, stark anzuzweifeln.

Bei statistischen Verfahren und Mustererkennungsverfahren, die qualitative Merkmale auf einer hochaggregierten Ebene verarbeiten, ist zu bemängeln, daß die Literatur konkrete Vorschläge über die Durchführung einer solchen Aggregation vermissen läßt.

---

[96] In dem Aufsatz von Köllhöfer, Dietrich, Moderne Verfahren der Bilanz- und Bonitätsanalyse im Firmenkundengeschäft der Bayrischen Vereinsbank AG, in: zfbf 41, 11/1989, S.977 wird die Meinung vertreten, daß eine Schichtung zu keiner Verbesserung der Analyseergebnisse bei der Diskriminanzanalyse führt. Allerdings wird von anderen Autoren eine Schichtung als unbedingt notwendig erachtet (vgl. z.B. Heno, Rudolf, a.a.O., S.108).

[97] Vgl. Land, Günther und Lütteken, Udo A., Firmenkreditgeschäft - Gestiegene Anforderungen zwingen zur Anpassung, in: B.Bl. 1/1981 (30.Jahrgang), S.1-8.

3. Wissensbasierte Systeme und Wissensakquisition - methodischer Rahmen

Ausgehend von den im letzten Kapitel vorgebrachten Mängeln der in der Literatur beschriebenen Verfahren, ist die Zielsetzung dieser Arbeit, mit Hilfe der Technologie der Wissensverarbeitung eine Verbesserung bei den genannten Punkten zu erreichen.

Vor diesem Hintergrund gibt das dritte Kapitel einen grundsätzlichen Überblick über die Wissensverarbeitung und die Techniken der Wissenserhebung.

3.1 Wissensbasierte Systeme und Wissensverarbeitung

3.1.1 Systembestandteile

Ein wissensbasiertes System läßt sich durch die folgenden Bestandteile charakterisieren[98]:

Wissensbasis

Unter einer Wissensbasis (auch Wissensbank) ist die Gesamtheit des Wissensbestandes zu verstehen, der einem wissensbasierten System zur Verfügung steht. Dies sind sowohl die Fakten und Muster, die das Wissensgebiet charakterisieren, als auch Regeln und Heuristiken, die Beziehungen und Phänomene des Problembereiches beschreiben.

Inferenzmechanismus

Der Inferenzmechanismus ist die formale Problemlösungskomponente. Darin enthalten sind die Steuerungs- und Ablaufvorschriften, nach denen die Wissensbasis interpretiert wird. Die Inferenzmaschine ist grundsätzlich anwendungsneutral und, falls mit speziellen Softwareumgebungen (Shells) gearbeitet wird, bereits im Entwicklungswerkzeug implementiert[99]. Die zur Verfügung gestellte Unterstützung reicht je nach

---

[98] Gibt es für die Begriffe "wissensbasiertes System" und "Expertensystem" je nach Autor noch unterschiedliche Definitionen, so besteht bei der Frage welches die Komponenten eines wissensbasierten Systems sind Einigkeit. Vgl. Simeonoff, Peter, Expertensysteme in der Kreditwirtschaft - Mythos oder schon Realität. Ein Rückblick auf die Bankakademietagung 1987, in: ÖBA 2/88, S.147. Zu den einzelnen Komponenten vgl. auch Siegert, Helmut, Zur Diffusion wissensbasierter Systeme in der Finanzwirtschaft, in: geldinstitute 9 - 1990, S.32.

[99] Vgl. Milling, Peter, a.a.O., S.385-386.

Werkzeug von der strengen mathematischen Beweisführung bis hin zu ungenauen Schlußfolgerungen auf der Grundlage von probabilistischem Wissen. Die bekanntesten Methoden sind hierbei die Vorwärtsverkettung (datengetriebene Vorgehensweise) und die Rückwärtsverkettung (zielgetriebene Vorgehensweise)[100].
Objektorientierte Ansätze verbinden diese Inferenztechniken mit einer objektorientierten Wissensbasis. In einer solchen Wissensbasis werden Faktenwissen und Regeln in Klassen, Objekten und Methoden dargestellt, die dann der Außenwelt als geschlossenes Gebilde gegenüberstehen. Die Manipulation der Objekte erfolgt über das Senden und Empfangen von Nachrichten. In Abhängigkeit von der Ausprägung einzelner Objekte veranlaßt die Inferenzmaschine die Ausführung von bestimmten Steuerprozeduren und -regeln[101].

Erklärungskomponente

Mit Hilfe der Erklärungskomponente läßt sich die Lösungsfindung der Inferenzkomponente rekonstruieren. Es soll dem Benutzer erläutert werden, warum die Abfrage bestimmter Informationen erfolgt, welche Regeln Anwendung finden und wie die Ableitung der Ergebnisse vorgenommen wird[102].

Dialogkomponente

Die Dialogkomponente realisiert die Kommunikation mit dem Benutzer. Im Vordergrund steht hierbei die strikte Anwenderbezogenheit. Als Möglichkeiten existieren je nach Entwicklungswerkzeug der Einsatz einer Menüsteuerung, die Anwendung von Fenster-Techniken oder auch die Einbindung von graphischen Oberflächen[103].

Wissenserwerbskomponente

Durch die Wissenserwerbskomponente wird das Einfügen neuen Wissens in die Wissensbank unterstützt. Sie ermöglicht es, das abgelegte Wissen auf dem neuesten Stand zu halten, ohne direkt in die Programmstrukturen einzugreifen[104].

---

[100] Vgl. Schmitz, Paul und Lenz, Andreas, Abgrenzung von Expertensystemen zu konventioneller ADV, in: BFuP 6/86, S.503.

[101] Vgl. Busche, Rosemarie und Krickhahn, Reinhard, Modellgestützte Entwicklung eines wissensbasierten Systems für die Fehlerdiagnose in komplexen Industrieanlagen, in: KI 3/89, S.11.

[102] Vgl. Savory, Stuart E., Grundlagen von Expertensystemen, München 1988, S.128.

[103] Vgl. Schmitz, Paul und Lenz, Andreas, a.a.O., S.502.

[104] Vgl. Dube, Jürgen, Wissen ist Macht, in: geldinstitute 1/1988, S.9-10.

Mit Hilfe der einzelnen Systemkomponenten sind im Vergleich mit konventionellen Verfahren der Bonitätsanalyse Verbesserungen bei folgenden Punkten zu erwarten:

Die Komplexität der Bewertungsfindung kann durch die Unterstützung der Inferenzkomponente reduziert werden. Die Nachbildung des umfangreichen Fakten- und Problemlösungswissens läßt sich dadurch vereinfachen, daß die Inferenzmaschine die Strukturierung der Aufgabenstellung und die Lösungsfindung unterstützt sowie Teilaufgaben selbständig übernimmt. Eine automatische Berücksichtigung aller Kombinationsmöglichkeiten erlaubt es so, die Analyse der Unternehmensqualität in einer Art und Weise abzubilden und zu untersuchen, die wegen ihrer Komplexität bisher menschlichen Experten vorbehalten oder in der Form überhaupt nicht lösbar waren. Die Interdependenzen zwischen den Elementen des Wissensgebietes können angemessen berücksichtigt werden. Außerdem lassen sich branchen-, größen- und altersspezifische Unterschiede zwischen einzelnen Unternehmen darstellen. Voraussetzung ist die gezielte Aufarbeitung des zugrundeliegenden Wissens, so wie es von Experten in der Beurteilungspraxis angewandt wird. Die detaillierte Aufbereitung des Wissens erfordert die Identifikation der relevanten Parameter und die Entwicklung geeigneter Aggregationsmodelle. Die bei der Systementwicklung erforderliche systematische Vorgehensweise gewährleistet die Nachvollziehbarkeit der Modelle, der Gewichtungen und der einbezogenen Bonitätsmerkmale.

Für den Aufbau eines einsatzfähigen Bonitätsanalysesystems ist zu erwarten, daß die von Standard-Entwicklungswerkzeugen angebotenen Inferenzmechanismen zur Lösungsfindung und zur Programmsteuerung nicht ausreichen. Problematisch ist, daß diese Mechanismen oftmals Aktionen veranlassen, die im Rahmen eines gezielten Analyseablaufs nicht zu vertreten oder nicht wünschenswert sind. Letztendlich führt dies dazu, daß eine Reihe von Lenkungs- und Verarbeitungsalgorithmen prozedural definiert werden müssen[105].

Die Dialogkomponente eines wissensbasierten Systems bietet eine Vielzahl von Möglichkeiten zur Benutzerinteraktion und zur Bewertungsdarstellung. Insbesondere können die Bewertungsergebnisse auf verschiedenen Ebenen in mehreren Detaillierungsgraden abgebildet werden, ohne daß Teildaten durch Aggregation verloren gehen. Die Darstellung läßt sich automatisieren. Der bei umfangreichen Kriterienkatalogen be-

---

[105] Diese Problematik scheint in der Praxis häufiger aufzutreten, vgl. dazu Busche, Rosemarie und Krickhahn, Reinhard, a.a.O., S.11, - "Neben der deklarativen Darstellung der in der Domänenschicht repräsentierten Konzepte und Relationen enthält die Objektwissensbasis auch einige prozedurale Anteile".

mängelte Zeit- und Kostenaufwand kann so ohne einen Verzicht auf die detaillierte Chancen- und Risikenermittlung deutlich reduziert werden.

Mit Hilfe der Erklärungskomponente wird gewährleistet, daß die Bewertungsfindung keine "Black Box" darstellt. In jedem Stadium der Analyse kann die Ermittlung von Teilergebnissen und die Aggregation zu einem Gesamtergebnis illustriert werden. Im Gegensatz zu statistischen Modellen bleibt der Analyseprozeß transparent.

Von besonderer Bedeutung ist die Wissenserwerbskomponente. Eine Fachabteilung kann unabhängig von Systemexperten bestimmte Bewertungsmuster auf dem aktuellsten Stand halten, ohne direkt in das Programm einzugreifen. So kann sichergestellt werden, daß die implementierten Regeln und Strukturen stets zeitgemäß sind. Bei rein regelbasierten Systemen ergeben sich dabei gewisse Schwierigkeiten, zumal ein Zugriff auf die Regeln ohne Verwendung des Entwicklungwerkzeuges nicht ohne weiteres möglich ist. Vielversprechender erscheint ein objektorientierter Ansatz, der es erlaubt, die Objektstrukturen auf eine Datenbank auszulagern. Die Attribute der einzelnen Bonitätsmerkmale können dann mit Hilfe eines Texteditors modifiziert werden. Ebenso lassen sich neue Merkmale hinzufügen oder nicht mehr relevante Faktoren löschen.

3.1.2 Phasen der Systementwicklung

Für die Entwicklung von wissensbasierten Systemen wird meist eine zyklische Vorgehensweise empfohlen, bei der die Systementwicklung nicht aufgrund einer einmaligen Spezifikation erfolgt, sondern in mehreren aufeinander aufbauenden Versionen. Innerhalb dieser Zyklen ist das Bestreben zu erkennen, den Ablauf in verschiedene Phasen zu unterteilen. Die Größe eines Zyklus hängt wesentlich vom Wissensgebiet und von der gewählten Vorgehensweise ab. So ist es bei entsprechend gründlicher Vorbereitung durchaus vorstellbar, daß am Ende eines einzigen Durchlaufs bereits ein einsatzfähiges System steht.

Die Entwicklung von wissensbasierten Systemen läßt sich in folgende Stufen unterteilen:

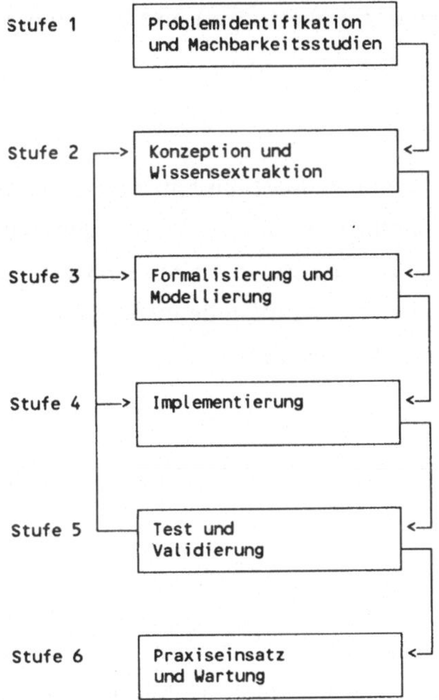

Abbildung 6: 6-Stufen-Konzept zur Entwicklung von wissensbasierten Systemen[106]

Stufe 1

In der Problemidentifikationsphase gilt es zunächst, die Objekte des Wissensgebietes
aufzuspüren und eine Problem- und Zieldefinition vorzunehmen. Ebenso empfiehlt es
sich, bei kommerziellen Aufgaben eine Kosten-Nutzen-Analyse durchzuführen und
einen Projektplan zu erstellen.

Stufe 2

Die Konzeptionsphase umfaßt die Extraktion des Wissens. Mit Hilfe von Fachliteratur
und Funktionsbeschreibungen wird das Wissensgebiet aufgearbeitet. Auf der Basis
dieser Informationen werden zusammen mit dem Experten die nötigen Konzepte und
Kontrollmechanismen zur Lösung der Aufgaben ermittelt. Daneben muß ein geeignetes Entwicklungswerkzeug für die Systemimplementierung identifiziert werden.

---

106 In Anlehnung an Kamran, Parsaye und Chignell, Mark, Expert Systems for Experts, Los Angeles 1988,
     S.297.

Stufe 3

Das zuvor ausgearbeitete Material wird in der Formalisierungsphase strukturiert und modelliert oder in Form eines Prototypen implementiert. Am Ende dieser Phase muß die theoretische Modellierung einschließlich der Bewertungen und Beziehungen komplettiert sein.

Stufe 4

Das modellierte Wissen wird in der Implementierungsphase in einem Repräsentationsformalismus auf dem Rechner implementiert, so daß ein lauffähiges System entsteht. Dazu empfiehlt es sich, die Wissensrepräsentation in einer den Modellen ähnlichen Struktur vorzunehmen. Außerdem sollte die Schnittstellenproblematik zu bestehenden Anwendungen und zu Datenbanken gelöst werden.

Stufe 5

Die Testphase dient dazu, das System anhand von Beispielen und Testfällen zu validieren. Des weiteren ist es notwendig, die Meinung der Anwender und der Experten zur Leistung des Systems zu hören und festzustellen, ob es die erforderliche Leistung erbringt.
Nach den Ergebnissen der Testphase kann ein Wiedereinstieg in den Entwicklungszyklus in eine bestimmten Stufe erforderlich werden. Der Aufbauprozeß wird dann entsprechend wiederholt.

Stufe 6

Das fertig entwickelte und ausgetestete System wird in der Praxis eingesetzt.

Vereinzelt differieren die Aufgaben, die den einzelnen Phasen von verschiedenen Autoren zugeordnet werden. Unterschiede finden sich bei der Frage, wann mit der Programmierung des wissensbasierten Systems begonnen werden soll. Auch wird die Meinung vertreten, daß die Implementierung parallel zur Wissenserhebung bereits ab Stufe zwei[107] oder ab Stufe drei[108] durchzuführen ist.
Generell ist zu diesem Stufenkonzept anzumerken, daß die einzelnen Phasen beim Aufbau eines wissensbasierten Systems eher als logische Phasen zu verstehen sind und fließend ineinander übergehen.

---

[107] Vgl. Noelke, Uwe, Das Wesen des Knowledge Engineering, in: Künstliche Intelligenz und Expertensysteme, 2. erg. Auflage, Hrsg. Stuart F. Savory, Oldenburg 1985, S.113.
[108] Vgl. Mertens, Peter und Biebinger, Henning, a.a.O., S.64-67.

3.2 Methodische Fragen der Wissensakquisition

3.2.1 Begriffserläuterung

Der Begriff "Wissensakquisition"[109] bezeichnet die methodische Aufarbeitung eines speziellen Fachgebietes im Hinblick auf die Umsetzung in eine Wissensbasis. Das Wissen wird aus verschiedenen Quellen wie Experten, Fachliteratur oder unternehmensinternen Schriftstücken mit Hilfe von unterschiedlichen Erhebungstechniken extrahiert, um anschließend analysiert und operationalisiert zu werden. In Abgrenzung zum Begriff "Knowledge Engineering" ist im Rahmen der Wissensakquisition die Programmierung des endgültigen, ablauffähigen Systems nicht enthalten.

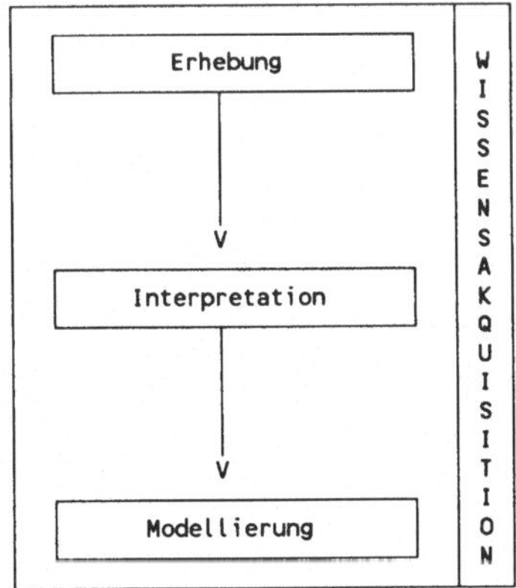

Abbildung 7: Wissensakquisition

Aus Gründen der Vollständigkeit soll an dieser Stelle noch erwähnt werden, daß im amerikanischen Sprachgebrauch unter Wissensakquisition (Knowledge Acquisition) häufig die Bearbeitung und Verbesserung einer bestehenden Wissensbasis verstanden wird. Der in diesem Teil der Arbeit im Vordergrund stehende Erwerb von menschlichem Expertenwissen, insbesondere in den Phasen vor der Implementierung, wird dort häufig als "Knowledge Elicitation" bezeichnet[110]. Im Rahmen dieser Arbeit wird

---

[109] Die Begriffe Wissenserhebung und Wissensakquisition werden synomyn verwendet.
[110] Vgl. Diederich, Joachim, Wissensakquisition, Arbeitspapiere der GMD 245, Sankt Augustin 1987, S.9.

unter Wissensakquisition die komplette methodische Aufarbeitung des Fachgebietes verstanden.

Da ein wissensbasiertes System nur so gut sein kann wie das Wissen, das ihm zugrunde liegt, legt die Wissensakquisition den Grundstein für die Qualität des Systems. Um eine hohe Systemqualität zu gewährleisten, ist daher ein systematischer Ansatz bei dem Erwerb des Wissens unverzichtbar.

3.2.2 Auswahl einer geeigneten Methode zur Wissensakquisition

Unter Berücksichtigung der Themenstellung bieten sich in der Praxis zwei grundsätzliche Vorgehensweisen zur Entwicklung von wissensbasierten Systemen an: Rapid Prototyping und Strukturierte Wissensakquisition.

3.2.2.1 Rapid Prototyping

Unter "Rapid Prototyping" wird das schrittweise Auffüllen der Wissensbasis mit Fakten und Regeln verstanden. Dabei ist beabsichtigt, möglichst frühzeitig einen lauffähigen Prototypen des Systems zu erhalten, der je nach Entwicklungsstadium einige oder alle Leistungsmerkmale der Endversion enthält. Mit Prototyping können mehrere Ziele verfolgt werden: Ein Prototyp kann im Kommunikationsprozeß mit dem Benutzer eingesetzt werden, um die Benutzeranforderungen an einem Beispiel konkret zu spezifizieren. Daneben läßt sich das Entwicklungswerkzeug für die konkrete Aufgabenstellung testen und die Tauglichkeit der angebotenen Repräsentationsformalismen evaluieren.
Durch den ständigen Abgleich des Prototypen mit den Benutzeranforderungen ist es möglich, Fehler zu einem frühen Zeitpunkt zu erkennen und gegebenenfalls entsprechende Gegenmaßnahmen einzuleiten. So ist die Wissensbasis auch vor der Implementierung aller Fakten und Regeln ablauffähig und kann direkt getestet werden[111]. Die Vorgehensweise wird durch die Architektur von wissensbasierten Systemen, die eine Trennung von Wissensbasis und Inferenzkomponente vorsieht, unterstützt.

---

[111] Vgl. Savory, Stuart E., a.a.O., S.24.

Die Gefahr bei Anwendung dieser Methode ist darin zu sehen, daß insbesondere bei umfangreichen Systemen der Überblick leicht verloren gehen kann, z.B. weil eine Problemstellung nicht gründlich genug analysiert und dokumentiert wurde.

Eine weiteres Risiko besteht in einer zu starken Ausrichtung auf das jeweilige Entwicklungswerkzeug. Der Entwickler orientiert sich dann mehr an seinen jeweiligen Kenntnissen des Implementierungswerkzeuges als an der Problemstellung. Einmal implementierte Lösungsansätze werden nur ungern wieder verworfen[112].

3.2.2.2 Strukturierte Wissensakquisition

Als Alternative zur schnellen Entwicklung von Prototypen wird bei einem systematischen Ansatz bereits von Anfang an versucht, möglichst viel Theorie in die Systementwicklung einzubringen. Ziel ist es, bereits vor der Implementierung eine detaillierte Charakterisierung des Problems zu erhalten[113].

Wird das so erhobene Wissen nicht direkt in den Formalismen des verwendeten Programmierwerkzeuges abgebildet, sondern zunächst in einem oder mehreren konzeptuellen Modellen dargestellt, spricht man von modellbasierter Wissensakquisition[114].

Im Rahmen dieser Arbeit wird eine Vorgehensweise gewählt, wie sie die strukturierte Wissensakquisition vorsieht. Insbesondere soll zuerst das Wissensgebiet aufgearbeitet und für den Leser nachvollziehbar dargestellt werden. Um die Trennung zwischen Wissenserhebung und Implementierung zu gewährleisten, wird das erhobene Wissen zunächst in Modellen abgebildet[115]. Erst im Anschluß an die Modellierung erfolgt eine Umsetzung in das wissensbasierte System.

In den folgenden Abschnitten wird eine solche Methodik eingeordnet und beschrieben:

Ähnlich wie bei Fragestellungen der empirischen Sozialforschung geht es bei der Wissensakquisition darum, mit unstrukturiertem, unsystematischem menschlichen Wissen zu arbeiten. Beide Zweige haben ein gemeinsames Ziel, nämlich ein maßstabsgetreues

---

112 Vgl. Savory, Stuart E., a.a.O., S.25.
113 Vgl. Pfeifer, Rolf, Knowledge Acquisition und Lernen: Zwei fundamentale Probleme, S.258, in: Savory, Stuart E., Expertensysteme: Nutzen für Ihr Unternehmen, München, Wien 1987.
114 Vgl. Laske, Otto E., Ungelöste Probleme bei der Wissensakquisition für wissensbasierte Systeme, in: KI 4/89, S.5.
115 Vgl. dazu auch Alison L. Kidd, Knowledge Acquisition - An Introductory Framework, in: Kidd, Alison L., Knowledge Acquisition for Expert Systems, New York London 1987, S.3.

Bild des erhobenen Wissens in einer Studie bzw. in einem wissensbasierten System zu erhalten. Aus diesem Grund kommen auch die gegenwärtig verwendeten Techniken zum Erwerb von Expertenwissen fast alle aus dem Bereich der empirischen Sozialforschung. Für die Untersuchung des Wissensgebietes ist es notwendig, die geeigneten Techniken herauszufinden[116].

Um dem Wunsch nach einem systematischen Ansatz und nach Nachvollziehbarkeit der Ergebnisse gerecht zu werden, bietet sich eine Methode an, die sowohl die Extraktion des Wissens mit Hilfe der Techniken der Sozialforschung unterstützt als auch eine Problembeschreibung unabhängig vom Implementierungsformalismus liefern kann. Bei der 1985 im Rahmen eines Esprit-Projektes entwickelten Methode KADS (Knowledge Acquisition, Documentation and Structuring) handelt es sich um einen solchen Ansatz[117].

3.2.2.3 Wissensakquisition nach der KADS-Methodologie

Unter KADS wird sowohl die Methodologie einer strukturierten Vorgehensweise bei der Wissensakquisition als auch ein wissensbasiertes System verstanden, das diese Methodologie unterstützt. Im Rahmen dieser Arbeit wird mit dem Terminus KADS nur die Methode bezeichnet, da das Unterstützungssystem für die Entwicklung nicht zur Verfügung stand.

---

[116] Vgl. Stender, Joachim, Wissenserhebung und -strukturierung in Expertensystemen. Ein induktiver Ansatz; eine praxisorientierte, didaktisch aufbereitete Darstellung des Prozesses des Knowledge Engineerings unter besonderer Berücksichtigung induktiver Methoden, München 1989, S.52-53.

[117] Die Beschreibung der KADS Methodologie wurde aus folgenden Arbeiten extrahiert:
Busche, Rosemarie und Krickhahn, Reinhard, a.a.O., S.4-13.
Breuker, Jost and Wielinga, Bob, Techniques for Knowledge Elicitation and Analysis, Report 1.5 Esprit Project 12, Memorandum 28 of the Research Project "The Acquisition for Expertise", University of Amsterdam, 1984.
Breuker, Jost and Wielinga, Bob, Models of Expertise, in: Proceedings European Conference of Artificial Intelligence (ECAI), Brighton 1986.
Breuker, Jost and Wielinga, Bob, Use of Models in the Interpretation of Verbal Data, a.a.O., S.17-44.
Bullinger, Hans-Jörg und Wasserlos, Georg, Die Entwicklung praxisgerechter Expertensysteme: knowledge engineering, Landsberg 1989, S.104-105.
Diederich, Joachim, Wissensakquisition, a.a.O..
Diederich, Joachim and Uthmann, Thomas, Knowledge Acquisition for Expert Systems, Arbeitspapiere der GMD 281, Sankt Augustin, Dezember 1987.
Hickman, Frank; Killin, Jonathan; Land, Lise; Mulhall, Tim; Porter, David; Taylor, Robert, Analysis for knowledgebased systems - a practical guide to the KADS methodology, Ellis Horwood 1989.
Karbach, Werner, KI-Lexikon, Modellbasierte Wissensakquisition, in: KI, 4/89, S.13.
Karbach, Werner, Wissenserhebungstechniken, Wissensanalyse und Wissensrepräsentation - ein Überblick, in: Werex Bericht Nr. 23, 1988.
Puppe, Frank, Einführung in Expertensysteme, Berlin Heidelberg 1988, S.114-115.

KADS versteht den Aufbau einer Wissensbasis als eine Serie von Transformationen des Wissens, an deren Ende eine implementierbare Wissensbasis steht. Vor diesem Hintergrund baut die KADS-Methodologie auf zwei Hauptfunktionen auf:

- Das Wissensgebiet wird vor der Konzeption und Implementierung eines wissens-basierten Systems detailliert anhand von Fachliteratur und Expertenwissen aufgearbeitet. Die Extraktion von menschlichem Expertenwissen wird mit Hilfe der Methoden der empirischen Sozialforschung durchgeführt.

- Das erhobene Wissen wird in eine interpretierbare Struktur überführt, sogenannte "Interpretationsmodelle", die typische Erkenntnisse auf abstrakter Ebene beschreiben. Diese Strukturierung kann je nach Entwicklungsstadium von einer einfachen Einteilung bis hin zu einem detaillierten Modell reichen. Einzelne Modelle können den Experten zur Evaluierung vorgelegt werden und haben somit eine ähnliche Rolle wie ein schnell entwickelter Prototyp.

Die beiden Funktionen werden zyklisch angewendet mit dem Ziel einer ständigen Verbesserung der Strukturierung und einer exakten Beschreibung der Architektur des wissensbasierten Systems.

Wie eine solche mehrstufige Modellierung bei dem zur Bearbeitung anstehenden Wis-sensgebiet aussehen könnte, zeigt nachfolgendes Schaubild:

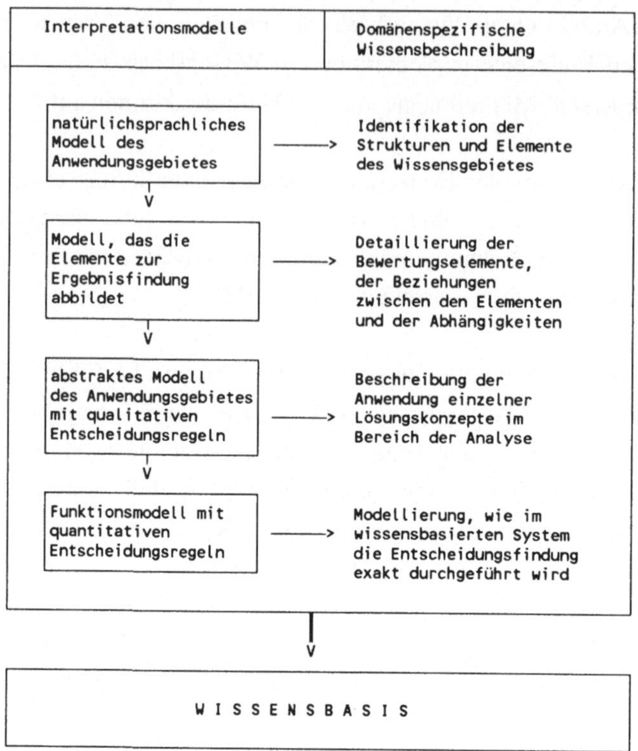

Abbildung 8: Interpretationsmodelle

KADS unterscheidet zunächst drei Zyklen zur Aufbereitung eines Wissensgebietes. Diese Zyklen, repräsentiert durch die verschiedenen Entwicklungsphasen der Methodologie, lassen sich wie folgt einteilen:

Orientierung:

In der ersten Phase soll das Wissensgebiet umschrieben, Probleme und Aufgaben grob umrissen und mögliche anwendbare Konzepte untersucht werden.

Konkretisierung:

In diesem Stadium der Wissensakquisition ist es das Ziel, eine detaillierte Beschreibung des Wissensgebietes zu erhalten. Die einzelnen Objekte des Wissensgebietes werden den Aufgaben entsprechend eingeteilt und in eine hierarchische Relation zueinander gebracht.

Operationalisierung:

In der letzten Phase gilt es, die Methoden und Strategien zu identifizieren und zu beschreiben, die auf die Objekte der Wissensbasis dynamisch anzuwenden sind und mit denen das wissensbasierte System zu Lösungsvorschlägen gelangen soll.

Für die verschiedenen Phasen (1=Orientierungsphase; 2=Konkretisierungsphase; 3=Operationalisierungsphase) werden unterschiedliche Techniken zur Wissenserhebung vorgeschlagen, abhängig von den Daten, die damit gewonnen werden sollen:

Tabelle 6: Techniken der Wissensakquisition

		Phasen		
Technik	Daten zu	1	2	3
<u>Fokussiertes Interview</u>	- Faktenwissen - Problemtypen - Funktionen	*	*	
<u>Strukturiertes Interview</u>	- Strukturen von Konzepten - Mentale Modelle - Gründe für bestimmte Vorgehensweisen		*	
<u>Introspektion</u>	- Globale Beschreibung der Lösungsstrategien - Rechtfertigungen für Entscheidungen - Bewertung von Lösungen	*	*	
<u>Lautes Denken</u>	- Anwendung des Wissens - Problemlösungs- und Schlußfolgerungsstrategien			*
<u>Dialoge mit möglichen Nutzern</u>	- Problemlösungs- und Schlußfolgerungsstrategien - "wann's" und "wie's"			*
<u>Überarbeiten der zuvor gewonnenen Daten</u>	- Füllen von Wissenslücken - Neubewertung von Analysen und Daten - Wissen zur Beurteilung der weiteren Vorgehensweise		*	*

Für die Wissensakquisition eignen sich noch weitere Techniken der empirischen Sozialforschung wie z.B. schriftliche Befragung, Gruppendiskussion, Brainstorming, Delphi-Methode, Inhaltsanalyse, Konstruktgitterverfahren etc., die, wie die in der Tabelle dargestellten Techniken, zu einem späteren Zeitpunkt detailliert beschrieben werden, falls sich im Rahmen der Untersuchung eine Anwendung als sinnvoll erwiesen hat.

Als weitere Detaillierung der beschriebenen Phasen unterscheidet KADS fünf Ebenen der Wissensanalyse, die sich sowohl nach dem Grad der Abstraktion des Wissens als auch nach dem Grad der Umsetzung einteilen lassen:

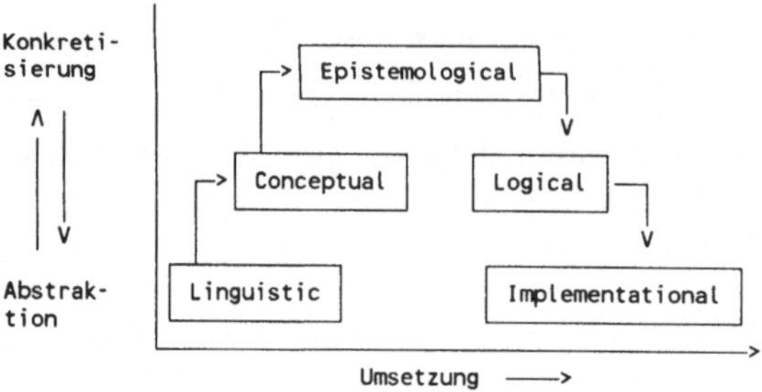

Abbildung 9: Abstraktionsebenen der Wissensanalyse

Auf der natürlichsprachlichen Ebene (Linguistic Level) geht es darum, einzelne Elemente des Wissensgebietes zu identifizieren, z.B. mit Hilfe von Expertengesprächen oder anhand der Fachliteratur. Die Beziehungen zwischen den Elementen werden im Bereich der nächsten, der konzeptuellen Ebene (Conceptual Level) analysiert. Ziel ist es, eine Reihe von einfachen Konzepten zur Strukturierung des Wissensgebietes zu erhalten, die in einem Analysemodell darstellbar sind. Innerhalb der erkenntnistheoretischen Ebene (Epistomological Level) sollen diese Konzepte detailliert, die Zusammenhänge des Wissensgebietes ausfindig gemacht und die Resultate zu einem globalen Entwurfsmodell zusammengefaßt werden. Darauf folgend wird auf der logischen Ebene (Logical Level) versucht, die vorliegenden allgemeinen Ergebnisse zu präzisieren und in ein technisches Entwurfsmodell umzusetzen mit dem Ziel, schließlich ein Modellkonstrukt zu erhalten, das in einen Programmcode übertragbar ist (implementierbare Ebene - Implementational Level).

Für die fünf Ebenen der Wissensanalyse beschreiben Breuker und Wielinga vier Schichten, auf denen eine Interpretation und Beschreibung des Wissens erfolgt. In jeder Schicht wird eine andere Art von Wissen dargestellt:

In der Bereichsschicht (Domain Layer) werden die Merkmale des Anwendungsgebietes, eventuelle Relationen zwischen den Merkmalen und darauf aufbauende Strukturen beschrieben. Die Inferenzschicht (Inference Layer) enthält eine Beschreibung der Schritte, mit deren Hilfe das wissensbasierte System die Lösungen generieren soll. Innerhalb der Aufgabenschicht (Task Layer) werden diese Schritte zu einem einheitlichen Konzept zusammengefaßt und in eine detaillierte Problemlösungsstrategie überführt. Das Wissen der Strategieschicht (Strategic Layer) repräsentiert schließlich die Kontrolle der Ausführungsreihenfolge, indem es einzelne Aufgaben aktiviert bzw. deaktiviert und versucht, bei Fehlschlägen alternative oder bessere Lösungen zu finden.

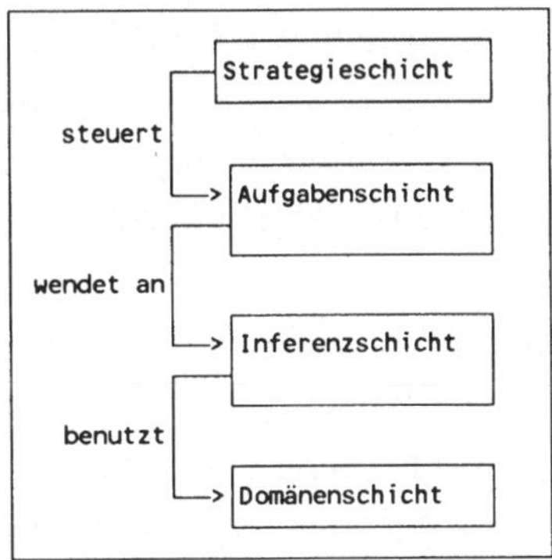

Abbildung 10: Wissensschichten und Beziehungen innerhalb der Schichten

Der Aufbau einer Modellwelt für das Wissensgebiet der Unternehmensqualitätsanalyse orientiert sich im wesentlichen an diesen vier Wissensschichten. Im Vordergrund stehen dabei die Domänenschicht und die Inferenzschicht. Die Deskription des Domänenwissens soll die für eine Analyse relevanten Objekte und Strukturen darlegen, die des Inferenzwissens die Bewertungs- und Gewichtungsmodelle charakterisieren.

4. Unternehmensqualität - Theoretische Betrachtungen und Strukturierung des Wissensgebietes

4.1 Grundsätzliche Anmerkungen

Das vierte Kapitel beschreibt die Orientierungsphase der KADS-Methodologie. Erhoben wird das Domänenwissen. Mit Hilfe der Fachliteratur und durch Expertengespräche werden die Inhalte des Wissensgebietes strukturiert, Prozesse identifiziert und eine Grundlage für tiefergehende Erhebungen geschaffen. Soweit in die Untersuchungen Experten involviert waren, erfolgte die Wissenserhebung mit den offenen Techniken der Wissensakquisition, insbesondere mit unstrukturierten Interviews[118].

Als Ausgangsbasis werden zunächst grundsätzliche Zusammenhänge zwischen menschlicher Problemlösung und maschineller Wissensverarbeitung erläutert. Aufbauend auf der Theorie der menschlichen Problemlösung soll ein Überblick über die Beurteilungspraxis gegeben, eine Abgrenzung vorgenommen und ein allgemeines Modell erstellt werden.

Die konkreten Problemstellungen sehen hierbei wie folgt aus:

Die Attribute des Wissensgebietes "Analyse der Unternehmensqualität" müssen generell festgelegt werden. Hinweise dazu finden sich bei einer Betrachtung der gegenwärtigen Beurteilungspraxis und durch ein Studium der einschlägigen Fachliteratur. Bekannte Einteilungen sollen übernommen oder gegebenenfalls so modifiziert werden, daß sie als Basis für ein Beurteilungsmodell einsetzbar sind.
In einem weiteren Schritt ist es erforderlich, die für die Analyse kritischen Determinanten zu bestimmen. Aufbauend auf den strukturellen Abhängigkeiten sollen die Teilbereiche ermittelt werden, für die eine gezielte Wissensakquisition sinnvoll erscheint.
Zusätzlich ist es notwendig, die für eine Analyse relevanten Daten festzulegen. Es gilt, die identifizierten Daten mit den zur Verfügung stehenden Datenquellen abzugleichen und auf ihre Verwendungsmöglichkeiten im Rahmen der Unternehmensanalyse zu untersuchen.

---

[118] Das unstrukturierte Interview ist vergleichbar mit einer normalen Konversation zwischen Knowledge Engineer und Experten und dient dazu die generelle Problemstellung, die Terminologie des Wissensgebietes und geeignete Performanzkriterien für das spätere System zu identifizieren.
Vgl. Karbach, Werner, Wissenserhebungstechniken, Wissensanalyse und Wissenrepräsentation - ein Überblick, in: Werex Bericht Nr. 23, 1988, S.9.

4.2 Unternehmensanalyse und menschliche Problemlösung

Im Mittelpunkt der Unternehmensanalyse steht die Verarbeitung und Verdichtung von Informationen zu einem Analyseurteil. Aus einer Vielzahl von zur Verfügung stehenden Informationen werden diejenigen ausgewählt, die für einen zur Beurteilung anstehenden Einzelfall eine besonders hohe Bedeutung aufweisen. Die ausgewählten Informationen müssen zu einem Analyseurteil aggregiert werden. Der Mensch läßt sich dabei als Informationsverarbeitungssystem ansehen, das die aus der Umwelt eingehenden Informationen mit seinen inneren Mechanismen verarbeitet und ein Handeln veranlaßt. Die Manipulation der eingehenden Informationen erfolgt im menschlichen Organismus mit Hilfe von unterschiedlichen Prozessen. Im einzelnen sind dies Erinnerungs-, Denk- und Lernprozesse[119].

Eine Erklärung und Beschreibung solcher Prozesse leistet die deskriptive Entscheidungstheorie. Mit Hilfe von empirischen Untersuchungen wird das Zustandekommen von Entscheidungen erklärt. Untersuchungsgegenstand ist, welche Einflüsse für die Bildung von Entscheidungsprämissen maßgeblich sind und wie die Übertragung von äußeren Bedingungen in Entscheidungsprämissen erfolgen kann[120].

Die Bedeutung dieser Ansätze für die Unternehmensanalyse ergibt sich daraus, daß Bedingungen und Einflußfaktoren untersucht werden, die bei der Findung eines Analyseurteils zu berücksichtigen sind. Aus der Betrachtung der menschlichen Informationsverarbeitung im Rahmen eines solchen Entscheidungsprozesses lassen sich grundsätzliche Hinweise für die wissensbasierte Unternehmensanalyse finden.

4.2.1 Theorie des menschlichen Problemlösungsverhaltens

Für die Themenstellung dieser Arbeit sind im Rahmen der deskriptiven Entscheidungstheorie die Untersuchungen von besonderem Interesse, die Verbindungen zwischen der menschlichen Informationsverarbeitung und der maschinellen Informationsverarbeitung hinterfragen. Im Mittelpunkt dieser Erhebungen steht die Auffassung, daß der Mensch aus der Vielzahl der auf ihn einwirkenden Reize nur bestimmte, ihm als relevant erscheinende Informationen auswählt und mit Hilfe von Erinnerungs-, Denk- und Lernprozessen weiterverarbeitet. Aus dieser Auffassung resultiert das An-

---

119 Vgl. Pfohl, Hans-Christian und Braun, Günther E., Entscheidungstheorie, Normative und deskriptive Grundlagen des Entscheidens, Landsberg 1981, S.356-357.
120 Vgl. Pfohl, Hans-Christian und Braun, Günther E., a.a.O., S.355.

liegen, solche Prozesse in Programmen abzubilden und die Entscheidungsfindung durch Computer nachzuvollziehen. Dabei liegt die These zugrunde, daß sich die kognitiven Prozesse als Informationsverarbeitungsprozesse interpretieren lassen und in Analogie zur maschinellen Informationsverarbeitung vollzogen werden[121].

Die Ergebnisse der in diesem Zusammenhang durchgeführten Untersuchungen werden als Informations-Verarbeitungsansätze des Entscheidungsverhaltens (IV-Ansätze) bezeichnet.

Zur Erklärung des menschlichen Problemlösungsverhaltens, wie es auch im Rahmen der Unternehmensanalyse erforderlich ist, eignet sich insbesondere der Ansatz von Newell und Simon. Die von den beiden Autoren entwickelte "Theory of Human Problem Solving" versucht, individuelles Entscheidungsverhalten durch Aussagen über Prozesse zu erklären, die spezifisch für die menschliche Problemlösung sind. Hauptsächlich sind die Bausteine der menschlichen Problemlösung von Bedeutung, die sowohl vom Individuum als auch von einem bestimmten Problem unabhängig sind[122].

Die von Newell und Simon entwickelte Theorie kommt auf der Basis von empirischen Untersuchungen zunächst zu folgenden Aussagen:

- Nur wenige Elemente des menschlichen Problemlösungsverhaltens sind allgemein feststehende Größen.
- Diese Elemente reichen jedoch aus, einen Problem-Raum zu definieren, in dem der Problemlösungsprozeß stattfindet.
- Die Struktur der Problemstellung determiniert die möglichen Strukturen des Problem-Raums.
- Die Struktur des Problem-Raums bestimmt die möglichen Programme, die sich zur Problemlösung einsetzen lassen.

Diese Aussagen konkretisieren sich aufgrund von Versuchen, die anhand von Schachprogrammen und Aufgaben mit symbolischer Logik durchgeführt wurden, wie folgt:

Als vorgegebene Elemente des menschlichen Problemlösungsverhaltens sehen Newell und Simon das Langzeitgedächtnis, das Kurzzeitgedächtnis, die Verfügbarkeit über Ablaufprozesse, mit deren Hilfe Informationen verarbeitet werden, die Wahrneh-

---

121 Vgl. Grochla, Erwin, Einführung in die Organisationstheorie, Stuttgart 1978, S.184-186.
122 Vgl. Newell, Allen und Simon, Herbert A., Human Problem Solving, Englewood 1972, S.788-789.

mungsfunktionen des Menschen sowie die Möglichkeit, das Gedächtnis durch externe Speichermedien zu unterstützen[123].

Der Problem-Raum besteht aus einer Reihe von Symbolstrukturen, die einen hierarchischen Aufbau besitzen. Durch diesen Aufbau ist es möglich, Problemstrukturen in Listenverarbeitungssprachen zu programmieren. Werden die Symbole mit Hilfe von kognitiven Programmen manipuliert, lassen sich Problemlösungsprozesse auf dem Computer simulieren[124]. Die einzelnen Elemente hierbei sind:

- Symbole, die einen Wissenszustand repräsentieren.
- Operatoren, die die Produktion von neuen Wissenszuständen ermöglichen.
- Basiswissen über ein bestimmtes Problem.
- Das Rahmenwissen bezüglich eines bestimmten Problems, wie z.B. temporäre dynamische Informationen, Informationen darüber, wie ein Problem anzugehen ist, Informationen über mögliche Lösungswege, Informationen über Verbindungen zu anderen Wissensgebieten sowie Informationen über allgemeine Problemlösungsstrategien.
- Ein Problem, das es zu lösen gilt.

Die Verarbeitung dieser Informationen erfolgt mit Hilfe von kognitiven Programmen, die im Gedächtnis eines Individuums gespeichert sind. Bei kognitiven Programmen handelt es sich um Vorschriften, die ausdrücken, in welcher Weise bei der Problemlösung vorzugehen ist, um Informationen zielgerichtet zu verarbeiten. Mit der Anwendung eines Programmes lassen sich die mit einer konkreten Problemsituation verbundenen Informationen strukturieren. Welche Methoden zur Problemlösung eingesetzt werden, hängt von der Struktur des Problem-Raumes ab. Im einzelnen lassen sich folgende Programme unterscheiden[125]:

allgemeine	-	spezielle Programme
algorithmische	-	heuristische Programme
komplexe	-	elementare Programme

Ein Individuum verfügt über sämtliche genannten Programmarten, wobei allgemeine, heuristische und elementare Programme von besonderer Bedeutung für die menschliche Problemlösung sind.

---

[123] Vgl. Newell, Allen und Simon, Herbert A., a.a.O., S.791-809.
[124] Vgl. Pfohl, Hans-Christian und Braun, Günther E., a.a.O., S.358.
[125] Vgl. Pfohl, Hans-Christian und Braun, Günther E., a.a.O., S.370.

Wie ein problemindividueller Wissensraum zu definieren ist und welche Programme für die Lösung eines speziellen Problems besonders geeignet sind, hängt von der Problemstellung ab und kann zwischen einzelnen Problemen stark variieren. Newell und Simon sehen Zusammenhänge zwischen der gewählten Vorgehensweise und folgenden Punkten[126]:

- Der Aufgabenstellung, aus der sich eine mehr oder weniger komplette Beschreibung von Objekten und Operatoren ableiten läßt.
- Erfahrungen mit gleichen Problemen aus der Vergangenheit.
- Erfahrungen mit Problemen aus der Vergangenheit, die eine gewisse Analogie zur lösenden Aufgabenstellung erkennen lassen.
- Verfügbare und bekannte Problemlösungsmethoden.
- Allgemeine Erfahrungen in den Bereichen Problemspezifizierung und Problemlösung.
- Flexibilität im Problemlösungsprozeß, um den Problem-Raum und die Programme bei mangelndem Lösungserfolg entsprechend neuen Anforderungen anzupassen.

Grundsätzlich lassen sich zwei entgegengesetzte Auffassungen zu dem Vorgehen unterscheiden, kognitive Prozesse durch Computerprogramme zu repräsentieren:
Der reine IV-Ansatz geht davon aus, daß mit der Struktur der eingesetzten Programmiersprache implizit psychologische Annahmen verbunden sind. Die einzelnen Elemente und Strukturen verfügen über ein Pendant im menschlichen Organismus. Sowohl der Vergleich der im menschlichen Organismus ablaufenden Programme mit den Computerprogrammen als auch die erzielten Ergebnisse sollen zu einer Übereinstimmung beider Methoden führen. Das Computerprogramm fungiert in diesem Fall als realistisches Modell der kognitiven Prozesse[127].
Beim neutralen IV-Ansatz dagegen ist es nicht zwingend notwendig, daß Computerprogramme die gleiche Struktur besitzen wie die Programme des menschlichen IV-Systems. Computerprogramme werden dabei als Hilfsmittel eingesetzt, um kognitive Prozesse zu formalisieren. Es wird jedoch ein Vergleich durchgeführt, ob das Computerprogramm die gleichen Leistungen hervorbringt wie ein Mensch.

Als Ergebnis der Untersuchungen läßt sich folgendes zusammenfassen:

Die menschliche Problemlösung erfolgt über die Verarbeitung von strukturellen Informationen mit Hilfe von kognitiven Programmen innerhalb eines, einer bestimmten

---

[126] Vgl. Newell, Allen und Simon, Herbert A., a.a.O., S.848.
[127] Vgl. Pfohl, Hans-Christian und Braun, Günther E., a.a.O., S.359.

60

Problemstellung adäquaten, Problem-Raumes. Lösungen werden durch eine selektive Verarbeitung der verfügbaren Informationen generiert. Je nach Aufgabenstellung sind dabei unterschiedliche Strategien für die Lösung eines speziellen Problemes am vorteilhaftesten, wobei für den Lösungsvorgang sowohl die Grundelemente der menschlichen Problemlösung zur Verfügung stehen als auch Erfahrungswerte aus ähnlichen Problemstellungen der Vergangenheit[128].

4.2.2 Konsequenzen für die wissensbasierte Analyse

Überträgt man die Aussagen der Theorie der menschlichen Problemlösung auf die wissensbasierte Analyse der Unternehmensqualität, so ist zu fordern, daß sich die Definition des Problemraumes und die Identifikation der Problemlösungsmethoden am menschlichen Problemlösungsverhalten orientiert, wie es von Analyseexperten praktiziert wird. Die identifizierten Strukturen sollen auf den Rechner übertragbar sein.

Die Definition des Problem-Raums verlangt die Einordnung der Analyse der Unternehmensqualität innerhalb des umfassenderen Wissensgebietes "Bonitätsanalyse von Firmenkunden". Außerdem ist es notwendig, die Symbole und Operatoren des Problem-Raums festzulegen. Hierbei handelt es sich um die folgenden Punkte:

- Die Systematisierung einer hierarchischen Beurteilungsstruktur mit der Fixierung von Dimensionen, Bereichen, Segmenten und Komponenten der Analyse.
- Die Ermittlung von Interdependenzen und Informationsbeziehungen.
- Die Systematisierung von Datenquellen (externen Schnittstellen).
- Die Bestimmung von Einflußfaktoren (Schichtungskriterien).

Für die Manipulation der statischen Informationen müssen geeignete Problemlösungsmethoden (-programme) definiert werden, mit deren Hilfe es möglich ist, ein Analyseurteil zu generieren. Es sollte versucht werden, beim wissensbasierten Analyseprozeß ähnlich vorzugehen, wie ein menschlicher Experte.

---

128 Vgl. Newell, Allen und Simon, Herbert A., a.a.O., S.867-868.

4.3 Strukturierung des Problem-Raums

Auf der Grundlage der theoretischen Überlegungen soll in den nächsten Abschnitten ein Problem-Raum definiert werden, der den genannten Anforderungen an die Analyse der Unternehmensbonität gerecht wird. Dabei ist beabsichtigt, aus dem allgemeineren Wissensfeld "Bonitätsanalyse" die Kriterien und Beziehungen herauszufiltern und festzulegen, die für die Analyse der Unternehmensqualität von Bedeutung sind.

4.3.1 Systematisierung der Beurteilungshierarchie

Mit einer Bonitätsanalyse ist der Zweck verbunden, das Ungewißheitsproblem einer Kundenbeziehung zu minimieren. Insbesondere ist es erstrebenswert, Transparenz über die Risiken einer Geschäftsbeziehung zu gewinnen. Die Risiken bestehen dabei darin, daß aufgrund mangelnder Informationen eine Entscheidung getroffen wird, die in Bezug auf den erwarteten Grad der Zielerreichung nicht optimal ist[129]. Die Analyse der Unternehmensbonität kann zwei sich gegenseitig ergänzende Zielsetzungen verfolgen:

- Durch die Zunahme der Transparenz über die Risiken eines Engagements steigt die Wahrscheinlichkeit, daß Ausfallrisiken rechtzeitig erkannt und nötigenfalls Gegenmaßnahmen ergriffen werden können.
- Eine detaillierte Untersuchung verbessert die Möglichkeiten, Ansatzpunkte für zusätzliches Geschäftspotential zu identifizieren[130].

Um diesen Punkten in vollem Maße gerecht zu werden, ist die Untersuchung einer Vielzahl von unternehmensinternen und -externen Faktoren auf unterschiedlichen Ebenen notwendig. Das breite Spektrum möglicher Analysedaten erlaubt es nicht von vornherein, die verschiedenen Kombinationen und Dimensionen zu erkennen und zu einem Urteil zu verdichten. Sinnvoll ist die Definition einer Beurteilungshierarchie. Die Einführung von unterschiedlichen Beurteilungsebenen soll den Analyseprozeß

---

[129] Vgl. Gerke, Wolfgang und Philipp, Fritz, Finanzierung, Stuttgart 1985, S.47 und Strack, Heinz, Beurteilung des Kreditrisikos: Erweiterung der traditionellen Kreditbewertung durch prognoseorientierte Entscheidungshilfen, 1. Auflage, Berlin 1976, S.22-23.

[130] Vgl. Hilse, Jürgen, Massnahmen und Strategien der Unternehmensbeurteilung - Erfahrungsbericht der Kreissparkasse Göppingen, in: Kreditinformations- und Überwachungssysteme, Tagungsbericht des Banken-Symposiums, St. Gallen 1987, Hrsg. Wilhelm Bühler und Leo Schuster, Wien 1987, S.53.

transparent gestalten, so daß ein möglichst hoher Grad der Zielerreichung gewährleistet wird[131].

Ausgangspunkt für die Erstellung einer Beurteilungshierarchie ist das Unternehmen als Ganzes. Zur Beschreibung untergeordneter betriebswirtschaftlicher Kerneinheiten des Unternehmens sollten Beurteilungsdimensionen definiert werden, um die Hauptrisiken zu charakterisieren. Diese globalen Dimensionen werden konkretisiert durch einzelne Analysebereiche. Die Beurteilung einer Dimension erfolgt durch die Aggregation von Einzelbeurteilungen der zugeordneten Bereiche. Ebenso muß auch jeder Bereich im Rahmen einer Analyse beurteilt werden. Als Beurteilungsparameter eignen sich hierzu einzelne Risikomerkmale und -kriterien. Für die Ergebnisdarstellung kann schließlich eine unterhalb der Bereichsebene liegende Zusammenfassung von Einzelmerkmalen sinnvoll sein. Die Elemente dieser Ebene werden als Risikosegmente bezeichnet.

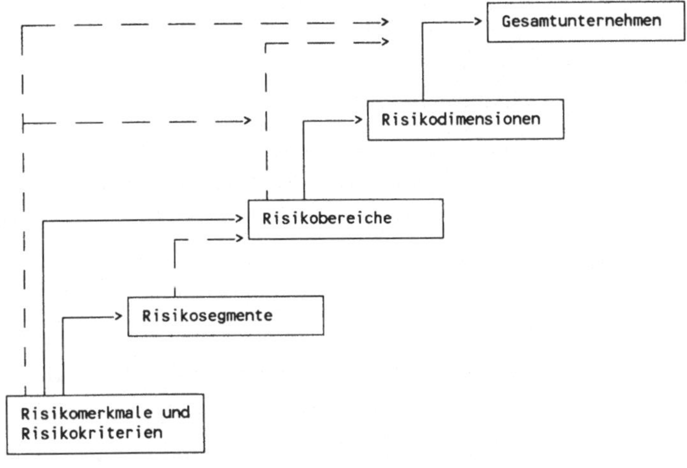

Abbildung 11: Risikohierarchie der Bonitätsbeurteilung

Die Beurteilung innerhalb der Hierarchie wird prinzipiell von unten nach oben vorgenommen. Basiskriterien für die Bewertung sind die Risikomerkmale und -kriterien. Ausgehend von deren Bewertung erfolgt die Beurteilung der darüberliegenden Ebenen. Bei verschiedenen Analysemodellen ist es auch denkbar, eine oder mehrere Stu-

---

[131] Vgl. Schmoll, Anton, a.a.O., S.93.

fen der Hierarchie zu überspringen und beispielsweise direkt über die Aggregation von Risikomerkmalen oder -bereichen eine Beurteilung zu ermitteln[132].

Wegen des großen Einflusses von Einzelmerkmalen auf die Analyseergebnisse verschiedenster Hierarchieebenen ist im Rahmen der tiefergehenden Wissenserhebung diesen eine besondere Bedeutung beizumessen.

Im Anschluß an die Bildung der Beurteilungshierarchie müssen für die Bewertung der einzelnen Hierarchieebenen geeignete Elemente identifiziert werden.

4.3.2 Systematisierung der Beurteilungsdimensionen

Im englischen Sprachraum findet sich eine Systematisierung der Beurteilungsdimensionen nach den sogenannten fünf "C's"[133]:

Character: Integrität des Managements

Capacity: Fähigkeit der Unternehmensführung zur langfristigen Aufrechterhaltung der Liquidität und einer positiven Ertragslage

Capital: Vermögenslage der Unternehmung

Collateral: Vorhandene Sicherheiten

Conditions: Konjunkturelle und technologische Bedingungen innerhalb der Branche und der Gesamtwirtschaft

Auch im deutschsprachigen Raum wird in neueren Ansätzen eine ähnliche Systematisierung vorgefunden. Im Zentrum steht die Beurteilung der personellen und der wirtschaftlichen Verhältnisse einer Unternehmung. Die Bewertung der personellen Verhältnisse ("Character") umfaßt die Einschätzung der persönlichen und der fachlichen Qualifikation der Geschäftsleitung. Bei einer Beurteilung der wirtschaftlichen Lage ("Capacity") gilt es, die zukünftige Zahlungsfähigkeit und die Ertragslage einer Unternehmung einzuschätzen. Auch die Analyse der Vermögenslage und der Kapitalstruktur ("Capital") hat im Rahmen der Bonitätsbeurteilung einen entsprechenden Stellenwert. Für die Beurteilung der Branchensituation ("Conditions") stehen in der Analysepraxis sowohl branchenspezifisch ermittelte Durchschnittswerte als auch volkswirtschaftliche Kennzahlen zur Verfügung[134].

---

[132] In Abbildung 11 durch gestrichelte Pfeile dargestellt.
[133] Vgl. Weibel, Peter, a.a.O., S.77.
[134] Vgl. Kreim, Erwin, a.a.O., S.52.

64

Unterschiedliche Meinungen existieren zu der Frage, inwieweit Sicherheiten in den Bonitätsanalyseprozeß miteinbezogen werden sollten. Je größer die Unsicherheitsfaktoren in der Prognose der Unternehmensentwicklung sind, desto mehr gewinnen Sicherheiten an Bedeutung. Dies führt in der Beurteilungspraxis dazu, daß bei ausreichenden Sicherheiten eine Beurteilung der Bonität als nicht mehr erforderlich angesehen wird. Es ist eine Frage der Definition, inwieweit Sicherheiten als integrierender Bonitätsbestandteil oder als Alternative für die mangelnde Bonität einer Unternehmung aufzufassen sind[135]. Die Kreditsicherheiten nehmen zwar in der Beurteilungspraxis einen hohen Stellenwert ein, dennoch erscheint eine Berücksichtigung im Rahmen eines wissensbasierten Bonitätsanalysesystems aus folgenden Gründen als nicht sinnvoll:

Zum einen besteht, wie oben erwähnt, kein direkter Zusammenhang zwischen Unternehmensbonität und Kreditsicherheiten. Das Wissensgebiet der Sicherheiten ist ein sehr komplexer, eigenständiger Bereich, der ebenso wie die Bonitätsanalyse durch eine Vielzahl von Eigenkriterien[136] gekennzeichnet ist. Zum anderen ist bei einem Wandel in der wirtschaftlichen Situation einer Unternehmung fraglich, welcher Wert bestimmten Sicherheiten dann noch zuzumessen ist und wie sich die Sicherheiten verwerten lassen. Es ist daher zweckmäßig, die Bonität einer Unternehmung unabhängig von den zur Verfügung stehenden Sicherheiten zu analysieren, um gegebenenfalls rechtzeitig eine Verschlechterung der wirtschaftlichen Situation zu erkennen und Gegenmaßnahmen einzuleiten[137].

Die Strukturierung der Analysedimensionen bei der Beurteilung der wirtschaftlichen Bonität hängt im wesentlichen von der Zielsetzung ab, die mit einer Bonitätsanalyse verbunden ist.
Liegt der Schwerpunkt darin, Ansatzpunkte für zusätzliche Geschäftsmöglichkeiten zu identifizieren, verschiebt sich der Schwerpunkt einer Beurteilung von der reinen Analyse der finanziellen Bonität hin zu einer detaillierteren Analyse der betriebswirtschaftlichen Situation einer Unternehmung[138]. Eine solche Strukturierung umfaßt

---

135 Vgl. Weibel, Peter, a.a.O, S.77-78.

136 Allein die Beurteilung eines Betriebsgrundstücks hängt von einer Vielzahl von Einzelkriterien wie Lage, Bodenbeschaffenheit, Zuschnitt, Verkehrsanbindung, Energieversorgung, Landschaftsschutz, Denkmalschutz u.v.a. ab. Vgl. o.V., Kredite an Unternehmen, Sparkassenheft 81, Hrsg. Deutscher Sparkassen und Giroverband, Stuttgart 1985, S.98.

137 Vgl. Becker, Karlheinz, Sicherheiten allein sind nicht entscheidend, in: Kreditpraxis 5/87, S.29-30.

138 Auch für die Beurteilung des Ausfallrisikos scheint es insbesondere durch einen schnellen technologischen Wandel und durch kurze Produktlebenszyklen erforderlich zu werden, eine betriebsbezogenere Strukturierung der Beurteilungsdimensionen vorzunehmen. Siehe Zellweger, Bruno, Kreditwürdigkeitsprüfung in Theorie und Praxis, Bern, Stuttgart 1987, S.27.

dabei neben der Begutachtung der finanziellen und der persönlichen Bonität die Beurteilung von Marktrisiken und leistungswirtschaftlichen Risiken[139].

Entsprechend der diskutierten Punkte wird für die wissensbasierte Analyse eine Unterteilung in fünf Analysedimensionen vorgeschlagen. Untersucht werden soll die finanzielle Bonität einer Unternehmung. Hierzu gilt es, eine finanzielle Dimension aufzunehmen. Im qualitativen Bereich wird in die Dimensionen "Marktpotential", "Führungspotential" und "Produktionspotential" differenziert. Des weiteren ist es sinnvoll, als allgemeine Dimension die volkswirtschaftliche Situation einer Branche zu berücksichtigen.

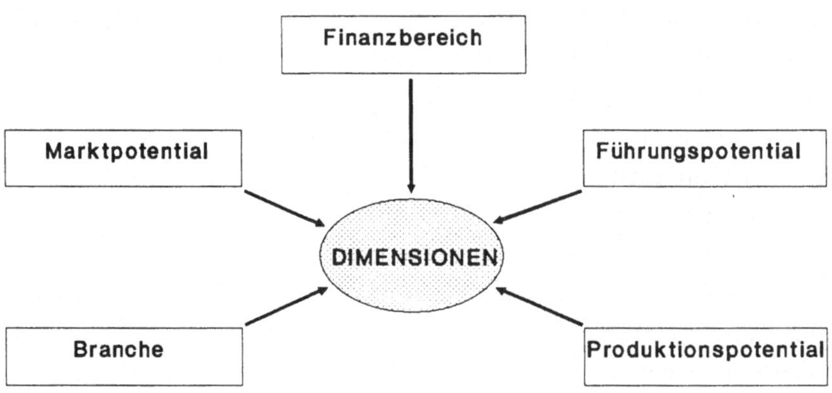

Abbildung 12: Systematisierung der Analysedimensionen

4.3.2.1 Elemente der Risikodimension "Finanzen"[140]

Um einen Überblick über die Vermögens- und Ertragsverhältnisse einer Unternehmung zu erhalten, ist es bei Banken üblich, die letzten Jahresbilanzen zusammen mit der dazugehörigen Gewinn- und Verlustrechnung zu analysieren. Diese Analyse umfaßt im allgemeinen die Ermittlung der Vermögens- und Kapitalstruktur, der Liquiditätslage und der Ertragslage einer Unternehmung[141]. Die Untersuchung dieser

---

[139] Vgl. Benölken, Heinz und Bickel, Walter, Bonitätsportfolios zur strategischen Absicherung des Gesamtengagements, in: Kreditinformations- und Überwachungssysteme, Tagungsbericht des Banken-Symposiums, St. Gallen 1987, Hrsg. Wilhelm Bühler und Leo Schuster, Wien 1987, S.98-103.

[140] Aufgrund der Themenstellung dieser Arbeit beschränkt sich die Beschreibung der Analysedimension "Finanzen" nur auf eine oberflächliche Darstellung der Beurteilungshierarchie. Auf eine Begründung für die Auswahl bestimmter Kennzahlen wird dabei verzichtet. Ein Beispiel für eine wissensbasierte Finanzanalyse findet sich im Anhang in der Fallstudie "Bergbaumaschinen", S.261-266.

[141] Vgl. dazu auch Kapitel 2.2.1, Jahresabschlußanalyse, S.10-15.

Bereiche unterscheidet sich dabei je nach Bankinstitut und je nach Autor in der Art und der Anzahl der ausgewählten Kennzahlen[142].

Für die Modellierung der Risikodimension "Finanzen" empfiehlt sich eine Zusammenfassung der Vermögens- und Kapitalstruktur zu einer Untersuchungsebene, die mit Bilanzstruktur bezeichnet wird. Die Untersuchung der Liquiditätslage und der Ertragslage wird entsprechend übernommen. Somit ergibt sich für die Finanzdimension eine Unterteilung in die Analysebereiche "Bilanzstruktur", "Liquidität" und "Ertragslage":

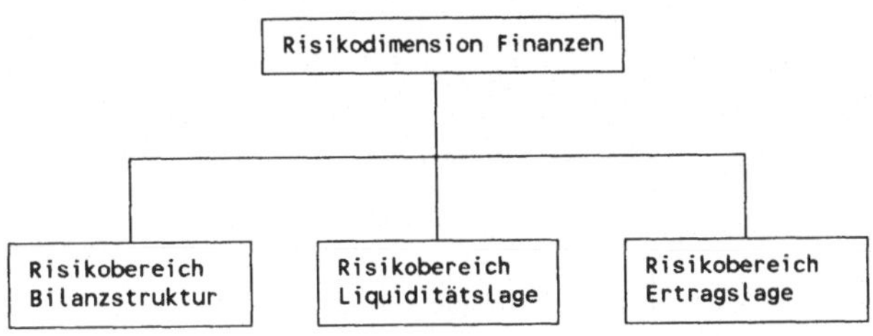

Abbildung 13: Risikobereiche der Risikodimension Finanzen

Um für die Dimension "Finanzen" ein Hierarchiemodell zu bilden, müssen zunächst zwei Analyseformen unterschieden werden:

Die statische Analyse untersucht die Entwicklung einzelner Kennzahlen des Jahresabschlusses im Verhältnis zur Entwicklung von Vergleichsgruppen. Mit Hilfe der dynamischen Analyse wird die Entwicklung der Kennzahlen im innerbetrieblichen Zeitvergleich untersucht. Beide Analyseteile behandeln jeweils eine Reihe ausgewählter Kennzahlen, die möglichst weitgehend die Aspekte der Risikobereiche "Bilanzstruktur", "Liquidität" und "Ertragslage" abdecken sollen. Die dynamische Betrachtungsweise geht im Umfang über die statische Analyse hinaus. Dies liegt daran, daß für die qualifizierte Beurteilung einiger Kennzahlen ein Vergleich mit Referenzwerten als nicht sinnvoll anzusehen ist[143].

---

[142] Vgl. Diepen, Gerhard, Der Bankbetrieb, a.a.O., S.388. Vgl. auch Gauer, Herbert, Beurteilung des Unternehmens mit Hilfe von drei Basiskennzahlen, 3. Auflage, Eschborn 1985, S.4-9. Vgl. auch Holland, Horst, Reimers, Jürgen, Statistik und Unternehmensanalyse, Bad Homburg 1981, S.77-93.

[143] Laut Aussage der befragten Experten.

Tabelle 7: Modellierung der Risikodimension "Finanzen"[144]

Hierarchiemodell statische Analyse	Hierarchiemodell dynamische Analyse
<-- **Bilanzstruktur** <-- Eigenkapitalquote <-- Eigenkapitalqualität <-- Gesamtanlagendeckungsgrad <-- **Liquidität** <-- Liquidität I <-- Liquidität II <-- Zielquote <-- **Ertragslage** <-- Selbstfinanzierungskraft <-- Cash-Flow-Rate <-- Dynamischer Verschuldungsgrad <-- Umsatzrendite vor Steuern	<-- **Bilanzstruktur** <-- Eigenkapitalquote <-- Eigenkapitalqualität <-- Fremdkapital <-- kurzfristige Verbindlichkeiten <-- kurzfristige Gesellschafterverbindlichkeiten <-- Gesamtanlagendeckungsgrad <-- **Liquidität** <-- Liquidität I <-- Liquidität II <-- Zielquote <-- Vorratsintensität <-- **Ertragslage** <-- Selbstfinanzierungskraft <-- Cash-Flow-Rate <-- Dynamischer Verschuldungsgrad <-- Umsatzrendite-Qualität <-- Umsatzrendite vor Steuern <-- Umsatzrendite-Struktur <-- Betriebsergebnis-Quote <-- Finanzergebnis-Quote <-- a.o.-Ergebnis-Quote <-- Produktivität <-- Materialaufwandsquote <-- Personalaufwandsquote <-- Abschreibungsquote

Die Kennzahlen der untersten Ebene (Risikokomponenten) stammen aus Unternehmensbilanzen. Die Kennzahlen der nächsthöheren Ebene setzen sich aus den Bewertungen der darunter befindlichen Kennzahlen zusammen. Diese Bewertung kann durch Bewertungstabellen erfolgen, die die Einzelbewertungen in kombinatorischer Form zur Zielgröße zusammenführen, bis schließlich eine Bewertung für die Risikodimension vorliegt.

---

[144] Die Auswahl und die Hierarchisierung der Kennzahlen erfolgte im Rahmen von Expertengesprächen.

Tabelle 8: Beispiel für eine Bewertungstabelle

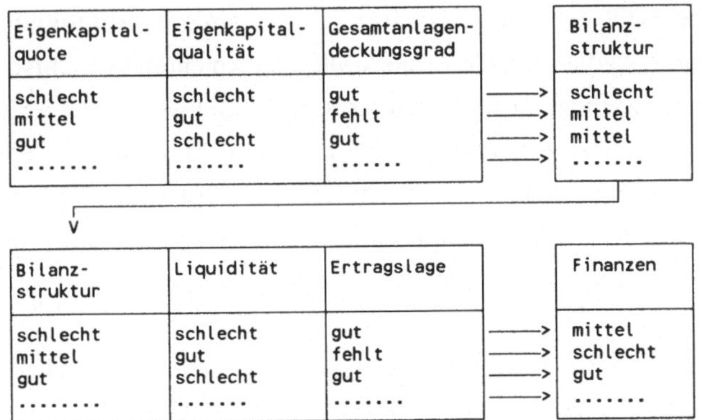

4.3.2.2 Elemente der Risikodimensionen "Markt", "Führung" und "Produktion"

Für die Untergliederung der Risikodimensionen "Markt", "Führung" und "Produktion" ist es notwendig, die gesamte Tätigkeit eines Unternehmens zu untersuchen. Dies erfordert insbesondere die Identifikation einzelner betrieblicher Funktionen.

In einem geordneten Betrieb sollte das Zusammenspiel aller betrieblichen Tatbestände geregelt sein. Diese Regelungen bilden den Inhalt der Betriebsorganisation, die sich damit befaßt, einzelne betriebliche Tätigkeiten zu Gruppen zusammenzufassen. Die Bildung dieser Gruppen erfolgt in der Praxis unter dem Gesichtspunkt der Zweckmäßigkeit. Entsprechend findet sich bei der Beschreibung von Organisationen eine Gliederung nach den in einem Betrieb anzutreffenden Abteilungen. Das Handwörterbuch der Organisation enthält die folgenden Tätigkeitsbereiche als Stichworte[145]:

Tabelle 9: Funktionsbereiche der Unternehmung

Absatz	Personalwesen
Anlagenwirtschaft	Planung
Fertigung	Rechnungswesen
Finanzierung	Revision
Forschung	Transportwesen
Kontrolle	Werbung
Materialwirtschaft	

---

[145] Vgl. Handwörterbuch der Organisation, hrsg. von Grochla, Erwin, 2. Auflage, Stuttgart 1980. Zusammengestellt von Wöhe, Günter, Einführung in die Allgemeine Betriebswirtschaftslehre, 16. Auflage, München 1986, S.154.

Es ist davon auszugehen, daß es zwischen den einzelnen Teilbereichen zu Überschneidungen kommt. Aus diesem Grund existiert keine zweifelsfreie Systematik der einzelnen Tätigkeitsbereiche. Vielmehr wären auch andere Einteilungen der Betriebsbereiche denkbar, so daß sich die Frage stellt, von welchem Gesichtspunkt aus eine Zergliederung des betrieblichen Gesamtprozesses für die wissensbasierte Unternehmensanalyse in Teilbereiche vorzunehmen ist. Eine Unterteilung in die betrieblichen Tätigkeitsbereiche allein reicht jedoch nicht aus. Es ist erforderlich, neben den Funktionsbereichen auch die Schnittstellen einer Unternehmung nach außen zu untersuchen.

Eine umfassende Untergliederung der zur Untersuchung anstehenden Dimensionen könnte von zwei unterschiedlichen Betrachtungsansätzen ausgehen:

- Die Ermittlung der langfristigen Erfolgsfaktoren einer Unternehmung. Im Mittelpunkt steht dabei die Identifikation der Merkmale, die dafür verantwortlich zu machen sind, daß eine Unternehmung erfolgreicher im Markt operiert als vergleichbare andere Unternehmen[146].
- Die direkte Suche nach Krisenpotentialen innerhalb und außerhalb einer Unternehmung, also nach den Merkmalen, die letztendlich für das Scheitern eines Unternehmens verantwortlich sind.

Prinzipiell ist von einer Überschneidung der kritischen Bereiche beider Systematisierungsrichtungen auszugehen. Es ist jedoch zu vermuten, daß je nach Betrachtungsweise unterschiedliche Schwerpunkte zu finden sind und einzelne Teilbereiche nur bei jeweils einer der beiden Untersuchungsrichtungen analysiert werden.

Erfolgsfaktoren:

Bei der Ermittlung von kritischen Erfolgsfaktoren werden die Ressourcen ermittelt, von denen das wirtschaftliche Ergebnis einer erfolgreichen Unternehmung unter Berücksichtigung der gegebenen Umwelt- und Wettbewerbsbedingungen abhängt[147]. Ansatzpunkte sind die physisch und technologisch unterscheidbaren Aktivitäten, die innerhalb einer Unternehmung ausgeführt werden, sogenannte Wertaktivitäten. Die Qualität der Ausführung dieser Aktivitäten entscheidet über den Erfolg einer Unternehmung als Ganzes[148].

---

[146] Vgl. Hinterhuber, Hans Hartmann, a.a.O., S.84.
[147] Vgl. Hinterhuber, Hans Hartmann, a.a.O., S.83-84.
[148] Vgl. Porter, Michael E., Wettbewerbsvorteile, Frankfurt, New York 1986, S.64.

70

Zur Bestimmung der Wertaktivitäten ist es zunächst notwendig, die allgemeinen Funktionen, wie beispielsweise Fertigung, Beschaffung oder Marketing zu identifizieren. Porter unterscheidet hierbei primäre und unterstützende Aktivitäten. Die primären Aktivitäten unterteilen sich in die Eingangslogistik, Operationen, Ausgangslogistik, Marketing, Vertrieb und Kundendienst. Als unterstützende Aktivitäten werden die Beschaffung, die Technologieentwicklung, die Personalwirtschaft und die Unternehmensinfrastruktur betrachtet[149].

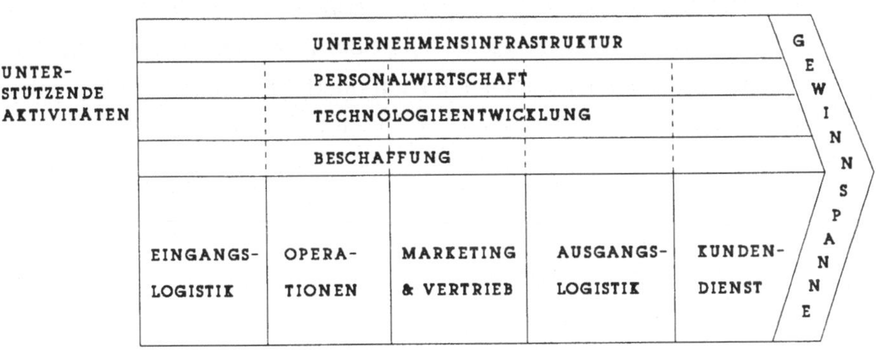

Abbildung 14: Wertaktivitäten nach Porter

Wie tief eine weitere Untergliederung vorgenommen wird, hängt vom Zweck der Analyse ab. Die Zuordnung von Einzelaktivitäten zu bestimmten Bereichen erfolgt unter Berücksichtigung der speziellen wirtschaftlichen Gegebenheiten, wie beispielsweise dem Industriesektor, dem ein Unternehmen zuzurechnen ist[150].

Krisenursachen:

Eine von Krisengesichtspunkten ausgehende Untergliederung der einzelnen Unternehmensbereiche versucht, alle die Bereiche in die Untersuchung einzubeziehen, von denen potentiell Risiken ausgehen könnten. Insbesondere sind darunter die Risiken zu verstehen, die im Extremfall zum Konkurs einer Unternehmung führen. Eine Strukturierung der Risikobereiche erfolgt sinnvollerweise analog zu den Bereichen, die betriebliche Insolvenzen verursachen können.

---

[149] Vgl. Porter, Michael E., a.a.O., S.66-71.
[150] Vgl. Porter, Michael E., a.a.O., S.73.

Die Entstehungsursachen von Insolvenzen lassen sich in drei Gruppen einteilen[151]:

- Ursachen, die innerhalb des Betriebes liegen.
- Ursachen, die im zwischenbetrieblichen Bereich angesiedelt sind.
- Ursachen, die in überbetrieblichen Strukturen begründet liegen.

Zum innerbetrieblichen Bereich sind die Unternehmensführung und die Führungsstrukturen, der Beschaffungsbereich, der Absatzbereich, das Rechnungswesen, die Organisation und das Personalwesen, die Sortimentsstruktur und die Fertigung zu rechnen. Der zwischenbetriebliche Bereich umfaßt die Abnehmerstruktur, die Lieferantenstruktur und die Konkurrenzsituation. Zum überbetrieblichen Bereich gehören die Ursachen, die durch Konjunktureinflüsse, durch tarifpolitische Auswirkungen, durch Umweltschutzregelungen oder aufgrund von strukturpolitischen Einwirkungen hervorgerufen werden.

Eine weitere Untergliederung aus dem Bereich der Krisenforschung klassifiziert die Symptome in 12 Mißerfolgssegmente[152]:

Tabelle 10: Mißerfolgssegmente nach Hauschildt

```
1. Person des Unternehmers
2. Führungsfehler
3. Organisation oder Konstitution
4. Überhastete Expansion
5. Mängel im Absatzbereich
6. Mängel im Produktionsbereich
7. Mängel in Beschaffung und Logistik
8. Mängel im Personalwesen
9. Mängel im Investitionssektor
10. Mängel in der Forschung und Entwicklung
11. Mangel an Eigenkapital
12. Mangelhaftes Planungs- und Kontrollsystem
```

---

[151] Vgl. Reske, Winfried; Brandenburg, Achim; Mortsiefer, Hans-Jürgen, a.a.O., S.55-59.
[152] Vgl. Hauschildt, Jürgen, Unternehmenskrisen - Herausforderungen an die Bilanzanalyse, a.a.O., S.7-8.

Für das weitere Vorgehen sollen zunächst beide Forschungsrichtungen als Informationsquelle zur Identifikation relevanter Untersuchungsbereiche dienen, wobei der Schwerpunkt, soweit dies möglich ist, bei einer funktionalen Einteilung liegt[153]. Es werden sowohl Bereiche, die sich in bisherigen Untersuchungen als besonders bedeutend für den Erfolg einer Unternehmung herausgestellt haben, als auch solche, die für das Auftreten einer Unternehmenskrise verantwortlich waren, berücksichtigt. Die Sammlung der in Frage kommenden Funktionen geschieht dabei unabhängig von ihrer Bedeutung für den langfristigen Erfolg bzw. Mißerfolg einer Unternehmung. Mit der relativen Gewichtung einzelner Bereiche befaßt sich eine im Rahmen dieser Arbeit durchgeführte eigene Untersuchung.

Die Zusammenstellung kritischer Bereiche ergibt folgendes Bild:

Tabelle 11: Analysebereiche

```
- Unternehmensmanagement
- Unternehmensmanagement bei Familienunternehmen
- Rechnungswesen
- Unternehmensplanung
- Organisation
- Personalwesen
- Fertigung
- Beschaffung
- Lagerhaltung
- Forschung und Entwicklung
- Verfahrenstechnologien
- Investitionen
- Markt
- Branche
- Konkurrenzsituation
- Vertrieb
- Absatz
- Kunden der Unternehmung
- Produkte
- Produkttechnologien
- Sortiment
- Standort und Umwelt
```

Die Zuordnung einzelner Funktionsbereiche zu geeigneten Risikodimensionen erfolgt nun im wesentlichen nach logischen Gesichtspunkten[154]. Die Anzahl der Analysebereiche einer Dimension wird aus praktischen Gründen[155] auf vier beschränkt. Um

---

[153] Die Vorab-Zusammenstellung einzelner Bereiche wurden neben den genannten Veröffentlichungen aus folgenden weiteren extrahiert:
Hinterhuber, Hans, a.a.O., S.85-93., Benölken, Heinz und Bickel, Walter a.a.O., S.98-102 und Schmoll, Anton, a.a.O., S.98-100.
[154] Die Zuordnung erfolgte im Rahmen von Expertengesprächen.
[155] Um die Übersichtlichkeit im wissensbasierten Systems zu sichern, ist es sinnvoll die Anzahl der Analysebereiche zu begrenzen.

die gewünschte Zahl von vier Analysebereichen zu erreichen, ist es erforderlich, inhaltlich nahestehende Bereiche zu Gruppen zusammenzufassen[156]. Im einzelnen ergibt sich so folgende Modellierung:

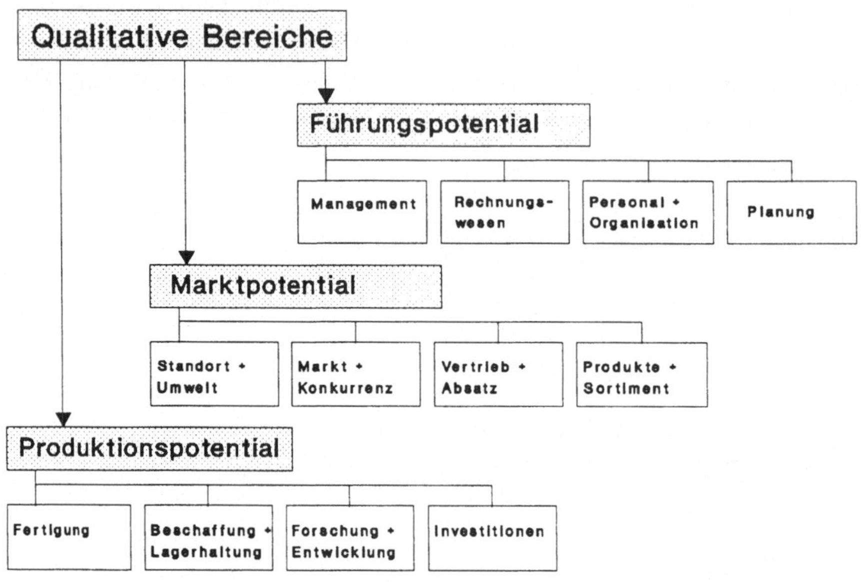

Abbildung 15: Modell der qualitativen Unternehmensbereiche

Als Auswahlkriterium für eine Zuordnung zur Dimension "Marktpotential" dient die direkte Bedeutung einzelner Bereiche für die Absatzsituation einer Unternehmung. Die Dimension "Führungspotential" soll die Bereiche aufnehmen, die die Strukturen und die Personen der Geschäftsführung betreffen. In der Dimension "Produktionspotential" erfolgt eine Untersuchung der Bereiche, die für die Aufrechterhaltung des Produktionsprozesses erforderlich sind.

Eine Systematisierung auf der Ebene der Einzelmerkmale und -kriterien wird an dieser Stelle nicht vorgenommen. Die Untersuchung der jeweils zur Beurteilung von Bereichen relevanten Einzelmerkmale sind Inhalt der Konkretisierung und werden im fünften Kapitel abgehandelt.

---

[156] Eine genauere Differenzierung innerhalb der zusammengefaßten Bereiche kann auf der Ebene der Risikosegmente vorgenommen werden.

4.3.2.3 Risikodimension "Branche"

Die Untersuchung der Risikodimension "Branche" verfolgt das Ziel, neben den unternehmensabhängigen Daten auch allgemeine Wirtschaftsdaten bei der Analyse zu berücksichtigen. Mit der Berücksichtigung einer konjunkturellen Komponente soll der Tatsache Rechnung getragen werden, daß ein Kausalzusammenhang zwischen der gesamtwirtschaftlichen Entwicklung und der Insolvenzhäufigkeit existiert. Es ist davon auszugehen, daß

- sich Mängel in konjunkturellen Talphasen besonders negativ auswirken
- und bei schlechter Wirtschaftslage die Hilfsbereitschaft anderer und das Durchhaltevermögen der betroffenen Betriebe abnimmt[157].

Außerdem sind Gefahren darin zu sehen, daß sich einzelne Unternehmen bei der Bestimmung ihrer Kapazität auf konjunkturelle Hochphasen eingerichtet haben und eine Konjunkturänderung nicht erwartet wird[158].

Von besonderem Interesse ist in diesem Zusammenhang eine differenzierte Betrachtung der wirtschaftlichen Lage für einzelne Branchen, da die strukturellen Rahmenbedingungen Einfluß auf die einzelwirtschaftliche Entwicklung ausüben. Außerdem läßt die Branchenzugehörigkeit Rückschlüsse auf die Insolvenzwahrscheinlichkeit zu[159].

Die Modellierung der Risikodimension "Branche" orientiert sich an der Gliederung volkswirtschaftlicher Branchenuntersuchungen, so wie sie von Wirtschaftsinstituten[160] und den deutschen Großbanken vorgegeben wird. Die Aufnahme dieser Dimension soll dazu beitragen, die Abschätzung der künftigen Entwicklung einer Unternehmung vor dem Hintergrund der erwarteten Branchenentwicklung zu erleichtern. Der Schwerpunkt wird daher auf Werte gelegt, die eine Aussage über die zukünftige Entwicklung der Wirtschaftslage innerhalb einer Branche vornehmen. Untersucht werden die Geschäftslage, die Entwicklung des Auftragsbestandes, die Nachfragesituation und die erwartete Geschäftsentwicklung innerhalb einer bestimmten Branche.

---

[157] Vgl. Deckers, Michael, a.a.O., S.81.

[158] Vgl. Vogelsang, Günter, Unternehmenskrisen - Hauptursachen und Wege zur ihrer Überwindung, in zfbf 40 (2/1988), S.102.

[159] Vgl. Fischer, Jürgen, a.a.O., S.153.

[160] Beispielsweise ifo Wirtschaftskonjunktur, Monatsberichte des ifo Instituts für Wirtschaftsforschung, 10/1991, T1-T23. Die wissensbasierte Umsetzung ist in der Fallstudie "Bergbaumaschinen" im Anhang S.267 illustriert.

4.3.3 Systematisierung von Interdependenzen und Informationsbeziehungen

Bei einer Analyse der Unternehmenssituation ist davon auszugehen, daß zwischen den
Elementen der einzelnen Analysedimensionen bestimmte Zusammenhänge existieren.
Beispielsweise kommen Entscheidungen im leistungswirtschaftlichen Bereich einer
Unternehmung zeitverzögert in den Jahresabschlußzahlen zum Ausdruck. Ebenso ist
denkbar, daß bestimmte Betriebsstrukturen für die Unterschiede in den Kennzahlen
der Jahresabschlüsse zweier Unternehmen der gleichen Branche verantwortlich sind.
So könnte eine deutlich geringere Umsatzrendite von Betrieb A verglichen mit
Betrieb B auf Fehler bei der Unternehmenssteuerung in A hinweisen.
Auch außerhalb der Jahresabschlußzahlen lassen sich solche Zusammenhänge finden.
Über die Ausprägungen bestimmter Merkmale einer Unternehmung können Schluß-
folgerungen auf die Zustände anderer Merkmale gezogen werden.

Die Systematisierung dieser Interdependenzen zwischen den Bonitätsmerkmalen erfordert die Identifikation von Faktoren, die in wechselseitigen Beziehungen zueinander stehen.
Die Schwierigkeit, diese Zusammenhänge zu identifizieren und die Beziehungen der
Merkmale untereinander zu bestimmen liegt darin, daß einzelne Faktoren ihren Wir-
kungsgrad verändern und außerdem je nach Unternehmenstyp einen anderen Wir-
kungsgrad aufweisen können. Auch ist es problematisch, falls sich die Zusammenhänge identifizieren lassen, diese in meßbare Größen zu überführen. In den meisten
Vorschlägen zur Analyse von qualitativen Merkmalen werden daher die verschiedenen Untersuchungsbereiche auch nur nebeneinander gestellt[161].
Trotz dieser Schwierigkeiten erscheint es lohnenswert, die mit einer gewissen Wahrscheinlichkeit identifizierbaren Beziehungen zwischen einzelnen Bonitätsmerkmalen
im Rahmen eines Analysesystems zu berücksichtigen. Gerade hier bietet ein wissensbasierter Ansatz die Möglichkeit, relativ vages Expertenwissen in die Analyse mit einzubeziehen.

Ein weiteres Ziel bei der Berücksichtigung von Interdependenzen ist es, Inkonsistenzen in den Analyseergebnissen zu vermeiden und für bestimmte Merkmalskonstella-
tionen einen Begründungszwang zu schaffen. Daneben soll durch die Ausnutzung von
Zusammenhängen die Bearbeitungseffizienz dahingehend gesteigert werden, daß es

---

[161] Vgl. Schmoll, Anton, a.a.O., S.95. Vgl. auch Lehner Walpurga, Susanne, Unternehmensanalyse: Vorschlag für ein umfassendes Informationssystem zur Beurteilung und laufenden Beobachtung des
Bonitätsrisikos, Wien 1984, S.194-215. Vgl. auch Hertenstein, Karl-Heinz, a.a.O., S.81-93.

für eine Reihe von Bonitätsmerkmalen nicht mehr erforderlich ist, vom Anwender eine Beurteilung zu erfragen.

Dabei sind von besonderem Interesse:

- Schlußfolgerungen, die sich aus bestimmten Kennzahlenentwicklungen auf die qualitativen Unternehmensbereiche ziehen lassen. (Ausgangspunkt ist die Annahme, daß die betriebswirtschaftliche Position einer Unternehmung mit einer gewissen Zeitverzögerung in ihren Finanzen zum Ausdruck kommt[162].)
- Schlußfolgerungen, die sich aus qualitativen Bonitätsmerkmalen auf andere qualitative Merkmale ziehen lassen.

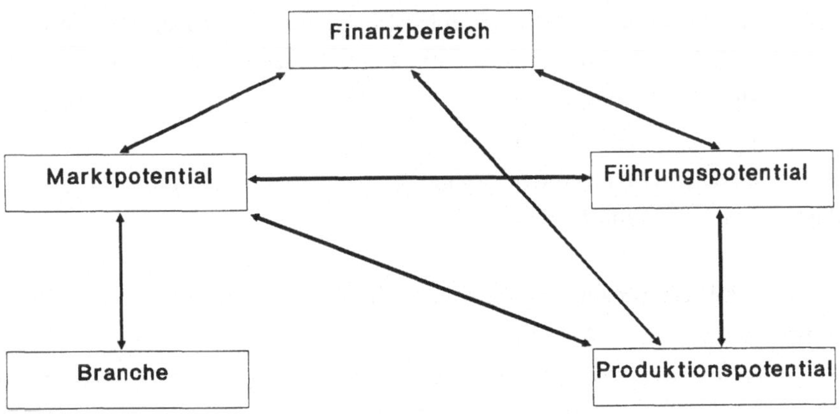

Abbildung 16: Interdependenzen zwischen den Analysedimensionen

Eine vollständige und absolut korrekte Identifikation der Interdependenzen ist zwar nahezu ausgeschlossen, jedoch lassen sich durch die systematische Ermittlung der Beziehungen viele Zusammenhänge für die Analyse nutzen. Schlußfolgerungen aus Unternehmensentwicklungen und Betriebsvergleichen sollen dabei insbesondere zur Kreation von Fragen dienen, die es erlauben, die Stärken und Schwachstellen einer Unternehmung gezielter zu orten und zu untersuchen[163].

---

162 Vgl. Benölken, Heinz und Bickel, Walter, a.a.O., S.88.
163 Vgl. Hauschildt, Jürgen, Erfolgs- und Finanzanalyse, DATEV-Schriften Nr. 6, Köln 1984, S.10.

4.3.4 Systematisierung der Datenquellen

Für die Analyse und Beurteilung der beschriebenen Betriebsbereiche muß eine Reihe unterschiedlicher Daten beschafft und herangezogen werden. Die Untersuchung der Datenquellen befaßt sich mit der Frage, welche Informationen für eine Analyse erforderlich und wie diese dem System zur Verfügung zu stellen sind. Dabei müssen folgende grundsätzliche Kriterien beachtet werden[164]:

- höchstmögliche Aktualität der Daten
- weitestmögliche Vorab-Bereitstellung der Daten
- entsprechende Integration nicht-numerischer Daten
- Zugriffsmöglichkeiten auf vorhandene Datensätze.

In welcher Form die Daten schließlich bei einer Beurteilung berücksichtigt werden können, hängt gleichzeitig von den an ein System angeschlossenen Datenquellen und den Kosten der Datenbeschaffung ab.

Die Analyse der einzelnen Dimensionen verlangt die Regelung des Zugangs zu jeweils unterschiedlichen Daten und Informationen:

Für die Analyse der Risikodimension "Finanzen" sind dies die Zahlen der entsprechenden Jahresabschlußpositionen. Die Aufbereitung zu Kennzahlen kann sowohl systemextern als auch systemintern erfolgen. Die für die Beurteilung notwendige Gegenüberstellung mit den Werten einer Referenzgruppe ist nur unter Zugriff auf die aus der Vergleichsgruppe ermittelten Durchschnittswerte möglich.
Die Analyse der Dimension "Branche" verlangt die Bereitstellung von entsprechenden Branchendaten.
Die Beurteilung der Dimensionen "Markt", "Führung" und "Produktion" bedingt eine interaktive Benutzerschnittstelle, mit deren Hilfe sich sowohl objektive Fakten als auch subjektive Eindrücke über eine Unternehmung und deren Führung eingeben lassen. Um Bewertungen aus Schlußfolgerungen vorzunehmen, ist auch aus diesen Dimensionen ein Zugriff auf die Jahresabschlußdaten notwendig.

Neben den für die Analyse der einzelnen Dimensionen notwendigen speziellen Daten ist für Steuerungszwecke eine Bereitstellung von unternehmensspezifischen Daten,

---

[164] Vgl. Fischer, Jürgen, a.a.O., S.136.

wie etwa die Branchenzugehörigkeit, die Rechtsform oder die Art der Geschäftsbeziehung unumgänglich.

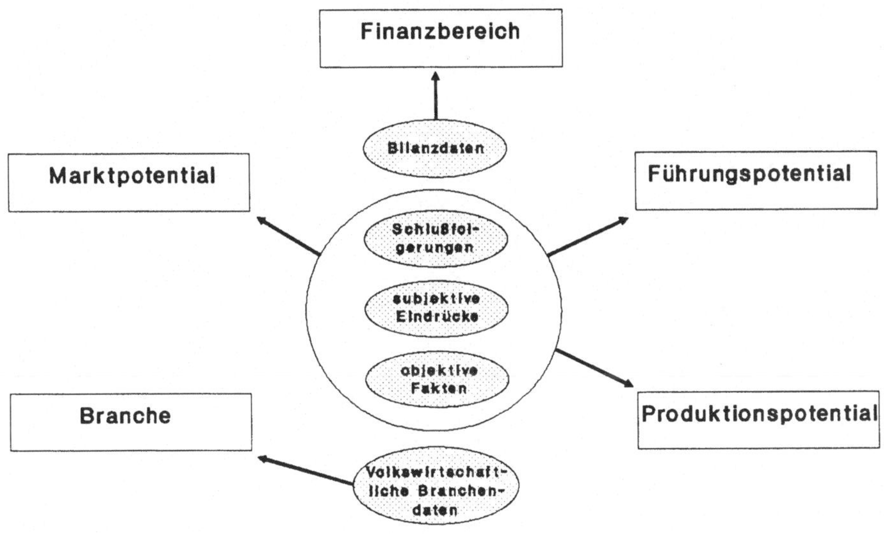

Abbildung 17: Datenquellen

4.3.5 Systematisierung von Einflußfaktoren (Schichtungskriterien)

Die Relevanz einzelner Bonitätsmerkmale für ein individuelles Unternehmen wird von mehreren Randbedingungen determiniert. Beispielsweise sind bei der Analyse einer großen Maschinenbauunternehmung andere Bonitätsmerkmale von Bedeutung als bei der eines kleinen Einzelhandelsunternehmens. Eine gezielte Unternehmensanalyse ist nur dann möglich, wenn ein wissensbasiertes System die Unterschiede angemessen berücksichtigt. Um diesem Problem Rechnung zu tragen, ist es erforderlich, die Parameter zu identifizieren, mit denen sich Unternehmen strukturell unterscheiden lassen. Als Unterscheidungskriterien eignen sich dazu die Branche, die Größe, die Rechtsform und das Alter einer Unternehmung. Dies sind die

Schichtungskriterien, die im Rahmen von detaillierten Bilanzanalysen[165] und bei der quantitativen Krisenforschung unterschieden werden[166].

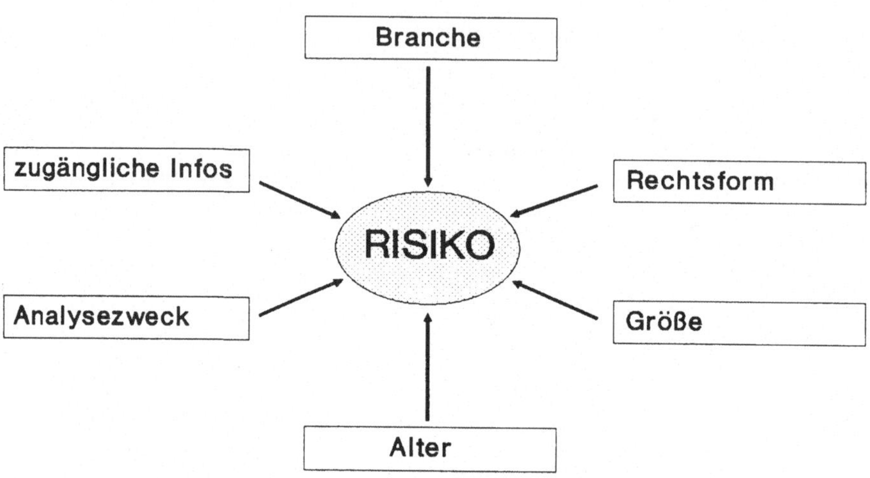

Abbildung 18: Abhängigkeiten

Bei der weiteren Wissenserhebung ist es erforderlich, einzelne Bonitätsmerkmale getrennt auf ihre Bedeutung für einzelne Schichtungsgruppen zu untersuchen, um auf diese Weise für jede Unternehmensgruppe ein individuelles Merkmalsmuster zu erhalten.

4.4 Bestimmung des Problemlösungskonzeptes

Die Bildung von Analyseurteilen auf verschiedenen Hierarchieebenen verlangt ein Konzept, das es erlaubt, einzelne Dimensionen, Bereiche und Komponenten zueinander in Beziehung zu setzen und entsprechend zu gewichten. Über die Gewichtung und die Aggregation von Daten sollte es möglich sein, ein Urteil sowohl über einzelne Unternehmensbereiche als auch über ein Gesamtunternehmen zu erhalten. Hinweise für

---

[165] Vgl. Nick, Andreas, Zur Bedeutung der Kennzahlen des Branchendienstes, in: Sparkasse 6/90 (107. Jahrgang), S.272.

[166] Vgl. Krystek, Ulrich, Ursachen von Unternehmungskrisen, in: Kreditpraxis 4/87, S.49-56.

ein solches Konzept lassen sich bei einer Betrachtung der menschlichen Analysepraxis finden.

Der vom Bonitätsexperten durchgeführte Analyseprozeß kann wie folgt beschrieben werden[167]:

Der Analyst sammelt zunächst sämtliche über ein Unternehmen verfügbaren Informationen und sortiert diese nach Inhalten. Die Auswahl von relevanten Informationen orientiert sich an Richtlinien oder Erfahrungswerten. Aus den gewonnen Daten erstellt der Analyseexperte ein gedankliches (oder schriftliches) Modell für einzelne Teilbereiche, indem er positive Indikatoren auf der einen und negative Indikatoren auf der anderen Seite gruppiert. Außerdem versucht er, aus der Ausprägung von Kennzahlen oder Indikatoren auf bestimmte betriebswirtschaftliche oder finanzielle Sachverhalte zu schließen. In einem weiteren Schritt gewichtet der Analyst alle verfügbaren Indikatoren und Folgerungen. Ein besonderes Augenmerk richtet er dabei auf diejenigen, die sich ihm besonders negativ darstellen. Hat er schließlich über einzelne Positionen ausreichende Überlegungen angestellt, beurteilt er einen Unternehmensbereich durch eine gedankliche (oder schriftliche) Gegenüberstellung der (intern oder extern gebildeten) Gewichtsummen von positiven und negativen Kriterien. Ein Urteil wird durch die Abwägung der positiven gegen die negativen Faktoren gefällt. In einem letzten Schritt werden die Einzeleindrücke zu einem Urteil für einzelne Dimensionen[168] oder zu einem Gesamturteil über ein Unternehmen aggregiert. Die Kriterien, die eine besonders hohe Gewichtung erfahren haben, gehen in den Analysebericht ein.

Nach einem ähnlichen Konzept soll die wissensbasierte Analyse konzipiert werden. Zunächst werden alle relevanten Informationen gesammelt, um einzelne Bonitätsmerkmale bewerten zu können. Die Bewertung erfolgt mit Hilfe von Schlußfolgerungen aus Bilanzzahlen und gezielten Fragen an den Anwender. Sind die relevanten Merkmale beurteilt, generiert das System durch die Aggregation und Gewichtung von positiven und negativen Faktoren oder Bereichen Analyseurteile auf den verschiedenen Hierarchieebenen[169].

---

[167] Quelle: Expertenbefragung.
[168] z.B. Finanzen, Sicherheiten, Marktpotential etc..
[169] Eine ausführliche Beschreibung der Analysemodelle findet sich im sechsten Kapitel.

4.5 Zusammenfassung

Das weitere Vorgehen kann nun auf folgenden zusammengefaßten Grundaussagen
dieses Kapitels aufbauen:

- Für die Analyse der Unternehmensbonität wird eine fünfstufige Hierarchie
  gebildet, mit den Ebenen "Gesamtunternehmen", "Dimension", "Bereich",
  "Segment" und "Einzelmerkmal".
- Die Beschreibung der Unternehmensqualität erfolgt mit Hilfe der Risiko-
  dimensionen "Marktpotential", "Führungspotential" und "Produktionspotential".
- Die Dimension "Marktpotential" besteht aus den Risikobereichen "Markt und
  Konkurrenz", "Kunden, Vertrieb und Absatz", "Produkte und Sortiment" sowie
  "Standort und Umwelt".
- Die Dimension "Führungspotential" schließt die Bereiche "Management",
  "Rechnungswesen", "Personal und Organisation" sowie "Unternehmensplanung"
  ein.
- Die Bereiche "Fertigung", "Beschaffung und Lagerhaltung", "Forschung und Ent-
  wicklung" und "Investitionsverhalten" werden in der Dimension
  "Produktionspotential" zusammengefaßt.
- Für die Beurteilung ist das hierarchische Modell weiter zu detaillieren. Besondere
  Bedeutung kommt dabei den Bonitätsmerkmalen auf der untersten Ebene zu.
- Zwischen den Einzelmerkmalen existieren Interdependenzen, die sich für die Ana-
  lyse ausnutzen lassen.
- Unternehmensspezifische Unterschiede, wie Branchenzugehörigkeit, Alter, Größe
  etc. müssen berücksichtigt werden.
- Als Datenquellen kommen Bilanzen, Schlußfolgerungen, subjektive Eindrücke,
  objektive Fakten und Branchendaten in Frage.
- Die Urteilsfindung erfolgt durch Gegenüberstellung und Aggregation von
  gewichteten Elementen der unterschiedlichen Hierarchieebenen.

Im Rahmen der weiteren Wissenserhebung steht nun aufgrund der Themenstellung
dieser Arbeit die Untersuchung der Unternehmensqualität im Vordergrund. Hierzu
ist es erforderlich, relevante Bonitätsmerkmale zur Beurteilung einzelner Teilbereiche, Beziehungen zwischen diesen Merkmalen und deren Gewichte zu identifizieren. Außerdem ist von Bedeutung, welche Kriterien für bestimmte Unternehmens-
klassen wesentlich sind und wie sich die Möglichkeiten der Informationsbeschaffung
darstellen. Sind geeignete Einzelmerkmale gefunden, kann darauf aufbauend die Bewertung für die Elemente der höheren Hierarchieebenen ermittelt werden.

5. Untersuchung relevanter Einzelmerkmale

Das fünfte Kapitel erläutert die Wissenserhebung in der Konkretisierungsphase. Zielsetzung der Erhebung ist es, die Einzelmerkmale zur Beurteilung von Unternehmensbereichen und ihre relative Bedeutung für die Analyse zu ermitteln. Daneben gilt es, in einer weiteren Untersuchung die Interdependenzen zwischen den Einzelmerkmalen zu identifizieren.

Zunächst erfolgt für jede Untersuchung getrennt die Deskription der konkreten Zielsetzung und die Auswahl der Erhebungsmethoden. Außerdem werden die befragten Experten klassifiziert, die Struktur des Fragebogens dargestellt und die Auswertungsmethoden diskutiert.
Der Hauptteil dieses Kapitel beschreibt sehr ausführlich die in den Untersuchungen ermittelten Ergebnisse unter zwei Gesichtspunkten. Zum einen wird die Gewichtung und Bedeutung aller untersuchten Einzelmerkmale dargestellt. Zum anderen werden die für eine wissensbasierte Analyse vorgeschlagenen Querbeziehungen zwischen den Einzelmerkmalen sowie zwischen qualitativen Merkmalen und Kennzahlen erläutert.

Theoretische Betrachtungen gehen in die folgenden Ausführungen nur am Rande ein. Dies ist insbesondere vor dem Hintergrund zu sehen, daß die Ergebnisse als Grundlage für ein wissensbasiertes Computersystem dienen und somit die Praxisrelevanz im Vordergrund steht.

5.1 Vorgehensweise

Die Vorgehensweise zur Ermittlung relevanter Einzelkriterien orientiert sich an den in der Orientierungsphase gemachten Erfahrungen mit der Erhebung von Expertenwissen. Hierbei hat sich eine Methodik bewährt, bei der das Wissensgebiet anhand einer detaillierten Literaturrecherche aufbereitet wird. Die Evaluierung der so erarbeiteten Strukturen erfolgt unter Heranziehung von geeigneten Experten des Fachgebietes.

5.1.1 Bestimmung relevanter Einzelmerkmale

5.1.1.1 Zweck der Untersuchung

Die Bewertung der einzelnen Unternehmensbereiche erfordert die Identifikation von geeigneten Beurteilungskriterien. Anhand der Ausprägungen individueller Bonitätsmerkmale soll im Rahmen der Analyse ein Urteil ermittelt werden. Hierfür ist es notwendig, insbesondere die Merkmale zu identifizieren, denen eine besondere Bedeutung für die Analyse einzelner Funktionsbereiche zuzuschreiben ist.

Die Erhebung verfolgt das Ziel, die Bedeutung und die Eigenschaften bestimmter Bonitätsmerkmale auf der Basis einer Experteneinschätzung herauszufinden. Insbesondere ist beabsichtigt, für die Vielzahl der in der Fachliteratur beschriebenen und bei früheren Untersuchungen ergründeten Einzelkriterien die **aktuelle** Bedeutung für die Bonitätsanalyse zu erforschen. Die jeweils ermittelte Relevanz der Merkmale dient als Basis für ein Gewichtungsmodell.

Die Ergebnisse der Erhebung sollen eine differenzierte Sichtweise ermöglichen. Ziel ist es, Anhaltspunkte über die unterschiedliche Schwerpunktlage der Bonitätsmerkmale für Unternehmen in Abhängigkeit von der Branchenzugehörigkeit, der Größe und dem Alter einer Unternehmung zu erhalten.

Für die wissensbasierte Analyse ist von Bedeutung, ob es bei einer Bonitätsuntersuchung mit vertretbarem Aufwand möglich ist, Daten und Informationen über bestimmte Bonitätssachverhalte zu beschaffen. Es erscheint wenig sinnvoll, solche Merkmale zu untersuchen, bei denen die Mehrzahl der Experten die Meinung vertritt, die erforderlichen Informationen seien nur unter größeren Schwierigkeiten zu beschaffen.

Ähnlich gelagert ist die Problemstellung bei der Beurteilbarkeit einzelner Bonitätsmerkmale. So ist es unzweckmäßig, die Bewertung von Sachverhalten zu erfragen, die sich im Rahmen einer Bonitätsanalyse nur schwer oder gar nicht qualitativ einschätzen lassen. Die Ergebnisse der Wissenserhebung sollen Klarheit darüber schaffen, inwieweit die Beurteilbarkeit einzelner Merkmale beim Analyseprozeß sichergestellt werden kann.

Abschließendes Ziel der Erhebung ist es, aus der Gesamtmenge der Einzelkriterien und der Strukturierung des Wissensgebietes eine Basis für künftige Untersuchungen innerhalb dieser Domäne zu schaffen, da eine hohe Aktualität der Wissensbasis die Wiederholung einer solchen Erhebung in gewissen Zeitabständen erfordert.

Zusammengefaßt ergeben sich folgende Ziele:

- Identifikation von besonders relevanten und aktuellen Bonitätsmerkmalen in Abhängigkeit von der Branchenzugehörigkeit, der Größe und dem Alter einer Unternehmung.
- Bestimmung des Aufwandes zur Informationsbeschaffung und der Beurteilbarkeit.
- Strukturierung des Wissensgebietes.

5.1.1.2 Auswahl der Untersuchungsmethode

Zur Bestimmung von relevanten Bonitätsmerkmalen bieten sich in der Praxis mehrere Vorgehensweisen an[170]:

- Eine Auswertung von vorhandenen Kundenengagements.
- Die systematische Befragung eines oder mehrerer Kreditexperten.
- Eine Sekundäranalyse der Daten von bereits veröffentlichten Untersuchungen.
- Die Extraktion des in der Literatur dokumentierten Fachwissens.

Eine systematische Auswertung der Akten vorhandener Kreditengagements erwies sich als ungeeignet. Um eine Grundmenge auszuwerten, die bei einer Unterteilung in

- 3 Größenklassen
- 40 Branchengruppen
- 4 Rechtsformtypen
- 2 Altersklassen

jeden Unternehmenstyp auch nur einmal abdeckt, ist ein Zugriff auf 960 Akten erforderlich. Diese Menge an Akten stand dem Autor nicht zur Verfügung. Außerdem ergab ein Test, daß eine reine Aktenanalyse in vielen Fällen keine Informationen über

---

170 Vgl. hierzu auch Tichy, Bruno, Insolvenzursachen als Kriterien für ein Scoring-Modell, a.a.O., S.245.

die zur Untersuchung anstehenden Bonitätsmerkmale liefern kann, da die erforderlichen Daten nicht in einer auswertbaren Form schriftlich fixiert sind.

Die Ermittlung relevanter Einzelmerkmale allein auf der Basis von Expertenbefragungen und Gruppendiskussionen ist für die Domäne der Unternehmensqualität ineffizient. Die Masse der Einzelkriterien ist selbst bei einer Betrachtung von Teilbereichen noch immens, und in Gesprächsrunden geht sehr schnell der Überblick verloren. Soll ein möglichst vollständiges Bild auf der Basis von Expertengesprächen gewonnen werden, ist es erforderlich, eine große Zahl von sehr zeitaufwendigen Gesprächsrunden durchzuführen. Wegen der hohen Arbeitsauslastung der Experten ist dies jedoch generell mit Schwierigkeiten verbunden.

Ähnlich verhält es sich mit einer Wissensmodellierung, die ausschließlich anhand der Fachliteratur erfolgt. Die Wissenserhebung allein auf der Grundlage einer Inhaltsanalyse ist als kritisch zu beurteilen, da die praktische Relevanz eines wissensbasierten Systems nur durch die Mitwirkung von Fachexperten gewährleistet werden kann.

Ausgewählt wurde schließlich eine Vorgehensweise, die sich schon während der Orientierungsphase bewährt hatte. Der Autor sammelte zunächst die Merkmale, die sich bei bisherigen empirischen Untersuchungen als besonders bedeutend für die Analyse der Unternehmensbonität herausgestellt hatten. Daneben erfolgte das Studium von internen Bankrichtlinien zur Unternehmensanalyse und die Aufarbeitung des in der Literatur dokumentierten allgemeinen Fachwissens. Als Basisliteratur dienten dazu Schriften aus den drei Fachbereichen[171]:

- Bankbetriebslehre,
- Insolvenzforschung,
- Strategisches Management.

Im Rahmen der Literaturerhebung wurden alle Merkmale herausgefiltert, die einen Zusammenhang mit der Analyse der Unternehmensbonität erkennen ließen, insgesamt etwa 250 Einzelkriterien. In einem weiteren Schritt wurden die so identifizierten Merkmale den jeweiligen Unternehmensbereichen zugeordnet und anschließend in einen Fragebogen übertragen. Die Zuordnung zu den Bereichen wurde gemäß den Vorgaben in den jeweiligen Veröffentlichungen vorgenommen.

---

[171] Die jeweils berücksichtigten Schriften werden bei der Deskription einzelner Unternehmensbereiche zitiert.

Die Durchführung der eigentlichen Erhebung erfolgte in einer zweistufigen Vorgehensweise, wobei zwei Expertengruppen nacheinander befragt wurden:

- In einem Pretest wurden für eine Expertengruppe während der Bearbeitungszeit des Fragebogens regelmäßige Diskussionstreffs angesetzt, bei denen die Möglichkeit bestand, konträre Meinungen zu einzelnen Positionen untereinander und mit dem Autor zu diskutieren. Neue Vorschläge wurden aufgenommen und in den Fragebogen integriert. So war es möglich, den Fragebogen bezüglich Struktur, Verständlichkeit und Erklärungspotential zu optimieren.
- Die zweite Expertengruppe erhielt den verbesserten Bogen zur selbständigen Bearbeitung. Für eventuell unverständliche Punkte bestand für diese Gruppe nur sehr eingeschränkt die Möglichkeit, zusätzliche Informationen zu erhalten. Die Experten hatten die Anweisung, für sie unverständliche Positionen nicht zu bearbeiten. Hierdurch sollte bereits ein realer Test bezüglich der Verständlichkeit einzelner Bonitätspositionen im Hinblick auf die Dialogkomponente eines wissensbasierten Systems durchgeführt werden, welches zu einem späteren Zeitpunkt ähnliche Informationen vom Anwender erfragen sollte.

Die mit einer solchen schriftlichen Befragung verbundenen Nachteile[172] wie

- niedrige Rücklaufquote,
- Unkontrollierbarkeit der Erhebungssituation,
- Unkenntnis der Art der Ausfälle und
- keine Erläuterung der Fragen

sind für die hier beschriebene Befragung nur sehr eingeschränkt gültig, da es sich bei der Befragung von Experten um einen Sonderfall handelt. Zu den einzelnen Kritikpunkten gilt folgendes:

- Eine Mindestrücklaufquote stand von vornherein fest, da die Experten direkt für die Systementwicklung ausgewählt wurden. Ausfälle aufgrund von Nicht-Zurücksendung oder Fehlern bei der Bundespost waren daher nicht zu erwarten.
- Auf eine verbale Erläuterung der Fragen wurde aus den genannten Gründen bewußt verzichtet.
- Zu berücksichtigen bleibt das Risiko der Unkontrollierbarkeit der Erhebungssituation. Die damit verbundenen Gefahren hält der Verfasser jedoch für vertretbar, da

---

172 Vgl. Friedrichs, Jürgen, Methoden empirischer Sozialforschung, 14. Auflage, Opladen 1990, S.237.

es sich bei den befragten Personen um Experten ihres Fachgebietes handelt, die mit der Materie besonders gut vertraut sind. So stellt die Durchführung einer Bonitätsanalyse in der Praxis eine der Befragung ähnliche Situation dar, bei der die analysierende Person mit einem schriftlich fixierten oder als Erfahrungswissen mental vorhandenem Kriterienkatalog die Relevanz bestimmter Einzelkriterien überprüft.

5.1.1.3 Befragte Experten

Die zur Befragung ausgewählten Experten mußten folgende Voraussetzungen erfüllen:

- Sie sind im Firmenkunden- oder Firmenkreditgeschäft tätig.
- Eine fachspezifische Ausbildung ist vorhanden.
- Die Mehrzahl der Experten verfügt über eine entsprechende Entscheidungskompetenz in ihrem Geschäftsbereich.
- Die Erfahrung wurde in verschiedenen Regionen der Bundesrepublik Deutschland gewonnen.
- Die Experten repräsentieren unterschiedliche Hierarchiestufen.

Für die Untersuchung wurden insgesamt 34 Experten befragt, die sich wie folgt aufteilen:

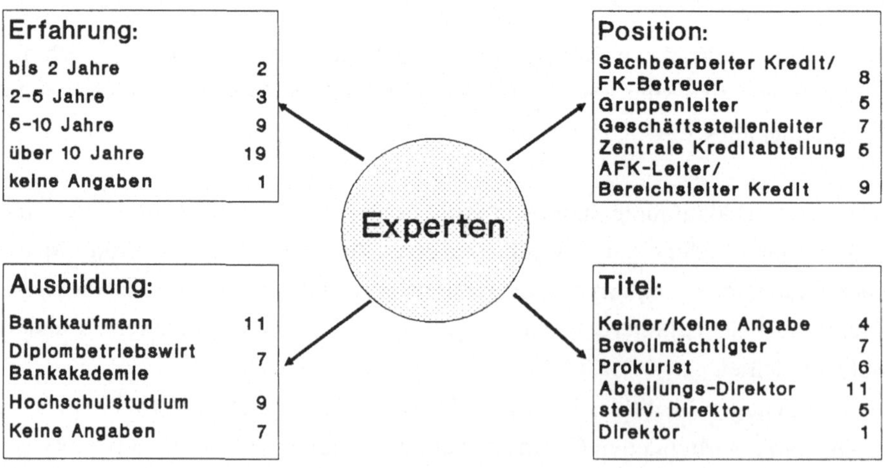

Abbildung 19: Struktur der befragten Experten

Befragt wurden die Experten einer deutschen Großbank im regionalen Bereich der Hauptfilialen Frankfurt, Bielefeld, Dortmund, Essen, Kiel, Mainz und Villingen. Die Berücksichtigung regionaler Unterschiede ist somit zumindest dahingehend gewährleistet, daß nicht alle Experten in einer einzigen Stadt oder innerhalb einer räumlich sehr begrenzten Region tätig sind.

Die Mehrzahl (82%) der Experten konnten über fünf Jahre Erfahrung im Firmenkunden- und Firmenkreditgeschäft vorweisen, davon 56% über 10 Jahre. Auch bei den 18% der Fachleute, die weniger als fünf Jahre Erfahrung im Geschäftsbereich hatten, weisen die Ergebnisse der Befragung keine signifikanten Unterschiede zur anderen Gruppe auf. Die Auswertungsergebnisse werden daher über die gesamte Expertengruppe aggregiert.

Die Betrachtung der Positionen der befragten Fachleute zeigt, daß die Untersuchung Experten von der Einzelfall-Sachbearbeitung bis hin zur Fachbereichsleitung von großen Gebietsstellen berücksichtigt. Auch hier sind bei einer getrennten Auswertung der Ergebnisse nach Einzelpositionen keine signifikanten Unterschiede bei den Antworten der Experten zu identifizieren.

Bei 88% der Experten ist zumindest eine Handlungsvollmacht für die Bank gegeben, davon haben 50% Vollmachten im Rang eines Abteilungs-Direktors oder höher. Die große Mehrzahl der befragten Personen verfügt somit über eine entsprechende Entscheidungskompetenz.

Prinzipiell bestehen bei der Festlegung der Anzahl der zu befragenden Experten im Rahmen der Erhebung von relevanten Einzelkriterien zwei konkurrierende Zielsetzungen. Einerseits scheint es dem Verfasser aufgrund theoretischer und statistischer Erfordernisse angebracht, eine möglichst große Zahl von Experten zu befragen. Andererseits hat sich bei den Voruntersuchungen ergeben, daß die Erhebungen mit einer kleineren Anzahl von direkt in die Systementwicklung involvierten Experten bessere Resultate erbringt. Die Bearbeitung des Fragebogens durch die Fachexperten erforderte je nach Gründlichkeit zwischen acht und sechzehn Stunden Arbeitszeit. In Anbetracht des verhältnismäßig großen Aufwandes schien eine Anzahl von 35 zu befragenden Experten[173] als ausreichend.

---

[173] Von den 35 verteilten Fragebögen wurden nur 34 bei der Auswertung berücksichtigt, da ein Experte den Bogen nicht innerhalb des Zeitlimits bearbeiten konnte.

Die Kontaktaufnahme mit den Experten erfolgte unter Mithilfe einer den Experten fachlich übergeordneten Zentralabteilung, was sich positiv auf deren Bereitschaft zur Mitarbeit auswirkte.

5.1.1.4 Struktur des Fragebogens

Der Aufbau des Fragebogens orientierte sich an der technischen Zielsetzung der Untersuchung, eine von den Einzelkriterien ausgehende Bonitätsmusterstruktur zu erhalten, die die Beurteilung der qualitativen Risikobereiche einer Unternehmung in einem wissensbasierten Computersystem erlaubt. Im einzelnen berücksichtigte der Fragebogen folgende Punkte, die eine Aussage bezüglich der Qualität und der Relevanz einer einzelnen Risikoquelle oder eines kritischen Erfolgsfaktors für die Bonitätsbeurteilung ermöglichen sollen:

- Die Bedeutung für die Beurteilung des Kreditrisikos.
- Die Bedeutung für den langfristigen Erfolg einer Unternehmung.
- Die Möglichkeit, die für die Beurteilung erforderlichen Informationen zu beschaffen.
- Die Durchführbarkeit einer Beurteilung anhand der zugänglichen Informationen.
- Die Häufigkeit der Überprüfung in der Beurteilungspraxis.
- Die jeweilige Bedeutung für einzelne Branchengruppen.
- Die Relevanz für unterschiedliche Altersklassen.
- Die Wichtigkeit für verschiedene Größenkategorien.
- Die absolute Untersuchungswürdigkeit.

Mögliche Risikoquellen und kritische Erfolgsfaktoren	Bedeutung für die Beurteilung des Kreditrisikos	Bedeutung für den langfristigen Erfolg einer Unternehmung	Könnten Sie Daten darüber beschaffen?	Halten Sie dieses Kriterium für Banken beurteilbar?	Haben Sie den Punkt schon mal berücksichtigt?
Zu überprüfendes Bonitätsmerkmal	groß gering keine 6 5 4 3 2 1 0	groß gering keine 6 5 4 3 2 1 0	ja nein	ja nein u.U.	ja nein

Prüfung bei den Branchen				Prüfung ab Alter der Firma	Untersuchung sinnvoll für Unternehmen der Größentypen	Halten Sie die Überprüfung f. unbedingt notwendig?
Dienstleistung	Handel	prod. Gewerbe	Baugewerbe	0J 3J	Klein Mittel Groß	ja nein

Abbildung 20: Struktur des Fragebogens[174]

Im Mittelpunkt stand dabei die Ermittlung der Bedeutung einzelner Bonitätskriterien für die Beurteilung des Kreditrisikos. Die Ergebnisse sollten die Grundlage für ein Gewichtungsmodell liefern. Hierzu wurde im Fragebogen eine Skala von null bis sechs angeboten[175], anhand der die Experten einschätzen konnten, welche Bedeutung sie einem Kriterium im Falle einer negativen Ausprägung zumessen würden. Die Zahl "sechs" stand dabei für eine hohe Bedeutung, der Wert "null" für völlig bedeutungslos. Eine entsprechende Erläuterung der Zuordnung konnten die Experten den beigefügten Anlagen entnehmen.

Die Fragen nach den

- Informationsbeschaffungsmöglichkeiten,
- dem Grad der Beurteilbarkeit und
- die Bedeutung in der Untersuchungspraxis

---

174 Der Originalfragebogen findet sich im Anhang, S.277-283.
175 Eine ähnliche Vorgehensweise bei der Ermittlung der Bedeutung von Einzelkriterien findet sich bei Mischon, Claudia, Zum Stand der Insolvenzprophylaxe in mittelständischen Betrieben, Göttingen 1981, S.242-243.

verfolgten generell den Zweck, die Relevanz von Bonitätskriterien in der Praxis einzuordnen.

Hierzu wurde bei der Untersuchung des Grades der Beurteilbarkeit eine Skala mit
den Ausprägungen "ja", "nein" und "unter Umständen" angeboten. Für die anderen
beiden Punkte wurden nur die Antwortmöglichkeiten "ja" und "nein" in den Fragebogen aufgenommen.

Das Angebot der Antwortoption "unter Umständen" beim Grad der Beurteilbarkeit
erfolgte aufgrund der Erfahrungen im ersten Untersuchungsabschnitt. Die in der Vor-
phase befragten Experten waren in der Mehrzahl der Meinung, daß es besonders
fallabhängig sei, ob ein bestimmtes Bonitätsmerkmal für sie qualitativ beurteilbar ist
oder nicht. Die Aufnahme dieser Option auch für die Informationsbeschaffung und
die Bedeutung eines Merkmals in der Untersuchungspraxis hielten sie für nicht so wesentlich. Um der Zielsetzung, möglichst eindeutige Antworten zu erhalten, gerecht zu
werden, wurde daher die Ausweichmöglichkeit auf "unter Umständen" bei den beiden
letztgenannten Punkten nicht offeriert.

Die Problematik der jeweiligen Bedeutung eines Einzelkriteriums für eine bestimmte
Branche wirft die Frage nach der Einteilung der Branchen auf. Eine Unterteilung in
Einzelbranchen erschien für die Bestimmung von relevanten Einzelmerkmalen nicht
sinnvoll. So wäre bei einer Berücksichtigung von 40 Einzelbranchen der Rahmen der
Befragung gesprengt worden. Außerdem ergab sich in der Voruntersuchung, daß die
Experten bei Unternehmen, die demselben Wirtschaftsbereich zuzuordnen sind, im
wesentlichen die gleichen Bonitätsmerkmale für relevant hielten. In Anlehnung an die
Unterteilung der Wirtschaftsbereiche in den Untersuchungen des Instituts für Wirt-
schaftsforschung[176] berücksichtigte die Erhebung die Branchengruppen Groß- und
Einzelhandel, Dienstleistungsgewerbe, produzierendes Gewerbe und Baugewerbe.

Die Differenzierung der Untersuchung in unterschiedliche Altersklassen verfolgte den
Zweck, bestehende Unternehmungen und Neugründungen im Rahmen der Analyse
zu trennen. Die Trennlinie wurde im Fragebogen bei der Bestandszeit einer Unternehmung von drei Jahren festgelegt.

Die Unterteilung in verschiedene Größenkategorien orientierte sich an den Vorgaben
des Handelsgesetzbuches[177]:

---

[176] Vgl. ifo Wirtschaftskonjunktur, Monatsberichte des ifo Instituts für Wirtschaftsforschung,
10/1991, T1-T23.

[177] Siehe Paragraph 267 HGB, entnommen aus Nahlik, Wolfgang, Praxis der Jahresabschlußanalyse: Recht,
Risiko, Rentabilität, Wiesbaden 1989, S.5.

Tabelle 12: Untersuchte Größenklassen

Größenkategorien	Bilanzsumme	Umsatz	Beschäftigte
Klein	< 3,9 Mio DM	< 8 Mio DM	< 50
Mittel	< 15,5 Mio DM	< 32 Mio DM	< 250
Groß	> 15,5 Mio DM	> 32 Mio DM	> 250

Für die Vorgabe der Größenklassen wurde grundsätzlich davon ausgegangen, daß bei Unternehmen mit mehr als 250 Beschäftigten und einem Umsatz von mehr als 32 Millionen ein voll ausgestatteter Betrieb mit allen betrieblichen Funktionen erforderlich ist. Bei kleineren Unternehmen war dies nicht unbedingt zu erwarten.

Die letzte Frage des Bogens, ob die Überprüfung eines Merkmals im Rahmen der Analyse für unbedingt erforderlich angesehen wird, diente dazu, diejenigen Kriterien herauszufiltern, deren Untersuchung im Rahmen der wissensbasierten Analyse unabdingbar ist. Die auf "ja" und "nein" eingeschränkten Antwortmöglichkeiten verlangten von den befragten Fachexperten eine eindeutige Stellungnahme. Der Autor erhoffte insbesondere von den Antworten auf diese Frage eine bessere Differenzierung zwischen einzelnen Merkmalen als dies über die Bedeutung individueller Merkmale für das Bonitätsrisiko zu erwarten war.

5.1.1.6 Auswertung

Vorweg muß an dieser Stelle angemerkt werden, daß die im folgenden zu beschreibenden Auswertungsmethoden große Risiken in sich bergen. Diese Gefahr muß jedoch akzeptiert werden, da eine Quantifizierung der allgemeinen Sachverhalte[178] Grundvoraussetzung für die Entwicklung eines wissensbasierten Computersystems ist. Die Auswertung der Ergebnisse erfolgte daher im wesentlichen unter der Zielsetzung, einer Mehrheit der Expertenmeinungen gerecht zu werden. Der Autor kann und will die Existenz von Spezialfällen nicht ausschließen, bei denen die Strukturen möglicherweise anders gelagert sind.

---

178 Beispielsweise ist der Sachverhalt unumstritten, daß Unterschiede in der Bedeutung einzelner Bonitätsmerkmale bestehen.

5.1.1.6.1 Ermittlung einer Risikogewichtung für Einzelmerkmale[179]

In einem ersten Schritt gilt es, eine geeignete Methodik zur Ableitung einer Gewichtung von Bonitätsmerkmalen aus den Befragungsergebnissen festzulegen. Grundlage für die Ableitung eines Gewichtungsmodelles ist die Bedeutung eines Einzelkriteriums für die Beurteilung des Kreditrisikos. Die Experteneinschätzung der Bedeutung erfolgt dabei im Fragebogen anhand einer siebenstufigen Skala, deren Ausprägungen von "sechs", für sehr hohes Gewicht, bis "null", für völlig bedeutungslos, reichen.

Für jedes Merkmal wird zunächst ermittelt, wie oft die Experten die Bedeutungswerte von "sechs" bis "null" angegeben haben. Graphisch lassen sich die so ermittelten Absolutwerte als Histogramme darstellen. Eine Betrachtung der Häufigkeitsverteilung der Antworten erlaubt vereinfacht die Identifikation von vier Verteilungstypen:

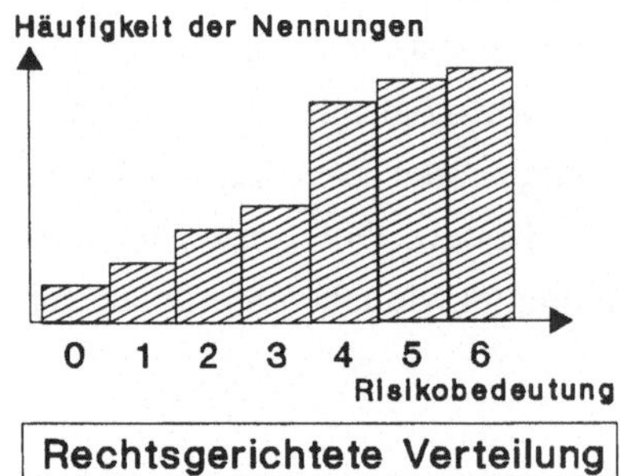

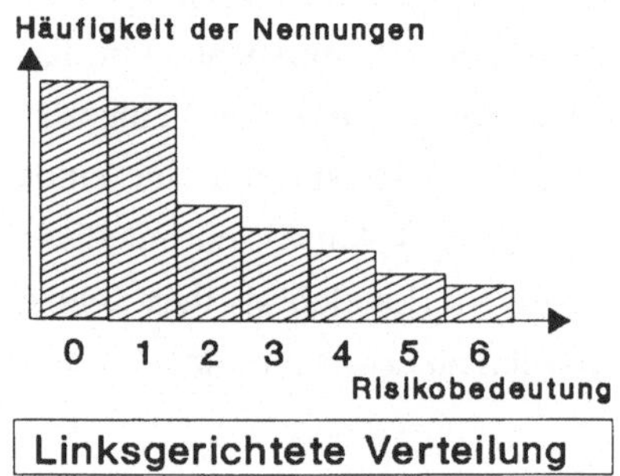

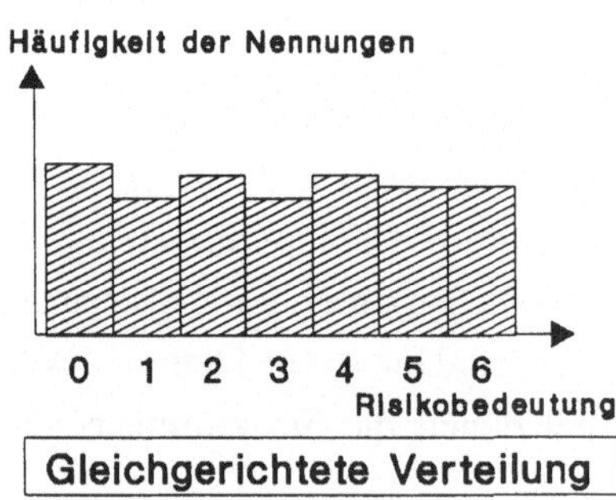

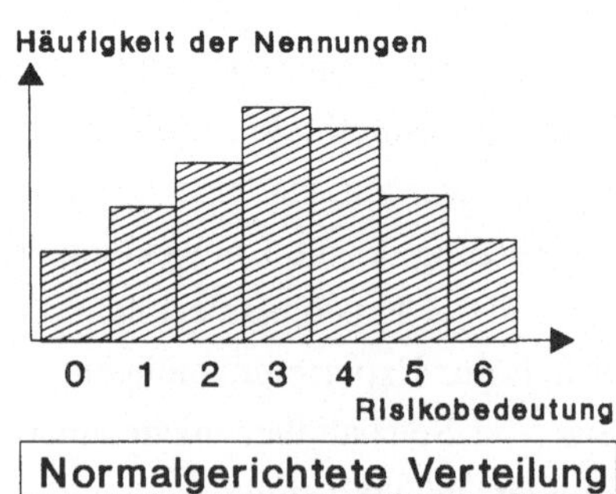

Abbildung 21: Verteilungsformen der Risikoantworten[180]

---

[179] Nach derselben Methode wurde auch die Bedeutung einzelner Merkmale für den langfristigen Erfolg ermittelt.

[180] Vgl. Piesch, Wolfgang, Induktive Statistik, Formelsammlung, Stuttgart, ohne Jahresangabe, S.27.

Aus der Häufigkeit der Nennungen und der Verteilung der Antworten ist eine Gewichtung für einzelne Bonitätsmerkmale zu bestimmen. Die Unterteilung in sieben Gewichtungsstufen, wie dies im Fragebogen vorgegeben war, ist dafür zu umfangreich. Insbesondere gibt die Häufung der Zahl der Nennungen bei nebeneinanderliegenden Bedeutungswerten Anlaß zu der Vermutung, daß eine grobmaschigere Unterteilung eher den Anforderung der Praxis entspricht. Diese Vermutung wird auch durch die Erfahrungen aus den Expertengesprächen gestützt, wo in der Regel eine geringer untergliederte Terminologie für die Beschreibung der Gewichte von Einzelmerkmalen verwendet wurde. Vom Autor wird daher folgende Abstufung der Gewichte als geeignet angesehen:

- "sehr hoch";
- "hoch";
- "mittel";
- "gering".

Im nächsten Schritt ist es erforderlich, die absoluten Gewichte für einzelne Bonitätsmerkmale zu ermitteln. Dazu bieten sich in der Auswertungspraxis mehrere Möglichkeiten an. So könnte zum einen der Gipfelwert der Häufigkeitsverteilung (der Ausdruck, der die meisten Nennungen auf sich vereint) als Auswahlkriterium dienen. Auch ließe sich das Gewicht als arithmetisches Mittel oder als gewogenes arithmetisches Mittel der Verteilungsfunktion bestimmen. Genauso denkbar wäre eine Lösung, die den Median (50% Wert) als kritisches Datum für die Festlegung der Gewichte einsetzt.

Da sich bei einer großen Mehrzahl der Bonitätsparameter die Nennungen um den Gipfelwert der Verteilung häufen, scheint es sinnvoll, diesen Punkt auch als Mittelpunkt der Gewichtung zu verwenden. Für die Bestimmung der Gewichte der Bonitätsmerkmale, bei denen dies zutrifft, wird daher eine Methode gewählt, die sich am Gipfelwert der Häufigkeitsverteilung orientiert.
Als Gipfelwert der Verteilungsfunktion wird allerdings kein einzelner Absolutwert eingesetzt, sondern es erfolgt zunächst eine Zusammenfassung der jeweils drei nebeneinander liegenden Nennungen zu einer Größe. Hieraus ergibt sich eine Aussage darüber, wieviele Experten jeweils einem Kriterium eine "sehr hohe", eine "hohe", eine "mittlere", eine "geringe" und "keine" Bedeutung zumessen. Anhand einer Gegenüberstellung der Häufigkeitswerte wird nun der Wert ausgewählt, der die meisten Nennungen aufweist. Kann dieser Wert die absolute Mehrheit der Expertenstimmen auf sich vereinen, dann gilt die so ermittelte Gewichtung als akzeptiert. Bleiben die Merkmale,

die keine Bedeutung für die Analyse der Unternehmensbonität aufweisen unberücksichtigt, ergibt sich die für das wissensbasierte System gewünschte vierstufige Untergliederung.

Der durch diese Methode erreichte Effekt besteht darin, daß die Randwerte, die außerhalb des Signifikanzintervalles liegen, das Ergebnis nicht beeinflussen. Hierdurch lassen sich Häufungen entsprechend stärker berücksichtigen. Eine Glättung durch Randwerte wird vermieden. In 84% der Fälle (215 Bonitätsmerkmale) war es möglich, eine Gewichtung mit Hilfe dieses Verfahrens zu ermitteln.

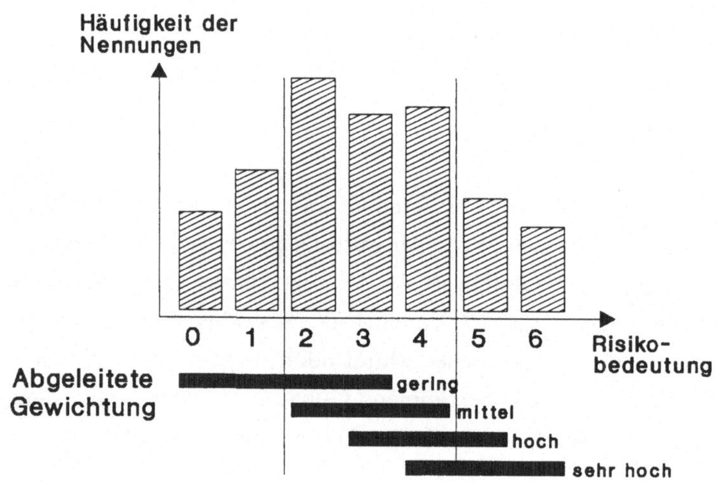

Abbildung 22: Ableitung der Gewichtung einzelner Risikofaktoren

Für Bonitätsmerkmale, die auf keiner Gewichtungsstufe die Mehrheit der Expertenstimmen vereinen können, wird die beschriebene Methode nicht eingesetzt. Darunter befinden sich insbesondere die Antwortgruppen, die eine gleichgerichtete Häufigkeitsverteilung aufweisen. Das Gewicht für diese Kriterien wird über die Ermittlung eines gewogenen arithmetischen Mittels bestimmt[181].

---

[181] Die Berechnung des arithmetischen Mittels erfordert zunächst die Errechnung eines Zwischenwertes aus der Summe der jeweils miteinander multiplizierten, zusammengehörigen Werte für Bedeutung und Häufigkeit der Nennung bei einem Bonitätsmerkmal. Der so ermittelte Zwischenwert wird durch die Summe der Anzahl der Nennungen dividiert. Als Ergebnis ergibt sich das gewogene arithmetische Mittel, das die Gewichtung darstellt.

Noch ein zweiter Sonderfall ist bei der Auswertung zu beachten. Die Kriterien, die die Mehrzahl der Kreditexperten als bedeutungslos einstufen (Bedeutung für das Kreditrisiko "null"), werden bei der weiteren Systementwicklung nicht mehr berücksichtigt. Um ein Kriterium zu verwerfen, muß mindestens die Hälfte der Experten der Meinung sein, daß das Merkmal keine Bedeutung für die Beurteilung des Bonitätsrisikos hat. Wird dieser Wert nicht erreicht, erfolgt eine Zuordnung zur Gruppe der Bonitätsmerkmale mit geringer Gewichtung.

5.1.1.6.2 Untersuchung der Praxisrelevanz

Die Teilerhebung, die die Überprüfung der Praxisrelevanz einzelner Bonitätsmerkmale zum Gegenstand hat, baut auf drei Fragen auf:

- Der Frage nach den Möglichkeiten zur Beschaffung von Informationen über einen Bonitätssachverhalt,
- der Frage nach der Beurteilbarkeit dieser Informationen für den Analysten und
- der Frage, ob die Fachexperten das Kriterium in der Praxis schon einmal berücksichtigt haben.

Von Interesse ist zum einen die Identifikation der Merkmale, die einen unverhältnismäßig hohen Aufwand bei der Informationsbeschaffung verursachen, zum anderen die Bestimmung der Bonitätssachverhalte, deren Bewertung für den Analysten nur unter großen Schwierigkeiten möglich ist.

Die Auswertung der Ergebnisse soll die einzelnen Merkmale in zwei Gruppen einordnen: In für die Beurteilung problematische und für die Beurteilung unproblematische Merkmale. Die Zuordnung zu einer der beiden Gruppen erfolgt durch eine Gegenüberstellung der Summe von "ja" und "nein" Antworten. Schwellen für die Aufnahme in die Gruppe der unproblematischen Merkmale ist die relative Mehrheit der Antworten. Beurteilt die Mehrheit der befragten Experten die Informationsbeschaffung oder die Beurteilung als unproblematisch, wird ein Bonitätskriterium in die Gruppe der unkritischen Merkmale aufgenommen. Überwiegt jedoch die Meinung, daß die Beurteilung oder die Informationsbeschaffung problematisch ist, erfolgt eine Zuordnung zur Gruppe der kritischen Merkmale.

5.1.1.6.3 Differenzierung nach Schichtungskriterien

Ein Merkmal wird für eine bestimmte Branche, für eine Altersgruppe oder für eine Größenklasse dann als relevant eingestuft, wenn über ein Drittel der befragten Experten dies für sinnvoll hält. Mit der Festlegung eines relativ niedrigen Trennwertes von 33% wird die Absicht verfolgt, für diese Positionen einen vorsichtigen Auswertungsansatz zu wählen, da bei der Analyse nur die für die jeweilige Branchengruppe, Altersklasse und Größenklasse als gültig eingestuften Merkmale Berücksichtigung finden. Der Grund für diese Entscheidung ist darin zu sehen, daß es eher in Kauf zu nehmen ist, eventuell ein Bonitätsmerkmal ungerechtfertigt in die Analyse aufzunehmen als ein für einen bestimmten Unternehmenstyp eigentlich bedeutendes zu verwerfen.

5.1.2 Bestimmung der Interdependenzen zwischen Bonitätsmerkmalen

Die Ergebnisdarstellung im zweiten Teil dieses Kapitels berücksichtigt aus gliederungstechnischen Motiven sowohl die relative Bedeutung von Bonitätskriterien als auch die Schlußfolgerungen, die sich von einzelnen Merkmalen und Kennzahlen auf andere ziehen lassen. Aus diesem Grund erfolgt vor der Diskussion der Resultate der zuvor beschriebenen Befragung zunächst die Deskription einer weiteren, vom Autor durchgeführten Untersuchung, die sich mit Interdependenzen zwischen Bonitätsmerkmalen und Kennzahlen befaßt.

5.1.2.1 Zweck der Untersuchung

Die Berücksichtigung von Interdependenzen bei der Analyse der Unternehmensbonität verfolgt folgenden Zweck:
Einerseits gilt es, Zusammenhänge zwischen einzelnen Bonitätsmerkmalen auszunutzen, um die Analyseeffizienz eines wissensbasierten Systems zu steigern. Es sollen Merkmale identifiziert werden, die sich auch ohne eine Systemfrage an den Anwender mit Hilfe von Schlußfolgerungen aus Kennzahlen- und Merkmalskombinationen ermitteln lassen.
Andererseits ist beabsichtigt, Inkonsistenzen in den Analyseergebnissen weitestgehend zu vermeiden. Aus diesem Grund wird angestrebt, die Merkmale, zwischen denen sich direkte Zusammenhänge erkennen lassen, gegenseitig auf Validität zu überprüfen.

Im Mittelpunkt der Untersuchung stehen die qualitativen Bonitätsmerkmale, über die sich eine Aussage aus bestimmten Kennzahlenentwicklungen treffen läßt. Dazu sollen zunächst einzelne Kennzahlen auf ihre Aussagefähigkeit bezüglich des Betriebsgeschehens einer Unternehmung untersucht werden. Absicht dieser Untersuchung ist es nicht, die Entwicklung bestimmter Kennzahlen zu bewerten, sondern die für ihre Entstehung verantwortlichen Ursachen im Betriebsgeschehen zu ermitteln und daraus eine Beurteilung qualitativer Sachverhalte abzuleiten.

Die Kennzahlenentwicklung wird dabei auf der Grundlage von zwei Vergleichstypen untersucht, dem innerbetrieblichen Zeitvergleich und dem zwischenbetrieblichen Vergleich. Die Zielsetzung des innerbetrieblichen Zeitvergleichs ist es, mit Hilfe von Trends Entwicklungen im Betrieb zu verdeutlichen[182]. Der zwischenbetriebliche Vergleich dagegen soll die Stellung einer Unternehmung im Vergleich zu einer Referenzgruppe verdeutlichen[183].

Grundlage für beide Vergleichstypen sind ausgewählte Kennzahlen des Jahresabschlusses. Da es sich hierbei um eine mit der Jahresabschlußanalyse verwandte Vorgehensweise handelt, sind auch die besonderen Anforderungen zu berücksichtigen, die an Bilanzvergleiche zu stellen sind[184]:

- Die formelle Vergleichbarkeit hinsichtlich einer einheitlichen Rechnungslegung muß gewährleistet sein.
- Ebenso ist die materielle Vergleichbarkeit zu sichern. Unterschiede bei der Branche, der Rechtsform, der Betriebsgröße etc. sind angemessen zu berücksichtigen.
- Der zwischenbetriebliche Vergleich erfordert eine statistisch ausreichende Größe der Vergleichsgruppe.

Auch wenn diese Anforderungen bezüglich der Vergleichbarkeit bei einer späteren Analyse nicht in allen Bereichen voll erfüllt werden können, lassen sich die Vergleiche trotzdem als ein Instrument einsetzen, mit dem bestimmte Bonitätssachverhalte zu erkennen sind. Sie sollen insbesondere dabei helfen, strukturelle Unterschiede zwischen einzelnen Unternehmen sowie Entwicklungstendenzen innerhalb einer Unterneh-

---

[182] Vgl. Ott, Christoph H., a.a.O., S.104-105.
[183] Vgl. Ott, Christoph, H., a.a.O., S.105-106.
[184] Vgl. Ott, Christoph, H., a.a.O., S.105.

mung zu erkennen. Dies ermöglicht wiederum die Selektion von Fragen, die bei der Identifikation von Problemen sinnvoll sein können[185].

Eine der Hauptfragestellungen der Erhebung besteht darin zu bestimmen, welche Kennzahlenentwicklungen vorliegen müssen, um die Ableitung eines qualitativen Bonitätssachverhaltes zu erlauben. Im günstigsten Fall erhält man eine Aussage darüber, ab welcher prozentualen Abweichung einer Kennzahl von einem Richtwert ein bestimmter Tatbestand als valide eingestuft werden kann. Läßt sich keine eindeutige Aussage vornehmen, gilt es festzulegen, als wie wahrscheinlich eine Folgerung anzusehen ist und welche weiteren Voraussetzungen erfüllt sein müßten, um einen qualitativen Bonitätssachverhalt eindeutig zu beurteilen.

Neben den möglichen Folgerungen aus Kennzahlenentwicklungen soll dieser Untersuchungsabschnitt direkte Zusammenhänge zwischen einzelnen qualitativen Bonitätsmerkmalen aufzeigen. Hierbei steht eine pragmatische Zielsetzung im Vordergrund. Es ist nicht das Ziel, ein zusammenhängendes Unternehmensmodell zu implementieren, das versucht, bestehende Abhängigkeiten zwischen jedem einzelnen Parameter zu quantifizieren. Vielmehr geht es darum, auf der Basis grundsätzlicher Abhängigkeiten Aussagen über Merkmalsbeziehungen zu treffen.

5.1.2.2 Festlegung der Untersuchungsmethode

Die Bestimmung der Interdependenzen zwischen den Bonitätsmerkmalen erforderte eine von der Ermittlung relevanter Einzelkriterien abweichende Vorgehensweise. Zwar erfolgte auch für diesen Untersuchungsgegenstand vom Verfasser zunächst eine Aufarbeitung der Fachveröffentlichungen[186]. Allerdings ist an der zugrundeliegenden Literatur grundsätzlich zu bemängeln, daß Interpretationen von Kennzahlen-

---

185 Vgl. Hauschildt, Jürgen, Erfolgs- und Finanzanalyse: fragegeleitete Analyse der "Vermögens-, Finanz- und Ertragslage des Unternehmens" nach Bilanzrichtlinien-Gesetz, 2. erweiterte Auflage, Köln 1987, S.12.

186 Als Basis wurden folgende Veröffentlichungen herangezogen:
Gauer, Herbert, a.a.O..
Gräfer, Horst, Bilanzanalyse, 4. Auflage, Berlin 1988.
Hauschildt, Jürgen, Überlegungen zu einem Diagnosesystem für Unternehmenskrisen, in: Hauschildt, Jürgen, Krisendiagnose durch Bilanzanalyse, Köln 1988.
Nahlik, Wolfgang, a.a.O., S.81-142.
Hesse, Kurt und Fraling, Rolf, Wie beurteilt man eine Bilanz, 17. Auflage, Wiesbaden 1988.
Riebell, Claus, Die Praxis der Bilanzauswertung, 4. Auflage, Stuttgart 1988.
Schott, Gerhard, Kennzahlen: Instrument der Unternehmensführung, Stuttgart, Wiesbaden 1981.
Die genannten Autoren versuchen ansatzweise Zusammenhänge zwischen Kennzahlen und betriebswirtschaftlichen Bonitätssachverhalten zu ergründen.

Entwicklungen, sofern sie überhaupt erfolgen, meist auf finanziellen Zusammenhängen basieren. Der Versuch, einzelne Kennzahlen direkt betrieblichen Strukturen zuzuweisen, wird, wenn überhaupt, nur in einer sehr allgemeinen Form vorgenommen. Aus diesem Grund war es erforderlich, zusätzlich zur Auswertung der Fachliteratur mit Hilfe von Expertengesprächen weitere Zusammenhänge zu identifizieren.

Als Erhebungsmethoden erschienen hierfür grundsätzlich die offenen Techniken der Wissenserhebung geeignet, wie Gruppendiskussionen und fokussierte Interviews[187]. Insbesondere das fokussierte Interview war für die Identifikation von Schlußfolgerungen und die Erklärung von bestimmten Vorgehensweisen bei der Problemlösung als besonders adäquat anzusehen[188].

Die Ergänzung des aus der Fachliteratur erhobenen allgemeinen Wissens erfolgte mit Hilfe der beiden beschriebenen Erhebungsmethoden im Rahmen von "Klausursitzungen". Ausgangsbasis für die Erhebung waren sowohl Kennzahlen als auch die qualitative Bonitätsmerkmale.
Für jede einzelne Kennzahl wurde untersucht, welche Aussagen sich anhand der Stellung der Kennzahl zur zwischenbetrieblichen oder innerbetrieblichen Vergleichsgruppe für qualitative Bonitätssachverhalte treffen lassen. Zur Bestimmung von Schlußfolgerungen aus Kennzahlen war es zunächst erforderlich, allgemeine Zusammenhänge zu identifizieren. Aussagen über bestimmte kritische Schwellenwerte und Eintrittswahrscheinlichkeiten waren der zweiten Stufe der Erhebung vorbehalten.
Zur Ermittlung von Beziehungen zwischen qualitativen Merkmalen wurde jedes Einzelkriterium des Kataloges allen anderen gegenübergestellt. Relativ sichere Zusammenhänge wurden festgehalten. Es war nicht erforderlich, die Zusammenhänge zwischen qualitativen Merkmalen zu quantifizieren, da diese sowieso nicht in Form von Zahlen vorliegen.

Der nächste Erhebungsabschnitt befaßte sich mit der Konkretisierung der allgemeinen Zusammenhänge zwischen qualitativen Merkmalen und Kennzahlen. Zunächst wurden die Ergebnisse der Klausursitzungen in einem Fragebogen strukturiert. Die Gliederung orientierte sich dabei an den Bereichen einer Unternehmung. Den einzel-

---

[187] Beim fokussierten Interview steht ein bestimmtes Untersuchungsobjekt im Mittelpunkt des Gesprächs. Der Unterschied zu einer normalen Konversation ist der, daß die Gesprächsinhalte im voraus anhand eines Leitfadens festgelegt sind. Dem Interviewer bleibt damit der Spielraum die Fragen entsprechend dem Gesprächsverlauf zu formulieren, anzuordnen und Nachfragen zu stellen. Vgl. Karbach, Werner, a.a.O., S.12-14.

[188] Vgl. Karbach, Werner, a.a.O., S.13.

nen Bereichen wurden die Schlußfolgerungen zugeordnet, die sich aus Kennzahlen über Bonitätssachverhalte dieser Bereiche ziehen lassen.

Auch für das weitere Vorgehen der Wissenserhebung war es unerläßlich, die Punkte des Fragebogens im direkten Gespräch mit ausgewählten Fachexperten zu diskutieren, da sich die Durchführung einer schriftlichen Befragung mit einer großen Anzahl von Experten aus folgenden Gründen als ungeeignet herausstellte:
Eine Reihe von kritischen Grenzwerten ließ sich erst im Gespräch identifizieren, da das Wissen bei den Experten oft nur latent vorhanden war.
Eine zu starke Strukturierung der Befragung hätte darüberhinaus eine differenzierte Betrachtung verhindert, bei der auch Raum für die Diskussion von Spezialfällen[189] geblieben wäre.

Angesichts dieser Überlegungen stellten sich strukturierte Interviews, die im Rahmen von weiteren Klausursitzungen[190] mit einer geringen Anzahl von Experten durchgeführt wurden, als die adäquate Technik zur Erhebung des Wissens dar.
Anhand des Fragebogens wurden die niedergelegten Punkte einzeln diskutiert und die allgemeinen Schlußfolgerungen überprüft. Daneben wurden die Grenzwerte ermittelt, ab denen eine bestimmte Folgerung mit hoher Wahrscheinlichkeit als zutreffend einzustufen ist.

5.1.2.3 Struktur des Fragebogens

Der Fragebogen diente dem Autor als Grundlage für die Durchführung von Expertengesprächen. Zielsetzung der Befragung war es, eine Validierung und Konkretisierung der allgemein ermittelten Schlußfolgerungen zu erhalten, die als Quellen für die Beurteilung qualitativer Bonitätsmerkmale geeignet sind. Ausgehend von dieser Zielsetzung erfolgte der Aufbau des Fragebogens. Dabei standen die folgenden Themen im Mittelpunkt:

---

[189] Ein Beispiel für einen Spezialfall sind die Besonderheiten von Einzelhandelsunternehmen in der Lagerhaltung, genauso wie die Interpretation der Eigenkapitalquote bei unterschiedlichen Rechtsformen.

[190] Beim strukturierten Interview gibt es eine Agenda von Punkten, die während des Interviews gezielt besprochen werden. Ziel ist es, das Problem systematisch zu durchdringen und einen strukturierten Überblick zu erhalten. Das strukturierte Interview eignet sich besonders für die Akquisition von Problemtypen, mit denen der Experte im Anwendungsgebiet konfrontiert ist sowie für die Validierung einzelner Punkte, die sich durch die Inhaltsanalyse oder mit Hilfe von unstrukturierten Erhebungsmethoden ergeben haben. Vgl. Karbach, Werner, a.a.O., S.10-11.

- Die Beschreibung der Entwicklung einzelner Kennzahlen, die jeweils einen Zusammenhang mit dem zur Untersuchung anstehenden Unternehmensbereich erkennen lassen.
- Die der Entwicklung zugeordnete Schlußfolgerung oder Ursache.
- Die Klärung der Frage, ab welcher Veränderungsgröße der Kennzahl eine bestimmte Folgerung als zutreffend zu bezeichnen ist.
- Kommentare dazu, wie wahrscheinlich die getroffenen Aussagen sind und welche weiteren Voraussetzungen erfüllt sein müssen.

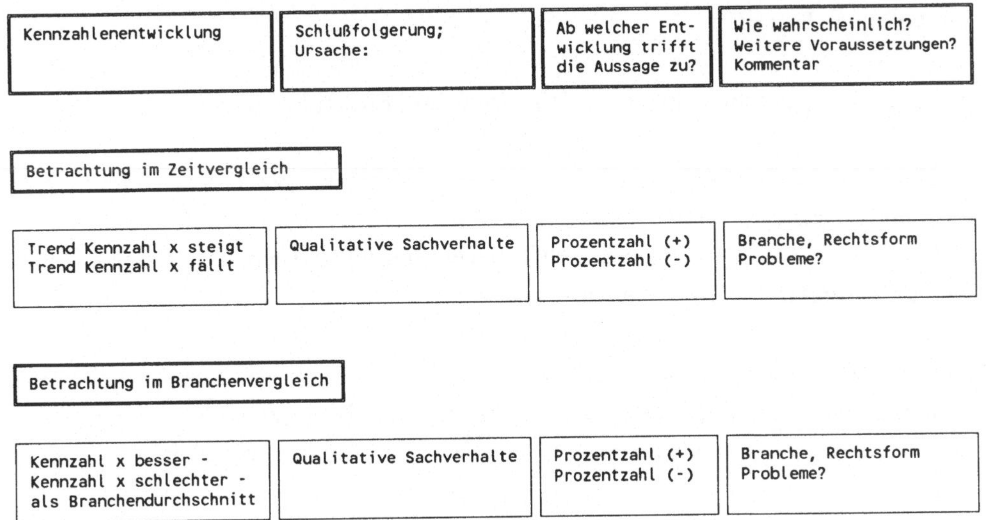

Abbildung 23: Struktur des Fragebogens

Jeder einzelne Punkt wurde diskutiert. Grundlage für die Ergebnisermittlung war eine Konsensbildung bei den befragten Experten. Umstrittene Positionen erhielten einen entsprechenden Vermerk.

5.1.2.4 Auswertung - Aufbau eines Beziehungsmodells

Die beschriebene Untersuchung zur Ermittlung von Interdependenzen dient dazu, allgemeine Zusammenhänge zwischen den Kennzahlen und den Unternehmensbereichen zu identifizieren. Um für die Analyse einen entsprechenden Effekt zu erzielen, ist es erforderlich, die fundamentalen Beziehungen auf einzelne Bonitätsmerkmale zu übertragen. Bei der Verwertung der Untersuchungsergebnisse für den Aufbau eines Beziehungsmodells besteht allerdings das grundsätzliche Problem, daß sich die ermittelten Zusammenhänge oftmals nur schwer einzelnen Bonitätsmerkmalen direkt zuweisen lassen.

Der Aufbau eines Beziehungsmodelles zwischen Kennzahlen und Bonitätsmerkmalen sowie zwischen den Bonitätsmerkmalen untereinander erfolgt daher im wesentlichen unter pragmatischen Gesichtspunkten. Zugeordnet wird, falls sich eine naheliegende Schlußfolgerung entsprechend begründen läßt. Grundlage hierfür sind die Angaben der befragten Experten.

Die Zuordnung geschieht unter Beachtung von zwei Einschränkungen:

- Nur ein bestimmter Prozentsatz der Merkmale wird mit Hilfe von Schlußfolgerungen beurteilt.
- Einzelne Kennzahlen sollen innerhalb eines Beurteilungsbereiches möglichst nur einmal zur Anwendung kommen.

Die Einschränkungen dienen dazu, den Einfluß der Schlußfolgerungen auf die Gesamtbeurteilung einer Risikodimension zu relativieren. Beabsichtigt ist eine angemessene Mischung aus manuell und maschinell bewerteten Einzelmerkmalen.

Dem Verfasser ist bewußt, daß die Zuordnung ein hohes Kritik-Potential in sich birgt. Trotzdem soll aufgrund der Chancen, die die Ausnutzung von Beziehungen zwischen den Merkmalen mit sich bringt, auf eine Berücksichtigung dieser Zusammenhänge nicht verzichtet werden. Besonders wird an dieser Stelle noch einmal darauf verwiesen, daß im Rahmen der vorliegenden Arbeit nicht in erster Linie die Absicht verfolgt wird, quantitative Zusammenhänge exakt zu messen. Statt dessen beschreibt die Studie die Wissenserhebung für ein Bonitätsanalysesystem, das auch vages Wissen abbilden soll.

5.2 Darstellung der Ergebnisse

Bei der Darstellung der Ergebnisse verzichtet der Autor wegen des Umfangs der Untersuchungen darauf, jeden einzelnen Sachverhalt zu beschreiben und zu interpretieren. Außerdem beschränkt sich die Darstellung der Ergebnisse auf die als interessant angesehenen Gegebenheiten. Eine umfangreiche schematische Charakterisierung der Ergebnisse findet sich in den beigefügten Ergebnis- und Schlußfolgerungstabellen. Eine ausführlichere Beschreibung der untersuchten Bonitätssachverhalte kann dem Fragebogen im Anhang entnommen werden[191].

Die Darstellung der Befragungsergebnisse erfolgt vor dem Hintergrund der Zielsetzung dieser Arbeit, geeignete Bewertungsmuster für die Analyse der Unternehmensqualität zu identifizieren. Die Deskription und die Diskussion beziehen sich auf die jeweiligen Expertenmehrheiten. Die Prozentzahl der Experten, die eine bestimmte Meinung zu einzelnen Sachverhalten vertritt, ist in den Ergebnistabellen angegeben.

Einzelne Bereiche werden durch individuelle Bonitätsmerkmale beschrieben. Die Ergebnisdarstellung ist entsprechend der Beurteilungshierarchie gegliedert. Die übergeordneten Kapitel beschreiben die verschiedenen Risikodimensionen, die darunterliegenden die einzelnen Risikobereiche[192].

Generell gilt für die Risikobeurteilung aller Untersuchungsbereiche, daß eine ausreichend sichere Bewertung nur dann erfolgen kann, wenn es gelingt, alle wesentlichen Merkmale und ihre Zusammenhänge zu betrachten. Bei der Zusammenstellung der Merkmalskataloge wurde versucht, eine Detaillierungsstufe zu wählen, die die Bereiche möglichst vollständig beschreibt. Natürlich ist es trotzdem nicht auszuschließen, daß einzelne, möglicherweise relevante Merkmale bei der Untersuchung unberücksichtigt blieben.

5.2.1 Marktpotential

Die Risikodimension "Marktpotential" beinhaltet die Marktlage, die Konkurrenzsituation, die Produkte sowie das Absatz- und Vertriebskonzept einer Unternehmung. Außerdem werden die Standortbedingungen beurteilt. Die Zuordnung des Bereiches "Standort" zur Risikodimension "Marktpotential" erfolgt dabei unter absatzpolitischen Gesichtspunkten. Es soll berücksichtigt werden, daß in vielen Fällen der Standort eine herausragende Rolle für die Distribution von Gütern spielt[193].

---

[191] Siehe Anhang, S.277-283.
[192] Vgl. Kapitel 4.3.2, S.63-65 und Kapitel 4.3.2.2, S.68-73.
[193] Vgl. Nieschlag, Robert; Dichtl, Erwin; Hörschgen, Hans, Marketing, a.a.O., S.373.

5.2.1.1 Markt und Konkurrenz

Eine Unternehmung, die ihre Marktposition halten und wachsen will, benötigt entsprechende Marktchancen. Die begrenzten Einflußmöglichkeiten einer Unternehmung auf die Entwicklung des Marktes bringen eine Vielzahl von Risiken mit sich:
Eine Verschlechterung der Marktsituation kann dazu führen, daß Fehler, die in konjunkturell unbelasteten Phasen kompensiert wurden, zum Vorschein kommen. Außer durch konjunkturelle Einflüsse können Probleme durch eine starke Zunahme des Konkurrenzdrucks hervorgerufen werden. Besondere Risiken liegen hierbei in einem verstärkten Auftreten ausländischer Unternehmen und in einer zunehmenden Konzentration innerhalb des Wirtschaftszweiges. Die möglichen Folgen sind drastische Preissenkungen, insbesondere dann, wenn die Konkurrenz in der Lage ist, rationeller zu produzieren[194].

Die optimale Wahrnehmung der Chancen erfordert von einer Unternehmung, sich mit den Gegebenheiten und den Entwicklungsmöglichkeiten des Marktes zu beschäftigen. Marktinformationen sind die Voraussetzung dafür, daß die Risiken des Absatzmarktes kalkulierbar werden. Ein Unternehmen muß in der Lage sein, seine Marktposition zu kennen und die künftigen Chancen richtig einzuschätzen[195].

Merkmalskatalog:

Beim Aufbau eines Kriterienkataloges zur Bewertung der Markt- und Konkurrenzsituation lassen sich drei Untersuchungssegmente unterscheiden:
Die gegebene Konkurrenzsituation, die exogenen Marktgegebenheiten und die internen Strukturen einer Unternehmung, die sich mit dem Marktgeschehen beschäftigen.
Zur Beurteilung der Konkurrenzsituation finden sich als mögliche Faktoren die Struktur der Branche, die Position einer Unternehmung innerhalb der Branche, die Stellung zu den direkten Konkurrenten, die Marktanteile, die zu erwartende ausländische Konkurrenz, das Wettbewerbsverhalten der etablierten Unternehmungen sowie die Konzentrationsentwicklungen in der Branche.
Als allgemeine exogene Marktgegebenheiten lassen sich die Branchenkonjunktur, der Grad der Internationalisierung, die Marktform, die mögliche Marktentwicklung in Krisensituationen, die langfristige Entwicklung des Marktvolumens, die Stabilität der

---

[194] Vgl. von Stein, Johann Heinrich, a.a.O., S.195-202.
[195] Vgl. Kotler, Philip, Marketing-Management, Analyse, Planung und Kontrolle, 4. Auflage, Stuttgart 1989, S.95 und S.133.

Wettbewerbsbedingungen, die Qualität des Marktes, die Marktmacht der Abnehmer und die politischen Marktrisiken untersuchen[196].

Zur qualifizierten Einschätzung der Marktposition und der Marktchancen des eigenen Unternehmens ist die Existenz eines Brancheninformationssystems, eine effiziente Marktforschung, die Ausformulierung von Markt- und Absatzzielen, die Kenntnis der Marktdurchdringung mit Produkten der Unternehmung und die Kenntnis des Grades der Marktsättigung erforderlich[197].

Tabelle 13: Bonitätsmerkmale - Markt und Konkurrenz

MARKT UND KONKURRENZ

BONITÄTSMERKMAL	GEWICHTUNG				PRÜFUNG	DATEN	DATEN	BRANCHENGRUPPEN				GRÖSSENKLASSE		
	sehr hoch	hoch	mit-tel	ge-ring	unbe-dingt	zu-gäng-lich	beur-teil-bar	Dienst leist.	Han-del	Prod gew.	Bau gew.	klein	mit-tel	groß
Branchenkonjunktur	91%				82%	90%	■	■	■	■	■	■	■	■
Erwartete ausländische Konkurrenz	76%				65%	47%			■	■			■	■
Marktposition	68%				65%	86%	■	■	■	■	■	■	■	■
Marktmacht der Abnehmer	65%				50%	60%	■		■	■		■	■	■
Branchenstruktur		88%			85%	87%	■	■	■	■	■	■	■	■
Marktform (Zahl der Anbieter)		71%			65%	86%	■	■	■	■	■		■	■
Marktstellung der Unternehmung		71%			59%	67%	■	■	■	■	■		■	■
Entwicklung des Marktvolumens		68%			29%	32%				■	■		■	■
Grad der Marktsättigung		65%			47%	27%		■	■	■			■	■
Marktentwicklung in Krisensituationen		65%			35%	26%			■	■	■		■	■
Marktanteile		65%			56%	73%	■	■	■	■	■		■	■
Stabilität d. Wettbewerbsbedingungen		65%			56%	50%	■		■	■	■	■	■	■

[196] Vgl. Hinterhuber, Hans Hartmann, a.a.O., S.86.
[197] Vgl. von Ungern-Sternberg, Alexander, Das Unternehmen auf dem Prüfstand, 2. Auflage, Heidelberg 1983, S.144-148. Vgl. auch Liebmann, Hans-Peter, Marketing und Innovation, in: Förderung und Finanzierung von Innovationsvorhaben, Graz 1984, S.33 und Liebl, Walter F., Marketing-Controlling: Theorie-Praxis-Möglichkeiten, Wiesbaden 1989, S.58-59.

Tabelle 13: Fortsetzung

In der folgenden Tabelle kennzeichnet ▨ die "Mehrheit der Experten".

BONITÄTSMERKMAL	sehr hoch	hoch	mit-tel	ge-ring	unbe-dingt	zu-gäng-lich	beur-teil-bar	Dienst leist.	Han-del	Prod gew.	Bau gew.	klein	mit-tel	groß
					PRÜFUNG	DATEN	DATEN	BRANCHENGRUPPEN				GRÖSSENKLASSE		
Rentabilität der Branche		▨ 62%			▨ 65%	▨ 79%	▨	▨	▨	▨	▨		▨	▨
Marktqualität (Sättigung, Wachstum)		▨ 62%			29%	▨ 50%			▨	▨			▨	▨
Konzentrationsentwicklungen		▨ 62%			29%	▨ 60%		▨	▨	▨			▨	▨
Positionierung innerhalb der Branche			▨ 71%		32%	▨ 62%		▨	▨	▨	▨		▨	▨
Verhalten etablierter Anbieter			▨ 68%		38%	38%		▨	▨	▨	▨		▨	▨
Marktdurchdringung			▨ 65%		24%	32%			▨	▨			▨	▨
Bedeutung allgem. Wirtschaftsdaten			▨ 62%		38%	▨ 79%	▨		▨	▨	▨		▨	▨
Eintrittsbarrieren			▨ 53%		24%	12%				▨			▨	▨
Politische Marktrisiken			▨ * MW		8%	29%			▨	▨			▨	▨
Marktforschung			▨ * MW		21%	45%		▨	▨	▨			▨	▨
Alter der Konkurrenzunternehmen				▨ 74%	6%	▨ 80%	▨			▨	▨		▨	▨
Grad der Internationalisierung				▨ 65%	12%	▨ 50%				▨			▨	▨
Ausformulierung der Markt-/Absatzziele				▨ 56%	3%	▨ 62%		▨	▨	▨			▨	▨
Existenz eines Br.-informationssystems				▨ 56%	6%	48%		▨	▨	▨	▨		▨	▨

Legende

xx % – Prozentsatz der unterstützenden Experten
* MW – Mittelwert der angegebenen Antworten
▨ – Mehrheit der Experten

Die Untersuchung der einzelnen Merkmale auf ihre Bedeutung im Rahmen der Bonitätsanalyse führte zu folgenden Ergebnissen:

Höchste Bedeutung messen die befragten Experten der Branchenkonjunktur (91%), der Gefahr durch ausländische Konkurrenz (76%), der Beurteilung der Marktposition (68%) und der Marktmacht der Abnehmer (65%) bei. Daneben schätzen sie die Bedeutung von elf weiteren Merkmalen als hoch ein. Von diesen Merkmalen halten sie die Untersuchung der Branchenstruktur (85%), der Marktform (65%), der Marktstellung der Unternehmung (59%), die Bestimmung der Marktanteile (56%), die Ermittlung der Stabilität der Wettbewerbsbedingungen (56%) und die Untersuchung der Branchenrentabilität (65%) für unbedingt erforderlich. Die Vielzahl der als gewichtig eingestuften Einzelmerkmale unterstreicht die große Relevanz des Marktbereiches für die Analyse.

Das Bild verschiebt sich allerdings etwas bei einer Betrachtung der Informationsbeschaffungsmöglichkeiten und der eingeschätzten Beurteilungsmöglichkeiten der genannten Merkmale. So sehen die Experten bei einer Reihe von Kriterien, denen sie ein hohes und höchstes Gewicht zusprechen, erhebliche Schwierigkeiten, diese bei der Analyse auch angemessen zu bewerten. Dies ist insbesondere bei Kriterien aus den Segmenten Marktsituation und Konkurrenz zu beobachten. Die Merkmale, die die Experten für beurteilbar halten, beziehen sich in den meisten Fällen direkt auf die zu untersuchende Unternehmung und auf allgemein zugängliche Brancheninformationen. Ähnliches gilt auch für die Verfügbarkeit von Daten und Informationen über die entsprechenden Sachverhalte.

Ob in der zu untersuchenden Unternehmung geeignete Hilfsmittel für die Marktpositionierung (Brancheninformationssystem, Ziele und Marktforschung) existieren, halten die meisten Experten im Zusammenhang mit der Untersuchung des Marktes für nur am Rande bedeutend.

Die Ergebnisse der Befragung zur Ermittlung von geeigneten Schichtungskriterien zeigen, daß für kleine Unternehmen nur einige wenige Merkmale, denen allerdings allgemein eine hohe Bedeutung zukommt, als untersuchungswürdig eingestuft werden. Bei großen und mittleren Unternehmen sind prinzipiell alle Merkmale relevant. Die Wichtigkeit einzelner Merkmale für bestimmte Branchengruppen ist dagegen sehr unterschiedlich. Ausnahmen bilden nur die Unternehmen des produzierenden Gewerbes. So sind hier durchgehend alle Kriterien zur Untersuchung offen. Bei den anderen Branchengruppen variiert die Untersuchungswürdigkeit von Merkmal zu Merkmal. Interessant ist dabei beispielsweise, daß für das Baugewerbe mehrere allgemein als bedeutend eingestufte Merkmale, wie die erwartete ausländische Konkurrenz, die Marktmacht der Abnehmer, die Konzentrationsentwicklungen der Branche oder die Qualität des Marktes, als irrelevant eingestuft werden. Dies ist vermutlich auf die polypolistische Struktur der Baubranche sowohl auf Anbieter- als auch auf Nachfragerseite zurückzuführen, bei der die Risiken in vielen Fällen anders geartet sind, als bei Unternehmen des Produktionsgewerbes[198]. Allerdings muß dazu angemerkt wer-

---

198 Vgl. Kömpf, Wolfgang, Unternehmensführung in erfolgreichen Klein- und Mittelbetrieben: eine empirische Untersuchung, Diss., Frankfurt 1989, S.71.

den, daß immerhin noch ein Viertel der befragten Experten auch die genannten
Merkmale für untersuchungswürdig hält.

Schlußfolgerungen - Markt und Konkurrenz:

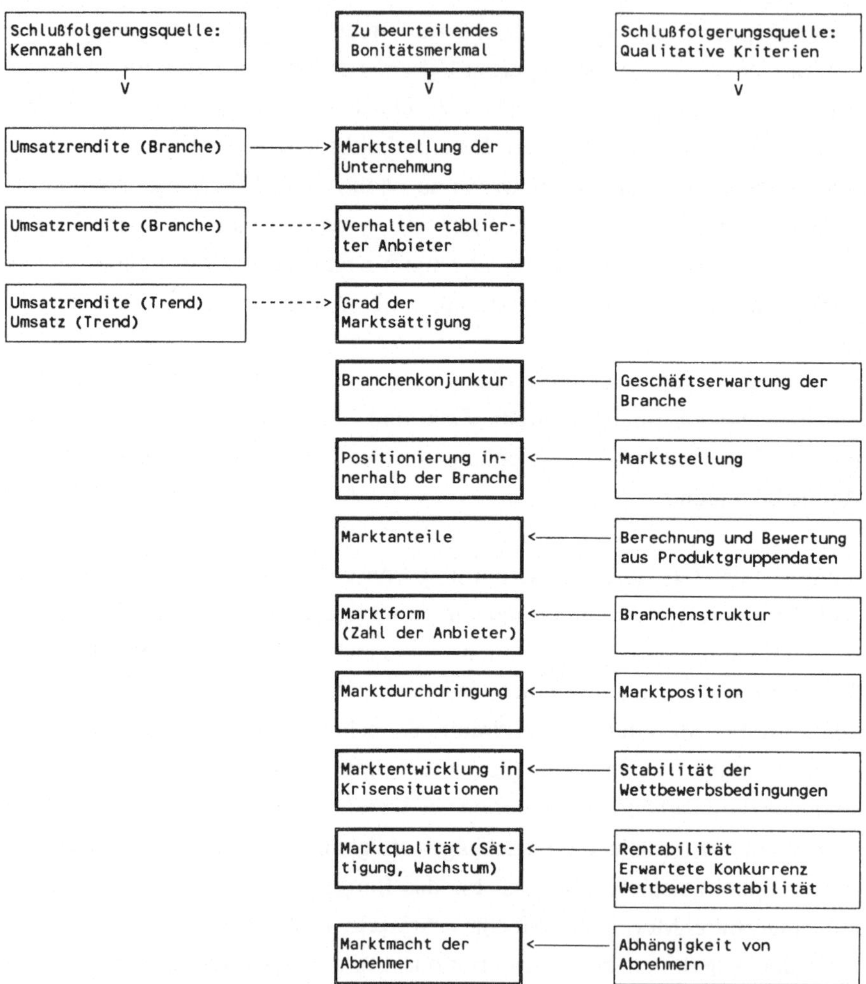

Abbildung 24: Schlußfolgerungen - Markt und Konkurrenz

Zur Beurteilung von Einzelkriterien des Marktbereiches mit Hilfe von Schlußfolgerungen eignen sich nach Meinung der Experten im wesentlichen Querverbindungen

zwischen qualitativen Merkmalen. Da in diesem Bereich die Abschätzung der zukünftigen Entwicklungen im Vordergrund steht, empfiehlt es sich, einen Zugriff auf die vergangenheitsorientierten Bilanzkennzahlen weitgehend zu vermeiden.

Eine Ausnahme bildet die Beurteilung der Marktstellung einer Unternehmung mit Hilfe der Kennzahl "Umsatzrendite". Hier liegt die Vermutung zugrunde, daß eine Firma, die in der Lage ist, eine über dem Branchendurchschnitt liegende Umsatzrendite zu erzielen, auch über eine entsprechend gute Stellung im Markt verfügen muß. Analog wird bei einer unter dem Vergleichsgruppendurchschnitt liegenden Umsatzrendite von einer schlechten Marktstellung der Unternehmung ausgegangen. Die Umsatzrendite eignet sich außerdem noch als Hilfsindikator für zwei weitere Beurteilungskriterien. So wird die Untersuchung des Marktsättigungsgrades nur dann als erforderlich angesehen, wenn sich aus der Entwicklung des Umsatzes und der Umsatzrendite im innerbetrieblichen Zeitvergleich Sättigungstendenzen erkennen lassen. Ebenso interessiert das Verhalten der etablierten Anbieter nur dann, wenn die Umsatzrendite einer Unternehmung deutlich nach unten vom Durchschnitt abweicht.

Für eine Beurteilung mit Hilfe von volkswirtschaftlichen Branchenzahlen bieten sich insbesondere solche Kriterien an, bei denen eine direkte Beziehung zur Konjunktur besteht. Dies sind die Merkmale "Branchenkonjunktur" und "allgemeine volkswirtschaftliche Lage". Die zukünftige Branchenkonjunktur wird dabei anhand der Geschäftserwartung der Branche, die Wirtschaftslage mit Hilfe des Parameters "allgemeine Geschäftslage" beurteilt.

Als Beurteilungsbasis für das Merkmal "Marktdurchdringung" könnte die Marktposition einer Unternehmung dienen. Ergibt sich aus der Untersuchung der Position, daß es sich bei der Unternehmung um den Branchenführer oder um einen differenzierten Nischenanbieter handelt, ist eine entsprechende Marktdurchdringung mit Produkten der Unternehmung im jeweiligen Segment zu vermuten. Hat die Firma nur eine untergeordnete Bedeutung am Gesamtmarkt, wird auch die Marktdurchdringung als unbedeutend eingestuft.

Die Stabilität der Wettbewerbsbedingungen wird als Indikator für das Merkmal "Mögliche Marktentwicklung in Krisensituationen" vorgeschlagen. Werden die Wettbewerbsbedingungen als instabil eingeschätzt, erhält auch das zu untersuchende Merkmal eine kritische Beurteilung. Bei schnell wechselnden Rahmenbedingungen im wirtschaftlichen Umfeld wird vermutet, daß sich Konjunkturflauten für einzelne Unternehmen besonders kritisch auswirken.

Die Beurteilung der Marktqualität kann in Anlehnung an die Untersuchung der Marktattraktivität im Rahmen der Marktattraktivität/Wettbewerbsvorteile-Portfolioanalyse erfolgen[199]. Aus der Vielzahl der dort genannten Einzelmerkmale wird für die Bewertungsermittlung die Rentabilität der Branche, die erwartete Konkurrenzsituation und die Stabilität der Wettbewerbsbedingungen ausgewählt. Die Beurteilung könnte analog zu der jeweiligen durchschnittlichen Ausprägung der genannten drei Kriterien erfolgen.

Das Kriterium "Marktmacht der Abnehmer" läßt sich anhand der im Bereich "Kunden, Vertrieb und Absatz" zu ermittelnden Abhängigkeiten der Unternehmung von einzelnen Abnehmern beurteilen. Liegen keine kritischen Abhängigkeiten vor, ist anzunehmen, daß auch die Marktmacht der Abnehmer unbedeutend ist. Sind jedoch Abhängigkeiten von Abnehmern festzustellen, sollte dies bei der Beurteilung der Marktmacht negativ berücksichtigt werden.

5.2.1.2 Absatz, Vertrieb und Kunden

Absatz und Vertrieb:

Unter Absatz lassen sich alle die Tätigkeiten einordnen, die dazu bestimmt sind, die Abgabe der vom Unternehmen geschaffenen Leistungen in den Markt zu bewirken. Die Absatzbemühungen führen, falls sie erfolgreich sind, zu der effektiven Veräußerung einer Ware. Der häufig auch synonym mit Absatz verwendete Begriff "Vertrieb" hebt dabei auf die zum Absatz erforderlichen Aspekte wie Warenverteilung, Logistik, Steuerung der Außendienstorganisation und Pflege der Beziehungen eines Herstellers zum Handel ab[200].

Merkmalskatalog:

Die kritischsten Mängel im Vertriebs- und Absatzbereich können dadurch entstehen, daß eine Unternehmung keine ausreichenden Aktivitäten zur Gewinnung neuer Kunden betreibt. Dies führt letztendlich dazu, daß sich der Kundenstamm nicht ausreichend entwickeln kann und stagniert. Ergeben sich in dieser Situation Probleme mit dem bestehenden Kundenstamm, so kann der Unternehmung eine ernsthafte wirtschaftliche Krise drohen[201]. Die Beurteilung des Marketingpotentials soll dabei helfen,

---

[199] Vgl. Hinterhuber, Hans Hartmann, a.a.O., S.124.
[200] Vgl. Nieschlag, Robert; Dichtl, Erwin; Hörschgen, Hans, Marketing, a.a.O., S.6.
[201] Vgl. von Stein, Johann, a.a.O., S.105-106.

die Distributions- und Kommunikationsaktivitäten einer Unternehmung in Zusammenhang mit der Preis- und Produktpolitik qualitativ zu evaluieren[202]. Als weitere maßgebliche Merkmale im Rahmen der Absatzfunktion sind die Entwicklung der Auftragseingänge und der Kostendeckungsgrad der Aufträge anzusehen[203]. Eine fehlende Effektivität der Vertriebsstelle kann zu überhöhten Kosten führen. In diesem Zusammenhang ist auch die Existenz eines effizienten Mahnwesens von Bedeutung[204]. Daneben besteht die Möglichkeit, daß Distributions- und Serviceprobleme Abnehmerbetriebe verärgern und Verluste auf dem Absatzmarkt mit sich bringen. Positiv wirkt sich eine qualitativ hochstehende Garantie- und Servicepolitik aus[205].

Tabelle 14: Bonitätsmerkmale - Vertriebs- und Absatzstrukturen

VERTRIEBS- UND ABSATZSTRUKTUREN

BONITÄTSMERKMAL	GEWICHTUNG				PRÜFUNG	DATEN	DATEN	BRANCHENGRUPPEN				GRÖSSENKLASSE		
	sehr hoch	hoch	mit-tel	ge-ring	unbe-dingt	zu-gäng-lich	beur-teil-bar	Dienst leist.	Han-del	Prod gew.	Bau gew.	klein	mit-tel	groß
Entwicklung der Auftragseingänge		74%			79%	83%								
Kostendeckungsgrad der Aufträge		68%			53%	70%								
Existenz eines Mahnwesens		62%			41%	87%								
Qualität der Vertriebskanäle		53%			44%	86%								
Kosten des Vertriebssystems			59%		29%	83%								
Marketingpotential			59%		29%	60%								
Vertriebskonzept und -organisation			53%		26%	61%								
praktizierte Kundennähe				71%	3%	35%								
Wirtschaftlichkeit Beförderungsmittel				56%	9%	46%								

Legende	xx % - Prozentsatz der unterstützenden Experten * MW - Mittelwert der angegebenen Antworten	- Mehrheit der Experten

[202] Vgl. Haberland, Günther, Checkliste für das Krisenmanagement, 3. Auflage, München 1978, S.107.

[203] Vgl. Haberland, Günther, a.a.O., S.99-101.

[204] Vgl. Schmoll, Anton, a.a.O., S.99.

[205] Vgl. Reske, Winfried; Brandenburg, Achim; Mortsiefer, Hans-Jürgen, a.a.O., S.97.

Die befragten Experten räumen den Merkmalen "Qualität der Vertriebskanäle", "Entwicklung der Auftragseingänge", "Kostendeckungsgrad der Aufträge" und "Existenz eines Mahnwesens" eine hohe Bedeutung für die Beurteilung des Bonitätsrisikos ein. Die größte Übereinstimmung besteht dabei bei dem Merkmal "Entwicklung der Auftragseingänge". So halten 74% der befragten Experten dieses Kriterium für bedeutend und 79% sind der Meinung, daß eine Untersuchung unabhängig von der Gewichtung unbedingt vorgenommen werden sollte. Etwas niedriger liegen die Ergebnisse bei dem Merkmal "Kostendeckungsgrad der Aufträge". 68% der Befragten schätzen dieses Merkmal als bedeutend ein, aber nur eine knappe Mehrheit (53%) empfiehlt auch die unbedingte Überprüfung. Den Merkmalen, die im Zusammenhang mit organisatorischen Fragen stehen, mißt die Mehrheit der Experten nur eine mittlere oder geringe Bedeutung im Rahmen der Bonitätsanalyse bei. Auch vertritt nur weniger als ein Drittel die Meinung, daß diese Merkmale auf jeden Fall untersucht werden sollen.

Es ist zu beobachten, daß die Experten die Merkmale, denen sie ein hohes Gewicht für die Beurteilung der Unternehmensbonität beimessen, auch für beurteilbar halten. Ähnliches gilt auch für die Möglichkeiten der Datenbeschaffung. So sehen die Befragten hier nur Schwierigkeiten bei den beiden Merkmalen, die eine geringe Bedeutung für die Analyse haben.

Für die einzelnen Branchengruppen und Größenklassen gilt folgendes: Die Untersuchung des Vertriebs- und Absatzbereiches wird insbesondere für Unternehmen des produzierenden Gewerbes und für Handelsbetriebe als relevant angesehen. Für das Bau- und Dienstleistungsgewerbe dagegen sollen nur die Auftragseingänge und die Existenz eines Mahnwesens untersucht werden, für Bauunternehmen noch zusätzlich der Kostendeckungsgrad der Aufträge. Allgemeine Fragen zum Vertriebssystem sind für diese Branchen als unbedeutend anzusehen.

Bezüglich der einzelnen Größenklassen gilt, daß für mittlere Unternehmen prinzipiell alle Merkmale anwendbar sind. Abweichungen ergeben sich bei einer Reihe von Merkmalen für kleine Unternehmen. Es handelt sich dabei insbesondere um solche Merkmale, deren sinnvolle Beurteilung eine gewisse Unternehmensgröße voraussetzt. Für große Unternehmen schließen die Experten die beiden allgemein als unbedeutend angesehenen Merkmale "Beförderungsmittel" und "Kundennähe" aus.

Kunden:

In engem Zusammenhang mit dem Vertriebs- und Absatzbereich der Unternehmung
ist die Struktur des Kundenstammes zu sehen. Neben Mängeln in der Vertriebspolitik
sind als Ursachen für Probleme im Absatzbereich auch Schwierigkeiten bei der
Gestaltung der Kundenbeziehungen zu nennen. Der dabei am kritischsten anzu-
sehende Punkt ist die Abhängigkeit einer Unternehmung von einzelnen Abnehmern.
Starke Bindungen an einen oder wenige Großabnehmer können zu intensivem Preis-
druck führen, so daß es einer Unternehmung nicht mehr möglich ist, Aufträge zu
kostendeckenden Preisen auszuführen. Bedenklich kann sich die Situation auch dann
darstellen, wenn der Großabnehmer nicht mehr in der Lage oder Willens ist, pünktlich
zu bezahlen. Besondere Risiken bestehen hier bei Lieferungen in Krisenregionen[206].

Merkmalskatalog:

Eine vom Markt gesteuerte Unternehmenspolitik erfordert eine genaue Kenntnis des
Verhaltens der Kunden und dessen Determinanten. Für die Beurteilung erforderlich
sind Informationen über die Entwicklung der Kundenmärkte und Kundengewohnheiten, die Kundentypen (Stamm- / Laufkunden) und über die langfristige Bedarfsstruktur der Kunden. Eine Konzentration der Unternehmensressourcen auf die bedeutendsten Kundensegmente verlangt darüberhinaus die Kenntnis der Deckungsbeiträge, die
einzelne Kunden und Kundensegmente am Fixkostenanteil und am Unternehmens-
gewinn erwirtschaften[207].

---

[206] Vgl. von Stein, Johann, a.a.O., S.107-108.
[207] Vgl. Nieschlag, Robert; Dichtl, Erwin; Hörschgen, Hans, Marketing, a.a.O., S.618-620 und von
Ungern-Sternberg, Alexander, a.a.O., S.159-163.

Tabelle 15: Bonitätsmerkmale - Kunden der Unternehmung

KUNDEN DER UNTERNEHMUNG

BONITÄTSMERKMAL	GEWICHTUNG				PRÜFUNG	DATEN	DATEN	BRANCHENGRUPPEN				GRÖSSENKLASSE		
	sehr hoch	hoch	mittel	gering	unbedingt	zugänglich	beurteilbar	Dienstleist.	Handel	Prod gew.	Bau gew.	klein	mittel	groß
Abhängigkeiten von Abnehmern	94%				85%	100%								
Zahlungsmodalitäten der Abnehmer	91%				79%	91%								
Insolvenz von Abnehmern	91%				76%	97%								
Risiken durch ausländische Abnehmer		76%			71%	100%								
Struktur der Abnehmer		68%			62%	86%								
Entwicklung der Kundenmärkte		65%			50%	55%								
Aufteilung nach Stamm- / Laufkunden		59%			18%	62%								
Branchen der Abnehmer			71%		41%	89%								
Deckungsbeiträge einzelner Kunden			65%		18%	41%								
Langfristige Bedarfsstruktur			59%		21%	38%								
Entwicklung der Kundengewohnheiten			56%		12%	27%								
Gewonnene Neukunden eines Zeitraumes				62%	9%	46%								
Einstellung nach einem Kauf				* MW	12%	14%								

Legende: xx % - Prozentsatz der unterstützenden Experten | * MW - Mittelwert der angegebenen Antworten | ▨ - Mehrheit der Experten

Die Expertenbefragung ergab auch bei diesem Untersuchungsteil für die Merkmale die höchste Gewichtung, die in direktem Zusammenhang mit unternehmensbedrohenden Risiken zu sehen sind. Im einzelnen sind dies die Abhängigkeit von einzelnen Abnehmern, deren Zahlungsmodalitäten und die Insolvenz von Kundenbetrieben. Allen drei Merkmalen weisen die Experten mit einer überwältigenden Mehrheit (über 90%) höchste Bedeutung für die Beurteilung der Unternehmensbonität zu. Entsprechend halten sie auch bei allen drei Kriterien die Überprüfung für unbedingt erforderlich.

Eine hohe Bedeutung für die Ermittlung der Unternehmensbonität messen die Befragten der Abnehmerstruktur, den Risiken durch ausländische Abnehmer, der Kundentypisierung und der Entwicklung der Kundenmärkte bei. Außer dem Merkmal "Aufteilung der Kunden nach Stamm- und Laufkundschaft (Typisierung)" halten sie diese Merkmale auch für unbedingt untersuchungsnotwendig. Bezüglich der Beurteilbarkeit einzelner Merkmale zeigt sich bei dieser Teiluntersuchung, daß die Experten bei der Datenbeschaffung und qualitativen Bewertung der Merkmale, die sie als besonders wichtig erachten, keine Probleme sehen.

Bei der Untersuchung der jeweils relevanten Branchengruppen und Größenklassen kristallisiert sich heraus, daß die Experten insbesondere die Merkmale mit der allgemein höchsten Bedeutung für alle Branchen und Größenstufen als relevant einschätzen. Auch bei den anderen Merkmalen geht der Trend dahin, daß eine Untersuchung insbesondere für das Dienstleistungs-, das Handels- und das Produktionsgewerbe nicht generell ausgeschlossen wird. Bei Bauunternehmen wird die Untersuchung der Merkmale "Aufteilung der Kunden", "Neukunden", "Bedarfsstruktur", "Deckungsbeiträge" und "Kundengewohnheiten" als nicht sinnvoll angesehen.

Schlußfolgerungen - Absatz, Vertrieb und Kunden:

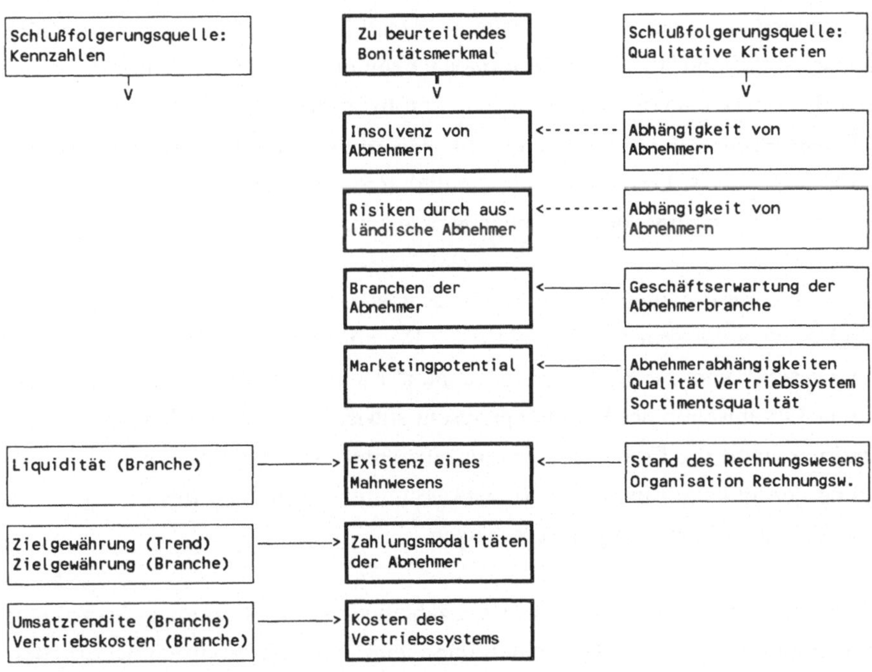

Abbildung 25: Schlußfolgerungen - Absatz, Vertrieb und Kunden

Die Ausnutzung von Abhängigkeiten zwischen einzelnen Merkmalen wird für die Analyse des Bereiches "Absatz, Vertrieb und Kunden" von den befragten Experten wie folgt vorgeschlagen:

Die Ausprägung des Merkmals "Abhängigkeiten von einzelnen Abnehmern" wird als Basis für eine abhängige Bewertung der Merkmale "Insolvenz von Abnehmern" und "Risiken durch ausländische Abnehmer" empfohlen. Können keine Abhängigkeiten identifiziert werden, ist davon auszugehen, daß auch die beiden erstgenannten Kriterien als unkritisch einzustufen sind. Im Falle von Abhängigkeiten wird eine separate Untersuchung der Auslandsrisiken und der Abnehmerinsolvenzen als erforderlich angesehen.

Die Ermittlung der Branchenzugehörigkeit der Hauptabnehmer bei Unternehmen mit vorwiegend gewerblichen Kunden dient dazu, eine Basis für die Einschätzung der Entwicklung der Kundenmärkte zu erhalten. Zur eigentlichen Einschätzung wird für einzelne Kundenbranchen die Geschäftserwartung beurteilt. Dies geschieht mit Hilfe von volkswirtschaftlichen Branchendaten[208].

Als Beurteilungsbasis für das Bonitätskriterium "Marketingpotential" eignen sich die Einzelbeurteilungen der Merkmale "Qualität der Vertriebskanäle", "Sortimentsqualität" und "Preisgestaltungsmöglichkeiten". Die für die Beurteilung ausgewählten Basismerkmale orientieren sich an den Instrumenten der Marketingpolitik, die die Felder Produktpolitik, Entgeltpolitik, Distributionspolitik und Kommunikationspolitik umfassen[209]. Das Marketingpotential wird dabei je nach Ausprägung der Basismerkmale eher positiv oder eher negativ beurteilt.

Als Basis für die Beurteilung des Merkmals "Existenz eines Mahnwesens" halten die befragten Experten die Kriterien "Standard des Rechnungswesens", "Organisation des Rechnungswesens" und die Kennzahl "Liquidität" für tauglich. Vermitteln der Standard und die Organisation des Rechnungswesens sowie die Liquiditätslage einen positiven Eindruck, wird die Frage nach einem effizienten Mahnwesen bejaht. Läßt die Ausprägung der Indikatormerkmale Mängel vermuten, sollte sich dies in einer entsprechend kritischen Bewertung niederschlagen.

Als geeignet für Schlußfolgerungen aus Kennzahlen sind zwei Merkmale: So könnten die Zahlungsmodalitäten der Abnehmer dann eine positive Beurteilung erhalten,

---

208 Siehe auch Branchenbeurteilung, Kapitel 4.3.2.3, S.75.
209 Vgl. Nieschlag, Robert; Dichtl, Erwin; Hörschgen, Hans, Marketing, a.a.O., S.23-25.

wenn die Zielquote[210] sowohl im Betriebs- als auch im innerbetrieblichen Zeitvergleich keine Unstimmigkeiten aufweist. Läßt die Zielquote überdurchschnittliche Abweichungen oder im Zeitvergleich deutliche Steigerungstendenzen erkennen, sollte das Merkmal "Zahlungsmodalitäten der Abnehmer" eine ungünstige Bewertung erhalten.

Zur Beurteilung der Angemessenheit der Kosten des Vertriebssystems bieten sich die Kennzahlen "Umsatzrendite" und "Vertriebsaufwand" im zwischenbetrieblichen Vergleich an. Die Umsatzrendite wird für die Fälle als Indikator eingesetzt, bei denen die Vertriebsaufwände in der Gewinn- und Verlustrechnung nicht separat ausgewiesen sind[211]. Angemessene Kosten werden dann angenommen, wenn sich über die Kennzahlen eine entsprechend gute Positionierung der Unternehmung beim Betriebsvergleich erkennen läßt. Falls die zu untersuchende Unternehmung bei den Kennzahlen "Umsatzrendite" und "Vertriebsaufwand" schlechter als der Mittelwert abschneidet, wird eine negative Beurteilung empfohlen.

5.2.1.3 Produkte

Aus der Dimension "Marktpotential" soll dem Produkt jener Teil vorbehalten sein, der direkt auf die Wahrnehmung und die Nutzung des zu vertreibenden Gutes zurückzuführen ist. Das Produkt stellt sich dem Nachfrager als ein Mittel der Bedürfnisbefriedigung dar. Er beurteilt das angebotene Gut anhand von zwei Beurteilungskomponenten: Die aus der Sicht des Käufers mit einem Produkt zu assoziierenden positiven Aspekte werden als Leistung, die Kosten und Opfer als Preis bezeichnet. Die Leistung manifestiert sich in der Fähigkeit des Produzenten, die Bedürfnisse der Nachfrager zu befriedigen[212]. Für eine Unternehmung bedeutet dies, je besser es ihr gelingt, die Wünsche der Nachfrager auf Dauer zu befriedigen, desto erfolgreicher stellen sich ihre Produkte und das Produktprogramm dar.

Merkmalskatalog:

Eine der wichtigsten Aufgaben der Produktpolitik besteht darin, ein ausgewogenes Produktportfolio zu gewährleisten. Zu langes Beharren auf ausgereiften Produkten

---

[210] Zielquote=Zielgewährung/Zielinanspruchnahme
[211] Bilanzierung nach dem Gesamtkostenverfahren.
[212] Vgl. Nieschlag, Robert; Dichtl, Erwin; Hörschgen, Hans, Marketing, a.a.O., S.94-95.

119

und die Vernachlässigung von Nachfolgeprodukten können zu ernsthaften Problemen führen. So ist es durchaus möglich, daß Neuentwicklungen der Wettbewerber und Nachfrageänderungen auch bei erfolgreichen Produkten einen schnellen Absturz bewirken. Bei der Untersuchung des Produktionsprogrammes stellen sich daher folgende Fragen: Welche Produkte sind für bestimmte Umsatzanteile und Deckungsbeiträge verantwortlich, wie haben sich die Umsatzanteile und Deckungsbeiträge in den letzten Jahren entwickelt, sind Sättigungsgrenzen erkennbar, wie verläuft die technische Entwicklung im Wirtschaftsumfeld und wie wirkt sich eine Veränderung von Modetrends aus[213].

Weiterhin lassen sich viele der aus dem Produktbereich herrührenden Krisenursachen auf unzeitgemäße Produkteigenschaften, wie z.B. eine zu hohe oder zu niedrige Qualität, auf eine falsche Preispolitik oder auf ein zu breites bzw. zu schmales Produktprogramm zurückführen[214].

Weitere Risiken, die das Produktprogramm in sich birgt, sind unter anderem die Substitutionsgefahr durch andere Produkte und eine starke Umweltschädlichkeit der Produkte, was eventuell Regreßforderungen nach sich ziehen könnte[215]. Dazu kommen Gefahren durch einen mangelnden Diversifikationsgrad der Produkte und den Entzug von fremden Lizenz- und Patentgenehmigungen zur Produkterstellung[216]. Schließlich kann der Markenname und das Produktimage, die Intensität der Werbung und der Vergleich mit Produkten von Konkurrenzunternehmen aufschlußreiche Hinweise für die Beurteilung des Produktbereiches geben[217].

---

[213] Vgl. Kreim, Erwin, a.a.O., S.123.
[214] Vgl. Hauschildt, Jürgen, Unternehmenskrisen - Herausforderungen an die Bilanzanalyse, a.a.O., S.8.
[215] Vgl. Zellweger, Bruno, a.a.O., S.35-38.
[216] Vgl. Wöhe, Günter, Einführung in die Allgemeine Betriebwirtschaftslehre, 16. Auflage, München 1986, S.319 und S.340.
[217] Vgl. von Ungern-Sternberg, Alexander, a.a.O., S.166-170.

Tabelle 16: Bonitätsmerkmale - Produkte

PRODUKTE

BONITÄTSMERKMAL	GEW. sehr hoch	GEW. hoch	GEW. mittel	GEW. gering	PRÜFUNG unbedingt	DATEN zugänglich	DATEN beurteilbar	Dienst leist.	Handel	Prod gew.	Bau gew.	klein	mittel	groß
Abhängigkeiten von Patenten u. Lizenzen	68%				68%	80%	▨		▨	▨		▨	▨	▨
Umweltbeeinflussung der Produkte	68%				53%	43%				▨		▨	▨	▨
Diversifikationsgrad der Produkte	65%				62%	72%	▨		▨	▨		▨	▨	▨
Abhängigkeit von Modetrends		65%			65%	79%	▨		▨	▨		▨	▨	▨
Produktqualität		62%			50%	60%			▨	▨		▨	▨	▨
Substitutionsgefahr		56%			21%	21%				▨			▨	▨
Deckungsbeiträge u. Break-Even-Punkte		53%			47%	73%	▨	▨	▨	▨		▨	▨	▨
Nachbaumöglichkeit durch Konkurrenz			65%		24%	42%				▨			▨	▨
Vergleich mit Konkurrenzprodukten			62%		26%	44%			▨	▨			▨	▨
Preisgestaltungsmöglichkeiten			53%		38%	45%		▨	▨	▨	▨	▨	▨	▨
Produktlebenszyklus			53%		24%	48%				▨		▨	▨	▨
Umsatzanteile der Produktgruppen			* MW		50%	68%	▨		▨	▨		▨	▨	▨
Markenname und Produktimage			* MW		32%	79%	▨		▨	▨			▨	▨
Erkennbarkeit einer Produktpolitik				59%	18%	61%		▨	▨	▨			▨	▨
Intensität der Werbung				56%	0%	63%			▨	▨			▨	▨

Legende

xx % - Prozentsatz der unterstützenden Experten
* MW - Mittelwert der angegebenen Antworten

▨ - Mehrheit der Experten

Die Befragung kommt bei der Untersuchung der Einzelmerkmale des Produktbereiches zu folgenden Ergebnissen:

Den Abhängigkeiten von fremden Patenten und Lizenzen (68%), der Umweltschädlichkeit der Produkte (68%) und dem Diversifikationsgrad der Produkte (65%) mißt die Mehrheit der Experten höchste Bedeutung für die Beurteilung des Bonitätsrisikos bei. Die Tatsache, daß dem Merkmal "Umweltverträglichkeit der Produkte" ein sehr hohes Gewicht gegeben wird, liegt in der Bundesrepublik im gesellschaftlichen Trend. So haben umweltunverträgliche und umweltbelastende Produkte bei gleichem Preis-/Leistungsverhältnis erheblich geringere Marktchancen als Produkte, die den genannten Umweltanforderungen gerecht werden[218].

Hohes Gewicht für die Beurteilung der Unternehmensbonität vergeben die befragten Experten den Merkmalen "Substitutionsgefahr", "Abhängigkeit von Modetrends", "Produktqualität" sowie den Kriterien "Untersuchung der Deckungsbeiträge" und "Break-Even-Punkte einzelner Produkte". Allerdings hält die Mehrheit der Experten nur zwei dieser Kriterien für unbedingt untersuchungsnotwendig, nämlich die Merkmale "Abhängigkeit von Modetrends" und "Produktqualität". Eine Betrachtung der Antworten zu den Untersuchungsfragen "Daten zugänglich" und "Daten beurteilbar" zeigt, daß die Befragten große Probleme sowohl bei der Beschaffung von Informationen als auch bei der Beurteilung von Daten zu den einzelnen Merkmalen sehen. Von den Kriterien mit hoher und höchster Bedeutung trifft dies besonders auf die Untersuchung der Umweltschädlichkeit der Produkte, die Einschätzung der Substitutionsgefahr durch andere Produkte und die Beurteilung der Produktqualität zu.

Bezüglich der relevanten Branchen und Unternehmensgrößen ist folgendes anzumerken:

Für produzierende Unternehmen sind prinzipiell alle Merkmale relevant. Im Gegensatz dazu halten die befragten Experten bei Unternehmungen des Baugewerbes nur die Untersuchung der Preisgestaltungsmöglichkeiten für maßgeblich. Bei Handelsunternehmen schließen die Experten Merkmale aus, die die Existenz eines Produktionsbetriebes voraussetzen, wie beispielsweise die Untersuchung der Produktlebenszyklen oder die Gefahr des Nachbaus durch die Konkurrenz. Für Dienstleistungsunternehmen werden neben den Preisgestaltungsmöglichkeiten die Erkennbarkeit einer Angebotspolitik und die Ermittlung von Deckungsbeiträgen der einzelnen Dienstleistungen als relevant betrachtet.

Beim Schichtungskriterium "Unternehmensgröße" differenzieren die Experten nur bei kleinen Unternehmen. So werden eine Reihe der genannten Merkmale für diese Größenklasse als nicht untersuchungswürdig angesehen. Dies sind die Kriterien "Substitutionsgefahr", "Produktimage", "Nachbaumöglichkeiten durch die Konkurrenz", "Produktpolitik", "Vergleich mit Konkurrenzprodukten" und "Intensität der Werbung".

---

218 Vgl. Hertenstein, Karl-Heinz, Zukunftsorientiertes Kreditmanagement, a.a.O, S.147.

Produkttechnologien:

Der Tatsache, daß die Literatur den Produkttechnologien eine herausragende Bedeutung für die Analyse der Unternehmensbonität beimißt, soll mit einer gesonderten Technologiebetrachtung Rechnung getragen werden. So wird darauf hingewiesen, daß die Beurteilung der Technologie dabei helfen soll, als Frühwarnindikator Fehlentwicklungen bereits im Anfangsstadium zu erkennen. Gefahren können dabei aus drei Richtungen drohen: Durch Innovationen bei Werkstoffen, durch die Substitution einer Technologie durch eine andere und durch eine veränderte Bedürfnisstruktur der Nachfrager. Je länger dabei die Entwicklungsphasen eines Produktes sind, desto grösser ist die Gefahr, einen Innovationsprozeß zu versäumen[219].

Merkmalskatalog:

Als Beurteilungsmerkmale lassen sich die Einzelkriterien "Kenntnis der Produkttechnologien", "Ressourcenstärke für die Herstellung der Produkttechnologien" und "Schutzfähigkeit" heranziehen. Des weiteren sind die Wirtschaftlichkeit der Produkttechnologien, die Existenz einer Entwicklungsstrategie und ein entsprechendes Innovationsmanagement von Bedeutung[220].

---

[219] Vgl. Lehner, Karlheinz, Technologie als Kriterium der Bonitätsbeurteilung, in: Wiesinger, Walter, Handbuch der Kreditprüfung, Wien 1987, S.89-90 und S.93.

[220] Vgl. Bauer, Jürgen, Die Beurteilung von Technologien bei der Kreditwürdigkeitsprüfung, Nürnberg 1984, S.50-53, 65-67, von Ungern-Sternberg, Alexander, a.a.O., S.171-175 und Little, Arthur D., Management der Hochleistungsorganisation, Wiesbaden 1989.

Tabelle 17: Bonitätsmerkmale - Produkttechnologien

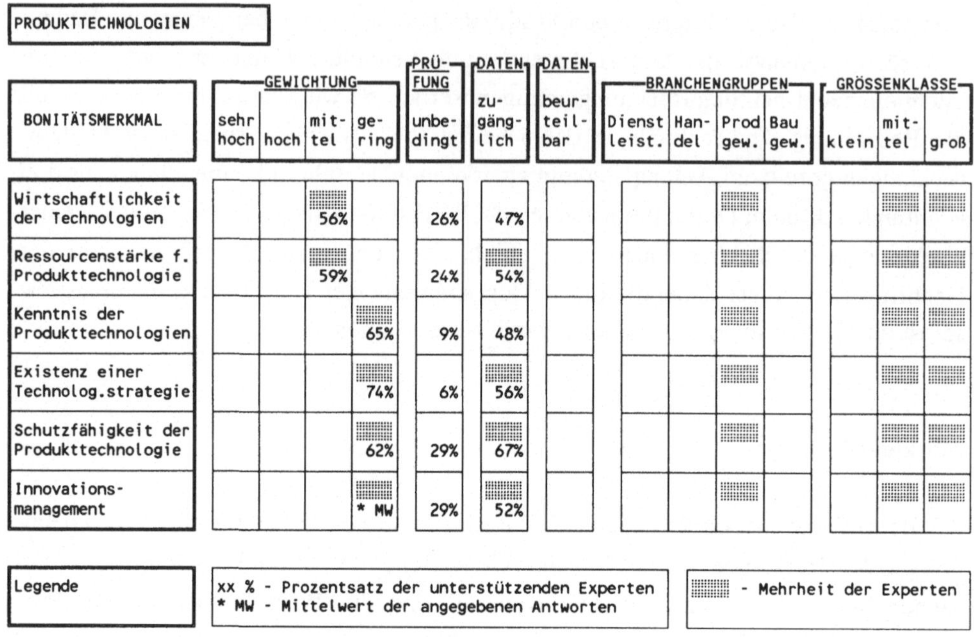

PRODUKTTECHNOLOGIEN

BONITÄTSMERKMAL	GEWICHTUNG				PRÜFUNG	DATEN	DATEN	BRANCHENGRUPPEN				GRÖSSENKLASSE		
	sehr hoch	hoch	mit-tel	ge-ring	unbe-dingt	zu-gäng-lich	beur-teil-bar	Dienst leist.	Han-del	Prod gew.	Bau gew.	klein	mit-tel	groß
Wirtschaftlichkeit der Technologien			56%		26%	47%								
Ressourcenstärke f. Produkttechnologie			59%		24%	54%								
Kenntnis der Produkttechnologien				65%	9%	48%								
Existenz einer Technolog.strategie				74%	6%	56%								
Schutzfähigkeit der Produkttechnologie				62%	29%	67%								
Innovations-management				* MW	29%	52%								

Legende

xx % - Prozentsatz der unterstützenden Experten
* MW - Mittelwert der angegebenen Antworten

▦ - Mehrheit der Experten

Die Untersuchung der Produkttechnologien hält die Mehrheit der Experten für eher unbedeutend. Eine Überprüfung wird nur von einem Viertel[221] der Befragten empfohlen. Zwar könnte die Mehrheit Daten über Technologiesachverhalte beschaffen, sie hätten aber Probleme bei einer qualifizierten Beurteilung dieser Informationen. Eine Technologieuntersuchung für Dienstleistungs-, Handels- und Bauunternehmen wird völlig ausgeschlossen, dasselbe gilt auch für Firmen, die der Größenklasse der kleinen Unternehmen zuzurechnen sind.

Sortiment:

Ein weiterer Untersuchungsgegenstand für den Teilbereich "Produkte" ist die Analyse des Produktprogrammes bzw. des Sortiments als Ganzes[222]. Die Beurteilung des Sortiments berücksichtigt dabei als Einzelmerkmale die Qualität und die Struktur des angebotenen Sortiments sowie die Sortiments- und die Spezialisierungspolitik. Des

---

[221] Maximum bei den Merkmalen "Schutzfähigkeit der Produkttechnologien" und "Innovationsmanagement": 29%.

[222] Die Begriffe Produktprogramm und Sortiment werden im Rahmen der Untersuchung synonym verwendet.

weiteren werden die Breite, die Tiefe und die Dynamik des Sortiments, die Sortimentsgestaltung und die Sortimentsschwerpunkte der Konkurrenz untersucht[223].

Tabelle 18: Bonitätsmerkmale - Sortiment

SORTIMENT

BONITÄTSMERKMAL	GEWICHTUNG				PRÜFUNG	DATEN	DATEN	BRANCHENGRUPPEN				GRÖSSENKLASSE		
	sehr hoch	hoch	mit-tel	ge-ring	unbe-dingt	zu-gäng-lich	beur-teil-bar	Dienst leist.	Han-del	Prod gew.	Bau gew.	klein	mit-tel	groß
Breite und Tiefe des Sortiments		56%			35%	55%			▨	▨		▨	▨	▨
Gestaltung aus der Marktforschung			65%		6%	40%			▨	▨			▨	▨
Qualität des angebotenen Sortiments			59%		32%	50%			▨	▨		▨	▨	▨
Spezialisierungs- / Sortimentspolitik			59%		24%	46%			▨	▨		▨	▨	▨
Dynamik des Sortiments			59%		26%	52%			▨	▨			▨	▨
Struktur des angebotenen Sortiments			53%		41%	61%			▨	▨		▨	▨	▨
Schwerpunkte der Konkurrenz				* MW	9%	37%			▨	▨			▨	▨

Legende	xx % - Prozentsatz der unterstützenden Experten * MW - Mittelwert der angegebenen Antworten	▨ - Mehrheit der Experten

Die Ergebnisse zur Untersuchung des Sortiments ergeben für die meisten Merkmale eine mittlere Bedeutung. Bei keinem der Merkmale ist die Mehrheit der Experten der Meinung, daß eine Überprüfung unbedingt erforderlich ist. Die Untersuchung der Qualität der Sortimentsstruktur halten dabei noch die meisten Experten (41%) für notwendig. Große Probleme sehen die Befragten bei der Beurteilung der einzelnen Merkmale. So zeigen die Ergebnisse kein Kriterium auf, das problemlos zu beurteilen wäre. Auch schließen sie eine Untersuchung für Unternehmen des Bau- und Dienstleistungsgewerbes völlig aus.

---

[223] Vgl. von Ungern-Sternberg, Alexander, a.a.O., S.39-40 und Hertenstein, Karl-Heinz, a.a.O., S.122.

125

Schlußfolgerungen - Produkte, Sortiment, Produkttechnologien:

Schlußfolgerungen zur Beurteilung von Einzelmerkmalen des Untersuchungsbereichs "Produkte und Sortiment" lassen sich aus mehreren Jahresabschlußzahlen ziehen:

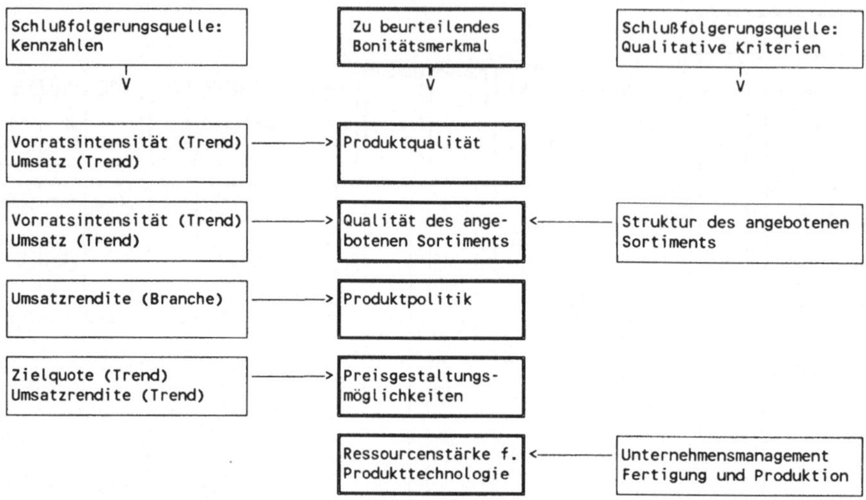

Abbildung 26: Schlußfolgerungen - Produkte, Sortiment, Produkttechnologien

Nach Meinung der befragten Experten ist davon auszugehen, daß ein enger Zusammenhang zwischen der Produktqualität und der Entwicklung des Umsatzes besteht. Sind in der Umsatzentwicklung einer Unternehmung abnehmende Tendenzen zu erkennen, so liegt die Ursache meist bei Mängeln in der Produktqualität bzw. im Preis-/Leistungsverhältnis.

Als weiterer Indikator für die Qualität der Produkte und des Sortiments eignet sich die Entwicklung der Lagerbestände. Sind bei einem Unternehmen steigende Lagerbestände zu beobachten, möglicherweise sogar begleitet durch sinkenden Umsatz, liegt die Folgerung nahe, daß die Ursache u.a. bei Produktfehlern zu suchen ist.

Anhand der Kennzahl "Umsatzrendite" lassen sich Aussagen über die Produktpolitik machen. So kann eine steigende Umsatzrendite als Indiz für eine erfolgreiche Produktpolitik angesehen werden. Umgekehrt ist zu vermuten, daß eine sinkende Umsatzrendite Indikator für eine weniger erfolgreiche Produktpolitik ist.

Des weiteren wird vorgeschlagen, anhand der Entwicklung der Umsatzrendite und der Zielquote (Zielgewährung/Zielinanspruchnahme) im innerbetrieblichen Zeitvergleich Aussagen über die Preisgestaltungsmöglichkeiten zu machen. Zeigen die beiden Kennzahlen negative Tendenzen auf, ist zu vermuten, daß bei den Preisgestaltungsmöglichkeiten ein geringerer Spielraum besteht als bei Unternehmen, bei denen die Kennziffern eine positive Ausprägung aufweisen.

Qualitative Kriterien eignen sich als Beurteilungsbasis für die folgenden beiden Merkmale:

Von einer entsprechenden Ressourcenstärke für die Herstellung von Produkttechnologien ist dann auszugehen, wenn auch die Bereiche "Unternehmensmanagement" und "Fertigung" eine positive Beurteilung erhalten. Eine entsprechend negative Beurteilung der beiden genannten Bereiche wird als Indikator für eine mangelnde Ressourcenstärke verstanden.

Als Basis für die Beurteilung der Qualität des Sortiments empfiehlt es sich, nach Meinung der Experten, neben den beiden Kennzahlen "Vorratsintensität" und "Umsatzentwicklung" auch die Bewertung der Struktur des angebotenen Sortiments heranzuziehen. Läßt sich aus zwei der drei genannten Basismerkmale eine ungünstige Entwicklung ableiten, sollte auch die Qualität des Sortiments eine entsprechend schwache Beurteilung erhalten. Dagegen wird eine positive Ausprägung dieser Kriterien mit einer hohen Sortimentsqualität gleichgesetzt.

5.2.1.4 Standort

Der Standort eines Unternehmens ist dann als optimal zu bezeichnen, wenn er eine günstige Erstellung der Betriebsleistungen sowie einen reibungslosen Absatz ermöglicht. Eine Gewinnmaximierung läßt sich an dem Standort erreichen, wo die Differenz zwischen standortabhängigen Erträgen und standortabhängigen Aufwendungen am größten ist. Die Wahl des Standorts ist somit ein Problem des Abwägens von Kosten- und Absatzvorteilen. Bei Neugründungen gilt es abzuschätzen, ob für die Standortwahl letztendlich die Transportkosten, die Arbeitslöhne, die Grundstückspreise oder die Absatzmöglichkeiten den Ausschlag geben. Im Rahmen der Ermittlung der Bonität von bestehenden Unternehmen ist der Untersuchungsgegenstand nicht die Wahl eines geeigneten Standorts, sondern die Beurteilung von bestimmten Risiken und Vorteilen, die mit einem bereits gewählten Standort verbunden sind[224].

Merkmalskatalog:

An der Absicht, möglichst viele Kosten- und Absatzvorteile an einem Standort zu vereinen, orientieren sich auch die zur Beurteilung herangezogenen Einzelmerkmale. Diese umfassen zunächst die Qualität der geographischen und der wirtschaftlichen Standortbedingungen. Daneben sollen die Standortvorteile oder -nachteile gegenüber der Konkurrenz, die politischen Standortrisiken, das staatliche Interventionsrisiko und die Umweltschutzanforderungen des Standortes gewichtet werden[225].

Tabelle 19: Bonitätsmerkmale - Standort

STANDORT UND UMWELT

In der folgenden Tabelle bezeichnet ■ die Mehrheit der Experten (schraffierte Felder); Prozentangaben nennen den Prozentsatz der unterstützenden Experten; *MW = Mittelwert der angegebenen Antworten.

BONITÄTSMERKMAL	sehr hoch	hoch	mittel	gering	unbedingt	zugänglich	beurteilbar	Dienstleist.	Handel	Prod gew.	Bau gew.	klein	mittel	groß
Umweltschutzanforderungen	85%				79%	63%	■			■	■	■	■	■
Vor-/Nachteile gegenüber Konkurrenz	76%				68%	77%	■	■	■	■	■	■	■	■
Politische Standortrisiken	74%				65%	72%	■		■	■	■	■	■	■
Wirtschaftliche Standortbedingungen		71%			71%	93%	■			■	■		■	■
Geographische Standortbedingungen		71%			65%	93%	■	■	■	■	■		■	■
Staatliches Interventionsrisiko			*MW		24%	27%				■	■		■	■
Soziale Standortbedingungen				59%	3%	50%		■	■	■			■	■

Legende

xx % - Prozentsatz der unterstützenden Experten
* MW - Mittelwert der angegebenen Antworten

■ - Mehrheit der Experten

---

[224] Vgl. Wöhe, Günter, a.a.O., S.380-381.
[225] Vgl. Wöhe, Günter, a.a.O., S.383-393 und von Ungern-Sternberg, Alexander, a.a.O., S.30-38.

Die Resultate der Erhebung ergeben, daß die Experten den Standortfragen allgemein eine hohe Bedeutung für die Beurteilung der Unternehmensbonität zugestehen. Herausragende Merkmale sind dabei die Umweltschutzanforderungen eines Standortes (85%), die relativen Standortvorteile und -nachteile gegenüber der Konkurrenz (76%) und die politischen Standortrisiken (74%), insbesondere bei internationalen Standorten. Daneben halten die befragten Experten eine Untersuchung der geographischen (65%) und der wirtschaftlichen (71%) Standortbedingungen für unbedingt erforderlich. Die Mehrheit der Experten ist der Meinung, daß weder die Beschaffung von Informationen noch die Beurteilung der Bonitätssachverhalte Probleme bereiten dürfte.

Bezüglich der Unterscheidung nach verschiedenen Branchengruppen ergeben sich für den Untersuchungsbereich "Standort" folgende Erkenntnisse:

Die Experten schließen für die Untersuchung von Produktionsunternehmen kein Kriterium aus. Ähnliches gilt auch für Unternehmen der Baubranche, allerdings wird für diese Branchengruppe das Merkmal "Soziale Standortbedingungen" als irrelevant angesehen. Für Handels- und Dienstleistungsunternehmen gliedern die Experten die Merkmale "Umweltschutz", "Interventionsrisiko" und "Wirtschaftliche Rahmenbedingungen[226]" aus. Dies ist von daher naheliegend, da solche Risiken die Existenz einer betrieblichen Leistungserstellung erfordern.

Schlußfolgerungen:

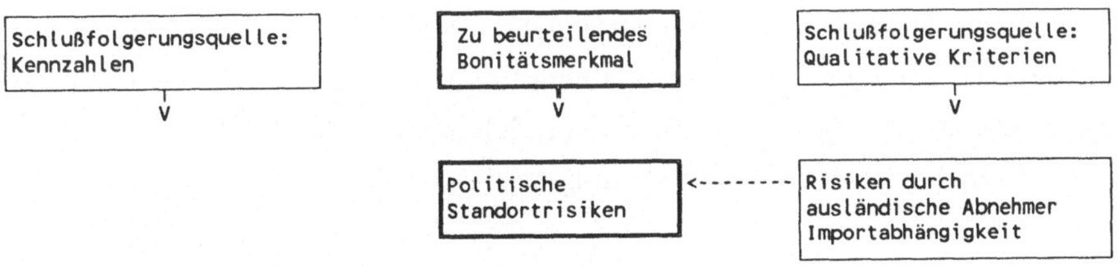

Abbildung 27: Schlußfolgerungen - Standort

---

226 Unter wirtschaftlichen Standortbedingungen werden in diesem Zusammenhang die Rohstoffbeschaffung, die Energiebeschaffung und die Expansionsmöglichkeiten verstanden.

Für eine abhängige Beurteilung kommt im Untersuchungsbereich "Standort" das Kriterium "Politische Standortrisiken" in Frage. Die Untersuchung dieses Merkmals ist nur dann sinnvoll, wenn eine Unternehmung im Produktions- oder im Absatzbereich international tätig ist. In allen anderen Fällen ist die Beurteilung dieses Merkmals nicht notwendig.

5.2.2 Führungspotential

In der Risikodimension "Führungspotential" werden die Qualifikationen der an der Führung beteiligten Personen, die Führungsstrukturen und die Unterstützungsfunktionen der Unternehmensführung untersucht.

5.2.2.1 Unternehmensmanagement

Dem Management und den Managementstrukturen einer Unternehmung kommt bei der Beurteilung von qualitativen Merkmalen eine zentrale Bedeutung zu, da sich mangelnde Führungsqualitäten zu einem entscheidenden Risikofaktor für ein Unternehmen entwickeln können. Der zukünftige Erfolg einer Unternehmung hängt wesentlich von den Fähigkeiten des Managements ab[227]. Auch für die Zukunft der Bonitätsbeurteilung ist davon auszugehen, daß die Qualität der Unternehmensführung von hoher Wichtigkeit bleiben wird. Die Gründe hierfür liegen in einem stetigen Wachstum der Anforderungen an die Geschäftsführung. So ist mit ansteigender Internationalisierung von einer zunehmenden Komplexität der Wirtschaftsprozesse sowie einer Verschärfung der Wettbewerbssituation auszugehen. Ebenso stellen größere und teurere Projekte, eine geringere Eigenkapitalausstattung der Unternehmungen und steigende Führungsanforderungen in einem sich wandelnden sozialen Umfeld höhere Ansprüche an die Qualitäten der Geschäftsleitung[228].

---

[227] Vgl. Wolff, Georg, Die Qualifikation des Managements eines Unternehmens, in: Kreditpraxis 4/89, S.24.

[228] Vgl. Rommelfanger, Heinrich; Bagus, Thomas; Himmelsbach, Elke, Merkmale der persönlichen Kreditwürdigkeit bei Kreditanträgen mittelständischer Unternehmen, in ÖBA 10/90, S.787-788.

Merkmalskatalog:

In der bankbetriebswirtschaftlichen Fachliteratur finden sich eine Reihe von Kriterienkatalogen zur Beurteilung der Unternehmensführung[229].

Eine der umfangreichsten Untersuchungen stammt von Johann Heinrich von Stein, aus der die Polaritätsprofile krisengeneigter Unternehmer als Beurteilungsinstrument hervorgehen. Es konnte nachgewiesen werden, daß bei den Geschäftsführern von krisengefährdeten Unternehmen Charaktereigenschaften wie Geltungsbedürfnis, Selbstherrlichkeit und Risikoscheu dominierten, während die Geschäftsführer der nicht gefährdeten Unternehmen vorwiegend positive Eigenschaften aufwiesen[230]. Als herausragendes Kriterium bei der Ermittlung der Managementqualität gilt die Beurteilung der kaufmännischen Kenntnisse der Geschäftsführung. Besonders bei stark expansiven Unternehmen ist die Gefahr zu sehen, daß die Unternehmensleitung den mit dem Unternehmenswachstum verbundenen betriebswirtschaftlichen Anforderungen aufgrund mangelnder Ausbildung nicht gerecht wird. Es besteht das Risiko, daß sich das Hauptaugenmerk der Unternehmensleitung zu stark auf die Entwicklung des technischen Sektors oder des Umsatzes richtet, die kaufmännischen Angelegenheiten jedoch nur als notwendiges Übel betrachtet werden[231].

In Einzelfällen können jedoch auch in einer mangelnden technischen Qualifikation der Unternehmensführung Ursachen für Unternehmenskrisen liegen. Zu nennen sind hierbei eine mangelnde technische Ausbildung, mangelnde Innovationsbereitschaft oder mangelndes technisches Verständnis der Geschäftsführer[232].

Weitere Merkmale zur Beurteilung der Führungspersonen sind deren Mentalität und unternehmerisches Verhalten[233]. Darunter ist das Vorgehen der Geschäftsführung bei

---

[229] Vgl. von Stein, Johann Heinrich, Früherkennung von Kreditrisiken durch Untersuchung des Unternehmerverhaltens, Teil II des Gutachtens aus dem Forschungsprojekt "Früherkennung von Kreditrisiken", Stuttgart 1982. Schmoll, Anton, a.a.O., S.87-106. Rommelfanger, Heinrich u.a., a.a.O., S.786-797. Hauschildt, Jürgen, Unternehmenskrisen - Herausforderung an die Bilanzanalyse, a.a.O., S.7-8. Klinger, Michael A., a.a.O., S.5-78. Ott, Christoph H., a.a.O., S.28-31.

[230] Vgl. von Stein, Johann Heinrich, Typologie krisengeneigter Unternehmer, in: Kreditinformations- und Kreditüberwachungssysteme, Tagungsbericht des Banken-Symposiums, St. Gallen 1987, Hrsg. Wilhelm Bühler und Leo Schuster, Wien 1987, S.165. Vgl. auch Schmoll, Anton, Verhaltensbeobachtungen im Kreditgeschäft, in: Österreichisches Bankarchiv 3/87, S.141-146.

[231] Vgl. von Stein, Johann Heinrich, Früherkennung von Kreditrisiken durch Untersuchung des Unternehmerverhaltens Teil II, a.a.O., S.65-71.

[232] Vgl. von Stein, Johann Heinrich, Früherkennung von Kreditrisiken durch Untersuchung des Unternehmerverhaltens Teil II, S.72-76.

[233] Vgl. Ott, Christoph H., a.a.O., S.28-31.

früheren Krisensituationen genauso zu verstehen wie eine angemessene unternehmerische Risikobereitschaft[234].

Außer den Merkmalen, die direkt in der Person des Unternehmers zu suchen sind, gehören auch zentralistischer Führungsstil, Koordinationsmängel, fehlende Kontrolle oder Fluktuation des Managements zu häufigen Krisenursachen[235].

Weitere wertvolle Hinweise für die Erstellung eines Merkmalskataloges lassen sich den Veröffentlichungen der Krisen- und Insolvenzursachenforschung entnehmen. So finden sich dort als bedeutende Beurteilungskriterien die Zielausrichtung der Unternehmensführung, die Entscheidungsprozesse und -strukturen des Managements, die Güte der Kommunikations- und Informationssysteme und die Strukturierung des Führungsaufbaus in den mittleren und unteren Ebenen[236].

Tabelle 20: Bonitätsmerkmale - Management

UNTERNEHMENSMANAGEMENT

BONITÄTSMERKMAL	GEWICHTUNG				PRÜFUNG	DATEN	DATEN	BRANCHENGRUPPEN				GRÖSSENKLASSE		
	sehr hoch	hoch	mit-tel	ge-ring	unbe-dingt	zu-gäng-lich	beur-teil-bar	Dienst leist.	Han-del	Prod gew.	Bau gew.	klein	mit-tel	groß
Qual. kaufmännische Geschäftsführung	88%				85%	97%								
Qual. technische Geschäftsführung	79%				74%	90%								
Unternehmerisches Verhalten	65%				76%	80%								
Fluktuationsrate d. Geschäftsführung		74%			53%	90%								
Stellvertretungs- und Nachfolgeregeln		65%			68%	86%								
Entscheidungsstruktur und -prozesse		62%			35%	48%								
Gesellschafterprobleme und -konflikte		59%			56%	57%								
Abhängigkeiten der Geschäftsführung		59%			71%	81%								

---

234 Vgl. Rommelfanger, Heinrich u.a., a.a.O., S.790.
235 Vgl. Hauschildt, Jürgen, Unternehmenskrisen - Herausforderung an die Bilanzanalyse, a.a.O., S.7-8, Wolff, Georg, a.a.O., S.24-26 sowie Rommelfanger, Heinrich; Bagus, Thomas; Zerres Barbara, Der "Faktor Mensch" im Blickpunkt, in: Kreditpraxis 5/91, S.24-28.
236 Vgl. Haberland, Günther, a.a.O., S.26-38.

Tabelle 20: Fortsetzung

BONITÄTSMERKMAL	GEWICHTUNG				PRÜFUNG	DATEN	DATEN	BRANCHENGRUPPEN				GRÖSSENKLASSE		
	sehr hoch	hoch	mit-tel	ge-ring	unbe-dingt	zu-gäng-lich	beur-teil-bar	Dienst leist.	Han-del	Prod gew.	Bau gew.	klein	mit-tel	groß
Charaktermerkmale d. Geschäftsführung		59%			45%	46%								
Kommunikations- und Informationssysteme		56%			41%	70%								
Führungsstil und Führungskenntnisse		53%			41%	74%								
Aufteilung von Zuständigkeiten			65%		35%	81%								
Dienstleistungen von Beratern			65%		59%	97%								
Führungskräfte-struktur			62%		44%	93%								
Innovations-bereitschaft			62%		44%	60%								
Arbeitsüberlastung der Führungskräfte			59%		18%	37%								
Führungssystem			53%		32%	83%								
Zielausrichtung der Geschäftsführung			* MW		38%	78%								
gesellschaftliche/ politische Kontakte				79%	9%	68%								
Verhältnis zum Betriebsrat				71%	3%	56%								
Ansichten und Wert-vorstellungen				62%	18%	61%								
Überprüfung des Führungsaufbaus				53%	15%	46%								

Legende	xx % - Prozentsatz der unterstützenden Experten * MW - Mittelwert der angegebenen Antworten	▦ - Mehrheit der Experten

Nach Ansicht der Mehrheit der Analyseexperten sind die Qualität der kaufmännischen Geschäftsführung (88%), die Qualität der technischen Geschäftsführung (79%) und das unternehmerische Verhalten (65%) für die Beurteilung des Bonitätsrisikos von besonderer Bedeutung. Entsprechend vertreten sie auch mit dem höchsten Grad der Übereinstimmung (85%-74%-76%) die Meinung, daß eine Überprüfung dieser Kriterien unbedingt notwendig ist. Daneben sind die Experten der Ansicht, daß auf die Fluktuationsrate der Geschäftsführung (74%), die Stellvertretungs- und Nachfolgeregelungen (65%), die Qualität der Entscheidungsstrukturen (62%), auf Gesellschafterprobleme und -konflikte (59%) sowie auf Abhängigkeiten (59%) besonders zu achten ist. Ein hohes Bedeutungsgewicht vergeben sie außerdem für die Merkmale "Güte der Kommunikationssysteme", "Führungsstil" und "Charaktermerkmale der Geschäftsführung". Allerdings ist bei den letztgenannten Merkmalen die Übereinstimmung der Expertenmeinungen geringer als dies bei den bedeutendsten Merkmalen der Fall ist. Nur eine Minderheit der Experten hält diese Kriterien für unbedingt untersuchungswürdig.

Allgemein ist zu den Ergebnissen der Auswertung anzumerken, daß eine Untersuchung der Merkmale des Teilbereiches "Unternehmensmanagement" für sämtliche Branchengruppen als sinnvoll angesehen wird. Eine Ausnahme stellt nur die Qualität der technischen Geschäftsführung dar, deren Untersuchung sich bei Dienstleistungsunternehmen und Handelsunternehmen erübrigt. Auch für den Untersuchungsparameter "Größenklasse" gilt, daß die meisten Merkmale unabhängig von der Unternehmensgröße als überprüfungswürdig angesehen werden. Ausnahmen bilden hier die allerdings als relativ irrelevant für die Bedeutung des Bonitätsrisikos angesehenen Kriterien "regelmäßige Überprüfung des Führungsaufbaus", "Ansichten und Wertvorstellungen der Geschäftsleitung", "Führungssystem" und "Verhältnis zum Betriebsrat" bei kleinen Unternehmen.

Familienunternehmen:

Bei der Beurteilung der Unternehmensführung ist es sinnvoll, auf die Besonderheiten von Familienunternehmen separat einzugehen, da die Unternehmensnachfolge ein zentrales Problem insbesondere für kleinere und mittlere Unternehmen darstellt. Das Hauptproblem bei Familienunternehmen besteht aus betriebswirtschaftlicher Sicht primär in der richtigen Lösung von Geschäftsführungsfragen. Der Ausfall des Unternehmers kann oftmals gleichbedeutend mit dem Niedergang des Unternehmens sein[237].

Merkmalskatalog:

Im Rahmen der Analyse sind die Regelungen von Bedeutung, die vom Eigentümer getroffen wurden, um den Bestand des Unternehmens zu wahren und die bestmögliche

---

[237] Vgl. Buchmann, Peter, Die Unternehmensnachfolge als zentrales Problem des Mittelstandes, in: Sparkasse 7/90 (107. Jahrgang), S.315-319.

Form der Nachfolge sicherzustellen[238]. Als Beurteilungsmerkmale für diesen Teilbereich werden daher die Abhängigkeit von der Person des Unternehmers, die langfristige Sicherung des Unternehmensfortbestandes, eventuelle Nachfolgeregelungen bei mehreren Kindern, der Gesundheitszustand des Unternehmers und dessen Lebensstil vorgeschlagen[239].

Tabelle 21: Bonitätsmerkmale - Management bei Familienunternehmen

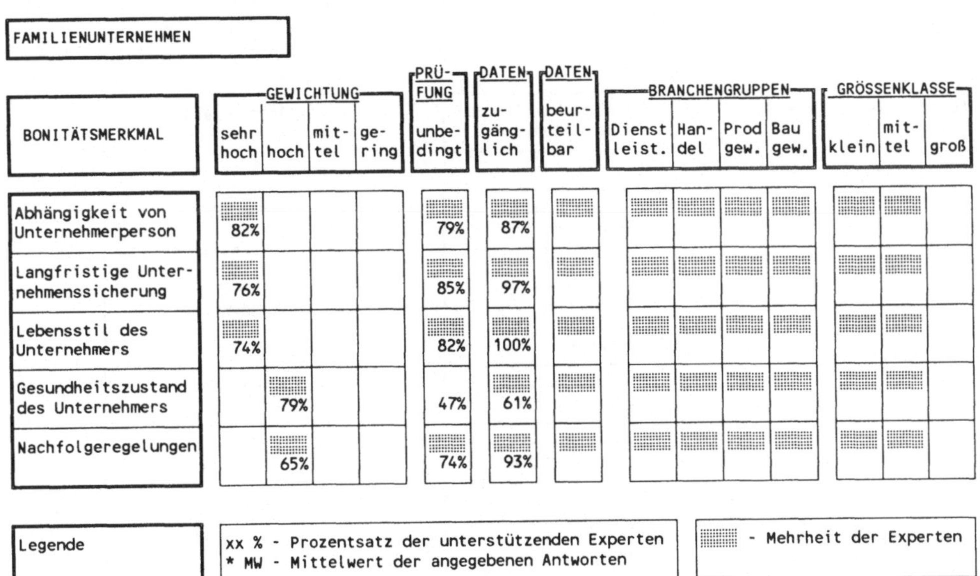

BONITÄTSMERKMAL	GEWICHTUNG				PRÜFUNG	DATEN	DATEN	BRANCHENGRUPPEN				GRÖSSENKLASSE		
	sehr hoch	hoch	mit-tel	ge-ring	unbe-dingt	zu-gäng-lich	beur-teil-bar	Dienst leist.	Han-del	Prod gew.	Bau gew.	klein	mit-tel	groß
Abhängigkeit von Unternehmerperson	82%				79%	87%								
Langfristige Unternehmenssicherung	76%				85%	97%								
Lebensstil des Unternehmers	74%				82%	100%								
Gesundheitszustand des Unternehmers		79%			47%	61%								
Nachfolgeregelungen		65%			74%	93%								

Die Ergebnisse der Expertenbefragung weisen diesen Kriterien durchweg eine sehr hohe Bedeutung für die Beurteilung der Unternehmensbonität zu. Die deutlichste Mehrheit der Expertenstimmen erhalten dabei die Kriterien "Abhängigkeit von der Unternehmerperson" (82%), "Langfristige Sicherung des Unternehmensfortbestandes" (76%) und "Lebensstil des Unternehmers" (74%).

Für diese Kriterien empfehlen die Experten[240] eine Untersuchung insbesondere für kleine und mittlere Unternehmen. Bei großen Unternehmen stufen sie diese Fragestellungen als weniger kritisch ein. Außerdem vertreten sie die Meinung, daß die Merkmale für alle Branchen zu untersuchen sind. Auch die Frage nach den Möglich-

---

238 Vgl. o.V., Kredite an Unternehmen, a.a.O. S.24-25.
239 Vgl. Schmoll, Anton, a.a.O., S.96.
240 Allerdings nur 41% für große Unternehmungen, jedoch 79% für kleine und mittlere Unternehmen.

keiten der Datenbeschaffung und der Beurteilbarkeit dieser Merkmale beantwortet die große Mehrzahl der Experten positiv.

Schlußfolgerungen - Management:

Schließlich gilt es, für den Untersuchungsbereich "Management" die Merkmale zu identifizieren, die sich mit Hilfe von Schlußfolgerungen aus Kennzahlen und anderen Bonitätsmerkmalen beurteilen lassen. Die befragten Experten vertreten dazu folgende Meinungen:

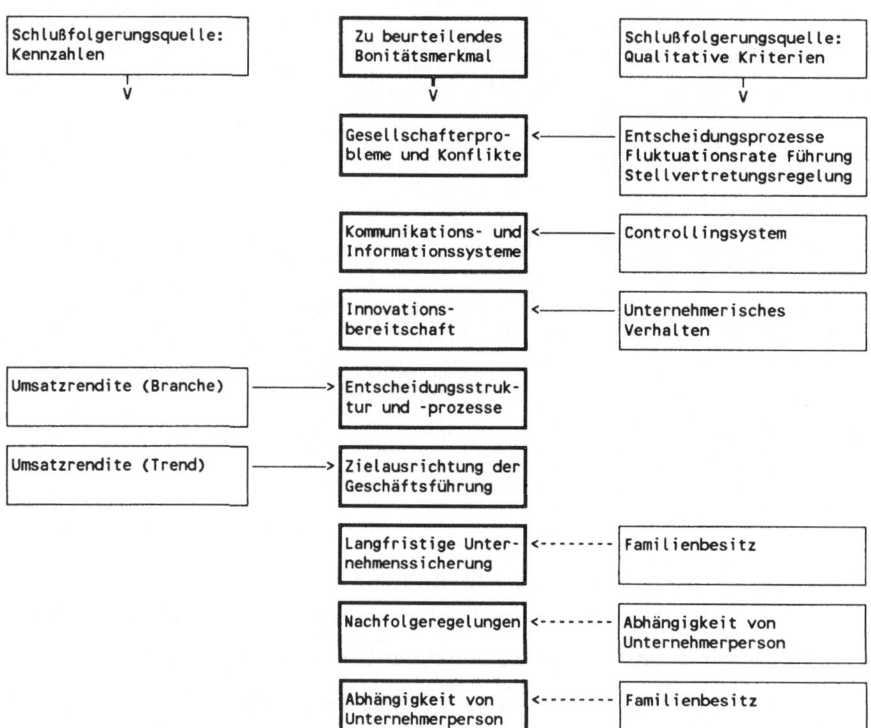

Abbildung 28: Schlußfolgerungen - Management

Für das Kriterium "Gesellschafterprobleme und -konflikte" bietet sich eine Beurteilung analog zu den drei Merkmalen "Entscheidungsprozesse", "Fluktuationsrate der Geschäftsführung" und "Stellvertretungsregelungen" an. Existieren zumindest bei zweien dieser Merkmale Mängel, ist davon auszugehen, daß sich auch das zu untersuchende Kriterium entsprechend negativ darstellt.

Ein Zusammenhang ist zwischen der Qualität des Controllingsystems und den Informations- und Kommunikationssystemen in einer Unternehmung zu sehen, da Controlling als Führungsfunktion aufzufassen ist, die Planung und Kontrolle mit der Informationsversorgung koordiniert[241]. Liegen beim Controlling Mängel vor, wird dies auch dem Führungssystem entsprechend ungünstig angerechnet.

Das gezeigte unternehmerische Verhalten der Leitung kann als Indikator für eine angemessene Innovationsbereitschaft angesehen werden. Die zugrundeliegende Definition von unternehmerischem Verhalten, nämlich eine gut überlegte Risikobereitschaft der Führung, erlaubt die Folgerung, daß auch die Ausprägung des Merkmals "Innovationsbereitschaft" der Ausprägung des Merkmals "Unternehmerisches Verhalten" entspricht.

Von den im Rahmen der Untersuchung als Indikatoren für den Bereich "Unternehmensmanagement" ermittelten Kennzahlen ist nur die Umsatzrendite als Beurteilungshilfe geeignet. Zwischen dieser Kennzahl und der Qualität des Managements sehen die befragten Experten die deutlichsten Zusammenhänge[242].
Als Zielgrößen für die Folgerungen erscheinen den Experten die Merkmale als besonders geeignet, die die Führungssysteme einer Unternehmung betreffen[243]. Dies legt die Möglichkeit nahe, die Beurteilung der Qualität der Entscheidungsstrukturen und der Entscheidungsprozesse in der Unternehmung entsprechend der Position der Kennzahl "Umsatzrendite" zu den Referenzwerten der Vergleichsgruppe durchzuführen. Die Zielausrichtung der Geschäftsführung läßt sich analog zur Entwicklung der Umsatzrendite im innerbetrieblichen Zeitvergleich bewerten.

Eine Berücksichtigung von Abhängigkeiten bei Familienunternehmen ist nur insofern als sinnvoll anzusehen, wenn eine Untersuchung von einzelnen Merkmalen in Abhängigkeit von der Tatsache vorgenommen wird, ob es sich um ein Familienunternehmen handelt oder nicht.

---

241 Vgl. Horvath, Peter, Controlling, 2. Auflage, München 1986, S.121.
242 Vgl. auch o.V., Kredite an Unternehmen, a.a.O., S.26.
243 Vgl. Expertenbefragung, Schlußfolgerungen Management, Anhang S.297-298.

5.2.2.2 Rechnungswesen

Ein weiterer bedeutender Untersuchungsgegenstand im Rahmen der Risikodimension "Führungspotential" ist das Rechnungswesen. Das betriebliche Rechnungswesen umfaßt vier Teilbereiche, die eng miteinander verbunden sind:

- die Finanzbuchhaltung und die Bilanz,
- die Kostenrechnung,
- die betriebswirtschaftliche Statistik und
- die Planungsrechnung.

Diese Teilbereiche sollen die Daten liefern, die als Grundlage für eine erfolgreiche Unternehmensführung erforderlich sind. Es ist Aufgabe des Rechnungswesens, diese Daten in brauchbare, disponible Ergebnisse umzusetzen[244]. Ein qualitativ hochwertiges Rechnungswesen bietet in der Regel die Gewähr für aussagefähige finanzielle Unterlagen. Im Rahmen der Wissenserhebung sind die Merkmale des Bereichs "Rechnungswesen" zu identifizieren, bei denen sich Schwachstellen besonders gravierend auswirken[245].

Merkmalskatalog:

Der erste Schritt erfordert zunächst wieder die Identifikation der Merkmale, mit deren Hilfe sich die Segmente "Rechnungswesen" und "Kostenrechnung" beurteilen lassen.

Schwierigkeiten im Rechnungswesen können in den folgenden Punkten liegen[246]: Mangelhafter Entwicklungsstand der Rechnungslegung, Schwierigkeiten beim Zugriff auf aktuelle Daten aufgrund einer mängelbehafteten Organisationstruktur im Rechnungswesen und fehlende Kalkulationsgrundlagen für die Preisbildung. Außerdem tauchen bei Krisenunternehmen oftmals methodische Mängel in den eingesetzten Verfahren und den Kontrolleinrichtungen auf.

---

[244] Vgl. Eisele, Wolfgang, Technik des betrieblichen Rechnungswesens, 4. Auflage, München 1990, S.508-509.

[245] Vgl. von Stein, Johann Heinrich, Früherkennung von Kreditrisiken durch Untersuchung des Unternehmerverhaltens Teil II, a.a.O., S.110.

[246] Vgl. von Stein, Johann Heinrich, Früherkennung von Kreditrisiken durch Untersuchung des Unternehmerverhaltens Teil II, a.a.O., S.109-113.

Daneben ist für das Rechnungswesen die Qualität der elektronischen Datenverarbeitung von Bedeutung. Diese sollte die Beschaffung von Informationen und Zahlen ebenso unterstützen wie die Übernahme betriebswirtschaftlicher Grundfunktionen, beispielsweise der Finanzbuchhaltung und der Fakturierung[247].

Für den Bereich der Kostenrechnung lassen sich als untersuchungswürdige Merkmale die Plan-, Soll- und Istkostenrechnung, die Aufteilung in Kostenstellen, der Einsatz der Deckungsbeitragsrechnung, die Überwachung der Herstell- und Verwaltungskosten und die Qualität des Controllingsystems identifizieren[248]. Ebenfalls von Bedeutung ist die systematische Ausnutzung von Rationalisierungspotentialen, der Einsatz von speziellen Analyseverfahren und die Existenz einer Kostenstellenplanung mit Aufspaltung in fixe und variable Kosten[249].

Tabelle 22: Bonitätsmerkmale - Rechnungswesen

RECHNUNGSWESEN

BONITÄTSMERKMAL	GEWICHTUNG				PRÜFUNG	DATEN	DATEN	BRANCHENGRUPPEN				GRÖSSENKLASSE		
	sehr hoch	hoch	mittel	gering	unbedingt	zugänglich	beurteilbar	Dienstleist.	Handel	Prod gew.	Bau gew.	klein	mittel	groß
Kurzfristige Ergebnisrechnungen	79%				100%	100%								
Entwicklungsstand des Rechnungswesens	74%				74%	87%								
Existenz eines Controllingsystems	71%				71%	97%								
Plan-, Soll-, Ist-kostenrechnung	71%				76%	93%								
Organisation des Rechnungswesens	62%				50%	86%								
Deckungsbeitragsrechnung		65%			59%	80%								
Kostenstellen und -verantwortliche		59%			24%	73%								
Überwachung Verwa.- und Vertriebskosten		56%			38%	57%								
Überwachung der Herstellkosten		56%			38%	66%								

---

247 Vgl. o.V., Kredite an Unternehmen, a.a.O., S.20-21.
248 Vgl. Hauschildt, Jürgen, a.a.O., S.8 oder Schmoll, Anton, a.a.O., S.96.
249 Vgl. von Ungern-Sternberg, Alexander, a.a.O., S.90-94.

Tabelle 22: Fortsetzung

BONITÄTSMERKMAL	GEWICHTUNG				PRÜFUNG	DATEN	DATEN	BRANCHENGRUPPEN				GRÖSSENKLASSE		
	sehr hoch	hoch	mit-tel	ge-ring	unbe-dingt	zu-gäng-lich	beur-teil-bar	Dienst leist.	Han-del	Prod gew.	Bau gew.	klein	mit-tel	groß
Kalkulationsmethode und -grundlagen		■ 53%			■ 53%	■ 77%	■			■	■	■	■	■
Kosten- und Leistungskontrolle		■ 53%			■ 53%	■ 81%	■	■	■	■	■	■	■	■
Existenz von Ergebnisbereichen			■ * MW		41%	■ 87%	■	■	■	■	■		■	■
Kostenstellen-planung			■ * MW		29%	■ 70%	■	■	■	■	■		■	■
Rationalisierungs-potentialausnutzung			■ * MW		44%	■ 66%	■	■	■	■	■	■	■	■
Anwendung von Analyseverfahren				■ 74%	12%	■ 56%		■	■	■			■	■
Existenz internes Revisionssystem				■ 59%	15%	■ 71%	■	■	■	■	■		■	■

Legende	
xx % - Prozentsatz der unterstützenden Experten * MW - Mittelwert der angegebenen Antworten	■ - Mehrheit der Experten

Die Erhebung ergab folgende Ergebnisse:

Die höchste Bedeutung im Rahmen der Bonitätsanalyse messen die Experten fünf Kriterien bei, nämlich der Durchführung von kurzfristigen Ergebnisrechnungen (79%), dem Entwicklungsstand des Rechnungswesens (74%), der Existenz eines Controllingsystems (71%), dem Einsatz der Plan-, Soll- und Istkostenrechnung (71%) sowie einer effizienten Organisationsstruktur des Rechnungswesens (62%). Herausragendes Merkmal ist die Durchführung von kurz- und mittelfristigen Ergebnisrechnungen. Ausnahmslos alle Experten sind der Meinung, daß die Überprüfung dieses Merkmals unverzichtbar ist. Auch eine Reihe anderer Merkmale, wie die Kalkulationsmethoden, die Existenz von Kostenstellen, die Errechnung von Deckungsbeiträgen und die verschiedenen Kostenkontrollfunktionen, fallen durch eine hohe Relevanz für die Unternehmensbonität auf.

In summa ist zu den Auswertungsergebnissen anzumerken, daß eine Überprüfung der Merkmale für fast alle Branchengruppen und Größenklassen empfohlen wird. Einige Merkmale, die eine gewisse Unternehmensgröße voraussetzen, fallen bei einer Unter-

suchung von Kleinunternehmen aus der Beurteilung heraus. Die Kalkulationsmetho-
den und -grundlagen werden bei Unternehmen, die den Wirtschaftsbereichen
"Dienstleistung" und "Handel" zuzurechnen sind, als unbedeutend eingestuft.
Die Aussagen über Informationsbeschaffungsmöglichkeiten und Beurteilbarkeit der
Merkmale sind eindeutig. Bei keinem als wesentlich eingestuften Kriterium sehen die
Experten Schwierigkeiten.

Schlußfolgerungen - Rechnungswesen:

Im Bereich "Rechungswesen" halten die befragten Experten vier Merkmale des Kataloges für die Bewertung durch Schlußfolgerungen aus Kennzahlen und anderen
Merkmalen für geeignet:

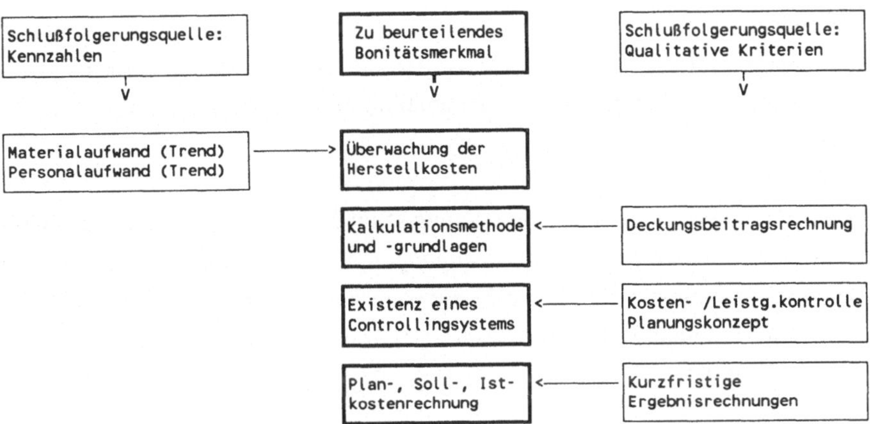

Abbildung 29: Schlußfolgerungen - Rechnungswesen

Eine Berücksichtigung von Kennzahlen bietet sich nur für das Kriterium
"Überwachung der Herstellkosten" an. Ein Zusammenhang wird zwischen diesem
Merkmal und der Entwicklung der Material- und der Personalaufwandsquote im in-
nerbetrieblichen Zeitvergleich gesehen. Für die Analyse bedeutet das, falls sich die
Aufwandsquoten im Beurteilungszeitraum in etwa konstant halten oder sogar verbes-
sern, eine entsprechend positive Beurteilung. Bei einer negativen Entwicklung der
Kennzahl ergibt sich eine ungünstige Bewertung des Merkmals. Der zugrundeliegende

Gedankengang ist, daß die Qualität der Kontrollmechanismen in direktem Zusammenhang mit der Entwicklung der jeweiligen Aufwände zu sehen ist.

Als Indikator für die Qualität der Kalkulationsmethoden und -grundlagen eignet sich das Merkmal "Deckungsbeitragsrechnung". Da zwischen beiden Merkmalen ein direkter Zusammenhang besteht, ist es naheliegend, diesen Zusammenhang auch für die Analyse zu verwerten. Eine Trennung in fixe und variable Kosten ermöglicht es, produktspezifische, mengenabhängige Kosten direkt den einzelnen Produkten zuzurechnen und diese den jeweiligen Erlösen gegenüberzustellen. So ist es der Betriebsführung möglich festzustellen, welchen Beitrag ein Produkt zur Deckung der fixen Kosten leistet[250]. Für die Analyse wird davon ausgegangen, daß die Qualität der Kalkulationsgrundlagen mit der Beurteilung der Deckungsbeitragsrechnung korrespondiert.

Die Begründung der Schlußfolgerung, die die Bewertung der Qualität des Controllings herbeiführt, orientiert sich direkt an der Definition des Begriffes. So sind unter Controlling die Führungshilfsfunktionen zu verstehen, die sich mit Planung, Steuerung und Kontrolle in einem Unternehmen befassen[251]. Aus der Bewertung dieser drei Einzelmerkmale wird auch eine Beurteilung für die Qualität der Controllingfunktion abgeleitet.

Die Güte der Plan-, Soll- und Istkostenrechnung schließlich ergibt sich aus der Qualität der kurz- und mittelfristigen Ergebnisrechnungen. Die Ergebnisrechnungen gelten hierbei den Experten als das wichtigere Bonitätsmerkmal. Mängel bei diesem Kriterium lassen nach Meinung der Befragten auch auf Unzulänglichkeiten bei der Kostenrechnung schließen.

5.2.2.3 Organisation und Personalwesen[252]

Die Organisation befaßt sich mit der Verknüpfung der funktionalen Grundelemente eines Unternehmens zu einer Struktur. Als Grundelemente der Unternehmensstruktur sind Stellen, Abteilungen oder Bereiche anzusehen. Im Rahmen der Organisation sind die Beziehungszusammenhänge zwischen diesen Elementen festzulegen. Eine

---

[250] Vgl. Riebel, Paul, Einzelkosten- und Deckungsbeitragsrechnung, 5. Auflage, Wiesbaden 1985, S.386-398.

[251] Vgl. Horvath, Peter, a.a.O., S.120-123.

[252] Im wissensbasierten System ist die Zahl der Unternehmensbereiche einer Dimension aus technischen Gründen auf vier begrenzt. Da die Struktur des Systems in der Gliederung beibehalten werden soll, werden die Beurteilungsbereiche "Organisation" und "Personalwesen" in einem Kapitel abgehandelt.

solche Analyse und Zerlegung der Gesamtaufgabe eines Betriebes wird als Aufbauorganisation bezeichnet.

Neben der Regelung von funktionalen Zusammenhängen beschäftigt sich die Organisation mit der konkreten Ordnung von Handlungsvorgängen innerhalb der Unternehmung. Die Gestaltung der Arbeitsabläufe übernimmt die Ablauforganisation[253].

In der Fachliteratur wird die Leistungsfähigkeit der Organisation als wesentliches Kriterium für den langfristigen Erfolg einer Unternehmung angesehen. Besonders bedeutend ist eine effiziente Organisationsstruktur bei Unternehmen der Branchen, die mit einer erheblichen Verschärfung der Wettbewerbsbedingungen im internationalen Umfeld konfrontiert sind[254]. Auch für die Früherkennung von Unternehmenskrisen stellt die Beurteilung der Organisationsqualität einen guten Indikator dar[255].

Merkmalskatalog:

Bei der Erstellung eines geeigneten Merkmalskataloges für die Organisationsbeurteilung sind zunächst allgemeine Fragen der Aufbauorganisation und der Organisation der Betriebsabläufe einzubeziehen. Für die Qualität der Aufbauorganisation ist von Bedeutung, ob die Organisationsstruktur den jeweiligen Unternehmensbedürfnissen entspricht, ob ein zielgerichteter Einsatz von Arbeitsgruppen und ggf. der Stäbe erfolgt, welche Stellen sich im Unternehmen mit Organisationsfragen befassen, ob die Organisationsstruktur regelmäßig überarbeitet wird und ob ein starkes Unternehmenswachstum auch organisationstechnisch berücksichtigt wird. Im Rahmen der Ablauforganisation lassen sich die Kompetenzregelungen sowie die Organisation des Informations- und Berichtswesens untersuchen[256].

---

[253] Vgl. Wöhe, Günter, a.a.O., S.156.

[254] Vgl. Rall, Wilhelm, Organisation für den Weltmarkt, in: ZfB 59.Jg.(1989), H.10, S.1074.

[255] Vgl. von Stein, Johann Heinrich, Früherkennung von Kreditrisiken durch Untersuchung des Unternehmerverhaltens Teil II, a.a.O., S.125-128.

[256] Vgl. Haberland, Günther, a.a.O., S.39-41. Vgl. außerdem von Stein, Johann Heinrich, Früherkennung von Kreditrisiken durch Untersuchung des Unternehmerverhaltens Teil II, a.a.O., S.126-127. Vgl. auch Schmoll, Anton, a.a.O., S.98 und Schertler, Walter, Unternehmensorganisation: Lehrbuch der Organisation und strategischen Unternehmensführung, München, Wien 1982, S.32-44.

Tabelle 23: Bonitätsmerkmale - Organisation

ORGANISATION

BONITÄTSMERKMAL	GEWICHTUNG				PRÜFUNG	DATEN	DATEN	BRANCHENGRUPPEN				GRÖSSENKLASSE		
	sehr hoch	hoch	mittel	gering	unbedingt	zugänglich	beurteilbar	Dienstleist.	Handel	Prod gew.	Bau gew.	klein	mittel	groß
Erfolgte Anpassung an Wachstum?			▨ 62%		41%	▨ 65%		▨	▨	▨	▨		▨	▨
Ausformulierte Kompetenzen			▨ 76%		3%	▨ 61%		▨	▨	▨	▨		▨	▨
Einsatz von Stäben und Arbeitsgruppen			▨ 74%		3%	▨ 77%	▨	▨	▨	▨	▨		▨	▨
Organisation der Betriebsabläufe			▨ 71%		12%	▨ 61%		▨	▨	▨	▨		▨	▨
Existenz Organisationsabteilung			▨ 71%		6%	▨ 76%	▨	▨	▨	▨	▨		▨	▨
Informations- und Berichtswesen			▨ 59%		24%	▨ 70%	▨	▨	▨	▨	▨		▨	▨
Überwachung der Organisationsstruktur			▨ 59%		15%	▨ 73%	▨	▨	▨	▨	▨		▨	▨
Entsprechende Organisationsstruktur			▨ 56%		21%	▨ 56%		▨	▨	▨	▨		▨	▨
Aufbauorganisation			▨ 53%		15%	▨ 68%		▨	▨	▨	▨		▨	▨
Struktur zur Umsetzung von Stragegien			▨ 52%		24%	▨ 68%		▨	▨	▨	▨		▨	▨

Legende

xx % – Prozentsatz der unterstützenden Experten
* MW – Mittelwert der angegebenen Antworten

▨ – Mehrheit der Experten

Die befragten Experten messen der Untersuchung der Organisationsstruktur im Rahmen der Bonitätsbeurteilung eine untergeordnete Bedeutung bei. So vertreten die Fachexperten mit einer durchweg deutlichen Mehrheit die Meinung, daß der Bewertung einzelner Organisationsmerkmale bestenfalls ein geringes Gewicht zuzumessen ist. Eine Ausnahme bildet dabei nur das Kriterium "Anpassung der Organisationsstruktur an starkes Unternehmenswachstum", dem sie eine mittlere Bedeutung für die Analyse bescheinigen. Diese Einschätzung deckt sich auch mit der in der zugrundeliegenden Basisliteratur vertretenen Meinung, daß der häufigste Grund für Organisationsmängel in Krisenunternehmen der zu rasche Ausbau des Betriebes ist[257].

---

[257] Vgl. von Stein, Johann, Heinrich, a.a.O., S.127 und Hauschildt, Jürgen, Unternehmenskrisen - Herausforderung an die Bilanzanalyse Teil II, a.a.O., S.12.

Eine Ursache für die geringe Bedeutung, die den einzelnen Merkmalen zur Untersuchung der Organisationsstruktur von den befragten Experten beigemessen wird, könnte in der Tatsache zu suchen sein, daß sich die Mehrheit der Experten außerstande sieht, Informationen über die Organisationsstruktur einer Unternehmung zu beurteilen.

Schlußfolgerungen - Organisation:

Zur Beurteilung von einzelnen Organisationsmerkmalen werden im Rahmen der Analyse keine Schlußfolgerungen aus anderen Merkmalen empfohlen. Die einzige zu berücksichtigende Querbeziehung besteht darin, daß für den Fall einer zu geringen Steigerung der Umsatzzahlen (unter 20% jährlich) die Untersuchung des Merkmals "Anpassung der Organisationsstruktur an das Unternehmenswachstum" wegfällt.

Abbildung 30: Schlußfolgerungen - Organisation

Personalwesen:

Der bei vielen Branchen hohe Anteil der Personalkosten an den Gesamtkosten eines Betriebes läßt auch im Personalbereich Bonitätsmerkmale vermuten, die erheblich zum Erfolg oder Mißerfolg einer Unternehmung beitragen können. Die an den Arbeitsabläufen beteiligten Personen haben einen großen Anteil an der Erfüllung der betrieblichen Aufgaben. Von der Qualität des Personals hängt daher in hohem Maße die Wettbewerbsfähigkeit einer Unternehmung ab. Dies trifft besonders auf personalintensive Betriebe zu[258].

---

[258] Vgl. Gaugler, Eduard, Betriebliches Personalwesen, in: Handwörterbuch der Betriebswirtschaftslehre, Band I/2, 4. Auflage, Hrsg. von Grochla, E. und Wittmann, W., Stuttgart 1975, S.2956.

Merkmalskatalog:

Im Personalbereich lassen sich folgende Krisenursachen identifizieren, die es in einem Merkmalskatalog zu berücksichtigen gilt[259]:

Besonders gefährdet ist eine Unternehmung im Falle eines Personalüberhangs. Eine mangelnde Auslastung bedeutet eine außergewöhnliche finanzielle Belastung für die Unternehmung und kann im Extremfall zum Konkurs führen.

Kritisch ist auf Dauer auch die Zahlung von zu hohen und der Leistung nicht angemessenen Löhnen und Sozialleistungen zu sehen. Außerdem können Mängel in der Qualifikation der Mitarbeiter und eine unausgewogene Altersstruktur Probleme für die gesamte Unternehmung nach sich ziehen.

Neben diesen Kriterien bieten sich als Indikatoren für die Qualität des Personalbereiches insbesondere die Merkmale an, die sich leistungsfördernd oder leistungshemmend auf die Mitarbeiter einer Unternehmung auswirken können. Anzuführen sind hierbei das Entlohnungssystem, das Betriebsklima, die Aufstiegs- und Karrieremöglichkeiten, die Durchführung von Humanisierungsmaßnahmen oder Aus- und Weiterbildungsangebote[260].

Auskünfte über das Personalwesen einer Unternehmung geben auch die Krankenstände der Mitarbeiter im Vergleich zur Branche, die Höhe der Fluktuationsrate und der Ruf einer Unternehmung als Arbeitgeber[261].

Sehr konkrete Indikatoren für Überhänge im Personalbereich sind die seitens der Unternehmensleitung veranlaßten Maßnahmen zur Einschränkung der Personalkapazität. In diesem Zusammenhang sind die Verhängung eines Einstellungsstops und die Entlassung von Mitarbeitern ebenso zu nennen wie die Anmeldung von Kurzarbeit[262].

---

[259] Vgl. Reske, Winfried; Brandenburg, Achim; Mortsiefer, Hans-Jürgen, a.a.O., S.114-117.

[260] Vgl. Lehner, Susanne Walpurga, a.a.O., S.197-201.

[261] Vgl. Schmoll, Anton, a.a.O., S.98.

[262] Vgl. Lüthy, Martin, Unternehmenskrisen und Restrukturierungen, Bank und Kreditnehmer im Spannungsfeld existentieller Unternehmenskrisen, Bankbetriebswirtschaftliche Forschung Band 106, Bern, Stuttgart, 1987, S.42.

Tabelle 24: Bonitätsmerkmale Personalwesen

PERSONALWESEN

BONITÄTSMERKMAL	GEWICHTUNG				PRÜFUNG	DATEN	DATEN	BRANCHENGRUPPEN				GRÖSSENKLASSE		
	sehr hoch	hoch	mittel	gering	unbedingt	zugänglich	beurteilbar	Dienstleist.	Handel	Prod gew.	Bau gew.	klein	mittel	groß
Kurzarbeit	74%				74%	93%								
Einstellungsstop und Entlassungen	65%				74%	90%								
Kennzahlen im Personalbereich	59%				65%	97%								
Entwicklung der Personalkosten		68%			76%	97%								
Relative Qualität des Personals		65%			53%	67%								
Hohe Tarif- und Sozialleistungen		56%			29%	89%								
Fluktuationsrate			74%		24%	78%								
Betriebsklima				85%	3%	38%								
Aufstiegs- und Karrieremöglichkeiten				82%	3%	63%								
Aus- und Weiterbildungsangebote				82%	3%	79%								
Mangelnde Stellenbeschreibungen				82%	0%	46%								
Durchführung Humanisierungsmaßnahmen				82%	0%	36%								
Entlohnungssystem				76%	3%	59%								
Krankenstände				65%	9%	52%								
Alterstruktur des Personals				59%	15%	70%								
Ruf als Arbeitgeber				* MW	24%	72%								

Legende	xx % - Prozentsatz der unterstützenden Experten * MW - Mittelwert der angegebenen Antworten	- Mehrheit der Experten

Für die Beurteilung der Personalsituation einer Unternehmung halten die befragten Experten "harte" Krisenindikatoren und Kennzahlen am geeignetsten. Höchste Bedeutung vergeben sie dabei den Merkmalen "Kurzarbeit" (74%) sowie "Entlassungen und Einstellungsstop" (65%). Die Kriterien "Entwicklung der Personalkosten" (68%), "Relative Qualität des Personals" (65%) und "Hohe Tarif- und Sozialleistungen" (56%) erhalten von den Experten eine hohe Bedeutung. Die Untersuchung dieser Kriterien (außer "Hohe Tarif- und Sozialleistungen") im Rahmen der Bonitätsanalyse wird von der Mehrheit der Experten als unbedingt erforderlich angesehen. Im Gegensatz dazu halten sie sämtliche Merkmale, die als leistungsfördernde Maßnahmen einzustufen sind, für weniger bedeutend. Die Beurteilung der über diese Kriterien erhältlichen Informationen würde der Mehrheit der Befragten Schwierigkeiten bereiten.

Was die Differenzierung nach Branchengruppen anbelangt, bietet sich im Unternehmensbereich "Personal" ein homogenes Bild. Prinzipiell werden alle Kriterien auch für alle Branchen als untersuchungsrelevant angesehen. Einige Merkmale, die einen bestimmten Unternehmensumfang erfordern, werden bei der Prüfung von kleinen Unternehmen ausgeschlossen. Ebenso scheint die Überprüfung von einigen Kriterien bei Großunternehmen nicht sinnvoll zu sein. Da es sich dabei ausschließlich um Merkmale mit untergeordneter Bedeutung handelt, wird dieser Sachverhalt nicht weiter verfolgt.

Schlußfolgerungen - Personal:

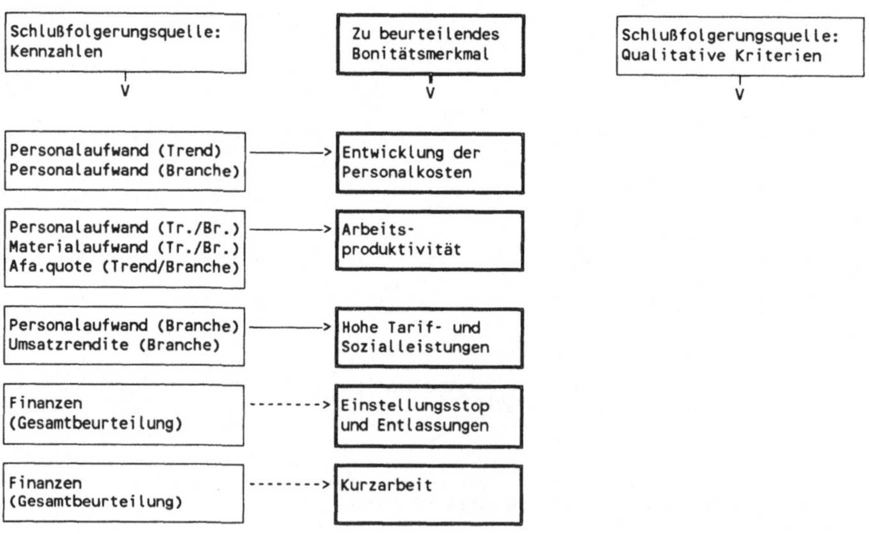

Abbildung 31: Schlußfolgerungen - Personal

Für eine Beurteilung anhand von Schlußfolgerungen aus Kennzahlen stufen die befragten Experten ganz besonders diejenigen Merkmale des Kataloges als geeignet ein, die in direktem Zusammenhang mit den Aufwänden der Unternehmung stehen. Dies sind die Entwicklung der Personalkosten, die Arbeitsproduktivität und die relative Höhe der Tarif- und Sozialleistungen.

Zur Bewertung der Personalkostenentwicklung wird die Höhe des Personalaufwandes im innerbetrieblichen Zeitvergleich und im Branchenvergleich vorgeschlagen. Die Beurteilung der Arbeitsproduktivität kann mit Hilfe der Kennzahlen "Personalaufwandsquote", "Materialaufwandsquote" und "Abschreibungsquote" parallel im innerbetrieblichen Zeitvergleich und im Branchenvergleich erfolgen. Die Kennziffern "Umsatzrendite" und "Personalaufwand" im Branchenvergleich dienen als Beurteilungsgrundlage für die Angemessenheit der Tarif- und Sozialleistungen.
Solange sich anhand dieser Kennzahlen in der Unternehmung keine negative Entwicklung erkennen läßt, ist zu vermuten, daß die genannten Merkmale unkritisch sind. Stellt sich die Entwicklung der Kennzahlen negativ dar, sollten auch die qualitativen Merkmale eine ungünstige Beurteilung erhalten.

Eine Untersuchung der Merkmale "Einstellungsstop und Entlassungen" und "Kurzarbeit" wird nur dann als erforderlich angesehen, wenn sich aus der Finanzdimension der Unternehmung wirtschaftliche Schwierigkeiten erkennen lassen.

5.2.2.4 Unternehmensplanung

Die Unternehmensplanung versucht, das künftige Unternehmensgeschehen in mehreren Teilbereichen mit dem Commitment abzubilden, daß das reale System in der Zukunft dem gedanklichen Modell entsprechen soll. Die Planung ist als ein zukunftsbezogener, rationaler und gestaltender Prozeß zu verstehen[263]. Prinzipiell lassen sich dabei eine operative und eine strategische Sichtweise unterscheiden. Die strategische Planung befaßt sich mit eher langfristig ausgerichteten konzeptionellen Fragen, wobei es insbesondere gilt, globale Größen in einem allgemeinen Rahmen für die Unternehmung festzulegen. Mit Hilfe der operativen Planung sind dagegen die allgemein gehaltenen Zielsetzungen bereichs- und objektspezifisch zu detaillieren[264].

---

[263] Vgl. Kirsch, Werner, Planung - Kapitel einer Einführung in: Kirsch, Werner und Maaßen, Hartmut, Managementsysteme, Planung und Kontrolle, 2. Auflage, München 1990, S.28-29.
[264] Vgl. Kirsch, Werner, a.a.O, S.95 und S.98.

Aussagefähige Planungsunterlagen erlauben es der Unternehmensleitung, sich konkret mit zukünftigen Problemen des Unternehmensgeschehens zu befassen. Die Vernachlässigung künftiger Entwicklungen durch die Geschäftsleitung ist eine häufige Krisenursache, da drohende Fehlentwicklungen nicht rechtzeitig erkannt werden. Besonders schwer wiegen dabei Mängel in der Finanzplanung, der Investitionsplanung und der Absatzplanung[265].

Merkmalskatalog:

Der Merkmalskatalog für den Bereich "Planung" umfaßt die oben genannten Kriterien, ergänzt durch die Merkmale "Personalplanung" sowie "Produktions- und Beschaffungsplanung"[266]. Außerdem ist die Bedeutung des Umfangs und der Stellung der Unternehmensplanung zu ergründen. Die Frage nach der Absatzorientierung des gesamten Planungsprozesses soll der Tatsache gerecht werden, daß durch den Wandel vom Verkäufer- zum Käufermarkt eine rasche Erkennung von Marktsättigungstendenzen wichtiger wird, um rechtzeitig strategisch gegensteuern zu können[267].

Tabelle 25: Bonitätsmerkmale - Unternehmensplanung

UNTERNEHMENSPLANUNG

BONITÄTSMERKMAL	GEWICHTUNG sehr hoch	hoch	mit-tel	ge-ring	PRÜFUNG unbe-dingt	DATEN zu-gäng-lich	DATEN beur-teil-bar	BRANCHENGRUPPEN Dienst leist.	Han-del	Prod gew.	Bau gew.	GRÖSSENKLASSE klein	mit-tel	groß
Finanzplanung	94%				85%	97%								
Investitionsplanung	74%				74%	97%								
Konzept:Zielsetzung /Planung/Kontrolle	71%				65%	73%								
Absatzorientierte Unternehmensplanung		76%			47%	67%								
Planungsstellung, -umfang, -qualität		65%			44%	38%								
Produkt- und Absatzplanung		53%			38%	68%								

265 Vgl. von Stein, Johann Heinrich, Früherkennung von Kreditrisiken durch Untersuchung des Unternehmerverhaltens Teil II, a.a.O., S.129-135.
266 Vgl. Haberland, Günther, a.a.O., S.44.
267 Vgl. Nieschlag, Robert; Dichtl, Erwin; Hörschgen, Hans, Marketing, Berlin 1988, a.a.O., S.5.

Tabelle 25: Fortsetzung

BONITÄTSMERKMAL	GEWICHTUNG				PRÜFUNG	DATEN	DATEN	BRANCHENGRUPPEN				GRÖSSENKLASSE		
	sehr hoch	hoch	mit-tel	ge-ring	unbe-dingt	zu-gäng-lich	beur-teil-bar	Dienst leist.	Han-del	Prod gew.	Bau gew.	klein	mit-tel	groß
Personalplanung				65%	12%	54%								
Existenz von Krisenplänen				62%	9%	44%								
Produktions- und Beschaffungsplanung				* MW	18%	58%								

Legende	xx % - Prozentsatz der unterstützenden Experten * MW - Mittelwert der angegebenen Antworten	▦ - Mehrheit der Experten

Bei einer Betrachtung der Erhebungsresultate für den Bereich "Planung" fällt ins Auge, daß die befragten Experten eine ganz besondere Bedeutung den Planungsmerkmalen zumessen, die in einem engen Zusammenhang mit den Unternehmensfinanzen stehen. Sie legen ausgeprägten Wert auf eine qualitativ hochstehende Finanzplanung (94%) und eine effiziente Investitionsplanung (74%). Besondere Bedeutung messen die Experten außerdem der Existenz eines durchgängigen planerischen Gesamtkonzeptes (71%) bei, das, ausgehend von den Unternehmenszielen, die strategische und operative Planung umfaßt.

Eine eher untergeordnete Bedeutung wird der Existenz von Krisenplänen, der Produktions- und Beschaffungsplanung sowie der Personalplanung zugewiesen. Nur eine Minderheit (9%-18%-12%) der befragten Fachleute hält die Überprüfung dieser Merkmale für unbedingt erforderlich.

Große Probleme sehen die Experten bei der Beurteilbarkeit einer Reihe von Kriterien. So ist die Mehrheit der befragten Fachleute der Meinung, daß sie selbst für den Fall ausreichender Informationen über Krisen-, Produkt-, Absatz-, Beschaffungs-, Produktions- und Personalpläne kaum in der Lage wären, deren Qualität hinreichend zu beurteilen. Die Schwierigkeiten bei der Beurteilbarkeit einzelner Merkmale dürften wohl auch die Ursache dafür sein, daß eine deutliche Mehrheit der befragten Experten (85% - 74% - 64%) nur die Kriterien "Finanzplanung", "Investitionsplanung" und "planerisches Gesamtkonzept" für besonders untersuchungswürdig hält.

Schlußfolgerungen - Planung:

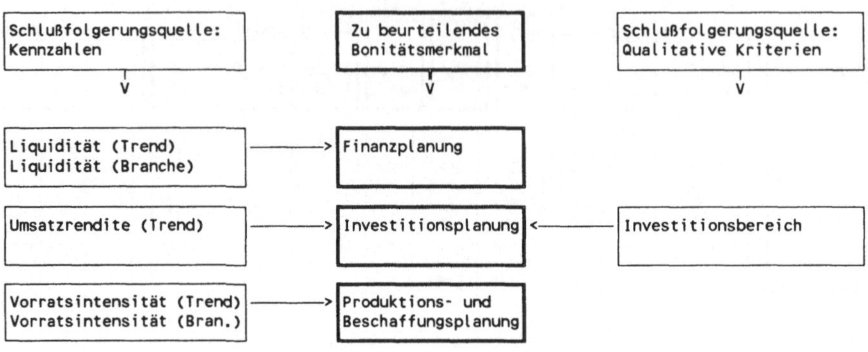

Abbildung 32: Schlußfolgerungen - Unternehmensplanung

Die Bewertung der Finanz-, Investitions-, Produktions- und Beschaffungsplanung eignet sich für eine Folgerung aus Kennzahlen, da die befragten Experten einen engen Zusammenhang zwischen der Liquidität I, der Liquidität II, der Vorratsintensität, der Zielgewährung, der Zielinanspruchnahme auf der einen Seite und den Planungsmerkmalen auf der anderen Seite sehen.

Ergeben sich aus den genannten Kennzahlen (Zusammengefaßt zur übergeordneten Kennzahl "Liquidität") sowohl im innerbetrieblichen Zeitvergleich als auch im Branchenvergleich keine Mängel, ist davon auszugehen, daß die Finanzplanung einen entsprechend hohen Standard aufweist. Bei einer negativen Ausprägung der Kennzahlen sollte das zu untersuchende Merkmal eine der Ausprägung der Kennzahl entsprechende ungünstige Beurteilung erhalten.

Die Beurteilung der Qualität der Investitionsplanung kann aus der wesentlich detaillierteren Beurteilung des gesamten Investitionsverhaltens[268] einer Unternehmung sowie aus der Umsatzrendite im innerbetrieblichen Zeitvergleich ermittelt werden. Finden sich in den beiden Basiskriterien entsprechende Schwächen, ist dies wahrscheinlich auf Fehler in der Planung zurückzuführen. Stellt sich der Investitionsbereich und die Umsatzrendite positiv dar, ist auch eine zufriedenstellende Investitionsplanung zu vermuten.

---

[268] Vgl. Investitionsbereich, Kap. 5.2.3.4, S.169-172.

Lassen sich aus der Entwicklung der Vorratsintensität im innerbetrieblichen Zeitvergleich und im Vergleich mit der Referenzgruppe keine Probleme erkennen, kann die Produktions- und Beschaffungsplanung entsprechend günstig beurteilt werden. Können aus der Vorratsintensität negative Tendenzen erkannt werden, bietet es sich an, auch das Planungsmerkmal ungünstig zu bewerten.

5.2.3 Produktionspotential

Die Risikodimension "Produktionspotential" umschließt alle Grundfunktionen der betrieblichen Leistungserstellung. Dies sind die Fertigung, die Beschaffung, die Lagerhaltung und das Transportwesen. Daneben werden im Hinblick auf die zukünftigen Produktionsmöglichkeiten die Bereiche "Forschung und Entwicklung" sowie das Investitionsverhalten einer Unternehmung untersucht.

5.2.3.1 Fertigung

Die im Risikobereich "Fertigung" relevanten Bonitätsmerkmale umfassen Sachverhalte, die in direktem Zusammenhang mit der betrieblichen Leistungserstellung stehen. Unter Leistungserstellung ist dabei in Abhängigkeit von der jeweiligen Branche folgendes zu verstehen[269]:

- die Gewinnung von Rohstoffen,
- die Herstellung von Erzeugnissen,
- die Bearbeitung von Rohstoffen und Fabrikaten,
- die Ausführung von Dienstleistungen.

Merkmalskatalog:

Eine Reihe von Hinweisen auf mögliche Mängel im Bereich der Fertigung finden sich in den Veröffentlichungen der Krisenforschung. Im einzelnen lassen sich bei insolvenzgefährdeten Unternehmen Mißstände bei der Art und Zusammensetzung der Betriebsmittel genauso feststellen wie Schwächen im organisatorischen Ablauf des Leistungserstellungsprozesses. Insbesondere führen überholte Verfahren und veraltete oder zu aufwendige Betriebsmittel zu überhöhten Kosten, die durch die Preise

---

[269] Vgl. Wöhe, Günter, a.a.O., S.399.

nicht gedeckt werden können. Zusätzliche Auswirkungen sind ein hoher Ausschuß und fehlerhafte Produkte mit der Folge von Umsatzeinbußen und einer Abnahme des Kapazitätsauslastungsgrades[270]. Als weitere Schwachstellen beim Fertigungsvollzug können eine fehlende oder mangelhafte Festlegung des Maschineneinsatzes, Umstellungs- und Anlaufschwierigkeiten, ein ungenügender Materialfluß, ein zu großer Anteil der manuellen Fertigung, die mangelhafte Beaufsichtigung der Fertigung, die Mißachtung optimaler Losgrößen und die räumliche Trennung der Produktionsstätten genannt werden. Mängel in der Fertigung wirken sich negativ auf die Produktionskosten aus und führen letztendlich dazu, daß die Aufträge nicht kostendeckend ausgeführt werden können und Lieferverzögerungen und Warenmängel entstehen[271].

Bei der Aufstellung eines Merkmalskataloges zur Beurteilung der Qualität des Fertigungsbereiches ist neben den genannten Kriterien noch folgendes als relevant anzusehen: Grundsätzliche Fragen zur Fertigung, wie die Art der Fertigung (Einzel-, Chargen-, Serien- oder Massenfertigung), die Fertigungstiefe und die Fertigungsbreite eines Betriebes, die Flexibilität der Fertigung sowie der Zustand der Werkstätten[272]. Weitere Risiken können in der Umweltbelastung der Produktionsverfahren, in der mangelnden Schutzfähigkeit der Fertigungstechnologien oder im Ablaufen von Lizenzgenehmigungen liegen[273].

Tabelle 26: Bonitätsmerkmale - Produktion und Fertigung

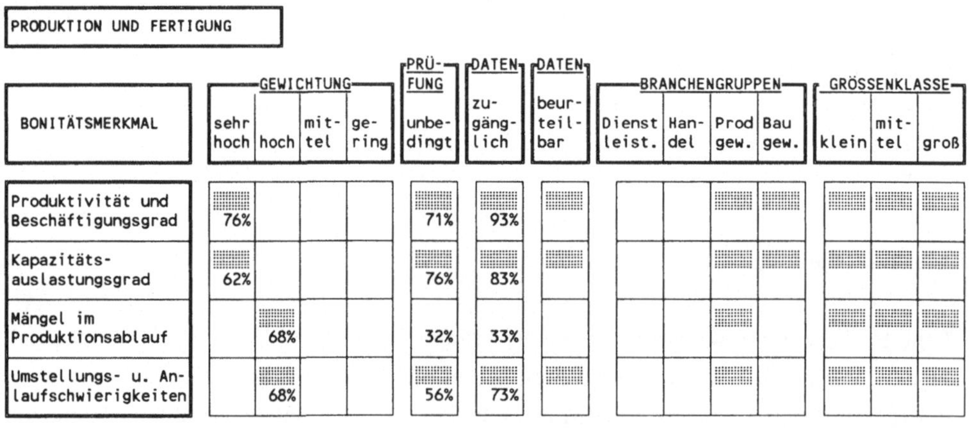

PRODUKTION UND FERTIGUNG

BONITÄTSMERKMAL	GEWICHTUNG				PRÜFUNG	DATEN	DATEN	BRANCHENGRUPPEN				GRÖSSENKLASSE		
	sehr hoch	hoch	mit-tel	ge-ring	unbe-dingt	zu-gäng-lich	beur-teil-bar	Dienst leist.	Han-del	Prod gew.	Bau gew.	klein	mit-tel	groß
Produktivität und Beschäftigungsgrad	76%				71%	93%								
Kapazitäts-auslastungsgrad	62%				76%	83%								
Mängel im Produktionsablauf		68%			32%	33%								
Umstellungs- u. Anlaufschwierigkeiten		68%			56%	73%								

[270] Vgl. Stein, Johann, Früherkennung von Kreditrisiken durch Untersuchung des Unternehmerverhaltens Teil II, a.a.O., S.95-97 und Hauschildt, Jürgen, a.a.O., S.8.

[271] Vgl. Stein, Johann, Früherkennung von Kreditrisiken durch Untersuchung des Unternehmerverhaltens Teil II, a.a.O., S.99.

[272] Vgl. Schmoll, Anton, a.a.O., S.98.

[273] Quelle: Expertengespräche in der Orientierungsphase.

Tabelle 26: Fortsetzung

BONITÄTSMERKMAL	GEWICHTUNG				PRÜFUNG	DATEN	DATEN	BRANCHENGRUPPEN				GRÖSSENKLASSE		
	sehr hoch	hoch	mit-tel	ge-ring	unbe-dingt	zu-gäng-lich	beur-teil-bar	Dienst leist.	Han-del	Prod gew.	Bau gew.	klein	mit-tel	groß
Techn. Standard der Produktionsanlagen		62%			62%	70%								
Qualität der Produktionsanlagen		59%			44%	57%								
Fertigungstiefe und Fertigungsbreite		56%			41%	69%								
Festlegung des Maschineneinsatzes		53%			24%	43%								
Kosten der Leistungserstellung		53%			47%	75%								
Umweltbelastung der Prod.verfahren		* MW			59%	65%								
Flexibilität der Fertigung			65%		29%	52%								
Mängel in der Art der Maschinen			62%		26%	46%								
Art der Fertigung (Serie, Einzel)			59%		38%	84%								
Organisation der Fertigung			59%		24%	63%								
Zugänglichkeit der Prod.verfahren			59%		12%	32%								
Zustand der Werkstätten			53%		50%	96%								
Produktion aufgrund fremder Lizenzen			* MW		38%	92%								
Unangemessene manuelle Fertigung			* MW		38%	54%								
volkswirtschaftl. Produktionszahlen				65%	15%	83%								
Internationalisie-rung der Produktion				59%	12%	52%								
Probleme beim Materialfluß				56%	26%	40%								
Ausschußquoten und Kontrolleinrichtung				* MW	21%	39%								
Mißachtung optima-ler Losgrößen				* MW	26%	25%								
Mängel bei Prod.-beaufsichtigung				* MW	18%	21%								

Legende	
xx % - Prozentsatz der unterstützenden Experten * MW - Mittelwert der angegebenen Antworten	▓ - Mehrheit der Experten

Die befragten Experten vergeben für eine Reihe von Merkmalen im Fertigungsbereich hohe und höchste Bedeutung. An der Spitze liegt dabei die Produktivität und
der Beschäftigungsgrad (76%) sowie der Grad der Kapazitätsauslastung (62%) eines
Betriebes. Ein hohes Gewicht erhalten die Merkmale "Mängel im Produktionsablauf"
(68%), "Umstellungs- und Anlaufschwierigkeiten" (68%), "technischer Standard"
(62%) und "Qualität der Produktionsanlagen" (59%), "Fertigungstiefe- und Fertigungsbreite" (56%) sowie die Kriterien "Festlegung des Maschineneinsatzes" (53%),
"Kosten der Leistungserstellung" (53%) und "Umweltbelastung der Fertigungsverfah-
ren" (MW). Die Betrachtung der eingeschätzten Beurteilbarkeit der Merkmale ergibt
allerdings ein anderes Bild: Bei der Bewertung hätte die Mehrheit der befragten
Experten Schwierigkeiten. Dies dürfte auch die Ursache dafür sein, daß eine Untersuchung nur für den Kapazitätsauslastungsgrad, den technischen Standard der Produktionsanlagen, die Produktivität, die Umweltbelastung der Produktionsverfahren und
das Merkmal "Umstellungs- oder Anlaufschwierigkeiten" als unbedingt erforderlich
angesehen wird.

Prinzipiell wird eine Untersuchung aller Merkmale des Fertigungsbereiches nur für
die Branchen empfohlen, die sich mit der Bearbeitung oder Herstellung von Produkten und Rohstoffen befassen. Einen engen Zusammenhang zwischen den genannten
Merkmalen und der Leistungserstellung von Dienstleistungs- und Handelsbetrieben
können die befragten Experten nicht erkennen. Die Leistungserstellung wird bei
Unternehmen dieser Wirtschaftsbereiche als eher unbedeutend für die Beurteilung
der Unternehmensbonität angesehen.
Außer bei einigen Merkmalen, die eine bestimmte Unternehmensgröße erfordern,
nehmen die Experten bezüglich des Schichtungskriteriums "Größe" keine Differenzierung vor.

In der Beurteilungspraxis gilt es als schwierig, überhaupt auswertbare Informationen
über viele der genannten Merkmale zu erhalten. Dieselben Ergebnisse liefert die
Auswertung für den Untersuchungsgegenstand "Beurteilbarkeit der Bonitätsmerkmale". Auch an dieser Stelle ist wieder ein Zusammenhang zwischen den Möglichkeiten der Informationsbeschaffung und der Beurteilbarkeit einzelner Merkmale zu
erkennen. Tendenziell bescheinigen die befragten Experten Merkmalen, bei denen
die Informationsbeschaffung keine Schwierigkeiten verursacht, eine gute Beurteilbarkeit.

Produktions- und Verfahrenstechnologien:

Eine separate Untersuchung der Bedeutung des technologischen Standards der Produktionsanlagen soll der Tatsache gerecht werden, daß sich in verschiedenen Literaturquellen[274] immer wieder Hinweise auf die Notwendigkeit der Technologiebeurteilung im Rahmen der Bonitätsanalyse finden. Dies geschieht vor dem Hintergrund, daß dem Faktor "Verfahrenstechnologie" eine entscheidende Bedeutung für eine auch langfristig wirtschaftliche Fertigung zukommt[275].

Zur Analyse des Teilbereiches "Verfahrenstechnologien" bieten sich ähnliche Merkmale wie für die Bewertung der Produkttechnologien an. Anstelle einer produktbezogenen dominiert jedoch eine verfahrensbezogene Sichtweise. Als Indikatoren für die Beurteilung der Technologien werden die Eigenschaften und die Wirtschaftlichkeit von bestimmten Verfahren sowie bei besonderen Technologien die Schutzfähigkeit gegen den Nachbau durch die Konkurrenz genannt. Gefordert wird die Untersuchung der Existenz einer Technologiestrategie im Unternehmen, der Ressourcenstärke für den Einsatz bestimmter Technologien und der Durchführung eines angemessenen Innovationsmanagements. Diese Merkmale sind als relative Größen im Vergleich mit anderen Unternehmen zu sehen[276].

---

[274] Vgl. Lehner, Karlheinz, a.a.O., S.89-93. Bauer, Jürgen, a.a.O, S.37-38. Bühler, Wilhelm, Bonitätsbeurteilung jenseits von Bilanzanalyse und Insolvenzprognose, a.a.O., S.20.
[275] Vgl. Lehner, Karlheinz, a.a.O., S.93 und Heim, Eberhard; Kuhn, Wolfgang, Technologiebeurteilung - ein wichtiger Baustein der Kreditwürdigkeitsprüfung, in: Kreditpraxis 2/87, S.23-26.
[276] Vgl. Bauer, Jürgen, a.a.O., S.50-53 und S.65-67. Vgl. auch Haberland, Günther, a.a.O., S.138.

Tabelle 27: Bonitätsmerkmale - Produktions- und Verfahrenstechnologien

PRODUKTIONS- UND VERFAHRENSTECHNOLOGIEN

BONITÄTSMERKMAL	GEWICHTUNG				PRÜFUNG	DATEN	DATEN	BRANCHENGRUPPEN				GRÖSSENKLASSE		
	sehr hoch	hoch	mit-tel	ge-ring	unbe-dingt	zu-gäng-lich	beur-teil-bar	Dienst leist.	Han-del	Prod gew.	Bau gew.	klein	mit-tel	groß
Technologien zur Produktion			62% ▦		29%	64% ▦				▦			▦	▦
Wirtschaftlichkeit Prod.technologien			62% ▦		44%	59% ▦				▦			▦	▦
Existenz Technologiestrategie				74% ▦	6%	61% ▦				▦			▦	▦
Schutzfähigkeit der Prod.technologien				65% ▦	24%	68% ▦				▦			▦	▦
Innovationsmanagement				59% ▦	12%	46% ▦				▦			▦	▦
Ressourcenstärke f. Prod.technologien				56% ▦	24%	57% ▦				▦			▦	▦

Legende	xx % - Prozentsatz der unterstützenden Experten * MW - Mittelwert der angegebenen Antworten	▦ - Mehrheit der Experten

Die befragten Experten weisen diesen Merkmalen im Gegensatz zur in der Fachliteratur verbreiteten Meinung nur eine geringe Bedeutung für die Analyse der Unternehmensbonität zu. Von Interesse für die Experten sind bestenfalls noch eine allgemeine Beschreibung der Technologien und Fragen zur Wirtschaftlichkeit einer Technologie. Diesen beiden Merkmalen sprechen sie zwar ein mittleres Gewicht zu, halten aber deren Prüfung nicht für unbedingt erforderlich. Genauso ernüchternd ist die Einschätzung der Beurteilbarkeit der Merkmale im Rahmen des Analyseprozesses. Hier sind die befragten Experten ausnahmslos der Meinung, daß sie gravierende Schwierigkeiten bei der Bewertung einzelner Technologiesachverhalte hätten[277].

Schlußfolgerungen - Fertigung:

Als Schlußfolgerungsquelle für die Beurteilung der Fertigung bieten sich die Kennzahlen an, die in direktem Zusammenhang mit diesem Unternehmensbereich stehen.

---

[277] Vgl. auch Gerke, Wolfgang und Schöner, Manfred A., Die Auswirkungen von Risikonormen auf die Finanzierung von Innovationen - eine Analyse am Beispiel der Gesetze über Unternehmensbeteiligungsgesellschaften und Beteiligungssondervermögen, in: Bankrisiken und Bankrecht, Hrsg. Gerke, Wolfgang, Wiesbaden 1988, S.189.

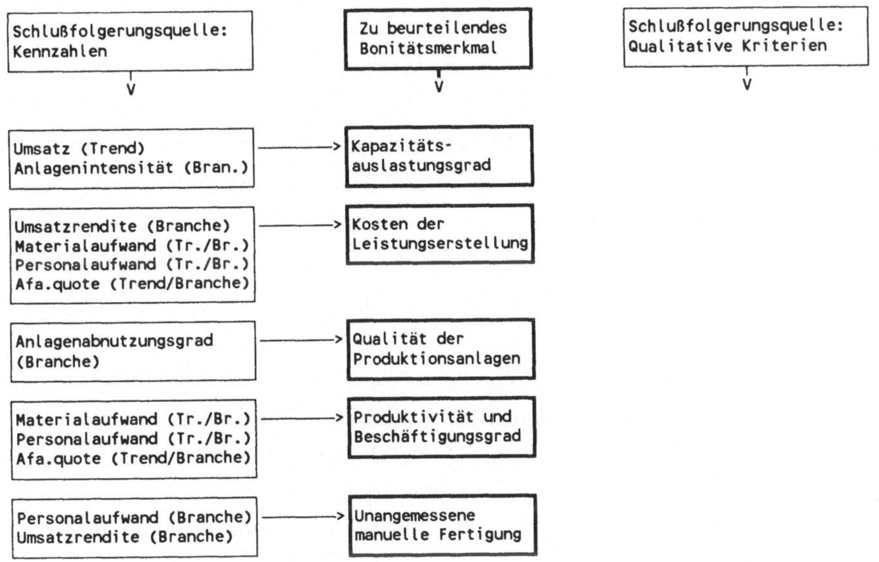

Abbildung 33: Schlußfolgerungen - Fertigung

Die Entwicklung des Umsatzes im innerbetrieblichen Zeitvergleich und die Entwicklung der Kennzahl "Anlagenintensität" im Branchenvergleich dienen als Indikatoren für die Kapazitätsauslastung. Lassen sich aus den beiden Bilanzwerten keine Hinweise auf negative Trends erkennen, wird davon ausgegangen, daß das Merkmal als unkritisch einzustufen ist. Entwickeln sich die Zahlen jedoch ungünstig, wird eine entsprechend negative Beurteilung der Kapazitätsauslastung vorgenommen.

Die Beurteilung der Angemessenheit der Kosten des Leistungserstellungsprozesses könnte mit Hilfe der Kennzahlengruppe "Personalaufwandsquote", "Materialaufwandsquote" und "Abschreibungsquote" (innerbetrieblicher Zeitvergleich und zwischenbetrieblicher Vergleich) sowie der Kennziffer "Umsatzrendite" (Referenzgruppenvergleich) erfolgen. Überhöhte Kosten werden erst dann negativ angerechnet, wenn sich dies aus den beiden Kennzahlen ablesen läßt. Zeigt nur eine oder einige der Vergleichszahlen eine negative Entwicklung auf, muß aus der Bewertung der Quellmerkmale ein Mittelwert berechnet werden.

Die Qualität der Produktionsanlagen kann aus der Kennzahl "Anlagenabnutzungsgrad" abgeleitet werden. Die Bewertung könnte entsprechend der Stellung der zu untersuchenden Unternehmung zur Vergleichsgruppe erfolgen. Werden bei einer Gegenüberstellung mit den Referenzunternehmen negative Tendenzen erkannt, ist von einer kritischen Ausprägung des Merkmals auszugehen.

Es wird vorgeschlagen, das qualitative Merkmal "Produktivität" anhand des Trends der Kennzahlen "Materialaufwandsquote", "Personalaufwandsquote" und "Abschreibungsquote" im innerbetrieblichen Zeitvergleich zu beurteilen. Eine positive Beurteilung der drei Basis-Kennziffern läßt auf eine günstige, eine negative Bewertung auf eine ungünstige Entwicklung der Produktivität schließen.

Lassen sich mit Hilfe der Kennzahlen "Personalaufwand" und "Umsatzrendite" bei der zu untersuchenden Unternehmung keine Hinweise auf Mängel finden, empfiehlt sich eine Negierung der Frage "Unangemessener Anteil der manuellen Fertigung". Bei einer negativen Ausprägung der beiden Kennzahlen ist möglicherweise die Ursache in einem zu hohen Anteil der manuellen Fertigung am Produktionsprozeß zu suchen.

5.2.3.2 Beschaffung und Lagerhaltung

Die Beschaffung umfaßt alle Tätigkeiten einer Unternehmung, die die Gewinnung der Mittel zum Ziel haben, die für die Realisierung der gesetzten Unternehmensziele erforderlich sind. Im Rahmen der Untersuchung der hier beschriebenen Risikodimension "Produktion" bezieht sich dies auf die Beschaffung der Werkstoffe, Werkzeuge und Waren, die für die Aufrechterhaltung der Fertigung erforderlich sind. Dabei ist die Beschaffung der Betriebsmittel so zu disponieren, daß die zur Realisierung der Produktion erforderlichen Mengen in geeigneter Qualität zur richtigen Zeit und am richtigen Ort zur Verfügung stehen. Gleichzeitig wird versucht, die Beschaffungskosten zu minimieren[278]. Die mengen- und zeitmäßige Abstimmung zwischen Beschaffung und Fertigung (bei Handelsbetrieben zwischen Beschaffung und Absatz) erfordert in der Regel zunächst die Lagerung der beschafften Güter. Die Lagerhaltung hat die Aufgabe, Störungen im Betriebsablauf und im geplanten Beschaffungsprozeß zu überbrücken[279]. Wegen des Funktionalitätszusammenhangs mit der Lagerhaltung von Rohstoffen und Vorprodukten sollen an dieser Stelle auch die Merkmale berücksichtigt werden, die der Lagerung von Fertigprodukten zuzurechnen sind.

---

[278] Vgl. Kilger, Wolfgang, Optimale Produktions- und Absatzplanung, Opladen 1973, S.55.
[279] Vgl. Wöhe, Günter, a.a.O., S.422-423.

Merkmalskatalog:

Ähnlich wie bei den anderen Funktionsbereichen können bei der Beschaffung und der
Lagerhaltung eine Reihe von Mängeln auftreten, auch wenn die Erhebungen der
Insolvenzursachenforschung zu dem Ergebnis kommen, daß die Ursachen für die
Insolvenz von Betrieben relativ selten im Beschaffungsbereich zu suchen sind[280].
Von Bedeutung sind die Fragen nach der Abhängigkeit der Unternehmung von
bestimmten Lieferantenbetrieben, nach bestehenden Abnahmeverpflichtungen und
nach Abhängigkeiten von Rohstoffen oder Importen.

Die Abhängigkeit von Lieferanten kann zu Problemen führen, wenn es am Markt nur
einen oder einige wenige Lieferbetriebe gibt, die unangemessene Preise für ihre Produkte fordern oder besondere Bedingungen an die Zahlungsweise stellen. Kritisch
sind auch die Fälle einzuschätzen, bei denen der Hauptlieferant zugleich der wichtig-
ste Kreditgeber einer Unternehmung ist. So kann diese Abhängigkeit dazu führen, daß
eine Firma jeden Preis akzeptieren muß, um die gewünschten Zahlungsziele zu erhalten. Ebenso sind bei einer solchen Konstellation ernsthafte Liquiditätsschwierigkeiten
möglich, nämlich dann, wenn der Lieferant Kreditlinien kürzt oder Rabatte streicht.
Die als weiteres Risikomerkmal genannten Abnahmeverpflichtungen können insofern
schwerwiegende Folgen verursachen, als sich die Abnahmemenge nicht oder nur ver-
spätet dem tatsächlichen Bedarf anpassen läßt[281].

Prüfungswürdige Kriterien im Rahmen der Lagerhaltung sind die Bestände an Roh-,
Hilfs- und Betriebsstoffen sowie der Lagerumfang der fertigen und unfertigen Er-
zeugnisse. Daneben sind die Absatzorientierung der Lagerhaltung, die Lagerorganisa-
tion, die Kosten der Lagerhaltung, die Anzahl und Art der Lagerstätten sowie die Effizienz der Transportmittel von Bedeutung[282].

---

280 Vgl. Reske, Winfried; Brandenburg, Achim; Mortsiefer, Hans-Jürgen, a.a.O., S.76 und von Stein,
Johann Heinrich, Früherkennung von Kreditrisiken durch Untersuchung des Unternehmerverhaltens
Teil II, a.a.O., S.86.
281 Vgl. von Stein, Johann Heinrich, Früherkennung von Kreditrisiken durch Untersuchung des Unternehmerverhaltens Teil II, a.a.O., S.87-89.
282 Vgl. Haberland, Günther, a.a.O., S.140 und Schmoll, Anton, a.a.O., S.98-143.

Tabelle 28: Bonitätsmerkmale - Beschaffung und Lagerhaltung

BESCHAFFUNG UND LAGERHALTUNG

BONITÄTSMERKMAL	GEWICHTUNG				PRÜFUNG	DATEN	DATEN	BRANCHENGRUPPEN				GRÖSSENKLASSE		
	sehr hoch	hoch	mit-tel	ge-ring	unbe-dingt	zu-gäng-lich	beur-teil-bar	Dienst leist.	Han-del	Prod gew.	Bau gew.	klein	mit-tel	groß
Bestände an Hilfs-, Betriebs-,Rohstoffe	▨ 82%				▨ 85%	▨ 93%	▨		▨	▨	▨	▨	▨	▨
Abhängigkeit von Lieferanten	▨ 79%				▨ 71%	▨ 93%	▨		▨	▨		▨	▨	▨
Zunahme der Lager-haltung zu Umsatz	▨ 74%				▨ 79%	▨ 96%	▨		▨	▨	▨	▨	▨	▨
Absatzorientierung der Lagerhaltung	▨ 62%				▨ 65%	▨ 72%	▨		▨	▨		▨	▨	▨
Abhängigkeit von Rohstoffen		▨ 71%			▨ 65%	▨ 83%	▨			▨	▨	▨	▨	▨
Abhängigkeit von Beschaffungspreisen		▨ 68%			▨ 59%	▨ 75%	▨		▨	▨		▨	▨	▨
Importabhängigkeit		▨ 65%			▨ 65%	▨ 100%	▨		▨	▨		▨	▨	▨
Struktur der Lieferanten		▨ 62%			24%	▨ 56%	▨		▨	▨		▨	▨	
Bestehende Abnahme-verpflichtungen		▨ 59%			50%	▨ 86%	▨		▨	▨		▨	▨	
Insolvenz von Lieferanten		▨ 56%			44%	▨ 82%	▨		▨	▨		▨	▨	▨
Beschaffungsmengen		▨ 56%			24%	44%			▨	▨		▨	▨	
Kosten der Lagerhaltung		▨ * MW			▨ 59%	▨ 72%	▨		▨	▨		▨	▨	▨
Organisation der Lagerhaltung			▨ 53%		15%	▨ 75%			▨	▨		▨	▨	▨
Verhandlungsmacht bei Einkäufen			▨ 53%		9%	28%			▨	▨		▨		
Verschärfung der Liefermodalitäten			▨ * MW		32%	▨ 54%	▨		▨	▨		▨		
Anzahl und Art der Lagerstätten				▨ 74%	6%	▨ 82%	▨		▨	▨				▨
Probleme bei der Verteiltechnik				▨ 59%	16%	▨ 56%			▨	▨		▨		
Qualitätsschwankun-gen bei Rohstoffen				▨ 56%	6%	25%				▨		▨		
Branchen der Lieferanten				▨ * MW	9%	▨ 71%			▨	▨		▨		

Legende	xx % - Prozentsatz der unterstützenden Experten * MW - Mittelwert der angegebenen Antworten	▨ - Mehrheit der Experten

Die Untersuchung der einzelnen Bonitätsmerkmale im Bereich "Beschaffung und Lagerhaltung" ergab folgendes Bild:

Höchste Bedeutung messen die befragten Experten den Lagerbeständen (82%), der Abhängigkeit von Lieferanten (79%), der Zunahme der Lagerhaltung im Verhältnis zum Umsatz (74%) und der Absatzorientierung der Lagerhaltung (62%) bei. Auch die meisten anderen Merkmale betrachten die Experten als bedeutend oder ziemlich bedeutend. Eine Ausnahme bilden hierbei nur einige wenige Kriterien ("Qualitätsschwankungen", "Lieferantenbranchen", "Lagerstätten", "Verteiltechnik"). Für unbedingt prüfungswürdig halten sie neben den genannten Merkmalen mit höchster Bedeutung die Merkmale "Abhängigkeit von bestimmten Rohstoffen" (65%), "Abhängigkeit von Beschaffungspreisen" (59%), "Importrisiken" (65%) und "Kosten der Lagerhaltung" (59%). Diese Kriterien bereiten nach Meinung der Befragten keine größeren Probleme bei der Informationsbeschaffung und der Beurteilbarkeit.

Eine Reihe von Merkmalen werden für Großunternehmen als unkritisch angesehen. So vertreten die Fachleute die Meinung, daß große Unternehmen wohl eher in der Lage sind, die Lieferantenstruktur zu optimieren und die Lagerhaltung effizient zu organisieren.
Für Produktionsunternehmen sind sämtliche Merkmale relevant, viele auch für Handelsunternehmen. Es überrascht etwas, daß die Experten die meisten Kriterien bei Unternehmen der Baubranche für nicht relevant halten. Eventuell sind die Gründe hierfür in der Struktur der Baustoffbranche zu suchen, in der eine Vielzahl von verschiedenen Lieferanten tätig ist und daher Engpässe nicht zu erwarten sind[283].

---

283 Vgl. Kömpf, Wolfgang, a.a.O., S.71.

Schlußfolgerungen - Beschaffung und Lagerhaltung:

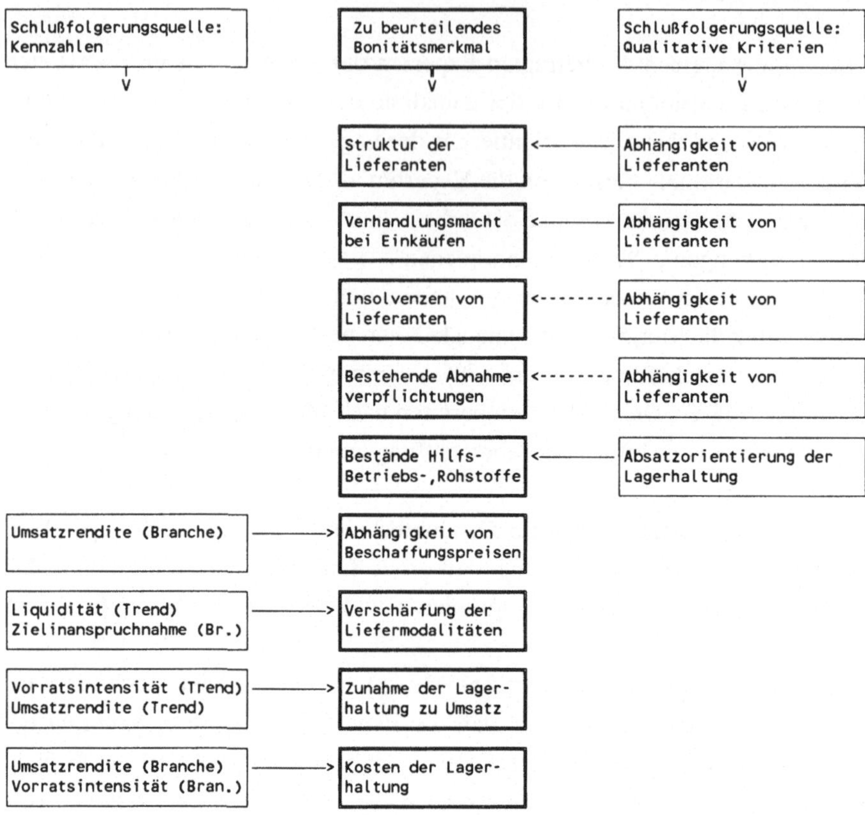

Abbildung 34: Schlußfolgerungen - Beschaffung und Lagerhaltung

Die einzelnen Merkmale des Beschaffungs- und Lagerhaltungsbereiches bieten eine Reihe von Ansatzmöglichkeiten für die Beurteilung mit Hilfe von Schlußfolgerungen.

Für eine Beurteilung aus qualitativen Merkmalen stellt das Untersuchungskriterium "Abhängigkeit von Lieferanten" ein Kernkriterium dar. Treffen solche Lieferanten- abhängigkeiten zu, sollte auch das Merkmal "Lieferantenstruktur" kritisch beurteilt werden. Zusätzlich ist eine schlechte Verhandlungsposition bei Einkäufen zu vermu- ten. Die hier zugrundeliegende Hypothese ist, daß die Verhandlungsmacht bei Ein- käufen in einem engen Zusammenhang mit der Abhängigkeit vom Lieferanten steht. Es ist sinnvoll, die Merkmale "Insolvenz von Lieferanten" und "bestehende Abnahme- verpflichtungen" nur dann entsprechend zu berücksichtigen, wenn der Analyst zuvor

Abhängigkeiten von einzelnen oder einigen wenigen Hauptlieferanten feststellen konnte.

Es wird vorgeschlagen, die Angemessenheit der Bestände an Betriebsmitteln und fertigen Erzeugnissen mit Hilfe einer Schlußfolgerung aus dem Merkmal "Absatzorientierung der Lagerhaltung" zu bewerten. Lassen sich bei der Absatzorientierung Mängel identifizieren, werden auch die Bestandsmengen negativ beurteilt. Die Annahme hierbei ist, daß bei einer fehlenden Absatzorientierung der Lagerhaltung die Unternehmung neben veralteten und unverkäuflichen Produkten auch zu hohe Bestände an Rohstoffen und Fertigprodukten auf Lager hält.

Aus den Kennzahlen des Finanzbereiches lassen sich folgende Zusammenhänge für die Analyse nutzen:

Es ist davon auszugehen, daß für ein Unternehmen, bei dem die Umsatzrendite im Branchendurchschnitt oder darüber liegt, keine besondere Abhängigkeit von den Beschaffungspreisen zu berücksichtigen ist. Umgekehrt wird eine negative Ausprägung der Umsatzrendite als Indikator für mögliche Beschaffungspreisrisiken eingesetzt, da in einem solchen Fall eine Erhöhung der Betriebsmittelpreise deutlich schwieriger zu verkraften wäre.

Aus der Liquidität einer Unternehmung und der Zielinanspruchnahme im innerbetrieblichen Zeitvergleich kann die Entwicklung der Liefermodalitäten abgeleitet werden. Die Hypothese hierbei ist, daß ein Liquiditätsengpaß und eine höhere Zielinanspruchnahme auf eine Verschärfung der Liefermodalitäten hindeuten.

Die Entwicklung der Umsatzrendite und der Vorratsintensität im innerbetrieblichen Zeitvergleich dienen als Quelle für die Beurteilung des Kriteriums "Zunahme der Lagerhaltung im Verhältnis zum Umsatz". Eine Betrachtung der Trends beider Kennzahlen soll Aufschluß über die Entwicklung der Lagersituation und der Lagereffizienz geben.
Im Branchenvergleich eignen sich die beiden Kennzahlen als Indikator für die Beurteilung der Angemessenheit der Lagerhaltungskosten. Es ist von adäquaten Kosten auszugehen, wenn beim Betriebsvergleich nichts auf das Gegenteil hindeutet. Liegt die Unternehmung im Vergleich zur Referenzgruppe deutlich schlechter, sollte die Kostensituation entsprechend negativ beurteilt werden.

5.2.3.3 Forschung und Entwicklung

Die Grundlagenforschung hat die Aufgabe, systematisch neues Wissen und neue
Erkenntnisse ungeachtet ihrer technischen oder wirtschaftlichen Nutzung zu erarbeiten. Im Gegensatz dazu hat die angewandte Forschung konkrete und wirtschaftliche
Ergebnisse zum Ziel. In Abgrenzung zur Forschung befaßt sich die Entwicklung mit
der Erstellung von neuen Fertigungsunterlagen von Produkten und Produktionsverfahren. Die erstmalige Anwendung neuer Erkenntnisse für die Entwicklung von Produkten und Verfahren wird in diesem Zusammenhang als Innovation bezeichnet[284].

Der international verschärfte Konkurrenzkampf um Innovationen zeigt, daß Entwicklungen mit strategischem Charakter, insbesondere mit Hilfe von Schlüsseltech-
nologien, in vielen Unternehmen vorrangig Bedeutung erlangen werden. Für die For-
schungs- und Entwicklungsabteilung einer Unternehmung bedeutet dies, daß sie eine
große Mitverantwortung für die künftige Wettbewerbsposition einer Unternehmung
trägt. Sie muß durch die Entwicklung neuer Produkte, Verfahren und Materialien den
entscheidenden Beitrag für eine auch langfristig erfolgreiche Unternehmensposition
leisten[285].

Merkmalskatalog:

Eine detaillierte Beschreibung des Forschungs- und Entwicklungsbereiches findet sich
hauptsächlich in Schriften, die der Domäne des Strategischen Managements zuzurechnen sind. Die bankbetriebswirtschaftliche Literatur gibt zur Beurteilung dieses
Bereiches nur wenige Hinweise.

Hauptindikator für die Beurteilung des Unternehmensbereiches ist die Höhe und die
zielgerichtete Verwendung der für Forschung und Entwicklung eingesetzten Aufwendungen. So sollte der überwiegende Teil der Aufwendungen in die Projekte fließen,
die innerhalb eines überschaubaren Zeitraums zusätzlichen Umsatz oder finanzielle
Erleichterungen bringen. Neben den Aufwendungen können die Qualifikation der
Mitarbeiter des Forschungs- und Entwicklungsbereiches, die Existenz einer langfristigen Planung der Aktivitäten, die Führung und Organisation des Bereiches und die
Intensität der Forschungs- und Entwicklungsaktivitäten als Bewertungsmaßstab dienen. Als weitere Beurteilungskriterien lassen sich die Qualität der Zusammenarbeit
mit Hochschul- und Forschungsinstituten, die Trennung von Forschung und Produk-

---

[284] Vgl. Haberland, Günther, a.a.O., S.74.
[285] Vgl. Hartmann, Wolf D., Handbuch der Managementtechniken, Berlin 1988, S.224-225.

166

tion, die Projektierung und eine unternehmensinterne Kontrolle der Aktivitäten sowie eine auf oberster Ebene angesiedelte Koordinierung der Innovationspolitik heranziehen[286].

Tabelle 29: Bonitätsmerkmale - Forschung und Entwicklung

FORSCHUNG UND ENTWICKLUNG

BONITÄTSMERKMAL	GEWICHTUNG				PRÜFUNG	DATEN	DATEN	BRANCHENGRUPPEN				GRÖSSENKLASSE		
	sehr hoch	hoch	mit-tel	ge-ring	unbe-dingt	zu-gäng-lich	beur-teil-bar	Dienst leist.	Han-del	Prod gew.	Bau gew.	klein	mit-tel	groß
Aufwendungen für F + E			68%		59%	90%								
Langfristige F + E Planung			65%		12%	61%								
Intensität der F + E Aktivitäten			* MW		26%	39%								
Trennung Forschung und Produktion				85%	3%	70%								
Verteilung der F + E Mittel				82%	9%	64%								
Zusammenarbeit mit Instituten				79%	3%	68%								
Projektierung der F + E Aktivitäten				79%	3%	42%								
Anreizsystem für F + E Mitarbeiter				76%	0%	60%								
Koordinierung auf oberster Ebene				74%	6%	50%								
Führung und Organisation der F + E				65%	3%	35%								
Qualifikation der F + E Mitarbeiter				* MW	6%	38%								
Realisierungsquote der F + E Abteilung				* MW	21%	66%								

Legende
xx % - Prozentsatz der unterstützenden Experten * MW - Mittelwert der angegebenen Antworten ▒ - Mehrheit der Experten

Die Ergebnisse im Bereich "Forschung und Entwicklung" sind mit denen aus dem zuvor beschriebenen Segment "Verfahrenstechnologien" vergleichbar. So sprechen die befragten Experten den meisten Merkmalen eine geringe Bedeutung für die Beurtei-

---

[286] Vgl. Haberland, Günter, a.a.O., S.74-90. Von Ungern-Sternberg, Alexander, a.a.O., S.176-177.

lung der Unternehmensbonität zu. Ein mittleres Gewicht vergeben sie nur für das relativ einfach quantifizierbare Kriterium "Aufwendungen für F+E" sowie für die Merkmale "Langfristige Planung der F+E Aktivitäten" und "Intensität der F+E Aktivitäten". Zu letzterem Kriterium ist anzumerken, daß die Expertenangaben bezüglich der Bedeutung des Merkmals kein einheitliches Bild aufweisen und nahezu gleichverteilt sind. Ein ähnliches Phänomen ist bei dem Kriterium "Realisierungsquote der F+E Abteilung" festzustellen. Auch hier sind die Expertenangaben sehr divergent, allerdings auf deutlich niedrigerem Niveau.

Für alle noch nicht erwähnten Merkmale ergibt sich bezüglich ihrer jeweiligen Analysebedeutung ein sehr eindeutiges Bild. So weisen nahezu 80% der befragten Experten diesen Merkmalen keine oder nur eine sehr geringe Bedeutung für die Analyse der Unternehmensbonität zu.

Schwierigkeiten sehen die Experten auch bei der Beurteilbarkeit der einzelnen Kriterien. So sind sie bei fast allen Merkmalen (außer "Höhe der F+E Aufwendungen") der Meinung, daß sie Probleme bei der Bewertung der genannten Sachverhalte hätten.

Bezüglich der Schichtungskriterien gilt, daß die Experten die Untersuchung der Einzelmerkmale nur bei Produktionsunternehmen als relevant ansehen. Für kleine Unternehmen schließen sie die Überprüfung der F+E Merkmale ganz aus.

Schlußfolgerungen - Forschung und Entwicklung:

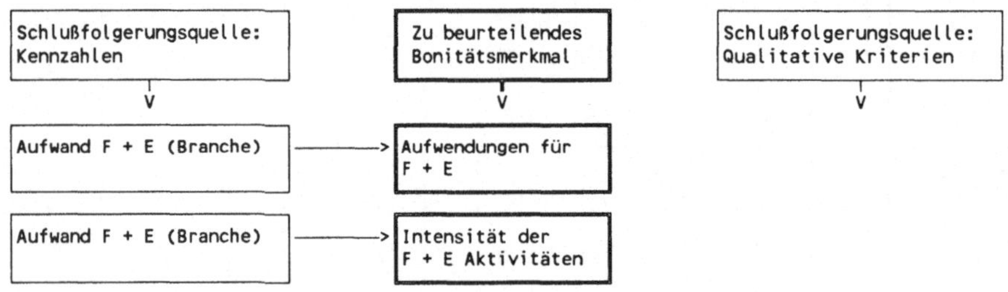

Abbildung 35: Schlußfolgerungen - Forschung und Entwicklung

Die Ausnutzung von Interdependenzen wird in diesem Teilbereich für die Ermittlung der Angemessenheit des Forschungs- und Entwicklungsaufwandes und der Intensität der F + E Aktivitäten vorgeschlagen, allerdings nur bei Unternehmen, die diese Aufwände in der Bilanz gesondert[287] ausweisen. Die Bewertung kann dabei mit Hilfe des

---

[287] Bilanzierung nach dem Umsatzkostenverfahren.

zwischenbetrieblichen Unternehmensvergleichs erfolgen. Lassen sich im Vergleich zur Konkurrenz keine wesentlichen Unterschiede entdecken, ist von der Angemessenheit der Aufwendungen und der Intensität auszugehen. Im Falle von deutlichen Abweichungen (über 20%) ist es erforderlich, diesen Sachverhalt genauer zu überprüfen.

5.2.3.4 Investitionsverhalten

Der Investitionsbereich, so wie er im Rahmen dieser Arbeit zur Untersuchung ansteht, befaßt sich mit der Verwendung von finanziellen Mitteln zur Beschaffung von Sachvermögen[288]. Insbesondere geht es hierbei um die Ersatzbeschaffung von wirtschaftlich oder technisch verbrauchten Anlagen und um Anschaffungen zur Erweiterung der Kapazität. Beide Investitionstypen können dabei ineinander übergehen. So kann der Austausch einer abgenutzten Anlage durch eine neue, technisch verbesserte Anlage neben dem Ersatzeffekt auch zu einer Erweiterung der Kapazität eines Betriebes führen. Führt die Ersatzinvestition nicht zu einer Ausweitung der Kapazitäten, jedoch zu einer kostengünstigeren Produktion, liegt eine Rationalisierungsinvestition vor[289].

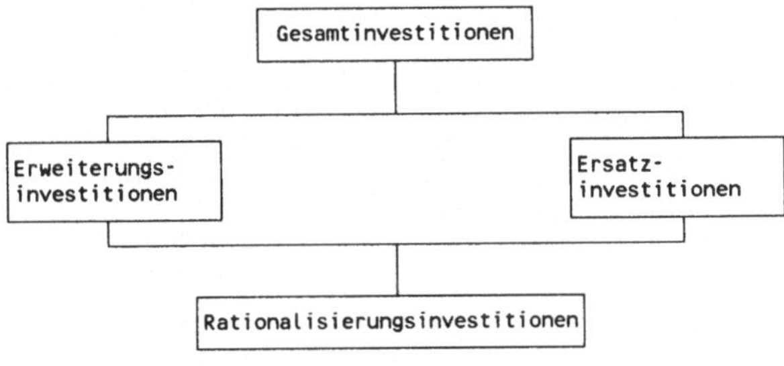

Abbildung 36: Systematisierung der Investitionen[290]

Merkmalskatalog:

Eine Beurteilung des Investitionsbereiches erfordert zunächst eine Unterscheidung in die Segmente "individuelle Investitionsmaßnahmen" und "Investitionsverhalten über einen längeren Zeitraum". Innerhalb des ersten Teilbereichs lassen sich folgende untersuchungswürdige Merkmale nennen: "Zugrundeliegende Wirtschaftlichkeits-

---

[288] Vgl. Wöhe, Günter, a.a.O., S.660.
[289] Vgl. Wöhe, Günter, a.a.O., S.680.
[290] Nach Wöhe, Günter, a.a.O., S.680.

rechnungen", "erwarteter Rückfluß einer Investition", "Unsicherheit der Auftragserwartungen" und "Technologischer Standard". Insbesondere bei Erweiterungsinvesti-
tionen ist Vorsicht angebracht, da diese leicht zu Überkapazitäten führen können[291].
Zur Beurteilung des Investitionsverhaltens über einen längeren Zeitraum bieten sich
neben einer direkten Untersuchung dieses Verhaltens als Bewertungsmerkmale auch
noch die Kriterien "Durchführung von Soll-/Istkontrollen bei bereits verwirklichten
Investitionen", "Untersuchung der Verteilung der Mittel auf Ersatz-, Erweiterungs-
und Rationalisierungsinvestitionen" und "Beurteilung der Qualität der
Investitionskoordinierung und -planung seitens der Unternehmensführung" an[292].

Tabelle 30: Bonitätsmerkmale - Investitionen

INVESTITIONEN

BONITÄTSMERKMAL	GEWICHTUNG				PRÜFUNG	DATEN	DATEN	BRANCHENGRUPPEN				GRÖSSENKLASSE		
	sehr hoch	hoch	mittel	gering	unbedingt	zugänglich	beurteilbar	Dienst leist.	Handel	Prod gew.	Bau gew.	klein	mittel	groß
Wirtschaftlichkeitsrechnungen	82%				79%	100%	▓	▓	▓	▓	▓	▓	▓	▓
Rentabilität der Investition	68%				68%	77%	▓		▓	▓	▓	▓	▓	▓
Unsicherheit der Auftragserwartungen	59%				53%	63%	▓		▓	▓	▓	▓	▓	▓
Investitionsverhalten eines Zeitraums		65%			65%	96%	▓			▓	▓		▓	▓
Technologischer Standard einer Inv.		59%			38%	69%				▓	▓	▓	▓	▓
Ersatz, Erweiterung Rationalisierung		53%			44%	88%	▓			▓	▓	▓	▓	▓
Lebenszyklusstadium der Inv.technologie			53%		18%	48%				▓		▓	▓	▓
Soll-/Istkontrolle bei Investitionen			* MW		56%	87%	▓	▓	▓	▓	▓	▓	▓	▓
Zentrale Investitionskoordinierung				* MW	12%	68%	▓			▓	▓		▓	▓
Entscheidungen der Konkurrenz				* MW	29%	19%				▓	▓	▓	▓	▓

Legende	xx % - Prozentsatz der unterstützenden Experten * MW - Mittelwert der angegebenen Antworten	▓ - Mehrheit der Experten

---

[291] Vgl. Haberland, Günther, a.a.O., S.130.
[292] Vgl. von Ungern-Sternberg, Alexander, a.a.O., S.95.

Die Ergebnisse der Expertenbefragung zeigen für den Investitionsbereich ein sehr heterogenes Bild. Den Kriterien "Zugrundeliegende Wirtschaftlichkeitsrechnungen" (82%), "Erwartete Rentabilität" (68%) und "Abschätzung der Absatzerwartungen" (59%) wird von den Experten höchste Bedeutung bescheinigt. Eine hohe Bedeutung wird der Beurteilung des technologischen Standards einer Investition zugemessen. Trotzdem glaubt die Mehrheit der befragten Experten, daß die Bewertung der Qualität des technologischen Standards einer Investition problematisch ist. Von den Kriterien, die sich auf die Qualität des Investitionsverhaltens beziehen, erhalten die Merkmale "Verteilung der Investitionsmittel auf Ersatz-, Erweiterungs- und Rationalisierungsinvestitionen" und "allgemeine Beurteilung des Investitionsverhaltens" von den Experten ein hohes Gewicht.

Bei den anderen Kriterien schwankt die Streuung der Expertenantworten zu stark, als daß sich eine klare Aussage treffen ließe. Die Merkmale "Zentrale Investitionskoordinierung" und "Konkurrenzentscheidungen" scheinen eine eher untergeordnete Bedeutung für die Beurteilung der Unternehmensbonität zu haben, während der Soll-/Istkontrolle bei bereits durchgeführten Investitionen ein mittleres Gewicht zugewiesen wird.

Bezüglich der Relevanz der Merkmale für einzelne Branchengruppen und Größenklassen lassen sich für den Investitionsbereich folgende Aussagen treffen: Zunächst werden alle Merkmale für Produktions- und mit einer Ausnahme (Lebenszyklusstadium) auch für Bauunternehmen als bedeutend angesehen. Bei Handelsbetrieben würden die Experten insbesondere die Wirtschaftlichkeitsrechnungen, die Soll-/Istkontrolle, die Rentabilität und die Unsicherheit der Auftragserwartungen untersuchen. Für Dienstleistungsunternehmen dagegen halten sie nur die Untersuchung der Wirtschaftlichkeitsrechnungen und der Kontrollfunktionen für maßgeblich. Der gesamte Merkmalskatalog ist für Unternehmen jeder der drei Grössenklassen anwendbar. Eine Ausnahme bilden hier nur zwei Merkmale bei der Untersuchung von Kleinunternehmen, nämlich die Überprüfung der zentralen Investitionskoordinierung und des langfristigen Investitionsverhaltens.

Schlußfolgerungen - Investitionen:

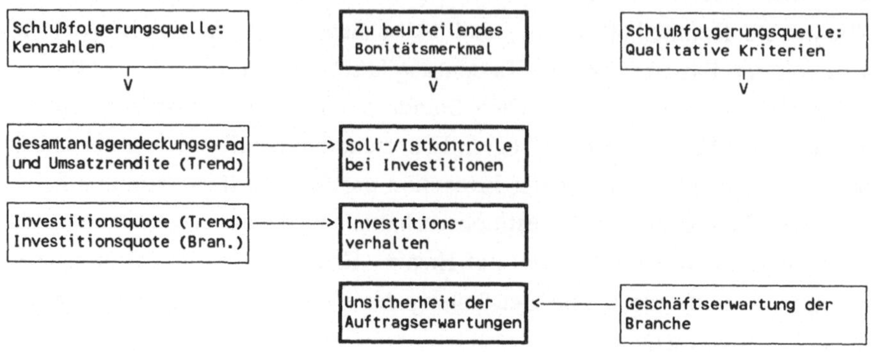

Abbildung 37: Schlußfolgerungen - Investitionen

Zur Beurteilung mit Hilfe von Kennzahlen sind die Merkmale "Soll-/Istkontrolle" und "Investitionsverhalten" geeignet. Es ist anzunehmen, daß für die Fälle, bei denen sich der Gesamtanlagendeckungsgrad im zwischenbetrieblichen Vergleich und die Umsatzrendite im innerbetrieblichen Zeitvergleich positiv darstellen, auf eine ausreichende Kontrolle der Investitionstätigkeiten zurückgeschlossen werden kann. Entsprechend negativ sollte die Beurteilung erfolgen, wenn die beiden Kennzahlen Mängel erkennen lassen.

Das Investitionsverhalten innerhalb eines bestimmten Untersuchungszeitraumes kann mit Hilfe der Investitionsquote im Branchen- und im innerbetrieblichen Zeitvergleich beurteilt werden. Eine ungünstige Bewertung empfiehlt sich für Unternehmen, bei denen die Investitionsquote in den Vergleichen stark nach unten abweicht. Weist die Investitionsquote eine positive Ausprägung auf, bietet es sich an, auch das Investitionsverhalten günstig zu beurteilen.

Für eine Beurteilung der Unsicherheit der Auftragserwartungen eignet sich die Heranziehung von volkswirtschaftlichen Branchenzahlen. Je nach Entwicklung der Geschäftserwartungen der Branche können die Auftragserwartungen besser oder schlechter beurteilt werden.

6. Operationalisierung der wissensbasierten Analyse

Das sechste Kapitel beschreibt einen Vorschlag zur Entwicklung und Operationalisierung von möglichen Modellen zur wissensbasierten Analyse der Unternehmensqualität. Es gilt, die vorliegenden allgemeinen Untersuchungsergebnisse in technische Entwurfsmodelle umzusetzen.

Ausgangsbasis für alle Analysetypen sind die Bonitätsmerkmale mit ihren jeweiligen Strukturen. Aufbauend auf den Einzelmerkmalen werden mit Hilfe von Aggregation und Gruppierung bestimmte Bonitätssachverhalte dargestellt. Der Umfang der untersuchten Merkmale und die Breite der zugrundeliegenden Basisliteratur erlauben neben der Risikoanalyse auch die Durchführung einer Reihe von Modellanalysen[293] mit den für sie als relevant angesehenen Einzelmerkmalen.

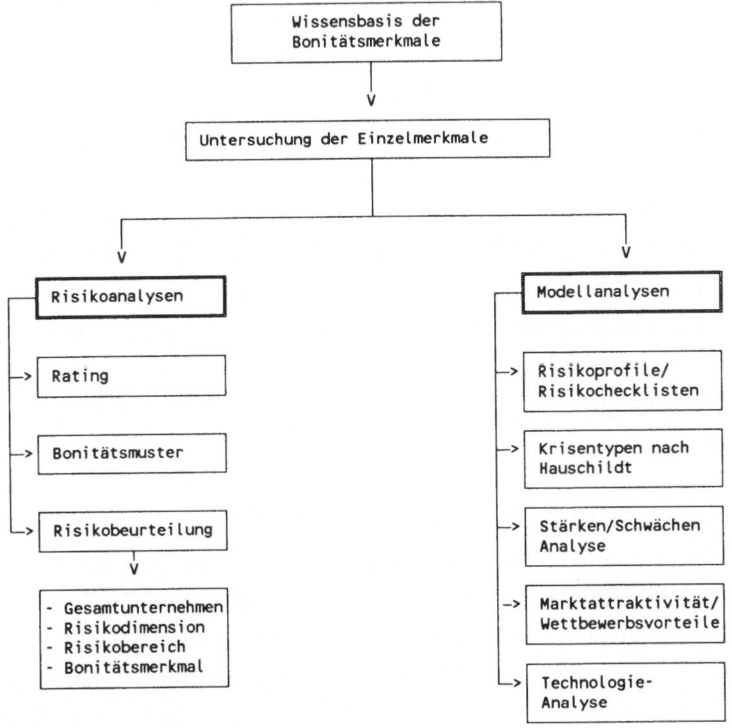

Abbildung 38: Wissensbasierte Analysemodelle

---

293 Unter dem Terminus "Risikoanalyse" ist dabei das eigene, für die Bonitätsanalyse entwickelte Risikobewertungsmodell zu verstehen. Mit "Modellanalyse" werden die aus der Fachliteratur entnommenen Beurteilungsmodelle bezeichnet.

Der erste Abschnitt des Kapitels diskutiert die Operationalisierung der Bewertung von Einzelmerkmalen. Zum einen wird ein Konzept zur Bestimmung von individuellen Wertebereichen vorgestellt, zum anderen die Gewichtung der Merkmale aus den Befragungsergebnissen umgesetzt und die Bewertungsermittlung beschrieben. Daran anschließend werden verschiedene Untersuchungstypen für Einzelmerkmale präsentiert.

Der zweite Teil beschreibt die Entwicklung eines eigenen Modells zur Risikoanalyse mit Hilfe von qualitativen Faktoren. Hierzu war es zunächst erforderlich, anhand einer strukturierten Expertenbefragung die Gewichtung einzelner Risikobereiche zu identifizieren. Darauf aufbauend wird die Bewertungsfindung für Risikobereiche, Risikodimensionen und die Unternehmensqualität beschrieben.

Im dritten Abschnitt des Kapitels werden mehrere in der Fachliteratur entwickelte Modellanalyseverfahren und deren wissensbasierte Umsetzung vorgestellt.

6.1 Untersuchung der Einzelmerkmale

Der Autor hält es für sinnvoll, die Gesamtheit der im fünften Kapitel beschriebenen Bonitätsmerkmale in der Wissensbasis zu berücksichtigen, da nur die wenigsten Kriterien von den Experten als völlig bedeutungslos für die Analyse eingestuft wurden. Eine Differenzierung soll nicht durch den Ausschluß einzelner Merkmale von der Analyse erfolgen, sondern durch eine Abstufung in verschiedene, qualitativ unterschiedlich gelagerte Untersuchungstypen, die jeweils andere Mengen von Bonitätsmerkmalen berücksichtigen.

Als Grundlage für alle Analysen eignen sich die im fünften Kapitel beschriebenen Einzelmerkmale. Um mit Hilfe verschiedener Aggregationsmodelle Bonitätsaussagen treffen zu können, ist es zunächst notwendig, die Ausprägung und Bedeutung der Einzelmerkmale zu quantifizieren und die Bewertung zu operationalisieren.
Ausgangspunkt für die Quantifizierung sind die im fünften Kapitel erhobenen Daten. In Abhängigkeit von dem erhobenen Expertenwissen wird festgelegt, ob ein Merkmal für eine individuelle Branchen-, Größen-, Alters-, Analyse- und Bedeutungsklasse relevant ist.

6.1.1 Definition eines Wertebereichs für Einzelmerkmale

Die für die Entwicklung von Aggregationsmodellen unerläßliche Quantifizierung von Bonitätssachverhalten erfordert die Festlegung einer Beurteilungsskala, mit deren Hilfe einzelne Bonitätsmerkmale bewertet werden können. Eine rein verbale Formulierung der Merkmalsausprägungen reicht für die wissensbasierte Analyse nicht aus. Um Einzelbewertungen aggregieren zu können, ist die Festlegung einer Intervallskala notwendig, d.h. der Abstand zwischen den Ausprägungen eines Merkmals muß definiert sein[294]. Intervallskalierte Bewertungen können durch die Vergabe von Noten gewährleistet werden. Die einfachste Lösung hierfür wäre, grundsätzlich für jedes Merkmal dieselben Optionen anzubieten, beispielsweise in der Form:

Wie würden Sie Merkmal X beurteilen? Wählen Sie aus!   "sehr gut"
"gut"
"befriedigend"
"ausreichend"
"mangelhaft"

Ein solches Bewertungsschema ist jedoch in der Beurteilungspraxis mit Nachteilen verbunden. Einerseits ist die Abarbeitung eines derartigen Kataloges ermüdend, da ständig dieselben Antwortoptionen angeboten werden. Andererseits existieren eine Reihe von Bonitätssachverhalten, die sich auf einer solchen Skala nicht direkt einordnen lassen[295]. Geeigneter ist daher folgende Methode: Für jedes Einzelkriterium wird ein individueller Bewertungsbereich festgelegt, der sich direkt auf die zu untersuchende Frage- oder Problemstellung bezieht. Gleichzeitig erhalten alle möglichen Bewertungsoptionen ein Korrelat auf einer Standardskala mit folgenden Risikowerten:

Bewertungsoption A	-	Risiko gering	-	Note 1
Bewertungsoption B	-	Risiko unterdurchschnittlich	-	Note 2
Bewertungsoption C	-	Risiko durchschnittlich	-	Note 3
Bewertungsoption D	-	Risiko überdurchschnittlich	-	Note 4
Bewertungsoption E	-	Risiko hoch	-	Note 5
Bewertungsoption F	-	nicht relevant	-	Note 0

Die Bewertungsoptionen und die individuellen Zuweisungsschlüssel sind für jedes Einzelmerkmal in Absprache mit den Experten festzulegen. Ziel der Definition eines qualitativen und quantitativen Wertebereichs ist es, Bonitätssachverhalte verbal be-

---

294 Vgl. Keel, Alex, Statistik II, 2. Auflage, St. Gallen 1983, S.6.
295 Beispiele für diese Aussage wären die Vorabdefinition von risikoreichen Absatzgebieten, die Überprüfung ob bestimmte Verfahren in einer Unternehmung zum Einsatz kommen oder die Ermittlung von verschiedenen Mängeltypen.

schreiben zu können und gleichzeitig eine Aggregation der Bewertungen zu ermöglichen.

In der Beurteilungspraxis sieht der Ablauf wie folgt aus:
Ein Analyst oder das wissensbasierte System bewerten einen Bonitätssachverhalt, indem sie eine Beurteilung aus dem vorgegebenen Wertebereich auswählen. Die ausgesuchte Antwort wird mit Hilfe des festgelegten Schlüssels in eine Bewertung auf der Standardskala transformiert.

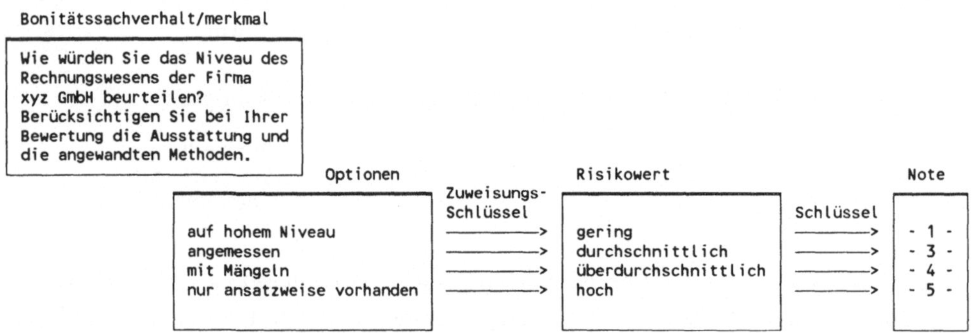

Abbildung 39: Systematik der Merkmalsbewertung

Für die weitere Analyse sind nun sowohl eine Risikonote als auch der direkte Bewertungstext verfügbar. Die Risikonote ist beispielsweise zur Berechnung von Gesamtrisiken verfügbar, der Antworttext zur Darstellung von Ergebnissen[296].

6.1.2 Gewichtung der Einzelmerkmale

Als Gewichte für einzelne Bonitätsmerkmale werden die von den befragten Experten eingestuften Bedeutungen von Einzelmerkmalen zur Beurteilung des Bonitätsrisikos herangezogen. Die Gewichte sind in die Stufen "sehr hoch", "hoch", "mittel" und "gering" unterteilt. Um die Gewichte als Rechengrößen verwendbar zu machen, ist es erforderlich, diese zu quantifizieren. Hierfür wird entsprechend der aus der Befra-

---

[296] Beispiele für einzelne Antwortoptionen finden sich in der Fallstudie "Bergbaumaschinen" im Anhang, S.263-265.

gungsstruktur abgeleiteten Skala die Verwendung folgender Werte vorgeschlagen:

- 4 -	für	"sehr hohes Gewicht"
- 3 -	für	"hohes Gewicht"
- 2 -	für	"mittleres Gewicht"
- 1 -	für	"geringes Gewicht"

Als Besonderheit muß die Tatsache berücksichtigt werden, daß nach Meinung der Experten eine negative Ausprägung stärker ins Gewicht fallen sollte als die positive Ausprägung desselben Kriteriums[297]. Um Merkmale mit negativer Ausprägung entsprechend stärker zu berücksichtigen, wird vorgeschlagen, die Gewichte für diese Fälle zu verdoppeln. In der Praxis prüft ein wissensbasiertes System hierzu zunächst die Bewertung und das Basisgewicht eines Bonitätskriteriums. Liegt eine negative Beurteilung vor, wird das Basisgewicht verdoppelt. Dem Merkmal wird nun bei Bewertungsermittlung eine entsprechend höhere Bedeutung beigemessen.

Prinzipiell ist zu der hier vorgeschlagenen Quantifizierung der Gewichte folgendes anzumerken:

Für die Erstausstattung des wissensbasierten System erfolgt die Festlegung der Gewichte auf der Basis von Expertenurteilen. Stellt sich im mehrjährigen Einsatz heraus, daß eine andere Abstufung der Risikogewichte geeigneter ist, müssen die Gewichte entsprechend modifiziert werden. Hierzu ist es erforderlich, die Entwicklung der analysierten Unternehmen laufend zu beobachten[298]. Um die einfache Modifikation technisch zu gewährleisten, sollten die Gewichte so implementiert werden, daß sie sich ohne großen Aufwand verändern lassen.

6.1.3 Bewertung der Einzelmerkmale

Zur Durchführung von wissensbasierten Analysen muß jedes Unternehmen im Hinblick auf die als relevant eingestuften Bonitätsmerkmale untersucht werden. Hierfür kommen in einem wissensbasierten System, das auf den im fünften Kapitel beschriebenen Einzelmerkmalen aufbaut, mehrere Möglichkeiten in Frage:
Die Bewertung mit Hilfe von Risikofragen, mit Hilfe von abhängigen Risikofragen, durch Schlußfolgerungen aus Kennzahlen und durch Schlußfolgerungen aus qualitativen Merkmalen.

---

[297] Vgl. Kapitel 4.4, Bestimmung des Problemlösungskonzeptes, ... "Ein besonderes Augenmerk richtet der Analyst auf diejenigen Kriterien, die sich ihm besonders negativ darstellen" ..., S.80-81.

[298] Siehe Kapitel 6.2.4, Ableitung von Bonitätsmustern, S.202-203.

Bewertung mit Hilfe von Risikofragen:

Bonitätssachverhalte, deren Bewertung die Eingabe von subjektiven Eindrücken eines Analysten in das wissensbasierte System erfordern, lassen sich am günstigsten mit Hilfe von Risikofragen beurteilen. Um die manuelle Bewertung von Einzelmerkmalen zu gewährleisten ist es notwendig, Bewertungstexte zu definieren, mit deren Hilfe sich Bonitätssachverhalte flexibel und unternehmensindividuell untersuchen lassen. Hierzu müssen sowohl Texte definiert werden, die ein Bonitätsmerkmal beschreiben, als auch solche, die die Darstellung von Bewertungsoptionen erlauben.

Bei der Beurteilung wird dem Analysten die Frage zusammen mit der Antwortoptionsliste präsentiert. Der Analyst überprüft im Einzelfall die Ausprägung des zur Untersuchung anstehenden Bonitätsmerkmals und versucht, dieses anhand der vorgegebenen Parameter zu beurteilen[299].

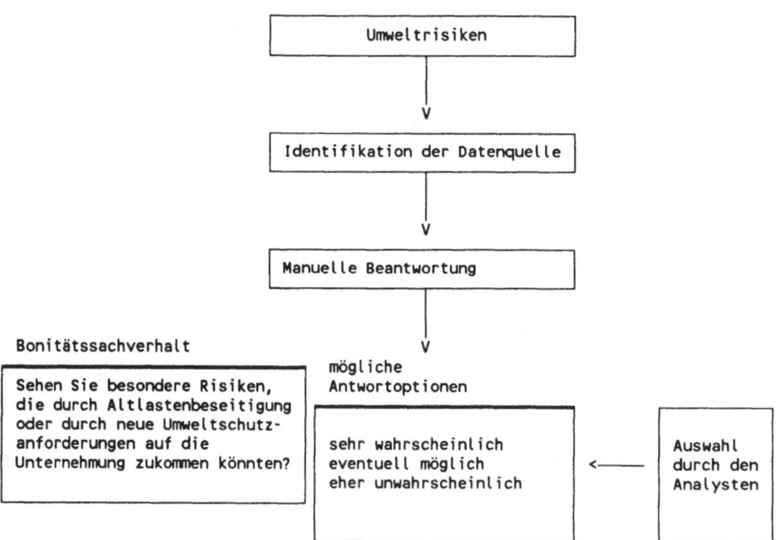

Abbildung 40: Manuelle Bewertung von Bonitätsmerkmalen

---

[299] Ein umfassender Katalog der Analysefragen und Antwortoptionen findet sich bei den Fallstudien im Anhang, S.263-265.

Bewertung mit Hilfe von abhängigen Fragen:

Eine Bewertung mit Hilfe von abhängigen Fragen sollte für die Fälle erfolgen, bei denen es zur Erklärung einer bestimmten Kennzahlenentwicklung erforderlich ist (Abhängigkeit von Kennzahlen), weitergehende Zusammenhänge zu hinterfragen. Außerdem können Bonitätssachverhalte tiefergehend untersucht werden (Abhängigkeit von qualitativen Merkmalen), falls die Ausprägung eines Bonitätsmerkmals auf weitergehende Risiken hindeutet. Die Steuerung der abhängigen Untersuchung eines Einzelmerkmals muß von einer Regel übernommen werden, in der die Konditionen und das zu untersuchende Bonitätsmerkmal hinterlegt sind. Ist ein abhängiges Merkmal als untersuchungsrelevant identifiziert, präsentiert das System eine Risikofrage zur Beantwortung entsprechend der Systematik bei unabhängigen Risikofragen.

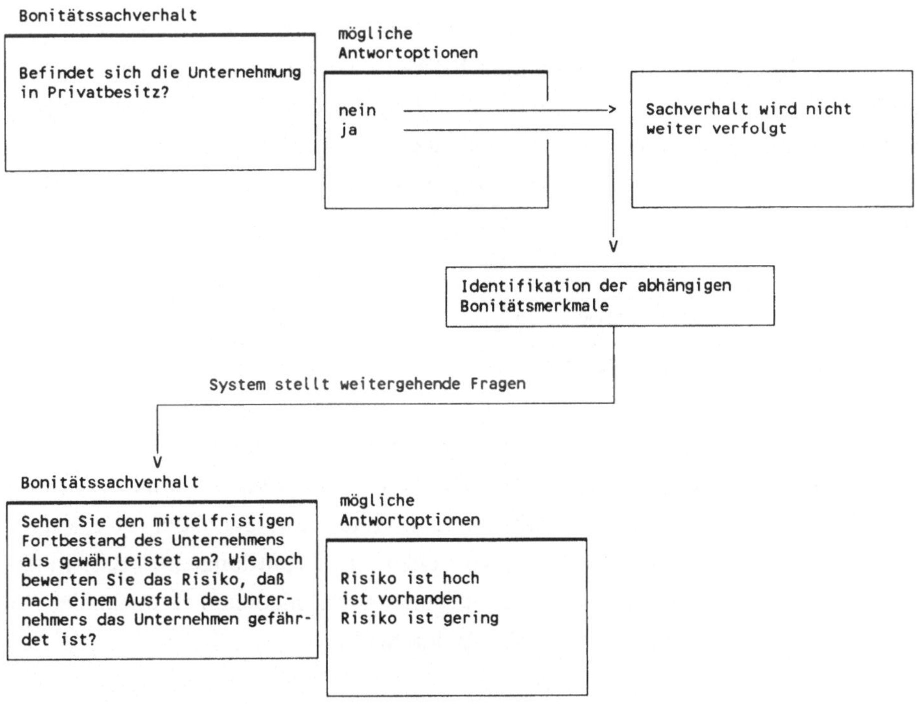

Abbildung 41: Konditionierte Risikofragen

Bewertung mit Hilfe von Schlußfolgerungen aus Kennzahlen:

Relativ "sichere" Zusammenhänge[300] zwischen Bonitätsmerkmalen und Kennzahlen können dazu eingesetzt werden, aus der Entwicklung bestimmter Kennzahlen qualitative Bonitätssachverhalte abzuleiten. Solche Schlußfolgerungen werden in Regeln definiert, die in Abhängigkeit von der Ausprägung der Jahresabschlußzahlen einzelne Bonitätsmerkmale bewerten. Voraussetzung für die Beurteilung ist die Durchführung einer Bilanzanalyse. Die Untersuchung der relevanten Kennzahlen erfolgt sowohl im zwischenbetrieblichen Vergleich als auch im innerbetrieblichen Zeitvergleich. Beim zwischenbetrieblichen Vergleich werden Einzelkennzahlen den Werten einer Referenzgruppe (in Abhängigkeit von Branche, Rechtsform, Unternehmensgröße und Alter einer Unternehmung) gegenübergestellt. Errechnet wird ein prozentualer Abweichungswert von der Referenzgruppe. Der innerbetriebliche Vergleich untersucht die Entwicklung einer Kennzahl innerhalb von drei Jahren (t_{-2} bis t_0) und erfaßt diese in einem prozentualen Abweichungswert. In einem weiteren Schritt wird überprüft, ob der Abweichungswert einer Kennzahl ober-/unterhalb des Grenzwertes für eine positive Beurteilung bzw. ober-/unterhalb des Grenzwertes für eine negative Beurteilung liegt. Grenzwert ist der in den Ergebnissen der Expertenbefragung empfohlene kritische Veränderungs-/Abweichungsprozentsatz[301]. In Abhängigkeit von der ermittelten Differenz legt das System einen Risikowert für einzelne Kennzahlen wie folgt fest:

(Kennzahl < = negativer Grenzwert)	-->	Risiko hoch
(Kennzahl > = negativer Grenzwert) und		
(Kennzahl < = positiver Grenzwert)	-->	Risiko durchschnittlich
(Kennzahl > = positiver Grenzwert)	-->	Risiko gering

Das System vergleicht den so ermittelten Risikowert mit den bei einzelnen Bonitätsmerkmalen hinterlegten Risikoschlüsselwerten. Der dem Risikowert ähnlichste (bzw. gleiche) Risikoschlüsselwert wird identifiziert. Mit Hilfe dieses Schlüsselwertes erfolgt die Auswahl des korrespondierenden Antwortfeldes. Die Ermittlung eines Basiswertes für Schlußfolgerungen mit Hilfe von zwei oder mehr verschiedenen Kennzahlen wird über die Bildung eines arithmetischen Mittels durchgeführt.

Folgendes Beispiel "Überwachung der Herstellkosten" beschreibt die vorgeschlagene Beurteilung von Einzelmerkmalen durch Schlußfolgerungen:

---

[300] Grundlage für die Beurteilung sind die im fünften Kapitel unter den Absätzen "Schlußfolgerungen" als durchgezogene Pfeile dargestellten Querbeziehungen zwischen Kennzahlen und qualitativen Bonitätsmerkmalen.

[301] Siehe Anhang S.284-303, Spalte 3.

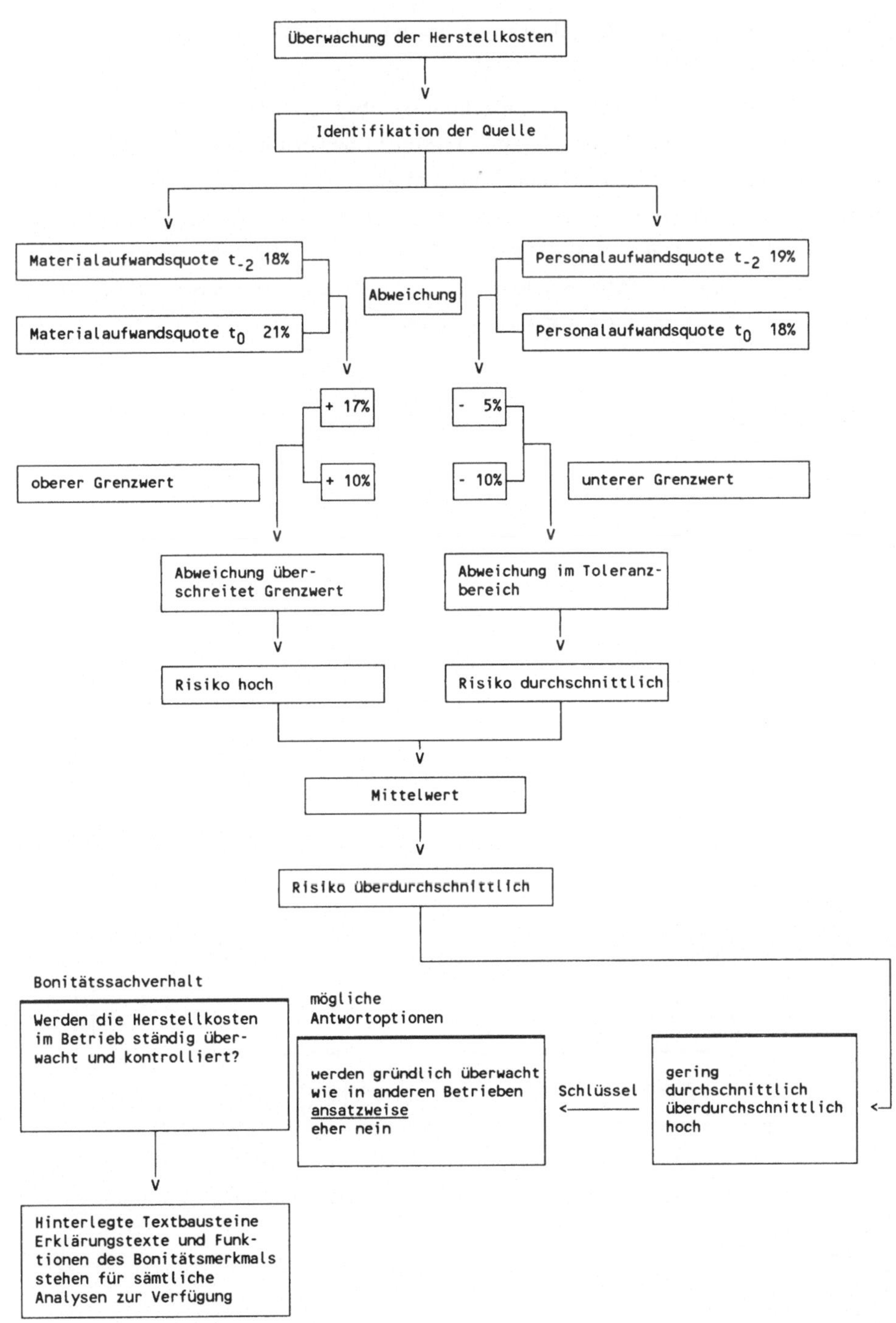

Abbildung 42: Beurteilung mit Hilfe von Schlußfolgerungen aus Kennzahlen

Bewertung mit Hilfe von Schlußfolgerungen aus qualitativen Merkmalen:

"Sichere" Zusammenhänge zwischen einzelnen Bonitätsmerkmalen können dafür verwandt werden, abhängige Merkmale automatisch zu bewerten. Dazu wird direkt vom
Basismerkmal auf das zu beurteilende Merkmal geschlußfolgert. Das wissensbasierte
System führt die Bewertung mit Hilfe einer Regel durch, in der der Schlußfolgerungsalgorithmus hinterlegt ist. Nachfolgendes Beispiel, in dem der Zusammenhang
zwischen den Merkmalen "Abhängigkeiten von Lieferanten" und "Verhandlungsmacht
bei Einkäufen" dargestellt wird, soll dies verdeutlichen:

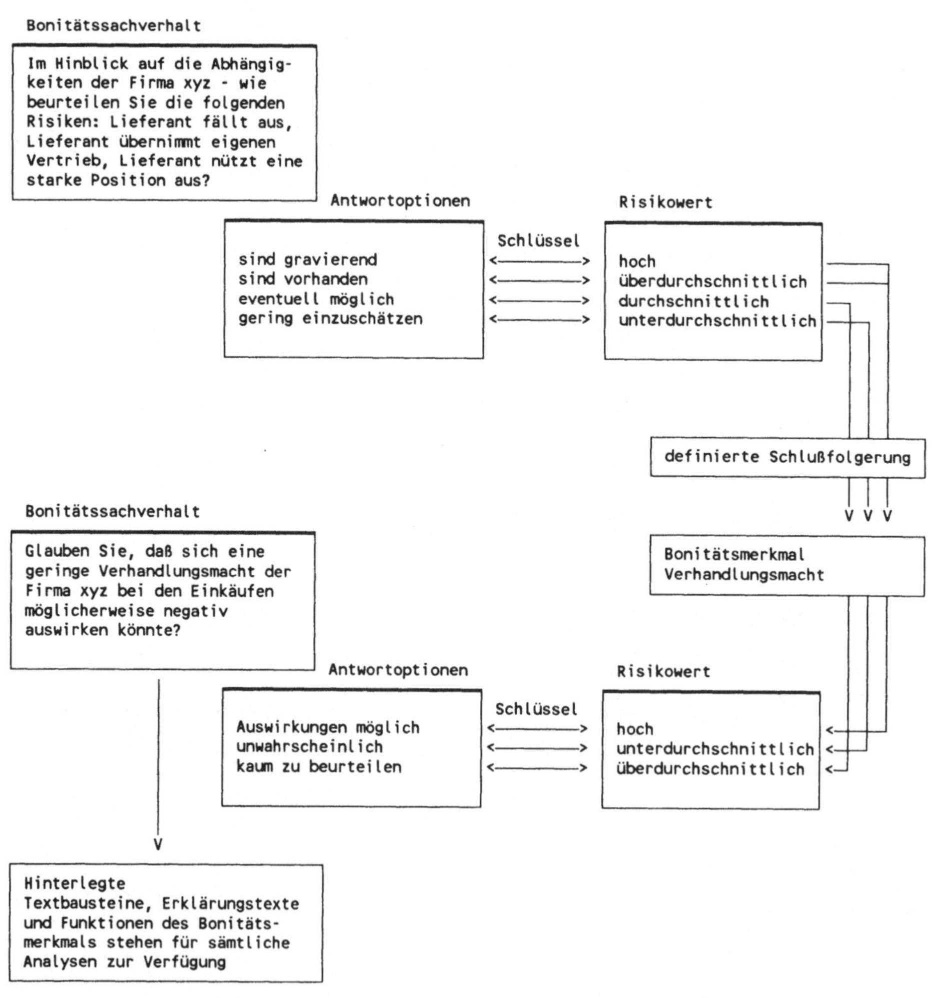

Abbildung 43: Beurteilung mit Hilfe von Schlußfolgerungen aus qualitativen Merkmalen

Die Unsicherheit der Schlußfolgerungen aus Kennzahlen und qualitativen Merkmalen erfordert es, dem Systemanwender die Möglichkeit zu geben, unter Berücksichtigung von Rahmenbedingungen einzelne automatisch erfolgte Beurteilungen manuell zu korrigieren. Dies kann beispielsweise mit Hilfe einer umfassenderen Untersuchung erfolgen, die es zwar erlaubt, Systembewertungen zu überschreiben, aber gleichzeitig die Untersuchung weiterer Bonitätssachverhalte verlangt.

6.1.4 Untersuchungstypen für Einzelmerkmale

Als Basis für die Durchführung von Aggregationen ist zunächst eine bestimmte Anzahl von Einzelmerkmalen zu bewerten[302]. Dies wird bei den wissensbasierten Untersuchungen, wie beschrieben, durch Schlußfolgerungen aus Kennzahlen und qualitativen Merkmalen durchgeführt sowie durch die manuelle Beurteilung subjektiver Eindrücke und objektiver Fakten des Unternehmensgeschehens mit Hilfe von Fragen.

In Abhängigkeit von den Analysezielen empfiehlt sich bei der Untersuchung von Einzelmerkmalen die Berücksichtigung verschiedener Detaillierungsstufen. Kriterien für die Zuordnung von Merkmalen zu einzelnen Stufen sind die Resultate der Expertenbefragung. Die Aufteilung erfolgt auf der Grundlage der Erhebungsergebnisse bei folgenden Untersuchungsgegenständen[303]: "Bedeutung für die Beurteilung des Kreditrisikos", "Halten Sie die Überprüfung für unbedingt notwendig", "Könnten Sie Daten darüber beschaffen" und "Halten Sie dieses Kriterium für Banken beurteilbar".
Es bictct sich an, cinc drcistufige Unterteilung vorzunehmen[304]:

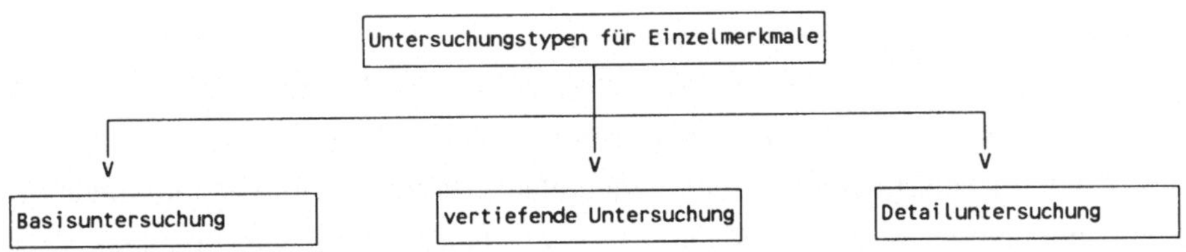

Abbildung 44: Untersuchungstypen für Einzelmerkmale

---

302 Der Begriff "Untersuchung" bezeichnet die Bewertung von individuellen Einzelmerkmalen. Als Analyse wird die Aggregation und Gruppierung von Bonitätsmerkmalen verstanden.
303 Vgl. Beschreibung des Fragebogens, Kapitel 5.1.1.4, S.90-93.
304 Die Detaillierungsgrade wurden im Rahmen der Expertenbefragungen identifiziert.

Bei einer Bonitätsuntersuchung, die die Zielsetzung verfolgt, möglichst kostengünstig und mit geringem Aufwand an Bearbeitungszeit einen Überblick über die wirtschaftliche Position einer Unternehmung zu erhalten, beschränkt man sich auf die Beurteilung der Merkmale, denen die befragten Experten hohe und höchste Bedeutung zumessen. Da dies relativ viele Merkmale sind, eignen sich als weitere Selektionskriterien die Antworten zu den Fragen, ob ein Merkmal auf jeden Fall im Rahmen zu untersuchen ist, ob Daten problemlos zu beschaffen sind und ob das Merkmal für beurteilbar gehalten wird. Kriterien, die alle genannten Punkte erfüllen, finden Berücksichtigung und werden von einem wissensbasierten System für die Analyse ausgewählt. Des weiteren erfolgt, unabhängig von den genannten Auswahlpunkten, die Beurteilung der Merkmale, die sich mit Hilfe von Schlußfolgerungen beurteilen lassen. Der Anteil der untersuchten Bonitätskriterien kann so entsprechend gesteigert werden. Eine solche Untersuchung ließe sich mit dem Begriff "Basisuntersuchung" treffend beschreiben[305].

Besteht die Intention eines Systemanwenders darin, möglichst detailliert jedes Risiko zu identifizieren, bietet sich im Rahmen einer "vertiefenden Untersuchung" auch die Berücksichtigung von Merkmalen mit hoher Bedeutung an, die nicht für unbedingt untersuchungswürdig gehalten werden, bzw. denen die befragten Experten nur eine mittlere Bedeutung für die Bestimmung des Bonitätsrisikos zuweisen. Daneben erscheint es sinnvoll, die Kriterien zu berücksichtigen, die mehr als ein Drittel der Experten für besonders untersuchungswürdig hält. Eine solche Vertiefung der Basisuntersuchung soll es ermöglichen, tiefer in einzelne Unternehmensbereiche einzudringen und so gezielt Stärken und Schwächen einer Unternehmung auszuloten.

Mit Hilfe einer Detailuntersuchung schließlich soll dem Anwender der manuelle Zugriff auf sämtliche für eine bestimmten Unternehmensklasse zur Verfügung stehenden Bonitätsmerkmale ermöglicht werden. Dieser Untersuchungstyp unterstützt die detaillierte Ermittlung der Stärken und Schwächen einer Unternehmung in den einzelnen Teilbereichen. Durch die Ausnutzung aller erhobenen Bonitätsmerkmale läßt sich ein umfangreiches Bild über einzelne Unternehmensbereiche erstellen. Diese Daten können von einem Kreditinstitut als Basis für die Identifikation von zusätzlichen Geschäftsmöglichkeiten genutzt werden. Denkbar wäre beispielsweise der Verkauf eines Sachmittelkredites an eine Unternehmung, deren Fertigungsbereich bei einer Detailuntersuchung Anzeichen auf Mängel in der Maschinenausstattung aufweist.

---

[305] Beispiel für eine Basisuntersuchung ist die Fallstudie "Bergbaumaschinen" im Anhang, S.258-276.

Im Rahmen der Detailuntersuchung[306] ist es sinnvoll, die Beurteilung aller Merkmale im Benutzerdialog vornehmen zu lassen und auf eine systemgestützte Bewertung einzelner Kriterien ganz zu verzichten. Die Detailuntersuchung bietet dem Anwender ein Werkzeug zum Ausgleich von Fehlern, die im Zusammenhang mit der Beurteilung aus Schlußfolgerungen entstanden sein könnten. So wird es möglich, in die Systembewertung einzugreifen und die während der Durchführung anderer Untersuchungstypen automatisch ermittelten Beurteilungen zu überschreiben. Dafür ist jedoch der umfangreiche und zeitaufwendige Dialog zwischen dem System und dem Analysten in Kauf zu nehmen.

6.2 Entwicklung eines Modells zur Risikoanalyse

Zielsetzung der wissensbasierten Risikoanalyse ist es, aufbauend auf den jeweils untersuchten Einzelmerkmalen, auf mehreren Ebenen zu systemgenerierten Risikoaussagen zu kommen. Grundlage für die Bewertungsermittlung ist das im vierten Kapitel vorgestellte hierarchische Modell[307]. Eine Beurteilung soll sowohl auf der Stufe der Einzelmerkmale als auch auf den Ebenen der Risikobereiche und Risikodimensionen vorgenommen werden. Außerdem ist ein Urteilswert für die Qualität des Gesamtunternehmens zu ermitteln. Die Beurteilung einer höheren Ebene wird durch die gewichtete Aggregation von Bewertungen der darunterliegenen Ebene ermittelt[308].
Für unterschiedliche Unternehmenstypen (in Abhängigkeit von Branchenzugehörigkeit, Alter und Größe einer Unternehmung) werden verschiedene Mengen von Bonitätsmerkmalen einbezogen. Dies erlaubt die Berücksichtigung von individuellen Charakteristika einzelner Unternehmen.

6.2.1 Bestimmung der Risikogewichte für Unternehmensbereiche

Zur Ermittlung einer Gesamtbeurteilung für alle Typen der Risikoanalyse muß zunächst ein Risikomodell erstellt werden, das die Beziehungen zwischen den einzelnen Bonitätsmerkmalen und den darüberliegenden Ebenen abbildet. Dazu kommen mehrere Vorgehensweisen in Frage:

---

[306] Im Gegensatz zur Basisuntersuchung (wie in der Fallstudie "Bergbaumaschinen" dargestellt) werden bei der Detailanalyse alle Merkmale manuell vom Anwender beurteilt. Außerdem werden vom System deutlich mehr Merkmale zur Untersuchung angeboten.
[307] Vgl. Kapitel 4.3.1, S.62-64.
[308] Das Gewichtungsmodell wurde vom Autor in Absprache mit den befragten Experten entwickelt.

Aus den bisher vorliegenden Erhebungsergebnissen wäre es z.B. möglich, einen Gesamtrisikowert über die relative Stellung der Einzelmerkmale zueinander zu berechnen. Hierfür müßte zunächst als Gewicht die jeweils ermittelte Bedeutung der Einzelmerkmale für die Bonitätsbeurteilung herangezogen werden. Eine Gesamtbeurteilung ließe sich so aus der Summe der Produkte aus individueller Bewertung und Gewicht, dividiert durch die Anzahl der berücksichtigten Merkmale, errechnen. Diese Methodik zeigt aber Mängel. So ist insbesondere davon auszugehen, daß die im Rahmen der Untersuchung von Einzelmerkmalen vorgenommene Unterteilung in vier Wirtschaftsbereiche (Handel, Dienstleistung, Produktion, Bau) für die Ermittlung einer Gesamtbeurteilung nicht ausreichend differenziert. Bei Unternehmen innerhalb eines Wirtschaftssektors finden sich Unterschiede in der Bedeutung einzelner Teilbereiche. Beispielsweise kann bei der Branche "Luft- und Raumfahrzeugbau" der Forschungs- und Entwicklungsbereich eines Unternehmens eine andere Bedeutung haben als bei einer holzverarbeitenden Unternehmung, obwohl beide dem produzierenden Gewerbe zuzurechnen sind. Auch ist es angemessener, die Gewichtung der Unternehmensbereiche auf den obersten Ebenen anhand von Expertenurteilen direkt festzulegen, als diese auf der Basis von Einzelmerkmalen nur zu errechnen. Deswegen soll mit der Durchführung einer weiteren Expertenbefragung die Relevanz einzelner Unternehmensbereiche innerhalb einer tiefergehenden Branchenschichtung untersucht werden. Zielsetzung ist es, über die Untersuchung der Bedeutung der Einzelbereiche bei unterschiedlichen Branchen eine Gewichtung der Bereiche für die Bestimmung einer Gesamtbeurteilung zu ermitteln.

Expertenbefragung zur Bestimmung von Bereichsgewichten:

Zur Durchführung der Erhebung kommen zunächst zwei Vorgehensweisen in Frage. Die exakteste Variante ist die, bei der jede einzelne Kombination aus Bewertungen der Einzelbereiche individuell den Experten vorgelegt wird, z.B. in folgender Form:

Wie beurteilen Sie die Risikodimension "Führung", falls das Managementrisiko gering, das Organisationsrisiko durchschnittlich, das Personalrisiko durchschnittlich und das Rechnungswesen schlecht ist?

Analog zu diesem Beispiel wird in einer Expertenbefragung jede mögliche Kombination untersucht. Diese Vorgehensweise ist allerdings kaum praktikabel, da wegen der Vielfalt der Kombinationsmöglichkeiten der erdenklichen Fälle (kombinatorische Explosion) mehrere tausend Möglichkeiten zu untersuchen wären.

Erfolgversprechender ist hier eine Erhebung, die die relative Stellung der Unternehmensbereiche zueinander bei verschiedenen Branchen untersucht und aus diesem Indikator eine Gewichtung einzelner Teilbereiche in Abhängigkeit von der Branchenzugehörigkeit ableitet. Zum einen läßt sich so die Gewichtung der Teilbereiche exakter bestimmen, als dies auf Basis der Einzelmerkmale möglich wäre, denn die Bedeutung eines Bereiches ist nicht von der Anzahl seiner Einzelmerkmale abhängig. Zum anderen kann eine unvertretbare Belastung der Experten vermieden werden. Von einer Erhebung, die auf die Untersuchung von mehreren tausend Kombinationen verzichtet, wird insbesondere eine bessere Qualität der Untersuchungsergebnisse erwartet, da bei einer kleinen und gezielten Untersuchung eine höhere Motivation der beteiligten Experten zu vermuten ist[309].

Im Rahmen der Erhebung erfolgt die Unterteilung der Unternehmensbereiche analog zu der in Abbildung 15 vorgenommenen Differenzierung. Für die Auswahl der zu untersuchenden Branchen wird auf eine bankenübliche Einteilung zurückgegriffen.

Methodik der Befragung:

Die Methodik der Befragung[310] für diesen Sachverhalt baut auf einem von den anderen Untersuchungen abweichenden Konzept auf. Es wurde den Experten keine Rating-Skala vorgegeben, auf der sie die Bedeutung eines Funktionsbereiches qualitativ zu bewerten hatten. Die Experten mußten statt dessen aus sechzehn genannten Unternehmensbereichen diejenigen ankreuzen, die sie für die Analyse einer Branche als besonders relevant einschätzen, maximal jedoch acht Unternehmensbereiche. Damit sollten die für eine Branche besonders bedeutenden Bereiche klar als solche identifiziert werden. Auf eine weitere Schichtung nach Unternehmensgrößen und Altersklassen wurde bei dieser Untersuchung verzichtet, da aufgrund der angemessen Berücksichtigung bei den Einzelkriterien keine wesentliche Verbesserung der Ergebnisse mehr zu erwarten gewesen wäre.

---

309 Vgl. Schirmer, Kai, Wissensakquisition II, Die Wahl der Techniken, in: KI I/89, S.54.
310 Für die Erläuterung der Befragungsmodalitäten wird auf die Erhebung der relevanten Einzelmerkmale
     verwiesen. Die Motivation für die Durchführung einer schriftlichen Befragung und die Auswahl der
     befragten Experten sind bei beiden Erhebungen identisch. Vgl. Kap. 5.1.1, S.84-93.

Auswertung:

Die Auswertung der Untersuchung basiert auf einem einfachen Mehrheitsprinzip.
Unternehmensbereiche, die mehr als zwei Drittel der Expertenstimmen auf sich ver-
einigen können, erhalten die höchste Gewichtung. Eine Angabehäufigkeit zwischen
50% und 66% bedeutet eine hohe Gewichtung. Bereiche, die zwischen 33% und 50%
der Nennungen aufweisen, werden mit mittel gewichtet. Die Bereiche schließlich, die
weniger als ein Drittel der befragten Experten für relevant halten, erhalten ein geringes Gewicht zugewiesen. Bereiche, die von keinem Experten als untersuchungswürdig
eingestuft werden, bleiben unberücksichtigt. In direkte Gewichtungszahlen übertragen
bedeutet dies, daß eine sehr hohe Gewichtung durch die Zahl 4, eine hohe Gewichtung durch die Zahl 3, eine mittlere Gewichtung durch die Zahl 2 und eine geringe
Gewichtung durch die Zahl 1 ausgedrückt wird. Nicht zu berücksichtigende Bereiche
bekommen die Zahl 0 zugewiesen. Auch für die Gewichtung von Unternehmensbereichen gilt, daß sich die Gewichte im Falle einer negativen Ausprägung verdoppeln[311].

Tabelle 31: Ableitung der Gewichtung für einzelne Unternehmensbereiche

Prozentzahl Nennungen	Gewicht	Faktor
100% - 66%	sehr hoch	4
66% - 50%	hoch	3
50% - 33%	mittel	2
33% - 1%	gering	1
weniger als 1%	keines	0

Es ergibt sich für die einzelnen Unternehmensbereiche in Abhängigkeit von der
jeweiligen Branche das in Abbildung 45 dargestellte Bild.

---

[311] Siehe Kapitel 6.1.2, Gewichtung der Einzelmerkmale S.176-177 und Kapitel 4.4, Bestimmung des
Problemlösungskonzeptes, S.80-81.

BRANCHENUNTERSUCHUNG

Gewichtung der jeweiligen Unternehmensbereiche in Abhängigkeit von der Branche	Markt und Konkurrenz	Kunden, Vertrieb und Absatz	Produkte und Sortiment	Standort und Umwelt	Fertigung	Beschaffung und Lagerhaltung	Forschung und Entwicklung	Investitionen und Technologien	Management	Rechnungswesen	Personal und Organisation	Planung
produzierendes Gewerbe												
Energie- und Wasserversorgung	2	1	1	4	1	1	2	3	4	2	1	2
Bergbau	4	2	1	4	1	1	1	2	4	1	1	2
Steine und Erden	4	3	2	2	1	1	1	1	4	2	1	2
Chemische und Mineralölind.	4	3	3	4	1	2	4	2	4	2	1	1
Kunststoff- und Gummiindustrie	4	2	3	4	1	1	4	2	4	2	1	1
Metallerzeugung	4	2	2	4	1	1	1	2	4	2	1	2
Metallbe- und verarbeitung	4	3	2	3	1	1	1	1	4	2	1	1
Maschinenbau	4	3	3	1	2	1	2	2	4	2	1	2
Straßenfahrzeugbau	4	2	2	1	2	1	3	2	4	2	1	2
Schiffbau	4	3	1	1	2	1	1	1	4	2	1	3
Schienenfahrzeugbau	3	2	1	1	1	1	2	2	4	2	1	3
Luft- und Raumfahrzeugbau	4	2	1	1	1	1	4	3	4	1	1	3
Elektrotechnik, Elektronik	4	3	2	1	1	1	4	3	4	2	1	2

Legende: ▮ - sehr hohes Gewicht (4)　▮ - hohes Gewicht (3)　▮ - mittleres Gewicht (2)　▯ - geringes Gewicht (1)

Abbildung 45: Risikogewichtung von Unternehmensbereichen in Abhängigkeit von der Branche

BRANCHENUNTERSUCHUNG

Gewichtung der jeweiligen Unternehmensbereiche in Abhängigkeit von der Branche

noch produzierendes Gewerbe

	Markt und Konkurrenz	Kunden, Vertrieb und Absatz	Produkte und Sortiment	Standort und Umwelt	Ferti- gung	Beschaf- fung und Lager- haltung	For- schung und Ent- wicklung	Investi- tionen und Techno- logien	Manage- ment	Rech- nungs- wesen	Personal und Organi- sation	Planung
EDV Technik, Büroartikel	4	4	3	1	1	1	3	2	4	2	1	2
Feinmechanik, Optik, Uhren	4	3	4	1	1	1	2	1	4	2	1	2
Herstellung von Musik- instrumenten	4	3	3	1	2	1	1	1	4	2	1	2
Herstellung von Schmuck	4	4	3	1	2	2	1	1	4	2	1	1
Herstellung von Spielwaren	4	4	4	1	1	1	1	1	4	2	1	2
Herstellung von Sport- artikeln	4	4	3	1	2	2	1	1	4	2	1	2
Herstellung von Foto- artikeln	4	3	3	1	2	1	2	1	4	2	1	2
Holzbe- und -verarbeitung	3	2	2	3	2	3	1	1	4	2	1	1
Papiererzeugung und -verar- beitung	3	2	3	4	2	2	1	1	4	2	1	1
Druckerei- und Verlags- gewerbe	3	3	2	1	1	1	1	2	4	2	1	2
Textil- und Ledergewerbe	4	3	4	2	2	1	1	1	4	2	1	2
Glas- und Keramikgewerbe	4	4	3	2	1	1	1	1	4	2	1	1
Ernährungs- und Tabakgewerbe	4	4	2	1	2	2	1	1	4	2	1	1

Legende: ▮ - sehr hohes Gewicht (4)   ▓ - hohes Gewicht (3)   ▒ - mittleres Gewicht (2)   ░ - geringes Gewicht (1)

Abbildung 45: Fortsetzung

Gewichtung der jeweiligen Unternehmensbereiche in Abhängigkeit von der Branche	Markt und Konkurrenz	Kunden, Vertrieb und Absatz	Produkte und Sortiment	Standort und Umwelt	Ferti-gung	Beschaf-fung und Lager-haltung	For-schung und Ent-wicklung	Investi-tionen und Techno-logien	Manage-ment	Rech-nungs-wesen	Personal und Organi-sation	Planung
Dienstleistungsunternehmen												
Verkehr und Nachrichtenübermittlung	3	1	1	1	-	-	2	2	4	2	1	2
Spedition und Lagerei	3	1	1	4	-	-	-	-	4	2	2	2
Versicherungsgewerbe	2	3	1	1	-	-	-	-	4	2	3	2
Gaststätten und Beherbergungsgewerbe	3	1	1	4	-	-	-	-	4	2	3	1
Aus- und Fortbildung	2	1	1	1	-	-	-	1	4	2	3	2
Gesundheitswesen	2	1	1	2	-	-	1	1	4	2	3	2
Dienstleistungen für Unternehmen (Beratung etc.)	3	1	1	1	-	-	-	1	4	1	3	2
Handel												
Großhandel	4	3	3	1	-	3	-	-	4	1	1	1
Einzelhandel	3	1	3	4	-	2	-	-	4	1	1	1
Baugewerbe	3	2	1	1	1	1	-	1	4	3	1	2

Abbildung 45: Fortsetzung

Zusammenfassend lassen sich die in dieser Untersuchung ermittelten Ergebnisse wie folgt beschreiben: Als besonders bedeutend für die Unternehmensbonität aller Branchen sehen die befragten Experten die Risikobereiche "Markt" und "Management" an. Die anderen Unternehmensbereiche zeigen in Abhängigkeit von der jeweiligen Branche ein heterogenes Bild. Bei Produktions- und Handelsunternehmen weisen die Befragten den Bereichen "Produkte und Sortiment" sowie "Vertrieb und Absatz" ein hohes bis mittleres Gewicht zu. Die Beschaffung und die Lagerhaltung sowie der Produktionsbereich werden für produzierende Unternehmen mittelstark gewichtet. Die Untersuchung des Personalwesens und der Organisation halten sie bei diesen Unternehmen für eher unbedeutend. Dagegen wird bei Dienstleistungsunternehmen den Bereichen "Personal und Organisation" ein bedeutend höheres Gewicht beigemessen. Bei einer Betrachtung der Einzelbranchen fällt besonders das heterogene Bild des Investitions-/Technologie- sowie des Forschungs- und Entwicklungsbereiches ins Auge. So sind die Experten der Meinung, daß diese Risikobereiche insbesondere für die Branchen ein großes Gewicht haben, die für ein erfolgreiches Wirtschaften auf eine hohe Innovationsquote angewiesen sind, wie beispielsweise Luft- und Raumfahrtunternehmen und Unternehmen der Elektronikbranche. In Branchen, die sich durch starke Rohstoffabhängigkeit und hohes Umweltrisiko auszeichnen, empfehlen die Experten dringend eine Untersuchung des Bereiches "Standort und Umwelt".

6.2.2 Ermittlung von aggregierten Risikobeurteilungen

Zur Risikoanalyse läßt sich nun aus den Ergebnissen der Befragungen und aus den ermittelten Gewichten der Einzelmerkmale bzw. Unternehmensbereiche ein Gewichtungsmodell ableiten. Grundlage für die Struktur ist das in Kapitel 4.3.1 beschriebene hierarchische Beurteilungsmodell. Durch die Aggregation von quantitativen Bonitätsurteilen der unteren Ebenen werden die darüberliegenden Ebenen nach folgendem Schema bewertet:

6.2.2.1 Beurteilung von Analysebereichen

Bestimmung des Risikowertes:

Für die Beurteilung von einzelnen Unternehmensbereichen ist es zunächst erforderlich, alle beurteilten Merkmale eines Untersuchungsbereiches zueinander in Beziehung zu setzen. Dies geschieht mit Hilfe der in der Expertenbefragung ermittelten Gewichte, die der Bedeutung eines Merkmals für die Analyse der Unternehmensbonität entsprechen[312]. Das Bonitätsurteil für einen Unternehmensbereich wird als gewichteter Mittelwert der Bewertungen der Einzelmerkmale errechnet:

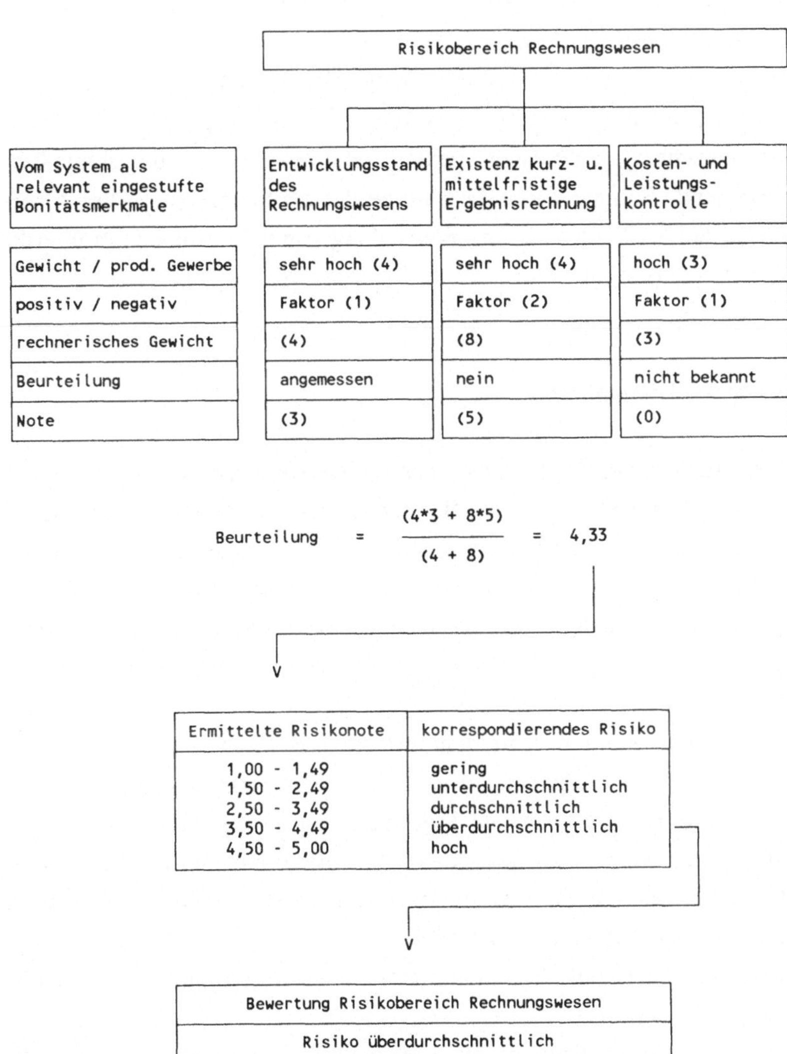

Abbildung 46: Beispiel zur Bewertung von Risikobereichen

---

[312] Siehe Kapitel 5.2, Darstellung der Ergebnisse.

Von den drei grafisch dargestellten Merkmalen, die im Unternehmensbereich "Rechnungswesen" des Beispielunternehmens als relevant identifiziert worden sind, wurden nur zwei Kriterien, nämlich die Merkmale "Entwicklungsstand des Rechnungswesens" und "Existenz einer kurz- und mittelfristigen Ergebnisrechnung" von einem Analysten untersucht. Letztgenanntes Merkmal geht mit doppelter Gewichtung in die Untersuchung ein, da die Merkmalsausprägung negativ ist. Das Kriterium "Kosten- und Leistungskontrolle" ist unbeurteilt.

Das wissensbasierte System ermittelt eine Bewertung für den Bereich "Rechnungswesen", indem es jeweils die Note der untersuchten Merkmale mit der rechnerischen Gewichtung multipliziert, beide Produkte aufaddiert und schließlich die sich daraus ergebende Summe durch die Summe der beiden rechnerischen Gewichte dividiert. Im Beispiel ergibt sich so eine Beurteilung von 4,33, was einem überdurchschnittlichen Risiko entspricht.

Bestimmung der Analysequalität:

Eine gründliche Ermittlung des Risikos eines Unternehmensbereiches erfordert die Untersuchung möglichst vieler für einen Bereich relevanter Bonitätsmerkmale. Allerdings ist es weder sinnvoll noch immer möglich, bei jeder Konsultation alle zur Verfügung stehenden Merkmale zu untersuchen. So ist es beispielsweise in Einzelfällen zweckmäßig, nur die Merkmale zu berücksichtigen, die hohe und höchste Bedeutung für die Ermittlung der Unternehmensbonität haben. Allerdings sollten dann auch die Merkmale angezeigt werden, die vom Analysten oder vom wissensbasierten System nicht bewertet werden können. Um dem externen Betrachter einen Differenzierungsmaßstab an die Hand zu geben, ist es erforderlich, einen geeigneten Formalismus zu definieren, der angibt, wieviele Merkmale mit welcher Bedeutung für eine Analyse berücksichtigt wurden. Als zweckmäßig erscheint hierfür eine Maßgröße, die sowohl die Gewichte als auch die Anzahl der untersuchten Merkmale berücksichtigt. Zur Errechnung dieser Zahl wird das Verhältnis der Gewichtsumme aller bei einer Analyse untersuchten Merkmale zu den maximal zur Verfügung stehenden Gewichten herangezogen.

In Abhängigkeit von den im Rahmen einer Risikoanalyse berücksichtigten Bonitätskriterien und deren Gewichtung verändert sich diese Maßgröße, die mit dem Terminus Analysequalität bezeichnet wird.

In dem in Abbildung 46 dargestellten Beispiel wird zur Bestimmung der Analysequalität die Summe der Gewichte aus den beiden beurteilten Merkmalen ins Verhältnis zur

Gesamtsumme der Gewichte aller Merkmale gesetzt (inklusive "Kosten- und Leistungskontrolle"). Als Ergebnis ergibt sich ein Wert für die Qualität der Analyseergebnisse, im Beispiel 73%. Dies bedeutet, daß 73% aller möglichen Gewichtsanteile des Unternehmensbereiches untersucht wurden.

$$\text{Analysequalität} = \frac{(4 + 4)}{(4 + 4 + 3)} * 100 = 73\%$$

Die Errechnung eines Wertes für die Analysequalität ermöglicht es dem externen Betrachter, die Güte des Risikowertes einzuordnen. Wurden bei der Analyse nur sehr wenige Merkmale mit geringer Gewichtung berücksichtigt, wird zwar trotzdem eine Beurteilung ermittelt, der Wert für die Analysequalität ist jedoch entsprechend niedriger. Dadurch, daß nicht das Verhältnis zwischen den untersuchten Kriterien und den möglichen Kriterien ausschlaggebend für die Analysequalität ist, sondern die Relation zwischen den Gewichten der untersuchten Kriterien und der totalen Gewichtsumme, ist es auch bei einer Untersuchung nur weniger Merkmale mit höchster Gewichtung möglich, eine relativ hohe Analysequalität zu erreichen.

Es bleibt anzumerken, daß als Gewichtungsbasis für die Analysequalität nicht alle, sondern immer nur die für diesen Typ relevanten Merkmale gelten. Die Ermittlung der Gewichtsumme erfolgt unter Berücksichtigung der Schichtungskriterien. Für ein Unternehmen der Einzelhandelsbranche werden z.B. die Merkmale, die nur für das produzierende Gewerbe von Relevanz sind, völlig aus der Gewichtungsbasis herausgenommen.

6.2.2.2 Beurteilung von Analysedimensionen

Risikodimensionen werden auf der Grundlage der Bewertung und des ermittelten Gewichts von Unternehmensbereichen beurteilt. Im einzelnen sieht dies wie folgt aus:

Ausgangspunkt für die Beurteilung ist die Branchenzugehörigkeit einer Unternehmung. Um eine Dimension zu beurteilen, überprüft das wissensbasierte System zunächst, welche Unternehmensbereiche bereits analysiert wurden. Die Gewichte für diese Bereiche werden aufsummiert und dienen als Basisgröße für die Bewertungsermittlung. Als Gewicht dient das in der Expertenbefragung erhobene Gewichtungsmuster einer Branche[313]. In einem weiteren Schritt wird die Summe der Produkte aus der individuellen Bereichsbewertung und dem Bereichsgewicht berechnet. Die Risikobeurteilung ergibt sich schließlich aus dem Quotienten der so errechneten Summe und der zuerst ermittelten Basisgröße.

Unabhängig von der Anzahl der untersuchten Risikobereiche läßt sich in jedem Stadium der Analyse ein Risikowert für einzelne Dimensionen ermitteln. Das Beispiel der Beurteilung der Risikodimension "Führungspotential" bei einer Maschinenbauunternehmung soll diese Vorgehensweise verdeutlichen:

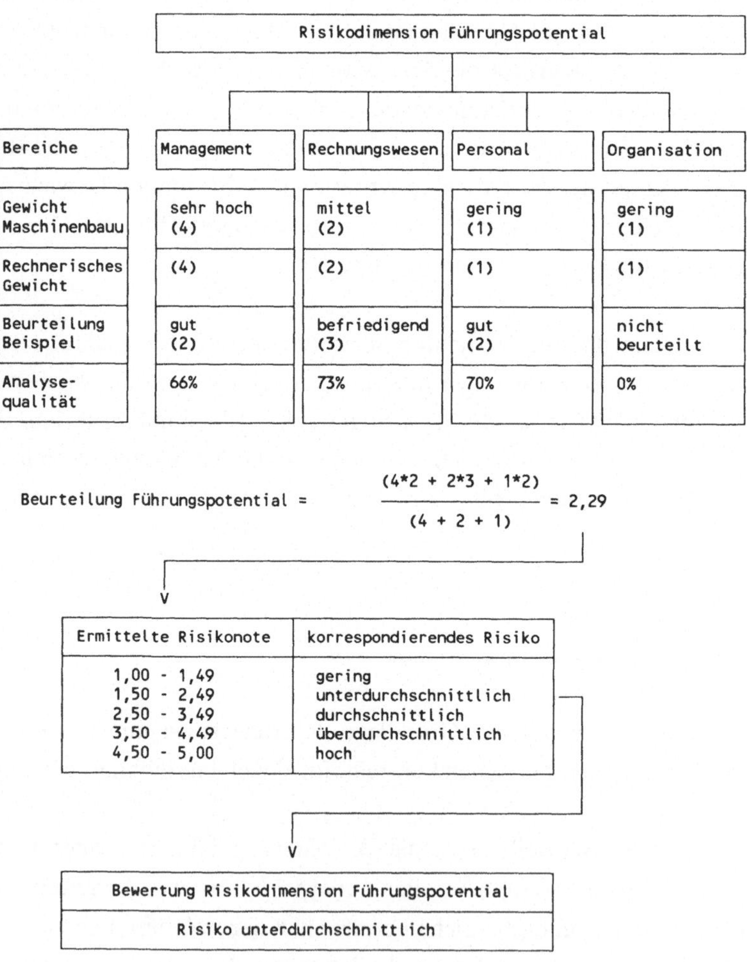

Abbildung 47: Beispiel zur Beurteilung von Risikodimensionen

---

[313] Risikogewichtung entsprechend Abbildung 45, S.189-191.

Bei dem gegebenen Beispielmuster stellt das wissensbasierte System fest, daß nur die Untersuchungsbereiche "Management", "Rechnungswesen" und "Personalwesen" beurteilt sind, die Beurteilung für den Risikobereich "Organisation" dagegen fehlt. Für die Berechnung der Basis-Gewichtsumme werden daher nur die Gewichte der drei bereits untersuchten Bereiche herangezogen. Die Addition ergibt eine Summe von sieben. Im nächsten Schritt multipliziert das System die Beurteilungswerte mit den Gewichten der jeweiligen Bereiche und addiert die einzelnen Produkte. Dies ergibt im Beispiel einen Wert von 16 (Note 2 * Gewicht 4 (Management) + Note 3 * Gewicht 2 (Rechnungswesen) + Note 2 * Gewicht 1 (Personalbereich)). Für die Ermittlung einer Risikobeurteilung der Dimension "Führungspotential" werden nun noch die gewichteten Noten durch die Basis-Gewichtsumme dividiert (16/7), was zu der Gesamtnote 2,29 führt. Bei einer Übertragung der Gesamtnote in einen von fünf Risikowerten, nämlich "Risiko gering", "Risiko unterdurchschnittlich", "Risiko durchschnittlich", "Risiko überdurchschnittlich" und "Risiko hoch" ergibt sich für die Risikodimension "Führungspotential" ein unterdurchschnittliches Risiko.

Bestimmung der Analysequalität:

Grundlage für die Ermittlung der Analysequalität einer Dimension sind die Analysequalitäten der einzelnen Bereiche. Mit dem empirisch ermittelten Gewicht der einzelnen Bereiche wird auch die Analysequalität gewichtet und so ein Wert für die Risikodimension bestimmt:

$$\text{Analysequalität Führungspotential} = \frac{(66*4 + 73*2 + 40*1 + 0*1)}{(4 + 2 + 1 + 1)} = 56,25$$

6.2.2.3 Ermittlung einer Gesamtbeurteilung für die Unternehmensqualität

Um zu einer Gesamtbeurteilung der Unternehmensqualität zu gelangen, wäre es denkbar, entsprechend der bisherigen Systematik in einer weiteren Expertenbefragung eine Gewichtung für einzelne Risikodimensionen zu bestimmen. Darauf wurde jedoch verzichtet, da ein Pretest keine wesentliche Veränderung der auf Bereichsebene ermittelten Befragungsergebnisse ergab. Eine Gesamtbeurteilung wird ebenso wie die Bewertung von Risikodimensionen auf der Basis der festgestellten Bedeutung einzelner Unternehmensbereiche berechnet. In die Untersuchung werden sämtliche bewerteten Risikobereiche einbezogen:

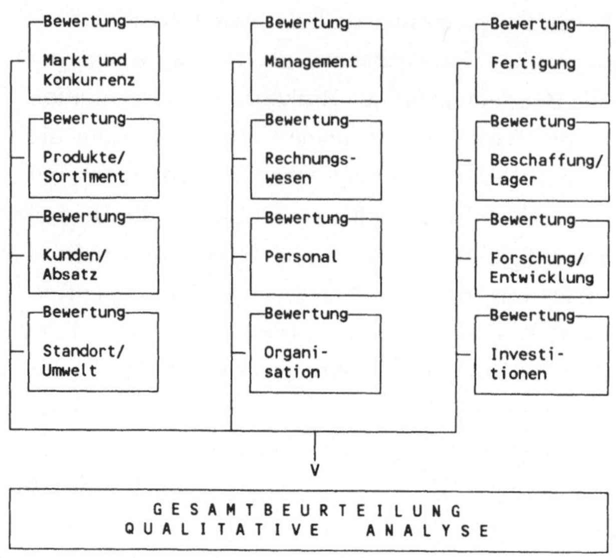

Abbildung 48: Ermittlung der Gesamtbeurteilung

In die Gesamtbeurteilung gehen sowohl qualitative als auch quantitative Risiko-aspekte (über Schlußfolgerungen aus Kennzahlen) ein. Trotz der Ermittlung einer Gesamtbeurteilung ist ein Zugriff auf die zuvor ermittelten Merkmals-, Bereichs- und Dimensionsbewertungen weiterhin möglich. Durch die Aggregation gehen keine Daten verloren. Gewichtungsgrundlage für Einzelbereiche sind die in Abbildung 45 dargestellten Gewichte in Abhängigkeit von der Branchenzugehörigkeit einer Unter-nehmung. Als maßgebliche Bewertungen werden die für einzelne Risikobereiche auf der Basis der Ausprägung von Einzelmerkmalen ermittelten Werte verwendet. Auch hier gilt, daß nur die Merkmale und Bereiche bei der Beurteilung Berücksichtigung finden, die für einen bestimmten Unternehmenstyp in Abhängigkeit von Branche, Rechtsform, Größe und Analysetyp von den Experten als relevant eingestuft wurden.

Sollen in der Risikobeurteilung auch außerhalb der qualitativen Analyse stehende Dimensionen[314] berücksichtigt werden, erfordert dies eine grundsätzliche politische Festlegung eines Kreditinstituts, nach welchem System die Verrechnung der Analy-seergebnisse von qualitativen Dimensionen und der anderer Untersuchungssegmente erfolgt. Von besonderer Bedeutung ist in diesem Zusammenhang die Berücksichti-gung der Finanzkraft einer Unternehmung. In Abhängigkeit von der Risikopolitik

---

[314] Vgl. Abbildung 12, beispielsweise die Dimension Finanzen, S.66.

198

kann entweder der Unternehmensqualität oder der Finanzkraft ein stärkeres Gewicht beigemessen werden. Dabei ist zu beachten, daß die Ergebnisse durch die Berücksichtigung von Schlußfolgerungen miteinander korrelieren. Da in den Analyseergebnissen zur Unternehmensqualität sowohl finanzielle als auch qualitative Gesichtspunkte berücksichtigt werden, ist es auch möglich, auf einen gesonderten Ausweis der finanziellen Beurteilung ganz zu verzichten. Im Rahmen dieser Arbeit wird aus folgenden Gründen kein Modell für die direkte Verrechnung von finanziellen und qualitativen Bonitätsfaktoren vorgeschlagen:

- Eine Vielzahl von Kennzahlen wird bereits durch Schlußfolgerungen auf qualitative Merkmale berücksichtigt, was auch in den Ergebnissen sichtbar ist. Finanzielle Zusammenhänge gehen somit in die Beurteilung ein.
- Mittelpunkt ist die Untersuchung von qualitativen Kriterien.

Soll trotzdem eine Verrechnung von qualitativen und finanziellen Risiken durchgeführt werden, ist es bei der Ermittlung der Gesamtbeurteilung erforderlich, die aus Schlußfolgerungen ermittelten Bonitätsmerkmale aus der Bewertung herauszurechnen, um Doppelbewertungen zu vermeiden. Technisch ist dies über ein Bewertungsschlüsselfeld zu lösen, dem zu entnehmen ist, welche Datenquelle die Grundlage für die Beurteilung eines Einzelkriteriums ist. Kriterien mit der Datenquelle "Schlußfolgerungen" werden bei der Ergebnisaggregation nicht berücksichtigt.

In dem dieser Arbeit zugrundeliegenden System, das den Finanzbereich gesondert analysiert, wird auf eine über die dargestellte Aggregation hinausgehende Zusammenfassung der Analyseergebnisse verzichtet. Dies ist darauf zurückzuführen, daß die unterstützenden Experten es für richtig hielten, dem Analysten vorort nach wie vor die Freiheit zu lassen, selbst zu entscheiden, wie die qualitativen Analyseergebnisse im Vergleich mit der Finanzanalyse zu gewichten sind. Weichen die Teilergebnisse stark voneinander ab, erfordert dies eine tiefergehende Analyse. Die endgültig getroffene Entscheidung wird dann manuell begründet.

6.2.3 Ableitung eines Risikoratings

Ein wissensbasiertes System ist in der Lage, aus den Ergebnissen der Risikoanalyse direkt ein Rating in verschiedenen Detaillierungsstufen für ein einzelnes Unternehmen abzuleiten.

Die Gesamtbeurteilung kann dabei für eine Unternehmung folgende Ausprägungen aufweisen:

- "Risiko gering"
- "Risiko unterdurchschnittlich"
- "Risiko durchschnittlich"
- "Risiko überdurchschnittlich"
- "Risiko hoch"

In Abhängigkeit von der Ausprägung des Risikowertes können nun individuelle Unternehmen verschiedenen Risikoklassen zugewiesen werden. So läßt sich jeweils eine Risikoklasse für Unternehmen bilden, mit denen ein geringes Risiko, ein unterdurchschnittliches Risiko usw. verbunden ist. Entsprechend der fünfstufigen Skala der Gesamtbeurteilung ergeben sich fünf unterschiedliche Risikoklassen[315].

Wird als Grundlage für das Rating nicht die Gesamtbeurteilung herangezogen, sondern die Bewertung der einzelnen Risikodimensionen (Marktpotential - Führungspotential - Produktionspotential), läßt sich das Rating entsprechend verfeinern. Da auch die Dimensionen auf der Skala von "Risiko gering" bis "Risiko hoch" beurteilt werden, läuft die wissensbasierte Bestimmung des Rating-Wertes für einzelne Dimensionen nach einem ähnlichen Schema ab, wie ein Rating auf der Basis der Gesamtbeurteilung. In Abhängigkeit von der ermittelten Bewertung werden den einzelnen Risikodimensionen Buchstaben zugewiesen, die einen bestimmten Risikotypus identifizieren. "A" steht dabei für geringes und unterdurchschnittliches Risiko, "B" für durchschnittliches Risiko und "C" für überdurchschnittliches und hohes Risiko.
Werden die in Buchstaben dargestellten Risikowerte für die einzelnen Risikodimensionen nebeneinandergestellt, ergibt sich ein entsprechendes Rating für das Gesamtunternehmen. In Abhängigkeit von der relativen Bedeutung steht dabei an erster Stelle der Risikowert für das Marktpotential, an zweiter Stelle der für das Führungspotential und an dritter Stelle, soweit sinnvoll, der für das Produktionspotential.

---

[315] Ein Beispiel für die Bildung eines Risikoratings findet sich in der Fallstudie im Anhang, S.260.

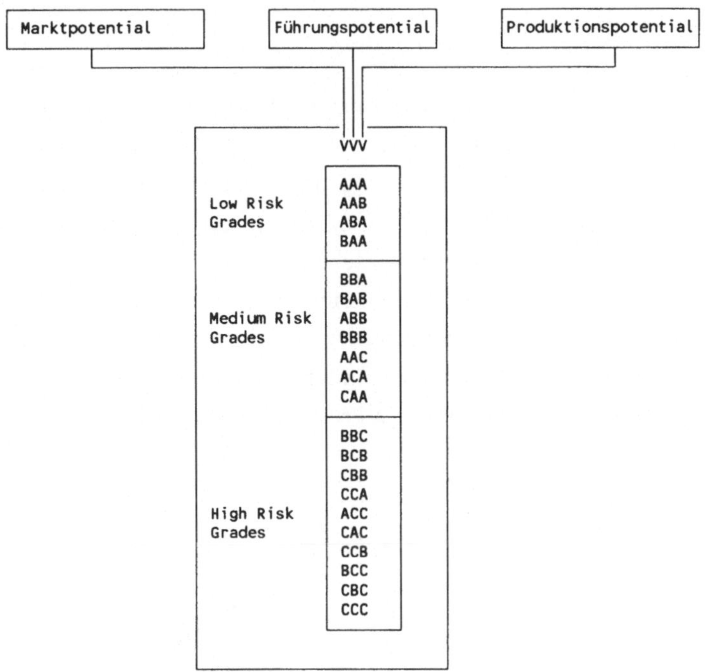

Abbildung 49: Mögliche Ratings

Die Buchstabenkombinationen lassen sich um weitere Dimensionen (z.B. Finanzen und Branche) erweitern und umfassen dann ggf. fünf oder mehr Positionen.

Der Vorteil eines wissensbasierten Ratings ist insbesondere darin zu sehen, daß dieses für das gesamte Kreditinstitut auf einer einheitlichen Basis durchgeführt wird. Durch die computergestützte Ermittlung des Ratings beschränken sich die Einflußmöglichkeiten einzelner Bearbeiter auf die Beurteilung von Einzelmerkmalen und sind somit begrenzt. Die Engagements können besser miteinander verglichen werden. Aus den Ratings läßt sich ein auf einer relativ objektiven Grundlage basierendes Risikosteuerungsmodell und eine einheitliche Preispolitik ableiten[316].

---

[316] Vgl. Derninger, Friedemann; Krey, Uwe; Wiebecke, Gernot und Zöllner, Uwe, a.a.O., S.33-38.

6.2.4 Ableitung von Bonitätsmustern

Aus den Ergebnissen der wissensbasierten Risikoanalyse ist es möglich, unternehmensspezifische Bonitätsmuster[317] zu bilden, die, falls in ausreichender Anzahl vorhanden, als Basis für die Risikosteuerung eingesetzt werden können. Je nachdem wie komplex die Angaben verarbeitet werden können, kommen für die Erstellung von Bonitätsmustern verschiedene Aggregationsebenen in Frage. Um jedoch sowohl DV-technischen als auch den Erfordernissen eines aussagefähigen Profils gerecht zu werden, empfiehlt es sich, die Bonitätsmuster auf der Ebene der Risikobereiche zu erstellen. Die Beurteilungen der einzelnen Unternehmensbereiche werden dabei nicht weiter aggregiert, sondern als "Bewertungs-Profil" abgespeichert.

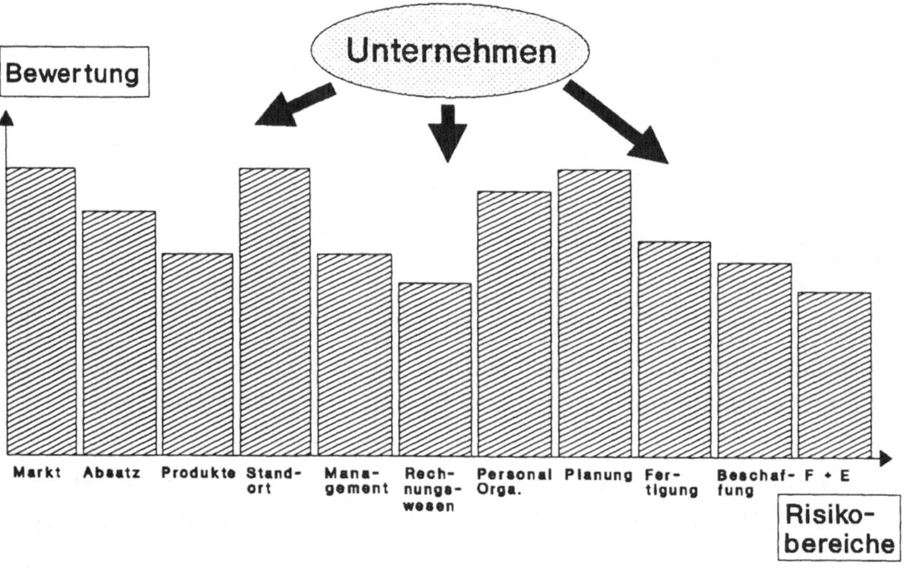

Abbildung 50: Bonitätsmuster

Nach zwei Jahren wissensbasierter Analyse wird eine ausreichende Anzahl von Bewertungs-Profilen gespeichert sein, um als Basis für die Prognose zu dienen. Zur Bildung von Standard- und Optimalprofilen werden die Datenbestände statistisch ausgewertet und dabei ermittelt, welche besonderen Charakteristika die lebenden, die abgelehnten und die notleidenden Profile einer definierten Unternehmensklasse (z.B. gruppiert nach Branchen) haben.

---

[317] Vgl Kap. 2.4.3, Bonitätsanalyse mit Hilfe der Mustererkennung, S.35-38.

Die eigentliche Bonitätseinschätzung einer Unternehmung läuft dann wie folgt ab: Zunächst werden alle diejenigen Profile aus dem Musterdatenbestand selektiert, die einem zur Untersuchung anstehenden Unternehmensprofil am nächsten kommen. Eine Prognose läßt sich ermitteln, indem die für jede Profilgruppe zu einer Zeitreihe komprimierten Vergleichsprofile mit dem Profil des Untersuchungsfalles ex post abgeglichen werden. Je nach Grad der Abweichung vom "lebenden", "notleidenden" und "abgelehnten" Vergleichsprofil über die Prognosezeiträume hinweg, kann ein individueller Risikoerwartungswert als Maßstab für die Ausfallwahrscheinlichkeit durch die Errechnung eines Abweichungsminimums ermittelt werden. Genauso läßt sich die Abweichung vom Standard- oder vom Optimalprofil bestimmen. Die unterschiedlichen Risikoerwartungswerte je Prognosezeitpunkt sind nach geschäftspolitischen Zielsetzungen zu gewichten. In Abhängigkeit von der Geschäftspolitik kann eine Grenze festgelegt werden, bis zu der es wünschenswert ist, sich bei einem Unternehmen zu engagieren[318].

Die Auswertung aller zur Verfügung stehenden Bonitätsmuster ermöglicht es einem Kreditinstitut, ein adäquates Risikomix zu ermitteln. Die Engagements können sowohl hinsichtlich der Kundengruppen als auch nach Produktbereichen unterschieden werden. Kundengruppen lassen sich nach ihrer Art (Rechtsform, Branche, Größe, etc.), nach demographischen Kriterien (Alter, Standort, etc.) und qualitativen Merkmalen (Marktpotential, Führungspotential, etc.) differenzieren. Produktbereiche werden nach Produktgruppen, Laufzeiten, Refinanzierungsarten oder verwendungsorientiert strukturiert. Die Kombination der möglichen Klassifizierungen ergibt ein differenziertes Bild der eingegangenen Risiken. Risikolimits setzen Grenzen für bestimmte Kunden- und Produktgruppen, deren Überschreitung nur in Ausnahmefällen zulässig ist. Schichtungsgruppen, die besondere Risiken aufweisen, können in Abhängigkeit von der geschäftspolitischen Zielsetzung eliminiert werden. Solche, die große Chancen bieten, werden gefördert[319].

6.2.5 Diskussion des Risikoanalysemodelles

Das im Rahmen dieser Arbeit entwickelte Risikoanalysemodell wurde auf der Basis von Expertenwissen konzipiert. Es handelt sich dabei um einen Vorschlag, was bedeutet, daß in einigen Teilbereichen auch, wie teilweise beschrieben, eine andere Vorgehensweise denkbar wäre. Außerdem sollten folgende Punkte beachtet werden:

---

[318] Vgl. Nolte-Hellwig, K.Ulf; Leins, Herwig; Krakl, Johann, a.a.O., S.110-111.
[319] Vgl. Nolte-Hellwig, K.Ulf; Leins, Herwig; Krakl, Johann, a.a.O., S.113-114.

Grundlage für alle Modelle und Konzepte ist das Wissen von Experten. Hierbei ist nicht auszuschließen, daß die Befragung von anderen Experten in Einzelfällen unterschiedliche Ergebnisse ergeben hätte. Dieses Risiko wird vom Autor jedoch in Kauf genommen, da es sich bei den entwickelten Modellen nicht um allgemeingültige Konzepte handelt, sondern um einen Vorschlag zur Beurteilung der Unternehmensqualität. In Abhängigkeit von der Risikoneigung einzelner Kreditinstitute können unterschiedliche Schwerpunkte gesetzt werden.

Das beschriebene Gewichtungsmodell rechnet positive gegen negative Risiken auf. Diese Vorgehensweise versucht der Tatsache gerecht zu werden, daß positiv ausgeprägte Merkmale oftmals Negativmerkmale mehr als kompensieren[320]. So ist davon auszugehen, daß auch erfolgreich geführte Unternehmen in Teilbereichen durchaus zahlreiche Schwachstellen und Unzulänglichkeiten aufweisen können, die jedoch durch andere erfolgreiche Bereiche ausgeglichen werden[321]. Trotzdem ergibt sich aus der Aufrechnung der negativen und positiven Risiken insofern ein Problem, als in Einzelfällen auch die negative Ausprägung einzelner weniger Merkmale ein Indikator für existenzgefährdende Risiken sein kann[322].

Dieser Tatsache wird durch die Verdoppelung der Gewichte bei Merkmalen mit negativer Ausprägung teilweise Rechnung getragen. Des weiteren kommt bei der Lösung dieser Problemstellung die Flexibilität eines wissensbasierten Systems voll zur Geltung, dem eine Auswertung der Merkmale in alle Richtungen offensteht. Für die Ermittlung einer Gesamtbeurteilung ist eine Methode, die in den Ergebnissen zwischen Bonus und Malus abwägt, durchaus angemessen[323]. Dennoch muß auf eine Darstellung der Einzelrisiken nicht verzichtet werden. Die umfangreichen Möglichkeiten der wissensbasierten Ergebnisdarstellung erlauben eine parallele Abbildung der Untersuchungsresultate auf allen Ebenen. Eine Auflistung der Einzelmerkmale, die mit negativen Risiken belastet sind, gibt dem externen Betrachter einen Überblick über die bei einer Unternehmung kritischen Punkte[324]. Eine solche Darstellung entspricht im wesentlichen den Resultaten solcher Verfahren, die nur Risikofaktoren berücksichtigen[325].

---

[320] Vgl. Kollhöfer, Dietrich, a.a.O., S.979.

[321] Die Tatsache, daß auch erfolgreich geführte Unternehmen zahlreiche Schwachstellen vorweisen, weist Kömpf in seiner Arbeit nach, vgl. Kömpf, Wolfgang, a.a.O., S.232-234.

[322] Vgl. beispielsweise, Hauschildt, Jürgen, Unternehmenskrisen - Herausforderungen an die Bilanzanalyse, a.a.O., S.4.

[323] Vgl. Bühler, Wilhelm, Bonitätsprüfung und ihre ungenutzten Informationsressourcen, a.a.O., S.84.

[324] Siehe Fallstudie im Anhang: Kritische Aspekte bei der Beurteilung ....., S.270-271.

[325] Vgl. Beschreibung des Systems "Risk" der Bayrischen Vereinsbank, Kollhöfer, Dietrich, a.a.O., S.978-980.

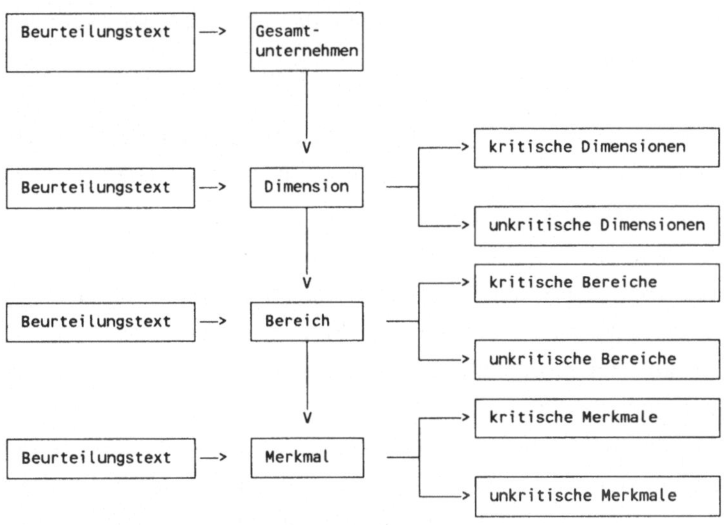

Abbildung 51: Mögliche Darstellungsebenen für Risikoergebnisse

Ein weiterer Kritikpunkt ergibt sich aus der Ermittlung einer systemgestützten Gesamtbeurteilung. Es stellt sich die Frage, inwieweit eine solche Zusammenfassung der Ergebnisse für alle möglichen Analysefälle als sinnvoll anzusehen ist. Bei einer wissensbasierten Analyse der Unternehmensbonität ist in der Praxis von Spezialfällen auszugehen, die im Rahmen einer Erhebung nicht berücksichtigt werden können. Als Beispiel hierzu sind die Besonderheiten von extremen regionalen Rahmenbedingungen, von Spezialbranchen oder von außergewöhnlichen Marktentwicklungen zu nennen. Es ist davon auszugehen, daß bei den genannten Fällen die Gewichtungsschwerpunkte situativ unterschiedlich sind. Eine Lösung dieser Problematik kann der Verzicht auf die Ermittlung einer Gesamtbeurteilung sein. Der höchste Aggregationsgrad läge dann auf der Ebene der Risikodimensionen. Dieser Ansatz überläßt es dem Analysten selbst, wie er die Systembeurteilungen der einzelnen Dimensionen gewichtet. Beispielsweise wäre es denkbar, daß auch eine hervorragende Ausprägung der Risikodimension "Führungspotential" bei einer besonders schlechten Marktlage in Einzelfällen die Marktrisiken nicht mehr aufzuwiegen vermag. Der Analyst kann für solche Fälle, in Abweichung zur Systembeurteilung, eine entsprechend ungünstige Gesamtbeurteilung vergeben. Er steht dann allerdings unter Begründungszwang, warum er die abweichende Bewertung für zutreffender hält.

Entsprechend läßt sich die maximale Aggregationsebene auch tiefer festlegen, bis hinunter zu den Einzelkriterien. Die Ergebnisse werden dann in Form eines

Stärken/Schwächen-Profils entweder auf der Ebene der Unternehmensbereiche oder der Einzelmerkmale dargestellt[326].

Starke Korrelationen sind insbesondere zwischen den Merkmalen zu vermuten, die über Schlußfolgerungen miteinander verbunden sind. Solche Merkmale gehen indirekt zwei- oder mehrmals in das Risikourteil ein.

Soll diese Sachlage bei der Ermittlung von Gesamtbewertungen berücksichtigt werden, ist es in einem wissensbasierten System möglich, ein Schlüsselfeld zu definieren, aus dem die Datenquelle zu entnehmen ist. Merkmale, bei denen als Quelle "Schlußfolgerungen aus anderen qualitativen Merkmalen" angegeben ist, bleiben bei der Bewertungsaggregation außen vor.

Die hier vorgeschlagene Risikoanalyse berücksichtigt sämtliche Bonitätskriterien des Kataloges, unabhängig von der Quelle der Beurteilung. Dabei wird in Kauf genommen, daß "Quellenmerkmale" indirekt mehrmals in die Risikogewichtung eingehen. Eine solche Vorgehensweise wird wie folgt begründet:

Die Bonitätsmerkmale des Kataloges sind grundsätzlich als eigenständige Merkmale anzusehen. Für die Analyse wird nicht unterschieden, ob ein Merkmal mit Hilfe von Schlußfolgerungen oder direkt über eine manuelle Untersuchung beurteilt wurde, da eine manuelle Untersuchung prinzipiell für jedes Merkmal offen ist. Auch die mit Hilfe von Schlußfolgerungen beurteilten Merkmale werden als selbständig betrachtet, zumal deren Beurteilung auf einer der Risikoermittlung vorgelagerten Ebene erfolgt. Die empirisch ermittelte Grundlage für die Risikobestimmung ist der Merkmalskatalog, unabhängig von den Quelldaten, die für die Beurteilung einzelner Kriterien herangezogen wurden. Merkmale, die mit mehreren anderen Bonitätssachverhalten in engem Zusammenhang stehen, werden als besonders wichtig angesehen. Die entsprechend stärkere Berücksichtigung wird nicht als negatives Faktum betrachtet.

Schließlich bietet auch die gewählte Gewichtsabstufung Ansatzpunkte für Kritik. Die Abstufung orientiert sich im vorgestellten Modell an der auch für die Befragung gewählten Ratingskala. Im Konkretisierungsmodell erfolgte eine Übertragung der Befragungsskala von "null" bis "sechs" in einen Gewichtungsmeßbereich von "eins" bis "vier"[327]. Die Zahl "eins" steht für geringes Gewicht, die Zahl "vier" für höchstes Gewicht. Es erschien daher sinnvoll, die Abstufung der Befragung für das Gewichtungsmodell beizubehalten. Analog zu der Gewichtung der Einzelmerkmale wird auch die Gewichtung der Unternehmensbereiche in vier Stufen festgelegt.

---

326 Vgl. Kap. 6.3.3., S.215-216. Siehe auch Stärken-Schwächen Analyse, Anhang, S.273.
327 Vgl. Ermittlung einer Risikogewichtung für Einzelmerkmale, Kap. 5.1.1.6.1., S.94-97.

Prinzipiell muß an dieser Stelle angemerkt werden, daß die Festlegung der beschriebenen Unterteilung nach pragmatischen und empirischen Gesichtspunkten erfolgte. Vor dem Hintergrund der Zielsetzung, die Expertenurteile als Basis für die Analysemodelle zu verwenden, schien eine solche Vorgehensweise vertretbar. Eine statistische Überprüfung der Gewichte ist bei der Vielzahl von Einzelkriterien nahezu ausgeschlossen und hätte den Rahmen dieser Arbeit gesprengt. Außerdem wird vom Autor bezweifelt, daß sich mit Hilfe von statistischen Verfahren wesentlich bessere allgemeingültige Gewichtungsmodelle ermitteln lassen[328].

Da in einem wissensbasierten System niemals alle relevanten Fakten gespeichert werden können, kann hier kein Modell beschrieben werden, das den Analytiker ersetzt. Vielmehr soll die Phantasie und Energie des Verantwortlichen angeregt und die Untersuchung kritischer Punkte unterstützt werden. Die Ermittlung einer Gesamtbeurteilung ist hier als zusätzliches Angebot zu verstehen, das die einzelnen Merkmale gemäß ihrer von den Experten eingeschätzten Bedeutung für das Bonitätsrisiko zueinander in Beziehung setzt[329].

In diesem Zusammenhang muß noch einmal auf die vielfältigen Möglichkeiten zur Ergebnisdarstellung hingewiesen werden, die einen wesentlichen Teil der wissensbasierten Analyse darstellen. Für alle Analysefälle, bei denen eine Gewichtung nach dem vorgegebenen Gewichtungsmuster nicht sinnvoll ist, lassen sich zusätzlich die Einzelmerkmale als Indikatoren für ein Chancen-Risiken Profil zur manuellen Beurteilung heranziehen[330].

Von einem pragmatischen Gesichtspunkt aus betrachtet, kommt es insbesondere auf die Anwendbarkeit und Verständlichkeit des Verfahrens an. So muß der "Lernfähigkeit" im zeitlichen Verlauf der Anwendung eines wissensbasierten Analysesystems der Vorzug vor einer vollständigen Vorabschematisierung gegeben werden[331]. Die im Rahmen der wissensbasierten Analyse gewonnenen Daten lassen sich zentral speichern. Nach etwa zwei bis drei Jahren Anwendung eines Analysesystems dürfte eine ausreichende Anzahl von Risikoprofilen verfügbar sein, die eine entsprechende Auswertung erlauben. Aufbauend auf den Auswertungsergebnissen können die Gewichte empirisch weitergehend fundiert an neue Gegebenheiten angepaßt werden.

---

[328] Vgl. Gemünden, Hans Georg, Defizite der empirischen Insolvenzursachenforschung, in: Krisendiagnose durch Bilanzanalyse, hrsg. von Hauschildt, Jürgen, Köln 1988, S.142-145 und S.148-152.

[329] Vgl. Hauschildt, Jürgen, Überlegungen zu einem Diagnosesystem für Unternehmenskrisen, a.a.O, S.201.

[330] Die unterschiedlichen Ergebnisdarstellungsformen werden in der Fallstudie im Anhang illustriert, S.258-276.

[331] Vgl. Tichy, Bruno, a.a.O., S.250.

6.3 Modellanalysen

Die Modellanalysen geben dem Anwender ein Werkzeug an die Hand, mit dem sich die einzelnen Bonitätsmerkmale zueinander in zielspezifische Beziehungen setzen lassen. Durch Verdichtung, Aggregation und Gruppierung von Einzelmerkmalen können Aussagen über die strategische Position und die Qualität von bestimmten Bonitätssachverhalten getroffen werden. Grundlage hierfür sind Modelle, die im strategischen Management[332] oder in der Krisenforschung eingesetzt werden. Von den Instrumenten des strategischen Managements sind die Durchführung von unterschiedlichen Portfolioanalysen, die Bildung einer Technologie-Matrix oder der Aufbau eines Stärken- und Schwächenprofils für die Bonitätsanalyse geeignet[333]. Aus der Krisenforschung bietet sich die Ermittlung von Krisentypen[334] und die Erstellung einer Risikocheckliste oder eines Risikoprofils an[335].

Prinzipiell stehen für die wissensbasierte Analyse alle Modelltypen offen, die auf der Untersuchung einzelner Merkmale aufbauen, so wie sie im fünften Kapitel dieser Arbeit beschrieben wurden. Technisch erfordert die Einführung eines individuellen Analysetypus die Definition einer entsprechenden Regel und eines Schlüssels, der kennzeichnet, welche Bedeutung einem Bonitätsmerkmal oder einem Unternehmensbereich für das jeweilige Modell beizumessen ist.

In den folgenden Abschnitten sollen einzelne, für die Bonitätsanalyse besonders geeignete Modelle vorgestellt und die für die wissensbasierte Umsetzung erforderliche Logik beschrieben werden.

6.3.1 Erstellung von individuellen Risikoprofilen

Eine in der Fachliteratur häufig vorgeschlagene Methode zur Untersuchung von qualitativen Faktoren stellt die Aufstellung von Risiko-Checklisten und Risikoprofilen dar[336]. Eine solche Checkliste konfrontiert den Analysten mit einer Reihe von Boni-

---

[332] Ein Überblick über verschiedene Verfahren findet sich bei Gottschlich, Werner, Strategische Führung in mittleren Unternehmen: Konzepte, Operationalisierung und Messung, Frankfurt 1989, S.54.

[333] Vgl. Hertenstein, Karl-Heinz, Massnahmen und Strategien der Unternehmensbeurteilung, in: Kreditinformations- und Kreditüberwachungssysteme, Hrsg. von Bühler, Wilhelm und Schuster, Leo, Wien 1988, S.55-78.

[334] Vgl. Hauschildt, Jürgen, Unternehmenskrisen - Herausforderungen an die Bilanzanalyse, a.a.O., S.10-13.

[335] Vgl. Klinger, Michael A., a.a.O., S.60.

[336] Vgl. Kapitel 2.3.3, Ermittlung betriebswirtschaftlicher Risikofaktoren und Risikoindikatoren, S.31.

tätssachverhalten, die er jeweils anhand einer Ratingskala zu beurteilen hat. Werden die einzelnen Risikobewertungen grafisch verbunden, ergibt sich ein Risikoprofil, aus dem die Stärken und Schwächen einer Unternehmung abgelesen werden können. Die Gewichtung einzelner Merkmale wird dabei nur insoweit berücksichtigt, als in die Standard-Checklisten nur Merkmale mit hohem Gewicht für die Analyse der Unternehmensbonität aufgenommen werden. Die einzelnen Bonitätsparameter einer Checkliste stehen dann gleichberechtigt nebeneinander[337].

Mit Hilfe eines wissensbasierten Systems lassen sich Checklisten und Risikoprofile einfach erstellen. Der Vorteil liegt insbesondere in den flexiblen Darstellungsmöglichkeiten. So ist es möglich, unter Berücksichtigung der für ein Bonitätsmerkmal relevanten Schichtungskriterien für jeden Unternehmenstyp in Abhängigkeit von der Branche, der Größe und dem Alter eine individuelle Checkliste zu erstellen. Des weiteren kann eine Liste in Anlehnung an den Analysezweck in verschiedenen Detaillierungsstufen aufgebaut werden.

In der Beurteilungspraxis können wissensbasierte Risiko-Checklisten auf zwei Weisen angewandt werden:

Bei der ersten Vorgehensweise wählt ein wissensbasiertes System die für einen bestimmten Unternehmenstyp relevanten Einzelmerkmale aus. Die Auswahl geschieht in Abhängigkeit vom gewählten Detaillierungsgrad, wobei sich, ähnlich wie bei der Risikountersuchung, eine Differenzierung in Merkmale mit hoher und höchster Bedeutung, in solche mit mittlerer Bedeutung und in Merkmale mit geringer Bedeutung für die Analyse der Unternehmensbonität eignet. Die ausgewählten Bonitätsmerkmale werden in einem weiteren Schritt, falls sie noch nicht im Rahmen von anderen Analysetypen beurteilt wurden, dem Analysten in Form von Systemfragen zur Untersuchung präsentiert. Anhand der so ermittelten Ausprägungen von Einzelmerkmalen erstellt das System ein unternehmensindividuelles Risikoprofil, das die Merkmale berücksichtigt, die für den zur Untersuchung anstehenden Unternehmenstyp relevant sind. Der Analyst verfügt so über ein Instrument, das ihm gezielt die Bonitätsmerkmale einer Unternehmung aufzeigt, mit denen Risiken verbunden sind.

---

337 Vgl. Benölken, Heinz und Bickel, Walter, a.a.O., S.98-102.

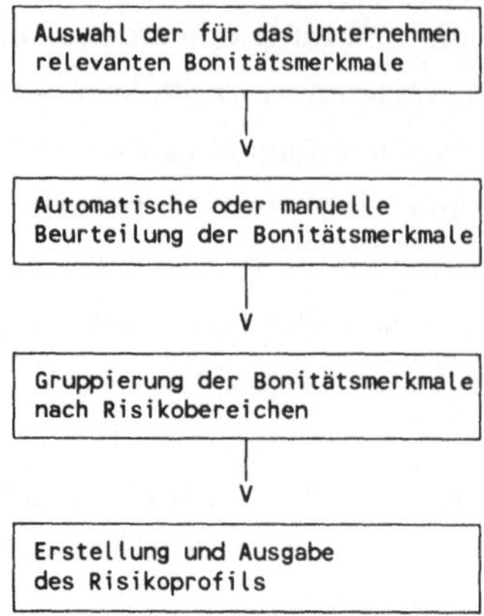

Abbildung 52: Flußplan der Erstellung eines Risikoprofils

Die zweite Nutzungsmöglichkeit liegt in der Erstellung einer unternehmensindividuellen Checkliste, die einem Analysten beispielsweise als Vorbereitung für Kundengespräche dienen kann. Auch hierzu wählt das System die relevanten Einzelmerkmale in Abhängigkeit vom gewünschten Detaillierungsgrad aus und faßt diese in Form einer Liste zusammen. Auf eine Beurteilung wird jedoch verzichtet. Die Listen sehen für jeden Unternehmenstyp in Abhängigkeit von der Branche, vom Alter und der Größe der Unternehmung unterschiedlich aus.

Ein Analyst verfügt damit über eine **unternehmensindividuelle** Checkliste, die sich sowohl als Unterstützung für eine manuelle Untersuchung von Einzelmerkmalen als auch als Basis für weitere computergestützte Analysen einsetzen läßt. Dies kann z.B. in der Form erfolgen, daß einzelne Positionen der Checkliste manuell untersucht und anschließend in das wissensbasierte System übertragen werden[338].

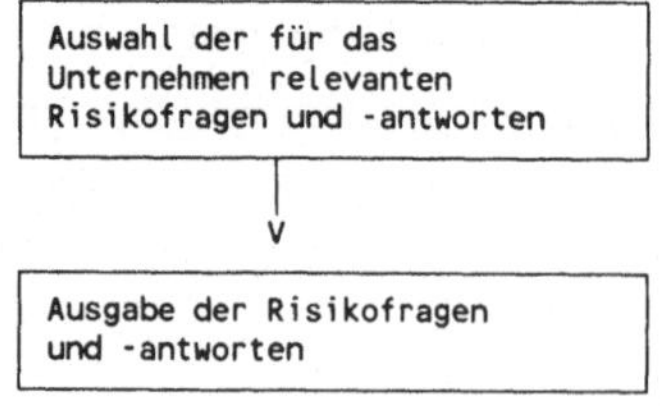

Abbildung 53: Flußplan für die Erstellung einer Risiko-Checkliste

---

[338] Beispiele für Checklisten finden sich im Anhang, S.263-265.

6.3.2 Bestimmung von Krisentypen

Hauschildt[339] unterscheidet auf der Suche nach bestimmten Typen von Krisen
zunächst zwei Krisenarten: Die manifeste Krise und die latente Krise. Eine Krise wird
als manifest bezeichnet, falls sie dem maßgeblichen Teil der Geschäftspartner der Unternehmung bekannt ist. Eine latente Krise liegt vor, wenn die Krisensituation der
Unternehmensumwelt noch verborgen ist. Die Diagnose von Krisentypen befaßt sich
hauptsächlich mit unterschiedlichen latenten Krisen, um ein Unternehmen wieder auf
Erfolgskurs zu bringen, bevor es zum Zusammenbruch kommt. Entscheidend ist die
Betrachtung von Unternehmen, bei denen zwar Probleme existent sind, die aber noch
nicht unmittelbar von der Zahlungsunfähigkeit bedroht sind.

Zur Ermittlung der Krisentypen wurden bestimmte Kombinationen von Krisensymp-
tomen mit Hilfe einer Clusteranalyse klassifiziert. Basis für die Untersuchung waren
die als Krisensyndrome identifizierten Einzelursachen, wie sie in der Zeitschrift
"Manager Magazin" unter dem Stichwort "Mis-Management" beschrieben wurden[340].
Die Clusteranalyse führte schließlich zur Bestimmung von vier unterschiedlichen Krisentypen:

Krisentyp 1: Das Unternehmen auf brechenden Stützpfeilern

Hierbei handelt es sich um eine Unternehmung, bei der der Absatzsektor in unerwar-
tetem Maße stagniert. Das Unternehmen hat erhebliche Schwierigkeiten, den Produk-
tions- und Beschaffungsbereich auf diesen Einbruch einzustellen, so daß die Kapazitäten nicht mehr aufeinander abgestimmt sind. Da die Unternehmensleitung nicht in der
Lage ist, den Absatzeinbruch zu isolieren, breitet sich die Krise auch auf andere
Unternehmensfunktionen aus.

Krisentyp 2: Das technologisch gefährdete Unternehmen

Der zweite Krisentyp beschreibt eine Unternehmung, bei der der Produktionssektor,
die Investitionstätigkeit sowie die Forschung und Entwicklung kritisch beurteilt werden. Dazu kommen Führungsfehler und Mängel in der Planung. Es handelt sich hierbei um eine Unternehmung, die starr an einer bestimmten Verfahrens- oder Pro-
duktphilosophie festhält und wenig in strategischen Dimensionen denkt.

---

339 Vgl. Hauschildt, Jürgen, Unternehmenskrisen - Herausforderungen an die Bilanzanalyse, a.a.O.,
   S.1-16.
340 Vgl. Kapitel 2.3.2.3, Die Untersuchung von Hauschildt, S.29-30.

Krisentyp 3: Das Unternehmen, das unvorbereitet expandiert

Bei diesem Krisentyp liegen die Mängel im wesentlichen im Führungsbereich der Unternehmung. Dieser ist gekennzeichnet durch Managementfehler, durch Organisationsprobleme und durch erhebliche Mängel im Rechnungswesen, begleitet durch einen starken Mangel an Eigenkapital. Die Ursachen für eine solche Krise sind meist in einer überhasteten oder falsch eingeschätzten Expansion einer Unternehmung zu suchen.

Krisentyp 4: Der konservative und starrsinnige Patriarch

Der Mißerfolg der Unternehmung liegt beim vierten Krisentyp in der Person des Unternehmers oder bei einzelnen Personen der Geschäftsleitung begründet. Geblendet durch Erfolge in der Vergangenheit neigt der Verantwortliche zu Selbstüberschätzung und zu falschen Entscheidungen, insbesondere im Absatzsektor. Begleitet wird dies durch ein großes Mißtrauen gegenüber allen Instrumenten der Planung und der Kontrolle.

Für die Identifikation von Krisentypen mit Hilfe eines wissensbasierten Computersystems gilt es nun festzulegen, wie sich aus der Ausprägung und Verdichtung von Einzelmerkmalen ein bestimmter Krisentyp erkennen läßt. Hierzu erscheinen zwei Vorgehensweisen mit unterschiedlichem Genauigkeitsgrad als geeignet:

Im Rahmen der ersten Vorgehensweise ist zunächst bei der Untersuchung und Bewertung der einzelnen Mißerfolgssegmente nach dem gleichen Prinzip wie bei der Beurteilung von Risikobereichen vorzugehen. Anhand der jeweiligen Ausprägung der Einzelmerkmale wird eine Beurteilung der Unternehmensbereiche nach dem beschriebenen Verfahren[341] ermittelt. Anschließend findet eine Übertragung der Bewertung von Risikobereichen in eine Beurteilung für einzelne Risikosegmente statt. Unterscheiden sich die definierten Risikobereiche von den Mißerfolgssegmenten, wird die Bewertung eines dem Mißerfolgssegment ähnlichen oder übergeordneten Segments eingesetzt. In einem zweiten Schritt ist es dann erforderlich, die ermittelten Bewertungen mit den definierten Mustern der Krisentypen abzugleichen und so einen oder mehrere Krisentypen zu identifizieren. Die Zuweisung einer Unternehmung zu einer Krisenklasse erfolgt mit Hilfe der jeweils für einen Typ als charakteristisch beschriebenen Mißerfolgssegmente. Die Identifikation einer Krise vom Typ 2 (Das

---

technologisch gefährdete Unternehmen) kann beispielsweise anhand folgender Regel durchgeführt werden:

- Falls

Bereich	"Produktion"	schlecht beurteilt ist und
Bereich	"Investitionen"	schlecht beurteilt ist und
Bereich	"Forschung und Entwicklung"	schlecht beurteilt ist

dann

ist Krise vom Typ 1 anzunehmen.

Ein solche Regel läßt sich auch entsprechend verfeinern, zum Beispiel dahingehend, daß auf eine Krise bereits dann hingewiesen wird, wenn nur einer der drei Bereiche schlecht beurteilt ist und die anderen durchschnittlich bewertet sind.

Die zweite und genauere Möglichkeit der wissensbasierten Krisenidentifikation baut auf den in der Untersuchungsbeschreibung genannten einzelnen Mißerfolgsursachen auf. Das wissensbasierte System wählt hierzu zunächst mit Hilfe eines Schlüsselfeldes speziell die Einzelmerkmale aus, die von Hauschildt als typisch für die Verursachung von Krisen genannt werden. Eine Beurteilung der Ausprägung einzelner Kriterien erfolgt mit Hilfe von Schlußfolgerungen aus Bilanzzahlen oder durch Systemfragen an den Anwender.

Die Bewertung der Einzelmerkmale ist für die Bestimmung des Krisentypus maßgeblich. Deutet beispielsweise im Segment "Forschung und Entwicklung" eines der kritischen Merkmale auf Mängel hin, identifiziert das System automatisch eine mögliche Schwäche in dem genannten Segment. Deuten mehrere Merkmale auf Mängel hin, wird eine sichere Schwäche bestimmt. Liegen nun wie oben beschrieben in allen oder den meisten Segmenten einer Krisenklasse Mängel vor, geht das wissensbasierte System von einer entsprechenden Krise aus. Die Vorgehensweise bei der Ermittlung eines Krisentypus erfolgt nach dem bereits beschriebenen Prinzip. Eine Regel vergleicht das ermittelte Bonitätsmuster mit den abgelegten Krisenmustern und falsifiziert oder verifiziert die einzelnen Krisentypen. Läßt sich trotz vorhandener Mängel kein Krisentypus exakt identifizieren, gilt es, den wahrscheinlichsten Typus zu bestimmen. Dies erfolgt anhand eines Maßstabes, der ähnlich wie bei der Bestimmung der Analysequalität einer Risikoanalyse[342] ausdrückt, wieviele Segmente eines Unternehmens im Verhältnis zu den Segmenten, die einen Krisentypus umfassend beschreiben, zutreffend sind. Auf der Basis dieses Maßstabes ermittelt das wissensbasierte System denjenigen Krisentypus, dem das zu untersuchende Bonitätsmuster am nächsten kommt. Die praktische Durchführung wird über die Aufsummierung und

---

342 Vgl. Kapitel 6.2.2.1, Beurteilung von Analysebereichen, S.192-195.

213

Gewichtung der kritischen Risikosegmente vorgenommen. Für Risikosegmente, die mit hoher Sicherheit als kritisch eingestuft werden, wird ein Prozentwert von 100 vergeben. Vermutlich kritische Segmente erhalten einen Wert von 50. Die Berücksichtigung der als "unkritisch" beurteilten Segmente entfällt. Als Gewichte werden die für einzelne Unternehmensbereiche in Abhängigkeit von der Branche ermittelten Werte eingesetzt. Das so berechnete Ergebnis wird mit Grenzwerten verglichen, die unterschiedliche Signifikanzniveaus vertreten. Als Grenzwert wird die 50% Marke für die Identifikation einer wahrscheinlichen Krise und die 80% Marke zur Bestimmung einer sicheren Krise vorgeschlagen. Die Abweichung wird für jeden Krisentypus errechnet, indem das System das individuelle Bonitätsmuster mit dem "Optimalmuster" des jeweiligen Krisentypus vergleicht und diejenigen auswählt, die die Grenzwerte überschreiten[343].

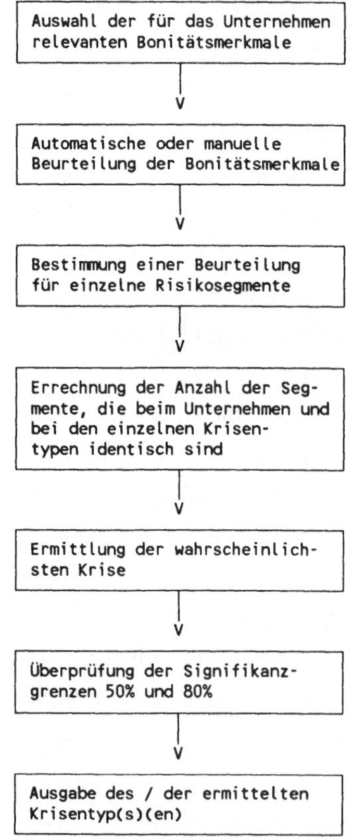

Abbildung 54: Flußplan zur Ermittlung von Krisentypen

---

[343] Eine beispielhafte Krisentypbestimmung findet sich in der Fallstudie "Bergbaumaschinen" im Anhang, S.272.

weck der Stärken/Schwächen-Analyse ist es, die strategische Ausgangssituation einer nternehmung im Vergleich zu Konkurrenzunternehmen zu bestimmen. Strategische tärken besitzt eine Unternehmung dann, wenn sie einen besonderen wettbewerbs- olitischen Vorsprung hat, der von der Konkurrenz nur schwer einholbar ist. Als chwächen sind entsprechende Nachteile gegenüber der Konkurrenz anzusehen oder ber wesentliche Mängel aller Anbieter, die einem neuen Anbieter schlagartig Markt- orteile bringen könnten.

ie Erstellung eines Stärken/Schwächen-Kataloges soll gewährleisten, daß in einer Internehmung bei der Entwicklung von Strategien auf eine Ausnutzung bestehender tärken geachtet wird. Schwächen sind insoweit abzubauen, als sie eine Unterneh- iung bei der konsequenten Ausnutzung ihrer Stärken behindern[344].

ür eine wissensbasierte Stärken/Schwächen-Analyse, die auf den in Kapitel fünf eschriebenen Einzelmerkmalen aufbaut, muß zunächst eine für die Analyse eeignete Vergleichsgruppe gefunden werden. Der direkte Vergleich mit einem Kon- urrenten ist für den externen Analysten nur insoweit möglich, als er auch die entspre- henden Daten zur Beurteilung einer Konkurrenzunternehmung zur Verfügung hat. iegen diese nicht vor, läßt sich die Analyse durch eine Gegenüberstellung mit der 'ergleichsgruppe durchführen, wie sie einem wissensbasierten System in Form von teferenzwerten zur Verfügung stehen sollte. Merkmale, die nicht anhand des Ver- leiches zu beurteilen sind, werden entsprechend ihrer jeweiligen Ausprägung als tärken, Schwächen oder neutral eingestuft. Als weitere Möglichkeit wäre es denkbar, ei der Stärken/Schwächen-Analyse nur die Merkmale zu berücksichtigen, die einen irekten Vergleich mit der Konkurrenz oder der Vergleichsgruppe erlauben. Ein Bei- piel für ein solches Merkmal ist das Kriterium "Standortvorteile und Standortnach- eile gegenüber der Konkurrenz". Dieses Kriterium wird direkt im Vergleich mit inem oder mehreren Konkurrenten bewertet.

---

[44] Vgl. Kropfberger, Dietrich, Erfolgsmanagement statt Krisenmanagement, Strategisches Management in Mittelbetrieben, Linz 1986, S.77-78.

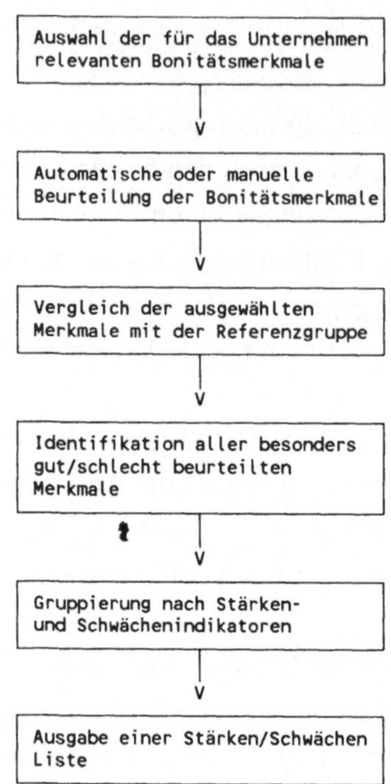

Abbildung 55: Flußplan für die Durchführung einer Stärken/Schwächen-Analyse

Bei der Darstellung der Analyseergebnisse werden nur noch die Merkmale berücksichtigt, die eine extrem positive oder eine extrem negative Ausprägung aufweisen. Die Gegenüberstellung dieser Merkmale in Form eines Kataloges ergibt das Stärken/Schwächen-Profil[345]. Für den Bonitätsanalysten läßt sich dieses Profil als Maßstab dafür einsetzen, inwieweit die Strategie einer Unternehmung auf den ermittelten Stärken aufbaut und in welcher Form am Abbau von identifizierten Schwächen gearbeitet wird. Die Kenntnis von Schwächen kann als Basis für Neugeschäfte in der Form genutzt werden, daß ein Kreditinstitut seine Leistungen zur Behebung des Mangels anbietet, wie beispielsweise einen Kredit zur Beschaffung neuer Produktionsanlagen.

---

[345] Als Beispiel siehe Fallstudie "Bergbaumaschinen" im Anhang, S.273.

216

6.3.4 Marktattraktivität/Wettbewerbsvorteile-Analyse

Die Marktattraktivität/Wettbewerbsvorteile-Analyse versucht, mit Hilfe einer Vielzahl von Faktoren Marktchancen und Stärken einer Unternehmung zukunftsgerichtet zu erfassen. Dabei erfolgt eine Verdichtung von 40 Einzelfaktoren zu den beiden Dimensionen "Marktattraktivität" und "Wettbewerbsvorteile". Der Funktionsraum der Matrix wird in jeweils drei Intervalle unterteilt, die den Ausprägungen "niedrig", "mittel" und "hoch" entsprechen. Entwickelt wurde dieses Konzept von der Beratungsfirma McKinsey & Co. in Zusammenarbeit mit General Electric[346].

Im Rahmen der Bonitätsanalyse eignet sich die Matrix sowohl zur Untersuchung verschiedener strategischer Geschäftseinheiten als auch zur Positionierung einer Unternehmung im Vergleich zur Branche oder zu einzelnen Konkurrenten[347]. Die Bildung eines Portfolios der einzelnen Geschäftseinheiten eines Unternehmens ist dabei vor dem Hintergrund zu sehen, den Firmenkundenbetreuer bei der Beratung eines Klienten zu unterstützen. Finanzielle Mittel können in die Geschäftseinheiten gelenkt werden, die die größten Beiträge am Gesamterfolg einer Unternehmung leisten. Die Positionierung einer Gesamtunternehmung im Vergleich zu einer Referenzgruppe oder zu einem Konkurrenten dient dagegen als Hilfe für die Risikoanalyse. Ein Kreditinstitut kann durch den Einsatz dieser Methode folgende Vorteile erzielen[348]:

- Marktbezogene Wettbewerbsbetrachtung.
- Verdeutlichung von wettbewerbsrelevanten Stärken und Schwächen.
- Identifikation von zusätzlichen Geschäftsmöglichkeiten.
- Beitrag zur Konzeption von Unternehmensstrategien.
- Früherkennung von Kreditrisiken.
- Risikosteuerung.

Die Analyse der Marktattraktivität umfaßt die Untersuchung der Gewinn- und Wachstumsperspektiven des Industriesektors, in dem die zu beurteilende Unternehmung tätig ist. Im einzelnen handelt es sich dabei um das Marktwachstum, die Marktqualität, die Energie- und die Rohstoffversorgung sowie die Umweltsituation. Ebenso wie die Marktattraktivität läßt sich der relative Wettbewerbsvorteil

---

346 Vgl. Antoni, Manfred und Riekhof, Hans-Christian, Strategieentwicklung mittels Portfolio-Analyse, in: Strategieentwicklungen: Konzepte und Erfahrungen, Hrsg.: Riekhof, Hans-Christian, Stuttgart 1989, S.175-176.
347 In Anlehnung an Hinterhuber, Hans, a.a.O., S.110.
348 Vgl. Hertenstein, Karl-Heinz, a.a.O., S.64.

einer Unternehmung anhand von vier Hauptkriterien[349] analysieren. Dies sind die relative Marktposition, das relative Produktionspotential, das relative Forschungs- und Entwicklungspotential und die relative Qualifikation der Führungskräfte. Dabei ist zu beachten, daß sich die Wettbewerbsvorteile in dem Maße erhöhen, in dem sich eine Unternehmung gegen die Wirkungen des Marktes besser abschirmen kann als die Konkurrenten[350].

Ein Vorschlag für die Beschreibung der Marktattraktivität und der Wettbewerbsvorteile findet sich in Tabelle 32.

---

[349] Bei der Analyse der Marktattraktivität und der Wettbewerbsvorteile werden die Begriffe "Hauptkriterien" und "Dimension" in Anlehnung an die Literatur synonym verwendet.
[350] Vgl. Hinterhuber, Hans, a.a.O., S.112-117.

Tabelle 32: Dimensionen der Marktattraktivität und der Wettbewerbsvorteile[351]

MARKTATTRAKTIVITÄT	RELATIVE WETTBEWERBSVORTEILE

(1) Marktwachstum und Marktgröße
(2) Marktqualität
  - Rentabilität der Branche
  - Spielraum für die Preispolitik
  - Technologisches Niveau und Innovationspotential
  - Schutzfähigkeit des technischen Know-How
  - Investitionsintensität
  - Wettbewerbsintensität und -struktur
  - Anzahl und Struktur potentieller Abnehmer
  - Anforderungen an Distribution und Service
  - Variabilität der Wettbewerbsbedingungen
  - Substitutionsmöglichkeiten
(3) Energie- und Rohstoffversorgung
  - Störanfälligkeit in der Versorgung mit Rohstoffen und Energie
  - Beeinträchtigung der Wirtschaftlichkeit des Produktionsprozesses durch Erhöhung der Energie- und Rohstoffpreise
  - Existenz von alternativen Rohstoffen und Energieträgern
(4) Umweltsituation
  - Konjunkturabhängigkeit
  - Inflationsauswirkungen
  - Abhängigkeit von der Gesetzgebung
  - Abhängigkeit von den Einstellungen der Öffentlichkeit
  - Risiko staatlicher Eingriffe
  - Auswirkungen der zunehmenden Schadstoffbelastung auf die Natur
	(1) Relative Marktposition (im Vergleich zur stärksten Konkurrenzunternehmung)
	  - Marktanteil und dessen Entwicklung
	  - Größe und Finanzkraft der Unternehmung
	  - Wachstumsrate
	  - Rentabilität
	  - Risiko (Grad der Etabliertheit im Markt)
	  - Marketing-Potential (Image der Unternehmung, daraus resultierende Abnehmerbeziehungen, Preisvorteile auf Grund von Qualität, Lieferzeit, Service, Technik, Sortimentsbreite usw.)
	(2) Relatives Produktionspotential (in bezug auf die erreichte oder geplante Marktposition)
	Prozeßwirtschaftlichkeit
	  - Kostenvorteile auf Grund der Modernität der Produktionsanlagen, Kapazitätsausnutzung usw.
	  - Innovationsfähigkeit und technisches Know-how
	  - Lizenzbeziehungen
	  - Anpassungsfähigkeit der Anlagen an wechselnde Marktbedingungen
	Hardware
	  - Erhaltung der Marktanteile mit der gegenwärtigen oder im Aufbau befindlichen Kapazität
	  - Standortvorteile
	  - Steigerungspotential der Produktivität
	  - Umweltfreundlichkeit des Produktionsprozesses
	  - Lieferbedingungen, Kundendienst usw.
	Energie- und Rohstoffversorgung
	  - Erhaltung der gegenwärtigen Marktanteile unter den voraussichtlichen Versorgungsbedingungen
	  - Kostensituation bei der Energie- und Rohstoffversorgung
	(3) Relatives Forschungs- und Entwicklungspotential
	  - Stand der Grundlagen- und der angewandten Forschung
	  - experimentelle und anwendungstechnische Entwicklung im Vergleich zur Marktposition der Unternehmung
	  - Innovationspotential und -kontinuität
	(4) Relative Qualifikation der Führungskräfte und Mitarbeiter
	  - Professionalität und Urteilsfähigkeit, Einsatz und Kultur der Kader
	  - Innovationsklima
	  - Qualität der Führungssysteme

Bei der wissensbasierten Erstellung einer Marktattraktivität/Wettbewerbsvorteile-Matrix stellt sich zunächst wieder die Frage nach der Gewichtung einzelner Beurteilungsparameter. In Anbetracht der Zielsetzung dieser Arbeit, geeignete Methoden zur Unterstützung der Bonitätsanalyse von Firmenkunden eines Kreditinstitutes aufzuzeigen, bietet es sich an, die Gewichtung in Anlehnung an die Bedeutung einzelner Merkmale und Bereiche für die Unternehmensbonität festzulegen. Ein zweigeteiltes Gewichtungsmodell, das sowohl auf der Basis von Einzelmerkmalen als auch auf branchen-

---

351 In Anlehnung an Hinterhuber, Hans, a.a.O., S.114 und 117.

abhängigen Gewichtungen der Unternehmensbereiche aufbaut, wird dabei dem Analysezweck am ehesten gerecht. Einerseits lassen sich so die branchenspezifischen Besonderheiten berücksichtigen[352], andererseits kann die Beurteilung eines Hauptkriteriums auf der Basis der Ausprägungen von unterschiedlich zu gewichtenden Einzelmerkmalen im vorgegebenen Rahmen wohl am exaktesten erfolgen.

In der Beurteilungspraxis ist ein solcher Analyseablauf in folgender Form vorstellbar[353]:
Die durch Schlußfolgerungen oder die Beantwortung von Fragen bewerteten Einzelmerkmale dienen als Basis für die Beurteilung der Hauptkriterien. Die relevanten Merkmale werden mit Hilfe eines zu definierenden Analyseschlüssels den einzelnen Dimensionen zugeordnet.
In einem nächsten Schritt wird die Summe aus Einzelgewichten und Einzelbeurteilungen errechnet. Die Bewertung eines Hauptkriteriums ergibt sich dann aus dem Quotienten der errechneten Zahl und der Summe der Gewichte aller berücksichtigten Einzelmerkmale. In die Gewichtung gehen dabei nur die für einen Unternehmenstyp relevanten Merkmale ein.

Schließlich erfordert die Ermittlung der Marktattraktivität und des relativen Wettbewerbsvorteils noch die Gewichtung der Hauptkriterien. Hierzu werden die branchenabhängigen Gewichtungen der Unternehmensbereiche des Risikobeurteilungsmodells[354] herangezogen. Diejenigen Hauptkriterien (beispielsweise Energie- und Rohstoffversorgung), die in der Risikoanalyse nur als Merkmale vertreten sind, erhalten die Gewichtung des ihnen übergeordneten Bereiches (Beschaffung). Zur Ermittlung der Untersuchungsgröße werden die Bewertungen der Hauptkriterien mit den Gewichten multipliziert, aufaddiert und durch die Gewichtsumme dividiert.

Durch eine Übertragung dieser Bewertungszahlen in die entsprechende Matrix läßt sich die Positionierung einer Unternehmung oder eines Geschäftsbereichs im Verhältnis zur Vergleichsgruppe grafisch veranschaulichen[355].

---

[352] Vgl. Hinterhuber, Hans, a.a.O., S.113.

[353] Ein ähnlicher Vorschlag findet sich bei Töllner, Christian, Risikoportfolio-Management im Firmenkundengeschäft, in: Kreditpraxis 4/89, S.30-33.

[354] siehe Abbildung 45, Risikogewichtung von Unternehmensbereichen in Abhängigkeit von der Branche, S.189-191.

[355] Als Beispiel siehe Fallstudie "Bergbaumaschinen" im Anhang, S.274-275.

Abbildung 56: Flußplan zur Erstellung der Marktattraktivitäts/Wettbewerbsvorteile-Matrix

Wird die hier dargestellte Methode für mehrere Geschäftseinheiten angewandt, ist es möglich, wissensbasiert ein Portfolio zu erstellen. Falls die Unternehmung als Einheit zur Untersuchung ansteht, wird die Analyse einmalig durchgeführt. Grundlage für die Analyse sind dann die allgemeinen Unternehmensbonitätsdaten. Die Ergebnisse erlauben es, eine Unternehmung im Verhältnis zur Vergleichsgruppe zu positionieren.

6.3.5 Technologie-Analyse

Eine weitere aus dem Bereich der strategischen Planung stammende Methode stellen Technologie-Portfolio-Matrizen[356] dar. Mit der Bildung eines Technologie-Portfolios wird die Absicht verfolgt, die Dynamik der technischen Entwicklung strategisch zu erfassen und zu deuten. Die in einem Unternehmen angewandten Technologien wer-

---

[356] Vgl. Pfeiffer, Werner, Technologie-Portfolio zum Management Strategischer Geschäftsfelder, Göttingen 1982.

den auf zwei Komponenten reduziert, nämlich die Technologieattraktivität und die Ressourcenstärke. Beide Beurteilungsmaßstäbe ergeben sich aus der Verdichtung einer Reihe von Einzelmerkmalen[357].

Auf die Analyse der Unternehmensbonität angewandt ist die Bildung einer Technologie-Matrix vor dem Hintergrund zu betrachten, daß die Fähigkeit einer Unternehmung, sich einen technologischen Vorsprung zu verschaffen, eine entscheidende Voraussetzung für ihre zukünftige Rentabilität und damit Bonität darstellt. Die Beurteilung der technologischen Bonität ist dabei einerseits im Zusammenhang mit der Untersuchung eines einzelnen Innovationsobjektes und andererseits als Beurteilungsinstrument für gesamte Unternehmen innovativer Branchen zu sehen[358]. Dabei können sowohl die Technologien von Produkten als auch von Verfahren Gegenstand der Beurteilung sein[359].

Die Vorteile der Untersuchung der Technologien liegen für ein Kreditinstitut in der Verdeutlichung von technologiebezogenen Stärken und Schwächen einer Unternehmung sowie in der Früherkennung von Bonitätsrisiken bei einer Identifikation von technologischen Mängeln. Allerdings ist dazu anzumerken, daß insbesondere die Ermittlung der Attraktivität einer Technologie ein großes technisches Verständnis auf Seiten des Analysten voraussetzt. Auch dürften für die Erstellung eines Technologie-Portfolios intensive Gespräche mit dem Management der zu untersuchenden Unternehmung notwendig sein[360]. Trotz der Schwierigkeiten, die auch von befragten Experten im Zusammenhang mit der Beschaffung und Beurteilung von Daten über bestimmte Technologiesachverhalte[361] erwartet werden, erscheint es sinnvoll, die Beurteilung von Technologien mit Hilfe eines wissensbasierten Systems zu unterstützen. Dies gilt insbesondere für die Fälle, bei denen sowohl die Führung einer Unternehmung zur Mitarbeit bei der Beurteilung von Technologien bereit ist, als auch der Analyst über ein entsprechendes technisches Grundwissen verfügt.

Die Definition einer geeigneten Methode zur wissensbasierten Analyse von Technologien erfordert die Identifikation von Indikatoren für die Beurteilung der Dimensionen "Technologieattraktivität" und "Ressourcenstärke". Ebenso wie bei den anderen

---

[357] Vgl. Heim, Eberhard und Kuhn, Wolfgang, a.a.O., S.24.
[358] Vgl. Heim, Eberhard und Kuhn, Wolfgang, a.a.O., S.23-24.
[359] Vgl. Lehner, Karlheinz, a.a.O., S.89-93.
[360] Vgl. Heim, Eberhard und Kuhn, Wolfgang, a.a.O., S.24-26.
[361] Vgl. Kapitel 5.2.3.1, Fertigung, Unterkapitel Produktions- und Verfahrenstechnologien, S.157-158.

beschriebenen Verfahren bietet sich auch hierfür ein Zugriff auf die in der Wissensbasis abgelegten Einzelkriterien an.

Technologieattraktivität:

Grundlage für Entscheidung über die Investition in eine neue Technologie ist eine Bewertung der zu erwartenden Chancen und Risiken. Als Instrument hierfür eignen sich Profile, aus denen die Attraktivität der Technologie abgeleitet werden kann[362]:

Tabelle 33: Kriterien zur Ermittlung der Technologieattraktivität

Steigerung des Wettbewerbspotentials	Zahl der alternativen Systeme am Markt
Kostenreduzierung	Lebenszyklus der Technologie
Produktivitätssteigerung	Erfolgswahrscheinlichkeit
Flexibilitätserhöhung	Zuverlässigkeit der Kosten- und Nutzenschätzungen
Qualitätsverbesserung	Systemfixierung
Automatisierung im Konstruktionsbereich	Personalabhängigkeit
Attraktivität der Arbeitsplätze	Verfügbarkeitsrisiken
Dynamik der Technologie	Langfristige Unterstützung durch den Hersteller
Synergieeffekte durch integrierten Informationsfluß	

Chancen *Risiken*

Zur Beurteilung der Technologieattraktivität stehen bereits die Merkmale "allgemeine Technologiequalität", "Wirtschaftlichkeit und technologischer Standard" sowie "Schutzfähigkeit" in der Wissensbasis zur Verfügung. Eine detailliertere Bewertung erfordert allerdings die Aufnahme von zusätzlichen Technologiemerkmalen, wie sie in der Fachliteratur genannt werden. Dabei sollten insbesondere die in Tabelle 33 genannten Merkmale vollständig abgebildet werden[363].

---

[362] Vgl. Wildemann, Horst, Strategische Investitionsplanung, Methoden zur Bewertung von Produktionstechnologien, Wiesbaden 1987, S.49-52. Technolgiekriterien finden sich auch bei Hahn, Ernst-F. und Wollschläger, Hubert, Technische Potentialanalyse als Grundlage für eine strategische Investitionsplanung, in: ZfB-Ergänzungsheft, 1/86, S.49-64.

[363] Aufbau nach dem selben Muster, wie die Marktattraktivitäts/Wettbewerbsvorteile-Matrix, S.275.

Die Beurteilung läuft dabei wie folgt ab: Das wissensbasierte System versucht zunächst, die genannten Merkmale selbständig zu bewerten oder auf bereits abgelegte Bewertungen zurückzugreifen. Liegen keine Quelldaten vor, werden dem Anwender entsprechende Systemmasken zur manuellen Einzelbeurteilung der für die Ermittlung der Technologieattraktivität relevanten Merkmale präsentiert. Aus dem arithmetischen Mittel der Einzelbewertungen errechnet sich schließlich die Technologieattraktivität. Ein Verzicht auf eine unterschiedliche Gewichtung der Einzelmerkmale ist dabei sinnvoll, da auch im Rahmen der Expertenbefragungen keine wesentlichen Unterschiede in der Bedeutung einzelner Merkmale festzustellen waren[364].

Ressourcenstärke:

Die Dimension der Ressourcenstärke umfaßt die Potentiale einer Unternehmung in finanzieller, in personeller und in fachspezifischer Sicht[365]:

Tabelle 34: Kriterien zur Ermittlung der Ressourcenstärke[366]

Finanzierungspotential
Erfahrung mit der Technologie
Personalqualifikation
Vertrautheit mit der Technologie
Technisches Gesamtsystem
Flexibilität der involvierten Bereiche
Planungs-Know-How
Beziehungen zu Anbietern
Schnittstellenprobleme
Wettbewerbsstrategie - Produktprogramm - Lieferzeiten - Kundennähe

Chancen

Zur Ermittlung der Ressourcenstärke lassen sich die in in Tabelle 34 vorgeschlagenen Beurteilungsmerkmale heranziehen. Es bietet sich eine Gewichtung der Merkmale

---

[364] Vgl. Kapitel 5.2.3.1, Fertigung, Unterkapitel Produktions- und Verfahrenstechnologien, S.157-158.
[365] Vgl. Heim, Eberhard und Kuhn, Wolfgang, a.a.O., S.25.
[366] Nach Wildemann, Horst, a.a.O., S.54.

nach dem in Kapitel fünf[367] beschriebenen Muster an. Die Ressourcenstärke errechnet sich aus dem gewichteten arithmetischen Mittel der Einzelmerkmale.

Soll eine Beurteilung des Technologieniveaus auf allgemeiner Basis für das gesamte Unternehmen ermittelt werden, wäre es auch denkbar, die Ressourcenstärke rechnerisch mit dem relativen Wettbewerbsvorteil einer Unternehmung gleichzusetzen. Die Beurteilungsermittlung würde dann nach derselben Vorgehensweise durchgeführt wie bei der Ermittlung der relativen Wettbewerbsvorteile einer Unternehmung[368]. Daneben wäre als weiteres allgemeines Beurteilungsverfahren auch die Heranziehung der Bewertungen der internen Potentiale einer Unternehmung vorstellbar, z.B. dann, wenn bei der Untersuchung Risikogesichtspunkte im Vordergrund stehen. Die Beurteilung der Ressourcenstärke ist in einem solchen Fall am einfachsten als Mittelwert der Bewertungen des Produktions- und des Führungspotentiales[369] zu berechnen.

Der gesamte Prozeß der Matrix-Erstellung läßt sich in einem Flußplan darstellen:

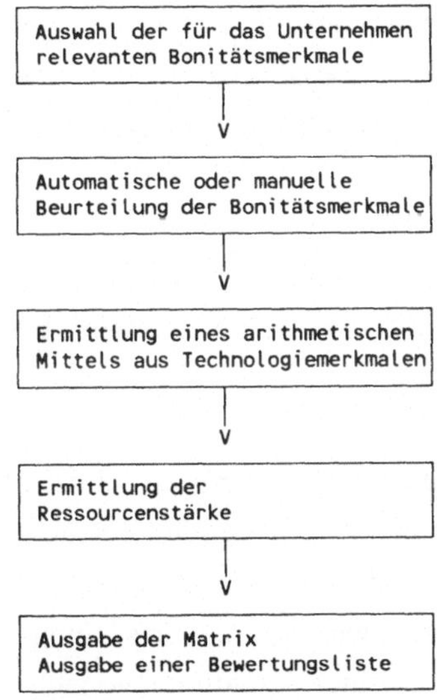

Abbildung 57: Flußplan zur Erstellung einer Technologie-Matrix

---

[367] Vgl. auch Relativer Wettbewerbsvorteil, S.220.
[368] Vgl. Kapitel 6.3.4, Marktattraktivität/Wettbewerbsvorteile-Analyse, S.217-221.
[369] Vgl. Kapitel 5.3.2, Führungspotential und Kapitel 5.3.3, Produktionspotential.

Wird die Untersuchung für mehrere Technologien durchgeführt, ergibt sich ein Technologie-Portfolio. Besonders förderungswürdig sind diejenigen Technologien, deren Attraktivität hoch ist und für die ein Unternehmen die ausreichende Ressourcenstärke vorweisen kann.

6.3.6 Diskussion der Modellanalysekonzepte

Die vorgestellten Modellanalysen sollen dabei helfen, Bonitätssachverhalte zielgerichtet aus unterschiedlichen Blickwinkeln zu betrachten. Grundlage für alle Analysetypen sind die im fünften Kapitel dargestellten Einzelmerkmale mit ihren jeweiligen Strukturen und Gewichten. Aus diesem Grund sind auch die bei der Diskussion des Risikoanalysemodells beschriebenen Kritikpunkte gültig, wie die Problematik

- der Gewichtungszuweisung,
- der Existenz von Interdependenzen
- und der Entwicklung von geeigneten Aggregationsmodellen[370].

Die damit verbundenen Gefahren müssen jedoch bei einer Quantifizierung von qualitativen Sachverhalten in Kauf genommen werden. Verbesserte Größen lassen sich nur dann ermitteln, wenn der entsprechende Analyseprozeß über einen längeren Zeitraum durchgeführt wird und die tatsächliche Unternehmensentwicklung ex post mit den Analyseergebnissen abgeglichen wird.

Außer den genannten Punkten soll auch die allgemeine Kritik an den Verfahren der strategischen Unternehmensanalyse nicht unerwähnt bleiben. Hierzu wird angemerkt[371]:

- Grundlage bei den Portfolio-Analysen ist eine statische Betrachtungsweise. Eine simultane Wiedergabe zeitlich aufeinander aufbauender Betrachtungshorizonte ist nicht vorgesehen.
- Bei der Erstellung von Analyse-Matrizen wird auf die Ermittlung und Berücksichtigung der Eintrittswahrscheinlichkeit einzelner Annahmen verzichtet.
- Unsicherheiten bei der Positionierung von Geschäftseinheiten, Technologien oder der gesamten Unternehmung können nicht ausgeschlossen werden.

---

[370] Vgl. Kapitel 6.2.5, S.203-207.
[371] Vgl. Nieschlag, Robert; Dichtl Erwin; Hörschgen, Hans, a.a.O., S.883-883.

226

-   Bei Verfahren, die einen oder mehrere Wettbewerber in die Analyse einbeziehen, existiert die Problematik einer geeigneten Vergleichsgruppenfindung. Es sollte nicht nur der stärkste Konkurrent, sondern auch aggressive kleinere Konkurrenten oder eine völlige Veränderung der Wettbewerbssituation betrachtet werden.

Zusammenfassend gilt jedoch auch für die Operationalisierung dieser Analyseformen, daß es sich in erster Linie um Vorschläge handelt, die darauf abzielen, die Energie und Phantasie der Verantwortlichen anzuregen. Es sollen Zusammenhänge erkannt werden, die sonst verborgen bleiben würden. So stellen die beschriebenen Verfahren trotz der möglichen Kritikpunkte eine interessante Möglichkeit zur Verbesserung der Analysequalität im Firmenkundengeschäft dar.

7. Wissensbasierte Umsetzung der Erhebungsdaten und Analysemodelle

Ausgehend von den Resultaten der Expertenbefragung wird in diesem Kapitel ein Konzept für die Umsetzung der Erhebungsdaten und der Analysemodelle in ein wissensbasiertes Computersystem abgeleitet.

Als Grundphilosophie für die Implementierung wird eine strikte Trennung der Bonitätsmerkmale von den Analyseregeln angestrebt. Ziel ist es, einmal untersuchte Bonitätsmerkmale zu einer Vielzahl von unterschiedlichen Analysetypen heranzuziehen. Auf diese Weise soll ein hoher Grad an Übersichtlichkeit und damit eine komfortable Wartung gewährleistet werden.

Das siebte Kapitel ist wie folgt aufgebaut:
Im ersten Abschnitt werden die unterschiedlichen Methoden zur Abbildung von Wissen vorgestellt und diskutiert. Es gilt dabei, den für die Problemstellung geeignetsten Abbildungsformalismus auzuwählen.

Der zweite Abschnitt befaßt sich intensiv mit der Abbildung von einzelnen Bonitätsmerkmalen. Hierzu ist es erforderlich, die Attributsstruktur der Merkmale festzulegen, die Schlüsselfelder zu bestimmen und die Inhalte der Felder zu definieren.
Inhalt des zweiten Teils sind die Untersuchungs- und Beurteilungskonzepte für einzelne Bonitätsmerkmale. Es wird die wissensbasierte Auswahl und Beurteilung von Einzelmerkmalen sowie die Implementierung der Analyselogik beschrieben.

Der dritte Abschnitt schildert die Definition von Unterstützungsfunktionen, wie sie eine integrierte wissensbasierte Analyse der Unternehmensqualität erfordert.

Im abschließenden vierten Abschnitt wird eine geeignete Systemarchitektur vorgestellt.

7.1. Identifikation eines geeigneten Abbildungsformalismus

In einem ersten Schritt muß eine für die Problemstellung adäquate Repräsentationstechnik zur Abbildung des erhobenen Wissens ausgewählt werden. Grundsätzlich lassen sich drei geeignete Techniken unterscheiden: Die logische, die regelorientierte und die objektorientierte Repräsentation des Wissens.

7.1.1 Logische Wissensrepräsentation

Die logische Wissensrepräsentation stellt Sachverhalte durch Formeln dar, die aus logischen Operatoren, Konstanten, Variablen, Prädikaten und Funktionen zusammengesetzt werden (first order logic, FOL)[372]. Auf diese Weise sind die Objekte eines Gegenstandsbereiches und ihre Zusammenhänge beschreibbar.

Beispielsweise kann die Tatsache "Das Merkmal x muß für Unternehmen aller Branchen untersucht werden" wie folgt formuliert werden:

$$\text{GILT\_FÜR\_ALLE\_BRANCHENGRUPPEN}(x)$$

Hierbei ist GILT_FÜR_ALLE_BRANCHENGRUPPEN das Prädikat, das sich auf das Objekt x (Konstante oder auch Variable) bezieht.

Durch den Einsatz der Junktoren

nicht	< >
wenn-dann	->
und	&
oder	v
äquivalent	=

können dann Beziehungen ("Regeln") formuliert werden, wie:
Wenn y ein Unternehmen einer beliebigen Branche ist, dann sind die Merkmale abzufragen, die für alle Branchen gelten.

$$\text{UNTERNEHMEN}(y) \;\&\; \text{GILT\_FÜR\_ALLE\_BRANCHENGRUPPEN}(x) \text{ ->}$$
$$\text{frage\_ab}(y,x)$$

wobei frage_ab(y,x) eine Funktion ist, die einen Dialog mit dem Benutzer realisiert, in dem die Frage nach dem Merkmal x zum Unternehmen y gestellt wird.

Mit Hilfe der logischen Ableitungsgesetze können durch die Kombination von verschiedenen Formeln neue Sachverhalte aufgezeigt werden.

Der Vorteil dieser Darstellungsweise liegt in seiner Klarheit und Ausdrucksstärke. So ermöglicht etwa das logische "oder", den Umstand adäquat darzustellen, daß eines von mehreren Merkmalen ausschlaggebend ist, ohne daß man wissen muß, welches. Die

---

[372] Vgl. Barr, Avron und Feigenbaum, Edward, The Handbook of Artificial Intelligence, Los Altos 1981, S.160-166.

Anwendung logisch zulässiger Operationen gestattet die automatische Ableitung neuer Sachverhalte aus vorhandenen Fakten und Regeln.

Der Nachteil der FOL liegt in der z.T. sehr aufwendigen Suche nach neuen relevanten Aussagen. Die Ableitung neuer Sachverhalte kann die Erzeugung extrem vieler Zwischenfolgerungen voraussetzen. Es ist sogar möglich, daß Endlosschleifen auftreten. In diesen Fällen ist der Nachweis einer Formel sehr zeitintensiv oder unmöglich. So kann bei sehr komplexen Fragestellungen durch die aufwendige Darstellungsform ein immenser Speicherplatz im Rechner erforderlich sein[373].
Auch werden logische Netze leicht unübersichtlich. Je größer die Zahl der gespeicherten Eigenschaften und Objekte ist, desto leichter kann es vorkommen, daß sich einzelne Zusammenhänge widersprechen und damit die Ableitung jeder Aussage, egal, ob wahr oder falsch, ermöglichen (weil sich aus falschen Aussagen grundsätzlich alles ableiten läßt)[374].

7.1.2 Regelbasierte Wissensrepräsentation

Kernelement bei der regelbasierten Wissensdarstellung sind Regeln, die die Bausteine der Wissensbasis darstellen. Sie ermöglichen sowohl die Beschreibung einzelner Wissenselemente als auch die Verdeutlichung von Relationen zwischen Vorbedingungen und Konsequenzen. Ein einfaches Beispiel soll dies erläutern: Die Beziehung, daß die Untersuchung des Bonitätsmerkmals "Kaufmännische Geschäftsführung" für alle Branchengruppen relevant ist, läßt sich wie folgt darstellen:

```
Wenn       < Branchengruppe = Dienstleistungsgewerbe      or
           Branchengruppe = Handel                        or
           Branchengruppe = Produzierendes Gewerbe         or
           Branchengruppe = Baugewerbe >


dann       < Frage_nach_Beurteilung(Kaufmännische_Geschäftsführung) >
```

Die Ablage der Untersuchungsergebnisse erfolgt in Parametern, die mit Hilfe der jeweiligen Regeln manipuliert werden, bis ein Zielzustand <Untersuche_alle_relevanten_Merkmale> erreicht ist. Die Erarbeitung einer Ge-

---

[373] Vgl. Brewka, G.; Christaller, T.; Güsgen, H.W.; Wittur, K., Expertensysteme, in: B.Bl. 6/1986, 35. Jahrgang, S.258-262.

[374] Vgl. Locarek, Hermann, Wissensbasierte Systeme zur Durchführung statistischer Analysen, Diss., Frankfurt 1988, S.75.

samtlösung erfordert die jeweils neue Zusammensetzung der einzelnen Bausteine in Abhängigkeit von der jeweiligen Situation. Ist dabei in jeder Regel ein korrekter Sachverhalt hinterlegt, kann man davon auszugehen, daß auch die Summe der Regeln ein richtiges Resultat ergibt. Der Vorteil der regelorientierten Wissensdarstellung besteht darin, daß es nicht mehr erforderlich ist, den primären Ablauf des Systems explizit zu programmieren. Das heißt, welche Regel letztendlich zur Anwendung kommt, entscheidet die Inferenzmaschine[375] anhand der im Bedingungsteil der Regel hinterlegten Prämisse ("deklarative" versus "prozedurale" Programmierung).

Wesentlich für das Verhalten eines Regelsystems ist die Strategie, nach der die anwendbaren Regeln ausgewertet werden. Bei der Vorwärtsverkettung werden die Regeln dazu benutzt, in Abhängigkeit von den vorliegenden Fakten zu entscheiden, welche Folgerungen sich daraus ableiten lassen. Umgekehrt versucht die Rückwärtsverkettung, die Zielhypothese von vorliegenden Fakten und Regeln zu deduzieren[376].

Die Analyse der Unternehmensqualität konfrontiert den Systementwickler bei dem Versuch, das beschriebene Wissen in einer regelorientierten Wissensbank abzulegen, mit zwei Problemen. Einerseits müssen für die Masse der Einzelmerkmale und deren Ausprägungen eine Vielzahl von Parametern definiert werden, mit deren Hilfe sich sowohl das dynamische als auch das statische Wissen speichern läßt. Andererseits muß auch eine geordnete Struktur der Regeln gewährleistet sein, so daß die Regelbasis in hohem Maße wartbar bleibt. Nach Ansicht des Autors können diese beiden Probleme durch eine rein regelbasierte Darstellung nicht befriedigend gelöst werden. Insbesondere die im untersuchten Wissensgebiet existente Masse der Einzelkriterien und deren Eigenschaften erfordert die Suche nach einer geeigneteren Repräsentationsform.

7.1.3 Objektorientierte Wissensrepräsentation[377]

Zur Lösung komplexer Probleme bei der Realisierung wissensbasierter Systeme stellt sich die objektorientierte Wissensdarstellung als der erfolgversprechendste Weg dar. Statt - wie bei der regelbasierten Programmierung - das komplette Wissen in Regeln und Fakten abzubilden, ist das Objekt der Kern eines objektorientierten Systems, das

---

[375] Vgl. Kapitel 3.1.1, S.41-44.

[376] Vgl. Krickhahn, Reinhard, Schachter-Radig, Mina-Jaqueline, Grundkonzepte der regelorientierten Programmierung, in: it 6/88, S.438-440.

[377] Die Beschreibung der objektorientierten Wissensdarstellung erfolgt, soweit nicht anders zitiert, in Anlehnung an Moser, Joachim, Objektorientiertes Programmieren, in: Computer Magazin 3/91, S.48-52.

Daten und Prozeduren in einer Einheit vereinigt. Diese Einheiten stehen der Außenwelt als geschlossenes Gebilde gegenüber und reagieren nur auf Botschaften, die für sie vorbereitet wurden. Das Objekt wird dabei als abstrakter (benutzerdefinierter) Datentyp definiert. Ein Objekt ist beispielsweise ein Bonitätsmerkmal, dem eine Reihe von Attributen, wie Gewichtung, Ergebnistextbausteine, Schichtungskriterien und Erklärungstexte zugeordnet sind. Für die Darstellung geeignete Datentypen können Mengen, Listen, Pointer, Parameter und Konstanten sein. Ein Objekt setzt sich je nach Anforderung aus einem oder mehreren Datentypen zusammen. Die zur Manipulation der Datentypen erforderlichen Operatoren und Funktionen (Methoden) sind an das Objekt gebunden. Der Aufruf der Methoden erfolgt über das Senden und Empfangen von Nachrichten, die an die jeweiligen Objekte gerichtet werden.

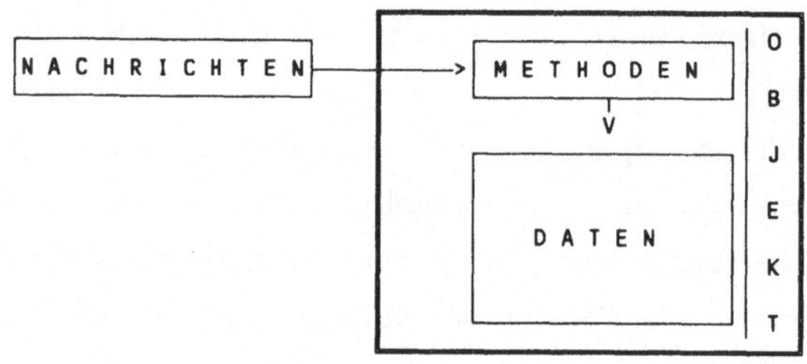

Abbildung 58: Aufbau der objektorientierten Programmierung

Die objektorientierte Wissensrepräsentation setzt sich aus mehreren Komponenten zusammen:

"Slots" und "Instances":

Unter einem Objekt wird ein Informationsträger verstanden, der einen zeitlich veränderbaren Zustand besitzt und für den definiert ist, wie er auf bestimmte Nachrichten ("messages") zu reagieren hat. Dabei ist zunächst der formale Rahmen und die individuelle Ausprägung eines Objektes zu unterscheiden. Der Rahmen ("Frame") beschreibt die Datenstruktur, die die Informationen über ein Objekt aufnehmen kann. Die einzelnen Felder der Datenstruktur eines Objektes werden als "Slots" bezeichnet. Um das konkrete Objekt vom Rahmen zu unterscheiden, wird der Begriff der "Instance" eingeführt. Eine "Instance" charakterisiert das konkrete Objekt mit seinen individuellen Ausprägungen ("Attribute"). Die Eigenschaften und die Ausprägungen des Objektes werden in den "Slots" abgelegt[378]. Sie lassen sich während einer Konsultation verändern. Die "Slots" können beispielsweise eine neue Bewertung oder einen veränderten Ergebnistext aufnehmen. Auch die Objekte selbst stellen eine dynamische Struktur dar. So ist es möglich, einzelne Objekte ("Instances") während der Systemlaufzeit innerhalb des vorgegebenen Rahmens neu anzulegen oder zu löschen[379].

"Methoden" und "Messages":

Eine Methode beschreibt die einzelnen Funktionen und Operationen, die für ein Objekt definiert sind. Die Funktionen und Operationen haben eine Reihe von Anweisungen zum Inhalt, die ihrerseits auf Objekten zu operieren vermögen. Das wesentliche Charakteristikum einer Methode ist die enge Bindung an das Objekt oder die Objektgruppe. So läßt sich die Methode nur über das jeweilige Objekt aufrufen.

Die Aufforderung an ein Objekt, eine seiner Methoden auszuführen, wird als Botschaft ("message") bezeichnet. Der Empfänger der Botschaft, das Objekt, entscheidet über die in seiner Methode definierte Funktion, wie es die angeforderte Operation ausführen muß. Eine Botschaft, die an mehrere Objekte gleichzeitig gerichtet ist, kann von den Empfängern unterschiedlich interpretiert werden, da nicht allein die Botschaft, sondern auch das empfangende Objekt über die Ausführung entscheidet. Die Botschaften stellen in einem objektorientierten System die einzige Möglichkeit zur Kommunikation zwischen den Objekten dar.

"Klassen" und "Vererbung":

Der Tatsache, daß bei der Umsetzung von realen Problemen in ein wissensbasiertes System sehr viele Objekte erforderlich sind, wird mit der Zusammenfassung von ähnlichen Objekten zu Klassen begegnet. Das Klassenkonzept ermöglicht es, das zu verarbeitende Wissen in Komponenten zu zerlegen, mit denen der menschliche Verstand gut umgehen kann. Insbesondere ist es möglich, Klassen innerhalb einer Klassenhierarchie voneinander abzuleiten. Erfolgt von einer Oberklasse die Ableitung einer Unterklasse, so kann diese sämtliche Methoden und die Datenstruktur der Objekte übernehmen. Diese Übernahme wird als Vererbung bezeichnet. Mit dem Vererbungsprinzip lassen sich wiederverwertbare Module schaffen. So ist eine Vielzahl von Elementen nur einmal vorhanden, die Bausteine können aber durch die Vererbung in

---

[378] Vgl. Brewka, G.; Christaller, T.; Güsgen, H.W.; Wittur, K., a.a.O., S.264.
[379] Vgl. Hirsch, Axel, Leins, Herwig, Kommerzielle KI, in: ist 2/91, S.15.

jedem Objekt der Klassenhierarchie verwendet werden. Dies ist umso mehr von Vorteil, je umfangreicher und komplexer die Struktur des abzubildenden Wissens ist.

Eine Zusammenfassung der Charakteristika der objektorientierten Programmierung ergibt folgendes Bild:

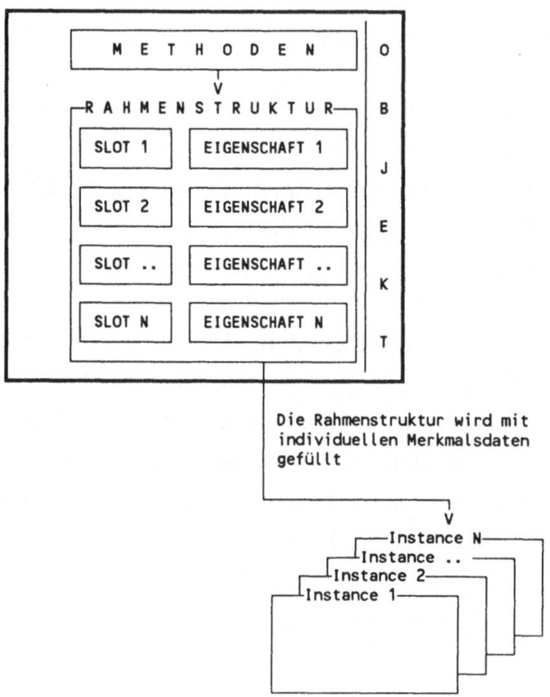

Abbildung 59: Informationsträgerstruktur eines Objektes

Die objektorientierte Wissensrepräsentation ist von den beschriebenen Darstellungsmethoden die für die Domäne der Unternehmensqualitätsanalyse geeignetste Repräsentationsform. Insbesondere die nachfolgenden Gründe sprechen für die Objektorientierung:

- Das Vererbungsprinzip erleichtert die Abbildung der einzelnen Bonitätsmerkmale mit ihren vielen Eigenschaften, da es den Einsatz der einmal definierten Rahmenstruktur für alle Kriterien ermöglicht.

- Die Vererbungsmöglichkeiten gewährleisten eine hohe Flexibilität der System-
  strukturen. So muß, falls sich zu einem späteren Zeitpunkt die Hinzunahme eines
  weiteren Schichtungskriteriums als notwendig erweisen sollte, nur ein neues Feld
  ("Slot") in der Oberklasse definiert werden. Alle Unterklassen und deren Instanzen
  erhalten dieses Feld ("Slot") dann automatisch zugeordnet.

- Die Dynamik der Objektgestaltung erlaubt eine hohe Analysebeweglichkeit, die
  sich auch darin niederschlägt, daß Bonitätsmerkmale während der Systemlaufzeit
  hinzugefügt oder gelöscht werden können.

- Die objektorientierte Darstellung bietet eine komfortable Umgebung zur Wartung
  der Wissensbasis. Die Merkmale lassen sich pflegen, ohne daß man das Programm
  ändern muß. Dies ist möglich, indem die Objekte als statische Textdatei ausgelagert
  werden. Die Attribute der einzelnen Bonitätsmerkmale können mit Hilfe eines
  Texteditors modifiziert werden. Ebenso erlaubt der modulare Aufbau, einzelne
  Merkmale aus der Wissensbank herauszunehmen oder hinzuzufügen.

- Durch die strenge Unterteilung in Klassen, Objekte und Methoden, denen natür-
  lichsprachige Namen zugewiesen werden können, bleibt die Übersichtlichkeit des
  Systems für den Entwickler in jedem Stadium erhalten. So ist es möglich, die
  Ergebnisse der Wissenserhebung direkt von den Auswertungsbögen in die
  Objektstruktur zu übernehmen.

- Die Objektorientierung unterstützt die Hierarchisierung in die Stufen
  "Risikodimension", "Risikobereich", "Risikosegment" und "Risikomerkmal". Auch
  bei einer Vielzahl von Objekten lassen sich einzelne Objekte in der Klassenstruktur
  schnell auffinden.

7.2 Objektorientierte Abbildung der Bonitätsmerkmale

Der Abschnitt 7.2 beschreibt die Anwendung der objektorientierten Programmierung
im zur Untersuchung anstehenden Wissensgebiet.

7.2.1 Definition einer Klassenhierarchie

Für die Festlegung einer Klassenhierarchie bietet sich eine Strukturierung analog zu
den Risikodimensionen und -bereichen an. An oberster Stelle steht die Klasse
"Qualitative Analyse", gefolgt von drei Klassen für die einzelnen Risikodimensionen
"Führungspotential", "Produktionspotential" und "Marktpotential". Die unterste
Ebene der Klassenhierarchie wird von den Klassen gebildet, die die einzelnen Risiko-

bereiche beschreiben. Beschreibende Elemente der einzelnen Unterklassen sind als "Instances" definierte Bonitätsmerkmale.

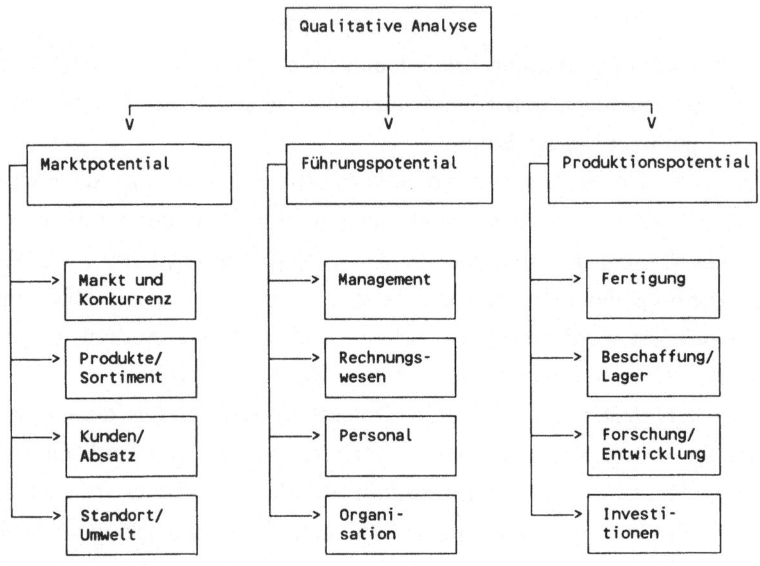

Abbildung 60: Entwurf einer Klassenhierarchie

Innerhalb der Klassenhierarchie läßt sich die Vererbung als geeignetes Hilfsmittel einsetzen. Sämtliche Felder ("Slots") und Methoden, die in der obersten Klasse "Qualitative Analyse" definiert sind, werden in die unteren Klassen vererbt. Um die individuellen Besonderheiten einer einzelnen Klasse zu berücksichtigen, ist es möglich, ererbte Eigenschaften oder Methoden entsprechend den Anforderungen des Risikobereiches zu modifizieren.

7.2.2 Attributsstruktur der Bonitätsmerkmale

Die wissensbasierte Abbildung von individuellen Bonitätsmerkmalen und deren Eigenschaften erfordert die Definition von drei Attributsgruppen:

- Bausteine zur Beschreibung und Beurteilung von Merkmalen.
- Schichtungs- und Steuerungskriterien zur Bestimmung der jeweiligen Analyse- und Untersuchungsrelevanz.
- Textbausteine zur Darstellung und Erklärung von Beurteilungen.

Da die Struktur dieser Ausprägungen für alle Bonitätsmerkmale relevant ist, genügt die einmalige Definition der Felder in der obersten Klasse. Alle Objekte erhalten dann dieselbe Struktur mit Hilfe der Vererbung. Die Inhalte der Felder sind dabei dynamisch und können in Abhängigkeit vom Stand der Analyse unterschiedliche Daten aufnehmen. Außerdem kann bei Veränderung der Ausprägung einzelner Felder der automatische Aufruf von systemgesteuerten Methoden ("Demon Methods") erfolgen, die wiederum andere Felder manipulieren.

7.2.2.1 Bausteine zur Beschreibung und Beurteilung von Bonitätsmerkmalen

Die Beurteilung einer Vielzahl von Bonitätsmerkmalen erfordert die Eingabe von objektiven Fakten und subjektiven Eindrücken eines Analysten in das wissensbasierte System. Es ist daher notwendig, Frage- und Antworttexte bereitzustellen, mit deren Hilfe sich Risikosachverhalte flexibel und unternehmensindividuell untersuchen lassen. Hierfür sind entsprechende Frage- und Antworttextbausteine zu hinterlegen. Die Fragen und Antworten sind so zu gestalten, daß die zu untersuchenden Sachverhalte verständlich adressiert werden.

Neben den Feldern für standardisierte Frage- und Antworttextbausteine muß zur Speicherung der ausgewählten Antwort ein Feld definiert werden, das eine Bewertung des Merkmals aufnehmen kann. Müssen die Einzelbewertungen im Rahmen der Analyse aggregiert werden, kann man auf dieses Feld zugreifen. Außerdem ist ein Feld nötig, das einen Zeiger auf die ausgewählte Antwort beinhaltet. So lassen sich bei einer Konsultation jederzeit die Beurteilungstexte darstellen, die einem Bonitätsmerkmal vom Analysten oder vom System zugewiesen wurden.

7.2.2.2 Schichtungs- und Steuerungskriterien

Zur Bestimmung der relativen Relevanz der einzelnen Bonitätsmerkmale ist es erforderlich, ihre jeweilige Gültigkeit für einzelne Unternehmenstypen abzubilden. Hierfür muß entsprechend der in den Expertenbefragungen erhobenen Ergebnisse für jedes

Einzelmerkmal ein Gewicht hinterlegt werden. Des weiteren ist zu definieren, ob ein bestimmtes Merkmal für Unternehmen der Branchenklassen "Handel", "Dienstleistungsgewerbe", "produzierendes Gewerbe" und "Baugewerbe" untersucht werden muß, ob es für eine oder mehrere der Größenklassen "kleine Unternehmen", "mittlere Unternehmen" und "große Unternehmen" relevant ist und ob eine Untersuchung für "Neugründungen" und/oder "bestehende Unternehmen" erforderlich ist. Außerdem ist die Relevanz verschiedener Einzelmerkmale für die folgenden Analysetypen zu bestimmen: Risikoanalyse, Krisentypen nach Hauschildt, Marktattraktivität/Wettbewerbsvorteile, Technologieportfolio und Stärken/Schwächen-Analyse. Schließlich muß die Grundlage bestimmt werden, auf der Einzelmerkmale bei den unterschiedlichen Untersuchungstypen bewertet werden. Schlüssel sind für die Optionen "Schlußfolgerung", "konditionierte Frage" und "Risikofrage" zu hinterlegen.

Für die Festlegung der Relevanz von Bonitätsmerkmalen für bestimmte Unternehmenstypen bieten sich prinzipiell zwei unterschiedliche Vorgehensweisen an:

Eine Möglichkeit besteht darin, die relevanten Merkmale vom Unternehmen ausgehend zu definieren. Hierzu werden für jeden Unternehmenstyp die relevanten Merkmale festgelegt, beispielsweise in der Form, daß zur Analyse eines Unternehmens vom Typ "X" Merkmal "A", "F" und "G", zur Analyse des Unternehmens vom Typ "Y" die Merkmale "A", "B", "C" und "F" usw. maßgeblich sind. Allerdings müßten dazu bei einer Unterteilung in vier Branchengruppen, drei Größenklassen, zwei Altersklassen und fünf verschiedene Analysetypen 120 Untersuchungsklassen festgelegt werden, für die jeweils ungefähr 200 individuelle Bonitätsmerkmale zu untersuchen wären, was eine nicht mehr handhabbare Fixierung von 24000 Einzelmerkmalen nach sich ziehen würde.

Hier wird jedoch eine andere Methode vorgeschlagen, die Definition der jeweiligen Differenzierungsparameter am Bonitätsmerkmal. Dies bedeutet, daß direkt am einzelnen Merkmal hinterlegt wird, für welche Branche, für welche Größenklasse, für welche Altersklasse und für welchen Analysetyp es als maßgeblich anzusehen ist. Gegenüber der anfangs beschriebenen Vorgehensweise, der Schichtung nach Unternehmenstypen, ergeben sich zwei Vorteile. Einerseits wird eine bedeutend übersichtlichere Grundinstallation der Wissensbasis ermöglicht. Kernobjekte der Wissensbasis bleiben die Bonitätsmerkmale, die dann nur um die jeweiligen Schichtungsmuster zu ergänzen sind. Andererseits steigt die Wartbarkeit der vorliegenden Wissensstrukturen. Bei der Aufnahme eines neuen Bonitätsmerkmals reicht es aus, dessen Schichtungsparameter nur beim neuen Merkmal zu definieren, alle anderen Merkmale bleiben unberührt. Auch bei der Hinzufügung eines weiteren Schichtungskriteriums bleiben die Grundmuster unverändert und werden nur um ein weiteres Feld ergänzt.

7.2.2.3 Ergebnis- und Erklärungstexte

Die adäquate Darstellung der Analyseergebnisse erfordert die Festlegung von Ergebnis- und Erklärungstexten. Dies ist notwendig, um dem Anwender einen Risikosachverhalt mit Hilfe von verschiedenen Darstellungsformen in einem angemessenen Umfang zu präsentieren. Die ausführliche Dokumentation der Analyse ist Garant dafür, daß sich die Bearbeitungseffizienz beim Analyseprozeß ohne einen Verlust der Untersuchungsqualität steigern läßt[380], da eine manuell vorzunehmende Beschreibung der Beurteilungsergebnisse entfällt.

Als adäquate Darstellungsform bieten sich im Rahmen der wissensbasierten Unternehmensanalyse sowohl eine knapp gehaltene, tabellenähnliche Illustration der Ergebnisse als auch eine aus Textbausteinen entwickelte langschriftliche Darstellung an. Dabei ist es ratsam, für ein positives Risiko andere Rahmentexte einzusetzen als für ein negatives Risiko. Außerdem ist es sinnvoll, die Resultate einer Analyse in grafischer Form, beispielsweise mit Hilfe von Balkendiagrammen, zu präsentieren.

Auch bei der Unterbringung von Ergebnistexten bietet es sich an, diese in einem engen Verbund mit den jeweiligen Merkmalen in der Wissensbasis abzubilden. So entfällt sowohl bei der Analyse ein Zuweisungsalgorithmus, der die Verbindung zwischen den Bonitätsmerkmalen und den Texbausteinen herstellt, als auch bei der Systemwartung eine aufwendige Suche nach den für ein bestimmtes Merkmal abgelegten Bausteinen.

7.2.2.4 Technische Umsetzung der Attributsstruktur

In einem weiteren Schritt ist es notwendig, ausgehend von den beschriebenen Anforderungen, die Attributsstruktur für einzelne Bonitätsmerkmale festzulegen. Dabei müssen alle Attribute der Bonitätsmerkmale eine angemessene Berücksichtigung finden. Im einzelnen erfordert dies die Einrichtung von Feldern ("Slots") für die folgenden Eigenschaften und Ausprägungen:

---

[380] Vgl. Kapitel 2.5, Mängel der Analyseverfahren, S.38-40. Die Aussage bezieht sich insbesondere auf den Vergleich mit den beschriebenen statistischen Verfahren.

Tabelle 35: Attributsstruktur der Bonitätsmerkmale

Slot	Ausführliche Beschreibung	Datentyp
Kurzbeschreibung	Beschreibung des Merkmals	Text <50>
Gewichtung	Angabe des Gewichtes	Integer >=1,<=4
Frage1	Fragentextbausteine	Liste <2 Elemente> mit Text <250 Zeichen>
Frage2	Fragentextbausteine (alternativ)	Liste <2 Elemente> mit Text <250 Zeichen>
Antworttyp	Antworttextbausteine	Liste <n Elemente> mit Text <30 Zeichen>
Erklaerung	Erklärungstext	Text <1000>
Ergebnistext_pos	Beurteilungstextbausteine positive Ergebnisse	Liste <2 Elemente> mit Text <250 Zeichen>
Ergebnistext_neg	Beurteilungstextbausteine negative Ergebnisse	Liste <2 Elemente> mit Text <250 Zeichen>
Notenskala	Definition einer Standardskala für die Antworten	Liste <n Elemente> mit integer >=1,<=5
Bewertung_Note	Aufnahme der Beurteilung	Integer >=1,<=5
Bewertung_Pos	Zeiger auf den Beurteilungstext	Integer <n>
Processed	Status der Bearbeitung	Boolean
Steuer_boolean	Steuerfeld	Boolean
Quelle	Angabe, aufgrund welcher Daten ein Merkmal beurteilt werden soll	Text <50>
Branchenklasse	Schlüssel für die relevanten Branchenklassen	Liste <4 Elemente> mit Integer 1,0
Groessenklasse	Schlüssel für die relevanten Größenklassen	Liste <3 Elemente> mit Integer 1,0
Altersklasse	Schlüssel für die relevanten Altersklassen	Liste <2 Elemente> mit Integer 1,0
Analyseschluessel	Schlüssel, für welchen Analysetyp das Merkmal zu untersuchen ist	Liste <5 Elemente> mit Integer 1,0
Untersuchungstyp	Schlüssel, für welchen Untersuchungstyp das Merkmal zu untersuchen ist	Liste <3 Elemente> mit Text <1 Zeichen>
Forts_Schluessel	Schlüssel, ob ein Merkmal jährlich oder alle drei Jahre zu untersuchen ist	Integer 1,3
Zusfas_Schluessel	Schlüssel, aufgrund welcher Basis die Ergebnisse zusammengefaßt werden	Text <50>

Als geeignete Datentypen kommen für die einzelnen Felder ("Slots") einfache Zahlen und Texte in Frage sowie Listen, die aus Zahlen oder Textbausteinen zusammengesetzt werden. Beispielsweise muß das Feld "Branchenklasse" aus einer Liste mit vier Elementen bestehen, um Raum für die vier zu untersuchenden Branchengruppen zur Verfügung zu haben. Die Liste der Antworttextbausteine dagegen hat eine offene Länge, je nachdem, wie viele unterschiedliche Antwortmöglichkeiten zur eindeutigen Beschreibung eines Sachverhaltes erforderlich sind.

7.2.3 Abbildung der Einzelmerkmale

Für jedes Bonitätsmerkmal wird eine "Instance" mit der oben vorgegebenen Rahmenstruktur implementiert. Zur Beschreibung von Bonitätssachverhalten werden die einzelnen Felder ("Slots") mit den individuellen Attributen der Bonitätsmerkmale gefüllt.

240

Folgende Abbildung zeigt die Struktur am Beispiel des Merkmals "Kaufmännische Unternehmensführung":

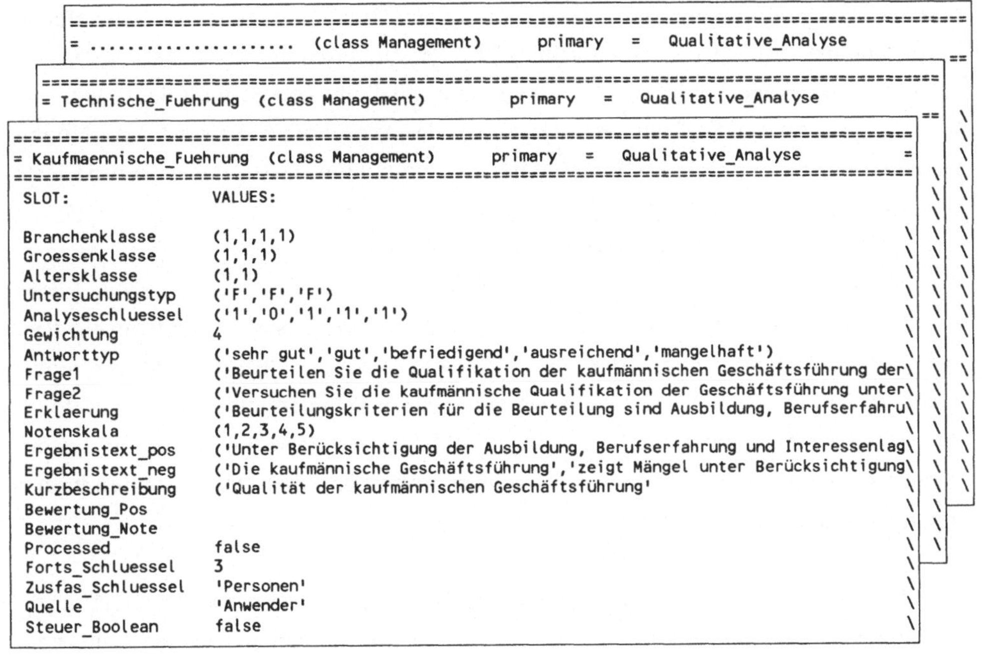

Abbildung 61: Aufbau eines Objektes

In Abhängigkeit von der Relevanz für verschiedene Unternehmenstypen werden die für die Untersuchung relevanten Schlüsselfelder der Schichtungskriterien (Branchenklasse, Größenklasse, Altersklasse, Analyseschlüssel) in Listen festgelegt. Beim Branchenklassenschlüssel steht das erste Element der Liste für "Dienstleistungsgewerbe", das zweite Element für "Handel", das dritte Element für "produzierendes Gewerbe" und das vierte Element für "Baugewerbe". Das erste Element des Größenklassenschlüssels charakterisiert "kleine Unternehmen", das zweite Element "mittlere Unternehmen" und das dritte Element "große Unternehmen". Das erste Element des Altersklassenfeldes bedeutet "Unternehmen bis 3 Jahre", das zweite Element "Unternehmen älter als 3 Jahre". Die Elemente der Liste "Analyseschlüssel" enthalten die Analysetypen, für die das Merkmal relevant ist. Sie geben an, ob eine Untersuchung bei folgenden Analysen ansteht: Risikoanalyse, Krisentypen nach Hauschildt, Marktattraktivität/Wettbewerbsvorteile, Technologieportfolio und Stärken/Schwächen-Analyse[381]. Die Zahl "1" bedeutet "untersuchen", die Zahl "0" "irrelevant".

Die drei Listenelemente des Untersuchungstyps ('F','F','F') markieren, wie ein Bonitätskriterium bei einzelnen Analysetypen beurteilt wird. Von links nach rechts beschreiben die Elemente die Untersuchungstypen "Basisuntersuchung", "vertiefende Untersuchung" und "Detailuntersuchung"[382]. "F" steht dabei für "Fragen", "K" für "konditioniert Fragen" und "A" für "Bewertung mit Hilfe von Schlußfolgerungen"[383]. Im Feld "Bewertung_Pos" wird ein Zeiger auf das angegebene Antwort- und Notenelement abgelegt. Das Feld "Quelle" beinhaltet einen Hinweis für das wissensbasierte System, aufgrund welcher Daten das Merkmal zu bewerten ist.

Zu Beginn einer Untersuchung/Analyse wird festgelegt, welche Elemente der Listen für ein individuelles Unternehmen maßgeblich sind. Beispielsweise wird für ein Produktionsunternehmen immer das dritte Element der Liste "Branchenklasse" überprüft. Ist dort die Zahl "1" zu finden, werden weitere Schlüsselfelder überprüft. Steht das dritte Listenelement auf "0", wird das Merkmal verworfen. Einzelne Listenelemente lassen sich während einer Konsultation überschreiben und enthalten immer den neuesten Stand der Analyse.

Die Menge aller Objekte bildet die Grundlage für die wissensbasierte Analyse. Anhand von individuellen Eigenschaften einer Unternehmung, wie der Unternehmensgröße, der Branchenzugehörigkeit und des Unternehmensalters, kann das wissensbasierte System die Merkmale auswählen, die für einen bestimmten Unternehmenstyp maßgeblich sind. Es ist somit möglich, für jeden Unternehmenstyp eine individuelle Zusammenstellung an relevanten Merkmalen, also ein flexibles Analysemuster festzulegen.

Die Durchführung einer Analyse mit Hilfe der ausgewählten Bonitätsmerkmale erfordert die Definition von geeigneten Methoden zur Manipulation der beschriebenen Objekte.

---

[381] Siehe die in Kapitel 6.3 beschriebenen Modellanalyseverfahren, S.208-227.
[382] Siehe die in Kapitel 6.1.4 beschriebenen Untersuchungstypen, S.183-185.
[383] Siehe die in Kapitel 6.1.3 beschriebenen Bewertungstypen für Einzelmerkmale, S.177-183.

242

7.3 Implementierte Analyselogik

Der wissensbasierte Analyseprozeß ist in zwei Teile gespalten. Im ersten Teil wird die Ausprägung einzelner Bonitätsmerkmale untersucht. Im zweiten Teil erfolgt eine Gruppierung, Gegenüberstellung und Aggregation der bewerteten Bonitätsmerkmale. Die Untersuchungen und Analysen werden mit Hilfe von geeigneten Methoden durchgeführt, die bei den jeweiligen Klassen angesiedelt sind. Der gesamte Komplex wird durch objektunabhängige Prozeduren gesteuert.

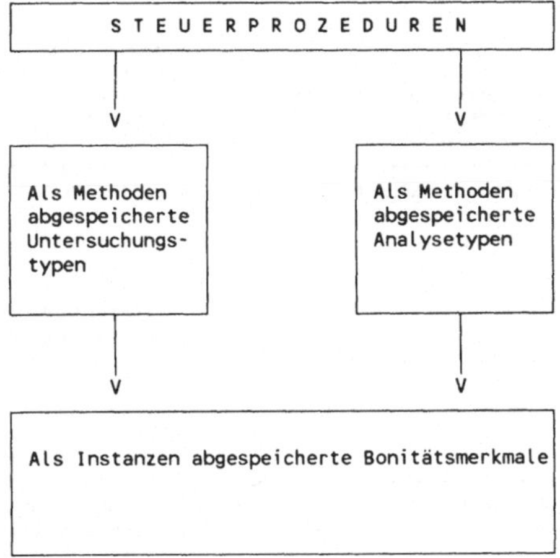

Abbildung 62: Analyselogik

Alle Methoden greifen auf die abgelegten Bonitätsmerkmale zu. Dabei wird ein zur Untersuchung anstehendes Merkmal von einer Methode aus der Merkmals-Wissensbasis herausgelesen, bearbeitet und modifiziert zurückgeschrieben. Bei einem neuen Zugriff steht das Merkmal mit seinen aktuellen Daten (beispielsweise Bewertung) zur Verfügung.

7.3.1 Definition der Auswahlmethode für Einzelmerkmale

Eine definierte Untersuchungsmethode ermittelt für jeden Unternehmenstyp zu Beginn der Analyse eine individuelle Merkmalszusammenstellung entsprechend den Ergebnissen der Expertenbefragung. Grundlage für die Auswahl der für ein Unternehmen relevanten Merkmale sind die Branchenzugehörigkeit, die Größe und das Alter einer Unternehmung sowie der gewählte Untersuchungstyp. Zuerst werden für das individuelle Unternehmen und die gewünschte Analyse bestimmte Klassifikationsattribute festgelegt, so z.B. ein Branchengruppen-, ein Größenklassen-, ein Altersklassen- und ein Analysetypschlüssel. Die festgelegten Attributsschlüssel werden mit den am Bonitätsmerkmal in Listen hinterlegten Schichtungsattributen verglichen. Eine Berücksichtigung bei der Analyse erfahren nur Merkmale, bei denen alle Schlüsselfelder identisch sind. Diese Vorgehensweise ermöglicht es, für jeden einzelnen Unternehmenstyp wissensbasiert ein individuelles Merkmalsmuster festzulegen.

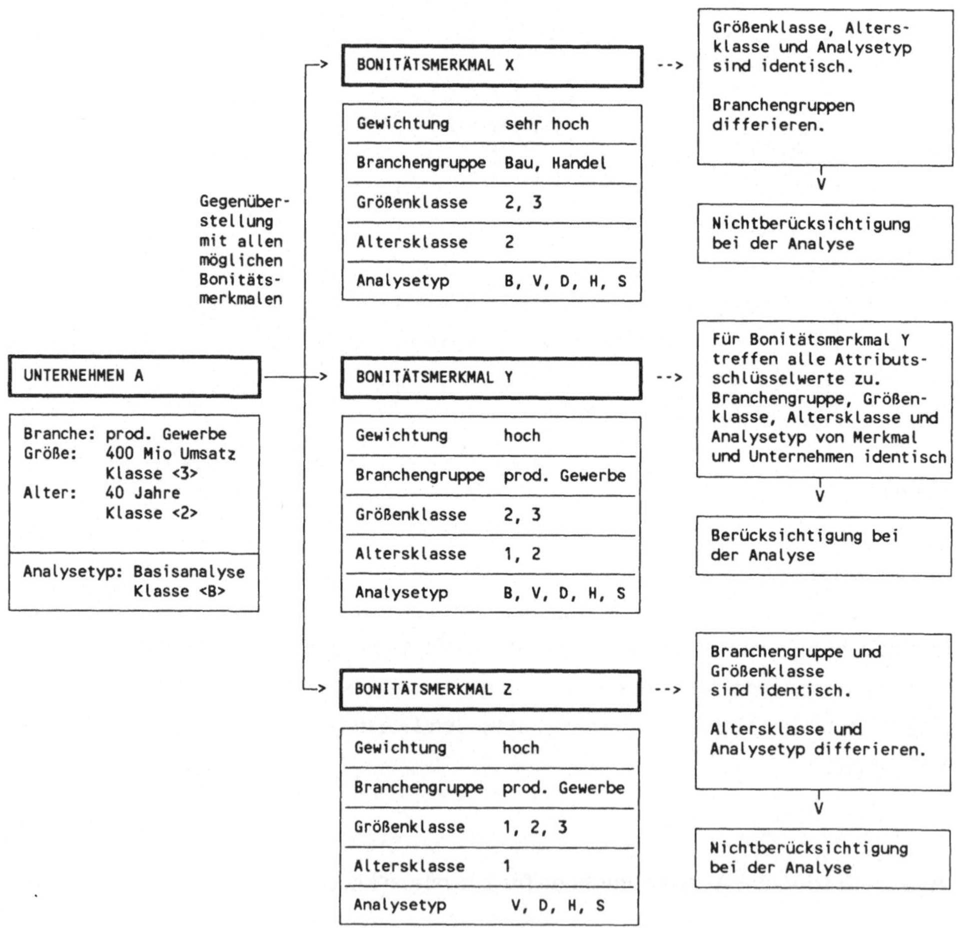

Abbildung 63: Auswahl der relevanten Bonitätsmerkmale

Die Bonitätsmerkmale werden bei jedem neuen Analyse- bzw. Untersuchungstyp sequentiell abgearbeitet. Identifiziert eine zugreifende Methode ein Merkmal als relevant, wird es aus der Merkmals-Wissensbasis herausgelesen und steht für die Bearbeitung zur Verfügung. Nach Abschluß der Bearbeitung wird das Merkmal mit neuen Daten zurückgeschrieben.

7.3.2 Definition der Analysetypen als Methoden

Für jeden einzelnen Analysetyp existiert eine eigene Methode, in der die Analyseformeln und die Analyselogik definiert sind. Die Methoden werden einmalig für die oberste Klasse (Qualitative Analyse) festgelegt und stehen durch das Vererbungsprinzip allen Klassen zur Verfügung. Ermittelte Teilergebnisse lassen sich über die Klassenhierarchie hochaggregieren, das heißt, in Unterklassen ermittelte Teilergebnisse werden in der darüberliegenden Klasse zu einem Resultat zusammengefaßt.

Die einzelnen Methoden sind nach folgendem Muster aufgebaut:

Ein Lesebefehl regelt den Zugriff auf die Bonitätsmerkmale ("Instances") einer Klasse. Mit Hilfe der am Bonitätsmerkmal hinterlegten Schlüsselfelder wird überprüft, ob das Merkmal für einen Unternehmenstyp und den zur Bearbeitung anstehenden Analysetyp relevant ist. Trifft dies zu, werden die gewünschten Daten entsprechend der im sechsten Kapitel dargestellten Logik bearbeitet. Lokale Speicherfelder der Methode schreiben Bewertungsadditionen, -multiplikationen und -divisionen fort. Nach Beendigung des Prozesses reicht die Methode die Ergebnisse an die nächsthöhere Klasse oder an eine Systemvariable weiter.

<table>
<tr><td>Aufbau einer Analysemethode</td></tr>
<tr><td>Lesen der Bonitätsmerkmale einer Klasse</td></tr>
<tr><td>Auswahl der relevanten Bonitätsmerkmale</td></tr>
<tr><td>Durchführung von Operationen</td></tr>
<tr><td>Aggregation von Bewertungen</td></tr>
<tr><td>Weitergabe der Ergebnisse</td></tr>
</table>

Abbildung 64: Aufbaulogik von Analysemethoden

Eine Methode operiert nach Aufruf ständig über den Bonitätsmerkmalen ("Instances") einer Klasse und zwar solange, bis alle Merkmale eines Risikobereiches bearbeitet sind. Ist dies der Fall, werden die Ergebnisse weitergegeben und die Methode beendet. In Abhängigkeit vom Steuerbefehl führt das wissensbasierte System dieselbe Methode für die nächste Klasse durch. Sind alle Klassen bearbeitet, existiert in der obersten Klasse oder in einer Systemvariable das Ergebnis der Analyse. Je nach Befehl wird dieses gespeichert oder dem Anwender angezeigt. Grundvoraussetzung für den Aufruf einzelner Analysemethoden ist die Durchführung eines der drei beschriebenen Untersuchungstypen. Wurde eine Merkmalsuntersuchung durchgeführt (Basis-, Detail-, vertiefende Untersuchung), können auf Basis der jeweils beurteilten Merkmale die einzelnen Analysetypen gestartet werden. Eine einmalige Merkmalsuntersuchung erlaubt es, über alle angebotenen Analysetypen zu verfügen.

7.5 Systemarchitektur

In einem letzten Schritt werden die einzelnen Bausteine der wissensbasierten Beurteilung zu einem System zusammengefaßt und die für die Analyse erforderlichen externen Komponenten beschrieben. Von besonderem Interesse sind dabei Schnittstellen zu Datenbanken und zu Programmen.

Grafisch läßt sich die Struktur wie folgt darstellen:

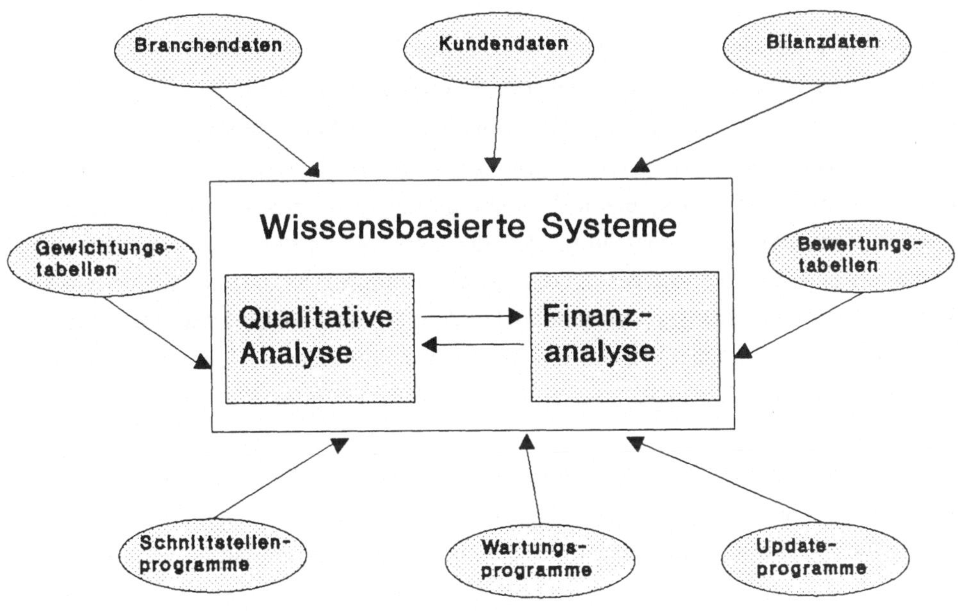

Abbildung 65: Komplex der wissensbasierten Unternehmensqualitätsanalyse

Von herausragender Bedeutung ist der Zugriff auf die Daten der Finanzanalyse, da diese als Basis für die Beurteilung einer Reihe von Bonitätsmerkmalen dienen.

Technisch stehen für diese Schnittstelle zwei Alternativen zur Verfügung:
Wird die wissensbasierte Analyse der Unternehmensqualität als Teil eines integrierten Bonitätsanalysesystems implementiert, mit dessen Hilfe sich neben den qualitativen Merkmalen auch die Bilanzen und die Kontoführung untersuchen lassen, sieht die Vorgehensweise wie folgt aus:
Ein Bilanzanalysemodul untersucht zunächst die Entwicklung der Kennzahlen und beurteilt sowohl die Abweichung zu zwischenbetrieblichen Referenzwerten als auch den innerbetrieblichen Trend. Die so ermittelten Bewertungen werden in eine Datei abgelegt. Sind einzelne Finanzbeurteilungen für die Analyse der Unternehmensqualität notwendig, werden diese aus der Datei herausgelesen. Auf der Basis der Bewer-

tung einzelner finanzieller Sachverhalte zieht ein Regelkomplex Schlußfolgerungen und beurteilt bestimmte Bonitätsmerkmale[384].

Steht eine vorgeschaltete Finanzanalyse nicht zur Verfügung, müssen die Folgerungsregeln eine Stufe tiefer, auf der Ebene der Bilanzpositionen, festgelegt werden. Hierzu werden die zur Beurteilung einzelner Bonitätssachverhalte benötigten Kennzahlen direkt zu Referenzwerten ins Verhältnis gesetzt[385]. Sich ergebende Abweichungen werden nicht bewertet, sondern in Schlußfolgerungen übertragen. Der Vorteil einer solchen Vorgehensweise liegt darin, daß die Entwicklung der Finanzanalysekomponente mit einem bedeutend geringeren Aufwand möglich ist und sich außerdem konkret an den Anforderungen der qualitativen Analyse orientieren kann. Die Methodik setzt eine Zugriffsmöglichkeit auf die einzelnen Positionen der Unternehmensbilanz und die Bereitstellung von geeigneten Referenzwerten voraus.

Des weiteren ist für eine Automatisierung der Analyse der Unternehmensqualität nach beschriebenem Muster ein Zugriff auf die spezifischen Daten einer Unternehmung, wie Branche, Rechtsform, Größe, Alter usw. (Stammdaten) erforderlich.

Wird ein wissensbasiertes System als eine reine Host[386]-Anwendung konzipiert, bereitet der Datenzugriff keine Probleme. Die Daten liegen in derselben DV-technischen Umgebung wie auch die Programme und stehen so für die wissensbasierte Bonitätsanalyse zur Verfügung. Dafür treten hierbei andere Probleme auf. Die Umsetzung von dialogintensiven Anwendungen auf einem Großrechner bringt hohe Kosten mit sich. Dies wirkt sich auf die Akzeptanz des Systems durch den Anwender insbesondere dann aus, wenn die Rechenzeit der Programme an den Endanwender weiterverrechnet wird. Es kommt hinzu, daß die Host-Rechner in Banken üblicherweise sehr stark ausgelastet sind. Die Aufnahme von umfangreichen wissensbasierten Anwendungen ist daher mit Schwierigkeiten verbunden und hat Einfluß auf das Antwortzeitverhalten aller Programme.

Vielversprechender ist deshalb die verteilte Konzeption eines wissensbasierten Bonitätsanalysesystems:

---

[384] Diese Vorgehensweise ist in dem dieser Arbeit zugrundeliegenden System implementiert.
[385] In Anlehnung an die in den Befragungsergebnissen ermittelten Abweichungen, siehe Anhang, S.284-303, Spalte 3.
[386] Auch Mainframe und Großrechner.

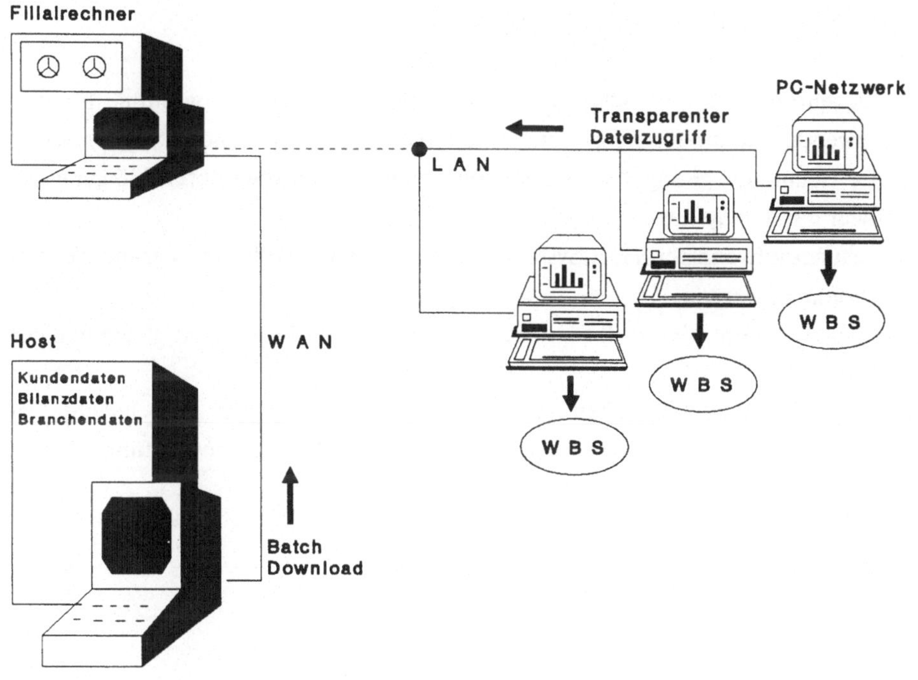

*Abbildung 66: Vorschlag einer Systemarchitektur zur wissensbasierten Unternehmens-
analyse*

Bei einem verteilten System werden die Programme auf einem PC oder auf einer Workstation betrieben, der Host-Rechner dient als Datenserver ("client-server-model"). Benötigt das extern operierende wissensbasierte System Daten aus dem Zentralbestand des Geldinstitutes, meldet es sich über ein Netzwerk in die Mainframe-Umgebung ein, stößt eine Routine an, die die erforderlichen Daten liefert und lädt diese auf den PC oder die Workstation. Die Daten stehen nun dem wissensbasierten System zur Analyse zur Verfügung. Nach gleichem Prinzip lassen sich nach Beendigung einer Analyse die modifizierten Daten in die Datenbasis zurückschreiben. Für das beschriebene Bonitätsanalysesystem reicht es aus, die erforderlichen Daten am Anfang einer Analyse komplett vom Großrechner in eine PC-Datei zu übertragen.

Das wissensbasierte System verwendet dann die in dieser Datei abgelegten Daten für die Analyse[387].

Folgende Gründe sprechen für einen solchen Ansatz:

- Die Dezentralisierung verbilligt den Einsatz dialogintensiver Programme für den Endanwender, da die Rechenzeit nicht weiterverrechnet wird und damit die Scheu vor der Benutzung geringer wird. Dies führt zu einem entspannteren Umgang der Benutzer mit den Systemen.
- Im wartungsaufwendigen Host-System müssen keine wesentlichen Veränderungen vorgenommen werden.
- Dezentrale Systeme sind in Ihrem Antwortzeitverhalten besser und gleichmäßiger als Host-Systeme.
- Grafische Benutzeroberflächen sind auf Workstations oder PCs leichter zu realisieren, was zu einer besseren Programmakzeptanz beim Benutzer führt.

---

[387] Vgl. Hirsch, Axel und Leins, Herwig, Die Auswirkungen der Dezentralisierung auf den Einsatz moderner Softwaretechnologien, in: Office Banking 2/1991, S.66-67.

8. Zusammenfassung der Ergebnisse

Im Rahmen der Arbeit sollten geeignete Modelle zur Analyse der Unternehmensqualität entwickelt werden. Die Hauptzielrichtung war dabei die Umsetzung der Ergebnisse in ein wissensbasiertes Computersystem.

In der Literatur finden sich mehrere methodische Ansätze zur Bonitätsbeurteilung, die sich in drei Gruppen einteilen lassen:

- Verfahren, die auf der Analyse von Jahresabschlußzahlen basieren;
- Verfahren, die ihren Schwerpunkt in der Untersuchung von qualitativen Merkmalen haben;
- gemischte Verfahren.

Trotz der Vielzahl der unter diesen Oberbegriffen zusammengefaßten Methoden, beruht in der Praxis ein großer Teil der Urteilsfindung auf dem individuellen Erfahrungswissen von einzelnen Experten. Um dieser Tatsache gerecht zu werden, erfordert die Erstellung von Beurteilungsmodellen eine intensive Beschäftigung mit der gegenwärtigen Analysepraxis. So war es zunächst sinnvoll, die Vorgehensweise von Experten bei der Ermittlung von Bonitätsurteilen zu betrachten. Die hierzu erforderlichen Erhebungen von Expertenwissen wurden mit unterschiedlichen Techniken der empirischen Sozialforschung durchgeführt, wobei als methodischer Rahmen eine strukturierte Vorgehensweise nach der KADS - Methodologie (Knowledge Acquisition, Documentation and Structuring) gewählt wurde. Als theoretische Grundlagen dienten die Informations-Verarbeitungsansätze des Entscheidungsverhaltens, die die Zusammenhänge zwischen menschlicher und maschineller Informationsverarbeitung untersuchen.

Ausgehend von der theoretischen Basis wurde das Wissensgebiet auf einer allgemeinen Ebene strukturiert und modelliert. Auf der Basis der allgemeinen Strukturierung galt es, die für die Analyse der Unternehmensqualität relevanten Bonitätsmerkmale zu identifizieren. In einem ersten Schritt konnten den Veröffentlichungen zur Bankbetriebslehre, zur Insolvenzforschung und zum strategischen Management etwa 250 Einzelmerkmale entnommen werden, die für die externe Unternehmensanalyse geeignet erschienen. Die Bedeutung einzelner Merkmale für einen bestimmten Unternehmenstyp hängt dabei von der Branche, der Rechtsform, der Größe und dem Alter eines Unternehmens genauso ab, wie von der Risikogewichtung einzelner Kriterien, dem

Zweck der Analyse, der gewünschten Detaillierung und den Möglichkeiten der Informationsbeschaffung. Die genauen Details mußten mit Hilfe von Expertenbefragungen ermittelt werden. In den drei durchgeführten Befragungen waren folgende Zusammenhänge von Interesse:

- Die branchenabhängige Bedeutung einzelner Unternehmensbereiche für die Beurteilung des Bonitätsrisikos.
- Die relative Gewichtung einzelner Bonitätsmerkmale.
- Die Praxisrelevanz der Merkmale.
- Die Relevanz der berücksichtigten Merkmale für bestimmte Wirtschaftsbereiche, Größenklassen und Altersklassen.
- Interdependenzen zwischen Kennzahlen und qualitativen Bonitätsmerkmalen sowie innerhalb der qualitativen Merkmale.

Hierbei wurden die folgenden Merkmale von einer deutlichen Mehrheit der Experten als besonders relevant eingestuft:

Tabelle 36: Besonders relevante qualitative Bonitätsmerkmale

Untersuchungsdimension Marktpotential	Untersuchungsdimension Führungspotential	Untersuchungsdimension Produktionspotential
Branchenkonjunktur	Qualität der kaufmännischen Geschäftsführung	Produktivität und Beschäftigungsgrad
Erwartete ausländische Konkurrenz	Qualität der technischen Geschäftsführung	Grad der Kapazitätsauslastung
Marktposition	Unternehmerisches Verhalten der Geschäftsleitung	Bestände an Roh-, Hilfs- und Betriebsstoffen
Marktmacht der Abnehmer	Abhängigkeiten von der Person des Unternehmers	Abhängigkeiten von Lieferanten
Abhängigkeiten von Abnehmern	Langfristige Unternehmensbestandssicherung	Entwicklung der Lagerhaltung im Verhältnis zum Umsatz
Zahlungsmodalitäten der Abnehmer	Angemessener Lebensstil des Unternehmers	Absatzorientierung der Lagerhaltung
Insolvenz von Abnehmern	Einsatz kurz- und mittelfristiger Ergebnisrechnungen	Qualität der einer Investition zugrundeliegenden Wirtschaftlichkeitsrechnungen
Abhängigkeiten von Patenten und Lizenzen	Entwicklungsstand des Rechnungswesens	Rentabilität von Investitionen
Umweltbeeinflussung der Produkte	Existenz eines Controllingsystems	Unsicherheit der Auftragserwartungen
Diversifikationsgrad der Produkte	Einsatz der Plan-, Soll- und Istkostenrechnung	
Umweltschutzanforderungen des Standorts	Organisation des Rechnungswesens	
Standortvor- und -nachteile gegenüber der Konkurrenz	Finanzplanung	
Politische Standortrisiken	Investitionsplanung	
	Planerisches Gesamtkonzept	
	Kurzarbeit	
	Einstellungsstop und Entlassungen	
	Kennzahlen im Personalbereich	

Die auf den Einzelmerkmalen aufbauende Operationalisierung der Analyse untersuchte die technische Umsetzbarkeit der allgemeinen Erhebungsergebnisse in ein wissensbasiertes Computersystem. Die Studien befaßten sich mit der Aggregation und Gruppierung von Einzelmerkmalen zur Abbildung von Bonitätssachverhalten. Ausgehend von den einzelnen Bonitätsmerkmalen wurden verschiedene Analysemethoden entwickelt und diskutiert.

Im Mittelpunkt der Darstellungen stand die Konzeption eines eigenen Modelles zur Risikobeurteilung. Eine Bewertung wurde ermittelt, indem die manuell oder mit Hilfe von Schlußfolgerungen beurteilten Bonitätsmerkmale entsprechend ihrer Gewichtungen zueinander in Beziehung gesetzt wurden. Die hierfür sinnvolle Verwendung einer branchenabhängigen Gewichtung einzelner Unternehmensbereiche erforderte die Durchführung einer weiteren Befragung, die sich mit dieser Themenstellung befaßte.

Die im Rahmen der Risikoanalyse notwendige einmalige Untersuchung der relevanten Merkmale erlaubte die automatische Durchführung einer Vielzahl von Modellanalysen, so wie sie in der einschlägigen Fachliteratur vorgeschlagen werden. Dabei wurden folgende Konzepte modelliert und umgesetzt:

- Individuelle Risikochecklisten und -profile;
- Krisentypen;
- Stärken/Schwächen-Analyse;
- Marktattraktivität/Wettbewerbsvorteile-Matrix;
- Technologie-Portfolio-Methode.

Abschließend wurde die technische Umsetzung der Merkmalsstruktur und der Analysemodelle beschrieben. Ausgehend von der erforderlichen Attributsstruktur für einzelne Bonitätsmerkmale stand die Identifikation eines geeigneten Abbildungsformalismus im Vordergrund. Als besonders geeignet erwies sich eine objektorientierte Implementierung des erhobenen Wissens. Mit Hilfe der Bausteine der objektorientierten Programmierung wie "Classes", "Instances", "Slots", "Methods" und "Messages", ließen sich die Strukturen besonders effizient und übersichtlich abbilden.

Ein besonderes Augenmerk galt außerdem den für wissensbasierte Systeme besonders bedeutenden Funktionen der Anwenderunterstützung. Im einzelnen wurden die Dialogführung, die unterschiedlichen Möglichkeiten der Ergebnisdarstellung und der Umfang der Erklärungskomponente beschrieben.

Die Ausführungen wurden mit einer Darstellung der Speicherungskonzepte und der Systemarchitektur beendet.

Die Ergebnisse der Arbeit lassen sich wie folgt zusammenfassen:

- Im Rahmen der Erhebungen konnten für Unternehmen unterschiedlicher Branchengruppen, Größenklassen und Altersklassen die jeweils relevanten Bonitätsmerkmale identifiziert werden.
- Die einzelnen Merkmale ließen sich bezüglich ihrer relativen Bedeutung differenzieren.
- Es konnten eine Vielzahl von Beziehungen zwischen qualitativen Bonitätsmerkmalen und Kennzahlen bestimmt werden.
- Auf Basis der Erhebungsergebnisse wurde eine Merkmalswissensbasis konstruiert.

- Aufbauend auf der Merkmalswissensbasis war es möglich, ein Risikobestimmungs- und Ratingmodell zu implementieren.
- Die im Rahmen der Risikoanalyse untersuchten Einzelmerkmale waren für verschiedene Konzepte und Modelle der Unternehmensanalyse nutzbar.
- Die Übernahme der Auswertung, Analyse und Dokumentation der Bonitätsdaten durch das wissensbasierte System ermöglichte eine deutliche Verringerung der Bearbeitungszeit, ohne dabei Informationsverluste in Kauf nehmen zu müssen.
- Die systemgenerierten Analyseergebnisse ließen sich umfassend erklären und darstellen.

Allerdings sollen an dieser Stelle auch kritische Gesichtspunkte nicht verschwiegen werden:

- Die beschriebene Ableitung und Abstufung von Gewichten beinhaltet ein hohes Kritikpotential. Sie ist jedoch für die Erstausstattung eines wissensbasierten Systems als adäquat anzusehen.
- Die Befragungsergebnisse beruhen auf dem subjektiven Erfahrungswissen von Experten.
- Auch die dargestellten Interdependenzen beruhen auf Erfahrungswissen und können in Einzelfällen anders gelagert sein.
- Zur Entwicklung von geeigneten Aggregationsmodelle wären auch andere, zwar aufwendigere, aber eventuell exaktere Lösungswege denkbar. Auf eine mathematische Aggregation könnte verzichtet werden, wenn die Kombination einzelner Merkmalsausprägungen direkt durch Experten evaluiert wird. Allerdings birgt eine so aufwendige Befragung andere Risiken, wie beispielsweise eine fehlende Motivation der beteiligten Experten, in sich.

Trotz der negativen Aspekte kann als Kernaussage dieser Arbeit folgendes festgehalten werden:

--> *Mit Hilfe eines wissensbasierten Systems läßt sich die Analyse der Unternehmensqualität sowohl qualitativ verbessern als auch zeitlich verkürzen.*

Einige Aspekte konnten in der vorliegenden Abhandlung nicht erörtert werden. Im einzelnen sind dies die folgenden Punkte, die auch als Anregungen für weitere wissenschaftliche Arbeiten überlegenswert sind:

Die Beschreibung einer wissensbasierten Finanzanalyse wurde aufgrund der Themenstellung nur am Rande behandelt. Es schien daher nicht sinnvoll, ein Modell für die Aggregation von Analyseergebnissen der qualitativen Dimensionen und der Dimension "Finanzen" zu erarbeiten. Soll dieses geschehen, wird vorgeschlagen, die wissensbasierte Analyse bei beiden Dimensionsgruppen über einen längeren Zeitraum in der Praxis parallel zu beobachten und globalere Modelle zur Ermittlung von aggregierten Gesamtrisiken zu entwickeln.

Für die exakte Validierung der eingesetzten Gewichte ist es notwendig, die beschriebenen Analysen über mehrere Jahre durchzuführen und die gespeicherten Datensätze rückwirkend mit dem aktuellen Bonitätszustand von einzelnen Unternehmen abzugleichen. Besonders häufig auftauchende kritische Bonitätsmerkmale können in ihrem Gewicht nach oben angepaßt werden. Die Techniken der Wissensverarbeitung erlauben dies problemlos. Gegebenenfalls wäre es denkbar, einen Algorithmus zu definieren, der diese Anpassung automatisch übernimmt.

Auf die Ableitung von maschinellen Standard-Handlungsempfehlungen aus bestimmten Bonitätseinstufungen wurde verzichtet (z.B. in der Form: "Falls das Gesamtrisiko größer als durchschnittlich ist, wird ein Engagement nicht eingegangen"). Solche Handlungsempfehlungen werden nur auf der Basis von Auswertungen der Daten langjähriger wissensbasierter Unternehmensanalyse für sinnvoll gehalten, da dies eine sehr differenzierende Sichtweise erfordert. Die Beobachtung der Bonitätsmuster von solvent gebliebenen, von notleidenden und insolvent gewordenen Engagements dürfte mittelfristig die Erstellung von Optimal- und Standardmustern erlauben, mit denen neu zu bearbeitende Engagements abgeglichen werden können. Die Existenz von solchen Vergleichswerten hält der Autor und die involvierten Experten für unbedingt erforderlich, um den Analyseprozeß weitergehend zu automatisieren.

Detaillierte Modelle zur Steuerung der Risiken einer Gesamtbank (z.B. Bonitätsportfolios) können erst entwickelt werden, wenn genügend Unternehmen mit dem beschriebenen System analysiert wurden. Um einen ausreichenden Datensatz zu erhalten, ist die Durchführung von wissensbasierten Analysen über einen Zeitraum von mindestens zwei Jahren notwendig. Die in dieser Zeit auflaufenden Analysefälle lassen sich entsprechend ihrem Bonitätsmuster gruppieren und erlauben einer Bank die Identifikation von besonders risikoreichen Segmenten in Abhängigkeit von der Branche, der Unternehmensgröße etc.. Auf Grundlage der ermittelten Ergebnisse lassen sich die Ressourcen eines Instituts aus risikoreichen in risikoärmere Segmente lenken.

ANHANG

Fallstudie

Zur Illustration der Funktionsweise der entwickelten Modelle und Konzepte wurde eine Fallstudie mit Hilfe des dieser Arbeit zugrundeliegenden wissensbasierten Systems analysiert. Die Untersuchungskriterien und Analyseverfahren wurden vom System unternehmensindivduell in Abhängigkeit vom Analysezweck, der Unternehmensgröße, der Branchenzugehörigkeit und dem Alter der Unternehmung zusammengestellt.

Im einzelnen erfolgt die Darstellung folgender in der Arbeit beschriebener Punkte:

- Die Ermittlung einer Gesamtbeurteilung;
- Die Ermittlung eines Risikoratings;
- Die Ermittlung von Risikobeurteilungen auf verschiedenen Ebenen;
- Die Ermittlung der Analysequalität;
- Die Abbildung von Einzelrisiken;
- Die Trennung von kritischen und unkritischen Aspekten;
- Die Erstellung von Risikochecklisten mit unterschiedlicher Detaillierung;
- Die Erstellung einer Technologie-Matrix;
- Die Ermittlung von Krisentypen;
- Die Erstellung einer Marktattraktivität/Wettbewerbsvorteile-Matrix;
- Die Durchführung einer Stärken- und Schwächen-Analyse;
- Die Kurzdarstellung der Analyseergebnisse;
- Die langschriftliche Darstellung der Analyseergebnisse;
- Die graphische Darstellung der Analyseergebnisse.

Bei Seiten, die mit der Kopfzeile

`"W B S  -  U n t e r n e h m e n s a n a l y s e          31-Dec-00"`

überschrieben sind, handelt es sich um Texte, die das wissensbasierte System zur Unternehmensanalyse generiert hat.

Die Firma Bergbaumaschinen

Die Firma Bergbaumaschinen GmbH ist ein mittelständisches Unternehmen, das seit 1945 Maschinen für den Bergbau entwickelt und produziert. Die Produktion wird nach dem seit 20 Jahren bewährten Verfahren zu einem hohen Prozentsatz manuell durch Spezialisten durchgeführt.

Seit drei Jahren bieten verstärkt Unternehmen aus Übersee Bergbaumaschinen auf dem europäischen Markt an. Dabei handelt es sich um technologisch hochstehende Produkte zu günstigen Preisen. Dies ist für die Firma Bergbaumaschinen besonders problematisch, da im Bergbau allgemein eine stagnierende Tendenz zu erkennen ist und mit einer Abnahme des Marktvolumens gerechnet werden muß.
Der Rückgang ist bereits in den Finanzunterlagen der Firma Bergbaumaschinen GmbH ersichtlich. Insbesondere die Ertragszahlen waren in den letzten Jahren rückläufig, da die Firma Preiszugeständnisse machen mußte, um die vorhandenen Kapazitäten einigermaßen auszulasten. Die hohen Lohnkostensteigerungen der letzten Jahre wirkten sich zusätzlich negativ auf die Ertragslage aus.
Die Firma Bergbaumaschinen glaubt allerdings, daß sie aufgrund ihrer langjährigen guten Kundenbeziehungen und der qualitativ hochwertigen Produkte nach wie vor zu den führenden Anbietern im Bergbaugeschäft gehört und betrachtet den Rückgang des Marktvolumens als eine eher temporäre Angelegenheit. Um jedoch gegen die kurzfristig zu erwartenden Liquiditätsengpässe gerüstet zu sein, möchte sie von der Hausbank eine Erhöhung des Überziehungslimits von DM 400.000 auf DM 1 Million.

Der Leiter der Firmenkundenabteilung, der die Firma Bergbaumaschinen seit 20 Jahren betreut, ist sich nach einer Überprüfung der ihm vorgelegten finanziellen Unterlagen nicht mehr sicher, ob eine solche Erhöhung zu vertreten ist und bittet seinen Mitarbeiter, Herrn Analysenecker, eine qualitative Analyse durchzuführen, die Stärken und Schwächen der Firma auszuloten, die Marktlage zu beurteilen und die Art einer eventuellen Krise zu identifizieren. Insbesondere sollen die wichtigsten Einzelrisiken transparent gemacht werden.

Herr Analysenecker, der wegen der vielen zur Bearbeitung anstehenden Fälle unter Zeitdruck steht, zieht das wissensbasierte System zu Rate. Dieses führt nach Aufruf des Analysemoduls mit den vorliegenden Finanzunterlagen eine Bilanzanalyse durch, bewertet einzelne qualitative Merkmale mit Hilfe von Schlußfolgerungen und verlangt von Herrn Analysenecker die Beantwortung von Risikofragen gemäß unternehmensindividueller Checkliste. Daran anschließend erhält er folgenden Bericht:

Kundenname: Bergbaumaschinen
Kundennummer: 1788

B A S I S D A T E N

Kundendaten	Branche
Kundennummer: 1788	Maschinenbau

Kundendaten	Rechtsform
Bergbaumaschinen Flözweg 125	GmbH & Co KG

	Alter der Unternehmung
4600 Aplerbeck	älter als 3 Jahre

vorhandene Jahresabschlüsse	Geschäftsbeziehung
1988, 1989 and 1990	langfristig

Größenklasse	Umsatz in TDM	Anzahl Beschäftigte
mittlerer Firmenkunde	26494	142

Kreditzweck	Kredit in TDM
Betriebsmittelkredit	400

Q U A L I T A T I V E   G E S A M T B E U R T E I L U N G

Unternehmensqualität Analysequalität	gering————————hoch	Risiko überdurchschn. - Note 4 <Bearbeitet: 57 %>

U N T E R N E H M E N S R A T I N G   A   U N T E R N E H M E N S R A T I N G   B

Risikoklasse	überdurchschnitt. Risiken	Risikoklasse	-CBC- High Risk Grade

W B S - U n t e r n e h m e n s a n a l y s e   31-Dec-00

Kundenname: Bergbaumaschinen
Kundennummer: 1788

J A H R E S A B S C H L U S S D A T E N

Jahr	1988	1989	1990
Bilanzsumme (TDM)	10286.70	10364.60	12779.60
Umsatz (TDM)	33634.60	29665.90	26493.60
EK-Quote	15.90%	15.00%	16.00%
EK-Qual.	96.00%	83.20%	70.70%
GAD	234.00%	316.60%	232.20%
Kfr. Verb.	100.00%	61.60%	97.80%
Kfr. Ges.Verb.	12.70%	5.30%	2.00%
Liqu. I	96.30%	87.50%	73.40%
Liqu. II	143.50%	123.70%	111.30%
Zielquote	1.30	1.30	1.20
Vorratsintensität	37.20%	18.30%	38.70%
Cash Flow Rate	6.80%	3.35%	0.60%
Versch.grad (Jahre)	3.11	5.83	4.80
Umsatzrendite v.St.	7.20%	3.35%	0.35%
Betriebserg./GL	3.20%	2.50%	-0.10%
Finanzerg./GL	0.70%	0.60%	0.40%
a.o.Erg./GL	2.80%	1.70%	0.50%
Pers.aufw.quote	45.40%	49.60%	32.90%
Mat.aufw.quote	40.20%	41.70%	53.50%
Abschreib.quote	1.40%	1.30%	0.80%
Jahr	1988	1989	1990

B E W E R T U N G   Z W I S C H E N B E T R I E B L I C H E R   V E R G L E I C H
(B I L A N Z J A H R: 1990)

Rechtsform: GmbH & Co KG
Branche: Maschinenbau
Vorliegende JA: 1988, 1989, 1990
Basis: 1990, 1989, 1988
Datum: 12-Dec-91

Nicht bewertbar: -

	Mittel-wert	Bilanz 1990	Note 1990	Bilanz 1989	Note 1989	Bilanz 1988	Note 1988	Basis
(1) Stat. Analyse:	-	-	5	-	2	-	2	(2),(6),(10)
(2) Bilanzstruktur:	-	-	3	-	3	-	3	(3),(4),(5)
(3) Eigenkap.quote:	26.00%	16.00%	5	15.00%	5	15.90%	5	
(4) Eigenkap.qual.:	-	70.70%	4	83.20%	3	96.00%	1	
(5) Ges.anl.d.grad:	-	232.20%	1	316.60%	1	234.00%	1	
(6) Liquidität:	-	-	3	-	1	-	1	(7),(8),(9)
(7) Liquidität I:	100.00%	73.40%	3	87.50%	2	96.30%	2	
(8) Liquidität II:	165.00%	111.30%	4	123.70%	3	143.50%	2	
(9) Zielquote:	1.33	1.20	3	1.30	3	1.30	3	
(10) Ertragslage:	-	-	5	-	5	-	4	(11),(14)
(11) SelbstfinKraft:	-	-	5	-	4	-	4	(12),(13)
(12) Cash Flow Rate:	-	0.60%	5	3.35%	4	6.80%	3	
(13) Dyn.Versch.grd:	-	4.80	3	5.83	3	3.11	2	
(14) Ums.rend.v.St.:	6.20%	0.35%	5	3.35%	5	7.20%	3	
	Mittel-wert	Bilanz 1990	Note 1990	Bilanz 1989	Note 1989	Bilanz 1988	Note 1988	Basis

Kundenname: Bergbaumaschinen
Kundennummer: 1788

I N N E R B E T R I E B L I C H E R   Z E I T V E R G L E I C H

Rechtsform: GmbH & Co KG
Branche: Maschinenbau
Vorliegende JA: 1988, 1989, 1990

	JA	Trend	Note	Korr	Basis
(1) Dyn. Analyse:	-	-	6		(2,10,15)
(2) Bilanzstruktur:	-	-	6		(3,6,9)
(3) Eigenkapital:	-	-	6		(4,5)
(4) Eigenkapitalquote:	16.00%	T8	5		
(5) Eigenkapitalqual.:	70.70%	T10	6		
(6) Fremdkapital:	-	-	6		(7,8)
(7) Kfr. Verbindl.:	97.80%	T7	-		
(8) Kfr.Gesell.verb.:	2.00%		-		
(9) Ges.anl.deck.grad:	232.20%	T5	5		
(10) Liquidität:	-	-	4		(11-14)
(11) Liquidität I:	73.40%	T11	4		
(12) Liquidität II:	111.30%	T10	4		
(13) Zielquote:	1.20	T4	1		
(14) Vorratsint.:	38.70%	T7	5		
(15) Ertragslage:	-	-	5		(16,19,25)
(16) Selbstfin.kraft:	-	-	5		(17,18)
(17) Cash Flow Rate:	0.60%	T10	5		
(18) Dyn.Versch.grad:	4.80	T4	3		
(19) Umsatzrenditequal:	-	-	5		(20,21)
(20) Umatzrend.v.St.:	0.35%	T10	5		
(21) U-Renditestrukt.:	-	-	4		(22,23,24)
(22) Betriebserg.qu.:	-0.10%	T11	5		
(23) Finanzerg.quote:	0.40%	T6	3		
(24) a.o.Erg.quote:	0.50%	T10	3		
(25) Produktivität:	-	-	4		(26,27,28)
(26) Materialaufw.qu.:	53.50%	T1	-		
(27) Personalaufw.qu.:	32.90%	T5	-		
(28) Abschreibungsqu.:	0.80%	T6	-		

Legende "Trends"

T1   progressiv steigend
T2   konstant steigend
T3   steigend mit rückläufiger Tendenz
T4   schwach negative Umkehr
T5   stark negative Umkehr
T6   konstant
T7   stark positive Umkehr
T8   schwach positive Umkehr
T9   fallend mit rueckläufiger Tendenz
T10   konstant fallend
T11   progressiv fallend

n.a.   nicht anwendbar
-       nicht bewertbar

Kundenname: Bergbaumaschinen
Kundennummer: 1788

C H E C K L I S T E   Z U R   B E U R T E I L U N G
D E R   D I M E N S I O N   M A R K T P O T E N T I A L

Machen Sie sich ein Bild über die Expansionsmöglichkeiten, die Rohstoffbeschaffungsmöglichkeiten und die Energieversorgung, die der Standort der Firma Bergbaumaschinen bietet. Bewerten Sie!
[mögliche Antworten --> <ausgezeichnet> <<u>entsprechend</u>> <schwierige Bedingungen>]

Vergleichen Sie den Standort der Firma Bergbaumaschinen mit dem des oder der größten Konkurrenten. Sehen Sie dabei Standortvorteile oder Standortnachteile für die Unternehmung?
[mögliche Antworten --> <eher Vorteile> <<u>ungefähr gleich</u>> <eher Nachteile>]

Glauben Sie, daß durch neue Umweltschutzanforderungen oder durch die Pflicht zur Beseitigung von Altlasten besondere Risiken für die Unternehmung entstehen könnten?
[mögliche Antworten --> <sehr wahrscheinlich> <<u>eventuell möglich</u>> <eher unwahrscheinlich>]

Halten Sie es für möglich, daß mittelfristig der Markt für die angebotenen Produkte erschöpft sein und damit eine Krise bei der Firma Bergbaumaschinen auftreten könnte?
[mögliche Antworten --> <<u>Gefahr besteht</u>> <geringe Gefahr> <unwahrscheinlich> <schwer zu beurteilen>]

Beurteilen Sie Risiken, die der Firma Bergbaumaschinen durch künftig zu erwartende Konkurrenz, insbesondere durch internationale Billiganbieter, entstehen könnten!
[mögliche Antworten --> <<u>Risiken sind groß</u>> <durchschnittlich> <kein Risiko>]

Wie würden Sie die Unternehmung positionieren?
[mögliche Antworten --> <Marktführer> <Nischenanbieter> <Mischstrategie> <einer von vielen> <<u>untergeordnete Bedeutung</u>>]

Wie würden Sie die Qualität des Marktes bewerten? Kriterien hierbei sind das langfristige Wachstum, die Sättigungsgrenzen des Marktes und die Eintrittsbarrieren für neue Anbieter!
[mögliche Antworten --> <gute Qualität> <durchschnittlich> <<u>könnte besser sein</u>> <ist uns nicht bekannt>]

Beurteilen Sie die Qualität und Konzeption der Produkte der Firma Bergbaumaschinen. Berücksichtigen Sie dabei Produktqualität, Service und Kundenbedarf!
[mögliche Antworten --> <sehr gute Produkte> <gute Produkte> <<u>mittelmäßige Produkte</u>> <schlechte Produkte>]

Beurteilen Sie den Diversifikationsgrad der angebotenen Produkte der Firma Bergbaumaschinen!
[mögliche Antworten --> <mehrere Standbeine> <<u>ähnliche Produkte</u>> <ein Produkt>]

Sehen Sie ein besonderes Risiko dadurch, daß der Verkauf des/der Produkte(s) auf einer fremden Lizenz beruht, die gegebenenfalls entzogen werden kann?
[mögliche Antworten --> <Risiko besteht> <Risiko ist gering> <<u>trifft nicht zu</u>> <schwer zu beurteilen>]

Beurteilen Sie die Risiken, die für den Betrieb entstehen könnten, falls einer oder einige wenige Hauptabnehmer der Firma Bergbaumaschinen ausfallen!
[mögliche Antworten --> <<u>große Nachteile</u>> <Nachteile> <eventuell Nachteile> <kaum Auswirkungen>]

Geben Sie die Hauptabsatzgebiete der Firma Bergbaumaschinen an!
[mögliche Antworten --> <Deutschland> <sonstige EG-Länder> <<u>sonstige Industrieländer</u>> <Naher Osten> <sonstige Welt> <weltweit>]

Schätzen Sie die Entwicklung der Auftragseingänge ab!
[mögliche Antworten --> <hohe Steigerungsraten> <etwa gleichbleibend> <<u>stagnierend</u>> <schwer zu sagen>]

Wie würden Sie den Kostendeckungsgrad der Aufträge bezeichnen?
[mögliche Antworten --> <hervorragend> <angemessen> <<u>eher schlecht</u>>]

Kundenname: Bergbaumaschinen
Kundennummer: 1788

C H E C K L I S T E   Z U R   B E U R T E I L U N G
D E R   D I M E N S I O N   F Ü H R U N G S P O T E N T I A L

Versuchen Sie die kaufmännische Qualifikation der Unternehmensführung anhand nebenstehender Skala zu
bewerten. Anhaltspunkte sind dafür die Erfahrung, die Ausbildung und der berufliche Werdegang der
verantwortlichen Geschäftsführer!
[mögliche Antworten --> <sehr gut> <gut> <u>befriedigend</u> <ausreichend> <mangelhaft>]

Bewerten Sie die Qualität der technischen Unternehmensführung im Hinblick auf Ausbildung, beruflichen
Werdegang und das technische Fachwissen der Geschäftsführer!
[mögliche Antworten --> <sehr gut> <gut> <u>befriedigend</u> <ausreichend> <mangelhaft>]

Würden Sie der Geschäftsführung in Bezug auf Innovationsbereitschaft, Risikobereitschaft und dem
Handeln in früheren Krisen insgesamt ein positives unternehmerisches Verhalten bescheinigen?
[mögliche Antworten --> <ja> <wohl ja> <u>teils teils</u> <eher nein> <nein>]

Haben Sie den Eindruck, daß innerhalb der Geschäftsführung häufig Positionen umbesetzt oder
ausgewechselt werden?
[mögliche Antworten --> <u>ist uns nichts bekannt</u> <macht so den Eindruck>]

Sind Ihnen Abhängigkeiten der Geschäftsführung von Kapitalgebern, Banken, Institutionen oder Personen
bekannt, die möglicherweise langfristig den Unternehmensbestand gefährden könnten?
[mögliche Antworten --> <u>ist nicht auszuschließen</u> <unwahrscheinlich>]

Sind Nachfolge- und Stellvertretungsfragen innerhalb der Geschäftsführung ausreichend geregelt?
[mögliche Antworten --> <sind geregelt> <u>sind wohl geregelt</u> <sollte verbessert werden>]

Befindet sich das Unternehmen im Privatbesitz und beteiligt sich der/die Eigentümer an der Leitung
der Firma Bergbaumaschinen?
[mögliche Antworten --> <ja> <u>nein</u>]

Halten Sie die Qualifikation des Personals verglichen mit dem oder den größten Konkurrenzunternehmen
für eine der Stärken der Firma Bergbaumaschinen? Vergleichen Sie die Qualität des Personals!
[mögliche Antworten --> <besser> <u>ungefähr gleich</u> <wohl schlechter> <schwer zu beurteilen>]

Hat das Unternehmen einen Einstellungsstop beschlossen? Wurden Ihnen Entlassungen bekannt?
[mögliche Antworten --> <ja> <u>nein</u>]

Wie würden Sie das Niveau des Rechnungswesens der Firma Bergbaumaschinen beurteilen? Berücksichtigen
Sie bei Ihrer Bewertung die Ausstattung und die angewandten Methoden!
[mögliche Antworten --> <auf hohem Niveau> <u>angemessen</u> <mit Mängeln> <nur ansatzweise vorhanden>]

Werden in der Firma Bergbaumaschinen kurz-, mittel- und langfristige Ergebnisermittlungen
durchgeführt?
[mögliche Antworten --> <u>ja, werden durchgeführt</u> <nein>]

Werden in der Firma Bergbaumaschinen zur Ermittlung von Ertragsanteilen einzelner Produktgruppen und
Produktlinien die Verfahren der Deckungsbeitragsrechnung eingesetzt?
[mögliche Antworten --> <wird generell eingesetzt> <u>bei manchen Produkten</u> <wird nicht eingesetzt>]

Beurteilen Sie die Organisation des Rechnungswesens im Hinblick darauf, daß der Zugriff auf aktuelle
und relevante Daten jederzeit gewährleistet ist!
[mögliche Antworten --> <u>gute Organisation</u> <eher durchschnittlich> <sehr undurchschaubar>]

Haben Sie den Eindruck, daß die Entwicklung der Kosten und der Leistungserlöse ständig kontrolliert
werden? Eine Kostenkontrolle
[mögliche Antworten --> <u>existiert</u> <existiert ansatzweise> <existiert nicht>]

Kann man davon ausgehen, daß es in der Firma Bergbaumaschinen ein planerisches Gesamtkonzept gibt,
das auf dem Konzept Zielsetzung - Planung - Kontrolle beruht?
[mögliche Antworten --> <existiert> <u>ansatzweise</u> <existiert nicht>]

Kundenname: Bergbaumaschinen
Kundennummer: 1788

C H E C K L I S T E   Z U R   B E U R T E I L U N G
D E R   D I M E N S I O N   P R O D U K T I O N S P O T E N T I A L

Schätzen Sie den Grad der Kapazitätsauslastung!
[mögliche Antworten --> <geringer als 50%> <u>50-70%</u> <70-90%> <über 90%> <über 100%> <keine Angaben>]

Wie würden Sie den Zustand der Werkstätten und der Produktionsanlagen in der Firma Bergbaumaschinen beurteilen?
[mögliche Antworten --> <sehen gut aus> <u>normal</u> <lassen zu wünschen übrig>]

Beurteilen Sie die Umweltbelastung der Produktionsverfahren!
[mögliche Antworten --> <geringe Belastung> <u>tragbare Belastung</u> <kritische Belastung>]

Konnten Sie in letzter Zeit gewisse Anlauf- oder Umstellungsschwierigkeiten bei der Firma Bergbaumaschinen beobachten?
[mögliche Antworten --> <u>nichts bekannt</u> <eventuell temporär> <sind vorhanden> <sind erheblich>]

Glauben Sie, daß die Produktionstechnologien im Hinblick auf Wirtschaftlichkeit und technischen Standard angemessen sind?
[mögliche Antworten --> <wirtschaftlich> <wohl wirtschaftlich> <u>eher nicht</u> <kaum zu beurteilen>]

Sehen Sie Abhängigkeiten der Firma Bergbaumaschinen von bestimmten Rohstoffen, die langfristig zu einem Risiko werden könnten? Wählen Sie aus nebenstehender Tabelle aus!
[mögliche Antworten --> <Energie> <Grundstoffe> <Vorprodukte> <u>keine Abhängigkeiten</u> <so nicht zu beurteilen>]

Schätzen Sie das Risiko, das der Firma Bergbaumaschinen durch die Abhängigkeit von bestimmten Lieferanten entstehen könnte ein (z.B. Lieferant übernimmt eigenen Vertrieb, Lieferant fällt aus, Lieferant nützt eine starke Position aus)!
[mögliche Antworten --> <sind gravierend> <sind vorhanden> <u>eventuell möglich</u> <gering einzuschätzen>]

Konnten Sie in Erfahrung bringen, daß einer oder einige der wesentlichen Lieferanten der Firma Bergbaumaschinen Konkurs anmelden mußten?
[mögliche Antworten --> <u>soweit bekannt nein</u> <eventuell möglich> <ja, das ist uns bekannt>]

Geben Sie bitte an, aus welcher Region die Unternehmung die meisten Rohstoffe und Vorprodukte bezieht!
[mögliche Antworten --> <Deutschland> <u>sonstige EG-Länder</u> <Nordamerika> <Naher Osten> <sonstige Welt> <weltweit>]

Werfen Sie der Lagerhaltung mangelnde Absatzorientierung vor? Beurteilen Sie die Risiken, die der Firma Bergbaumaschinen durch eine überdimensionale Lagerhaltung entstehen könnten!
[mögliche Antworten --> <hohe Risiken> <entsprechende Risiken> <u>geringe Risiken</u> <keine Risiken>]

Beurteilen Sie die Risiken die bestehen könnten, daß die Unternehmung möglicherweise den Anschluß an den technischen Fortschritt bzw. an die Konkurrenz verliert!
[mögliche Antworten --> <u>Risiken sind hoch</u> <wie bei anderen Firmen> <geringe Risiken>]

Wie würden Sie die Investitionen der Firma Bergbaumaschinen im letzten Jahr bzw. in den letzten Jahren einordnen? Wo sehen Sie die Schwerpunkte? Bei
[mögliche Antworten --> <Erweiterung> <Ersatz> <Rationalisierung> <alle drei> <u>keine Investitionen</u>]

Kundenname: Bergbaumaschinen
Kundennummer: 1788

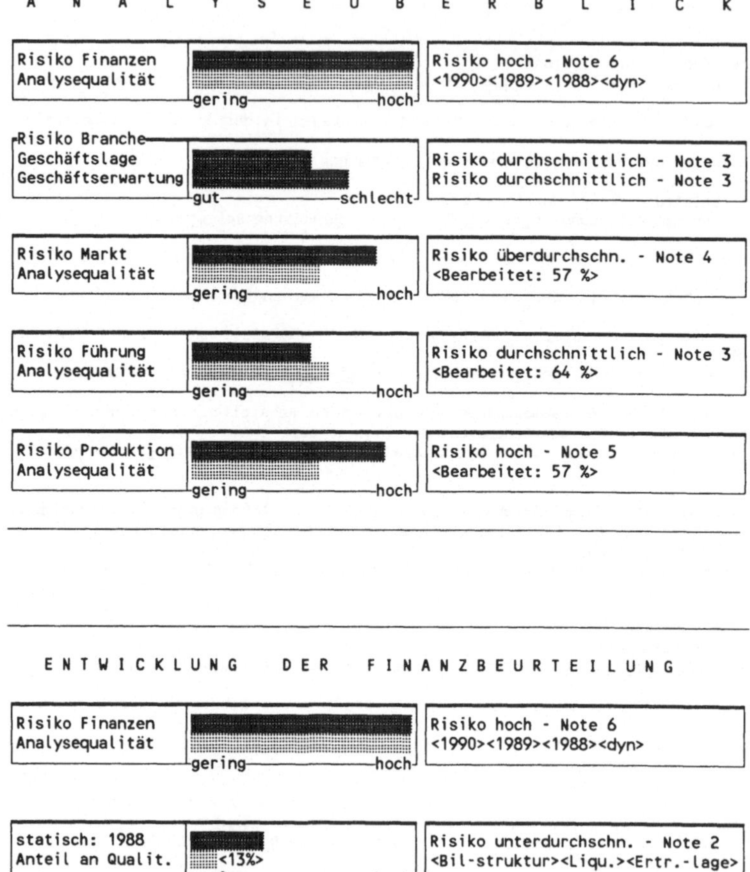

Kundenname: Bergbaumaschinen
Kundennummer: 1788

WIRTSCHAFTSKONJUNKTUR: <basierend auf Ergebnissen des Ifo Konjunkturtests>

| Geschäftslage | <Bewertung: 2.60   >
 gut ——— schlecht | Für Branche Maschinenbau |

| Produktions-
 entwicklung | <Bewertung: 3.20   >
 lebhaft——— schwächer | Für Branche Maschinenbau |

| Nachfrage-
 situation | <Bewertung: 3.40   >
 besser ———schlechter | Für Branche Maschinenbau |

| Auftragsbestand | <Bewertung: 3.20   >
 hoch ——— klein | Für Branche Maschinenbau |

| Geschäftserwartung | <Bewertung: 3.40   >
 günstig——— ungünstig | Für Branche Maschinenbau |

R I S I K E N   I N   D E R   D I M E N S I O N   M A R K T P O T E N T I A L

| Risiko Markt
 Analysequalität | gering——————hoch | Risiko überdurchschn. - Note 4
 <Bearbeitet: 57 %> |

| Risiko -
 Standort/Umwelt
 Analysequalität | gering——————hoch | Risiko durchschnittlich - Note 3
 <Bearbeitet: 71 %> |

| Risiko -
 Markt/Konkurrenz
 Analysequalität | gering——————hoch | Risiko hoch - Note 5
 <Bearbeitet: 65 %> |

| Risiko -
 Produkte
 Analysequalität | gering——————hoch | Risiko durchschnittlich - Note 3
 <Bearbeitet: 39 %> |

| Risiko -
 Kunden/Vertrieb
 Analysequalität | gering——————hoch | Risiko überdurchschn. - Note 4
 <Bearbeitet: 61 %> |

Kundenname: Bergbaumaschinen
Kundennummer: 1788

R I S I K E N   I N   D E R   D I M E N S I O N   F Ü H R U N G S P O T E N T I A L

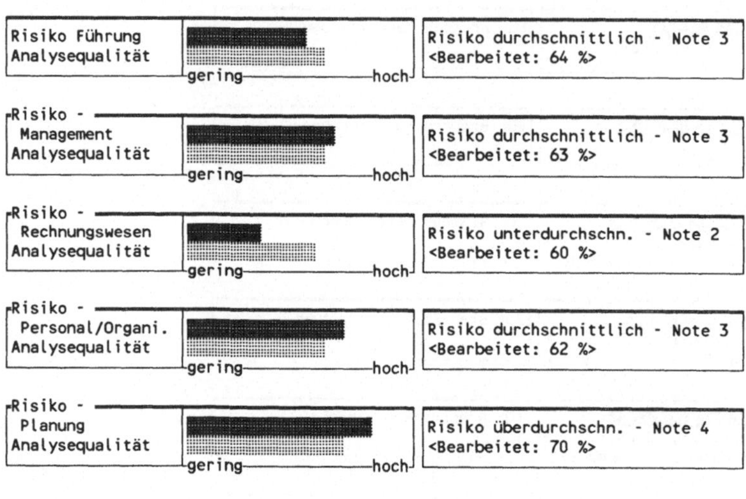

R I S I K E N   I N   D E R   D I M E N S I O N   P R O D U K T I O N S P O T E N T I A L

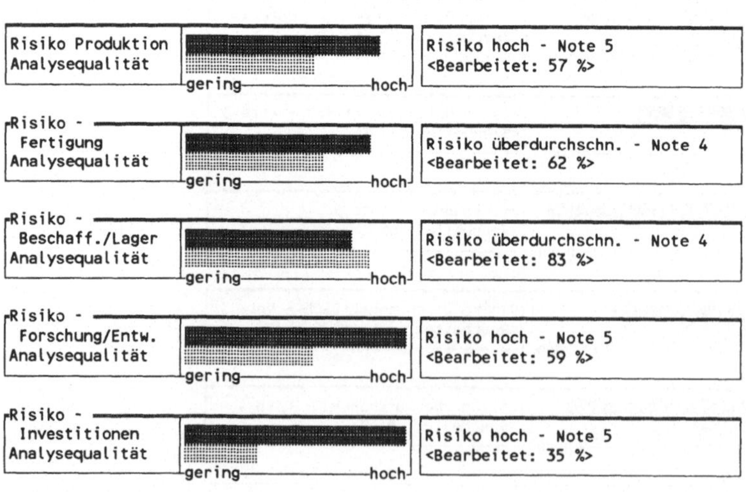

Kundenname: Bergbaumaschinen
Kundennummer: 1788

BEURTEILUNG DER MARKTENTWICKLUNG, DER PRODUKTE UND DES VERTRIEBSKONZEPTES

Bei einer Betrachtung des wirtschaftlichen Gesamtrahmens sehen wir die Gefahr, daß die Unternehmung in näherer Zukunft mit erheblichen Schwierigkeiten konfrontiert wird. Dies bezieht sich insbesondere auf die Punkte Qualität des Marktes und Marktmacht der Abnehmer.
Auch sind wir der Meinung, daß in der Unternehmung eine bessere Beobachtung der Marktentwicklung und Marktgegebenheiten erforderlich ist. Schwächen müssen vor allem bei den Kriterien Marktdurchdringung der Produkte, Risiken durch Marktsättigung und Position im Markt ausgeräumt werden.
Im Vergleich mit den Konkurrenzunternehmen schneidet die Unternehmung bezüglich der Positionierung im Markt schlechter als diese ab. Im einzelnen sehen wir Nachteile bei den Positionen Gefahr durch starke Konkurrenz und Marktstellung im Verhältnis zu anderen Anbietern.

Die Abnehmer und die Abnehmerstruktur der Unternehmung macht einen ordentlichen Eindruck auf uns. Bei einer negativen gesamtwirtschaftlichen Entwicklung können gewisse Risiken allerdings nicht ausgeschlossen werden.

Im Vertriebs- und Absatzbereich der Unternehmung sehen wir einige Schwierigkeiten. Insbesondere sollten die Punkte Kosten des Vertriebssystems, Marketingpotential, Auftragseingänge und Kostendeckungsgrad der Aufträge mittelfristig verbessert werden. Auch die Produkte und das Produktkonzept der Unternehmung sind verbesserungsbedürfig. Die Entwicklung sollte laufend überwacht werden.

BEURTEILUNG DER UNTERNEHMENSFÜHRUNG UND DER FÜHRUNGSSTRUKTUREN

Die an der Unternehmensleitung beteiligten Personen machen insgesamt einen ordentlichen Eindruck auf uns. Die Geschäftsführer sind wohl entsprechend ausgebildet und ausreichend erfahren um ein Unternehmen dieser Größe leiten zu können.
Kommunikationssysteme, Informationsstruktur und Entscheidungsstruktur in der Unternehmung können als ordentlich bezeichnet werden.

Das Personalwesen und die Personalstruktur sind insgesamt zufriedenstellend, wobei eventuell die Kostenstruktur im Personalbereich mittelfristig noch als etwas verbesserungsbedürftig erscheint.

Beim Rechnungswesen konnten wir im Hinblick auf angewandte Verfahren und technische Ausstattung nichts negatives feststellen. Ein Controllingkonzept, mit dessen Hilfe die Unternehmensziele operationalisiert und Erfolgskontrollen durchgeführt werden können, hat im Unternehmen einen entsprechend hohen Stellenwert.

BEURTEILUNG DES PRODUKTIONS- UND BESCHAFFUNGSBEREICHES

Im Produktionsbereich der Unternehmung mußten wir bei der Betrachtung der Ausstattung und der angewandten Produktionsverfahren doch einige Mängel feststellen. Verbesserungsmöglichkeiten sehen wir insbesondere bei den Kriterien Produktionstechnologien und Wirtschaftlichkeit der Produktionstechnologien. Auch was die Effizienz der Fertigungsabläufe und der Fertigungsstrukturen betrifft sehen wir vor allem bei den Punkten Kapazitätsauslastungsgrad, Kosten der Leistungserstellung, Produktivität, Beschäftigungsgrad und zu hoher Anteil an manueller Fertigung deutliche Probleme.

Die Materialwirtschaft und die Lagerhaltung entsprechen voll den Anforderungen die von einer Unternehmung dieser Branche und Größe erwartet werden können.

Die bisherige Unternehmensentwicklung und das Investitionsverhalten machen es erforderlich auf besondere Risiken innerhalb des Risikobereiches Investition hinzuweisen.

Kundenname: Bergbaumaschinen
Kundennummer: 1788

K R I T I S C H E   A S P E K T E   M A R K T P O T E N T I A L

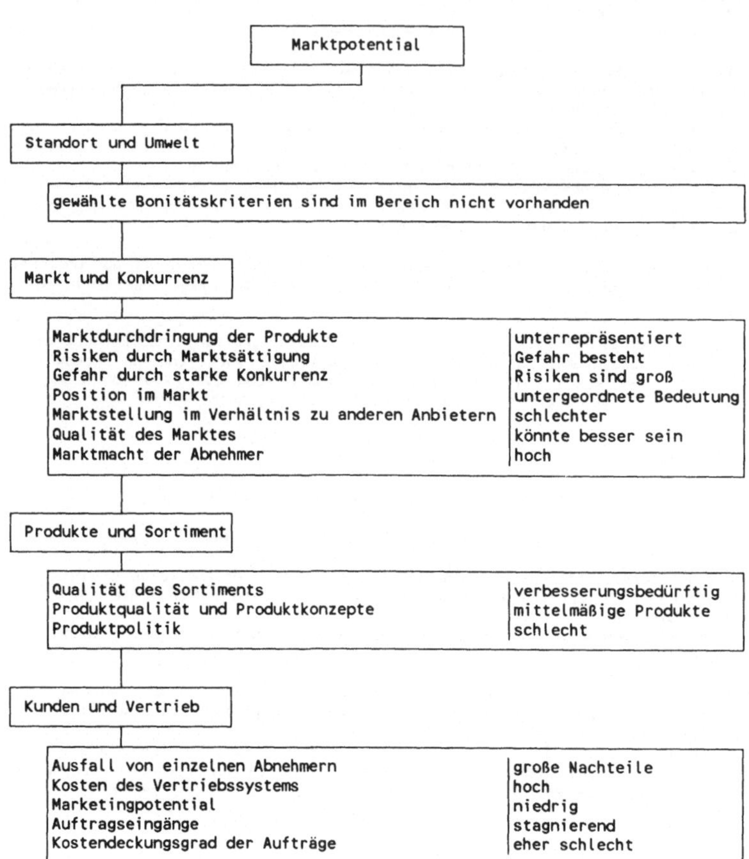

Kundenname: Bergbaumaschinen
Kundennummer: 1788

K R I T I S C H E   A S P E K T E   F Ü H R U N G S P O T E N T I A L

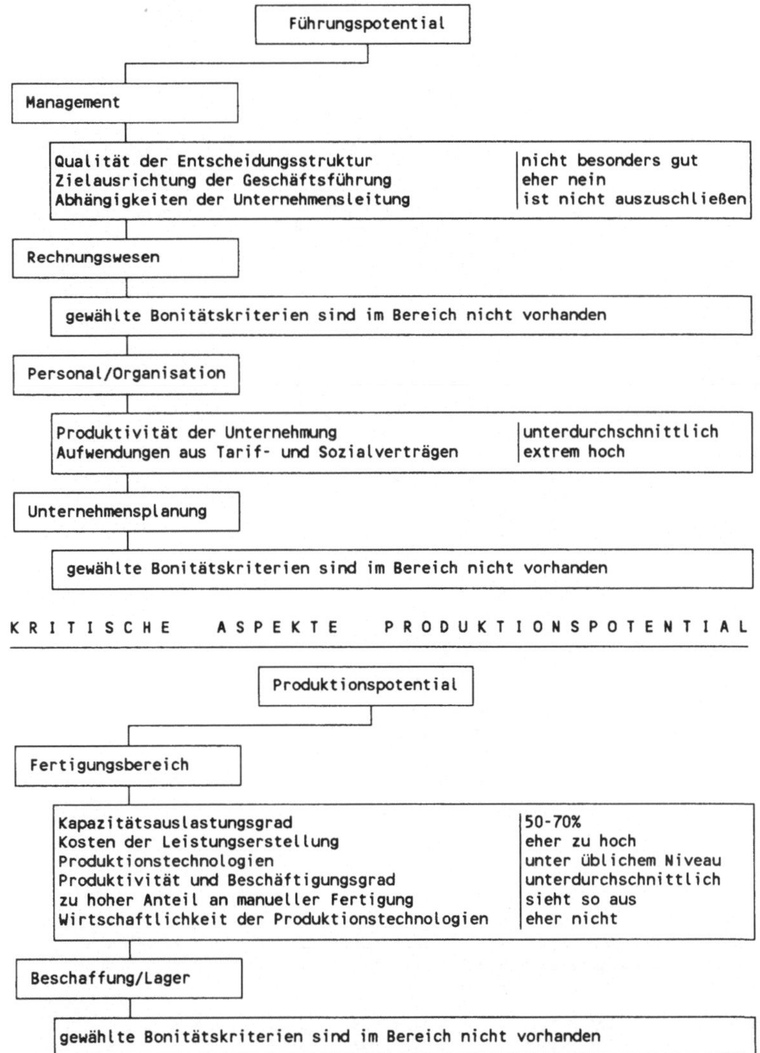

K R I T I S C H E   A S P E K T E   P R O D U K T I O N S P O T E N T I A L

Kundenname: Bergbaumaschinen
Kundennummer: 1788

I D E N T I F I K A T I O N   V O N   K R I S E N T Y P E N

Risikosegmente	Segment kritisch
1. Person des Unternehmers	-
2. Führungsfehler	ja
3. Organisation oder Konstitution	-
4. Überhastete Expansion	-
5. Mängel im Absatzbereich	ja
6. Mängel im Produktionsbereich	ja
7. Mängel in Beschaffung und Logistik	-
8. Mängel im Personalwesen	vermutlich
9. Mängel im Investitionssektor	ja
10. Mängel in der Forschung und Entwicklung	vermutlich
11. Mangel an Eigenkapital	ja
12. Mangelhaftes Planungs- und Kontrollsystem	-

Krisentyp 1:   Das Unternehmen auf brechenden Stützpfeilern

Mängel im Absatzbereich   -   Gewicht sehr hoch   -   zutreffend   -   100%
Überkapazitäten   -   Gewicht mittel   -   zutreffend   -   100%
sonstige Mängel   -   Gewicht mittel   -   zutreffend   -   100%

Schlußfolgerung: Krisentyp trifft zu (Signifikanzniveau 100%)

Krisentyp 2:   Das technologisch gefährdete Unternehmen

Mängel im Produktionsbereich   -   Gewicht mittel   -   zutreffend   -   100%
Mängel im Investitionssektor   -   Gewicht mittel   -   zutreffend   -   100%
Mängel in Forschung
und Entwicklung   -   Gewicht hoch   -   vermutlich   -   50%
Führungsfehler   -   Gewicht sehr hoch   -   zutreffend   -   100%
Mangelhaftes Planungs- und
Kontrollsystem   -   Gewicht mittel   -   nein   -   0%

Schlußfolgerung: Krisentyp ist wahrscheinlich (Signifikanzniveau 73%)

Kundenname: Bergbaumaschinen
Kundennummer: 1788

S T Ä R K E N - S C W Ä C H E N A N A L Y S E

S t ä r k e n   und positive Aspekte

Besondere Stärken konnten wir nur im Bereich Rechnungswesen feststellen. Im
einzelnen handelt es sich dabei:

Rechnungswesen

Entwicklungsstand des Rechnungswesens	angemessen
Kurz- und mittelfristige Ergebnisrechnungen	ja, werden durchgeführt
Controllingsystem	existiert im Unternehmen
Organisationsstruktur des Rechnungswesens	gute Organisation
Kosten- und Leistungskontrolle	existiert
Einsatz der Plan-, Soll- und Istkostenrechnung	ja

S c h w ä c h e n   und negative Aspekte

Besondere Schwächen und kritische Punkte fielen uns bei der Unternehmung in den
folgenden Bereichen auf: Markt, Branche und Konkurrenz, Kunden, Vertrieb und
Absatz, Unternehmensplanung, Forschung und Entwicklung, sowie
Investitionsverhalten. Im einzelnen handelt es sich dabei um die nachfolgenden
Kriterien, mit den jeweils nebenstehenden Ausprägungen (sortiert nach
Bereichen):

Markt und Konkurrenz

Marktdurchdringung der Produkte	unterrepräsentiert
Risiken durch Marktsättigung	Gefahr besteht
Gefahr durch starke Konkurrenz	Risiken sind groß
Position im Markt	untergeordnete Bedeutung
Marktstellung im Verhältnis zu anderen Anbietern	schlechter
Qualität des Marktes	könnte besser sein
Marktmacht der Abnehmer	hoch

Kunden, Vertrieb und Absatz

Ausfall von einzelnen Abnehmern	große Nachteile
Kosten des Vertriebssystems	hoch
Marketingpotential	niedrig
Auftragseingänge	stagnierend
Kostendeckungsgrad der Aufträge	eher schlecht

Unternehmensplanung

Planung Investitions- und Finanzentscheidungen	leichte Mängel
Qualität der Produktions- u. Beschaffungsplanung	wird nicht geplant

Forschung und Entwicklung

Ausgaben für Forschung und Entwicklung	unangemessen
Schritthalten mit dem technischen Fortschritt	Risiken sind hoch

Investitionsverhalten

Soll/Ist Kontrolle	sehr schlecht
Investitionsschwerpunkte	keine Investitionen

Kundenname: Bergbaumaschinen
Kundennummer: 1788

A N A L Y S E   M A R K T A T T R A K T I V I T Ä T - W E T T B E W E R B S V O R T E I L E

(A) M a r k t a t t r a k t i v i t ä t

(1) Marktwachstum und Marktgröße
- Risiko Marktvolumen: <nicht bewertet>
- Markt gesättigt: Gefahr besteht

(2) Marktqualität
- Risiko externe Marktstrukturen: Branchenkonjunktur, Marktform, Grad der
  Internationalisierung, Stabilität der Wettbewerbsbedingungen, Marktrisiken,
  Eintrittsbarrieren u.a.   hoch
- Risiko Konkurrenzsituation: Struktur der Branche, Marktstellung im Vergleich
  zur Konkurrenz, zu erwartende Konkurrenz, Wettbewerbsverhalten der anderen
  Unternehmen, Konzentrationsentwicklungen u. a.   hoch

(3) Versorgung mit Energie, Rohstoffen und Vorprodukten
- Risiko Beschaffung:
  Abhängigkeit von Beschaffungspreisen, Abhängigkeit von Rohstoffen und Energie,
  Abhängigkeit von einzelnen Lieferanten, Verschärfung der Liefermodalitäten,
  Verhandlungsmacht bei Einkäufen u.a.   hoch

(4) Standort- und Umweltsituation
- Risiko Standort und Umwelt: Geographische Standortbedingungen,
  Wirtschaftliche Standortbedingungen, Politische Standortrisiken,
  Staatliches Interventionsrisiko, Umweltschutz u.a.   mittel

---

```
Gesamtbeurteilung Marktattraktivität:   4.61
```

(B) W e t t b e w e r b s v o r t e i l e

(1) Relative Marktposition (im Vergleich zur Branche)
- Marktanteil   <nicht bewertet>
- Risiko Bilanzstruktur   hoch
- Risiko Ertragslage   hoch
- Risiko Marktstellung und Marktbeobachtung: Marktforschung, Marktposition,
  Markt- und Absatzziele, Marktsättigung mit Produkten der Unternehmung,
  Brancheninformationssystem, Marktdurchdringung u.a.   hoch
- Risiko Marketingpotential: Struktur der Abnehmer, Abhängigkeiten von Abnehmern,
  Qualität der Vertriebskanäle, Kosten des Vertriebssystems,Auftragseingänge u.a.   hoch

(2) Relatives Produktionspotential (in Bezug auf erreichte Marktposition)
- Risiko Fertigung und Prozesse: Kosten der Leistungserstellung, Organisation
  der Fertigung, Produktivität, Flexibilität der Fertigung, Materialfluß u.a.   hoch
- Risiko Ausstattung/Verfahren: Art der Fertigung, Qualität der Anlagen, Umwelt-
  belastung, Technologischer Stand, Schutzfähigkeit der Produktionstechnologien
  Zusammensetzung Maschinenpark u.a.   hoch

(3) Relatives Forschungs- und Entwicklungspotential
- Risiko Forschung/Entwicklung: Qualifikation der Mitarbeiter, Höhe der Aufwen-,
  dungen, Intensität der F. u. E. Aktivitäten, Organisation, Langfristige Planung   hoch

(4) Relatives Führungspotential
- Risiko Management: Strukturen und Personen   mittel
- Risiko Rechnungswesen und Controlling: gering
- Risiko Personalwesen: mittel
- Risiko Unternehmensplanung: hoch

```
Gesamtbeurteilung Wettbewerbsvorteile:  4.17
```

Kundenname: Bergbaumaschinen
Kundennummer: 1788

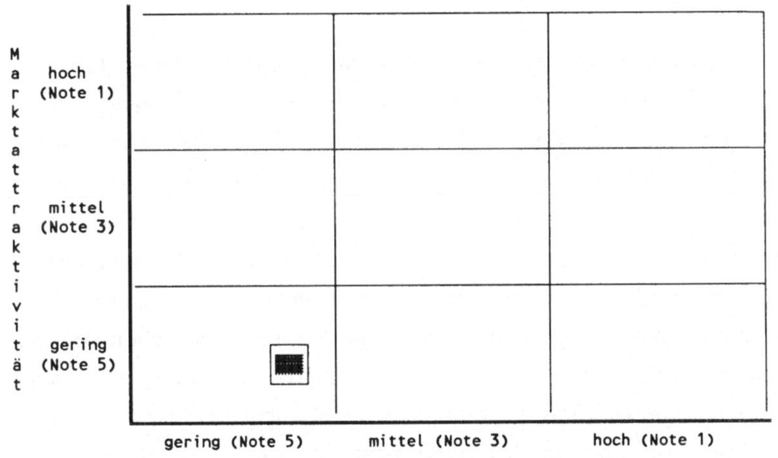


```
Gesamtbeurteilung Marktattraktivität:   4.61
Gesamtbeurteilung Wettbewerbsvorteile:  4.17
```

Abschließendes Urteil

Die Durchsicht der Analyseergebnisse hat Herrn Analysenecker sehr nachdenklich
gestimmt. Die ausgesprochen schlechte Beurteilung des Produktionspotentials deutet
darauf hin, daß in der Vergangenheit bei der Firma Bergbaumaschinen erhebliche
Fehler gemacht wurden. Da auch die Marktentwicklung und die Kundenstruktur
negativ bewertet werden, überlegt sich Herr Analysenecker, ob ein weiteres
Engagement bei der Firma überhaupt empfehlenswert ist.

Sein Chef, der die Firma Bergbaumaschinen schon seit Jahren begleitet, hat eine
solche Beurteilung bereits erwartet. Trotzdem möchte er aufgrund der langjährigen
Beziehung die bestehenden Kredite nicht sofort kündigen. Er lädt Herrn
Bergbaumann, den Geschäftsführer der Firma Bergbaumaschinen, zu einem
Gespräch ein. Herr Bergbaumann stellt bei dieser Gelegenheit seine Firma und
Konzepte wie immer im besten Licht dar. Als er jedoch Einblick in die detaillierten
Analyseberichte erhält, wird es für ihn immer schwieriger, seine Positionen zu
begründen. Insbesondere die Krisentypen-Analyse, die Stärken/Schwächen-Analyse
und die Marktattraktivitäts-/Wettbewerbsvorteile-Analyse stimmen ihn sehr
nachdenklich. So viele negative Einzelpositionen hätte er nicht erwartet. Da unter
diesen Umständen auch bei anderen Instituten kein positiver Kreditentscheid zu
erwarten ist, muß er sich schließlich mit folgender Übereinkunft zufrieden geben:

- Die Kreditlinien werden kurzfristig nicht erhöht.
- Herr Bergbaumann muß ein Beratungsunternehmen engagieren, das ein neues
  Produktkonzept und Vorschläge für die Verbesserung der Kostenstruktur aus-
  arbeitet.
- Die Marktentwicklung wird weiter beobachtet.
- Nach Vorlage des Gutachtens wird neu verhandelt und entschieden, ob die Kredite
  gekündigt, prolongiert oder erhöht werden.

BONITÄTSBEREICH

Falls Bedeutung für Kreditrisiko oder langfristigen Erfolg > 0

Mögliche Risikoquellen und kritische Erfolgsfaktoren	Bedeutung für die Beurteilung der Kreditrisikos	Bedeutung für den langfristigen Erfolg einer Unternehmung	Könnten Sie Daten darüber beschaffen?	Halten Sie dieses Kriterium für Banken beurteilbar?	Haben Sie den Punkt schon mal berücksichtigt?	Prüfung bei den Branchen				Prüfung ab Alter der Firma	Untersuchung sinnvoll für Unternehmen der Größentypen	Halten Sie die Überprüfung f. unbedingt notwendig?
						Dienstleistung	Handel	prod. Gewerbe	Baugewerbe			
Bonitätsmerkmal 1	groß gering keine 6 5 4 3 2 1 0	groß gering keine 6 5 4 3 2 1 0	ja nein	ja nein u.U.	ja nein					0J 3J	Klein Groß Mittel	ja nein
Bonitätsmerkmal 2	groß gering keine 6 5 4 3 2 1 0	groß gering keine 6 5 4 3 2 1 0	ja nein	ja nein u.U.	ja nein					0J 3J	Klein Groß Mittel	ja nein
Bonitätsmerkmal 3	groß gering keine 6 5 4 3 2 1 0	groß gering keine 6 5 4 3 2 1 0	ja nein	ja nein u.U.	ja nein					0J 3J	Klein Groß Mittel	ja nein
Bonitätsmerkmal 4	groß gering keine 6 5 4 3 2 1 0	groß gering keine 6 5 4 3 2 1 0	ja nein	ja nein u.U.	ja nein					0J 3J	Klein Groß Mittel	ja nein
Bonitätsmerkmal 5	groß gering keine 6 5 4 3 2 1 0	groß gering keine 6 5 4 3 2 1 0	ja nein	ja nein u.U.	ja nein					0J 3J	Klein Groß Mittel	ja nein
Bonitätsmerkmal .	groß gering keine 6 5 4 3 2 1 0	groß gering keine 6 5 4 3 2 1 0	ja nein	ja nein u.U.	ja nein					0J 3J	Klein Groß Mittel	ja nein
Bonitätsmerkmal .	groß gering keine 6 5 4 3 2 1 0	groß gering keine 6 5 4 3 2 1 0	ja nein	ja nein u.U.	ja nein					0J 3J	Klein Groß Mittel	ja nein
Bonitätsmerkmal N	groß gering keine 6 5 4 3 2 1 0	groß gering keine 6 5 4 3 2 1 0	ja nein	ja nein u.U.	ja nein					0J 3J	Klein Groß Mittel	ja nein

Alle auf den folgenden Seiten angegebenen Bonitätsmerkmale wurden in der Expertenbefragung nach obenstehendem Muster untersucht.

Abbildung 67: Fragebogen zur Untersuchung einzelner Bonitätsmerkmale

1. Mögliche Risikoquellen und kritische Erfolgsfaktoren
2. Struktur der Branche (Unternehmensgrößen, Marktanteile, ausländische/inländische Anbieter)
3. Branchenkonjunktur
4. Grad der Internationalisierung (Arbeitsteilung)
5. Alter der Konkurrenzunternehmungen
6. Existenz eines Brancheninformationssystems im Unternehmen
7. Eigene Positionierung innerhalb der Branche
8. Marktanteile (auf ausländischen und inländischen Märkten)
9. Marktforschung für die Produkte und Märkte des Unternehmens (intern oder extern)
10. Marktform (ein Anbieter, wenige Anbieter oder viele Anbieter)
11. Marktstellung der Unternehmung (Einordnung im Verhältnis zu den anderen Anbietern)
12. Marktdurchdringung (Umfang in dem die Produkte eingeführt sind)
13. Grad der Marktsättigung bei Produkten des Unternehmens
14. Zu erwartende ausländische Konkurrenz (Importdruck aus Billiglohnländern)
15. Mögliche Marktentwicklung in Krisensituationen
16. Langfristige Entwicklung des Marktvolumens (Risiken durch Erreichen von Sättigungsgrenzen)
17. Bedeutung allgemeiner Wirtschaftsdaten für die Produkte des Unternehmens
18. Stabilität der Wettbewerbsbedingungen (z.B. Risiken durch starke Nachfrage- oder Preis-
    schwankungen)
19. Rentabilität der Branche
20. Ausformulierung von Marketing und Absatzzielen
21. Positionierung im Markt: Nischenanbieter, Branchenführer
22. Qualität des Marktes (Wachstum national und international, Sättigungsgrenzen)
23. Eintrittsbarrieren für neue Anbieter (Risiken durch Eindringen von kapitalstarken
    Großfirmen)
24. Wettbewerbsverhalten der etablierten Unternehmen
25. Konzentrationsentwicklungungen
26. Marktmacht der Abnehmer
27. Politische Marktrisiken (z.B. Ausfall von Kunden neue Gesetze oder Rückzug von
    Streitkräften etc.)

28. Struktur der Abnehmer (gewerbliche Kunden / private Kunden; End- / Zwischenverbraucher)
29. Abhängigkeiten von einzelnen Abnehmern (Risiken durch Ausfall einzelner Abnehmer)
30. Zahlungsmodalitäten der Abnehmer (Bonität der Abnehmer), Existenz eines effizienten Mahnwesens
31. Insolvenz von Abnehmern
32. Risiken durch ausländische Abnehmer (Exportanteil, Wechselkurs- und Länderrisiken)
33. Branchen der Abnehmer (Kundengruppen)
34. Aufteilung der Kunden nach Stamm- und Laufkundschaft
35. Prozentualer Anteil der Neukunden, die innerhalb eines bestimmten Zeitraumes gewonnen werden
    konnten
36. Wie ist die langfristige Bedarfstruktur der Kunden (Risiko der Substitution einzelner
    Produkte durch andere Produkte)
37. Entwicklung der Märkte der Kunden (Risiken durch Verringerung des Absatzes)
38. Überprüfung der Kunden in Bezug auf Deckungsbeiträge (Konzentration auf die Produkte, die den
    größten Gewinn erbringen)
39. Entwicklung der Kundengewohnheiten und des Kaufverhaltens (Risiken durch Änderung des
    Kundenverhaltens)
40. Einstellung des Kunden nach einem Kauf (Sind die Kunden langfristig mit Qualität und
    Service zufrieden?)

<u>VERTRIEB UND ABSATZ</u>

41. Qualität der Vertriebskanäle (Händler, Eigenvertrieb, Franchising etc.)
42. Vertriebsorganisation und Vertriebskonzept (Produktverantwortliche etc.)
43. Geographische Lage der Kunden (Übersee, Europa, Inland, Regionen)
44. Wirtschaftlichkeit der Beförderungsmittel (Risiken durch die Wahl ineffizienter
    Beförderungsmittel)
45. Kosten des Vertriebssystems
46. Marketingpotential (Abnehmerbeziehungen, Preisvorteile etc.)
47. Entwicklung der Auftragseingänge
48. Praktizierte Kundennähe (Existenz eines Ansprechpartners für Mängel etc.)
49. Kostendeckungsgrad der Aufträge

<u>PRODUKTE</u>

50. Umsatzanteile der einzelnen Produkte bzw. Produktgruppen am Gesamtsortiment
51. Preisgestaltungsmöglichkeiten (Risiken von Preisstürzen und mangelndem Spielraum bei der
    Preisgestaltung)
52. Produktlebenszyklus (Produktinnovationen, alte Produkte ausscheiden etc.)
53. Substitutionsgefahr einzelner Produkte durch Ersatzprodukte oder Produkte anderer
    Unternehmen
54. Markenname eines Produktes (Produktimage)
55. Abhängigkeit von Modetrends
56. Umweltbeeinflussung des Produktes (Produkthaftungsrisiken)
57. Nachbaumöglichkeiten eines Produktes durch Konkurrenzunternehmen
58. Produktqualität (Service, Garantie, Reklamationen)
59. Diversifikationsgrad der Produkte (Berücksichtigung besonderer Risiken bei
    Einproduktunternehmen)
60. Erkennbarkeit einer Produktpolitik beim Unternehmen
61. Deckungsbeitrag und Break Even Punkt einzelner Produkte
62. Vergleich mit ähnlichen Produkten (hinsichtlich Preis, Qualität etc.)
63. Intensität der Werbung für einzelne Produkte eines Unternehmens
64. Abhängigkeiten von bestimmten Lizenzen und Patenten

<u>PRODUKTTECHNOLOGIEN</u>

65. Kenntnis der Technologien, die in den Produkten zur Anwendung kommen
66. Existenz einer dokumentierten Strategie, welche Technologien künftig angewendet werden sollen
67. Wirtschaftlichkeit und Angemessenheit der Technologie, die in den Produkten zu Anwendung kommt
68. Ressourcenstärke zur Herstellung einer Produkttechnologie (Know How, Finanzressourcen,
    Integrationsmöglichkeit etc.)
69. Schutzfähigkeit der Produkttechnologien (Existenz und Dauer von Lizenzen und Patenten)
70. Innovationsmanagement (gezielte Förderung von neuen Technologien für künftige Produkte)

<u>SORTIMENT</u>

71. Qualität des angebotenen Sortiments (Risiken durch mangelnde Ausgewogenheit)
72. Struktur des angebotenen Sortiments (Zusammensetzung und Schwerpunkte)
73. Spezialisierungs- bzw. Sortimentspolitik
74. Breite und Tiefe des Sortiments (Risiken durch Verzettelung)
75. Dynamik des Sortiments (laufende Überprüfung, neue Produkte, Sortimentsplanung)
76. Vom Kunden und der Marktforschung ausgehende Sortimentsgestaltung (Berücksichtigung von
    Kundenwünschen)
77. Sortimentsschwerpunkte der Konkurrenz, Sortimentsunterschiede innerhalb der Branche

279

<u>STANDORT</u>

78. Geographische Standortbedingungen (Infrastruktur und Verkehrslage)
79. Wirtschaftliche Standortbedingungen (Expansionsmöglichkeiten, Rohstoffe, Energie)
80. Standortvor- und -nachteile gegenüber der Konkurrenz
81. Politische Standortrisiken (insbesondere bei ausländischen Standorten)
82. Soziale Standortbedingungen (Attraktivität für Mitarbeiter und Führungskräfte)
83. Staatliches Interventionsrisiko hinsichtlich des Industriesektors und der regionalen Standorte
84. Umweltschutzanforderungen (Risiken durch Altlasten oder neue Gesetze etc.)

<u>UNTERNEHMENSMANAGEMENT</u>

85. Qualität der kaufmännischen Geschäftsführung
86. Qualität der technischen Geschäftsführung
87. Führungsstil und Führungskenntnisse der Geschäftsführung
88. Gesellschafterprobleme oder Konflikte innerhalb der Geschäftsführung
89. Charaktermerkmale der Geschäftsführung (Risiken durch besondere negative Ausprägungen)
90. Unternehmerisches Verhaltens der Geschäftsführung (z.B. Risikobereitschaft)
91. Entscheidungsstruktur und Entscheidungsprozesse im Unternehmen (Risiken durch mangelnde Koordination)
92. Aufteilung der Zuständigkeiten innerhalb der Geschäftsführung (Risiken durch unklare Aufgabenverteilung)
93. Fluktuationsrate der Geschäftsführung
94. Dienstleistungen externer Berater (Risikominderung durch frühzeitiges Erkennen von Schwächen)
95. Gesellschaftliche und politische Verbindungen der Geschäftsführung
96. Zielausrichtung der Geschäftsführung (marketing-, produkt- oder verkaufsorientiert)
97. Führungskräftestruktur (Ausbildung, Alter)
98. Abhängigkeiten der Geschäftsführung (von Kapitalgebern oder sonstigen Personen)
99. Informationsstand der Geschäftsführung (Informationssysteme, Kommunikationsstruktur)
100. Innovationsbereitschaft der Geschäftsführung (Risiko durch Verlust des Anschlusses an die technische Entwicklung)
101. Stellvertretungs- und Nachfolgeregelungen von Führungskräften
102. Überprüfung des Führungsaufbaus innerhalb bestimmter Zeiträume (Anpassung an Veränderungen im Unternehmen)
103. Ansichten, Überzeugungen und Wertvorstellungen der Unternehmensleitung (Unternehmenskultur)
104. Arbeitsüberlastung der Führungskräfte (Risiken durch Vernachlässigung von strategischen Aufgaben)
105. Führungssystem (Management durch Zielsetzung, Planung und/oder Kontrolle)
106. Verhältnis zwischen Unternehmensleitung und Betriebsrat

<u>UNTERNEHMENSMANAGEMENT</u>
<u>BEI FAMILIENUNTERNEHMEN</u>

107. Langfristige Sicherung des Unternehmensfortbestandes (Risiko durch Ausfall des Unternehmers)
108. Nachfolgeregelungen bei einem oder mehreren Kindern (Risiko der Aufspaltung, steuerliche Aspekte)
109. Abhängigkeitsgrad von der Person des Unternehmers
110. Gesundheitszustand des Unternehmers
111. Lebensstil des Unternehmers (Höhe der Privatentnahmen)

112. Entwicklungsstand des Rechnungswesens und der Rechnungslegung
113. Methoden und Grundlagen der Kalkulation
114. Existenz einer kurz- und mittelfristigen Ergebnisrechnung
115. Existenz eines Controllingsystems (Zielsetzung - Planung - Kontrolle)
116. Existenz von Kostenstellen mit Kostenverantwortlichen
117. Ergebnisbereiche (Profit-Centers, Sparten, Budgets)
118. Kostenstellenplanung mit Aufspaltung in fixe und variable Kosten
119. Deckungsbeitragsrechnung nach Produkten und Produktlinien (Gewinnschwellenanalyse)
120. Plan-, Soll- und Istkostenrechnung
121. Existenz einer Organisationsstruktur, die den Zugriff auf relevante Daten gewährleistet
122. Existenz einer Kosten- und Leistungskontrolle
123. Überwachung der Entwicklung der Herstellkosten
124. Überwachung der Entwicklung der Verwaltungs- und Vertriebsgemeinkosten
125. Existenz eines internen Revisionssystems
126. Systematische Ausnutzung von Rationalisierungspotentialen; Durchführung von
     Kostensenkungsprogrammen
127. Anwendung von bestimmten Analyseverfahren im Unternehmen wie Lebenszyklusanalysen oder
     Portfoliomethoden

PERSONALWESEN

128. Qualifikation des Personals (Risiken durch Fehlen von Fachkräften und Spezialisten)
129. Fluktuation (Vergleich innerhalb der Branche oder des Standorts)
130. Altersstruktur des Personals (Risiken durch unausgewogenes Verhältnis innerhalb der
     Altersstufen)
131. Entlohnungssystem (Leistungsanreize, betriebliche Zusatzleistungen)
132. Betriebsklima (Betriebsveranstaltungen, soziale Einrichtungen, Sportmöglichkeiten)
133. Hohe Krankenstände (Hinweise auf schlechtes Betriebsklima)
134. Karriere- und Aufstiegsmöglichkeiten (Laufbahnplanung, Fachkarrieren, Personal-
     entwicklungsplanung)
135. Aus- und Weiterbildungsangebote
136. Entwicklung der Personalkosten
137. Kennzahlen wie: Arbeitsproduktivität, Umsatzerlöse je Arbeitsstunde und Umsatz je Beschäftigtem
138. Mangelnde Stellenbeschreibungen
139. Planung und Durchführung von Humanisierungsmaßnahmen (Motivation durch Job Rotation,
     Arbeitserleichterungen etc.)
140. Hohe Verpflichtungen aus Tarifverträgen und Sozialleistungen
141. Einstellungsstop und Entlassungen (Hinweise auf abnehmende Bonität)
142. Kurzarbeit
143. Ruf als Arbeitgeber

ORGANISATION

144. Aufbauorganisation (funktions-, produkt- oder marketingorientierte Organisation)
145. Entspricht die Organisationsstruktur den Bedürfnissen der Unternehmung?
146. Schriftlich ausformulierte Regelung von Kompetenzen
147. Erfolgte eine Anpassung der Organisation an eventuelles Unternehmenswachstum?
148. Organisation der Betriebsabläufe und Kommunikation zwischen einzelnen Abteilungen
149. Existenz einer Organisationsabteilung
150. Einsatz und Existenz von Arbeitsgruppen und Stabsabteilungen
151. Existiert im Unternehmen ein funktionierendes Informations- und Berichtswesen?
152. Überwachung der Organisation durch eine Revisionsabteilung
153. Existenz einer Organisationsstruktur, die eine Umsetzung der Unternehmensstrategien erlaubt

154. Existenz eines Gesamtkonzeptes: Zielsetzung-Planung-Kontrolle
155. Existenz eines Konzeptes der strategischen, absatzorientierten Unternehmensplanung
156. Umfang, Stellung und Qualität der Unternehmensplanung
157. Existenz von Krisenplänen
158. Aussagefähige, schriftliche Produkt- und Absatzpläne
159. Aussagefähige, schriftliche Produktions- und Beschaffungspläne
160. Aussagefähige, schriftliche Investitionspläne
161. Aussagefähige, schriftliche Finanzpläne
162. Aussagefähige, schriftliche Personalpläne

PRODUKTION

163. Art der Fertigung (Serien-, Chargen-, Einzelfertigung)
164. Kapazitätsauslastungsgrad
165. Kosten der Leistungserstellung (Risiken durch zu hohe Lohnintensität)
166. Technologischer Stand der Produktionstechnologien
167. Qualität der eingesetzten Anlagen (Risiken durch hohe Reparaturkosten oder ständige Maschinenausfälle)
168. Zustand der Werkstätten und Produktionsanlagen
169. Organisation der Fertigung
170. Produktivität und Beschäftigungsgrad
171. Umweltbelastung der Produktionsverfahren
172. Produktion auf der Basis von fremden Lizenzen und Patenten
173. Internationalisierung der Produktion
174. Ausschußquoten und Kontrolleinrichtungen
175. Flexibilität in der Fertigung
176. Zugänglichkeit der Produktionstechnologien (Risiken durch Nachbau)
177. Entwicklung der produzierten Güter innerhalb einer Branche
178. Mängel in der Art und Zusammensetzung des Maschinenparks (Risiken durch besonders aufwendige Maschinen)
179. Mängel im Produktionsablauf
180. Festlegung des Maschineneinsatzes (Risiken durch hohe Leerzeiten und geringe Auslastung der Maschinen)
181. Umstellungs- und Anlaufschwierigkeiten
182. Probleme beim Materialfluß
183. Unangemessener Umfang der manuellen Fertigung
184. Mißachtung optimaler Losgrößen
185. Mangelhafte Beaufsichtigung der Produktion

VERFAHRENS- UND
PRODUKTIONSTECHNOLOGIEN

186. Technologien mit deren Hilfe die Produkte produziert werden
187. Existenz einer dokumentierten Technologiestrategie, mit welchen Technologien in Zukunft produziert werden soll
188. Wirtschaftlichkeit und Angemessenheit der eingesetzten Produktionstechnologien
189. Ressourcenstärke zum Einsatz bestimmter Produktionstechnologien. (Know How, Finanzressourcen, Integrationsmöglichkeit etc.)
190. Schutzfähigkeit der Produktionstechnologien (Existenz und Dauer von Lizenzen und Patenten)
191. Innovationsmanagement im Bereich Verfahrenstechnologien (gezielte Förderung von neuen Verfahren)

192. Abhängigkeit von Beschaffungspreisen (Risiken durch kurzfristige Preisschwankungen)
193. Abhängigkeit von bestimmten Rohstoffen und Energieformen
194. Abhängigkeit von einzelnen Lieferanten (Risiken: Lieferant übernimmt eigenen Vertrieb, Lieferant fällt aus)
195. Verschärfung der Liefermodalitäten (Risiken durch Wegfall von Lieferkrediten und Rabatten)
196. Insolvenz von Lieferanten (Risiken durch Ausfall von Vorprodukten und Rohstoffen)
197. Hohe Importabhängigkeit (Wechselkurs und Länderrisiken)
198. Struktur der Lieferanten (Risiken durch falsche bzw. zu wenige Beschaffungsquellen)
199. Geringe Verhandlungsmacht bei Einkäufen
200. Bestehende Abnahmeverpflichtungen
201. Qualitätsschwankungen bei zu beschaffenden Rohstoffen (Risiken durch technische Probleme oder spätere Gewährleistung)
202. Beschaffungsmengen (Risiken durch falsche Bedarfsermittlung)
203. Branchen, denen die Lieferanten angehören (Erkennung von Risiken über Branchenkennzahlen)
204. Zunahme der Lagerhaltung im Verhältnis zum Umsatz
205. Anzahl und Art der Lagerstätten
206. Probleme bei der Verteiltechnik (Transportsysteme, Auslastung)
207. Zu hohe Bestände an Roh-, Hilfs- und Betriebsstoffen sowie fertigen und unfertigen Erzeugnissen
208. Absatzorientierung der Lagerhaltung (Risiken durch Lagerung von überalterten oder unverkäuflichen Produkten)
209. Organisation der Lagerhaltung (Automationsgrad)
210. Kosten der Lagerhaltung (Risiken durch zu große Lagerhaltung)

FORSCHUNG UND ENTWICKLUNG

211. Höhe der Aufwendungen für Forschung und Entwicklung
212. Qualifikation der Mitarbeiter, die im Bereich F+E tätig sind
213. Zusammenarbeit mit Hochschulen, Forschungsinstituten oder anderen Unternehmen
214. Intensität der F+E Aktivitäten (Risiken durch Verlust des Anschlusses an den technischen Fortschritt)
215. Führung und Organisation im F+E Bereich
216. Erfolgt eine Koordinierung der F+E Politik auf oberster Ebene
217. Trennung von Forschung und Produktion
218. Projektierung und Kontrolle der F+E Aktivitäten
219. Langfristige Planung im F+E Bereich
220. Verteilung der F+E Mittel auf einzelne Forschungsvorhaben
221. Realisierungsquote der Forschung und Entwicklung (neue Produkte, Werkzeuge, Patente, Lizenzen etc.)
222. Anreizsystem für Mitarbeiter, um eine besonders effektive Tätigkeit zu fördern

INVESTITIONEN

223. Wirtschaftlichkeitsrechnungen die einer Investition zugrunde liegen (Risiken falscher Annahmen)
224. Soll-/Istkontrolle bei bereits durchgeführten Investitionen
225. Koordinierung der Investitionen durch eine zentrale, kompetente Stelle
226. Investitionsverhalten über einen längeren Zeitraum
227. Verteilung auf Ersatz-, Erweiterungs- oder Rationalisierungsinvestitionen
228. Bewertung von Investitionen hinsichtlich der Kriterien Wirtschaftlichkeit, Kapazität, Finanzierung und Dringlichkeit
229. Unsicherheit der Auftragserwartungen, die der Investition zugrunde liegen
230. Investitionsentscheidungen der Konkurrenz (Risiken durch Entstehung von Überkapazitäten)
231. Technologischer Standard der Investition
232. Lebenszyklusstadium der in der Investition verwendeten Technologie

Markt			
Kennzahlenentwicklung	**Schlußfolgerung; Ursache:**	**Ab welcher Entwicklung trifft die Aussage zu?**	**Wie wahrscheinlich? Eventuelle weitere Voraussetzungen Kommentar**
Dynamische Betrachtung			
Umsatz steigt kurzfristig stark an	das Unternehmen betreibt möglicherweise eine von Preiszugeständnissen begleitete offensive Marktstrategie	Im Dreijahresvergleich Umsatzsteigerung >20% p.a.	nachfragen
Umsatzrendite fällt	Markt ist eventuell gesättigt Markt schrumpft	Im Dreijahresvergleich Veränderung > 5% p.a.	Menge oder Preis nachfragen nachfragen
Materialaufwandsquote steigt	Absatzprobleme bei Preiserhöhungen - geringe Marktmacht, da keine Überwälzungsmöglichkeit	produzierendes Gewerbe Veränderung > 3% p.a. Handel Veränderung > 1% p.a.	Veränderung zur Ausgangsbasis
Beteiligungen steigen	Konzentrationsprozesse Unternehmen betreibt Zukunftsvorsorge: engagiert sich in neuen Märkten und Branchen künftige Entwicklung der Unternehmung wird durch Gründung oder Kauf neuer Firmen abgesichert	Veränderung > 5% zum Vorjahr	nachfragen was sich verändert hat
Branchenvergleich			
Zielgewährung < Durchschnitt Liquidität >= 100%	starke Stellung am Markt, Zahlungsziele lassen sich diktieren	Abweichung > 10%	
Zielgewährung > Durchschnitt Liquidität < 100%	schwache Marktposition auf Absatzseite	Zielgewährung allein: Abweichung > 30% sonst Abweichung > 10%	Marktposition nachfragen eventuell Marktstrategie
Umsatzrendite > Durchschnitt	starke Marktposition auf Absatzseite	Abweichung > 10%	
Umsatzrendite < Durchschnitt	schwache Marktposition auf Absatzseite	Abweichung > 10%	nachfragen

Abbildung 68: Fragebogen zur Erhebung von Schlußfolgerungen

Abbildung 68: Fortsetzung

Kunden der Unternehmung			

Kennzahlenentwicklung	Schlußfolgerung; Ursache:	Ab welcher Entwicklung trifft die Aussage zu?	Wie wahrscheinlich? Eventuelle weitere Voraussetzungen Kommentar
Dynamische Betrachtung			
Forderungen aus Lieferung und Leistung sinken	Ausfall von Kunden Zahlungsweise hat sich geändert	Forderungen Veränd. > 10% Umsatz konstant	Falls Veränderungen bei Forderungen > 30% Factoring nachfragen
Umsatz sinkt	Ausfall von Kunden	Umsatz Veränderung > 5%	Ursachen nachfragen
Forderungen aus Lieferung und Leistung steigen Umsatz bleibt konstant	Kunden haben Schwierigkeiten bei der Bezahlung	Forderungen Veränderung > 10% Umsatz konstant	
Liquidität sinkt kfr. Verbindlichkeiten konstant	Kunden haben Schwierigkeiten bei der Bezahlung Abnehmerbonität hat sich verschlechtert		zu vage
Zielgewährung steigt	Zahlungsmoral der Kunden hat sich verschlechtert	Veränderung > 10%	
Zielgewährung sinkt	Zahlungsmoral der Kunden hat sich verbessert	Veränderung > 10%	
Branchenvergleich			
Zielgewährung > Durchschnitt	Zahlungsschwierigkeiten der Kunden	Abweichung > 10%	nachfragen
Umsatzrendite < Durchschnitt	starke Position der Kunden	Abweichung > 10%	nachfragen
Umsatzrendite > Durchschnitt	geringes Kundenrisiko	Abweichung > 10% (Dreijahresvergleich)	

Abbildung 68: Fortsetzung

Vertrieb und Absatz

Kennzahlenentwicklung	Schlußfolgerung; Ursache:	Ab welcher Entwicklung trifft die Aussage zu?	Wie wahrscheinlich? Eventuelle weitere Voraussetzungen Kommentar
Dynamische Betrachtung			
Bestand an Fertigerzeugnissen steigt	Stockung im Absatz	Veränderung > 20% p.a.	
Umsatz sinkt	Absatzprobleme	Veränderung > 3% p.a.	Mengenrückgang oder Preisverfall Branchenentwicklung betrachten
Forderungen L + L sinken Lagerumschlagsdauer steigt	Absatzprobleme	Forderungen Veränd. > 20% Lager Veränderung > 20%	
Vertriebskosten steigen	Vertriebssystem ineffizient zu starke Marketingaktivitäten	Veränderung > 10% p.a.	vage, nachfragen
Materialaufwandsquote steigt	Preisanhebungsspielraum sinkt Verfall der Absatzpreise	Veränderung > 10%	vage
Liquidität II fällt	negative Währungsentwicklung Lieferengpässe		zu vage
Sachanlagen sinken Finanzanlagen steigen	negative Absatzerwartungen		zu vage
Finanzanlagen steigen stärker als Sachanlagen	möglicherweise werden Chancen im Kerngeschäft geringer, als die Chancen bei Beteiligungs- oder Diversifikationsmaßnahmen eingeschätzt	Veränderung > 10%	nachfragen
Sachanlagen steigen	positive Absatzerwartungen auch erhöhtes Absatzrisiko	Veränderung > 10% (Dreijahresvergleich)	
Zielgewährung steigt	Absatzschwierigkeiten	Veränderung > 10%	
Umsatzrendite fällt	Absatzschwierigkeiten	Dreijahresvergleich Tendenz fallend > 0	nachfragen

Abbildung 68: Fortsetzung

Vertrieb und Absatz

Kennzahlenentwicklung	Schlußfolgerung; Ursache:	Ab welcher Entwicklung trifft die Aussage zu?	Wie wahrscheinlich? Eventuelle weitere Voraussetzungen Kommentar
Branchenvergleich			
Zielgewährung > Durchschnitt	Absatzschwierigkeiten	Abweichung > 10%	nachfragen
Bestand an Fertigerzeugnissen > Durchschnitt	Absatzschwierigkeiten	Abweichung > 10%	Abnehmerstruktur nachfragen
Vertriebskosten > Durchschnitt	hohe Marketingaktivitäten ineffiziente Vertriebswege	Abweichung > 10%	nachfragen
Vertriebskosten > Durchschnitt Umsatzrendite < Durchschnitt	Hohe Vertriebskosten	Abweichung > 10%	

Abbildung 68: Fortsetzung

Produkte und Sortiment

Kennzahlenentwicklung	Schlußfolgerung; Ursache:	Ab welcher Entwicklung trifft die Aussage zu?	Wie wahrscheinlich? Eventuelle weitere Voraussetzungen Kommentar
Dynamische Betrachtung			
Umsatz sinkt	nachlassende Qualität der Produkte	Veränderung > 5%	Produktprogramm prüfen
Bestand an Fertigerzeugnissen steigt Umsatz stagniert	veraltetes Produktprogramm, mangelnde Sortimentsqualität	Fertigerzeugnisse Veränderung > 5% Umsatz Veränderung > 0	Produktprogramm prüfen
Cash Flow konstant Umsatz konstant Jahresergebnis konstant	veraltetes Produktprogramm	Veränderungen > 0	Produktprogramm prüfen
Umsatzrendite fällt	Mängel in der Produktpolitik, Sortiments- und Produktqualität	Dreijahresvergleich Tendenz fallend > 0	
Umsatzrendite fällt Forderungen steigen	Einschränkung der Preisgestaltungsmöglichkeiten	Dreijahresvergleich > 0 Veränderung Forderung 30%	
Branchenvergleich			
Bestand an Fertigerzeugnissen > Durchschnitt	Überprüfung des Marktprogrammes, Sortiment veraltet	Abweichung > 10%	nachfragen
Umsatzrendite < Durchschnitt	veraltetes Produktprogramm	Dreijahresvergleich Tendenz fallend > 0	nachfragen

Abbildung 68: Fortsetzung

Fertigung

Kennzahlenentwicklung	Schlußfolgerung; Ursache:	Ab welcher Entwicklung trifft die Aussage zu?	Wie wahrscheinlich? Eventuelle weitere Voraussetzungen Kommentar
Dynamische Betrachtung			
Zugänge Sachanlagen	Verbesserung der Produktionskapazität Gefahr von Überkapazitäten	Veränderung > 5%	
Abgänge Sachanlagen	Verringerung der Kapazität Aufgabe eines Produktionszweiges	Veränderung > 5%	nachfragen
Maschinenquote steigt Personalaufwandsquote sinkt	zunehmende Automatisierung	Veränderung Maschinen >10% Veränderung Persquote >10%	
Umsatz sinkt	Kapazität möglicherweise nicht mehr ausgelastet, Leerkosten	Veränderung > 5%	
Langfristige Verbindlichkeiten steigen, Maschinen steigen	Erweiterung der Kapazität Gefahr der Überkapazität		zu vage
Umsatz konstant Materialaufwand steigt	Unwirtschaftlichkeit des Leistungserstellungsprozesses	Material Veränderung > 10%	
Umsatz konstant Materialaufwand sinkt	Positive Entwicklung des Leistungserstellungsprozesses	Material Veränderung > 10%	
Umsatzrendite fällt	Unwirtschaftlichkeit des Leistungserstellungsprozesses	Dreijahresvergleich Tendenz fallend > 10%	nachfragen

Abbildung 68: Fortsetzung

Fertigung			
Kennzahlenentwicklung	Schlußfolgerung; Ursache:	Ab welcher Entwicklung trifft die Aussage zu?	Wie wahrscheinlich? Eventuelle weitere Voraussetzungen Kommentar
Branchenvergleich			
Abschreibungsquote planmäßig > Durchschnitt	hoher Automatisierungsgrad		kann sowohl positiv als auch negativ zu bewerten sein
Anlagenquote > Durchschnitt	hoher Automatisierungsgrad Chance für Massenproduktion		kann sowohl positiv als auch negativ zu bewerten sein
Personalaufwandsquote > Durchschnitt Umsatzrendite I < Durchschnitt	unrationelle Fertigung, Overheadkosten, zu viel Verwaltung	Abweichung > 10%	nachfragen
Abschreibungsquote < Durchschnitt Maschinenquote < Durchschnitt Personalaufwandsquote > Durchschnitt	geringer Rationalisierungsgrad	Abschreibung Abweichung > 10% Maschinen Abweichung > 10% Personal Abweichung > 10%	
Abschreibungsquote > Durchschnitt Maschinenquote > Durchschnitt Personalaufwandsquote < Durchschnitt	hoher Rationalisierungsgrad	Abschreibung Abweichung > 10% Maschinen Abweichung > 10% Personal Abweichung > 10%	
Maschinen/Gesamtvermögen > Durchschnitt	hoher Rationalisierungsgrad, Überkapazität	Abweichung > 10%	nachfragen
Maschinen/Gesamtvermögen < Durchschnitt	geringer Rationalisierungsgrad	Abweichung > 10%	
Anlagenabnutzungsgrad > Durchschnitt	veralteter Maschinenpark	Abweichung > 20%	nachfragen
Anlagenabnutzungsgrad < Durchschnitt	angemessener Maschinenpark	Abweichung > 20%	

Abbildung 68: Fortsetzung

Beschaffung und Lagerhaltung

Kennzahlenentwicklung	Schlußfolgerung; Ursache:	Ab welcher Entwicklung trifft die Aussage zu?	Wie wahrscheinlich? Eventuelle weitere Voraussetzungen Kommentar

Dynamische Betrachtung

Kennzahlenentwicklung	Schlußfolgerung; Ursache:	Ab welcher Entwicklung trifft die Aussage zu?	Wie wahrscheinlich? Kommentar
Bestände an Material und Halbfertigerzeugnissen steigen (relativ zum Umsatz)	Vorratskäufe für Großauftrag, überhöhte Einkaufspreise, falsche Lagerhaltung erwartete Preissteigerungen	Veränderung > 10% (Dreijahresvergleich)	nachfragen
Bestände an Material und Halbfertigerzeugnissen sinken (relativ zum Umsatz)	Effizientere Lagerhaltung Preisverfall der Rohstoffe	Veränderung > 10% (Dreijahresvergleich)	
Bestände an Fertigprodukten steigen (relativ zum Umsatz)	Produktion auf Vorrat	Veränderung > 10% (Dreijahresvergleich)	
Materialaufwandsquote steigt	Abhängigkeiten von Lieferanten steigen	Veränderung > 10% (Dreijahresvergleich)	nachfragen
Materialaufwandsquote steigt bei gleichzeitigen Preiserhöhungen	Marktmacht der Anbieter dominiert Verknappung des Angebotes	Veränderung > 10% (Dreijahresvergleich)	nachfragen
Materialaufwandsquote sinkt	verbesserte Wareneingangskontrolle und Produktionsmethoden, Preissenkung	Veränderung > 10% (Dreijahresvergleich)	
Lagerumschlagsdauer steigt	Materialwirtschaft hat sich verschlechtert	Veränderung > 20% (Dreijahresvergleich)	nachfragen
Zielinanspruchnahme steigt	Abhängigkeiten von Lieferanten steigen	Veränderung > 10% (Dreijahresvergleich)	nachfragen
Liquidität steigt	eventuell Probleme bei der Rohstoff- und Materialbeschaffung	Veränderung > 10%	sehr unwahrscheinlich, nachfragen

Abbildung 68: Fortsetzung

Beschaffung und Lagerhaltung

Kennzahlenentwicklung	Schlußfolgerung; Ursache:	Ab welcher Entwicklung trifft die Aussage zu?	Wie wahrscheinlich? Eventuelle weitere Voraussetzungen Kommentar
Branchenvergleich			
Materialaufwandsquote > Durchschnitt Umsatzrendite < Durchschnitt	mögliche Abhängigkeiten von Fremdlieferanten Schwachstellen im Einkauf	Abweichung > 10%	nachfragen
Materialaufwandsquote < Durchschnitt Umsatzrendite > Durchschnitt	günstige Beschaffungskonditionen funktionierender Einkauf effiziente Beschaffung	Abweichung > 10%	
Lagerumschlagsdauer > Durchschnitt	Lagerrisiko, höhere Kosten	Abweichung > 10%	
Umsatzrendite < Durchschnitt Vorratsintensität > Durchschnitt	Hohe Kosten der Lagerhaltung	Abweichung > 10%	
Umsatzrendite > Durchschnitt Vorratsintensität < Durchschnitt	Angemessene Kosten der Lagerhaltung	Abweichung > 10%	

Abbildung 68: Fortsetzung

Forschung und Entwicklung

Kennzahlenentwicklung	Schlußfolgerung; Ursache:	Ab welcher Entwicklung trifft die Aussage zu?	Wie wahrscheinlich? Eventuelle weitere Voraussetzungen Kommentar
Dynamische Betrachtung			
F + E Aufwand sinkt	mangelnde Forschung	Veränderung > 20% p.a. im Dreijahresvergleich	so nicht zu beurteilen, eventuell nachfragen
Branchenvergleich			
F + E Aufwand < Durchschnitt	mangelnde Forschungsaktivitäten	Abweichung > 20%	nachfragen
F + E Aufwand > Durchschnitt	ausreichende Forschungsaktivitäten	Abweichung > 20%	nachfragen

Abbildung 68: Fortsetzung

Investitionen

Kennzahlenentwicklung	Schlußfolgerung; Ursache:	Ab welcher Entwicklung trifft die Aussage zu?	Wie wahrscheinlich? Eventuelle weitere Voraussetzungen Kommentar
Dynamische Betrachtung			
Sachanlagenabnutzungsgrad konstant oder steigt	mangelnde Neuinvestitionen	Veränderung > 10%	
Abschreibungsquote sinkt	mangelnde Neuinvestitionen, Leasing	Veränderung > 10%	nachfragen
Anlagen fast abgeschrieben	mangelnde Neuinvestitionen, Leasing	Veränderung > 10%	nachfragen
Beteiligungen sinken	Auflösung von Konzernprojekten außerordentliche Entwertung der Beteiligungen	Veränderung > 10%	nachfragen
Gesamtanlagendeckungsgrad steigt Umsatzrendite steigt	Angemessene Soll-/Istkontrolle	Veränderung > 10%	
Branchenvergleich			
Investitionsquote < Durchschnitt	mangelnde Neuinvestitionen	Abweichung > 20%	nachfragen

Abbildung 68: Fortsetzung

Technologien			
Kennzahlenentwicklung	Schlußfolgerung; Ursache:	Ab welcher Entwicklung trifft die Aussage zu?	Wie wahrscheinlich? Eventuelle weitere Voraussetzungen Kommentar
Dynamische Betrachtung			
Konzessionen steigen	technologische Abhängigkeit	Veränderung > 10%	nicht unbedingt negativ zu bewerten nachfragen
Bestand an Maschinen sinkt F + E Aufwand sinkt	mögliche technologische Abhängigkeit		keine Aussage möglich
Branchenvergleich			
Konzessionen > Durchschnitt	eventuell langfristig Gefahr der technologischen Abhängigkeit	Abweichung > 20%	nicht unbedingt negativ zu bewerten nachfragen

Abbildung 68: Fortsetzung

Management

Kennzahlenentwicklung	Schlußfolgerung; Ursache:	Ab welcher Entwicklung trifft die Aussage zu?	Wie wahrscheinlich? Eventuelle weitere Voraussetzungen Kommentar
Dynamische Betrachtung			
Umsatzrendite sinkt und / oder Lagerumschlagsdauer steigt und / oder gestiegene Bestände an Fertigerzeugnissen und / oder Personalkosten steigen überproportional	Indikatoren für unterdurchschnittliches Management, insbesondere für Strukturmerkmale	indirekte Bewertung, entsprechend der Ergebnisse aus anderen Bereichen	
Maschinen und F + E Aufwand steigt	unternehmerische Aktivität des Managements	indirekte Bewertung, entsprechend anderer Bereiche	
Eigenkapitalquote sinkt	hohe Entnahmen bei Personengesellschaften	Veränderung > 20%	nachfragen
Umsatz steigt Marktvolumen sinkt und /oder Umsatzrendite steigt Eigenkapitalquote steigt und / oder Personalaufwandsquote sinkt	Indikatoren für überdurchschnittliches Management, insbesondere für Strukturmerkmale	indirekte Bewertung, entsprechend der Ergebnisse aus anderen Bereichen	

Abbildung 68: Fortsetzung

Management

Kennzahlenentwicklung	Schlußfolgerung; Ursache:	Ab welcher Entwicklung trifft die Aussage zu?	Wie wahrscheinlich? Eventuelle weitere Voraussetzungen Kommentar
Branchenvergleich			
Umsatzrendite < Branchendurchschnitt und / oder Lagerumschlagsdauer > Durchschnitt und / oder Bestände an Fertigerzeugnissen > Durchschnitt und / oder Materialaufwandsquote und / oder Personalaufwandsquote > Durchschnitt und / oder Liquidität < Durchschnitt	Indikatoren für unterdurchschnittliches Management, insbesondere für Strukturmerkmale	indirekte Bewertung, entsprechend der Ergebnisse aus anderen Bereichen	
Umsatzrendite > Branchendurchschnitt und / oder Lagerumschlagsdauer < Durchschnitt und / oder Materialaufwandsquote und/oder Personalaufwandsquote > Durchschnitt und / oder Liquidität > Durchschnitt	Indikatoren für überdurchschnittliches Management, insbesondere für Strukturmerkmale	indirekte Bewertung, entsprechend der Ergebnisse aus anderen Bereichen	

Abbildung 68: Fortsetzung

Rechnungswesen

Kennzahlenentwicklung	Schlußfolgerung; Ursache:	Ab welcher Entwicklung trifft die Aussage zu?	Wie wahrscheinlich? Eventuelle weitere Voraussetzungen Kommentar
Dynamische Betrachtung			
Lagerumschlagsdauer steigt Bestand an Fertigerzeugnissen steigt Personalaufwandsquote steigt	mangelndes Controlling	Veränderung > 10%	falls keine anderen Gründe
Lagerumschlagsdauer sinkt Bestand an Fertigerzeugnissen sinkt Personalaufwandsquote sinkt	Controllingfunktion der Unternehmung erscheint ausreichend	Veränderung < 10%	falls keine anderen Gründe
Branchenvergleich			
Zielgewährung > Durchschnitt	fehlendes Mahnwesen Mängel in der Debitorenbuchhaltung	Abweichung > 10%	
Bestand an Fertigerzeugnissen > Durchschnitt	Mängel beim Controlling	Abweichung > 10%	geringe Wahrscheinlichkeit falls keine anderen Gründe
Liquidität < Durchschnitt	Mängel im Rechnungswesen Mängel in der Finanzplanung	Abweichung > 10%	geringe Wahrscheinlichkeit falls keine anderen Gründe
Personalaufwandsquote > Durchschnitt Materialaufwandsquote > Durchschnitt	Mängel beim Controlling Mängel bei der Überwachung der Herstellkosten	Abweichung > 10%	geringe Wahrscheinlichkeit falls keine anderen Gründe
Herstellkostenquote > Durchschnitt	Mängel beim Controlling	Abweichung > 10%	geringe Wahrscheinlichkeit falls keine anderen Gründe

Abbildung 68: Fortsetzung

Rechnungswesen			
Kennzahlenentwicklung	Schlußfolgerung; Ursache:	Ab welcher Entwicklung trifft die Aussage zu?	Wie wahrscheinlich? Eventuelle weitere Voraussetzungen Kommentar
Branchenvergleich			
Liquidität > Durchschnitt	Rechnungswesen scheint geordnet Finanzplanung scheint effizient	Abweichung > 10%	
Personalaufwandsquote < Durchschnitt Materialaufwandsquote < Durchschnitt	Controlling in der Unternehmung scheint in Ordnung Angemessene Herstellkostenkontrolle	Abweichung > 10%	
Herstellkostenquote < Durchschnitt	Controlling in der Unternehmung scheint in Ordnung	Abweichung > 10%	

Abbildung 68: Fortsetzung

Personalwesen

Kennzahlenentwicklung	Schlußfolgerung; Ursache:	Ab welcher Entwicklung trifft die Aussage zu?	Wie wahrscheinlich? Eventuelle weitere Voraussetzungen Kommentar
Dynamische Betrachtung			
Umsatz sinkt	möglicherweise verursacht durch Personalmangel		sehr vage
Personalaufwandsquote steigt bei sinkendem Umsatz	kein oder zu geringer Personalabbau Stillegung von Betriebsteilen, Kosten	Veränderung > 5%	
Materialaufwandsquote steigt	wenig qualifiziertes Personal	Veränderung > 10%	sehr vage
Betriebsergebnis pro Beschäftigtem sinkt	wenig qualifiziertes Personal, negative Entwicklung der Kosten	Veränderung > 5%	sehr vage
Branchenvergleich			
Personalaufwand < Durchschnitt	gute Personalqualität, gute Kostenstruktur, hohe Arbeitsproduktivität	Abweichung > 10%	
Betriebsergebnis / Beschäftigte > Durchschnitt	gute Personalqualität	Abweichung > 10%	
Personalaufwand > Durchschnitt	schlechte Personalqualität, schlechte Kostenstruktur, riedrige Produktivität	Abweichung > 10%	
Betriebsergebnis / Beschäftigte < Durchschnitt	schlechte Personalqualität	Abweichung > 10%	
Umsatzrendite < Durchschnitt Personalaufwand > Durchschnitt	zu hohe Tarif- und Sozialleistungen	Abweichung > 10%	

Abbildung 68: Fortsetzung

Organisation

Kennzahlenentwicklung	Schlußfolgerung; Ursache:	Ab welcher Entwicklung trifft die Aussage zu?	Wie wahrscheinlich? Eventuelle weitere Voraussetzungen Kommentar
Dynamische Betrachtung			
Umsatz steigt stark an Personalbestand erhöht sich	langfristig könnten Probleme in der Organisationstruktur entstehen	Veränderung je 20% p.a. (im Dreijahresvergleich)	
Branchenvergleich			
Personalaufwand > Durchschnitt	Mängel in der Organisationsstruktur	Abweichung > 10%	
Personalaufwand < Durchschnitt	Organisationsstruktur scheint den Anforderungen zu entsprechen	Abweichung > 10%	

Abbildung 68: Fortsetzung

Planung

Kennzahlenentwicklung	Schlußfolgerung; Ursache:	Ab welcher Entwicklung trifft die Aussage zu?	Wie wahrscheinlich? Eventuelle weitere Voraussetzungen Kommentar
Dynamische Betrachtung			
Abschreibungsquote sinkt	keine Zugänge an Sachanlagen. Das Unternehmen verfolgt Melkstrategien	wird im Bereich Investitionen berücksichtigt	ermöglicht keine oder nur sehr vage Aussagen über den Bereich Planung
Sachanlagen steigen stärker als Abschreibungen	das Unternehmen verfolgt möglicherweise Wachstumsstrategien	wird im Bereich Investitionen berücksichtigt	ermöglicht nur sehr vage Aussagen über den Bereich Planung
Abschreibungen steigen stärker als Sachanlagen	das Unternehmen verfolgt möglicherweise Schrumpfungsstrategien	wird im Bereich Investitionen berücksichtigt	ermöglicht nur sehr vage Aussagen über den Bereich Planung
Liquidität fällt	Mängel in der Finanzplanung	Abweichung > 40%	
Branchenvergleich			
Lagerumschlagsdauer Rohstoffe > Durchschnitt	eventuell mangelnde Materialplanung (weitere Möglichkeiten betrachten)	Abweichung Lager > 20%	nachfragen
Lagerumschlagsdauer> Durchschnitt Umsatzrendite >= Durchschnitt	läßt auf erfolgreiche Materialplanung schließen	Abweichung Lager > 20%	
Bestand an Fertigerzeugnissen > Durchschnitt	Mängel in Produktions- und Absatzplanung	Abweichung Bestand > 20%	nachfragen
Bestand an Fertigerzeugnissen < Durchschnitt Umsatzrendite >= Durchschnitt	Produktions- und Absatzplanung erfolgreich	Abweichung Bestand > 20%	
Liquidität > Durchschnitt	Finanzplanung scheint effizient	Abweichung > 40% Vergleich mit Sollwerten	
Umsatzrendite > Durchschnitt	Investitionsplanung scheint effizient	Dreijahresvergleich > 20%	
Umsatzrendite < Durchschnitt	Mängel bei der Investitionsplanung	Dreijahresvergleich > 20%	

Abbildung 68: Fortsetzung

Literaturverzeichnis

Alison L. Kidd
Knowledge Acquisition - An Introductory Framework, in: Kidd, Alison L., Knowledge Acquisition for
Expert Systems, New York London 1987, S.1-16.

Altmann, Edward I.
Corporate Financial Distress, A Complete Guide to Predicting, Avoiding, and Dealing with Bankruptcy,
New York, Toronto 1983.

Altmann, Edward I.
Corporate Bankruptcy in America, Lexington, Toronto, London 1971.

Antensteiner, Ernst und Hinterleitner Alfred
Flexible Kreditbeurteilung mittels Planbilanzen, in: Österreichisches Bankarchiv 12/87, S.883-890.

Antoni, Manfred und Riekhof, Hans-Christian
Strategieentwicklung mittels Portfolio-Analyse, in: Strategieentwicklungen: Konzepte und Erfahrungen,
Hrsg.: Riekhof, Hans-Christian, Stuttgart 1989, S.171-190.

Badior, Albert
Computergestützte Bonitätsanalyse im Praxistest, in: Kreditpraxis 1/88, S.35-40.

Baetge, Jörg
Bilanzanalyse und Bilanzpolitik, Düsseldorf 1989.

Balzer, Klaus
EDV-Einsatz bei der Kreditwürdigkeitsprüfung, in: Die Bank 1/81, S.12-18.

Barr, Avron und Feigenbaum, Edward
The Handbook of Artificial Intelligence, Los Altos 1981.

Bauer, Jürgen
Die Beurteilung von Technologien bei der Kreditwürdigkeitsprüfung, Nürnberg 1984.

Bayerlein, Klaus Peter und Kunert, Manfred
Zukunftsorientierte kennzahlenunterstützte Unternehmensanalyse, in: B.Bl. 9/1990, 39. Jahrgang,
S.388-393.

Beermann, Klaus
Prognosemöglichkeiten von Kapitalverlusten mit Hilfe von Jahresabschlüssen, Düsseldorf 1976.

Becker, Karlheinz
Sicherheiten allein sind nicht entscheidend, in: Kreditpraxis 5/87, S.29-30.

Benölken, Heinz und Bickel, Walter
Bonitätsportfolios zur strategischen Absicherung des Gesamtengagements, in: Kreditinformations- und
Überwachungssysteme, Tagungsbericht des Banken-Symposiums, St. Gallen 1987, Hrsg. Bühler, Wilhelm und
Schuster, Leo, Wien 1987, S.79-112.

Bieg, Hartmut
Kann der Bankenprüfer die Bonität gewerblicher Bankkreditnehmer beurteilen?, in: zfbf 36, 6/1984,
S.495-512.

Brewka, G.; Christaller, T.; Güsgen, H.W.; Wittur, K.
Expertensysteme, in: B.Bl. 6/1986, 35. Jahrgang, S.257-269.

Breuker, Jost and Wielinga, Bob
Techniques for Knowledge Elicitation and Analysis, Report 1.5 Esprit Project 12, Memorandum 28 of the Research Project "The Acquisition for Expertise", University of Amsterdam, 1984.

Breuker, Jost and Wielinga, Bob
Models of Expertise, Proceedings European Conference of Artificial Intelligence (ECAI), Brighton 1986.

Breuker, Jost and Wielinga, Bob
Use of Models in the Interpretation of Verbal Data, in: Kidd, Alison L., Knowledge Acquisition for Expert Systems, New York London 1987, S.17-44.

Buchmann, Peter
Die Unternehmensnachfolge als zentrales Problem des Mittelstandes, in: Sparkasse 7/90 (107. Jahrgang), S.315-319.

Buchner, Robert
Grundzüge der Finanzanalyse, München 1981.

Bühler, Wilhelm
Bonitätsbeurteilung auf der Grundlage qualitativer Indikatoren (I), in: Österreichisches Bankarchiv, 3/82, S.81-93.

Bühler, Wilhelm
Bonitätsbeurteilung auf der Grundlage qualitativer Indikatoren (II), in: Österreichisches Bankarchiv, 5/82, S.181-199.

Bühler, Wilhelm
Bonitätsprüfung und ihre ungenutzten Informationsressourcen, in: Kreditmanagement, hrsg. von Bühler, Wilhelm und Schmoll, Anton, Wien 1987, S.69-116.

Bühler, Wilhelm
Bonitätsbeurteilung jenseits von Bilanzanalyse und Insolvenzprognose, in: Kreditinformations- und Kreditüberwachungssysteme, Tagungsbericht des Banken-Symposiums, St. Gallen 1987, Hrsg. Bühler, Wilhelm und Schuster, Leo, Wien 1987, S.9-34.

Bühler, Wilhelm und Hertenstein, Karl-Heinz
Bonitätsprognose und Kreditmanagement, in: Österreichisches Bankarchiv, 6/87, S.355-365.

Busche, Rosemarie und Krickhahn, Reinhard
Modellgestützte Entwicklung eines wissensbasierten Systems für die Fehlerdiagnose in komplexen Industrieanlagen, in: KI 3/89, S.5-13.

Bullinger, Hans-Jörg und Wasserlos, Georg
Die Entwicklung praxisgerechter Expertensysteme: knowledge engineering, Landsberg 1989.

Chini, Leo W. und Schmoll, Anton
Integriertes Bonitätsbeurteilungssystem für Klein- und Mittelbetriebe, in: Österreichisches Bankarchiv VI/1979, S.215-237.

Christians, Uwe
Entwicklung und empirische Überprüfung eines konjunkturgerechten Erfolgsprognosemodells zur Unterstützuung der Kreditwürdigkeitsprüfung, München 1986.

Coenenberg, Adolf Gerhard
Jahresabschluß und Jahresabschlußanalyse, 11. erweiterte Auflage, Landsberg 1990.

Deckers, Michael
Zukunftsorientierte Kreditentscheidung im mittelständischen Firmenkundengeschäft, München 1990.

Derninger, Friedemann; Krey, Uwe; Wiebecke, Gernot und Zöllner, Uwe
Kosten - Nutzen - Analyse alternativer Kreditentscheidungsprozesse, OFW-Studie, Köln 1988.

Diederich, Joachim
Wissensakquisition, Arbeitspapiere der GMD 245, Sankt Augustin 1987.

Diederich, Joachim and Uthmann, Thomas
Knowledge Acquisition for Expert Systems, Arbeitspapiere der GMD 281, Sankt Augustin, Dezember 1987.

Diepen, Gerhard
Der Bankbetrieb, nach dem gleichnamigen Werk von Karl Hagenmüller, hrsg. von Gerhard Diepen, 12. Auflage, Wiesbaden 1989.

Diez, Bruno
Krisenunternehmen - empirische Identifikation und Finanzierungsverhalten, Diss., Hrsg. Aschoff, Christoph und Müller-Bader, Peter, München 1988.

Dube, Jürgen
Wissen ist Macht, in: geldinstitute 1/1988, S.9-10.

Eisele, Wolfgang
Technik des betrieblichen Rechnungswesens, 4. Auflage, München 1990.

Erxleben, Karsten; Baetge, Jörg; Feidicker, Markus; Koch, Heidi; Krause, Clemens; Mertens, Peter
Klassifikation von Unternehmen, in: ZfB 62.Jg.(1992), H.11, S.1237-1262.

Everling, Oliver
Wie unterscheiden sich Rating und Bonitätsprüfung, in: Kreditpraxis 5/91, S.19-22.

Fischer, Jürgen H.
Computergestützte Analyse der Kreditwürdigkeit auf Basis der Mustererkennung, Düsseldorf 1981.

Friedrichs, Jürgen
Methoden empirischer Sozialforschung, 14.Auflage, Opladen 1990.

Gauer, Herbert
Beurteilung des Unternehmens mit Hilfe von drei Basiskennzahlen, 3. Auflage, Eschborn 1985.

Gaugler, Eduard
Betriebliches Personalwesen, in: Handwörterbuch der Betriebswirtschaftslehre, Band I/2, 4. Auflage, Hrsg. Grochla, E. und Wittmann, W., Stuttgart 1975.

Gebhardt, Günther
Insolvenzprognosen aus aktienrechtlichen Jahresabschlüssen, Wiesbaden 1980.

Gemünden, Hans Georg
Defizite der empirischen Insolvenzursachenforschung, in: Krisendiagnose durch Bilanzanalyse, hrsg. von Hauschildt, Jürgen, Köln 1988, S.135-152.

Gerke, Wolfgang
Die Akzeptanz der Kapitalbeteiligungsgesellschaft im Mittelstand, in: Die Finanzierung mittelständischer Unternehmungen in Deutschland, hrsg. von Rütger, Peter, Berlin 1985, S.315-333.

Gerke, Wolfgang
Finanzstrategien der Banken im Wandel, in: Strategische Unternehmensführung und Rechnungslegung, Hrsg. Gaugler, Eduard, Jacobs, Otto H., Kieser, Alfred, Stuttgart 1984, S.117-131.

Gerke, Wolfgang und Philipp, Fritz
Finanzierung, Stuttgart 1985.

Gerke, Wolfgang und Schöner, Manfred A.
Die Auswirkungen von Risikonormen auf die Finanzierung von Innovationen - eine Analyse am Beispiel der Gesetze über Unternehmensbeteiligungsgesellschaften und Beteiligungssondervermögen, in: Bankrisiken und Bankrecht, Hrsg. Gerke, Wolfgang, Wiesbaden 1988, S.187-212.

Gerke, Wolfgang; van Rüth, Volker und Schöner, Manfred A.
Informationsbörse für Beteiligungen an mittelständischen Unternehmen, Stuttgart 1992.

Gottschlich, Werner
Strategische Führung in mittleren Unternehmen: Konzepte, Operationalisierung und Messung, Frankfurt 1989.

Gräfer, Horst
Bilanzanalyse, 4. Auflage, Berlin 1988.

Grenz, Thorsten
Typisierende Krisendiagnose, in: Krisendiagnose durch Bilanzanalyse, hrsg. von Hauschildt, Jürgen, Köln 1988, S.174-199.

Grochla, Erwin
Einführung in die Organisationstheorie, Stuttgart 1978.

Grochla, Erwin
Handwörterbuch der Organisation, 2. Aufl., Stuttgart 1980.

Guggisberg, Ulrich
Expertensysteme für die Kreditentscheidung, in: Kreditinformations- und Kreditüberwachungssysteme, Tagungsbericht des Banken-Symposiums, St. Gallen 1987, Hrsg. Bühler, Wilhelm und Schuster, Leo, Wien 1987, S.141-150.

Haberland, Günther
Checklist für das Krisenmanagement, 3. Auflage, München 1978.

Hack, Uwe
Zukunftsorientierte Bonitätsanalyse bei gewerblichen Kreditnehmern, in: Kreditpraxis, 2/89, S.34-38.

Hahn, Ernst-F. und Wollschläger, Hubert
Technische Potentialanalyse als Grundlage für eine strategische Investitionsplanung, in: ZfB-Ergänzungsheft, 1/86, S.49-64.

Hamann, Thomas
Simulation von Informationsprozessen auf idealtypischen Börsenmärkten, Diss., Mannheim 1991.

Hartmann, Wolf D.
Handbuch der Managementtechniken, Berlin 1988.

Hauschildt, Jürgen
Erfolgs- und Finanzanalyse, DATEV-Schriften Nr. 6, Köln 1984.

Hauschildt, Jürgen
Erfolgs- und Finanzanalyse: fragengeleitete Analyse der "Vermögens-, Finanz- und Ertragslage des Unternehmens" nach Bilanzrichtlinien-Gesetz, 2. erweiterte Auflage, Köln 1987.

Hauschildt, Jürgen
Überlegungen zu einem Diagnosesystem für Unternehmenskrisen, in: Hauschildt, Jürgen, Krisendiagnose durch Bilanzanalyse, Köln 1988, S.200-242.

Hauschildt, Jürgen
Unternehmenskrisen - Herausforderungen an die Bilanzanalyse, in: Hauschildt, Jürgen, Krisendiagnose durch Bilanzanalyse, Köln 1988, S.1-16.

Hauschildt, Jürgen
Vorgehensweise und Ergebnisse der statistischen Insolvenzdiagnose, in: Hauschildt, Jürgen, Krisendiagnose durch Bilanzanalyse, Köln 1988, S.115-134.

Heidecker, Peter und Krug, Peter
Unternehmensanalysen mit Hilfe von Expertensystemen, in: KI 4/87, S.47-50.

Heim, Eberhard und Kuhn, Wolfgang
Technologiebeurteilung - ein wichtiger Baustein der Kreditwürdigkeitsprüfung, in: Kreditpraxis 2/87, S.23-26.

Heno, Rudolph
Kreditwürdigkeitsprüfung mit Hilfe von Verfahren der Mustererkennung, Stuttgart 1983.

Hennings, Ralf-Dirk und Wersig, Gernot
Organisieren von Wissen - Grenzen und Schwierigkeiten, in: geldinstitute 1 - 2 - 1990, S.22-25.

Hertenstein, Karl-Heinz
Zukunftsorientiertes Kreditmanagement: Chancen und Perspektiven im Firmenkreditgeschäft, Wien 1988.

Hertenstein, Karl-Heinz
Massnahmen und Strategien der Unternehmensbeurteilung, in: Kreditinformations- und Kreditüberwachungssysteme, Hrsg. von Bühler, Wilhelm und Schuster, Leo, Wien 1988, S.55-78.

Hesse, Kurt und Fraling, Rolf
Wie beurteilt man eine Bilanz, 17. Auflage, Wiesbaden 1988.

Hickman, Frank; Killin, Jonathan; Land, Lise; Mulhall, Tim; Porter, David; Taylor, Robert
Analysis for knowledgebased systems - a practical guide to the KADS methodology, Ellis Horwood 1989.

Hielscher, Udo
Instrumente der Kreditwürdigkeitsprüfung, WiSt Heft 7, Juli 1979, S.308-315.

Hilse, Jürgen
Massnahmen und Strategien der Unternehmensbeurteilung - Erfahrungsbericht der Kreissparkasse Göppingen, in: Kreditinformations- und Überwachungssysteme, Tagungsbericht des Banken-Symposiums, St. Gallen 1987, Hrsg. Bühler, Wilhelm und Schuster, Leo, Wien 1987, S.51-54.

Hinterhuber, Hans
Strategische Unternehmensführung, Berlin, New York 1989.

Hirsch, Axel und Leins, Herwig
Kommerzielle KI, in: ist 2/91, S.13-16.

Hirsch, Axel und Leins, Herwig
Die Auswirkungen der Dezentralisierung auf den Einsatz moderner Softwaretechnologien, in: Office Banking 2/1991, S.65-67.

Holland, Horst und Reimers, Jürgen
Statistik und Unternehmensanalyse, Bad Homburg 1981.

Horvath, Peter
Controlling, 2. Auflage, München 1986.

ifo Wirtschaftskonjunktur
Monatsberichte des ifo Instituts für Wirtschaftsforschung, 10/1991, T1-T23.

Jacobs, Otto H.
Konzeption und Implementierung von Expertensystemen, dargestellt anhand der Erfahrungen bei der Konstruktion eines Expertensystems zur Bilanzpolitik, in: ZfB 60.Jg(1990), H.3, S.227-246.

Kamran, Parsaye und Chignell, Mark
Expert Systems for Experts, Los Angeles 1988.

Karbach, Werner
KI-Lexikon, Modellbasierte Wissensakquisition, in: KI, 4/89, S.13.

Karbach, Werner
Wissenserhebungstechniken, Wissensanalyse und Wissensrepräsentation - ein Überblick, in: Werex Bericht Nr. 23, 1988.

Keel, Alex
Statistik II, 2. Auflage, St. Gallen 1983.

Kilger, Wolfgang
Optimale Produktions- und Absatzplanung, Opladen 1973.

Kirsch, Werner
Planung - Kapitel einer Einführung, in: Kirsch, Werner und Maaßen, Hartmut, Managementsysteme, Planung und Kontrolle, 2. Auflage, München 1990, S.23-125.

Klima, Kurt
Obligo-Management: Ein Instrumentarium für das Kreditmanagement bei Nichtbankunternehmen, Wien 1987.

Klinger, Michael A.
Früherkennung von Insolvenzrisiken beim Kundenunternehmen auf der Grundlage qualitativer Indikatoren, in: Früherkennungssysteme, Hrsg.: Österreichisches Forschungsinstitut für Sparkassenwesen, Heft 4/1984, S.53-78.

Köllhöfer, Dietrich
Moderne Verfahren der Bilanz- und Bonitätsanalyse im Firmenkundengeschäft der Bayrischen Vereinsbank AG, in: zfbf 41, 11/1989, S.974-981.

Kömpf, Wolfgang
Unternehmensführung in erfolgreichen Klein- und Mittelbetrieben: eine empirische Untersuchung, Frankfurt 1989.

Kotler, Philip
Marketing-Management, Analyse, Planung und Kontrolle, 4. Auflage, Stuttgart 1989.

Krakl, Johann und Nolte-Hellwig, Ulf K.
Computergestützte Bonitätsbeurteilung mit dem Expertensystem "CODEX", in: Die Bank 11/90, S.625-633.

Krakl, Johann und Rolf, Wilfried
Risk-Management in the Lending-Business with the Expert System "CODEX", in: Expert Systems Integration, S.W.I.F.T, Holland 1991, S.17-27.

Krehl, Harald
Krisendiagnose durch klassische Bilanzkennzahlen, in: Hauschildt, Jürgen, Krisendiagnose durch Bilanzanalyse, Köln 1988, S.17-40.

Kreim, Erwin
Zukunftsorientierte Kreditentscheidung, Wiesbaden 1988.

Krickhahn, Reinhard und Schachter-Radig, Mina-Jaqueline
Grundkonzepte der regelorientierten Programmierung, in: it 6/88, S.434-445.

Kropfberger, Dietrich
Erfolgsmanagement statt Krisenmanagement, Strategisches Management in Mittelbetrieben, Linz 1986.

Krystek, Ulrich
Ursachen von Unternehmungskrisen, in: Kreditpraxis 4/87, S.49-56.

Lachnit, Laurenz
Weiterentwicklung betriebswirtschaftlicher Kennzahlensysteme, in: Zeitschrift für betriebswirtschaftliche Forschung, Heft 28/1976, S.216-230.

Lachnit, Laurenz
Systemorientierte Jahresabschlußanalyse, Wiesbaden 1979.

Land, Günther und Lütteken, Udo A.
Firmenkreditgeschäft - Gestiegene Anforderungen zwingen zur Anpassung, in: B.Bl. 1/1981 (30.Jahrgang), S.1-8.

Laske, Otto E.
Ungelöste Probleme bei der Wissensakquisition für wissensbasierte Systeme, in: KI 4/89, S.4-12.

Lehner, Karlheinz
Technologie als Kriterium der Bonitätsbeurteilung, in: Wiesinger, Walter, Handbuch der Kreditprüfung, Wien 1987, S.89-93.

Lehner, Walpurga Susanne
Unternehmensanalyse: Vorschlag für ein umfassendes Informationssystem zur Beurteilung und laufenden Beobachtung des Bonitätsrisikos, Wien 1984.

Liebmann, Hans-Peter
Marketing und Innovation, in: Förderung und Finanzierung von Innovationsvorhaben, Graz 1984, S.29-44.

Liebl, Walter F.
Marketing-Controlling: Theorie-Praxis-Möglichkeiten, Wiesbaden 1989.

Little, Arthur D.
Management der Hochleistungsorganisation, Wiesbaden 1989.

Locarek, Hermann
Wissensbasierte Systeme zur Durchführung statistischer Analysen, Diss., Frankfurt 1988.

Lüthy, Martin
Unternehmenskrisen und Restrukturierungen, Bank und Kreditnehmer im Spannungsfeld existentieller
Unternehmenskrisen, Bankbetriebswirtschaftliche Forschung Band 106, Bern, Stuttgart, 1987.

Mag, Wolfgang
Entscheidung und Information, 1. Auflage, München 1977.

Marzen, Veneta
Expertensystem für die Bonitätsprüfung und Beratung im Firmenkundengeschäft, in: Die Bank 4/89,
S.214-218.

Mattem, Erhard
Rating im internationalen Kreditgeschäft, in: Die Bank 8/84, S.374-378.

Mertens, Peter
Die Theorie der Mustererkennung in den Wirtschaftswissenschaften, ZfbF, 29. Jhrg., 1977, S.777-794.

Mertens, Peter und Biebinger, Henning
Entwicklungsphasen wissensbasierter Systeme, in: KI 3/89, S.64-67.

Meyer zu Selhausen, Hermann
Informationssystem zur Stärkung der strategischen Erfolgsposition, in: Die Bank 2/89, S.80-89.

Milling, Peter
Der technische Fortschritt beim Produktionsprozeß, Wiesbaden 1974.

Milling, Peter
Expertensystem zur Unterstützung betrieblicher Entscheidungsprozesse, in: WiSt Heft 9, September
1989, S.385-390.

Milling, Peter
Strategische Planungs- und Kontrollsystem zur Unterstützung betrieblicher Lernprozesse, in:
Systemmanagement und Managementsysteme, Hrsg. Milling, Peter, Berlin 1991, S.11-31.

Milling, Peter
Systemtheoretische Grundlagen zur Planung der Unternehmenspolitik, Berlin 1981.

Mischon, Claudia
Zum Stand der Insolvenzprophylaxe in mittelständischen Betrieben, Göttingen 1981.

Moser, Joachim
Objektorientiertes Programmieren, in: Computer Magazin 3/91, S.48-52.

Müller, Horst
Aktuelle Entwicklungen in der praktischen Kreditprüfung, in: Der Bankbetrieb zwischen Theorie und
Praxis, hrsg. von Süchting, Joachim, Wiesbaden 1977, S.117-130.

Nahlik, Wolfgang
Praxis der Jahresabschlußanalyse: Recht, Risiko, Rentabilität, Wiesbaden 1989.

Newell, Allen und Simon, Herbert A.
Human Problem Solving, Englewood 1972.

Nick, Andreas
Zur Bedeutung der Kennzahlen des Branchendienstes, in: Sparkasse 6/90 (107. Jahrgang), S.269-S.278.

Nieschlag, Robert; Dichtl, Erwin; Hörschgen, Hans
Marketing, 15. erweiterte Auflage, Berlin 1988.

Noelke, Uwe
Das Wesen des Knowledge Engineering, in: Künstliche Intelligenz und Expertensysteme, 2.erg. Auflage, Hrsg. Stuart F. Savory, Oldenburg 1985, S.109-123.

Nolte-Hellwig, Ulf K.; Leins, Herwig; Krakl, Johann
Die Steuerung von Bonitätsrisiken im Firmenkundengeschäft, in: Risikomanagement in Banken -Konzeption und Steuerungssystem-, Bonn 1991, S.83-118.

Obst, Georg und Kloten, Norbert
Geld-, Bank- und Börsenwesen, Hrsg. von Stein, Heinrich und Kloten, Norbert, 38. Aufl., Stuttgart 1988.

Orgler, Yair E.
A Credit Scoring Model for Commercial Loans. In: Journal of Money, Credit and Banking, November 1970, S.435-445.

Ott, Christoph H.
Die Beurteilung gewerblicher Kreditnehmer aus betriebswirtschaftlicher Sicht, Köln Sindelfingen 1986.

O.V.
AIDE, premier système expert de diagnostic d'entreprise opérationnel dans une banque centrale, in: steramedia, 1990, S.5-7.

O.V.
Aion Development System, General Reference, Version 6.0, Aion Corporation, 101 University Avenue, Palo Alto, CY 94301, Tel. (415) 328-9595, ohne Jahresangabe.

O.V.
Capabilities of the Lending Adivsor System, 1989, (Werbematerial der Firma Syntelligence).

O.V.
Creditreform, Bonitätsindex zur Risikobestimmung für Kreditmanagement und Marketing.

O.V.
Kredite an Unternehmen, Sparkassenheft 81, Hrsg. Deutscher Sparkassen und Giroverband, Stuttgart 5/1985.

Pfeifer, Rolf
Knowledge Acquisition und Lernen: Zwei fundamentale Probleme, S.258, in: Savory, Stuart E., Expertensysteme: Nutzen für Ihr Unternehmen, München, Wien 1987, S.251-272.

Pfeiffer, Werner
Technologie-Portfolio zum Management Strategischer Geschäftsfelder, Göttingen 1982.

Pfohl, Hans-Christian und Braun, Günther E.
Entscheidungstheorie, Normative und deskriptive Grundlagen des Entscheidens, Landsberg 1981.

Piesch, Wolfgang
Induktive Statistik, Formelsammlung, Stuttgart, ohne Jahresangabe.

Pilgerstorfer, Herbert
Quantitative Methoden der Bonitätsanalyse, in: Handbuch der Kreditprüfung, Hrsg. Walter Wiesinger, Wien 1987, S.66-88.

Porter, Michael E.
Wettbewerbsstrategie, 6. Auflage, Frankfurt, New York 1990.

Porter, Michael E.
Wettbewerbsvorteile, Frankfurt, New York 1986.

Puppe, Frank
Einführung in Expertensysteme, Berlin Heidelberg 1988.

Rall, Wilhelm
Organisation für den Weltmarkt, in: ZfB 59.Jg.(1989), H.10, S.1074-1089.

Reske, Winfried; Brandenburg, Achim, Mortsiefer; Hans-Jürgen
Insolvenzursachen mittelständischer Betriebe, Göttingen 1976.

Riebel, Paul
Einzelkosten- und Deckungsbeitragsrechnung, 5. Auflage, Wiesbaden 1985.

Riebell, Claus
Die Praxis der Bilanzauswertung, 4. Auflage, Stuttgart 1988.

Rommelfanger, Heinrich und Unterharnscheidt, Dieter
Entwicklung einer Hierarchie gewichteter Bonitätskriterien für mittelständische Unternehmung, in:
Österreichisches Bankarchiv 12/85, S.419-437.

Rommelfanger, Heinrich; Bagus, Thomas; Himmelsbach, Elke
Merkmale der persönlichen Kreditwürdigkeit bei Kreditanträgen mittelständischer Unternehmen, in:
Österreichisches Bankarchiv 10/90, S.786-797.

Rommelfanger, Heinrich; Bagus, Thomas; Zerres Barbara
Der "Faktor Mensch" im Blickpunkt, in: Kreditpraxis 5/91, S.24-28.

Rösler, Joachim
Die Entwicklung der statistischen Insolvenzdiagnose, in: Hauschildt, Jürgen, Krisendiagnose durch
Bilanzanalyse, Köln 1988, S.102-114.

Savory, Stuart E.
Grundlagen von Expertensystemen, München 1988.

Scheer, August-Wilhelm und Steinmann, Dieter
Einführung in den Themenbereich Expertensysteme, in: Betriebliche Expertensysteme: Einsatz von
Expertensystemen in der Betriebswirtschaft, hrsg. von Scheer, August-Wilhelm, Wiesbaden 1988, S.5-27.

Schertler, Walter
Unternehmensorganisation: Lehrbuch der Organsiation und strategischen Unternehmensführung, München
Wien 1982.

Schirmer, Kai
Wissensakquisition II, Die Wahl der Techniken, in: KI I/89, S.53-55.

Schmitz, Paul und Lenz, Andreas
Abgrenzung von Expertensystemen zu konventioneller ADV, in: BFuP 6/86, S.499-516.

Schmidt, Reinhart
Rating börsennotierter Unternehmen, in: Anleger an die Börse, Hrsg. Gerke, Wolfgang, Berlin
Heidelberg 1990, S.55-91.

Schmoll, Anton
Theorie und Praxis der Kreditprüfung unter besonderer Berücksichtigung der Klein- und Mittelbetriebe(I), in: Österreichisches Bankarchiv 3/83, S.87-106.

Schmoll, Anton
Theorie und Praxis der Kreditprüfung unter besonderer Berücksichtigung der Klein- und Mittelbetriebe(II), in: Österreichisches Bankarchiv 5/83, S.165-191.

Schmoll, Anton
Theorie und Praxis der Kreditprüfung unter besonderer Berücksichtigung der Klein- und Mittelbetriebe(III), in: Österreichisches Bankarchiv 6/83, S.213-231.

Schmoll, Anton
Verhaltensbeobachtungen im Kreditgeschäft, in: Österreichisches Bankarchiv 3/87, S.137-151.

Schott, Gerhard
Kennzahlen: Instrument der Unternehmensführung, Stuttgart, Wiesbaden 1981.

Seipp, Walter
Risikopolitik im Firmenkreditgeschäft, in: Österreichisches Bankarchiv 3/84, S.87-99.

Siegert, Helmut
Wissensbasierte Systeme im Bankbereich, in: Die Bank 4/90, S.197-202.

Siegert, Helmut
Zur Diffusion wissensbasierter System in der Finanzwirtschaft, in: geldinstitute 9 - 1990, S.32-38.

Simeonoff, Peter
Expertensysteme in der Kreditwirtschaft - Mythos oder schon Realität. Ein Rückblick auf die Bankakademietagung 1987, in: ÖBA 2/88, S.147-151.

Simon, Herbert A.
Theorien der Entscheidung in den Wirtschafts- und Verhaltenswissenschaften, in: Witte, Eberhard und Thimm, Alfred L. Entscheidungstheorie, Wiesbaden 1977, S.82-108.

Starke, Wolfgang
Neue Systeme zur Bonitätsprognose von Kreditnehmern, in: Innovationen im Kreditmanagement, hrsg. von Krümmel, Hans und Bernd, Rudolph, Frankfurt 1985, S.173-195.

Staroßom, Heiko
Die Bank in der Krise ihres Schuldners, Diss., Heidelberg 1988.

Steiner, Manfred
Ertragskraftorientierter Unternehmenskredit und Insolvenzrisiko, Stuttgart 1980.

Stender, Joachim
Wissenserhebung und -strukturierung in Expertensystemen. Ein induktiver Ansatz; eine praxisorientierte, didaktisch aufbereitete Darstellung des Prozesses des Knowledge Engineerings unter besonderer Berücksichtigung induktiver Methoden, München 1989.

Strack, Heinz
Beurteilung des Kreditrisikos: Erweiterung der traditionellen Kreditbewertung durch prognoseorientierte Entscheidungshilfen, 1. Auflage, Berlin 1976.

Szyperski, Norbert und Winand, Udo
Entscheidungstheorie, Stuttgart 1974.

Tamari, Meir
Finanzwirtschaftliche Kennzahlen als Mittel zur Vorhersage von Insolvenzen, in: Management International Review, Volumen 6, 4/1966, S.29-34.

Terrahe, Jürgen
Künstliche Intelligenz, Neue Dimensionen im modernen Bankbetrieb, in: geldinstitute 4 - 1989, S.11-16.

Tichy, Bruno
Insolvenzursachen als Basis eines Indikatorsystems zur Bonitätsbeurteilung, in: Österreichisches Bankarchiv 4/83, S.115-121.

Tichy, Bruno
Insolvenzursachen als Kriterien für ein Scoring-Modell, in: Österreichisches Bankarchiv 7/83, S.245-250.

Töllner, Christian
Risikoportfolio-Management im Firmenkundengeschäft, in: Kreditpraxis 4/89, S.30-33.

Uhlir, Helmut
Bedeutung von Kennzahlenanalysen zur Früherkennung negativer Unternehmensentwicklungen (Insolvenzen) aus der Sicht der Anteilseigner, in: ZfB-Ergänzungsheft 2/79, S.89-103.

Unterharnscheidt, Dieter
Bonitätsanalyse mittelständischer Unternehmen, Diss., Frankfurt 1987.

Van Gisteren, Roland
Bonitätsanalyse - Das optimale Verfahren gibt es nicht, in: Kreditpraxis 5/86, S.13-17.

Van Gisteren, Roland
Kreditgefährdung durch Früherkennung abwehren, in: Kreditpraxis 6/86, S.15-20.

Vogelsang, Günter
Unternehmenskrisen - Hauptursachen und Wege zur ihrer Überwindung, in: zfbf 40 (2/1988), S.100-111.

Von Stein, Johann Heinrich und Mitarbeiter
Früherkennung von Kreditrisiken - Allgemeiner Teil -, Teil I des Gutachtens aus dem Forschungsprojekt "Früherkennung von Kreditrisiken", Stuttgart 1982.

Von Stein, Johann Heinrich und Mitarbeiter
Früherkennung von Kreditrisiken durch Untersuchung des Unternehmerverhaltens, Teil II des Gutachtens aus dem Forschungsprojekt "Früherkennung von Kreditrisiken", Stuttgart 1982.

Von Stein, Johann Heinrich
Typologie krisengeneigter Unternehmer, in: Kreditinformations- und Kreditüberwachungssysteme, Tagungsbericht des Banken-Symposiums, St. Gallen 1987, Hrsg. Wilhelm Bühler und Leo Schuster, Wien 1987, S.151-170.

Von Ungern-Sternberg, Alexander
Das Unternehmen auf dem Prüfstand, 2. Auflage, Heidelberg 1983.

Vranitzky, Franz
Sanierung und Revitalisierung von Unternehmungen aus bankmäßiger Sicht, in: Österreichisches Bankarchiv 8/84, S.285-295.

Weibel, Peter
Die Bonitätsbeurteilung im Kreditgeschäft der Banken, Bern, Stuttgart 1978.

Weinrich, Günter
Steuerung des Kreditgeschäfts durch Risikoklassen, Wiesbaden 1978.

Weisensee, Gerd J.
Die EDV erobert alle Bereiche des Kreditgeschäfts, in: Kreditpraxis 5/91, S.29-32.

Wildemann, Horst
Strategische Investitionsplanung, Methoden zur Bewertung von Produktionstechnologien, Wiesbaden 1987.

Windau, Peter
"Computer Aided Consulting", Unternehmensberatung für mittelständische Unternehmen unter Zuhilfenahme von Expertensystemen, in: Office Banking 1/1989, S.4-10.

Wöhe, Günter
Einführung in die Allgemeine Betriebswirtschaftslehre, 16. Auflage, München 1986.

Wolf, Georg und Göschel, Gesine
Prüfung der Kreditwürdigkeit - Blick in die Zukunft, in: Kreditpraxis, 14/89, S.29-31.

Wolff, Georg
Die Qualifikation des Managements eines Unternehmens, in: Kreditpraxis 4/89, S.24-26.

Zahn, Erich
Strategieunterstützungssysteme, in: Systemmanagement und Managementsysteme, Hrsg. Milling, Peter, Berlin 191, S.43-80.

Zellweger, Bruno
Kreditwürdigkeitsprüfung in Theorie und Praxis, Bern, Stuttgart 1987.

216 Anaesthesiologie und Intensivmedizin
Anaesthesiology and Intensive Care Medicine

vormals „Anaesthesiologie und Wiederbelebung"
begründet von R. Frey, F. Kern und O. Mayrhofer

Herausgeber:
H. Bergmann, Linz (Schriftleiter)
J. B. Brückner, Berlin · M. Gemperle, Genève
W. F. Henschel, Bremen · O. Mayrhofer, Wien
K. Meßmer, Heidelberg · K. Peter, München

H. Stephan

Zerebrale Effekte der hypothermen extrakorporalen Zirkulation

Mit 31 Abbildungen und 12 Tabellen

Springer-Verlag
Berlin Heidelberg New York
London Paris Tokyo
Hong Kong Barcelona

Priv.-Doz. Dr. med. Heidrun Stephan

Zentrum Anaesthesiologie, Rettungs- und Intensivmedizin
der Universität Göttingen, Robert-Koch-Straße 40, D-3400 Göttingen

ISBN-13: 978-3-540-52971-2   e-ISBN-13: 978-3-642-75955-0
DOI: 10.1007/978-3-642-75955-0

CIP-Titelaufnahme der Deutschen Bibliothek
Stephan, Heidrun: Zerebrale Effekte der hypothermen extrakorporalen Zirkulation /
H. Stephan. – Berlin; Heidelberg; New York; London; Paris; Tokyo; Hong Kong;
Barcelona: Springer, 1990
(Anaesthesiologie und Intensivmedizin; 216)

NE: GT

Satz: Elsner & Behrens GmbH, Oftersheim   Druck: Zechnersche Buchdruckerei, Speyer
Bindearbeiten: J. Schäffer, Grünstadt

2119/3130-543210 – Gedruckt auf säurefreiem Papier

Inhaltsverzeichnis

Einleitung

Trotz verbesserter Technik und Überwachung gehören zerebrale Funktionseinschränkungen auch heute noch zu den am meisten gefürchteten Komplikationen bei Operationen mit extrakorporaler Zirkulation, auch bei Senkung der Körpertemperatur auf 26-28 °C, um die Ischämietoleranz des Gehirns zu erhöhen. So fanden Smith et al. [144] bei 64 % aller nach Koronarbypass-Operationen untersuchten Patienten am 1. postoperativen Tag leichtere neurologische Störungen wie Nystagmus, Koordinationsstörungen, verminderte Reflexe und vorübergehende Verwirrtheitszustände, aber auch schwerere Läsionen in Form von Gesichtsfeldausfällen und motorischen Defekten. Die Inzidenz zerebraler Infarkte wird von Breuer et al. [21] mit 5,2 % angegeben, diejenige prolongierter Enzephalopathien sogar mit 11,6 %. Die Ursachen dieser neurologischen Komplikationen sind noch weithin unbekannt, denn während des hypothermen kardiopulmonalen Bypasses ändern sich viele Parameter, die die zerebrale Homöostase beeinflussen, wie die Viskosität des Blutes, die Plasmakonzentration der Anästhetika, die Temperatur und die Löslichkeit der Blutgase. Häufig kommt es, besonders zu Beginn des Bypasses, zu Blutdruckabfällen, die von vielen Untersuchern als Ursache zerebraler Schädigungen angesehen werden [18, 95, 124, 149], obwohl einige Zentren [33, 68] bewußt niedrige Perfusionsvolumina und Perfusionsdrücke anwenden, um die Wiedererwärmung des Herzens hinauszuzögern. Auch eine verlängerte Perfusionsdauer wird als möglicher schädigender Faktor genannt [68, 164]. Vor allem aber wird die Entstehung zerebraler Infarkte durch Makroemboli aus dem Operationsgebiet (Kalkpartikel, Gerinnsel, Luft) und Mikroemboli, die aus der Herz-Lungen-Maschine stammen (Luft, Plättchenaggregate, Fremdkörper), diskutiert [1, 21, 54, 164, 168].

Die Anästhetika haben schon unter normalen Kreislaufbedingungen einen ausgeprägten Einfluß auf den Hirnstoffwechsel und die Hirndurchblutung, der in Hypothermie und während extrakorporaler Zirkulation oft noch zunimmt. Bekanntlich führen intravenöse Anästhetika zu einer dosisabhängigen Senkung des Hirnmetabolismus und der Hirndurchblutung [25, 106, 165], während die volatilen Anästhetika Halothan, Enfluran, Isofluran zwar ebenfalls eine Stoffwechseldepression, andererseits jedoch eine Zunahme der Hirndurchblutung bewirken und damit eine Entkopplung zwischen Flow und Netabolismus hervorrufen [93, 159] – zwei Phänomene, die auch unter einem temperaturkorrigierten Säure-Basen-Management während des hypothermen kardiopulmonalen Bypasses auftreten [55, 98]. Die temperaturkorrigierte Regulation des Säure-Basen-Haushalts, d. h. die Zugabe von exogenem CO_2 zum Frischgas des Oxygenators, kann somit in Kombination mit einer Inhalationsnarkose zu einer gefährlichen Hyperperfusion des Gehirns führen. Ein nicht temperaturkorrigiertes Säure-Basen-Management hingegen scheint die autoregulative Komponente der Hirndurchblutung besser zu erhalten. Daher erscheint dieses Management zumindest unter den Bedingungen der extrakorporalen Zirkulation für das Gehirn als das physiologischere [47, 86, 119, 150, 167].

Eine seit langem kontrovers diskutierte Technik extrakorporaler Zirkulation stellt die pulsatile Perfusion dar [57, 85, 117]. Auch heute noch wird in den meisten Zentren die nichtpulsatile Perfusionstechnik wegen der Einfachheit ihrer Durchführung bevorzugt, obwohl es eine Anzahl von Hinweisen darauf gibt, daß der dem physiologischen Puls angenäherte pulsatile Flow für einige Organe von Vorteil ist. Bei der Niere scheint er im Gegensatz zum nichtpulsatilen Flow die Ausscheidung zu steigern [75], die Rindendurchblutung zu erhöhen [45] und ischämische Veränderungen zu verhindern [99]. Am fibrillierenden Herzen soll die pulsatile Perfusion den subendokardialen Blutfluß verbessern und den aeroben Myokardmetabolismus aufrechterhalten [135]. Weiterhin wurde unter pulsatilem Flow eine verbesserte Mikrozirkulation und Gewebsoxygenation sowie eine verminderte Ödembildung beschrieben [108, 112].

Die wenigen Tierstudien, die sich mit dem Einfluß des pulsatilen Flow auf das Gehirn beschäftigen, lassen auf günstige Auswirkungen dieser Perfusionstechnik auf die Hirnfunktion schließen. Sanderson et al. [133] berichteten über diffuse ischämische Zellveränderungen in Hundegehirnen nach nichtpulsatiler Perfusion. Solche Schädigungen waren nach pulsatiler Perfusion nicht nachzuweisen. Geha et al. [42] konnten ebenfalls bei Hunden unter pulsatiler Perfusion eine höhere Sauerstoffspannung im Liquor und eine niedrigere Laktatkonzentration im hirnvenösen Blut, Mori et al. [96] eine höhere zerebrale Sauerstoffaufnahme und niedrigere Laktatproduktion messen. Matsumoto et al. [84] stellten bei direkter Beobachtung der konjunktivalen Mikrozirkulation von mit nichtpulsatilem Flow perfundierten Hunden eine ausgeprägte Venodilatation, Sludge- und Ödembildung fest, die nach Anwendung eines pulsatilen Flowmusters verschwanden. Andersen et al. [6] fanden beim Schwein bereits in Normothermie eine Entkopplung zwischen Glukoseaufnahme und Hirndurchblutung während nichtpulsatiler, nicht jedoch während pulsatiler Perfusion.

Bisher liegen jedoch keine Untersuchungen über den Hirnstoffwechsel und die Hirndurchblutung des Menschen während pulsatiler Perfusion in Hypothermie vor, obwohl die am Tier erzielten Ergebnisse auf eine Verminderung neurologischer Komplikationen nach extrakorporaler Zirkulation mit pulsatilem Flow schließen lassen. Die vorliegende Untersuchung befaßt sich daher mit den Auswirkungen der pulsatilen und nichtpulsatilen Perfusion in Kombination mit einer Bluttemperatur von 26 °C auf Hirnstoffwechsel und Hirndurchblutung und die postoperative neurologische Entwicklung von Patienten, die sich einer aortokoronaren Bypassoperation unterzogen. Hierbei wurde eine temperaturkorrigierte Regulation des Säure-Basen-Haushalts durchgeführt.

Um den Einfluß des Säure-Basen-Haushalts in Hypothermie von dem der beiden Perfusionsformen differenzieren zu können, wurde zusätzlich bei einigen Patienten während nichtpulsatiler Perfusion der arterielle p_aCO_2 auf einen Wert gesenkt, der annähernd einem nicht temperaturkorrigierten Normalwert von 40 mm Hg entsprach.

1. Hirndurchblutung und -stoffwechsel unter Ischämiebedingungen

Ischämie

Die Hirndurchblutung ist abhängig vom Perfusionsdruck, dem Gefäßwiderstand und den Fließeigenschaften des Blutes. Beim gefäßgesunden Menschen paßt sich der Gefäßwiderstand dem Perfusionsdruck innerhalb eines Bereichs von 60–150 mm Hg so an, daß die Hirndurchblutung konstant bleibt (Autoregulation). Daneben unterliegt die Hirndurchblutung chemischen, metabolischen und fraglich nervalen Einflüssen. Unter den chemischen Determinanten hat der arterielle Kohlensäurepartialdruck die größte Bedeutung. In einem Bereich des p_aCO_2 von 20–80 mm Hg verlaufen Änderungen der Hirndurchblutung direkt proportional und linear, d. h. ein Anstieg des p_aCO_2 von 1 mm Hg ist begleitet von einem Anstieg der Hirndurchblutung um $0,95-1,75$ ml$\cdot$100 g$^{-1}\cdot$min^{-1}. Die Reaktivität der Hirngefäße auf CO_2 wird wahrscheinlich über mit dem p_aCO_2 zusammenhängende Änderungen der Wasserstoffionenkonzentration in der extrazellulären Flüssigkeit bewirkt [52, 77] .

Zerebrale Ischämie bezeichnet einen Zustand, bei dem die Hirndurchblutung so niedrig ist, daß die Oxygenation des Gewebes beeinträchtigt ist. Der stark erniedrigte Blutfluß während tiefer Barbituratnarkose oder Hypothermie kann nicht mit einer Ischämie gleichgesetzt werden, da die niedrige Durchblutung in diesen Fällen ausreicht, den reduzierten Energiebedarf zu decken. Beim normothermen, nur leicht anästhesierten Menschen liegt der kritische Schwellenwert der Hirndurchblutung, unterhalb dessen sich allmählich ischämische Veränderungen entwickeln, bei 20 ml$\cdot$100 g$^{-1}\cdot$min^{-1}. Ab einem zerebralen Blutfluß (CBF) von ca. 15 ml$\cdot$100 g$^{-1}\cdot$min^{-1} sind keine evozierten kortikalen Potentiale mehr auslösbar, und bei 6 ml$\cdot$100 g$^{-1}\cdot$min^{-1} kommt es zu einer massiven Kaliumfreisetzung aus den Zellen [10]. Bei einer Hirndurchblutung zwischen 20 und 6 ml$\cdot$100 g$^{-1}\cdot$min^{-1} ist somit die Gewebsoxygenation zwar nicht ausreichend für die neuronale Funktion aber hoch genug, um die Zelle am Leben zu erhalten. Eine komplette Erholung der neurologischen Funktion ist möglich. Als klinisches Beispiel dafür können die transitorischen ischämischen Attacken angeführt werden [73].

Sowohl eine globale, infolge inadäquater Perfusion des Gehirns entstehende Ischämie, als auch eine fokale Ischämie auf dem Boden eines thromboembolischen Gefäßverschlusses führen, selbst wenn sie nur von kurzfristiger Dauer sind, zu einer gesteigerten Laktatproduktion und Azidose. Als pathophysiologische Konsequenz der metabolisch-chemischen Kontrolle kommt es zu einer globalen oder fokalen vasomotorischen Paralyse und Aufhebung der Autoregulation sowie in der Reperfusionsphase zur Ausbildung des sog. „Luxusperfusionssyndroms" [72]. In diesem Stadium kann die Hirndurchblutung ihre normale Höhe übersteigen, häufig ist die Hyperperfusion aber nur relativ, d. h. die Durchblutung ist höher als die lokalen metabolischen Bedürfnisse. Im Bereich der paralytischen Gefäße eines ischämischen Herdes ist häufig ein paradoxes Blutflußverhalten feststellbar. Starke Vasodilatanzien wie CO_2 rufen ein „Steal"phänomen hervor, indem sie eine Durchblutungsumverteilung aus dem geschädigten Gebiet mit bereits maximal dilatierten Gefäßen in gesunde Areale mit normaler Gefäßreaktivität bewirken. Umgekehrt verursachen vasokonstriktorisch wirkende Stimuli ein inverses „Steal"syndrom, nämlich einen vermehrten Blutfluß aus gesunden in ischämische Areale. Diese beiden Phänomene sind auch für die beim Tier beobachtete Verkleinerung eines Infarktherdes unter Hyperventilation und eine Infarktvergrößerung unter Hypoventilation verantwortlich [73].

Hirnstoffwechsel

Unter normalen Bedingungen wird der Energiebedarf des Gehirns fast ausschließlich durch den oxidativen Abbau von Glukose via Glykolyse, Krebs-Zyklus und Atmungskette zu CO_2 und H_2O gedeckt. Hierzu werden ca. $3\ ml \cdot 100\ g^{-1} \cdot min^{-1}$ Sauerstoff und $4{,}5\ mg \cdot 100\ g^{-1} \cdot min^{-1}$ Glukose benötigt. Weniger als 10 % der aufgenommenen Glukose werden anaerob zu Laktat verstoffwechselt. Der oxidative Abbau liefert 18 mal mehr Energie in Form energiereicher Phosphate als der anaerobe Weg [143]. Die wichtigsten energiereichen Phosphate sind Adenosintriphosphat (ATP) und Kreatinphosphat. Wird die Sauerstoffzufuhr unterbrochen, kann der Energiebedarf des Gehirns nicht vollständig durch den anaeroben Abbau von Glukose zu Laktat gedeckt werden, auch wenn zunächst die Glukoseutilisation gesteigert wird (Pasteur-Effekt) [142]. Der Gesamtmetabolismus des Gehirns setzt sich aus dem Aktivitäts- und dem Basalstoffwechsel zusammen. Unter dem Aktivitätsstoffwechsel versteht man den Energieverbrauch für die neuronale Erregungsleitung (Ionenpumpe, Transmittersynthese). Er ist eng an den funktionellen Zustand des Gehirns gekoppelt und kann z. B. durch Barbiturate vollständig unterdrückt werden. Der Basalstoffwechsel stellt den Energieverbrauch derjenigen Prozesse dar, die nach vollständiger Suppression der hirnelektrischen Aktivität weiterhin ablaufen müssen, um das Überleben der Zelle zu gewährleisten. 50 % des Basalstoffwechsels werden für die Aufrechterhaltung des Membranpotentials benötigt. Dieser Anteil kann durch Lidocain unterdrückt werden. In die andere Hälfte teilen sich Ca^{2+}-Transport, die Synthese von Zellbausteinen und der axoplasmatische Transport. Hypothermie setzt die Aktivität aller zerebralen Stoffwechselprozesse herab [9].

Ischämie und Hirnstoffwechsel

Eine totale Ischämie führt schon innerhalb von 10 Sekunden zu einem signifikanten Abfall der Kreatinphosphat- und ATP-Konzentration und zum Anstieg der ADP-, AMP- und Laktatkonzentration. Nach 5–7 min kommt es zum kompletten Verlust der energiereichen Phosphate und zur teilweise exzessiven Laktatakkumulation, deren Höhe bei kompletter Ischämie vom präischämischen Glukosespiegel und bei inkompletter Ischämie von der Höhe der anhaltenden Glukosezufuhr abhängig ist. Dem Verhalten der Laktatkonzentration entsprechend sinkt auch der intrazelluläre pH-Wert bei Normoglykämie und kompletter Ischämie weniger ab als bei Hyperglykämie und inkompletter Ischämie. Der fortschreitende Abbau des ATP zu AMP hat dessen Dephosphorylierung und die Anhäufung von Hypoxanthin zur Folge. Als Resultat des

Verlusts der Energiereserven werden die Zellmembranen depolarisiert. Kalium tritt aus den Zellen aus und Ca^{2+}, Na^+ und Cl^- sowie Wasser strömen ein. Dadurch verkleinert sich der Extrazellulärraum, und vorwiegend die Gliazellen werden ödematös. Ein generalisiertes Hirnödem kann folgen. Membrandepolarisation und Ca^{2+}-Einstrom begünstigen die Freisetzung von Neurotransmittern, Katecholaminen und Adenosin aus den Neuronen. Gleichzeitig kommt es zur Proteolyse sowie Lipolyse und zur Anhäufung freier Fettsäuren, speziell der Arachidonsäure. Schließlich endet der allgemeine Katabolismus mit dem Tod der Zelle. Eine kritische metabolische Grenze, von der an der Zelltod unvermeidlich eintritt, ist schwer festzulegen. Sicherlich stellt die bei allmählicher Reduktion der Hirndurchblutung zuerst auftretende Laktatakkumulation ein reversibles und noch nicht unbedingt bedrohliches Zeichen dar, andererseits deuten extreme Laktatazidose, Freisetzung von Neurotransmittern, Verlust der Ionenhomöostase sowie Lipid- und Proteinkatabolismus den Endpunkt des Prozesses an. Wahrscheinlich kommt es erst dann zu irreversiblen Reaktionen, wenn die ATP-Synthese so gestört ist, daß Membrandefekte und ein Verlust des Ionengleichgewichts auftreten.

Der Zeitpunkt der vollständigen Zellzerstörung kann aber auch in der Rezirkulationsphase liegen. Gerade wenn die Sauerstoffversorgung wiederhergestellt ist, kann es zur Desaggregation der Polyribosomen kommen. Zudem erfordert die Wiederherstellung der Proteinsynthese auch nach kurzfristiger Ischämie einige Stunden. Einige Prozesse können so weit fortgeschritten sein, daß eine Verbesserung der energetischen Situation die Zellzerstörung nicht aufzuhalten vermag. So bringt die oxidative Verstoffwechselung der während der Ischämie angehäuften Arachidonsäure eine potentielle Gefährdung durch die Bildung von Prostaglandinen und zytotoxischen freien Radikalen mit sich.

Schließlich ist die Erholung der Zelle entscheidend an die Wiederherstellung der Mitochondrienfunktion gebunden. Während einer Ischämie ist die Atmungsketten-phosphorylierung in den Mitochondrien nicht nur wegen des Sauerstoffmangels, sondern auch aufgrund der intrazellulären Azidose aufgehoben. Die Erholungsfähigkeit der Mitochondrien hängt vom Ausmaß der Azidose ab. Unter optimalen Bedingungen nehmen sie in vitro ihre Funktion sogar nach einer 30minütigen Ischämie wieder auf, nicht aber nach einer ebensolangen Ischämiedauer unter hyperglykämischen Bedingungen. Offenbar führt die mit der Hyperglykämie verbundene exzessive Azidose zur irreversiblen Schädigung der Mitochondrien [140]. Ein klinisches Korrelat der nach Beendigung der Ischämie fortschreitenden Zellzerstörung ist in der häufig beobachteten Vergrößerung eines Infarktherdes in der Rezirkulationsphase zu sehen. Inwieweit dieser Prozeß durch Hypothermie oder eine tiefe Narkose beim Menschen aufgehalten werden kann, ist heute noch umstritten.

2. Methodik

Patienten

Die Untersuchung wurde an 37 männlichen Patienten im Rahmen einer aortokoronaren Bypassoperation durchgeführt. Bei allen Patienten bestand präoperativ eine stabile Angina pectoris. Angiographisch handelte es sich um eine Erkrankung von 2–3 Gefässen. Patienten mit Zeichen von Herzinsuffizienz, linksventrikulären enddiastolischen Drücken über 15 mm Hg und Ejektionsfraktionen unter 0,4 wurden nicht in die Untersuchung einbezogen. Bei keinem Patienten war eine neurologische oder psychiatrische Vorerkrankung bekannt. Auch die Doppler-Sonographie der Halsgefäße ergab keine krankhaften Befunde. Die Patienten wurden nach dem Zufallsprinzip in 3 Gruppen eingeteilt. Die einzelnen Gruppen unterschieden sich hinsichtlich des angewendeten Flowmusters und des p_aCO_2-Wertes während der extrakorporalen Zirkulation

Gruppe 1: nichtpulsatiler Flow; Normokapnie im Sinne eines temperaturkorrigierten Säure-Basen-Managements;
Gruppe 2: pulsatiler Flow; Normokapnie;
Gruppe 3: nichtpulsatiler Flow; Hypokapnie.

Als Prämedikation wurden am Vorabend und am frühen Morgen des Operationstags 2 mg Flunitrazepam per os verabreicht sowie 15 mg Piritramid und 50 mg Atosil i.m. 1 h vor Narkosebeginn. Die Untersuchung war im Rahmen des „SFB 330-Organprotektion" von der Ethikkommission der Universität Göttingen befürwortet worden. Die Patienten wurden am Vortag der Operation ausführlich über Art und Umfang der Untersuchung aufgeklärt und gaben dazu schriftlich ihr Einverständnis.

Patientendaten

Gruppe 1: Diese Gruppe umfaßte 15 Patienten mit einem mittleren Alter von 53,3 ± 5,9 Jahren, einem mittleren Gewicht von 79,2 ± 12,8 kg und einer mittleren Körpergrösse von 174 ± 5 cm. Alter, Gewicht, Körpergröße, Vorerkrankungen und Vormedikation jedes Patienten sind in Tabelle 1 zusammengestellt.

Gruppe 2: Diese Gruppe bestand aus 15 Patienten mit einem mittleren Alter von 52,1 ± 5,5 Jahren, einem mittleren Gewicht von 83,3 ± 10,9 kg und einer mittleren Körpergröße von 174 + 8 cm. In Tabelle 2 sind für jeden Patienten Alter, Körpergewicht, Körpergröße, Vorerkrankungen und Vormedikation aufgeführt.

Tabelle 1. Patientendaten der Gruppe 1 (nichtpulsatiler Flow, Normokapnie)

Nr.	Alter [Jahre]	Gewicht [kg]	Größe [cm]	Vorerkrankungen [außer KHK]	Vormedikation
1	58	74	176	–	Novodigal, Neotri, Isoket
2	55	81	172	Hypertonus; HW-Infarkt	Tenormin, Sostril
3	59	51	166	HW-Infarkt; chronische Bronchitis	Isoket, Dilzem, Euphyllin
4	38	67	174	Posterolateralinfarkt	Isoket, Treloc mite Quantalan
5	57	92,5	175	Chronische Bronchitis	Isoket, Adalat, Beloc
6	55	87	176	–	Adalat, Tambocor, Isoket
7	47	84	172	–	Isoket, Tenormin
8	48	79	169	Lungenembolie 1982	Nitrosorbon, Isoket
9	58	80,5	171	Hypertonus	Adalat, Isoket
10	57	70	174	Hypertonus	Isoket, Adalat, Aspirin
11	52	77	180	–	Isoket, Dihydroergotamin
12	57	81	171	Hypertonus	Monostenase, Adalat Asasantin, Beloc
13	59	77	168	Silikose Grad III, chronische Bronchitis	Tambocor, Isoket, Dilzem
14	49	77	182	Diabetes mellitus	Insulin, Nitrospray
15	50	110	186	–	Adalat, Trepress, Mono Mack

Tabelle 2. Patientendaten der Gruppe 2 (pulsatiler Flow, Normokapnie)

Nr.	Alter [Jahre]	Gewicht [kg]	Größe [cm]	Vorerkrankungen [außer KHK]	Vormedikation
1	53	81	178	HW-Infarkt	Asasantin, Beloc, Isoket
2	48	78	171	Posterolateralinfarkt	Corvaton, Elantan
3	46	103	190	Hypertonus, HW-Infarkt	Isoket, Dilzem
4	56	80	167	Hypertonus	Beloc, Adalat
5	54	84	172	Intramuraler Infarkt, Hypertonus	Adalat, Beloc mite, Aspirin, Isoket
6	47	65	165	Anteroseptalinfarkt, Thalassaemia minor	Isoket, Adalat, Beloc
7	54	74	167	HW-Infarkt	Heparin, Ismo
8	52	76	171	–	Dilzem, Epidropal, Elantan, Asasantin
9	44	94	174	–	Asasantin, Adalat, Cedur
10	57	100	186	COLD, periphere art. Verschlußkrankheit, VW-Infarkt	Isoket, Adalat

Tabelle 2. (Fortsetzung)

Nr.	Alter [Jahre]	Gewicht [kg]	Größe [cm]	Vorerkrankungen [außer KHK]	Vormedikation
11	58	81	171	Diabetes mellitus, Anteroseptalinfarkt	Euglucon, Adalat, Isoket
12	45	75	167	–	Ismo, Adalat, Corvaton Xylotan
13	60	79	174	HW-Infarkt	Rytmonorm, Tambocor
14	60	99	172	VW- und HW-Infarkt Hypertonus	Novodigal, Isoket, Thioctacid, Lasix
15	48	80	184	–	Elantan, Beloc

Tabelle 3. Patientendaten der Gruppe 3 (nichtpulsatiler Flow, Hypokapnie)

Nr.	Alter [Jahre]	Gewicht [kg]	Größe [cm]	Vorerkrankungen [außer KHK]	Vormedikation
1	58	69	173	Anterolateralinfarkt	Isoket
2	44	75	173	–	Isoket, Tenormin
3	50	76	176	VW-Infarkt	Isoket, Mexitil, Arelix Novodigal mite, Adalat
4	59	73	171	chronische Bronchitis	Adalat, Isoket, Heparin
5	51	68	176	–	Isoket, Adalat, Endak
6	55	87	188	HW-Infarkt, Diabetes mellitus	Beloc mite, Ismo, Euglucon
7	49	94	184	Diabetes mellitus	Ismo, Adalat, Asasantin, Euglucon

Gruppe 3: Diese Gruppe umfaßte 7 Patienten mit einem mittleren Alter von 52,3 ± 5,3 Jahren, einem mittleren Gewicht von 77,4 ± 9,6 kg und einer mittleren Körpergröße von 177 ± 6 cm. Alter, Gewicht, Körpergröße, Vorerkrankungen und Vormedikation jedes Patienten sind in Tabelle 3 zusammengefaßt.

Präparation und Katheterisierung

Nach Ankunft des Patienten im Vorbereitungsraum wurden ein EKG-Monitor angeschlossen und 5 EEG-Elektroden zur Überwachung der Hirnfunktion frontal und jeweils rechts und links frontoparietal und über dem Mastoid angebracht. Folgende Katheter wurden per Seldinger-Technik in Lokalanästhesie perkutan eingeführt: ein Goodale-Lubin-Katheter (6F-USCI) retrograd über die rechte V. jugularis interna in den Bulbus V. jugularis zur Messung der Hirndurchblutung und zur Entnahme von Blutproben; ein zweiter Goodale-Lubin-Katheter (6F-USCI) in die A. radialis der nichtdominanten Hand zur kontinuierlichen Messung des arteriellen Blutdrucks und zur Entnahme von Blutproben; ein 4 lumiger Pulmonaliskatheter (Edwards quadruple thermodilution model No 93 A 131-7F) über eine Unterarmvene in die A. pulmonalis zur Messung des Herzzeitvolumens und ein Polyurethankatheter von einer Unterarmvene aus in die obere Hohlvene für Infusionen und Medikamente. Die korrekte Lage der Katheter wurde mit Hilfe eines Bildwandlers kontrolliert.

Meßgrößen

Folgende Parameter wurden gemessen bzw. registriert: Spektralanalyse des EEG, Hirndurchblutung, Herzzeitvolumen, Herzfrequenz (EKG), systolischer, diastolischer und mittlerer arterieller Druck, Druck im Bulbus V. jugularis, zentralvenöser Druck, endexspiratorischer CO_2-Gehalt, Rektal- und Nasopharyngealtemperatur.

Aus dem arteriellen und zerebralvenösen Blut wurden Hämoglobingehalt, Hämatokrit, Sauerstoffsättigung, Sauerstoffgehalt, Blutgase, die Parameter des Säure-Basenhaushalts, die Elektrolyte Natrium und Kalium und die Glukose-, Laktat- und Pyruvatkonzentration bestimmt. Im arteriellen Blut wurde die Viskosität gemessen. Die zerebrale Sauerstoff- und Glukoseaufnahme bzw. die Laktat- und Pyruvatabgabe, der aerobe und der anaerobe Index, der zerebrale Perfusionsdruck, der systemische und der zerebrale Gefäßwiderstand sowie der Herz- und Schlagvolumenindex wurden aus den gemessenen bzw. registrierten Größen errechnet.

Meßmethoden

Die Hirndurchblutung (CBF) wurde mit der von Bretschneider et al.[20] entwickelten Argonmethode (Variationskoeffizient ± 5 %) bestimmt, einer Modifikation der N_2O-Methode nach Kety u. Schmidt [66], die in den von uns gewählten Temperaturbereichen relativ temperaturunabhängig ist. Die theoretischen Grundlagen und die praktische Durchführung dieser Methode sind ausführlich in den Arbeiten von Rau und Tauchert dargestellt [122, 153]. Das Argon-Sauerstoff-Gemisch(70 % Ar/30 % O_2) wurde den Patienten im Wachzustand über eine Gesichtsmaske und nach Intubation über den Trachealtubus zugeführt. Während der Bypassphase wurde das Gasgemisch direkt in den Oxygenator geleitet. Die Aufsättigungszeit betrug 7 min, während des Meßzeitraums an der Herz-Lungen-Maschine 10 min. Während dieser Zeit wurde arterielles und zerebralvenöses Blut simultan und kontinuierlich mit Hilfe einer Motorpumpe (Fa. Braun, Melsungen) entnommen.

Der arterielle Druck, der zentralvenöse Druck und der Druck im Bulbus V. jugularis wurden über Statham-Elemente (P23 IA) zusammen mit dem EKG auf einem 10-Kanal-Schreiber (Fa. Hellige) kontinuierlich registriert. Der mittlere arterielle Druck wurde elektronisch integriert. Das Herzzeitvolumen wurde mit der Thermodilutionsmethode (HZV Computer Fischer BN 7206) jeweils 5 fach während der Exspiration gemessen und dann gemittelt. Der endexspiratorische CO_2-Gehalt wurde mit einem CO_2-Analysator (Datex CD 102/02 Helsinki) gemessen. Die O_2-Sättigung und der Hämoglobingehalt wurden mit dem CO-Oximeter 282 (Instrumentation Lab.), der O_2-Gehalt mit dem Lex-O_2-Con (Instrumentation Lab.) und die Blutgase mit Hilfe eines Blutgasanalysators (BGM 1303 Instrumentation Lab.) bei 37 °C bestimmt und während der extrakorporalen Zirkulation (EKZ) auf die jeweilige Körpertemperatur korrigiert. Die Glukose-, Laktat- und Pyruvatbestimmungen erfolgten enzymatisch (Variationskoeffizienten: 1,4 %, 1,7 % und 1,9 %) mit Standard Testkombinationen (Boehringer, Mannheim). Die Elektrolyte Natrium und Kalium wurden mit dem Flammenphotometer 543 (Instrumentation Lab.) gemessen. Für alle blutchemischen Bestimmungen wurden jeweils vor und nach jeder Hirndurchblutungsmessung Blutproben simultan aus der A. radialis und dem Bulbus V. jugularis entnommen und die Mittelwerte daraus zu den weiteren Berechnungen verwandt. (s. S. 12)

   Die absolute Viskosität wurde bei 37 °C und bei 25 °C während der Bypassphase gemessen (Wells-Brookfield Cone/Plate Viscosimeter, Modell LVT).

Neurologische Untersuchungsmethoden

Einen Tag prä- sowie 7 Tage postoperativ wurden 14 Patienten der Gruppe 1 und 8 Patienten der Gruppe 2 neuropsychologisch untersucht. Die Untersuchung umfaßte neben einer ausführlichen neurologischen Untersuchung, insbesondere der Hirnnervenfunktion, eine Untersuchung auf Hirnwerkzeugstörungen (Aphasie, Apraxie, Akalkulie, Agraphie), auf Orientierungsstörungen und eine Überprüfung des Kurzzeitgedächtnisses. Vom Zeitpunkt des Eintreffens im Vorbereitungsraum bis zum Operationsende wurde bei allen Patienten die elektrophysiologische Hirnfunktion mit Hilfe einer aperiodischen Analyse überwacht (Lifescan^{TN}, Neurometrics Inc.). Die aperiodische Analyse ist eine Echtzeitverarbeitungstechnik, die das unverarbeitete EEG ständig in einen 3-dimensionalen Fluß der EEG-Informationen Welle für Welle aus beiden Hemisphären umwandelt. Die verarbeitete Form besteht aus Frequenz und Amplitude. Dies erfolgt durch Abtastung von Scheitelwerten, Talpunkten, Nullpegelspannungen und Zeitdauer zwischen Talpunkten. Eine Welle wird erkannt, indem ein Talpunkt, dann ein Scheitelpunkt, dann ein weiterer Talpunkt abgetastet werden.

Untersuchungsablauf und Anästhesie

Nach dem Einführen der Katheter ruhten die Patienten für 15 min, dann wurden die Ausgangswerte gemessen (Meßpunkt I). Die 2. Messung fand ca. 20 min nach Narkoseeinleitung statt (Meßpunkt II). Die nächste Messung erfolgte 30 min nach Beginn des totalen Bypasses und Abklemmen der Aorta bei einer stabilen venösen Bluttemperatur von 26 °C. Dabei wurde darauf geachtet, daß auch die arterielle Temperatur annähernd 26 °C betrug (Meßpunkt III). Die 4. Messung fand bei Operationsende statt (Meßpunkt IV) und die 5. am Vormittag des nächsten Tages auf der Intensivstation (Meßpunkt V). Die Narkose wurde mit 7 µg · kg^{-1} Fentanyl und 200 µg · kg^{-1} Midazolam eingeleitet. Nach Muskelrelaxation mit 6–8 mg Pancuronium wurden die Patienten intubiert und mit einem Luft/Sauerstoffgemisch mit Hilfe eines volumengesteuerten Respirators (Engström ER 300) kontrolliert beatmet. Die Narkose wurde mit einer Infusionsdosis von 0,15 µg · kg^{-1} · min^{-1} Fentanyl und 3 µg · kg^{-1} · min^{-1} Midazolam aufrechterhalten. Zusätzliche Bolusdosen von 0,25 mg Fentanyl und/oder 7,5 mg Midazolam wurden vor Sternotomie und immer dann verabreicht, wenn Zeichen verminderter Narkosetiefe im EEG auftraten. Vor Kanülierung der großen Gefäße erhielten die Patienten

3 mg · kg^{-1} Heparin, das nach Abgang von der Herz-Lungenmaschine mit Protamin antagonisiert wurde. Während der Postbypass- und der postoperativen Phase wurden den Patienten durchschnittlich 2–4 Fremdblutkonserven transfundiert, um einen Hb-Wert von etwa 9 g · 100 ml^{-1} aufrechtzuhalten. Alle Patienten wurden postoperativ für 8–12 h auf der thoraxchirurgischen Intensivstation nachbeatmet.

Extrakorporale Zirkulation

Nichtpulsatiler Flow

Für die extrakorporale Zirkulation (EKZ) wurden eine Roller-Pumpe (Polystan) und ein Membranoxygenator (Maxima, Johnson und Johnson) verwendet. Um Koagel und Gewebspartikel abzufangen, befand sich im arteriellen und im venösen System der Herz-Lungen-Maschine je ein 40-μm-Filter (Sartorius). Die Primärfüllung der Herz-Lungen-Maschine bestand aus 1000 ml Ringer-Laktat-, 500 ml 5 %iger Glukose- und 400 ml 20 %iger Humanalbuminlösung sowie 100 mval Natriumbikarbonat und 75 mg Heparin. Das Perfusionsvolumen variierte dem arteriellen Druck und der Temperatur entsprechend zwischen 1,7 und 2,2 l · min^{-1} · m^{-2}, wobei ein arterieller Mitteldruck von 60–100 mm Hg angestrebt wurde. Zur Myokardprotektion wurde nach Abklemmen der Aorta eiskalte kardioplegische Lösung nach Bretschneider in die Aortenwurzel infundiert und aus dem rechten Vorhof wieder abgesaugt, um eine Aufnahme in die Herz-Lungen-Maschine weitgehend zu verhindern. Das Blut wurde zunächst im Wärmeaustauscher mit einer Wassertemperatur von 10–15 °C rasch abgekühlt. Nach Erreichen einer venösen Bluttemperatur von 26 °C wurde auch die Wassertemperatur auf 26 °C eingestellt. Exogenes CO_2 wurde dem Frischgas beigemischt, um einen temperaturkorrigierten p_aCO_2-Wert von 40 mm Hg aufrechtzuerhalten. Bei den Patienten der Gruppe 3 (Hypokapnie) wurde für 20 min die CO_2-Zufuhr unterbrochen und erst nach Beendigung der Messung (Meßpunkt III) wieder aufgenommen. Die Aufwärmung der Patienten erfolgte allmählich, wobei ein Gradient von 5 °C zwischen arterieller und venöser Bluttemperatur nicht überschritten wurde.

Pulsatiler Flow

Der pulsatile Flow wurde mit dem PAD (Pulsatile Assist Device, Datascope) in Kombination mit einer intraaortalen Ballonpumpe (Datascope System 80) als Druckantriebssystem durchgeführt. Das PAD besteht aus einem in einem Kunststoffgehäuse befindlichen Polyurethanballon, auf den intermittierend positive und negative Drücke ausgeübt werden. Negative Drücke führen zu einer Ausdehnung und damit vermehrten Blutfüllung des Ballons. Positive Drücke komprimieren den Ballon und bewirken ein Auswerfen des Blutes, was in einem Pulsdruck resultiert, der auf den durch die Roller-Pumpe vorgegebenen Mitteldruck aufgesetzt ist. Das PAD wird in den arteriellen Schenkel zwischen Roller-Pumpe und Aortenkanüle in unmittelbarer Nähe der Aortenkanüle plaziert. Bei eigener Herzaktion des Patienten arbeitet das System EKG-getriggert; während der Phase des Herzstillstands wird es über die intraaortale Ballonpumpe intern gesteuert. Es wurde eine Pulsfrequenz zwischen 70 und 80/min gewählt.

Eine systolisch/diastolische Druckdifferenz von mindestens 25 mm Hg wurde als effektive Pulsation angesehen.

Temperatur

Als Referenztemperatur für Korrekturen des Säure-Basen-Haushalts und der Blutgase wurde während der Phase der extrakorporalen Zirkulation die venöse Bluttemperatur gewählt. Ansonsten dienten Rektal- und Nasopharyngealtemperatur als Bezug.

Auswertung

Berechnungen

Die Blutgasanalysen wurden bei der aktuellen Temperatur entnommen, im Blutgasanalysator bei 37 °C gemessen und anschließend wieder auf die aktuelle Temperatur korrigiert. Der Sauerstoffgehalt des Blutes wurde wie folgt berechnet: O_2-Gehalt = O_2-Sättigung $\cdot$ Hb-Gehalt $\cdot$ 1,39 + physikalisch gelöster Sauerstoff [ml O_2/100 ml Blut]. Diese Berechnung diente der Kontrolle des direkt gemessenen O_2-Gehalts (Lex-O_2-Con).

Der Sauerstoffverbrauch des Gehirns (CMR O_2) wurde aus der arterio-zerebralvenösen Sauerstoffgehaltsdifferenz (avDO_2) und der Hirndurchblutung durch Multiplikation errechnet, die Glukose-, Laktat- und Pyruvataufnahme bzw. -abgabe (CMR_{Gluk}, CMR_{Lak}, CMR_{Pyr}) aus der arterio-zerebralvenösen Substratkonzentrationsdifferenz und der Hirndurchblutung. Der aerobe Index (AI) errechnet sich nach der Formel

$$AI\,[\%] = \frac{avDO_2 \cdot 100}{avD_{Gluk} \cdot 6}$$

wobei sowohl die avDO_2 als auch die avD_{Gluk} in mmol/l umgerechnet sind.

Der Anaerobe Index (ANI) ergibt sich aus dem Quotienten

$$ANI\,[\%] = \frac{avD_{Lak} \cdot 100}{2 \cdot avD_{Gluk}}$$

Auch hier sind die arterio-venösen Substratkonzentrationen in mmol/l angegeben. Den zerebralen Perfusionsdruck (CPP) erhält man nach Abzug des Drucks im Bulbus V. jugularis vom arteriellen Mitteldruck (MAP).

Der zerebrale Gefäßwiderstand (CVR) errechnet sich aus der Division des zerebralen Perfusionsdrucks durch die Hirndurchblutung, der systemische Widerstand (SVR) nach der Formel:

$$SVR\left[\frac{mm\,Hg}{ml \cdot min^{-1} \cdot kg^{-1}}\right] = \frac{MAP - zentralvenöser\,Druck}{HZV\,/\,kg}$$

Der Herzindex (CI) ergibt sich aus dem Herzzeitvolumen (HZV), dividiert durch die Körperoberfläche.

Statistische Verfahren

Die statistische Auswertung der Daten erfolgte in Zusammenarbeit mit dem Lehrstuhl für medizinische Statistik der Universität Göttingen. Von allen gemessenen und errechneten Daten wurden die Mittelwerte und Standardabweichungen bestimmt. Die Mittelwerte für die pH-Werte wurden nach Umrechnung der einzelnen Werte in die jeweiligen Wasserstoffionenkonzentrationen errechnet. Auch die statistische Analyse zwischen den Gruppen wurde für die Wasserstoffionenkonzentrationen durchgeführt.

Die Meßpunkte I und II, I und V sowie II, III und IV innerhalb einer Gruppe wurden mit Hilfe des Wilcoxon-matched-pairs-signed-rank-Test miteinander verglichen. Der Vergleich der Gruppen 1 und 2 und 1 und 3 untereinander erfolgte mit dem Mann-Whitney-U-Test.

$p < 0,05$ wurde als statistisch signifikant angesehen.

3. Ergebnisse

**Einfluß der Fentanyl/Midazolam-Anästhesie
auf Hämodynamik und Hirnstoffwechsel**

Die Narkose mit 7 $\mu g \cdot kg^{-1}$ Fentanyl und 200 $\mu g \cdot kg^{-1}$ Midazolam zur Einleitung, gefolgt von einer Erhaltungsdosis von 0,15 $\mu g \cdot kg^{-1} \cdot min^{-1}$ Fentanyl und 3 $\mu g \cdot kg^{-1} \cdot min^{-1}$ Midazolam, führte unter normothermen und normokapnischen Bedingungen in allen 3 Gruppen zu einer statistisch signifikanten Abnahme des arteriellen Mitteldrucks und des zerebralen Perfusionsdrucks um im Mittel 22 % in den Gruppen 1 und 2 sowie um 27 % in Gruppe 3 im Vergleich zu den Ausgangswerten (Tabellen 4, 7, 11). Alle Werte blieben jedoch innerhalb des Autoregulationsbereichs für die Hirndurchblutung. Der Herzindex fiel ebenfalls in allen 3 Gruppen signifikant ab: um 27 % in Gruppe 1, um 23 % in Gruppe 2 und um 28 % in Gruppe 3, wobei der letzte Wert im Vergleich zu den Herzindizes der Gruppen 1 und 2 am Meßpunkt II im statistischen Vergleich deutlich niedriger war. Während der systemische Widerstand gegenüber den im Wachzustand gemessenen Werten unverändert blieb, stieg der zerebrale Gefäßwiderstand unter dem Einfluß der Fentanyl/Midazolam-Anästhesie um 22 % in Gruppe 1, um 38 % in Gruppe 2 und um 42 % in Gruppe 3, begleitet von einer signifikanten Abnahme der Hirndurchblutung um 37 % in Gruppe 1, um 43 % in Gruppe 2 und um 49 % in Gruppe 3. Diese Meßwerte unterschieden sich jedoch statistisch nicht voneinander. Bedingt durch Blutentnahmen und die Infusion von Elektrolytlösungen sank die Viskosität des Blutes in allen 3 Gruppen signifikant gegenüber den im Wachzustand gemessenen Werten ab: um 12 % in Gruppe 1, um 7 % in Gruppe 2 und um 17 % in Gruppe 3. Auch hier unterschieden sich die Werte am Meßpunkt II statistisch nicht voneinander, wohingegen die arteriellen pCO_2-Werte zu diesem Zeitpunkt mit 41,5 mm Hg, 40,1 mm Hg und 38,2 mm Hg zwar im normokapnischen Bereich lagen, dennoch aber zwischen den Gruppen 1 und 3 statistisch unterschiedlich waren (Tabellen 6, 9, 10). Um hypoxiebedingte Veränderungen der Hirndurchblutung auszuschließen, wurde die inspiratorische Sauerstoffkonzentration so gewählt, daß alle Patienten unter Anästhesiebedingungen arterielle pO_2-Werte über 100 mm Hg aufwiesen. Daher lagen die pO_2-Werte am Meßpunkt II mit 143 ± 30 mm Hg, 138 ± 28 mm Hg und 161 ± 29 mm Hg signifikant über den unter spontaner Atmung von Raumluft gemessenen Werten. Die Fentanyl/Midazolam-Narkose hatte bei normaler Körpertemperatur eine signifikante Reduktion der zerebralen Sauerstoffaufnahme um 22 % in Gruppe 1, um 28 % in Gruppe 2 und um 23 % in Gruppe 3 (Tabellen 5, 8, 12) zur Folge. Bedingt durch eine stärkere Abnahme der Hirndurchblutung zu diesem Zeitpunkt, kam es in allen 3 Gruppen zu einem Abfall der hirnvenösen O_2-Sättigung um 13 % in Gruppe 1, um 12 % in Gruppe 2 und um 24 % in Gruppe 3, die damit statistisch signifikant niedrigere Werte am Meßpunkt II aufwies als die beiden anderen Gruppen. Die Glukoseaufnahme sank ebenfalls ab: um 26 % in Gruppe 1, um 32 % in Gruppe 2 und um 36 % in Gruppe 3.

Dementsprechend verringerte sich auch die zerebrale Laktat- und Pyruvatabgabe nach der Narkoseeinleitung. Diese Veränderungen waren jedoch für die Laktatabgabe nur in Gruppe 2 und für die Pyruvatabgabe nur in Gruppe 1 und in Gruppe 2 signifikant gegenüber dem Ausgangswert.

Bis auf die Höhe der Pyruvatabgabe in den Gruppen und 3 wiesen die metabolischen Parameter im Vergleich der 3 Gruppen untereinander am Meßpunkt II keine signifikanten Unterschiede auf. Sowohl der aerobe Index als Maßstab für die oxidative Glukoseverwertung als auch der anaerobe Index als Parameter der anaeroben Energiegewinnung veränderten sich zu diesem Zeitpunkt in keiner Gruppe signifikant.

Ergebnisse bei den einzelnen Gruppen

Gruppe 1: Nichtpulsatiler Flow; Normokapnie

Hämodynamik: Die wichtigsten hämodynamischen Veränderungen sind in Tabelle 4 zusammengefaßt. Die Einzelwerte aller Patienten zu den jeweiligen Meßzeitpunkten für den zerebralen Perfusionsdruck, die Hirndurchblutung, den zerebralen Gefäßwiderstand und die Viskosität des Blutes sind in Abb. 1–4 dargestellt. Die intraoperativ erhobenen Daten (Meßpunkt III und IV) wurden auf die präoperativ unter Narkosebedingungen gemessenen Werte (Meßpunkt II) bezogen. Die am 1. postoperativen Tag erhaltenen Ergebnisse (Meßpunkt V) wurden mit den am Vortag am wachen Patienten (Meßpunkt I) erzielten verglichen.

Tabelle 4. Hämodynamische Parameter der Patienten der Gruppe 1 (Mittelwerte ± SD)

	I	II	III	IV	V
MAP [mm Hg]	95 ± 9	$74 \pm 8^*$	79 ± 13	79 ± 7	$77 \pm 10^{**}$
CPP [mm Hg]	87 ± 9	$68 \pm 10^*$	68 ± 15	69 ± 8	$96 \pm 10^{**}$
CI [$1 \cdot min^{-1} \cdot m^{-2}$]	$3{,}29 \pm 0{,}55$	$2{,}40 \pm 0{,}37^*$	$2{,}00 \pm 0{,}23^+$	$2{,}59 \pm 0{,}38^{+++}$	$3{,}90 \pm 0{,}46^{**}$
SVR [$mm\ Hg/ml \cdot min^{-1} \cdot kg^{-1}$]	$1{,}14 \pm 0{,}31$	$1{,}18 \pm 0{,}27$	$1{,}62 \pm 0{,}46^+$	$1{,}14 \pm 0{,}30^{+++}$	$0{,}72 \pm 0{,}07^{**}$
CBF [$ml \cdot min^{-1} \cdot 100g^{-1}$]	54 ± 10	$34 \pm 3^*$	$105 \pm 49^+$	$44 \pm 8^{++}_{\ +++}$	$80 \pm 19^{**}$
CVR [$mm\ Hg/ml \cdot min^{-1} \cdot 100g^{-1}$]	$1{,}67 \pm 0{,}36$	$2{,}03 \pm 0{,}32^*$	$0{,}80 \pm 0{,}52^+$	$1{,}63 \pm 0{,}37^{++}_{\ +++}$	$0{,}91 \pm 0{,}29^{**}$
Viskosität [$mPa \cdot s$]	$4{,}18 \pm 0{,}40$	$3{,}67 \pm 0{,}28^*$	$3{,}19 \pm 0{,}32^+$	$2{,}64 \pm 0{,}19^{++}_{\ +++}$	$3{,}11 \pm 0{,}28^{**}$

I wach, *II* unter Narkose vor Op.-Beginn, *III* während EKZ bei 26 °C venöser Bluttemperatur, *IV* bei Op.-Ende, *V* am 1. postoperativen Tag.
MAP arterieller Mitteldruck; *CPP* zerebraler Perfusionsdruck; *CI* Herzindex (am Meßpunkt III Pumpvolumen des Oxygenators); *SVR* systemischer Gefäßwiderstand; *CBF* Hirndurchblutung; *CVR* zerebraler Gefäßwiderstand
* p < 0,05 I gegen II; ** p < 0,05 I gegen V;
+ p < 0,05 II gegen III, ++ p < 0,05 II gegen IV; +++ p < 0,05 III gegen IV.

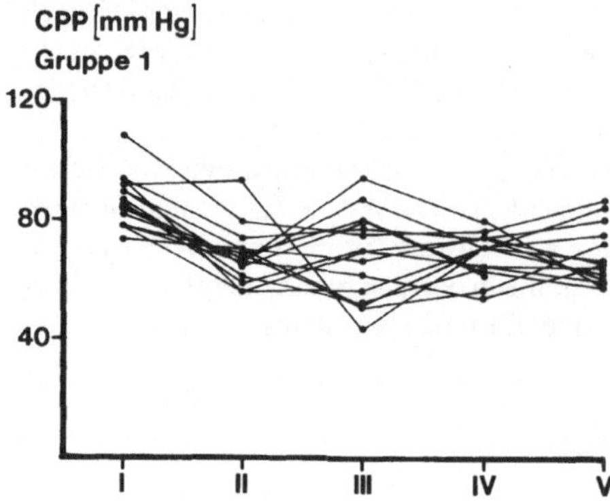

Abb. 1. Zerebraler Perfusionsdruck (*CPP*) in der Patientengruppe 1. *I* wach, *II* unter Narkose vor Op.-Beginn, *III* während EKZ bei 26 °C venöser Bluttemperatur, *IV* bei Op.-Ende, *V* am 1. postoperativen Tag. *CPP* fiel nach der Narkoseeinleitung bei fast allen Patienten ab und verhielt sich im weiteren Ablauf der Untersuchung unterschiedlich, blieb jedoch mit einer Ausnahme während der EKZ über 50 mm Hg

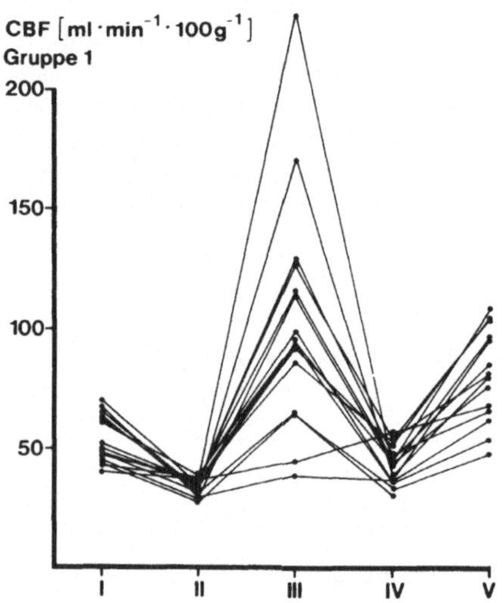

Abb. 2. Hirndurchblutung (*CBF*) in der Patientengruppe 1. Meßzeitpunkte s. Abb. 1. *CBF* fiel nach der Narkoseeinleitung zunächst ab, stieg dann stark an und sank bei den meisten Patienten bei Op.-Ende wieder ab. Am 1. postoperativen Tag zeigte er erneut einen deutlichen Anstieg

Nach Beginn der EKZ mit nichtpulsatilem Flow wurde der arterielle Mitteldruck durch Variation des Perfusionsvolumens so gesteuert, daß er sich zum Meßzeitpunkt III nicht von dem in der Präbypassphase (Meßpunkt II) erhaltenen Mittelwert unterschied. Gleiches gilt für den zerebralen Perfusionsdruck, der zwischen 50 und 100 mm Hg (im Mittel 68 ± 15 mm Hg bei 26 °C venöser Bluttemperatur) gehalten wurde. Nur bei einem Patienten (Patient 6) sank er auf 43,5 mm Hg ab.

Aufgrund dieses Vorgehens war das Perfusionsvolumen des Oxygenators mit $2,0 \pm 0,23\ 1 \cdot min^{-1} \cdot m^{-2}$ um 17 % signifikant niedriger als der Herzindex zum Meßzeitpunkt II. Der mittlere systemische Gefäßwiderstand stieg um 37 % an, wohingegen der zerebrale Gefäßwiderstand mit einer Ausnahme (Patient 11) deutlich um 60 % abnahm. Parallel dazu stieg die Hirndurchblutung um 209 % an.

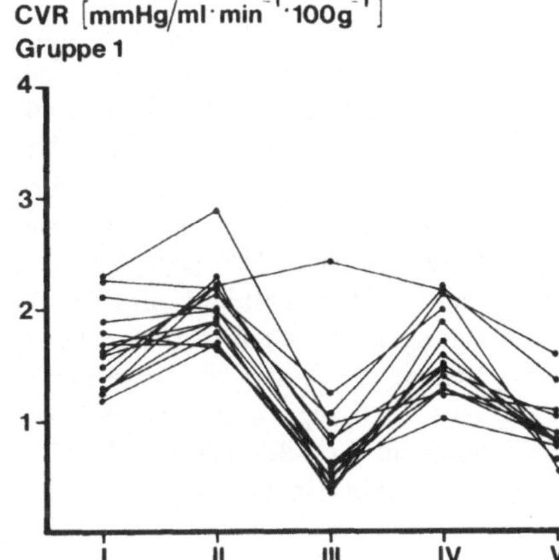

Abb. 3. Zerebraler Gefäßwiderstand (*CVR*) in der Patientengruppe 1. Meßzeitpunkte s. Abb. 1. *CVR* verhielt sich nach Narkoseeinleitung zunächst uneinheitlich, fiel in Hypothermie mit einer Ausnahme stark ab und stieg bei Op.-Ende an. Am 1. postoperativen Tag sank er dagegen wieder deutlich ab

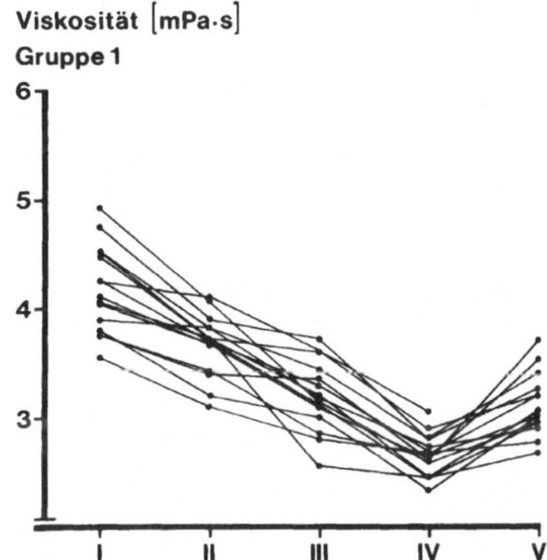

Abb. 4. Absolute Blutviskosität in der Patientengruppe 1. Meßzeitpunkte s. Abb. 1. Die Viskosität fiel im Verlauf der Operation kontinuierlich ab, stieg aber am 1. postoperativen Tag wieder leicht an

Bei Operationsende (Meßpunkt IV) war die mittlere Rektaltemperatur der Patienten trotz vorheriger Aufwärmung auf 36 °C wieder auf 35,1 ±0,5 °C abgefallen und lag damit um 1 °C niedriger als vor Op.-Beginn. Die Hirndurchblutung verringerte sich zu diesem Zeitpunkt zwar wieder auf 44 ± 8 ml · min⁻¹ · 100 g⁻¹, war aber immer noch um 29 % gegenüber dem Meßzeitpunkt II erhöht. Nur ein Patient (Patient 6) wies bei Op.-Ende eine höhere Hirndurchblutung auf als während der hypothermen Bypassphase. Der mittlere zerebrale Gefäßwiderstand stieg dem Abfall der Hirndurchblutung entsprechend wieder an, aber nur auf 80 % des Wertes vor Beginn der EKZ. Mittlerer arterieller und zerebraler Perfusionsdruck blieben unverändert, während die Viskosität des Blutes, bedingt durch Infusionen und Hämodilution während der EKZ, trotz bedarfsorientiertem Blutersatz im Verlauf der Operation kontinuierlich um 28 % abnahm. Herzindex und systemischer Widerstand erreichten dagegen wieder die präoperativen Vergleichswerte. Am Vormittag des nächsten Tages waren 14 der 15 Patienten wach und kooperativ. Ein Patient mußte in der Nacht rethorakotomiert werden und benötigte Katecholamine in hoher Dosierung; bei ihm wurde auf den letzten Meßpunkt verzichtet. Alle anderen Patienten waren zur Zeit der Messung kreislaufstabil. Die mittlere Rektaltemperatur betrug $38{,}1 + 0{,}3\,°C$. Mittlerer arterieller Druck und zerebraler Perfusionsdruck waren zwar mit durchschnittlich 77 ± 10 und 69 ± 10 mm Hg um 19 bzw. 21 % gegenüber den Werten des Vortags (Meßpunkt I) erniedrigt, lagen aber bei allen Patienten innerhalb des Autoregulationsbereichs für die Hirndurchblutung. Dennoch übertraf diese den Wachwert des Vortags um 48 %. Zerebraler und systemischer Widerstand waren um 45 % bzw. 37 % abgefallen, der Herzindex dagegen um 19 % angestiegen. Die Viskosität des Blutes lag mit $3{,}11 \pm 0{,}28$ mPa · s um 26 % unter dem Wert des Vortags. Alle Parameter am Meßpunkt V unterschieden sich signifikant von denen am Meßpunkt I.

Hirnstoffwechsel: Die Mittelwerte der Parameter des Hirnstoffwechsels sind in Tabelle 5 zusammengefaßt. Die Einzelwerte für die hirnvenöse O_2-Sättigung und die Sauerstoff- und Glukoseaufnahme sind in den Abb. 5–7 dargestellt. Auf eine Darstellung der stark divergierenden Einzelwerte für die Laktat- und Pyruvatabgabe wurde verzichtet.

Während der hypothermen Bypassphase sank die Sauerstoffaufnahme signifikant um 59 % gegenüber dem bei normaler Körpertemperatur gemessenen Wert (Meßpunkt II). Dies entspricht einem Q_{10}-Wert von 2,47. Da die Hirndurchblutung zu diesem Zeitpunkt stark erhöht war (Tabelle 4), resultierte daraus ein deutlicher Anstieg der

Tabelle 5. Hirnstoffwechsel der Patienten der Gruppe 1 (Mittelwerte ± SD)

	I	II	III	IV	V
$CMRO_2$ [ml · min^{-1} · 100g^{-1}]	$3{,}31 \pm 0{,}59$	$2{,}59 \pm 0{,}42$*	$1{,}05 \pm 0{,}43^{+}$	$2{,}52 \pm 0{,}52^{+++}$	$3{,}27 \pm 0{,}90$
CMR_{Gluk} [mg · min^{-1} · 100g^{-1}]	$4{,}17 \pm 1{,}25$	$3{,}10 \pm 0{,}96$	$1{,}57 \pm 1{,}01^{+}$	$2{,}38 \pm 0{,}87^{++}_{+++}$	$3{,}92 \pm 1{,}49$
CMR_{Lak} [µmol · min^{-1} · 100g^{-1}]	$-2{,}34 \pm 1{,}77$	$-1{,}89 \pm 1{,}09$	$-2{,}51 \pm 2{,}82$	$-1{,}98 \pm 1{,}14$	$-3{,}04 \pm 3{,}05$
CMR_{Pyr} [µmol · min^{-1} · 100g^{-1}]	$-0{,}40 \pm 0{,}19$	$-0{,}24 \pm 0{,}10$*	$-0{,}22 \pm 0{,}31$	$0{,}09 \pm 0{,}33$	$-0{,}45 \pm 0{,}37$
AI [%]	122 ± 49	118 ± 23	105 ± 69	$157 \pm 57^{++}_{+++}$	127 ± 56
ANI [%]	$5{,}38 \pm 3{,}28$	$5{,}75 \pm 3{,}45$	$9{,}98 \pm 10{,}53$	$7{,}91 \pm 3{,}92$	$6{,}99 \pm 5{,}82$

I wach, *II* unter Narkose vor Op.-Beginn, *III* während der EKZ bei 26 °C venöser Bluttemperatur, *IV* bei Op.-Ende, *V* am 1. postoperativen Tag;
CMR („cerebral metabolic rate") zerebrale Substanzaufnahme bzw. -abgabe; *Gluk*, Glukose; *Lak*, Laktat; *Pyr*, Pyruvat; *AI* aerober Index; *ANI* anaerober Index;
* $p < 0{,}05$ I gegen II; ** $p < 0{,}05$ I gegen V.
$^{+}$ $p < 0{,}05$ II gegen III; $^{++}$ $p < 0{,}05$ II gegen IV; $^{+++}$ $p < 0{,}05$ III gegen IV.

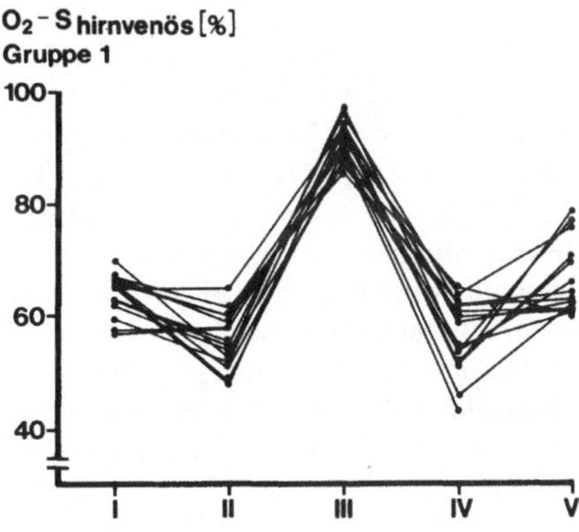

Abb. 5. Hirnvenöse O₂-Sättigung
(*O₂-S$_{hirnvenös}$*) in der Patientengruppe 1.
I wach, *II* unter Narkose vor Op-Beginn,
III während EKZ bei 26 °C venöser Blut-
temperatur, *IV* bei Op.-Ende, *V* am 1.
postoperativen Tag.
O₂-S$_{hirnvenös}$ stieg während der hypothermen
Bypassphase aufgrund stark gestiegener
Hirndurchblutung bei sinkender *O₂*-Aufnahme
auffällig an

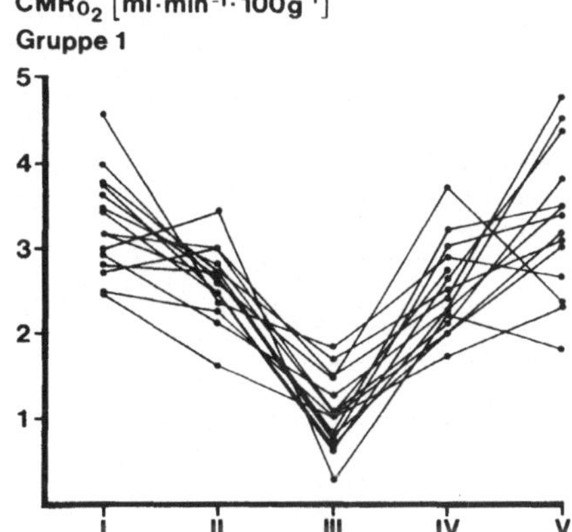

Abb. 6. Zerebrale *O₂*-Aufnahme (*CMR* O₂) in
der Patientengruppe 1. Meßzeitpunkte s. Abb. 5.
CMRO₂ nahm in Narkose und besonders in
Hypothermie deutlich ab, normalisierte sich
jedoch postoperativ bei den meisten Patienten

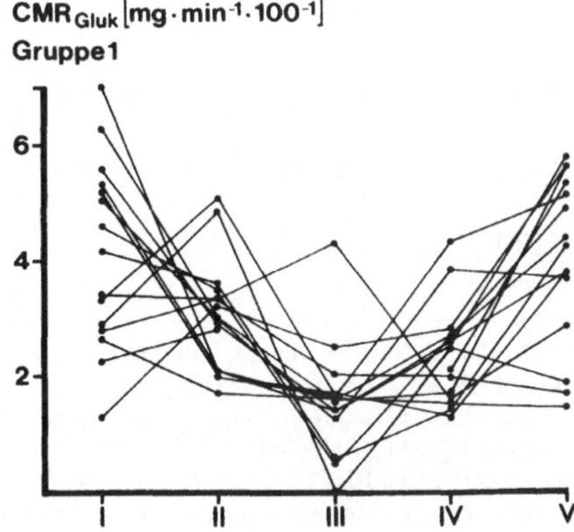

Abb. 7. Zerebrale Glukoseaufnahme
(*CMR$_{Gluk}$*) in der Patientengruppe 1.
Meßzeitpunkte s. Abb. 5. *CMR$_{Gluk}$* verhielt
sich uneinheitlich, sank jedoch bei den meisten
Patienten in Hypothermie deutlich ab und nor-
malisierte sich postoperativ wieder annähernd

hirnvenösen O_2-Sättigung um 63 % (Tabelle 6). Die Glukoseaufnahme verringerte sich mit einer Ausnahme (Patient 14) ebenfalls, jedoch in etwas geringerem Maß als die Sauerstoffaufnahme: um 49 %, erkennbar auch an einem (nicht signifikanten) Abfall des aeroben Index. Die Laktat- und Pyruvatabgabe veränderte sich nicht signifikant. Auch der Anstieg des anaeroben Index konnte statistisch nicht gesichert werden.

Bei Operationsende stieg die Sauerstoffaufnahme wieder auf das präoperative Niveau (Meßpunkt II) an, auch die mittlere Glukoseaufnahme erhöhte sich signifikant, erreichte jedoch nur 77 % des Vergleichswertes. Bei 4 Patienten (Patient 1, 5, 6, 14) war die Glukoseaufnahme bei Op.-Ende sogar niedriger als bei 26 °C Bluttemperatur.

Laktat- und Pyruvatabgabe sowie der anaerobe Index zeigten gegenüber den Meßpunkten II und III keine signifikanten Veränderungen. Der aerobe Index überstieg dagegen beide Vorwerte, während die hirnvenöse O_2-Sättigung wieder auf den zum Meßpunkt II gemessenen Wert abfiel. Am 1. postoperativen Tag hatten sich alle metabolischen Parameter wieder normalisiert, d. h. sie entsprachen den am Vortag an den wachen Patienten ermittelten Ergebnissen.

Blutgase und pH-Werte: Die Mittelwerte der arteriellen Blutgase und der arteriellen und hirnvenösen pH-Werte sind in Tabelle 6 aufgeführt; die in Klammern angegebenen Werte stellen die bei 37 °C gemessenen Parameter dar.

Tabelle 6. Blutgase, arterielle und hirnvenöse Wasserstoffionenkonzentrationen und pH-Werte, hirnvenöse O_2-Sättigungen, Nasopharyngeal- und Rektaltemperaturen der Patienten der Gruppe 1 (Mittelwerte ± SD)

	I	II	III	IV	V
O_2-S_{hirven} [%]	64 ± 3,7	55,9 ± 4,9*	91,1 ± 3,3[+]	56,1 ± 6,5[+++]	66,6 ± 6,6
p_aCO_2 [mm Hg]	44,2 ± 3,5	41,5 ± 2,5*	38,8 ± 3,3 (62,8 ± 5,4[(+)])	41,8 ± 3,8[++(+++)]	45,1 ± 2,8
paO_2 [mm Hg]	99 ± 14	143 ± 30*	146 ± 26 (196 ± 24[(+)])	175 ± 65[++]	87 ± 24
$[H^+]_{art}$ [nmol/l]	44,50 ± 2,08	41,76 ± 2,91	40,57 ± 2,95 (57,34 ± 3,89)	40,47 ± 4,53	42,53 ± 2,91
pH_{art}	7,35 ± 0,03	7,38 ± 0,03	7,39 ± 0,03 (7,24 ± 0,03)	7,39 ± 0,05	7,37 ± 0,03
$[H^+]_{hirnven}$ [nmol/l]	49,48 ± 2,20	48,15 ± 2,82	43,03 ± 2,87 (59,99 ± 3,40)	46,11 ± 3,72	46,37 ± 2,97
$pH_{hirnven}$	7,31 ± 0,02	7,32 ± 0,02	7,37 ± 0,03 (7,22 ± 0,03)	7,34 ± 0,04	7,33 ± 0,03
T_{Np} [°C]			26,0 ± 0,8	34,8 ± 0,5	
T_R [°C]		36,1 ± 0,2	29,1 ± 0,7	35,1 ± 0,5	38,1 ± 0,3

I wach, *II* unter Narkose vor Op.-Beginn, *III* während der EKZ bei 26 °C venöser Bluttemperatur, *IV* bei Op.-Ende, *V* am 1. postoperativen Tag;
O_2-$S_{hirnven}$ hirnvenöse O_2-Sättigung; T_{Np} Nasopharyngealtemperatur; T_R Rektaltemperatur;
* p < 0,05 I gegen II; ** p < 0,05 I gegen V;
[+] p < 0,05 II gegen III; [++] p < 0,05 II gegen IV; [+++] p < 0,05 III gegen IV.
Die pH-Werte, Wasserstoffionenkonzentrationen und die Temperaturen wurden nicht statistisch ausgewertet. Am Meßpunkt III sind in Klammern die nichttemperaturkorrigierten Werte angegeben.

Die während der hypothermen Phase der EKZ (Meßpunkt III) auf die aktuelle
Temperatur von 26 °C korrigierten Blutgase und pH-Werte lagen im Mittel im an-
gestrebten Normalbereich (p_aCO_2 38,8 ± 3,3 mm Hg; p_aO_2 146±26 mm Hg; pH_a 7,39
± 0,03; pH_{hv} 7,37 ± 0,03) und unterschieden sich nicht von den unter Narkosebedingungen und Normothermie (Meßpunkt II) erhaltenen Werten. Bei einer Meß-
temperatur von 37 °C stellten sie sich folgendermaßen dar: p_aCO_2 62,8 ± 5,4 mm Hg;
p_aO_2 196 ± 24 mm Hg; pH_a 7,24 ± 0,03 und pH_{hv}. 7,22 ± 0,03.

Bei Op.-Ende blieben die pH-Werte gegenüber den temperaturkorrigierten Werten
unverändert, während der arterielle Kohlensäurepartialdruck auf 41,8 ± 3,8 mm Hg
anstieg, jedoch dem Vergleichswert (Meßpunkt II) entsprach. Lediglich der pO_2-Wert
war mit 175 ± 65 mm Hg um 22 % höher als vor Beginn der EKZ. Am 1. postoperativen
Tag hatten Blutgase und pH-Werte wieder das Ausgangsniveau (Meßpunkt I) erreicht.

Gruppe 2: Pulsatiler Flow; Normokapnie

Hämodynamik: Mit Hilfe des zwischen Roller-Pumpe und Aortenkanüle geschalteten
PAD-Systems konnte bei allen Patienten durch Variation des Antriebsdrucks und der
Füllungszeit des Ballons ein systolisch/diastolischer Druckgradient von mindestens
25 mm Hg in der A. radialis und eine möglichst steile Druckanstiegsgeschwindigkeit
erreicht werden. Die mittlere Pulsfrequenz während der Phase des Herzstillstands
betrug 77 ± 7 min^{-1}.

Die Mittelwerte der hämodynamischen Parameter sind in Tabelle 7 aufgeführt. Die
Einzelwerte der Patienten für den zerebralen Perfusionsdruck, die Hirndurchblutung,
den zerebralen Gefäßwiderstand und die Viskosität des Blutes sind in den Abb. 8–11
dargestellt.

Die EKZ mit pulsatilem Flow führte bei 26 °C venöser Bluttemperatur (Meßpunkt
III) zu einem geringen, doch signifikanten Anstieg des arteriellen Mitteldrucks um 6%,
während der zerebrale Perfusionsdruck unverändert blieb. Das Perfusionsvolumen
war mit 2,06 ± 0,15 $1 \cdot min^{-1} \cdot m^{-2}$ um 12 % niedriger als der mittlere Herzindex von
2,34 ± 0,22 $1 \cdot min^{-1} \cdot m^{-2}$ bei normaler Körpertemperatur (Meßpunkt II).

Der systemische Gefäßwiderstand nahm um 28 % zu, der zerebrale Gefäßwiderstand dagegen verringerte sich mit einer Ausnahme (Patient 1) um 60 %, begleitet von
einem 178 %igen Anstieg der Hirndurchblutung. Die Viskosität sank außer bei 2
Patienten (Patient 1 und 15) im Mittel von 3,84 ± 0,41 auf 3,51 ± 0,45 mPa · s. Am Ende
der Operation lag die mittlere Rektaltemperatur der Patienten mit 35,2 ± 0,5 °C um 1 °C
niedriger als zum Meßzeitpunkt II. Der arterielle Mitteldruck blieb mit 84 ± 14 mm Hg
gegenüber dem Wert unter EKZ (Meßpunkt III) unverändert und damit erhöht gegenüber dem präoperativen Mitteldruck (Meßpunkt II). Der zerebrale Perfusionsdruck
änderte sich im Mittel nicht, fiel jedoch bei einem Patienten (Patient 1) auf 45 mm Hg
ab. Alle anderen Werte befanden sich innerhalb des Autoregulationsbereichs. Die
Hirndurchblutung nahm mit 2 Ausnahmen bei allen Patienten wieder auf durchschnittlich 44 ± 7 ml · $min^{-1} \cdot 100$ g^{-1} ab, war damit aber immer noch um 38 % höher als präoperativ (Meßpunkt II). Bei einem Patienten (Patient 7) blieb die Hirndurchblutung
gleich, bei dem zweiten (Patient 1) stieg sie leicht über den in Hypothermie gemessenen
Wert an. Bei diesem Patienten fiel auch der zerebrale Widerstand bei Op.-Ende ab,
obwohl er sich bei den anderen Patienten um im Mittel 90 % erhöhte, dennoch aber

Tabelle 7. Hämodynamische Parameter der Patienten der Gruppe 2 (Mittelwerte ± SD)

	I	II	III	IV	V
MAP [mm Hg]	99 ± 18	77 ± 11*	$82 \pm 11^+$	$84 \pm 14^{++}$	90 ± 22
CPP [mm Hg]	92 ± 17	71 ± 11*	73 ± 11	75 ± 15	83 ± 23
CI [$1 \cdot \text{min}^{-1} \cdot \text{m}^{-2}$]	$3,03 \pm 0,49$	$2,34 \pm 0,22$*	$2,06 \pm 0,15^+$	$2,88 \pm 0,43^{++}_{+++}$	$3,93 \pm 0,34$**
SVR [$\text{mm Hg/ml} \cdot \text{min}^{-1} \cdot \text{kg}^{-1}$]	$1,31 \pm 0,37$	$1,29 \pm 0,28$	$1,65 \pm 0,29^+$	$1,10 \pm 0,24^{++}_{+++}$	$0,85 \pm 0,25$**
CBF [$\text{ml} \cdot \text{min}^{-1} \cdot \text{100g}^{-1}$]	56 ± 10	32 ± 6*	$89 \pm 35^+$	$44 \pm 7^{++}_{+++}$	78 ± 17**
CVR [$\text{mm Hg/ml} \cdot \text{min}^{-1} \cdot \text{100g}^{-1}$	$1,67 \pm 0,31$	$2,31 \pm 0,53$*	$0,92 \pm 0,35^+$	$1,75 \pm 0,46^{++}_{+++}$	$1,15 \pm 0,56$**
Viskosität [$\text{mPa} \cdot \text{s}$]	$4,13 \pm 0,40$	$3,84 \pm 0,41$*	$3,51 \pm 0,45^+$	$2,74 \pm 0,31^{++}_{+++}$	$3,12 \pm 0,38$**

I wach, *II* unter Narkose vor Op.-Beginn, *III* während EKZ bei 26 °C venöser Bluttemperatur, *IV* bei Op.-Ende, *V* am 1. postoperativen Tag.
MAP arterieller Mitteldruck; *CPP* zerebraler Perfusionsdruck; *CI* Herzindex (am Meßpunkt III Pumpvolumen des Oxygenators); *SVR* systemischer Gefäßwiderstand; *CBF* Hirndurchblutung; *CVR* zerebraler Gefäßwiderstand
* $p < 0,05$ I gegen II; ** $p < 0,05$ I gegen V;
$^+$ $p < 0,05$ II gegen III, $^{++}$ $p < 0,05$ II gegen IV; $^{+++}$ $p < 0,05$ III gegen IV.

weiterhin signifikant gegenüber dem zum Meßzeitpunkt II bestimmten Widerstand erniedrigt blieb.

Der systemische Widerstand sank um 15 % unter den nach Narkoseeinleitung (Meßpunkt II) ermittelten Wert. Der Herzindex dagegen überschritt signifikant sowohl das mittlere Perfusionsvolumen während der EKZ als auch mit $2,88 \pm 0,43 \text{ l} \cdot \text{min}^{-1} \cdot \text{m}^{-2}$ den Herzindex am Meßpunkt II um 23 %. Die Viskosität zeigte eine erneute Abnahme auf $2,74 \pm 0,31 \text{ mPa} \cdot \text{s}$ und war damit signifikant niedriger als zu den beiden vorhergehenden Meßzeitpunkten.

Am Vormittag des folgenden Tages konnten in dieser Gruppe nur 13 Patienten untersucht werden. Zwei Patienten wurden ausgeschlossen einer, der aufgrund eines kardial bedingten Herzstillstands reanimiert worden war, und einer, bei dem irrtümlich die Meßkatheter entfernt worden waren. Bis auf den kardial dekompensierten Patienten waren alle Patienten zu diesem Zeitpunkt wach, kooperativ und atmeten spontan. Die mittlere Rektaltemperatur betrug 38,1 + 0,3 °C. Arterieller Mitteldruck und zerebraler Perfusionsdruck hatten ihre Ausgangshöhe (Meßpunkt I) wieder erreicht, während die Viskosität mit $3,12 + 0,38 \text{ mPa} \cdot \text{s}$ noch deutlich um 24 % erniedrigt war. Der Herzindex überstieg den am Vortag am wachen Patienten ermittelten Wert um 30 %, wohingegen der systemische und der zerebrale Gefäßwiderstand um 35 % bzw 31 % abgenommen hatten. Die Hirndurchblutung war mit $78 \pm 17 \text{ ml} \cdot \text{min}^{-1} \cdot 100 \text{ g}^{-1}$ um 39 % höher als am Vortag (Meßpunkt I).

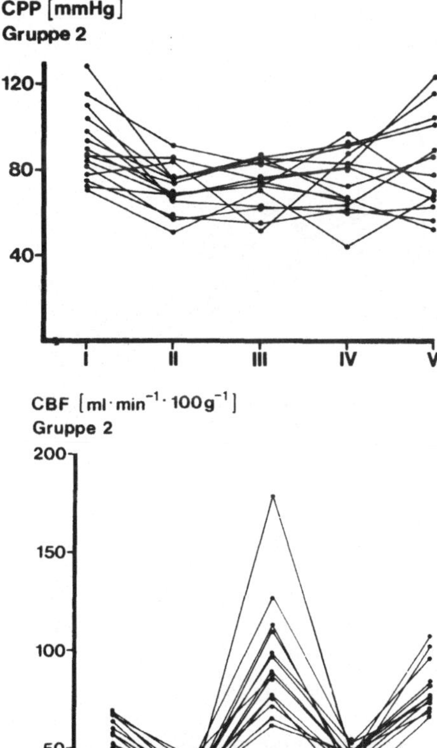

Abb. 8. Zerebraler Perfusionsdruck (*CPP*)
in der Patientengruppe 2.
I wach, *II* unter Narkose vor Op.-Beginn,
III während EKZ bei 26 °C venöser Blut-
temperatur, *IV* bei Op.-Ende, *V* am 1. post-
operativen Tag.
CPP fiel zwar nach Narkoseeinleitung ab,
blieb aber auch im weiteren Verlauf der
Untersuchung mit einer Ausnahme zum
Meßzeitpunkt IV im Autoregulationsbereich

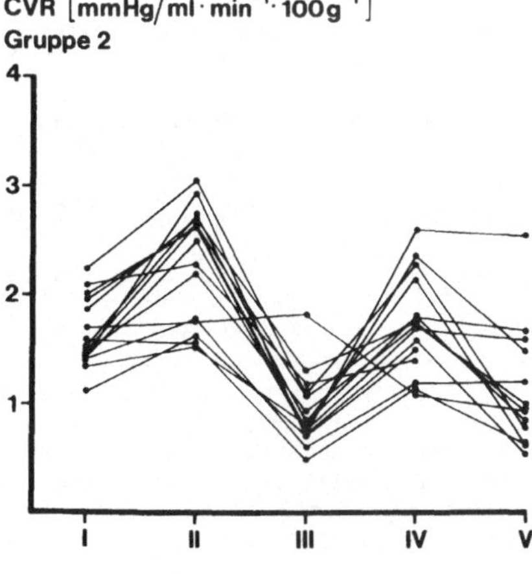

Abb. 9. Hirndurchblutung (*CBF*) in der
Patientengruppe 2. Meßzeitpunkte s. Abb. 8.
CBF sank zunächst ab und stieg in Hypothermie
stark an. Bei Op.-Ende fiel er wieder annähernd
auf das Niveau vor Bypassbeginn, war aber am
1. postoperativen Tag erneut erhöht

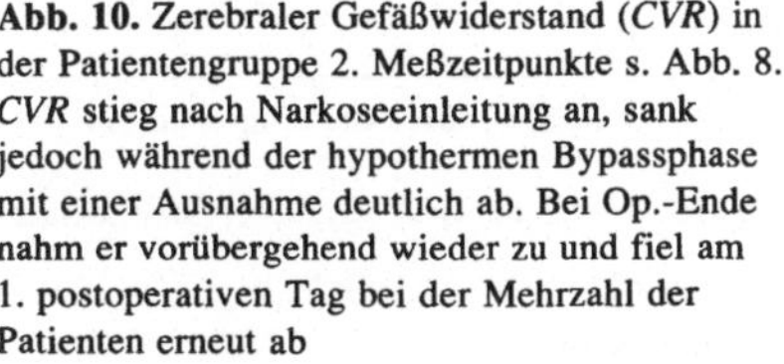

Abb. 10. Zerebraler Gefäßwiderstand (*CVR*) in
der Patientengruppe 2. Meßzeitpunkte s. Abb. 8.
CVR stieg nach Narkoseeinleitung an, sank
jedoch während der hypothermen Bypassphase
mit einer Ausnahme deutlich ab. Bei Op.-Ende
nahm er vorübergehend wieder zu und fiel am
1. postoperativen Tag bei der Mehrzahl der
Patienten erneut ab

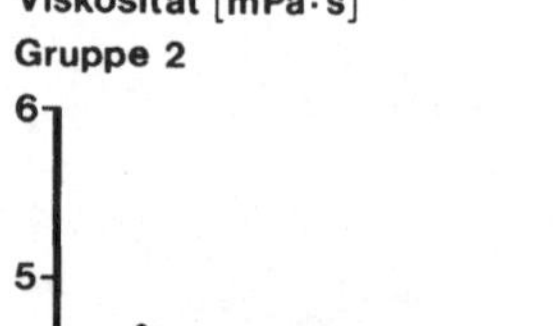

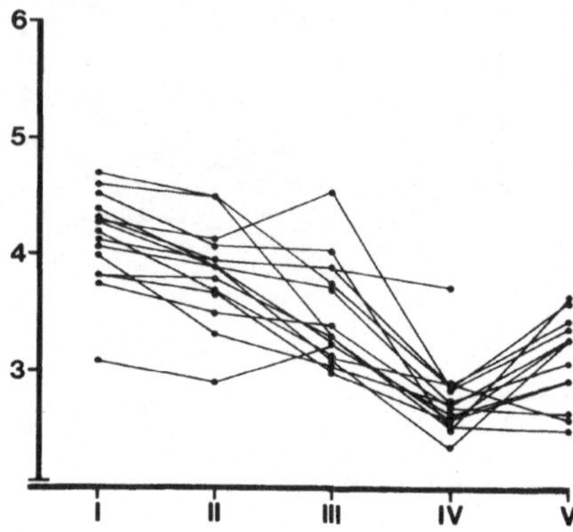

Abb. 11. Absolute Blutviskosität in der Patientengruppe 2. Meßzeitpunkte s. Abb. 8. Die Viskosität fiel besonders bei Op.-Ende stark ab und stieg erst am 1. postoperativen Tag wieder leicht an

Hirnstoffwechsel: Die Mittelwerte der Parameter des Hirnstoffwechsels sind in Tabelle 8 aufgeführt; die Einzelwerte für die hirnvenöse O_2-Sättigung und die zerebrale Sauerstoff- und Glukoseaufnahme sind den Abb. 12–14 zu entnehmen. Aufgrund starker Streuungen wurden die Einzelwerte für den Laktat- und Pyruvatstoffwechsel nicht dargestellt.

Tabelle 8. Hirnstoffwechsel der Patienten der Gruppe 2 (Mittelwerte ± SD)

	I	II	III	IV	V
$CMRO_2$ [ml · min^{-1} · 100g^{-1}]	3,15 ± 0,61	2,28 ± 0,46*	0,80 ± 24$^+$	2,17 ± 0,46^{+++}	2,99 ± 0,81
CMR_{Gluk} [mg · min^{-1} · 100g^{-1}]	4,07 ± 0,91	2,77 ± 1,11*	1,63 ± 1,13+	2,27 ± 0,83	2,95 ± 1,82
CMR_{Lak} [μmol · min^{-1}· 100g^{-1}]	−2,50 ± 0,83	−1,94 ± 0,69*	−2,06 ± 2,69	−2,19 ± 1,49	−2,79 ± 2,00
CMR_{Pyr} [μmol · min^{-1}· 100g^{-1}]	−0,37 ± 0,17	−0,27 ± 0,11*	−0,22 ± 0,31	−0,10 ± 0,41	−0,40 ± 0,50
AI [%]	109 ± 35	110 ± 23	94 ± 80	126 ± 34	151 ± 72
ANI [%]	5,90 ± 3,03	6,88 ± 4,50	12,44 ± 13,08	9,35 ± 5,79	7,83 ± 6,46

I wach, *II* unter Narkose vor Op.-Beginn, *III* während der EKZ bei 26 °C venöser Bluttemperatur, *IV* bei Op.-Ende, *V* am 1. postoperativen Tag;
CMR („cerebral metabolic rate") zerebrale Substanzaufnahme bzw. -abgabe; *Gluk*, Glukose; *Lak*, Laktat; *Pyr*, Pyruvat; *AI* aerober Index; *ANI* anaerober Index;
* $p < 0,05$ I gegen II; ** $p < 0,05$ I gegen V.
$^+$ $p < 0,05$ II gegen III; $^{++}$ $p < 0,05$ II gegen IV; $^{+++}$ $p < 0,05$ III gegen IV.

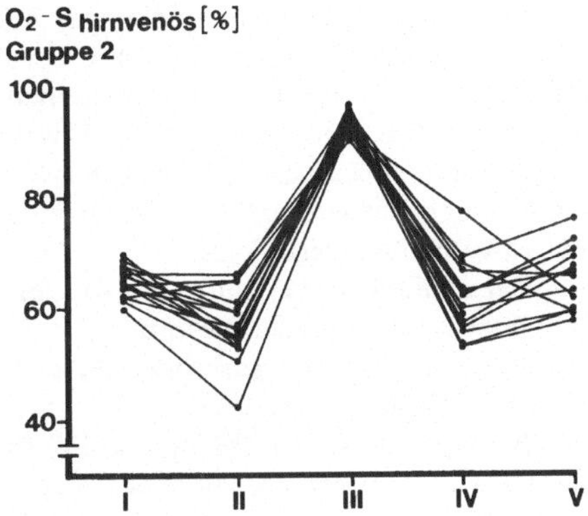

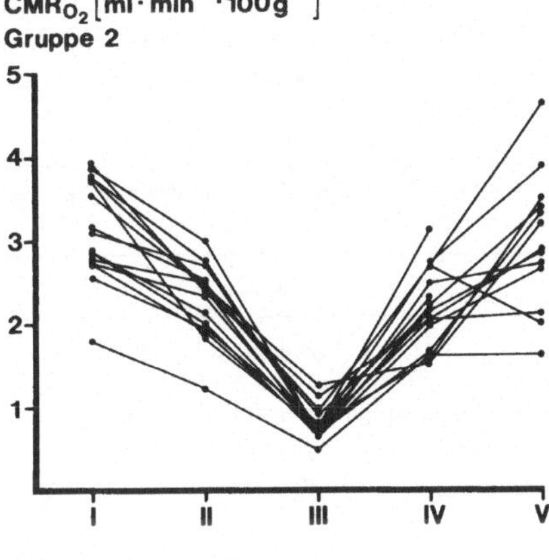

Abb. 12. Hirnvenöse Sauerstoffsättigung
(O_2-S$_{hirnvenös}$) in der Patientengruppe 2.
I wach, *II* unter Narkose vor Op.-Beginn,
III während EKZ bei 26 °C venöser Blut-
temperatur, *IV* bei Op.-Ende, *V* am
1. postoperativen Tag. O_2-S$_{hirnvenös}$, die in
Hypothermie stark angestiegen war, fiel bei
Op.-Ende wieder ab und hatte am 1. post-
operativen Tag den Ausgangswert wieder
erreicht

Abb. 13. Zerebrale Sauerstoffaufnahme
(*CMRO₂*) in der Patientengruppe 2. Meßzeitpunkte s. Abb. 12. *CMRO₂* verringerte sich
besonders unter den hypothermen Bypassbedingungen deutlich, normalisierte sich
jedoch postoperativ

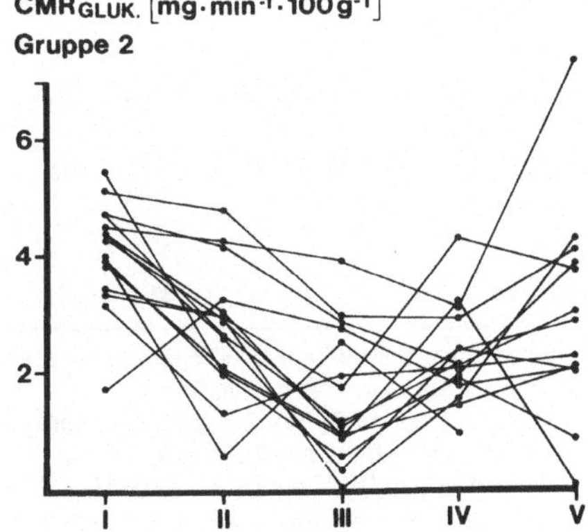

Abb. 14. Zerebrale Glukoseaufnahme
(*CMRGluk*) in der Patientengruppe 2.
Meßzeitpunkte s. Abb. 12. *CMRGluk* verhielt
sich uneinheitlich, war jedoch in Narkose und
in Hypothermie tendenziell gegenüber dem
Ausgangswert erniedrigt

Die Sauerstoffaufnahme nahm bei Änderung der Rektaltemperatur von 36,2 ± 0,2 °C (Meßpunkt II) auf 29,3 ± 1,4 °C bei einer Bluttemperatur von 26 °C (Meßpunkt III) um 65 % ab. Dies entspricht in etwa einem Q_{10}-Wert von 2,85. Die Glukoseaufnahme verringerte sich dagegen nur um 41 %, was zu einem Abfall des aeroben Index auf 94 ± 80 % führte. Dies stellt jedoch ebensowenig eine signifikante Veränderung dar wie der Anstieg des anaeroben Index, der aus einer unveränderten Laktatabgabe bei sinkender Glukoseaufnahme resultierte.

Bei 2 Patienten (Patient 1 und 14) stieg während der hypothermen Phase der EKZ die Glukoseaufnahme an. Die hirnvenöse O_2-Sättigung (Tabelle 9) nahm bei steigender Hirndurchblutung und sinkender Sauerstoffaufnahme deutlich von 57 ± 6,3 auf 93,2 ± 1,2 % zu.

Bei Operationsende (Meßpunkt IV) fiel die hirnvenöse O_2-Sättigung zwar wieder auf 61,3 ± 6,7 % ab, lag aber immer noch signifikant über dem präoperativen Wert (Meßpunkt II). Sauerstoff- und Glukoseaufnahme erhöhten sich wieder auf 2,17 ± 0,46 ml · min^{-1} · 100 g^{-1} und 2,27 ± 0,83 mg · min^{-1} · 100 g^{-1} und erreichten damit in etwa ihr präoperatives Niveau. Die übrigen metabolischen Parameter blieben weiterhin unverändert. Am Vormittag des nächsten Tages hatte sich der Hirnstoffwechsel wieder normalisiert, d. h. die Werte am Meßpunkt V unterschieden sich statistisch nicht von denen am Meßpunkt I.

Tabelle 9. Blutgase, arterielle und hirnvenöse Wasserstoffionenkonzentrationen und pH-Werte, hirnvenöse O_2-Sättigungen, Nasopharyngeal- und Rektaltemperaturen der Patienten der Gruppe 2 (Mittelwerte ± SD)

	I	II	III	IV	V
O_2-S_{hirven} [%]	65 ± 2,9	57 ± 6,3*	93,2 ± 1,9[+]	61,3 ± 6,7[++][+++]	65,8 ± 6,9
p_aCO_2 [mm Hg]	45 ± 2,7	40,1 ± 2,6*	39 ± 2,4 (63 ± 3,8[(+)])	39,6 ± 3,4[(+++)]	42,8 ± 3,0
paO_2 [mm Hg]	98 ± 17	138 ± 28*	158 ± 19* (208 ± 18[(+)])	184 ± 57[++]	90 ± 23
[H$^+$]$_{art}$ [nmol/l]	44,91 ± 2,07	41,05 ± 2,27	42,07 ± 3,71 (59,33 ± 4,89)	39,44 ± 3,52	41,24 ± 3,13
pH$_{art}$	7,35 ± 0,02	7,38 ± 0,03	7,38 ± 0,04 (7,23 ± 0,04)	7,41 ± 0,03	7,38 ± 0,04
[H$^+$]$_{hirnven}$ [nmol/l]	49,48 ± 2,24	47,42 ± 1,97	43,60 ± 3,78 (61,33 ± 4,96)	45,11 ± 3,36	45,23 ± 2,59
pH$_{hirnven}$	7,31 ± 0,02	7,32 ± 0,02	7,36 ± 0,04 (7,21 ± 0,03)	7,35 ± 0,03	7,35 ± 0,02
T_{Np} [°C]			26,4 ± 0,7	34,8 ± 0,5	
T_R [°C]		36,2 ± 0,2	29,1 ± 1,4	35,2 ± 0,5	38,1 ± 0,3

I wach, *II* unter Narkose vor Op.-Beginn, *III* während der EKZ bei 26 °C venöser Bluttemperatur, *IV* bei Op.-Ende, *V* am 1. postoperativen Tag;
O_2-$S_{hirnven}$ hirnvenöse O_2-Sättigung; T_{Np} Nasopharyngealtemperatur; T_R Rektaltemperatur;
* p < 0,05 I gegen II; ** p < 0,05 I gegen V;
[+] p < 0,05 II gegen III; [++] p < 0,05 II gegen IV; [+++] p < 0,05 III gegen IV.
Die pH-Werte, Wasserstoffionenkonzentrationen und die Temperaturen wurden nicht statistisch ausgewertet. Am Meßpunkt III sind in Klammern die nichttemperaturkorrigierten Werte angegeben.

Blutgase und pH-Werte: Tabelle 9 zeigt die Mittelwerte der arteriellen Blutgase und der arteriellen und hirnvenösen pH-Werte. Beim 3. Meßpunkt sind in Klammern die nicht temperaturkorrigierten Werte angegeben.

Betrachtet man die auf 26 °C korrigierten Parameter (Meßpunkt III), so lagen diese alle im Normbereich (p_aCO_2 39 ± 2,4 mm Hg; p_aO_2 158 ± 19 mm Hg; pH_a 7,38 ± 0,04; pH_{hv} 7,36 ± 0,04) und unterschieden sich bis auf einen 14 % igen Anstieg des p_aO_2 nicht wesentlich von den Werten nach Narkoseeinleitung (Meßpunkt II), während die bei 37 °C gemessenen Parameter deutlich von diesen abwichen (p_aCO_2 63 ± 3,8 mm Hg; p_aO_2 208 ± 18 mm Hg: pH_a 7,23 ± 0,04; pH_{hv} 7,21 + 0,03) und eine Azidose anzeigten.

Bei Op.-Ende war nur der p_aO_2-Wert signifikant um 33 % über den Wert nach Narkoseeinleitung erhöht, alle anderen Parameter entsprachen weiterhin Normalwerten (p_aCO_2 39,6 ± 3,4 mm Hg; paO_2 184 ± 57 mm Hg; pH_a 7,41 ± 0,03; pH_{hv} 7,35 ± 0,03).

Am 1. postoperativen Tag (Meßpunkt V) waren keine Veränderungen gegenüber den Ausgangswerten des Vortages (Meßpunkt I) festzustellen.

Gruppe 3: Nicht pulsatiler Flow; Hypokapnie

Blutgase und pH-Werte: Die Mittelwerte der arteriellen Blutgase und der arteriellen und hirnvenösen pH-Werte sind in Tabelle 10 aufgeführt.

Die Unterbrechung der CO_2-Zugabe zum Frischgas während der hypothermen Bypassphase mit nichtpulsatilem Flow hatte bei einer Bluttemperatur von 26 °C und einer Rektaltemperatur von 29,7 ± 1,0 °C ein signifikantes Absinken des mittleren temperaturkorrigierten p_aCO_2-Wertes von 38,2 ± 2,3 (Meßpunkt II) auf 28,6 + 3,7 mm Hg und eine leichte Verschiebung der pH-Werte in den basischen Bereich (pH_a 7,47 ± 0,07, pH_{hv} 7,41 ± 0,04) zur Folge. Der p_aO_2-Wert veränderte sich nicht signifikant. Betrachtet man dagegen die nicht temperaturkorrigierten pH-Werte (in Klammern), so zeigen diese eher eine Azidose an (pH_a 7,32 ± 0,07, pH_{hv} 7,26 ± 0,05). Dementsprechend war der nicht temperaturkorrigierte p_aCO_2-Wert mit 46 ± 6 mm Hg normal bis leicht erhöht. Der bei 37 °C bestimmte Sauerstoffpartialdruck lag mit 192 ± 24 mm Hg ca. 30 mm Hg über dem präoperativen Wert (Meßpunkt II).

Bei Operationsende (Meßpunkt IV) entsprachen die Blutgase und pH-Werte wieder den nach der Narkoseeinleitung (Meßpunkt II) gemessenen Parametern. Die Rektaltemperatur von 34,7 ± 0,4 °C war um 1,5 °C niedriger als zum Meßzeitpunkt II.

Am nächsten Tag (Meßpunkt V) wiesen die Patienten eine mittlere Rektaltemperatur von 38 ± 0,5 °C auf. Alle Patienten waren wach und in der Lage, spontan zu atmen. Die Blutgase und pH-Werte unterschieden sich nicht wesentlich von den Ausgangswerten des Vortages (Meßpunkt I).

Hämodynamik: Die Mittelwerte der hämodynamischen Parameter sind in Tabelle 11 zusammengefaßt. Die Einzelwerte für den zerebralen Perfusionsdruck, die Hirndurchblutung, den zerebralen Gefäßwiderstand und die Viskosität des Blutes sind in den Abb. 15–18 dargestellt.

Der arterielle Mitteldruck und der zerebrale Perfusionsdruck stiegen während der EKZ (Meßpunkt III) von 72 ± 8 auf 93 ± 15 mm Hg bzw. von 66 + 8 auf 79 ± 16 mm Hg an, während sich das Perfusionsvolumen nicht vom Herzindex nach Narkoseeinleitung

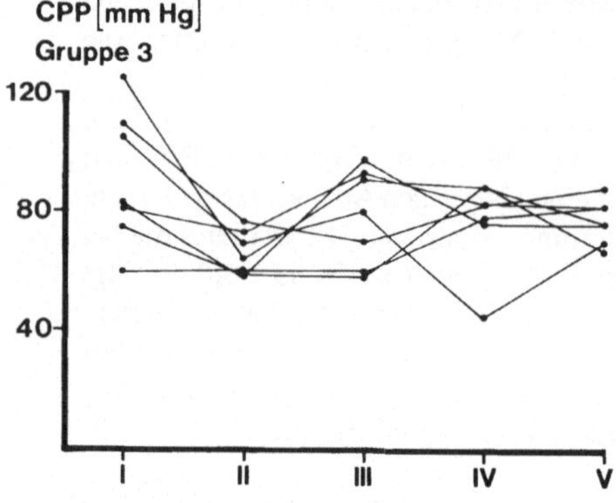

Abb. 15. Zerebraler Perfusionsdruck (*CPP*) in der Patientengruppe 3.
I wach, *II* unter Narkose vor Op.-Beginn, *III* während EKZ bei 26 °C venöser Bluttemperatur, *IV* bei OP.-Ende, *V* am 1. postoperativen Tag.
CPP blieb mit einer Ausnahme zum Meßzeitpunkt IV während des gesamten Untersuchungsablaufs innerhalb des Autoregulationsbereichs

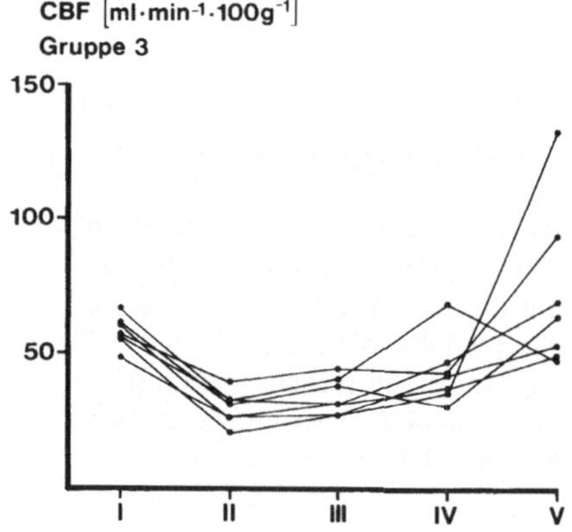

Abb. 16. Hirndurchblutung (*CBF*) in der Patientengruppe 3. Meßzeitpunkte s. Abb. 15. *CBF* fiel zwar nach Narkoseeinleitung ab, stieg aber im weiteren Verlauf wieder allmählich auf Werte an, die teilweise das Ausgangsniveau überstiegen

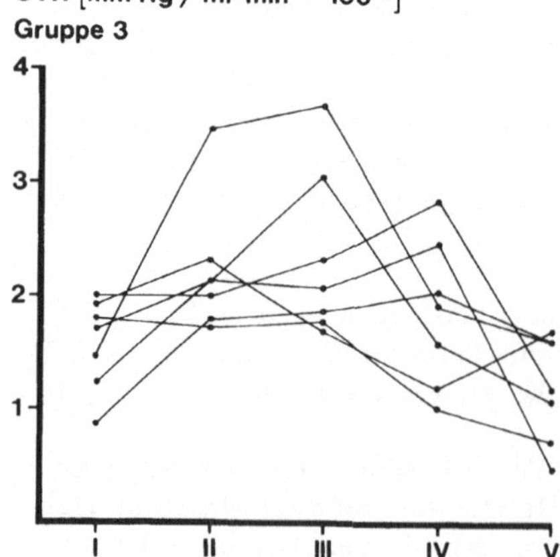

Abb. 17. Zerebraler Gefäßwiderstand (*CVR*) in der Patientengruppe 3. Meßzeitpunkte s. Abb. 15. *CVR* zeigte einen ungerichteten Verlauf

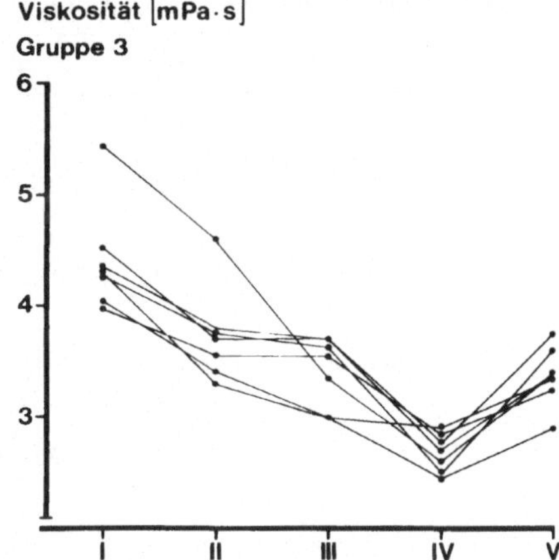

Abb. 18. Absolute Blutviskosität in der Patientengruppe 3. Meßzeitpunkte s. Abb. 15. Die Viskosität nahm bis zum Op.-Ende kontinuierlich ab, stieg aber am 1. postoperativen Tag wieder leicht an

Tabelle 10. Blutgase, arterielle und hirnvenöse Wasserstoffionenkonzentrationen und pH-Werte, hirnvenöse O_2-Sättigungen, Nasopharyngeal- und Rektaltemperaturen der Patienten der Gruppe 3 (Mittelwerte ± SD)

	I	II	III	IV	V
O_2-S_{hirven} [%]	66,8 ± 4,3	50,6 ± 8,5*	73,8 ± 9,3[+]	63,6 ± 12[++]	68,7 ± 6,3
p_aCO_2 [mm Hg]	47,4 ± 3,3	38,2 + 2,3*	28,6 ± 3,7[+] (46 ± 6[(+)])	39,3 ± 2,4[(+++)] [+++]	44,8 ± 5,8
paO_2 [mm Hg]	103 ± 14	161 ± 29*	142 ± 25 (192 ± 24[(+)])	164 ± 63	92 ± 31
$[H^+]_{art}$ [nmol/l]	44,42 ± 2,03	37,50 ± 1,34	33,80 ± 5,46 (48,08 ± 7,38)	39,12 ± 1,94	41,27 ± 3,13
pH_{art}	7,35 ± 0,02	7,43 ± 0,01	7,47 ± 0,07 (7,32 ± 0,07)	7,41 ± 0,02	7,38 ± 0,04
$[H^+]_{hirnven}$ [nmol/l]	49,38 ± 2,50	44,92 ± 1,50	39,27 ± 4,57 (55,38 ± 6,65)	44,84 ± 2,90	45,03 ± 2,82
$pH_{hirnven}$	7,31 ± 0,02	7,35 ± 0,01	7,41 ± 0,04 (7,26 ± 0,03)	7,35 ± 0,03	7,35 ± 0,03
T_R [°C]		36,2 ± 0,3	29,7 ± 1,0	34,7 ± 0,4	38 ± 0,5

I wach, *II* unter Narkose vor Op.-Beginn, *III* während der EKZ bei 26 °C venöser Bluttemperatur, *IV* bei Op.-Ende, *V* am 1. postoperativen Tag;
O_2-$S_{hirnven}$ hirnvenöse O_2-Sättigung; T_R Rektaltemperatur;
* p < 0,05 I gegen II; ** p < 0,05 I gegen V;
[+] p < 0,05 II gegen III; [++] p < 0,05 II gegen IV; [+++] p < 0,05 III gegen IV.
Die pH-Werte, Wasserstoffionenkonzentrationen und die Temperaturen wurden nicht statistisch ausgewertet. Am Meßpunkt III sind in Klammern die nichttemperaturkorrigierten Werte angegeben.

Tabelle 11. Hämodynamische Parameter der Patienten der Gruppe 3 (Mittelwerte ± SD)

	I	II	III	IV	V
MAP [mm Hg]	99 ± 24	$72 \pm 8^*$	$93 \pm 15^+$	89 ± 15	84 ± 7
CPP [mm Hg]	91 ± 23	$66 \pm 8^*$	79 ± 16	78 ± 15	77 ± 7
CI [$1 \cdot \mathrm{min}^{-1} \cdot \mathrm{m}^{-2}$]	$2,83 \pm 0,15$	$2,03 \pm 0,18^*$	$1,92 \pm 0,24$	$2,68 \pm 0,43^{+++}$	$3,78 \pm 0,63^{**}$
SVR [mm Hg/ml $\cdot \mathrm{min}^{-1} \cdot \mathrm{kg}^{-1}$]	$1,34 \pm 0,37$	$1,32 \pm 22$	$1,93 \pm 0,46^+$	$1,19 \pm 0,26^{+++}$	$0,84 \pm 0,14^{**}$
CBF [ml $\cdot \mathrm{min}^{-1} \cdot 100\mathrm{g}^{-1}$]	59 ± 6	$30 \pm 6^*$	$35 \pm 7^+$	$44 \pm 12^{++}$	73 ± 31
CVR [mm Hg/ml $\cdot \mathrm{min}^{-1} \cdot 100\mathrm{g}^{-1}$	$1,57 \pm 0,41$	$2,23 \pm 0,58$	$2,36 \pm 0,74$	$1,88 \pm 0,66$	$1,22 \pm 0,47$
Viskosität [mPa $\cdot$ s]	$4,48 \pm 0,50$	$3,73 \pm 0,43^*$	$3,42 \pm 0,30^+$	$2,68 \pm 0,17^{+++}$	$3,37 \pm 0,28^{**}$

I wach, *II* unter Narkose vor Op.-Beginn, *III* während EKZ bei 26 °C venöser Bluttemperatur, *IV* bei Op.-Ende, *V* am 1. postoperativen Tag.
MAP arterieller Mitteldruck; *CPP* zerebraler Perfusionsdruck; *CI* Herzindex (am Meßpunkt III Pumpvolumen des Oxygenators); *SVR* systemischer Gefäßwiderstand; *CBF* Hirndurchblutung; *CVR* zerebraler Gefäßwiderstand
* p < 0,05 I gegen II; ** p < 0,05 I gegen V;
$^+$ p < 0,05 II gegen III, $^{++}$ p < 0,05 II gegen IV; $^{+++}$ p < 0,05 III gegen IV.

unterschied. Der systemische Gefäßwiderstand nahm um 47 % zu, der zerebrale Gefäßwiderstand blieb dagegen gleich. Die Hirndurchblutung stieg leicht (+17 %), aber signifikant an. Die Viskosität sank um 8 %. Das Operationsende war gekennzeichnet durch einen unveränderten arteriellen Mitteldruck und zerebralen Perfusionsdruck. Bei einem Patienten (Patient 1) fiel der zerebrale Perfusionsdruck allerdings auf 45 mm Hg ab. Die Hirndurchblutung veränderte sich bei diesem Patienten gegenüber dem unter EKZ gemessenen Wert nicht, während sie bei einem anderen (Patient 5) ab- und bei den übrigen Patienten zunahm.

Im Mittel erhöhte sie sich auf 44 ± 12 ml $\cdot \mathrm{min}^{-1} \cdot 100$ g^{-1} und überstieg damit die Hirndurchblutung nach Narkoseeinleitung. Der zerebrale Gefäßwiderstand blieb weiterhin gleich, der systemische Gefäßwiderstand fiel dagegen ungefähr wieder auf das präoperative Niveau (Meßpunkt II). Der Herzindex war um 40 % höher als zum Meßzeitpunkt III und um 32 % höher als zum Meßzeitpunkt II. Die Viskosität verringerte sich nochmals und lag um 28 % unter dem Wert nach Narkoseeinleitung.

Am 1. postoperativen Tag waren mittlerer arterieller Druck und zerebraler Perfusionsdruck unverändert gegenüber den am Vortag an den wachen Patienten (Meßpunkt I) registrierten Drucken. Der Herzindex war signifikant um 34 % angestiegen und der systemische Widerstand um 37 % abgefallen, während Hirndurchblutung und zerebraler Gefäßwiderstand statistisch den Ausgangswerten entsprachen. Die Viskosität war auf 75 % ihres Ausgangswertes angestiegen.

Hirnstoffwechsel: Tabelle 12 zeigt die Mittelwerte der Parameter des Hirnstoffwechsels. Die Einzelwerte für die hirnvenöse O_2-Sättigung und die Sauerstoff- und Glukoseaufnahme sind aus den Abb. 19–21 ersichtlich.

Die Sauerstoffaufnahme verringerte sich bei 26 °C Bluttemperatur um 60 %, einem Q_{10}-Wert von 2,50 entsprechend. Da die Hirndurchblutung gleichzeitig leicht angestiegen war, erhöhte sich die hirnvenöse O_2-Sättigung von 50,6 ± 8,5 auf 73,8 ± 9,3 % (Tabelle 10). Die Glukoseaufnahme sank mit einer Ausnahme (Patient 7) um 49 %.

Trotz des relativ stärkeren Abfalls der Sauerstoffaufnahme veränderte sich der aerobe Index nicht. Statistisch unverändert blieben auch der anaerobe Index sowie der Laktat- und Pyruvatstoffwechsel. Bei Op.-Ende erhöhten sich Sauerstoff- und Glukoseaufnahme wieder auf 2,11 ± 0,46 ml · min^{-1} · 100 g^{-1} bzw. 2,27 ± 1,06 mg · min^{-1} · 100 g^{-1} und erreichten damit 80 % der Werte nach Narkoseeinleitung. Jedoch sind diese Unterschiede statistisch nicht signifikant. 2 Patienten (Patient 1 und 7) wiesen zu diesem Zeitpunkt eine geringere zerebrale Glukoseaufnahme auf als unter Hypothermie (Meßpunkt III). Die übrigen metabolischen Parameter veränderten sich nicht. Die hirnvenöse O_2-Sättigung fiel mit 2 Ausnahmen (Patient 1 und 4) ab, blieb aber mit 63,6 ± 12 % gegenüber Meßpunkt II erhöht.

Am nächsten Tag war die Glukoseaufnahme mit 2,29 ± 1,16 mg · min^{-1} · 100 g^{-1} noch deutlich (–48 %) gegenüber dem Wachwert des Vortages (Meßpunkt I) erniedrigt, wohingegen sich die übrigen Parameter des Hirnstoffwechsels bereits normalisiert hatten.

Tabelle 12. Hirnstoffwechsel der Patienten der Gruppe 1 (Mittelwerte ± SD)

	I	II	III	IV	V
$CMRO_2$ [ml · min^{-1} · $100g^{-1}$]	3,41 ± 0,60	2,63 ± 0,43*	1,05 ± 0,20[+]	2,11 ± 0,46[+++]	2,90 ± 0,77
CMR_{Gluk} [mg · min^{-1} · $100g^{-1}$]	4,40 ± 1,10	2,82 ± 0,99*	1,43 ± 0,82[+]	2,27 ± 1,06	2,29 ± 1,16**
CMR_{Lak} [µmol · min^{-1} · $100g^{-1}$]	–2,31 ± 1,64	–2,22 ± 1,95	–0,74 ± 1,29	–0,99 ± 1,96	–2,80 ± 2,36
CMR_{Pyr} [µmol · min^{-1} · $100g^{-1}$]	–0,46 ± 0,24	–0,36 ± 0,13	–0,40 ± 0,26	0,10 ± 0,70	–0,33 ± 0,21
AI [%]	108 ± 29	123 ± 21	126 ± 69	125 ± 51	146 ± 59
ANI [%]	4,75 ± 3,03	9,23 ± 12,22	9,78 ± 8,00	9,05 ± 4,90	8,59 ± 7,44

I wach, *II* unter Narkose vor Op.-Beginn, *III* während der EKZ bei 26 °C venöser Bluttemperatur, *IV* bei Op.-Ende, *V* am 1. postoperativen Tag;
CMR („cerebral metabolic rate") zerebrale Substanzaufnahme bzw. -abgabe; *Gluk*, Glukose; *Lak*, Laktat; *Pyr*, Pyruvat; *AI* aerober Index; *ANI* anaerober Index;
* p < 0,05 I gegen II; ** p < 0,05 I gegen V.
[+] p < 0,05 II gegen III; [++] p < 0,05 II gegen IV; [+++] p < 0,05 III gegen IV.

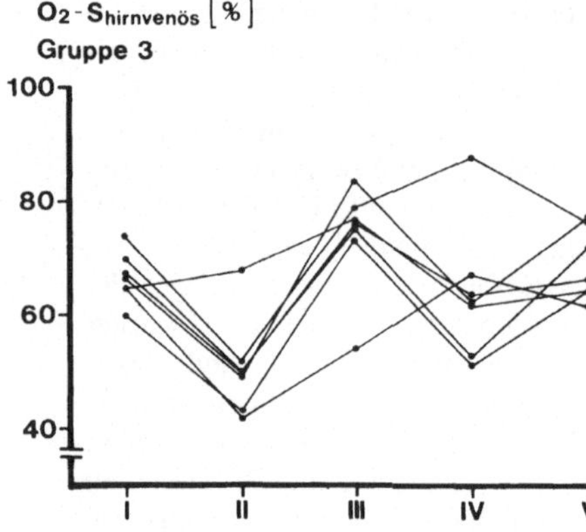

Abb. 19. Hirnvenöse Sauerstoffsättigung
(O_2-$S_{hirnvenös}$) in der Patientengruppe 3.
I wach, *II* unter Narkose vor Op.-Beginn,
III während EKZ bei 26 °C venöser Bluttemperatur,
IV bei Op.-Ende, *V* am 1. postoperativen Tag.
O_2-$S_{hirnvenös}$ fiel bei den meisten Patienten nach
Narkoseeinleitung ab, stieg zum Meßzeitpunkt III
an und normalisierte sich postoperativ bei der
Mehrzahl der Patienten wieder

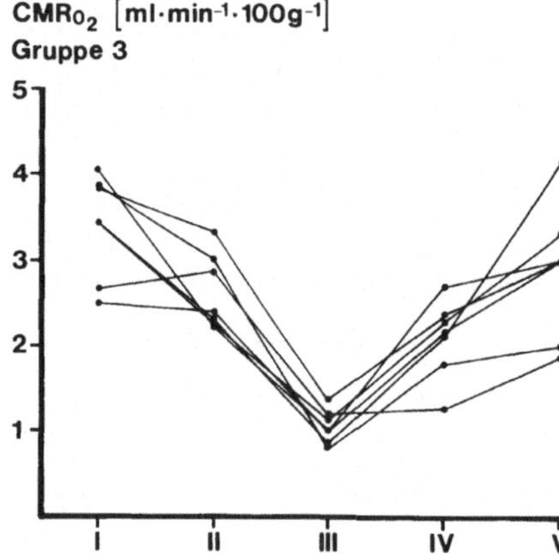

Abb. 20. Zerebrale Sauerstoffaufnahme (*CMRO$_2$*)
der Patienten der Gruppe 3. Meßzeitpunkte s. Abb.
19. *CMRO$_2$* nahm besonders in Hypothermie stark
ab, normalisierte sich jedoch postoperativ

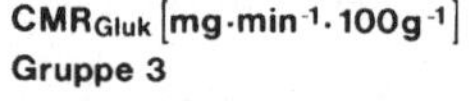

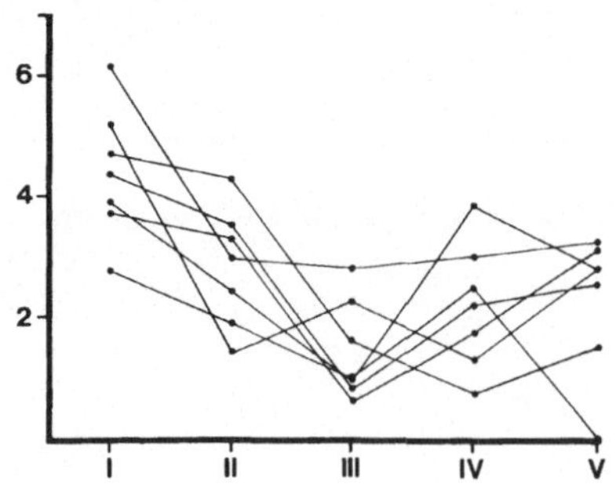

Abb. 21. Zerebrale Glukoseaufnahme (*CMR$_{Gluk}$*)
in der Patientengruppe 3. Meßzeitpunkte s. Abb. 19.
CMR$_{Gluk}$ sank mit einer Ausnahme vom Ausgangsniveau bis zum in Hypothermie gemessenen Wert
kontinuierlich ab, zeigte jedoch in der
Postbypassphase keinen gerichteten Verlauf.
Insbesondere wurde am 1. postoperativen Tag
der Ausgangswert nicht wieder erreicht

Serumelektrolyte und Temperaturen

Die Serumelektrolytkonzentrationen aller Patienten der 3 Gruppen wurden während der gesamten Untersuchungsperiode engmaschig kontrolliert und durch entsprechende Substitution im Normalbereich gehalten. Die Nasopharyngealtemperaturen spiegelten während der EKZ am ehesten die arterielle Bluttemperatur wider. In der Postbypassphase hingegen zeigte das Übereinstimmen von Nasopharyngeal- und Rektaltemperatur eine gleichmäßige Aufwärmung der Patienten an.

Neurologische Befunde

EEG

In Form der aperiodischen EEG-Analyse (Abb. 22, 23) wurde bei den nichtnarkotisierten, aber mit Flunitrazepam, Piritramid und Promethazin stark prämedizierten Patienten elektrische Aktivität vorwiegend im β- (13–30 Hz) und α- (8–12 Hz), weniger im δ- (0,5–3 Hz) und nur vereinzelt im ϑ-Wellenbereich (4–7 Hz) registriert (I). Unter der Fentanyl/Midazolam-Narkose nahmen Häufigkeit und Amplituden der δ- und α-Wellen zu (II), während die Aktivität im β-Wellenbereich reduziert bis ganz aufgehoben wurde. Mit abnehmender Temperatur kam es während der EKZ sowohl mit pulsatilem als auch mit nichtpulsatilem Flowmuster zunächst zur Abnahme der Amplituden der α-, und δ-Wellen dann zum Verschwinden der α-Wellen und zuletzt bei 26 °C auch zur starken Suppression der δ-Aktivität bis zum Suppression-burst-Muster oder gar zur elektroenzephalo-graphischen Inaktivität (III). Umgekehrt erschienen beim Aufwärmen der Patienten zunächst wieder niederfrequente Ströme im EEG.

Bei Operationsende war bei fast allen Patienten die elektroenzephalographische Aktivität im Vergleich zur präoperativen Spektralanalyse (II) noch deutlich vermindert, unabhängig vom angewendeten Flowmuster oder Säure-Basen-Management (vgl. Abb. 22 und 23). Verringerte α-Wellentätigkeit, niedrigere Amplituden und Linksverlagerung der spektralen Eckfrequenz sind ein deutliches Zeichen dafür. Nur 4 Patienten (2 Patienten der Gruppe 1 und 2 Patienten der Gruppe 2) wiesen in etwa wieder das präoperative Frequenzmuster auf. Während der gesamten Untersuchungsperiode traten bei keinem Patienten Seitendifferenzen in den Spektralanalysen beider Hemisphären auf.

Neuropsychologische Untersuchung

Alle 22 neuropsychologisch untersuchten Patienten waren präoperativ als unauffällig beurteilt worden. Von den 14 Patienten der Gruppe 1 (nichtpulsatiler Flow) wiesen 5 Patienten am 7. postoperativen Tag Störungen im Durchblutungsgebiet der A. basilaris auf. So war bei einem Patienten (Patient 2) eine Dysdiadochokinese beidseits und ein Schweregefühl im rechten Arm, bei dem 2. (Patient 4) ein rechtsseitiger Endstellnystagmus aufgetreten. Der 3. Patient (Patient 5) klagte über einen okzipitalen Kopfschmerz, der 4. (Patient 8) hatte Doppelbilder und der 5. Patient (Patient 15) sah szenische Abläufe bei geschlossenen Augen und zeigte einen rotatorischen Endstell-

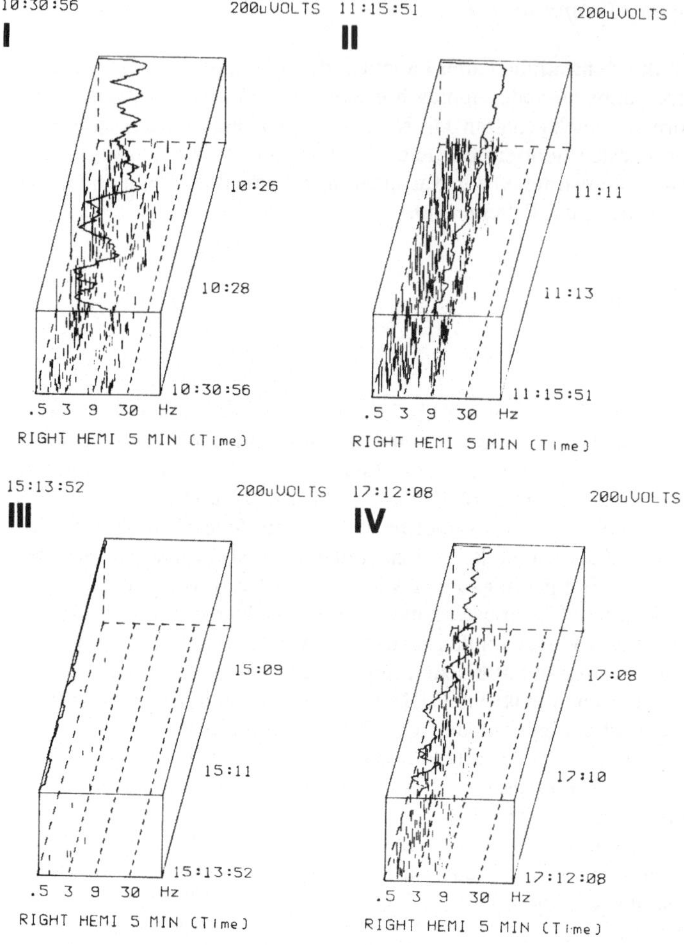

Abb. 22. Aperiodische Analyse des EEG eines mit nichtpulsatilem Flow perfundierten Patienten der Gruppe 1.
I wach, aber unter dem Einfluß der Prämedikation, *II* unter Fentanyl/Midazolam-Narkose vor Op.-Beginn, *III* während EKZ bei 26 °C Bluttemperatur, *IV* bei Op.-Ende.
Die Frequenz ist auf der x-Achse dargestellt, die Amplitude (y-Achse) jeder registrierten Welle ist als vertikaler Strich wiedergegeben, dessen Länge sich nach der Referenzspannung von $200\,\mu$ V am Deckel des transparenten Kastens bemißt. Die Zeit wird durch die horizontale Achse repräsentiert. Dargestellt sind hier jeweils Aufzeichnungen der EEG-Tätigkeit der rechten Hemisphäre über 5 Min. Die gezackte Linie markiert die spektrale Eckfrequenz95 unterhalb deren 95 % der EEG-Aktivität zu finden sind

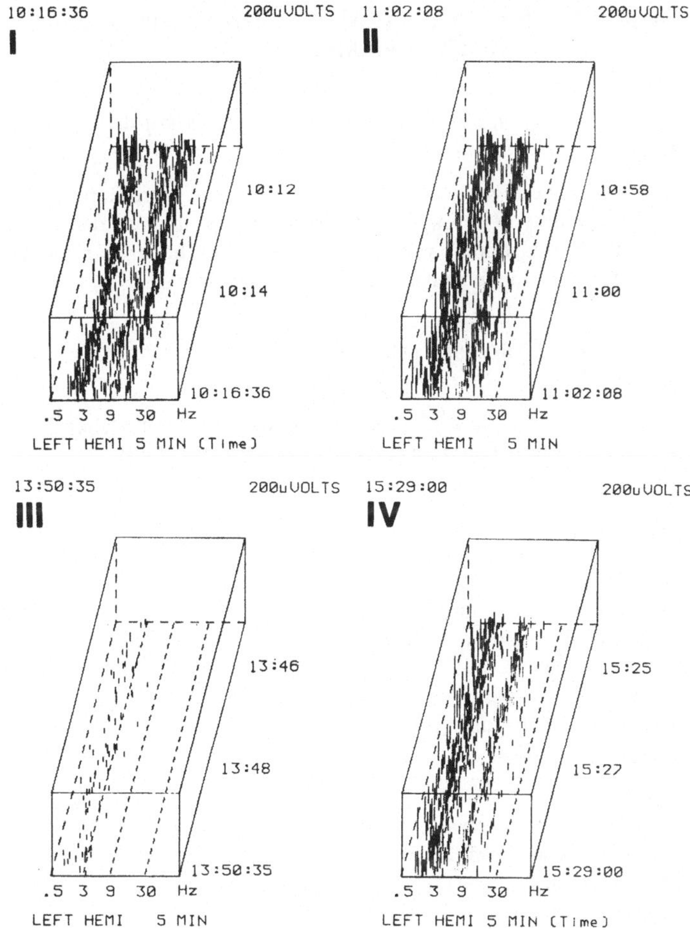

Abb. 23. Aperiodische Analyse des EEG der linken Hemisphäre eines mit pulsatilem Flow perfundierten Patienten der Gruppe 2. Die EEG-Veränderungen entsprechen qualitativ denen des Patienten der Gruppe 1

nystagmus beidseits. Drei weitere Patienten berichteten über kurzfristige Konzentrationsstörungen. Bei 2 von 8 Patienten der Gruppe 2 (pulsatiler Flow) wurden ebenfalls Störungen im Versorgungsgebiet der A. basilaris diagnostiziert. Ein Patient (Patient 3) hatte eine Ptosis rechts und eine Absinktendenz des rechten Arms entwickelt und klagte über rote szenische Abläufe und einen leichten Dauerkopfschmerz rechts okzipital. Der andere Patient (Patient 15) wies eine Ptosis links und eine diskrete Parese des 12. Hirnnerven auf.

Statistik: Wechselwirkung zwischen den einzelnen Gruppen zu den untersuchten Zeitpunkten

Vergleich der Gruppen 1 (nichtpulsatil; Normokapnie)
und 2 (pulsatil; Normokapnie)

Die Ausgangswerte zeigen in beiden Gruppen keine signifikanten Unterschiede. Während des gesamten Untersuchungsverlaufs gab es bis auf den p_aCO_2-Wert, der am Meßpunkt V in Gruppe 1 mit $p < 0,05$ signifikant höher war als in Gruppe 2, keine weiteren Unterschiede zwischen beiden Gruppen.

Vergleich der Gruppen 1 (nichtpulsatil; Normokapnie)
und 3 (nichtpulsatil; Hypokapnie)

Die signifikanten Unterschiede in bezug auf die verschiedenen Parameter zwischen den Gruppen 1 und 3 sind im folgenden zusammengefaßt:

Meßpunkt I
CI ($p < 0,05$)

Meßpunkt II
hirnvenöse H^+-Konzentration ($p < 0,01$)
arterielle H^+-Konzentration ($p < 0,001$)
p_aCO_2 ($p < 0,05$)
CI ($p < 0,05$)
hirnvenöse O_2-Sättigung ($p < 0,05$)
CMR_{Pyr} ($p < 0, 05$)

Meßpunkt III
hirnvenöse H^+-Konzentration ($p < 0,05$)
arterielle H^+-Konzentration ($p < 0,01$)
p_aCO_2 ($p < 0,001$)
CBF ($p < 0,001$)
CVR ($p < 0,001$)
hirnvenöse O_2-Sättigung ($p < 0,001$)

Meßpunkt IV
MAP ($p < 0,05$)
CPP ($p < 0, 05$)
Rektaltemperatur ($p < 0,05$)

Meßpunkt V
CPP ($p < 0,05$)
CMR_{Gluk} ($p < 0,05$)

Zum Vergleich sind in den Abb. 24-31 die Mittelwerte der Hirndurchblutung, der wichtigsten Determinanten der Hirndurchblutung und die zerebrale Sauerstoff- und Glukoseaufnahme der Gruppen 1 und 2 sowie 1 und 3 graphisch nebeneinandergestellt.

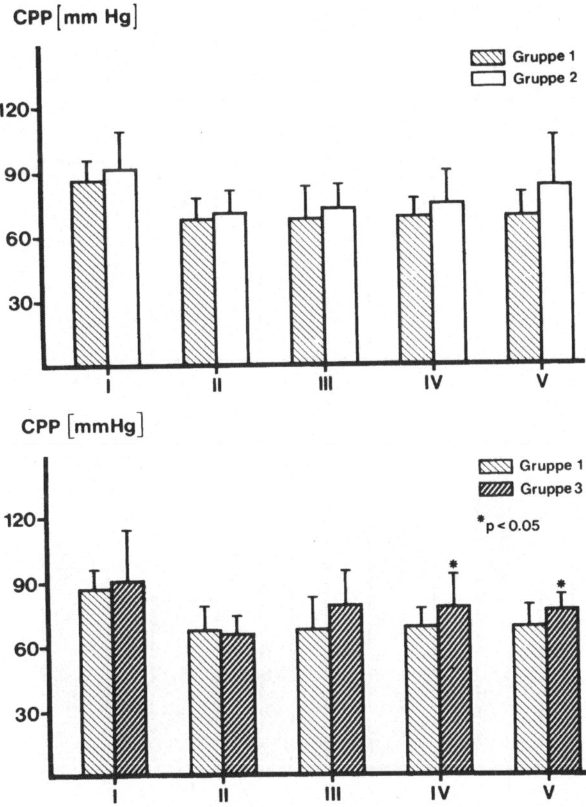

Abb. 24. Vergleich der zerebralen Perfusionsdrücke (*CPP*; Mittelwerte + SD) zwischen den Gruppen 1 und 2 sowie 1 und 3.
I wach, *II* unter Narkose vor Op.-Beginn, *III* während EKZ bei 26 °C venöser Bluttemperatur, *IV*, bei Op.-Ende, *V* am 1. postoperativen Tag

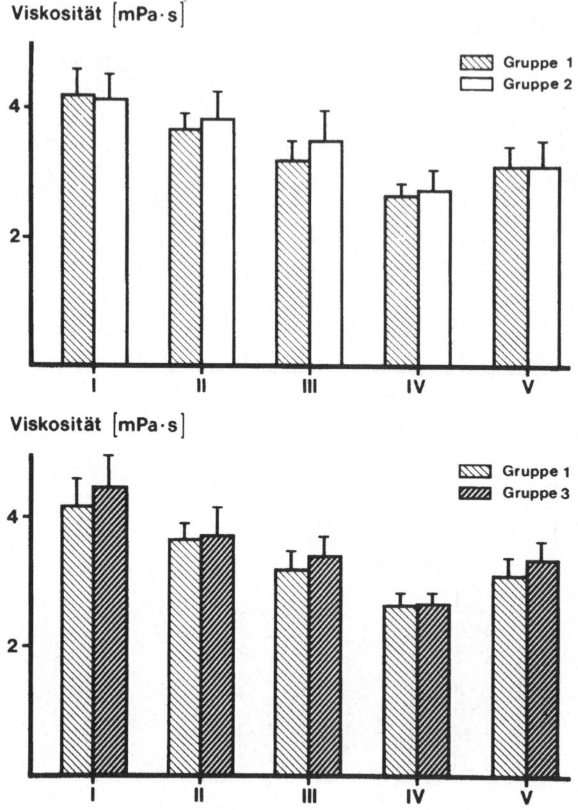

Abb. 25. Vergleich der absoluten Blutviskositäten (Mittelwerte + SD) zwischen den Gruppen 1 und 2 und 1 und 3. Meßzeitpunkte s. Abb. 24

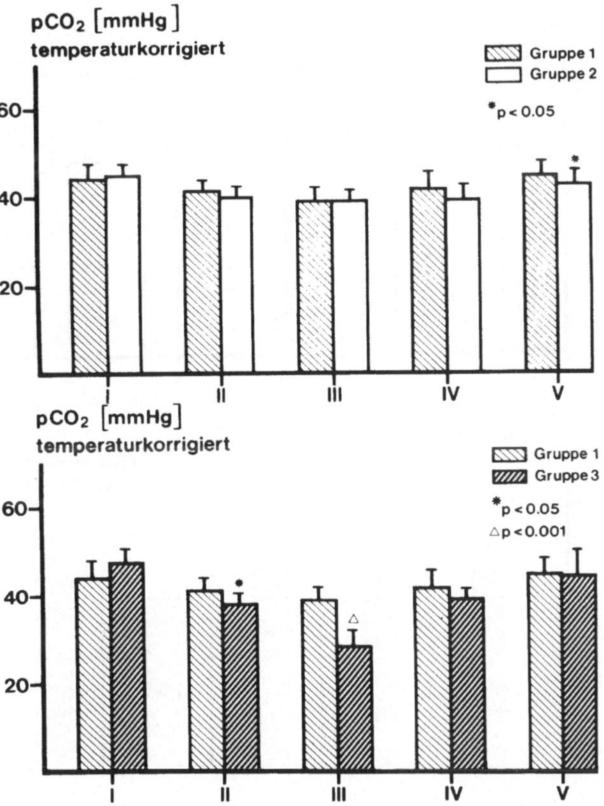

Abb. 26. Vergleich der in Hypothermie temperaturkorrigierten arteriellen pCO_2-Werte (Mittelwerte + SD) zwischen den Gruppen 1 und 2 sowie 1 und 3. Meßzeitpunkte s. Abb. 24. Der temperaturkorrigierte $p_a CO_2$-Wert ist zum Meßzeitpunkt III in Gruppe 3 deutlich niedriger als in Gruppe 1

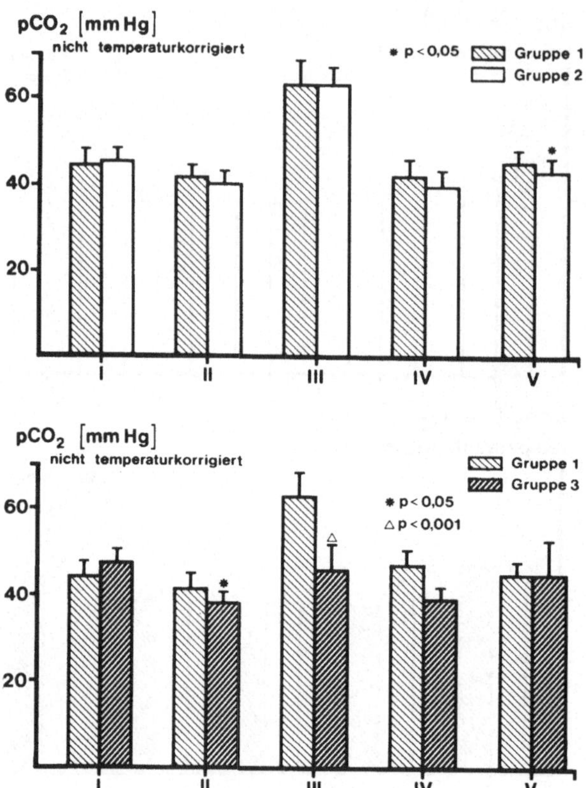

Abb. 27. Vergleich der nichttemperaturkorrigierten arteriellen pCO_2-Werte (Mittelwerte + SD) zwischen den Gruppen 1 und 2 sowie 1 und 3. Meßzeitpunkte s. Abb. 24. Auch der nichttemperaturkorrigierte $p_a\,CO_2$-Wert ist zum Meßzeitpunkt III in Gruppe 3 deutlich niedriger als in Gruppe 1

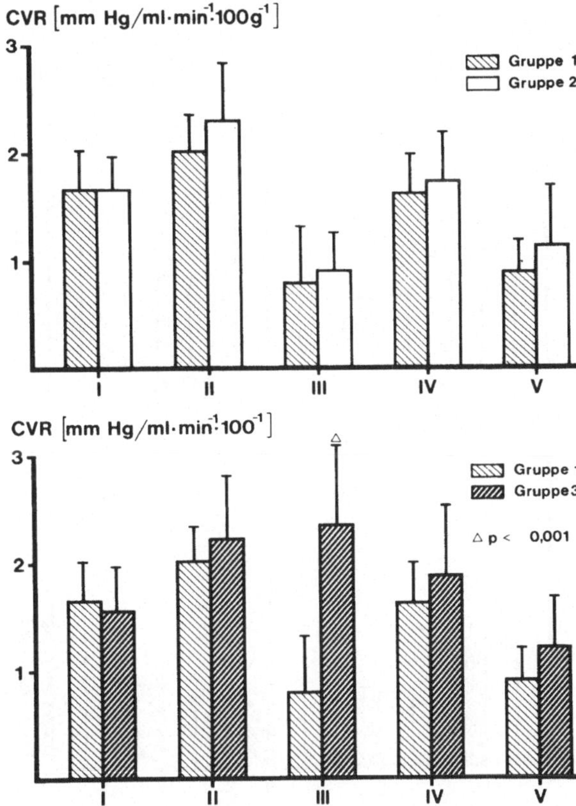

Abb. 28. Vergleich der zerebralen Gefäßwiderstandswerte (*CVR*; Mittelwerte + SD) zwischen den Gruppen 1 und 2 sowie 1 und 3. Meßzeitpunkte s. Abb. 24. Infolge des niedrigeren p_aCO_2-Werts ist zum Meßzeitpunkt III *CVR* in Gruppe 3 erheblich höher als in Gruppe 1

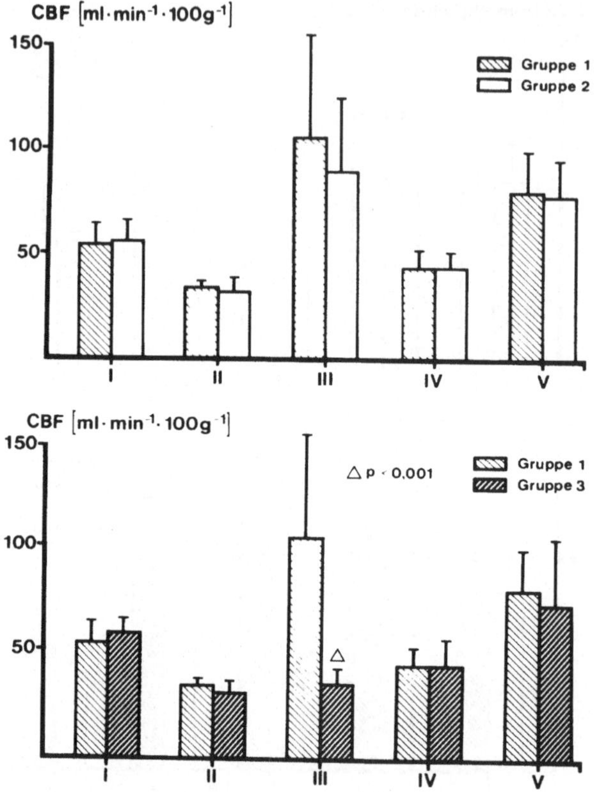

Abb. 29. Vergleich der Höhe der Hirndurchblutung (*CBF*; Mittelwerte + SD) zwischen den Gruppen 1 und 2 sowie 1 und 3. Meßzeitpunkte s. Abb. 24. Der höhere zerebrale Gefäßwiderstand bedingt eine niedrigere Hirndurchblutung in Gruppe 3 zum Meßzeitpunkt III

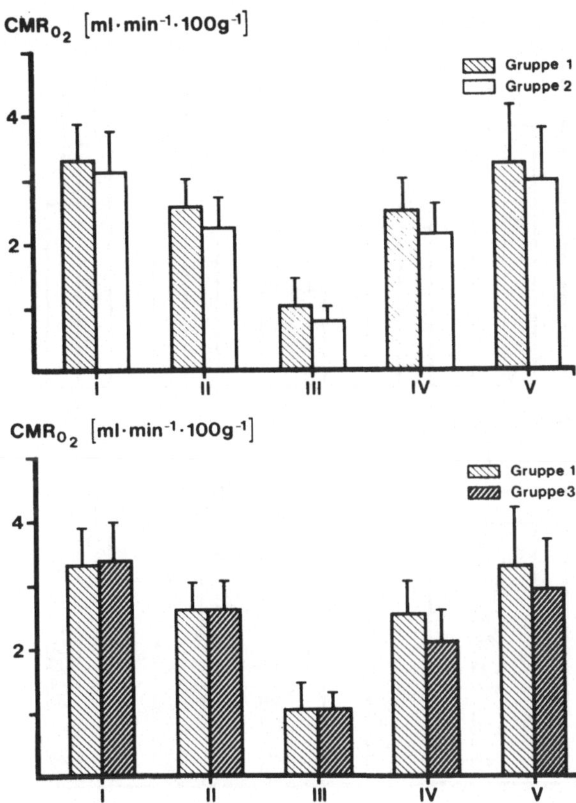

Abb. 30. Vergleich der zerebralen O$_2$-Aufnahmen (*CMRO$_2$*; Mittelwerte + SD) zwischen den Gruppen 1 und 2 sowie 1 und 3. Meßzeitpunkte s. Abb. 24

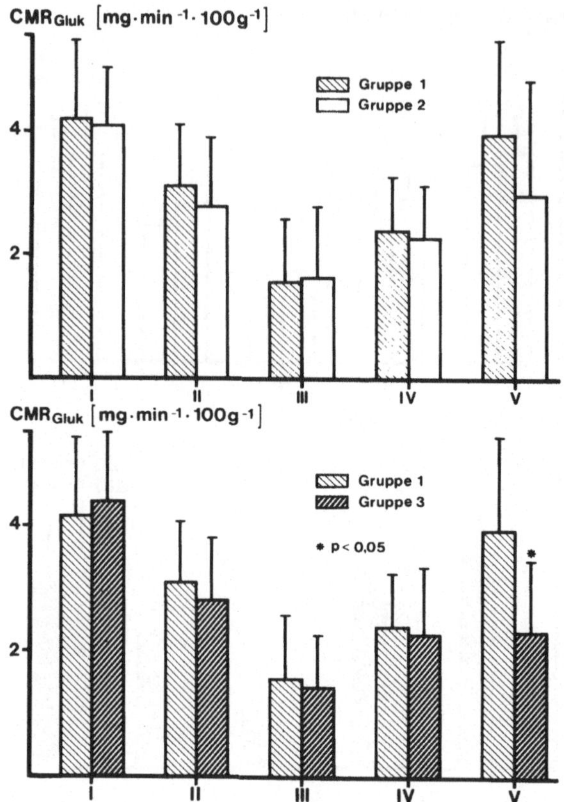

Abb. 31. Vergleich der zerebralen Glukoseaufnahmen (CMR_{Gluk} ; Mittelwerte + SD) zwischen den Gruppen 1 und 2 sowie 1 und 3. Meßzeitpunkte s. Abb. 24

4. Diskussion

Methodik

Messung der Hirndurchblutung

Mit Einführung der N_2O-Methode durch Kety u. Schmidt [66] wurde zum erstenmal die quantitative Bestimmung der Hirndurchblutung am wachen Patienten ermöglicht. Diese Technik erfordert multiple oder kontinuierliche Blutentnahmen während oder nach Inhalation einer Standardkonzentration eines inerten Tracergases. Dabei wird entweder die Aufsättigung oder die Entsättigung des Hirngewebes mit dem Indikator ermittelt. Die Berechnung der Hirndurchblutung basiert auf dem Fickschen Prinzip, wonach die Organdurchblutung bestimmt wird aus der pro Zeiteinheit vom Organ aus der Blutbahn aufgenommenen Menge eines Indikators, dividiert durch dessen arteriovenöse Konzentrationsdifferenz. Für die Berechnung muß der Vertei-lungskoeffizient des Tracergases zwischen Blut und Gewebe bekannt sein. Nach dieser Methode erhält man die durchschnittliche Durchblutung des gesamten Gehirns als Flow (ml · min⁻¹) pro 100 g Hirngewebe; eine Differenzierung verschiedener Kompartimente ist damit nicht möglich. Der große Vorteil dieser Methode besteht jedoch in der Möglichkeit der gleichzeitigen Erfassung globaler zerebraler Stoffwechselparameter ohne zusätzlichen Aufwand.

Bretschneider [20] modifizierte die Methode von Kety u. Schmidt, indem er das Lachgas durch Argon ersetzte. Argon ist dem N_2O hinsichtlich seiner geringeren Blutlöslichkeit überlegen. Zusammen mit einer ebenfalls niedrigen Fettlöslichkeit wird dadurch eine schnellere Aufsättigung des Gewebes erreicht und die erforderliche Meßdauer auf 7 min verkürzt. Zudem ist Argon im Gegensatz zu Lachgas unter Atmosphärenbedingungen nicht narkotisch wirksam, entfaltet also keine Eigenwirkung auf Hirndurchblutung und -stoffwechsel.

Durch Inhalation oder Injektion eines radioaktiv markierten Tracergases ist die nichtinvasive, regionale Messung der Gewebsclearance und damit der Hirndurchblutung und die Unterscheidung zwischen grauer und weißer Substanz über eine Anzahl von Szintillationsdetektoren möglich [74]. Als Indikatorgas wird heute vorwiegend ¹³³Xenon benutzt [58, 109]. Die Bestimmung der Hirndurchblutung basiert auch bei dieser Methode auf dem Fickschen Prinzip und ergibt der N_2O- und der Argonmethode vergleichbare Werte. Jedoch ist mit dieser Technik bisher zwar die regionale Durchblutungsmessung, nicht aber die gleichzeitige Erfassung des Stoffwechsels in denselben Regionen möglich. Dazu müßten zusätzlich radioaktiv markierte Substrate injiziert werden, wodurch die Strahlenbelastung des Patienten erhöht würde. Zur Bestimmung der globalen Stoffwechselaktivität müssen wie bei der Kety u. Schmidt-Methode und ihren Modifikationen eine Arterie und der Bulbus V. jugularis kanüliert werden. Ein Nachteil der Hirndurchblutungsmessung mit Xenon besteht in den schlechten

Diffusionseigenschaften dieses Gases und der im Vergleich zu Argon hohen Fett- und Blutlöslichkeit. Da die hohe Blutlöslichkeit hauptsächlich auf eine hohe Löslichkeit in den Erythrozyten zurückzuführen ist, ist der Verteilungskoeffizient von Xenon zwischen Blut und Hirn stark vom Hämoglobingehalt des Blutes abhängig, etwa 30 mal mehr als der von Argon. Der Verteilungskoeffizient von Xenon ist außerdem stärker temperaturabhängig, so daß bei der Durchblutungsmessung mit Xenon sowohl eine Hb- als auch Temperaturkorrektur nötig ist, während bei der Benutzung von Argon als Indikatorgas eine Korrektur (zumindest in den Temperatur- und Hb-Wert-Bereichen dieser Untersuchung) unterbleiben kann, ohne das Ergebnis wesentlich zu beeinträchtigen. Daneben gibt es eine Reihe anderer Methoden der Hirndurchblutungsmessung, doch sind sie entweder nur am Tier anwendbar oder für die klinische Praxis im Operationsbereich von untergeordneter Bedeutung.

Patienten

Direkte Messungen der Hirndurchblutung und des Hirnstoffwechsels während EKZ sind wegen des großen methodischen Aufwands nur an einer relativ kleinen Anzahl von Patienten möglich. Es stellt sich daher die Frage, ob die untersuchten Patientengruppen in bezug auf ihre Ausgangsbedingungen auch vergleichbar sind.

Die Patienten der 3 Gruppen unterschieden sich weder hinsichtlich ihrer Vorerkrankungen und Vormedikation noch in bezug auf mittleres Alter, mittlere Größe und mittleres Gewicht. Anamnese und neurologische Untersuchung ergaben keine Hinweise auf neurologische oder psychiatrische Vorerkrankungen.

Die dopplersonographische Untersuchung der Karotiden ließ bei keinem Patienten Strombahneinengungen erkennen, die zu transistorischen ischämischen Attacken hätten führen können.

Die Ausgangswerte der gemessenen hämodynamischen und zerebralen Parameter zeigten mit Ausnahme eines in Gruppe 3 im Vergleich zu Gruppe 1 niedrigeren Herzzeitvolumens keine signifikanten Unterschiede.

Die Mittelwerte für die an den wachen Patienten gemessene Hirndurchblutung liegen im oberen Bereich der nach der Methode von Kety u. Schmidt erhaltenen Normalwerte [66], was dadurch zu erklären ist, daß die Patienten der vorliegenden Studie stark prämediziert waren und aufgrund einer leichten Atemdepression geringgradig erhöhte p_aCO_2-Werte aufwiesen. Auch die Ausgangswerte für die zerebrale Sauerstoff- und Glukoseaufnahme sowie Laktat- und Pyruvatabgabe befinden sich im Bereich der in der Literatur angegebenen Normalwerte [81, 143]. Gleiches gilt für den anaeroben Index, während die Mittelwerte für den aeroben Index leicht über den normalerweise errechneten 90–100 % liegen [3, 29]. Die Ursache dafür ist in dieser Untersuchung in den im Vergleich zu den arterio-venösen Sauerstoffgehaltsdifferenzen relativ niedrigeren arterio-venösen Glukosekonzentrationsdifferenzen zu sehen.

Validität der Parameter des Hirnstoffwechsels

Alle metabolischen Parameter dieser Untersuchung basieren auf der Messung arteriohirnvenöser Konzentrationsdifferenzen. Das ist jedoch nur unter der Voraussetzung zulässig, daß sich die Substratkonzentration im hirnvenösen Blut im Äquilibrium mit der im Hirngewebe befindet. Dies ist der Fall für Sauerstoff und Glukose, aber nur bedingt zutreffend für Laktat und Pyruvat, die bei physiologischen pH-Werten in ionisierter Form vorliegen und die Blut-Hirnschranke nicht frei permeieren können [3, 41, 89]. Forschungen haben ergeben, daß der Substrattransport durch die Blut-Hirnschranke carrierabhängig ist [111]. Während jedoch, außer bei Hypoglykämie und sehr hohem Energiebedarf (Krampfanfällen), die Glukoseutilisation in den Hirnzellen nicht durch ihre Membrantransportkinetik begrenzt wird, ist die Transportkapazität für Laktat und Pyruvat niedrig. Eine unter anaeroben Bedingungen entstandene hohe Laktatmenge kann nur verzögert aus der Hirnzelle freigesetzt werden [31, 111] . Die starke Streuung der Einzelwerte für die Laktat- und Pyruvatabgabe und den anaeroben Index in dieser Studie kann darin begründet sein. Ein Anstieg der Laktatabgabe oder des anaeroben Index ist ein Zeichen für einen gesteigerten anaeroben Stoffwechsel, wohingegen ein fehlender Anstieg beider Parameter auf einer mangelnden Äquilibrierung zwischen Hirngewebe und venösem Blut beruhen kann [118]. Unter diesen Umständen zeigen CMR O_2, CMR_{Gluk} und der aerobe Index empfindlicher eine Abnahme des aeroben Stoffwechsels an.

Einfluß der Fentanyl/Midazolam-Anästhesie auf Hirndurchblutung und -stoffwechsel

Die Ergebnisse der einzelnen Untersucher bezüglich des Einflusses von Anästhetika auf Hirndurchblutung und Hirnstoffwechsel sind nicht ohne weiteres vergleichbar, da die Aktivität des Hirnstoffwechsels mehr durch die Narkosetiefe als durch das Anästhetikum selbst bestimmt wird, während die Hirndurchblutung nicht nur abhängig ist vom Hirnstoffwechsel (und damit der Narkosetiefe), sondern auch vom jeweiligen Anästhetikum. So führen die heute gebräuchlichen Inhalationsanästhetika Halothan, Enfluran und Isofluran zwar zu einer dosisabhängigen Senkung des zerebralen Energiebedarfs durch Suppression der hirnelektrischen Aktivität bis zum Auftreten eines isoelektrischen EEG, aber gleichzeitig zu einer Steigerung der Hirndurchblutung und damit zur Einschränkung der Autoregulationsfähigkeit [93, 101, 159]. Die intravenösen Anästhetika hingegen, zu denen auch die Opioide-und Benzodiazepine zu rechnen sind, bewirken mit Ausnahme von Ketamin [152] sowohl eine Reduktion des Hirnstoffwechsels als auch der Hirndurchblutung [87, 127, 148] .

Forster et al. beobachteten bei jungen Freiwilligen nach einer einmaligen Gabe von $0,15 \, \text{mg} \cdot \text{kg}^{-1}$ Midazolam eine Abnahme der Hirndurchblutung um ca. 30 % und einen Anstieg des Hirngefäßwiderstands um 39 %. Dabei zeigte sich im EEG das Bild eines flachen Narkosestadiums [37]. Hoffman et al. [60] stellten an Ratten fest, daß der Abfall des CBF unter Midazolam dosisabhängig ist und von einem ebenfalls dosisabhängigen Abfall der zerebralen O_2-Aufnahme begleitet wird. Dies wird durch Befunde von Nugent et al. [106] bestätigt, die am Hund den Einfluß von Midazolam und Diazepam auf zerebrale Hämodynamik und Metabolismus miteinander verglichen. Unter $0,2 \, \text{mg} \cdot \text{kg}^{-1}$ Midazolam und $0,3 \, \text{mg} \cdot \text{kg}^{-1}$ Diazepam kam es zu keiner Veränderung der CMR O_2, während die Hirndurchblutung jedoch bereits um 45 % absank.

Steigende Dosen beider Substanzen führten zu dosisabhängigen Abnahmen der Sauerstoffaufnahme um bis zu 45 % nach $10 \, \text{mg} \cdot \text{kg}^{-1}$ Midazolam und um 29 % nach

7,5 mg · kg⁻¹ Diazepam sowie zu einer Reduktion der Hirndurchblutung um 69 % bzw. 49 %. Mit sinkendem Sauerstoffverbrauch war im EEG eine Frequenzabnahme und Amplitudenzunahme, d. h. eine Vertiefung der Narkose verbunden.

Die Resultate von Nugent et al. könnten allerdings durch die gleichzeitige Gabe von 70 % Lachgas beeinflußt worden sein, was zumindest die Untersuchungsergebnisse von Carlsson et al. [23] vermuten lassen. Nach dieser Arbeitsgruppe führt Diazepam allein in Dosen von 0,75–7,5 mg · kg⁻¹ bei Ratten zwar zu einer 20–30 %igen Abnahme der Hirndurchblutung, nicht jedoch der O_2-Aufnahme, während die Zugabe von 70 % Lachgas beide Parameter um 40 % absinken läßt. Andererseits fanden Hoffman et al. [61] ebenfalls an Ratten, daß die Interaktion zwischen Midazolam und Lachgas gerade entgegengesetzt stattfindet, Lachgas nämlich die stoffwechselsenkende Wirkung von Midazolam abschwächt. Sie schlossen daraus, daß Lachgas den Hirnmetabolismus stimuliert. Denselben Schluß lassen an Ziegen [114] und Hunden [158] erzielte Ergebnisse zu, während die Wirkung von Lachgas auf das menschliche Gehirn umstritten ist [63, 131].

Die Kombination von 6 µg · kg⁻¹ Fentanyl mit 70 % Lachgas führte beim Hund zu einer Verminderung der CMR O_2 um 18 % und des CBF um 47 %, während sich CMR$_{Gluk}$ und aerober Index nicht signifikant veränderten [91]. Fentanyl allein hatte bei Ratten in einer Dosis von 100 µg · kg⁻¹ eine Abnahme der Hirndurchblutung um 50 % und der O_2-Aufnahme um 31 % zur Folge [25]. Da die Kontrollwerte aber unter dem Einfluß von Lachgas gewonnen wurden, könnten diese erhöht sein, wodurch die durch Fentanyl ohne Lachgas erzielte zerebrale Depression zu groß gemessen worden wäre. Yaster et al. [171] gelang es sogar mit extrem hohen Dosen von bis zu 4,4 mg · kg⁻¹ Fentanyl nicht, bei Lämmern zuverlässig eine anästhetische Wirkung einhergehend mit einer Einschränkung von CBF und CMR O_2 zu erreichen. Nur bei 2 von 10 Tieren waren derartig hohe Fentanyldosen in der Lage, eine tiefe Narkose hervorzurufen. Bei diesen Tieren kam es auch zu einer Abnahme der Hirndurchblutung um 38 % und der zerebralen Sauerstoffaufnahme um 36 %.

Offensichtlich ist die zentrale Wirkung bestimmter Anästhetika aber auch altersabhängig. Baughman et al. [12] beobachteten bei jungen Ratten eine Abnahme von CBF und CMR O_2 um 51 % bzw. 38 % nach 5,75 mg · kg⁻¹ Midazolam, während dieselbe Dosis bei alten Ratten zu einer Senkung der Hirndurchblutung um 62 % und des O_2-Verbrauchs um 59 % führte. 200 µg·kg⁻¹ Fentanyl dagegen senkten CBF und CMR O_2 um 49 bzw. 39 % bei den jungen und um 37 bzw. 34 % bei alten Tieren. Diese Ergebnisse zeigen, daß im Alter die Empfindlichkeit des Gehirns für Midazolam zunimmt, für Fentanyl dagegen abnimmt, was mit einer Änderung der Anzahl oder der Affinität zentraler Opiat- und Benzodiazepinrezeptoren erklärt wird.

Die Patienten dieser Untersuchung waren zwischen 38 und 60 Jahren alt, sind also dem mittleren Lebensabschnitt zuzurechnen. Bei ihnen führte die Anästhesie mit 7 µg · kg⁻¹ Fentanyl und 200 µg · kg⁻¹ Midazolam als Bolus, gefolgt von 0,15 µg · kg⁻¹ · min⁻¹ Fentanyl und 3 µg · kg⁻¹ · min⁻¹ Midazolam als Infusion, zu einer Abnahme der Hirndurchblutung zwischen 37 und 49 % bzw. – wenn man die CBF-Werte den p_aCO_2-Werten entsprechend korrigiert [66, 126] zu einer Abnahme zwischen 33 und 40 %. Gleichzeitig sanken CMR O_2 und CMR$_{Gluk}$ um 22 % bis 28 % bzw. um 26 % bis 36 %. Mit der Kombination von Midazolam und Fentanyl in der hier verwendeten Dosierung wurde eine Senkung der Hirndurchblutung und des Energiebedarfs erreicht, die Baughman et al. [12] für Midazolam oder Fentanyl allein gefunden haben. Diese Midazolam/Fentanyl-Dosierung verbindet hämodynamische Stabilität mit einer adäquaten Narkosetiefe, erkennbar im EEG an der Zunahme langsamer Wellen mit hoher Amplitude und der Abnahme der Aktivität in den hohen Frequenzbereichen. Daher erschien es uns nicht notwendig, die Narkose bis zum Auftreten eines Burst-suppression-Musters im EEG zu vertiefen, was sicherlich mit einer stärkeren metabolischen Depression verbunden gewesen wäre. Der unter der Narkose beobachtete Abfall des mittleren arteriellen Drucks und des zerebralen Perfusionsdrucks um 22–27% kann für den Abfall der Hirndurchblutung nicht verantwortlich sein, da sich die Druckwerte weiterhin innerhalb des Autoregulationsbereichs bewegten; vielmehr war der Abfall des CBF von einem entsprechenden Anstieg des Hirngefäßwiderstands begleitet. Der Abfall der Viskosität hingegen hätte einer Abnahme der Hirndurchblutung eher entgegengewirkt. Man kann deshalb davon ausgehen, daß die Kopplung zwischen Hirndurchblutung und Metabolismus unter der Fentanyl/Midazolam-Narkose im wesentlichen aufrechterhalten blieb. Dies wird durch die Ergebnisse von Vernhiet et al. [165] bestätigt, die beim Menschen unter der Kombination Fentanyl/Diazepam/Lachgas eine 34 %ige Senkung sowohl der Hirndurchblutung als auch des Sauerstoffverbrauchs bei unveränderter hirnvenöser Sauerstoffsättigung fanden. In der vorliegenden Untersuchung kam es allerdings zu einem etwas stärkeren Abfall der Hirndurchblutung als des Sauerstoffverbrauchs, wie man auch an der Abnahme der hirnvenösen Sauerstoffsättigung erkennen kann. Ob die Fentanyl/Midazolam Kombination zusätzlich eine konstringierende Wirkung auf die Hirngefäße ausübt, wie es für Etomidat diskutiert wird [102], bleibt nachzuweisen. Dagegen verringerten sich $CMR\,O_2$ und CMR_{Gluk} im selben Ausmaß. Damit blieb der aerobe Index unverändert. Auch der anaerobe Index veränderte sich nicht signifikant, da CMR_{Lak} und CMR_{Pyr} ebenfalls abgefallen waren. Unter der Fentanyl/Midazolam-Narkose kam es somit nicht zu einem unphysiologisch hohen Anteil anaerober Energiegewinnung.

Hypothermie und Hirnstoffwechsel

Nichtpulsatile Perfusionstechnik

Mit Ausnahme von Halothan, das in hohen Konzentrationen einen toxischen Effekt auf die oxidative Phosphorylierung ausübt [92], beeinflussen Anästhetika den Hirnmetabolismus nur, solange neuronale Aktivität besteht; d. h. sie senken den Energiebedarf des Gehirns nur bis zum Auftreten einer isoelektrischen Linie im EEG [87]. Der nach Unterdrückung des Aktivitätsstoffwechsels verbleibende Basalstoff-wechsel setzt sich zusammen aus dem Energiebedarf für die Aufrechterhaltung des Na^+/K^+-Konzentrationsgradienten an der Zellmembran (Membranstabilität), die Synthese von Zellbestandteilen und den axoplasmatischen Transport [9, 10].

Hypothermie senkt den Energiebedarf des Gehirns sowohl über eine Hemmung des Aktivitäts- als auch des Basalstoffwechsels durch Herabsetzung der Geschwindigkeit aller biochemischen Reaktionen [11]. Nach der Arrhenius-Gleichung ist der Logarithmus der Geschwindigkeit einer chemischen Reaktion umgekehrt proportional zum Reziprokwert der absoluten Temperatur. Über einen Temperaturbereich von 37–30 %C ist der Logarithmus der Reaktionsgeschwindigkeit direkt proportional zur Temperatur. In dieser Form findet die Beziehung ihren Ausdruck in dem Van t'Hoffschen Gesetz, das besagt, daß eine Temperaturerniedrigung von 10 °C die Geschwindigkeit einer chemischen Reaktion um das zwei- bis dreifache herabsetzt (RGT-Regel). Man findet also einen Temperaturkoeffizienten oder Q_{10}-Wert von 2–3 [53].

In der Literatur werden Q_{10}-Werte von 2–4,6 für den Sauerstoffverbrauch des Gehirns angegeben [11, 13, 28, 48, 59, 89, 98, 105, 129]. Die Divergenz in den Q_{10}-Werten verschiedener Untersucher beruht auf unterschiedlichen Meßmethoden und Untersuchungsbedingungen. So ist nicht nur die Art der Abkühlung wichtig, wobei zwischen Oberflächenkühlung, Körperkernkühlung durch EKZ und kombinierten Verfahren zu unterscheiden ist [65], sondern auch die Geschwindigkeit der Abkühlung [53]. Letzteres kann zu bedeutenden Temperaturgradienten zwischen Hirn, Blut und verschiedenen Körperregionen führen. Folglich unterscheiden sich die Q_{10}-Werte auch je nach angegebener Referenztemperatur [4, 14, 30, 35, 113].

Die Narkosetiefe kann den Q_{10}-Wert ebenfalls beeinflussen. Michenfelder u. Theye konnten an Hunden in oberflächlicher Halothannarkose einen Q_{10}-Wert von 2,23 für den O_2-Verbrauch des Gehirns messen [89], während Bering, der den von ihm untersuchten Affen während der Abkühlphase Pentobarbital verabreichte, einen Q_{10}-Wert von 3,5 angab [13]. Zwar könnten Speziesunterschiede für diese unterschiedlichen Ergebnisse verantwortlich sein; wahrscheinlicher ist aber, daß sich bei Berings Tieren die stoffwechselsenkenden Wirkungen von Hypothermie und Barbiturat gegenseitig verstärkt haben. Nordström u. Rehncrona gelang es, durch Gabe von 150 mg · kg^{-1} Phenobarbital den zerebralen O_2-Verbrauch der Ratte in Hypothermie um 40–60 % unter den in Lachgasanästhesie bei derselben Temperatur gemessenen Wert zu senken [48, 105]. Ein additiver Effekt von Hypothermie und Barbituraten auf den Hirnstoffwechsel wurde auch von Lafferty et al. [69] und Hägerdal et al. [50] zumindest bis zu einer Temperatur von 27 °C beschrieben, wohingegen Steen et al. eine einfach additive Wirkung ablehnten, zumal sie ein Zusammenwirken von Barbiturat und Hypothermie nur bis zum Vorliegen eines isoelektrischen EEG bei 18 °C feststellen konnten [147]. Darüber hinaus war Thiopental nicht mehr in der Lage, eine durch weitere Temperatursenkung hervorgerufene Stoffwechseldepression zu verstärken. Ein weiterer Gegensatz zwischen den Arbeitsgruppen von Hägerdal und Steen besteht in der Beschreibung der Temperaturabhängigkeit des zerebralen O_2-Verbrauchs. Während Hägerdal et al., so wie auch Siesjö [139], eine lineare Abhängigkeit zwischen CMR O_2 und Körpertemperatur fanden und den Verbrauch nur vom Energiebedarf des Hirngewebes bestimmt sahen, beobachteten Steen et al. [147] beim Vorliegen eines barbituratinduzierten isoelektrischen EEG eine lineare Beziehung zwischen dem Logarithmus der CMR O_2 und dem Reziprokwert der absoluten Temperatur im Sinne einer Arrhenius-Funktion. Dies stimmt mit Befunden von Bering [13], Nordström u. Rehncrona [105], Michenfelder u. Theye [89] und Astrup et al. [17] überein und unterstützt die Hypothese, daß zumindest in Abwesenheit der elektrophysiologischen Hirnfunktion der Energiebedarf des Gehirns primär von bestimmten geschwindigkeitslimitierenden Reaktionen definiert wird. Beim Vorhandensein hirnelektrischer Aktivität wird die Situation allerdings komplizierter. In diesem Fall konnten Steen und Mitarbeiter weder eine einfach lineare noch eine logarithmisch lineare Beziehung zwischen CMR O_2 und Temperatur finden [147].

In der vorliegenden Untersuchung führte die Kombination der Fentanyl/Midazolam-Anästhesie mit Hypothermie ähnlich wie die Kombination von Barbituraten oder Isofluran mit Hypothermie [69, 76, 120] bei allen Patienten zu einem Burst-suppression-

Muster im EEG mit vorwiegend isoelektrischen Perioden. Weder die Narkose, wie im vorigen Abschnitt gezeigt wurde, noch eine Temperatur von 26 °C sind allein in der Lage, eine derartige Suppression der neuronalen Aktivität zu bewirken [88], woraus auch für Fentanyl und Midazolam in der angegebenen Dosierung eine zur Hypothermie additive Wirkung auf den Hirnstoffwechsel abgeleitet werden kann.

Bei einer venösen Bluttemperatur von 26 °C kam es unter nichtpulsatiler EKZ bei den Patienten der Gruppe 1 zu einer Abnahme der zerebralen O_2-Aufnahme um 59 % gegenüber dem unter Anästhesie und Normothermie gemessenen Wert. Dies entspricht einem Q_{10}-Wert von 2,47 und stimmt mit an Tieren gefundenen Q_{10}-Werten überein [11, 89, 147], nicht jedoch mit den Ergebnissen von Woodcock et al., die bei Temperaturen von 25-29 °C ebenfalls bei Koronarkranken eine viel stärkere Depression der zerebralen Sauerstoffaufnahme beobachteten [170]. In ihrer Untersuchung nahm bei fortbestehender EEG-Aktivität der O_2-Verbrauch um 73 % ab, während er bei Patienten, deren hirnelektrische Aktivität mit Thiopental unterdrückt worden war, sogar um 89 % abfiel. Murkin et al., die zur selben Arbeitsgruppe gehören, berichten über eine 75 %ige CMR O_2-Abnahme bei einer mittleren Nasopharyngealtemperatur von 26,6 °C [98]. Die Unterschiede zwischen diesen und den hier vorliegenden Befunden sind nicht leicht zu erklären. Doch können deren niedrige CMR O_2-Werte nicht, wie Murkin et al. vorschlagen, damit begründet werden, daß die nichtpulsatile Bypasstechnik per se zu einer 30 %igen Reduktion der O_2-Aufnahme führe, da wir dieselbe Technik angewendet haben. Allerdings geben beide Autorengruppen nur die Nasopharyngealtemperaturen ihrer Patienten an, anhand derer allein man nicht beurteilen kann, inwieweit eine gleichmäßige Auskühlung des Gehirns stattgefunden hat. Auch ist die Geschwindigkeit der Abkühlung nicht bekannt, ein Faktor, der jedoch entscheidend die Höhe des Q_{10}-Werts unter EKZ beeinflußt [53]. Die Patienten der vorliegenden Untersuchung wiesen zum Meßzeitpunkt sowohl eine venöse als auch arterielle Blut- und eine Nasopharyngealtemperatur von 26 °C auf, so daß man davon ausgehen kann, daß auch die Temperatur des Gehirns zu diesem Zeitpunkt 26 °C betrug.

Der Abfall der O_2-Aufnahme um 59 % bei den Patienten der Gruppe 1 war begleitet von einem annähernd gleich großen Absinken der zerebralen Glukoseaufnahme, so daß sich der aerobe Index nicht signifikant veränderte. Daraus ist zu schließen, daß auch unter den Bedingungen des hypothermen, nicht pulsatilen kardiopulmonalen Bypasses die aerobe Verstoffwechselung von Glukose die Hauptenergiequelle des Gehirns darstellt. Ähnliche Befunde liegen von den Arbeitsgruppen um Lafferty [69], Michenfelder [89] und Astrup [11] für das Hundegehirn vor. Je nach verwendetem Anästhetikum und Temperatur nahmen in den Tierversuchen CMR O_2 und CMR_{Gluk} dort zwischen 35 bzw. 37 % und 61 % bzw. 67 % ab. Während in der vorliegenden Untersuchung der Pyruvatstoffwechsel bei 26 °C unverändert blieb, stiegen Laktatabgabe und anaerober Index leicht, aber nicht signifikant an. Vergleichbares wurde von Lafferty et al. beobachtet [69]. Mit diesen Autoren sind wir der Meinung, daß dies keinen Beweis für einen zunehmenden anaeroben Stoffwechsel darstellt, da die Äquilibrierung von Laktat und Pyruvat zwischen Blut und Hirnzelle sehr langsam verläuft. Unsere Meinung wird durch Befunde von Nilsson et al. [103] gestützt, die bei hypothermen Ratten (22 °C) sogar eine Abnahme der Gewebskonzentrationen von Laktat und Pyruvat gemessen haben. Die Beurteilung des Laktatstoffwechsels in der hier durchgeführten Untersuchung wird zudem dadurch erschwert, daß die Blutspiegel durch die Füllung der Herz-Lungen-Maschine mit Ringer-Laktatlösung teilweise bis auf das Doppelte erhöht worden waren. Bei dem Patienten 14 allerdings war eine über den Mittelwert erhöhte Laktatabgabe von 7,31 µmol · min^{-1} · 100 g^{-1} mit einer Zunahme der CMR$_{Gluk}$ auf 4,3 mg · min^{-1} 100 g^{-1} und einem Abfall des aeroben Index auf 25 % bei unauffälliger CMR O$_2$ assoziiert. Bei diesem Patienten könnte, da die übrigen Parameter unauffällig waren, der zerebrale Perfusionsdruck von 51 mm Hg in Kombination mit einem Hb-Wert von 7,4 mg · 100 ml^{-1} zumindest zu einer regionalen O$_2$-Minderversorgung des Gehirns geführt haben [29, 142].

Pulsatile Perfusionstechnik

Ursache für metabolische Störungen während EKZ könnte das bei den Patienten der Gruppe 1 angewandte unphysiologische nichtpulsatile Flowmuster sein. Hinweise darauf bietet schon die 1958 vorgelegte Studie von Halley et al. [51], die unter normothermer nichtpulsatiler Perfusion beim Hund einen 45 %igen Abfall der zerebralen O$_2$-Aufnahme feststellten, möglicherweise hervorgerufen durch eine unter diesen Bedingungen verschlechterte O$_2$-Versorgung des Gewebes.

Es ist allgemein anerkannt, daß dem Puls eine bedeutende Rolle bei der Regulation des Gefäßtonus und des Blutdrucks zukommt. Vermittelt wird dieser Einfluß über die arteriellen Barorezeptoren, die sowohl auf die Höhe des Mitteldrucks als auch der Druckamplitude und die Druckanstiegsgeschwindigkeit reagieren [7, 67]. Erhöhung der Barorezeptorenaktivität führt über das Vasomotorenzentrum reflektorisch zu Vasodilatation, Erniedrigung dementsprechend zu Vasokonstriktion. Die von der Höhe des Mitteldrucks abhängige Impulsfrequenz der Rezeptoren erhöht sich jeweils während der Systole, woraus rhythmische Dilatationen und Konstriktionen der Arterien und Arteriolen resultieren. Diese Erhöhung der Impulsfrequenz während der Systole ist auch verantwortlich für eine stärkere Hemmung des Vasomotorenzentrums während des pulsatilen Flows [7, 104]. Ein plötzlicher Wechsel von pulsatilem auf nicht pulsatilen Flow bei gleichem Mitteldruck wird von den Barorezeptoren ebenso beantwortet wie eine plötzlich auftretende Hypotension, nämlich mit einer Erniedrigung der Impulsfrequenz, gefolgt von reflektorischer Vasokonstriktion [7]. Dies könnte die Ursache dafür sein, daß sowohl in menschlichen als auch in Tierstudien unter nichtpulsatilem Flow höhere periphere Widerstandswerte gemessen wurden als unter pulsatilem Flow [32, 82, 115, 151, 156, 162].

Ein anderer Grund für den unter pulsatiler Perfusion niedrigeren peripheren Widerstand könnte in der Wirkung der hydraulischen Energie des pulsatilen Flows liegen [57], die durch Überwindung des kritischen Verschlußdrucks kleiner Arteriolen und präkapillärer Sphinkter die Mikrozirkulation aufrechterhalten soll. Nach Shepard et al. [138] erfordert daher die Erzeugung eines pulsatilen Flows 2,3mal mehr Energie als die eines nicht pulsatilen Flows gleichen Mitteldrucks.

Die Pulsationen der Kapillaren bewirken leichte Erschütterungen im Gewebe, wodurch die Bewegung von lymphatischer und interstitieller Flüssigkeit und der Stoffaustausch zwischen Blut und Gewebe gefördert wird [94, 137]. In einer klassischen Untersuchung haben Parsons u. McMaster nachgewiesen, daß ein ins Kaninchenohr gespritzter Farbstoff unter pulsatilem Flow schneller vom Lymphstrom abtransportiert wird als unter nichtpulsatilem Flow, wohingegen es unter letzterem häufiger zu Ödemen kommt [112]. Ogata et al. [108] beobachteten an Kapillaren des großen Netzes und des Mesenteriums bei nichtpulsatiler Perfusion ein Sistieren des Flows und eine Erythrozytensludgebildung. Gleichzeitig kam es zu einer vergrößerten arterio-venösen Shuntbildung. Alle diese Phänomene verschwanden sofort nach Einsetzen eines pulsatilen Flows. Dieselben Veränderungen wurden auch von Matsumoto et al. [84] im zerebralen und konjunktivalen Mikrozirkulationsgebiet festgestellt. Eine verbesserte Mikrozirkulation sollte auch zu einer günstigeren metabolischen Situation führen. Ogata et al. [108] beschrieben eine höhere Gesamt-O_2-Aufnahme und höhere pH-Werte und Pufferbasenspiegel im Blut unter pulsatilem Flow mit Perfusionsraten von 60 und 75 ml · kg^{-1} · min^{-1}. Bei Perfusionsraten von 100 ml · kg^{-1} · min^{-1} dagegen war kein Unterschied zwischen den beiden Flowformen mehr feststellbar. Bei einer Flowrate von 80 ml · kg^{-1} · min^{-1} fanden auch Nakayama et al. [99] höhere pH-Werte, und bei 100 ml · kg^{-1} · min^{-1} konnten Jacobs et al. [62] niedrigere Laktatspiegel, Trinkle et al. [161] sowohl höhere pH-Werte als auch niedrigere Lakatspiegel und schließlich Dunn et al. [32] höhere O_2-Aufnahmen, pH-Werte und Bikarbonatspiegel im Vergleich zu nichtpulsatiler Perfusion messen. Diese an Hunden in Normothermie erhobenen Befunde konnten von Shepard u. Kirklin [137] am Kalb bestätigt werden und deuten auf eine verbesserte aerobe Stoffwechsellage des Gesamtorganismus unter pulsatilem Flow hin, solange moderate Perfusionsvolumina angewendet werden. Klinische Studien an Patienten lieferten dagegen widersprüchliche Resultate. Während Pappas et al. [110] unter pulsatilem Flow niedrigere Laktat- und Laktatdehydrogenasespiegel sahen, stellten Singh et al. [141] unter hypothermen Bedingungen keine Unterschiede zwischen den beiden Flowformen hinsichtlich des Gesamt-O_2-Verbrauchs und der Laktatspiegel fest.

Kontroverse Ergebnisse liegen auch bezüglich der hormonalen Veränderungen [40, 70, 116, 132, 155] und der Nierenfunktion [19, 75, 116, 141] unter beiden Perfusionsarten vor, was sich nur teilweise mit der Hypothese erklären läßt, daß mit Hilfe hoher Flowraten (> 100 ml · kg^{-1} · min^{-1}) auch unter nichtpulsatilem Flow ein Ansteigen des peripheren Widerstands verhindert und eine verbesserte Mikrozirkulation mit den entsprechenden Stoffwechselwirkungen aufrechterhalten werden könne [85]. Ein anderer Grund könnten die unterschiedlichen angewandten Bypasstechniken sein, wobei es weniger wichtig ist, ob eine modifizierte Roller-Pumpe oder ein intermittierend okklusives System, basierend auf dem Prinzip der intraaortalen Ballonpumpe, zur Erzeugung des pulsatilen Flows benutzt wird. Entscheidende Bedeutung dagegen kommt der Form der erzeugten Pulskurve zu, denn insbesondere die Druckanstiegsgeschwindigkeit und die Druckamplitude, evtl. auch die Pulsfrequenz, stellen wichtige Determinanten für die physiologische Akzeptanz des pulsatilen Flows dar [117, 133, 154]. Das in der vorliegenden Untersuchung benutzte PAD-System ist das bisher am häufigsten bei Patienten verwendete System, mit dem es zuverlässig gelungen ist, effektive Pulsationen zu erzeugen, wenn auch mit unterschiedlichen, teils widersprüchlichen Ergebnissen im Hinblick auf die Bedeutung des pulsatilen Flows für Hämodynamik, Hormonhaushalt, Metabolismus oder Organfunktionen [19, 40, 71, 110, 141, 172]. In der hier durchgeführten Studie wurden in Übereinstimmung mit anderen Untersuchern Pulsfrequenzen zwischen 60 und 80 min^{-1} gewählt sowie ein möglichst steiler Druckanstieg und ein systolisch-diastolischer Druckgradient von mindestens 25 mmHg in der A. radialis angestrebt.

Unter Einhaltung desselben Mitteldrucks und Perfusionsvolumens konnte bei den Patienten der Gruppe 2 mit pulsatilem Flow in Hypothermie kein niedrigerer systemischer

Widerstand gefunden werden als bei den Patienten der Gruppe 1, die der nichtpulsatilen Perfusion unterworfen worden waren. Dies steht in Einklang mit Befunden der Arbeitsgruppen um Singh [141] und Frater [40], aber in Widerspruch zu Ergebnissen von Trinkle et al. [162] und Philbin et al. [115].

Bisher liegen nur wenige und nur an Tieren durchgeführte Untersuchungen über die Auswirkungen des pulsatilen Flows auf den Hirnstoffwechsel vor, obwohl die Ursachen neuropsychologischer Störungen nach Operationen mit EKZ noch weitgehend unbekannt sind und eine intensive Forschung auf diesem Gebiet erforderlich machen. Einen Hinweis auf eine mögliche Mitbeteiligung des nichtpulsatilen Flows an der Entstehung ischämischer Nervenschädigungen gibt die Studie von Sanderson et al. [133], die die histologischen Veränderungen von Hundegehirnen nach 2–3stündiger pulsatiler und nichtpulsatiler Perfusion untersuchten. Während die nichtpulsatile Perfusion in allen Fällen diffuse ischämische Nervenzellveränderungen zur Folge hatte, waren solche Schäden nach pulsatiler Perfusion nicht zu entdecken. Dagegen traten unter beiden Flowformen in einigen Fällen fokale Veränderungen auf, die auf Mikroemboli zurückgeführt wurden. Die diffusen Zellveränderungen könnten durch unter nichtpulsatilem Flow auftretende Mikrozirkulationsstörungen zu begründen sein. Die Untersuchung von Matsumoto et al. [84] hat gezeigt, daß unter nichtpulsatilem Flow der Durchmesser zerebraler Arteriolen und Kapillaren deutlich verkleinert ist, pulsatiler Flow dagegen eine bessere kapilläre und venöse Perfusion gewährleistet.

Aus dem vorher Dargelegten ergibt sich, daß eine verbesserte Mikrozirkulation im Gehirn zu einer Abnahme des anaeroben Stoffwechselanteils, einer Zunahme der O_2-Aufnahme, einer Abnahme des Gefäßwiderstands und vielleicht zu einer Zunahme der Durchblutung führen sollte. Tatsächlich fanden Mori et al. [96] unter hypothermen pulsatilen Bypassbedingungen beim Hund eine niedrigere Laktatproduktion als unter nichtpulsatiler Perfusion. Geha et al.[42] beobachteten unter normothermer pulsatiler Perfusion ebenfalls beim Hund zwar einen höheren pO_2-Wert im Liquor und eine niedrigere Laktatkonzentration im jugularvenösen Blut, sahen aber in diesen Befunden keinen definitiven Beweis für eine verbesserte zerebrale Stoffwechselsituation unter pulsatilem im Vergleich zu nichtpulsatilem Flow.

In der vorliegenden Untersuchung kam es bei den Patienten der Gruppe 2 unter pulsatiler Perfusion bei 26 °C zu einer Verringerung der zerebralen Sauerstoffaufnahme um 65 % gegenüber dem Wert vor Bypassbeginn. Dies entspricht einem Q_{10}-Wert von 2,85 und unterscheidet sich nicht signifikant von der temperaturbedingten CMR O_2-Abnahme unter nichtpulsatilem Flow. Die Glukoseaufnahme sank im Mittel um 41 % und damit auch im selben Ausmaß wie in der Gruppe 1. Laktat- und Pyruvatstoffwechsel veränderten sich im Vergleich zum Meßpunkt II nicht. Wie bei den mit nichtpulsatilem Flow perfundierten Patienten nahm der aerobe Index leicht ab und der anaerobe Index stieg an, doch waren diese Veränderungen statistisch ebensowenig signifikant wie in Gruppe 1, so daß auch unter pulsatiler Perfusion keine deutliche Zunahme des anaeroben Stoffwechsels zu verzeichnen war. Allerdings fielen in dieser Gruppe 2 Patienten auf, deren Glukoseaufnahme nicht den temperaturbedingten Abfall, sondern bei 26 °C einen Anstieg zeigte, was als Zeichen einer beginnenden Ischämie gedeutet werden kann, wenn – wie schon am Beispiel des Patienten 14 in Gruppe 1 diskutiert – damit eine erhöhte Laktatfreisetzung bei im erwarteten Maß sinkender O_2-Aufnahme einhergeht [29, 142]. Beide Patienten wiesen zwar einen Abfall des aeroben Index auf 35 bzw. 37 % auf, aber keine Auffälligkeiten des Laktatstoffwechsels und des anaeroben Index.

Auch die zerebralen Perfusionsdrücke lagen mit 71 und 75 mm Hg im Normbereich. Ein Hb-Wert von 7,1 g · 100 ml^{-1} verbunden mit einer in Hypothermie gegenüber Normothermie erhöhten Viskosität und einem Anstieg des Hirngefäßwiderstands, könnten die Ursache für allenfalls diskrete Mikrozirkulationsstörungen bei dem Patienten 1 sein, während bei Patient 14 zu diesem Zeitpunkt keine Besonderheiten zu verzeichnen waren. Anhand der hier erzielten Ergebnisse kann kein Unterschied zwischen pulsatilem und nichtpulsatilem Flow im Hinblick auf den Hirnstoffwechsel in Hypothermie festgestellt werden. Ebensowenig deuten die hirnvenösen pH-Werte auf eine durch nichtpulsatile Perfusion entstehende Azidose hin.

Die Diskrepanz zwischen erwarteten und tatsächlich erzielten Resultaten kann in der in Hypothermie stark angestiegenen Hirndurchblutung um 209 % in Gruppe 1 und um 178 % in Gruppe 2 begründet sein, hauptsächlich verursacht durch einen ausgeprägten Abfall des Hirngefäßwiderstands um jeweils 60 %. Dieser steht damit im Gegensatz zum systemischen Widerstand, der ja in beiden Gruppen gleichermaßen angestiegen war. Die Wirkung der Barorezeptoren und der zusätzlichen hydraulischen Energie des pulsatilen Flows auf die Aufrechterhaltung der zerebralen Mikrozirkulation könnte durch den unter beiden Flowformen stark abgefallenen Hirngefäßwiderstand mit konsekutiver Hyperperfusion überspielt und damit bedeutungslos geworden sein. Dies entspräche Befunden, wonach die negativen Auswirkungen des nichtpulsatilen Flows auf den Stoffwechsel des Gesamtkörpers durch hohe Perfusionsvolumina aufgehoben werden können [85]. Da die Höhe der Hirndurchblutung in beiden Gruppen nicht unterschiedlich war, kann sie nicht durch die eine oder andere Flowform per se verursacht worden sein, obwohl Tranmer et al. [160] unter pulsatilem Flow eine stärkere Erhöhung der lokalen Durchblutung des normothermen Hundehirns messen konnten als unter nichtpulsatilem Flow. Doch handelte es sich dort 1. um lokale Veränderungen, die auf die Gesamthirndurchblutung keinen Einfluß haben müssen, und 2. um Untersuchungen in einem zuvor infarzierten Gebiet, dessen Autoregulationsfähigkeit stark eingeschränkt gewesen sein kann. Im Gegensatz dazu stellten Andersen et al. [6] am normothermen Schwein unter pulsatilem Flow eine Abnahme von Glukoseaufnahme und Hirndurchblutung im selben Ausmaß fest, unter nichtpulsatilem Flow dagegen zwar auch eine Abnahme der Glukoseaufnahme, nicht aber eine Verringerung der Hirndurchblutung. Aus dieser Entkopplung zwischen Flow und Metabolismus folgerten die Autoren, daß die Pulsation essentiell sei für die Regulation von Flow und Metabolismus. Da es in der vorliegenden Untersuchung unter beiden Perfusionsformen zu einer Entkopplung zwischen Durchblutung und Stoffwechsel kam, kann der Schluß von Andersen et al. in dieser Form von uns nicht gezogen werden. Mit Sicherheit kann jedoch die Narkoseform nicht für das Ausmaß der Luxusperfusion verantwortlich gemacht werden, da die Fentanyl/Midazolam-Kombination, wie gezeigt, parallel zur Senkung des Hirnmetabolismus zu einer Verminderung der Hirndurchblutung führt.

Extrakorporale Zirkulation in Hypothermie und Hirndurchblutung

Unabhängig von der verwendeten Flowform gibt es mehrere Faktoren, die die Hirndurchblutung während der EKZ beeinflussen. So werden durch Hämodilution Hämatokritwert und Hämoglobingehalt teilweise um bis zu 50 % gesenkt, um der in Hypothermie ansteigenden Viskosität entgegenzuwirken. Michenfelder u. Theye [90] gelang es, im normothermen Hundehirn durch eine Hb-Senkung von 12,4 auf 7,8 g · 100 ml^{-1} eine Durchblutungszunahme von 77 auf 92 ml · 100 g^{-1} · min^{-1} zu erzielen, und Aoyagi et al. [8], die mit Hilfe eines elektromagnetischen Flowmeters über der V. jugularis interna die Hirndurchblutung des Pavians bei 18 °C indirekt bestimmten, verzeichneten einen CBF-Anstieg von 17,4 auf 27,3 ml · 100 g^{-1} · min^{-1} bei einer Hämatokriterniedrigung von 27,8 auf 18,7 %. Gottstein u. Held [46] konnten durch Hämatokritsenkung von 41 auf 36 % die Hirndurchblutung bei Patienten von 55,5 auf 72,4 ml · 100 g^{-1} · min^{-1} anheben. Schließlich ist nach Henriksen [54] in Abhängigkeit vom Blutdruck eine Zunahme der menschlichen Hirndurchblutung um bis zu 20 ml · 100 g^{-1} · min^{-1} möglich, wenn der Hämatokrit bei ca. 30 °C von 30 auf 20 % gesenkt wird. Zu vermuten ist allerdings, daß eine Hämodilution bei gleichzeitiger Temperatursenkung aufgrund der ansteigenden Viskosität geringere Auswirkungen auf die Hirndurchblutung hat. So war z. B. in der vorliegenden Untersuchung in der Gruppe 1 eine Erniedrigung des Hb-Werts und des Hämatokrits von im Mittel 13 g · 100 ml^{-1} bzw. 40 % bei 36 °C auf 8,5 g · 100 ml^{-1} bzw. 25 % bei 26 °C nur von einem geringen Abfall der Viskosität von 3,67 auf 3,19 mPa · s (−13 %) begleitet. Dennoch könnte diese geringe Viskositätserniedrigung imstande sein, den bei erhaltener Kopplung von Flow und Metabolismus zu erwartenden temperaturbedingten Abfall der Hirndurchblutung ganz oder teilweise zu kompensieren, worauf die Untersuchung von Johnsson et al. [64] schließen läßt. In ihrer Studie blieb bei einer Senkung der Körpertemperatur um 5 °C und einer Abnahme des Hämoglobingehalts um 30 % die Hirndurchblutung unter EKZ unverändert gegenüber dem Wert vor Beginn des Bypasses.

Wirkten während der EKZ nur die Veränderungen von Viskosität und Temperatur auf den zerebralen Blutfluß ein, würde man unmittelbar nach Beginn des Bypasses eines starke Erhöhung der Hirndurchblutung erwarten, die sich dann mit abnehmender Temperatur verringerte, um während der Aufwärmphase wieder anzusteigen. Doch kann in diesen phasischen Verlauf auch die Höhe des von der Herz-Lungen-Maschine erzeugten Perfusionsvolumens modulierend eingreifen. In einer experimentellen Studie untersuchten Fox et al. [39] den Einfluß des systemischen Flows auf Hirndurchblutung und zerebrale O_2-Aufnahme und stellten fest, daß die Hirndurchblutung bei 20 °C mit von 1,5 auf 0,5 l · min^{-1} · m^{-2} sinkendem Perfusionsvolumen zwar von 45 auf 23 ml · 100 g^{-1} min^{-1} abnahm, daß ihr prozentualer Anteil am Gesamtflow aber zunahm. Demgegenüber blieb die zerebrale Sauerstoffaufnahme bei Flowraten bis 0,25 l · min^{-1} · m^{-2} unverändert im Gegensatz zum Gesamt-O_2-Verbrauch, der zumindest unterhalb eines Perfusionsvolumens von 1,2 l · min^{-1} · m^{-2} stark flowabhängig zu sein scheint [38, 56]. Die Ergebnisse von Fox et al. [39] wurden in einer späteren Untersuchung von Miyamoto et al. [95] an Hunden bestätigt. Auch sie fanden eine deutliche Abhängigkeit zwischen systemischem Flow und CBF, während die zerebrale Sauerstoffaufnahme bei Flowraten bis 30 ml · kg^{-1} · min^{-1} unverändert blieb. Unterhalb eines Perfusionsvolumens von 15 ml · kg^{-1} · min^{-1} beobachteten sie dann allerdings eine signifikante CMR O_2-Abnahme, woraus sie schlossen, daß bei 20 °C ein Perfusionsvolumen von mindestens 30 ml · kg^{-1} · min^{-1} eingehalten werden sollte. Der in der vorliegenden Studie bei 26 °C eingestellte systemische Flow von etwa 2 l · min^{-1} · m^{-2} liegt weit über diesem Wert.

Neben dem Perfusionsvolumen scheint sich auch der zerebrale Perfusionsdruck auf die Höhe der Hirndurchblutung auszuwirken. Einige Untersucher sahen nämlich bei Patienten eine direkte Abhängigkeit zwischen CBF und CPP, d. h. eine Aufhebung der Autoregulation zumindest während des hypothermen nichtpulsatilen Bypasses [78, 79], wobei jedoch gesagt werden muß, daß diesbezügliche Studien mit pulsatiler Perfusion bisher nicht durchgeführt wurden. Lundar et al. [78, 79] folgerten aus Messungen der Flußgeschwindigkeit in der A. cerebri media, daß die Hirndurchblutung während EKZ stark erhöht und die Autoregulationsfähigkeit des Gehirns beeinträchtigt bzw. aufgehoben sei. Auch Henriksen et al. [55] berichteten über eine 67 %ige Erhöhung der Hirndurchblutung während EKZ und eine beeinträchtigte Autoregulation bei niedrigen Drücken, und Feddersen et al. [34] fanden einen CBF-Anstieg von 22 auf 34 ml $\cdot$ 100 g^{-1} $\cdot$ min^{-1} in Hypothermie, während die Arbeitsgruppen um Johnsson [64] und Govier [47] weder das Auftreten einer zerebralen Hyperperfusion noch die Aufhebung der Autoregulation unter hypothermen Bypassbedingungen bestätigen konnten. Im Gegenteil kam es bei der Untersuchung von Govier et al. zu einer 55 %igen Reduktion der Hirndurchblutung auf im Mittel 9,1 ml $\cdot$ 100 g^{-1} $\cdot$ min^{-1} bei 26 °C, die einer errechneten CMR O_2-Abnahme um 56 %, d. h. einen Q_{10}-Wert von 2,8 entsprechen würde. Demzufolge scheint hier keine Entkopplung zwischen Flow und Metabolismus eingetreten zu sein. Die Autoregulation blieb bis zu Drücken von 30 mm Hg erhalten. Außerdem war die Hirndurchblutung im Bereich von 1–2 l $\cdot$ min^{-1} $\cdot$ m^{-2} auch unabhängig vom Perfusionsvolumen. Eine signifikante Korrelation konnten die Untersucher nur zwischen Hirndurchblutung und $p_a CO_2$ bzw. Nasopharyngealtemperatur (und damit auch dem O_2-Verbrauch) finden.

Mögliche Ursachen für diese divergierenden Ergebnisse konnten in den letzten Jahren besonders durch Arbeiten von Henriksen [54], Prough et al. [119] und Murkin et al. [98] ermittelt werden und scheinen hauptsächlich in dem unterschiedlichen Säure-Basen-Management während der hypothermen Bypassphase begründet zu sein. Während Lundar et al. [78, 79] und Henriksen et al. [55] dem Frischgasflow exogenes CO_2 zusetzten, um einen temperaturkorrigierten $p_a CO_2$-Wert von 40 mm Hg aufrechtzuerhalten, strebten Govier et al. [47] und Johnsson et al. [64] einen nicht temperaturkorrigierten $p_a CO_2$-Wert von 40 mm Hg an analog zur α-stat-Regulationstheorie von Rahn [121] und Reeve's [125]. Diese Theorie stützt sich auf die temperaturabhängige Verschiebung des arteriellen pH-Wertes bei wechselwarmen Tieren und auf In-vitro-Befunde von Rosenthal [128], wonach sich der pH-Wert von Blut in einem geschlossenen System, d. h. bei konstantem CO_2-Gehalt, in Abhängigkeit von der Temperatur um den Faktor pH/°C = –0,0147 verändert. Damit zeigt die temperaturabhängige pH-Verschiebung des Bluts eine Parallelität zum pH-Wert am Neutralpunkt des Wassers. Am Neutralpunkt ist pH gleich pOH oder das Verhältnis [H$^+$] / [OH$^-$] gleich 1. Der pH-Wert des Neutralpunkts steigt mit sinkender Temperatur um den Faktor 0,017/°C und beträgt bei 37 °C 6,8. Bei normaler Körpertemperatur liegt auch der intrazelluläre pH-Wert bei 6,8, während der pH-Wert der extrazellulären Flüssigkeit um 0,6 Einheiten höher ist. Dies wird als relative Alkalität des Bluts bezeichnet. Die Aufrechterhaltung der biologischen Neutralität setzt ein konstantes Verhältnis der relativen Alkalität des Bluts zum Neutralpunkt des Wassers voraus und damit einen steigenden pH-Wert bei sinkender Temperatur. Das wird ermöglicht durch die Eigenschaften des Imidazolpuffersystems, dessen pK-Wert sich im Gegensatz zu denen des Bikarbonat- und Phosphatpuffers temperaturabhängig parallel zum pK-Wert des Wassers ändert und so bei allen Temperaturen seine optimale Pufferkapazität behält. Mit zunehmender Hypothermie werden daher die titrierbaren proteingebundenen Imidazolgruppen (α-Imidazol) zum einzigen effektiven Puffersystem.

Jedoch stellen Lebewesen keine geschlossenen Systeme mit einem konstanten CO_2-Gehalt dar, sondern offene Systeme, die zur Aufrechterhaltung eines konstanten CO_2-Gehalts und $[H^+]/[OH^-]$-Verhältnisses Regulationsmechanismen entwickelt haben müssen. Die Konstanthaltung der relativen Alkalität des Bluts erfordert nach der Henderson-Hasselbach-Gleichung

$$pH = pK + \log \frac{[HCO_3^-]}{\alpha\, CO_2 \cdot pCO_2}$$

bei Senkung der Temperatur entweder eine Erhöhung des Bikarbonatgehalts oder eine Senkung des pCO_2, da sowohl die physikalische Löslichkeit von CO_2 ($\alpha\, CO_2$), die mit sinkender Temperatur zunimmt, als auch der pK-Wert temperaturabhängige Konstanten sind. Blutgasanalysen von poikilothermen Tieren haben ergeben, daß die arterielle Bikarbonatkonzentration relativ konstant gehalten wird, während der p_aCO_2 eine direkte Funktion der Temperatur darstellt, d. h. der pH-Wert wird über Veränderungen des Verhältnisses zwischen Ventilation und CO_2-Produktion reguliert. Bei Erhöhung der Körpertemperatur kommt es zur relativen Hypoventilation, bei einer Temperatursenkung zur relativen Hyperventilation. Die Konstanthaltung des Gesamt-CO_2-Gehalts und des $[OH^-]/[H^+]$-Verhältnisses sowie die pH-Verschiebung parallel zum pH des Neutralpunkts von Wasser hat nicht nur eine bei allen Temperaturen optimale Pufferkapazität des Imidazolpuffers zur Folge, sondern eine gleichbleibende Kinetik vieler am Stoffwechsel beteiligter Enzyme, deren pH-Optima sich ebenfalls mit sinkender Temperatur nach oben verschieben. Außerdem bleiben unter diesem Regime das Donnan-Gleichgewicht und das Zellvolumen stabil.

Im Gegensatz zu den poikilothermen Tieren halten die Winterschläfer auch bei tiefen Temperaturen ihren arteriellen pH-Wert immer bei 7,4 (pH-stat-Regulation), möglicherweise um während des Winterschlafs zusätzlich zur temperaturbedingten Depression des Metabolismus eine Senkung der Enzymaktivität durch ein im Verhältnis zu ihrem pH-Optimum saures Zellmilieu zu erreichen [123, 150, 167]. Dies würde bedeuten, daß eine Regulation des Säure-Basen-Haushalts nach der pH-stat-Theorie mit höheren Q_{10}-Werten einherginge als eine Regulation nach α-stat-Theorie. Tatsächlich konnten McConnell et al. [86] bei Hunden unter hypothermer EKZ den erwarteten Q_{10}-Wert von 2 bei einem pH-Wert von 7,7 (α-stat) finden, wohingegen ein pH-Wert von 7,4 (pH-stat) durch einen Q_{10}-Wert von 4 gekennzeichnet war.

In der klinischen Praxis wird die α-stat-Regulationstheorie verfolgt, indem man das bei 37 °C erforderliche Atemminutenvolumen in etwa beibehält und auf diese Weise den bei 37 °C gemessenen, nicht temperaturkorrigierten p_aCO_2-Wert unabhängig von der Temperatur bei 40 mm Hg hält. Nach der pH-stat-Regulationstheorie muß während hypothermer Phasen das Atemminutenvolumen reduziert bzw. dem Frischgasflow der Herz-Lungen-Maschine exogenes CO_2 zugesetzt werden, um einen auf die aktuelle Temperatur korrigierten paCO2-Wert von 40 mm Hg und pH-Wert von 7,4 zu erreichen. Dieses Management führt, wenn man die α-stat-Regulation als physiologisch ansieht, in Hypothermie zu einer respiratorischen Azidose bzw. Hyperkapnie, deren vasodilatierender Effekt auf die Hirngefäße bekannt ist [15, 49, 148]. Hält man dagegen die pH-stat-Regulation für physiologisch, ist der α-stat-Säure-Basen-Haushalt bei tiefen Temperaturen geprägt von einer respiratorischen Alkalose bzw. Hypokapnie.

In der vorliegenden Untersuchung wurde bei den Patienten der Gruppen 1 und 2 analog zur pH-stat-Theorie ein temperaturkorrigierter p_aCO_2-Wert von 40 mm Hg angestrebt und dies als Normokapnie bezeichnet. Bei den Patienten der Gruppe 3 wurde für 20 min die exogene CO_2-Zufuhr unterbrochen und so ein p_aCO_2-Wert erreicht, der nach α-stat-Theorie annähernd normal war. Anhand der in den Gruppen 1 und 3 unter nichtpulsatiler Perfusion erzielten Ergebnisse können daher die Auswirkungen eines unterschiedlichen Säure-Basen-Managements auf Hirndurchblutung und -stoffwechsel untersucht werden. Durch Unterbrechung der CO_2-Zufuhr wurde in der Gruppe 3 ein auf 26 °C korrigierter mittlerer p_aCO_2-Wert von 28,6 mm Hg erreicht, der einem mittleren nicht temperaturkorrigierten Wert von 46 mm Hg entsprach und damit signifikant unter dem entsprechenden p_aCO_2-Wert der Gruppe 1 lag. Dort wurden temperaturkorrigiert 38,8 mm Hg und nicht temperaturkorrigiert 62,8 mm Hg gemessen. Dementsprechend unterschieden sich auch die arteriellen pH-Werte. Während der mittlere pH-Wert der Gruppe 1, wie angestrebt, nach Temperaturkorrektur mit 7,39 normal, ohne diese jedoch mit 7,24 deutlich sauer war, wies die Gruppe 3 einen mittleren nicht temperaturkorrigierten pH-Wert von 7,32 und einen mittleren temperaturkorrigierten Wert von 7,47 auf. Die Unterschiede in den venösen pH-Werten der beiden Gruppen waren zwar geringer, aber tendenziell ähnlich. Diese respiratorisch bedingten Veränderungen des Säure-Basen-Haushalts hatten keinen Einfluß auf den Hirnstoffwechsel; denn wie bei den Patienten der Gruppe 1 sank auch bei denjenigen der Gruppe 3 bei 26 °C die O_2-Aufnahme des Gehirns um 60 % ($Q_{10} = 2,50$) und die Glukoseaufnahme um 49 % gegenüber den vor Beginn des Bypasses gemessenen Werten. Laktat-und Pyruvatstoffwechsel sowie aerober und anaerober Index blieben ebenfalls unverändert, so daß sich zwischen beiden Gruppen kein Unterschied bezüglich der Stoffwechselparameter ergab. Auch in der Gruppe 3 fiel ein Patient auf (Patient 7), dessen Glukoseaufnahme in Hypothermie diejenige in Normothermie überstieg, was bei diesem Patienten allerdings nicht leicht zu erklären ist, da alle anderen Parameter im Vergleich zu denen der übrigen Patienten unauffällig waren.

Der Q_{10}-Wert des Gehirns wird also nicht, wie nach den Befunden von McConncll et al. [86] zu erwarten gewesen wäre, durch eine unterschiedliche Regulation des Säure-Basen-Haushalts beeinflußt. Die hier vorliegenden Ergebnisse werden durch die Resultate von Murkin et al. [98] bestätigt, die ebenfalls keinen Einfluß des p_aCO_2 auf die zerebrale O_2-Aufnahme unter hypothermen Bypassbedingungen feststellen konnten.

Im Gegensatz dazu verhielt sich die Hirndurchblutung auch bei 26 °C stark p_aCO_2-abhängig. In der Gruppe mit dem temperaturkorrigierten p_aCO_2-Wert von 41 mm Hg (pH-stat-Regulation) wurden von Murkin et al. [98] Durchblutungswerte zwischen 21,9 und 31,6 ml $\cdot$ 100 g^{-1} $\cdot$ min^{-1} gemessen, in der Gruppe mit dem temperaturkorrigierten p_aCO_2 von 27 mm Hg (α-stat-Regulation) solche zwischen 13,8 und 14,7 ml $\cdot$ 100 g^{-1} $\cdot$ min^{-1} im Vergleich zu 25 ml $\cdot$ 100 g^{-1} $\cdot$ min^{-1} vor Bypassbeginn, wobei in der nach pH-stat-Theorie regulierten Gruppe die Hirndurchblutung mit dem Perfusionsdruck, in der nach α-stat-Theorie regulierten Gruppe dagegen mit dem O_2-Verbrauch korrelierte. Prough et al. [119], die sich mit der CO_2-Reagibilität der Hirngefäße in Hypothermie befaßten, beobachteten bei auf 28 °C korrigierten p_aCO_2-Werten von 26–33 mm Hg CBF-Werte zwischen 13 und 26 ml $\cdot$ 100 g^{-1} $\cdot$ min^{-1}. Sie errechneten einen Anstieg der Hirndurchblutung von 1,05–1,07 ml $\cdot$ 100 g^{-1} $\cdot$ min^{-1} pro mm Hg pCO_2-Anstieg. Eine erhaltene zerebrovaskuläre CO_2-Reagibilität unter den

Bedingungen des hypothermen nichtpulsatilen kardiopulmonalen Bypasses wurde auch von Wollman et al. [169] und Lundar et al. [78, 80] nachgewiesen.

Die unterschiedlichen Ergebnisse der vorgenannten Untersucher sind somit durch die unterschiedlich regulierten Säure-Basen-Haushalte erklärbar und können dahingehend zusammengefaßt werden, daß es infolge der erhaltenen CO_2-Reagibilität der Hirngefäße bei Einhaltung eines temperaturkorrigierten p_aCO_2-Werts von 40 mm Hg (pH-stat-Regulation) zur Aufhebung der Autoregulation und zur Hyperperfusion mit konsekutiver Entkopplung zwischen Flow und Metabolismus kommt, während bei nicht temperaturkorrigierten p_aCO_2-Werten von 40 mm Hg (α-stat-Regulation) die Autoregulationsfähigkeit des Gehirns bis zu Drücken von 30 mm Hg und die Kopplung zwischen Flow und Metabolismus erhalten sind [47, 55, 64, 78, 79, 98].

In der hier durchgeführten Studie war bei den Patienten der Gruppe 3 die Hirndurchblutung von $30\,\text{ml} \cdot 100\,\text{g}^{-1} \cdot \text{min}^{-1}$ in Normothermie auf $35\,\text{ml} \cdot 100\,\text{g}^{-1} \cdot \text{min}^{-1}$ bei 26 °C angestiegen. Geht man von der α-stat-Regulationstheorie aus, war aber auch der p_aCO_2-Wert von 38,2 auf 46 mm Hg angestiegen. Nach Durchführung einer entsprechenden CO_2-Korrektur auf 38,2 mm Hg erhält man einen Durchblutungswert von $27\,\text{ml} \cdot 100\,\text{g}^{-1}\,\text{min}^{-1}$ in Hypothermie. Danach wäre die Hirndurchblutung unter Hypothermie annähernd gleich hoch wie unter Normothermie, was zwar den Resultaten von Johnsson [64] entspricht, die vor und während hypothermer EKZ bei α-stat Regulation CBF-Werte von 27 und $28\,\text{ml} \cdot 100\,\text{g}^{-1} \cdot \text{min}^{-1}$ gemessen haben, nicht jedoch denen von Govier et al. [47] und Murkin et al. [98], die ja unter demselben Regime einen bis zu 55 %igen Abfall der Hirndurchblutung sahen. Diese Diskrepanz ist wohl eher methodisch als durch unterschiedliche Anästhesieverfahren bedingt, da die Narkosen in allen diesen Studien mit Fentanyl und einem Benzodiazepin bzw. Dehydrobenzperidol durchgeführt wurden.

Der Hirngefäßwiderstand zeigte bei den Patienten der Gruppe 3 in Abhängigkeit vom individuellen p_aCO_2-Wert unterschiedliche Tendenzen, veränderte sich im Mittel jedoch nicht gegenüber dem Wert vor Bypassbeginn, wohingegen er bei allen Patienten der Gruppe 1 in Hypothermie stark abfiel. Parallel dazu erhöhte sich die Hirndurchblutung von im Mittel 34 auf $105\,\text{ml} \cdot 100\,\text{g}^{-1} \cdot \text{min}^{-1}$, begleitet von einem p_aCO_2-Anstieg von 41,5 mm Hg auf einen nicht temperaturkorrigierten Wert von 62,8 mm Hg. Selbst wenn man voraussetzt, daß die erwartete metabolisch bedingte Senkung der Hirndurchblutung um etwa 50 % durch die Viskositätserniedrigung aufgehoben wurde, wäre nach entsprechender CO_2-Korrektur allenfalls ein CBF-Wert von $60\text{–}70\,\text{ml} \cdot 100\,\text{g}^{-1} \cdot \text{min}^{-1}$ zu erwarten gewesen. Die hier aufgetretene Luxusperfusion, erkennbar auch an dem starken Anstieg der hirnvenösen O_2-Sättigung auf 91,1 % im Vergleich zu 73,8 % in Gruppe 3, muß, da sich zwischen beiden Gruppen keine signifikanten Unterschiede hinsichtlich des Perfusionsdrucks, des Perfusionsvolumens und der Viskosität ergaben, durch andere Mechanismen hervorgerufen worden sein. Auch Hendriksen [54] berichtete über ein Ausmaß an Luxusperfusion, das nicht allein durch den CO_2-Effekt hervorgerufen sein könne. Der pH-stat-Regulationstheorie folgend, fand er einen CBF-Anstieg von $29\,\text{ml} \cdot 100\,\text{g}^{-1} \cdot \text{min}^{-1}$ vor Bypassbeginn auf $49\,\text{ml} \cdot 100\,\text{g}^{-1} \cdot \text{min}^{-1}$ bei 27 °C und auf $79\,\text{ml} \cdot 100\,\text{g}^{-1} \cdot \text{min}^{-1}$ bei 32 °C. Dabei wiesen Patienten mit initialen Blutdruckabfällen auf Werte unter 40 mm Hg stärkere Hyperämien auf als solche, deren Blutdrücke zu Beginn der EKZ im Normbereich geblieben waren. Eine Luxusperfusion als Reaktion auf eine regionale oder globale ischämiebedingte metabolische Azidose wurde schon von Lassen [72] beschrieben. Entstehen können zerebrale Ischämien während EKZ möglicherweise nicht nur durch hypotensive Episoden, sondern auch durch Mikroembolien, verursacht durch Plättchenaggregate, Luft, Gewebstrümmer oder anorganische Partikel. Die sich um diese ischämischen Herde ausbildenden hyperämischen Randsäume könnten dann zur Luxusperfusion führen. Die Bildung von Mikroemboli während EKZ wurde von Clark et al. [27] mit Hilfe einer Ultraschallmethode nachgewiesen. Ein arterieller Blutfilter, wie er auch in der vorliegenden Untersuchung verwendet wurde, reduzierte zwar die Anzahl der Mikroemboli drastisch, konnte sie aber nicht vollständig aus der Zirkulation entfernen. Man kann sich vorstellen, daß die Anzahl der ins Gehirn gelangenden Mikroemboli abhängig ist vom Anteil der Hirndurchblutung am systemischen Flow und daß sich eine durch Mikroemboli induzierte Hyperämie daher bei einem temperaturkorrigierten Säure-Basen-Management stärker auswirkt als bei α-stat-Regulation. Dies würde erklären, warum das Ausmaß der Luxusperfusion in der Gruppe 1 der vorliegenden Untersuchung um so vieles höher war als in der Gruppe 3. Das pathohistologische Korrelat der Mikroembolien könnten die von Sanderson et al. [133] unmittelbar nach EKZ in Hundegehirnen oder die von Aguilar et al. [2] und Witoszka et al. [168] in Gehirnen postoperativ verstorbener Patienten beobachteten fokalen Infarkte darstellen. Auf dieselbe Weise könnten auch die von Muraoka et al. [97] computertomographisch nachgewiesenen subklinischen Veränderungen der Hirnstruktur nach Herzoperationen entstanden sein und die von Åberg et al. [1] bei einem Großteil von Patienten nach Operationen mit EKZ gemessene Erhöhung der Adenylatkinase im Liquor, einem Indikator ischämischer Zellschäden im Gehirn.

Hirndurchblutung und -stoffwechsel
nach extrakorporaler Zirkulation in Hypothermie

Bei Operationsende war mit Ausnahme zweier Patienten, deren Hirndurchblutung jedoch in Hypothermie auffallend niedrig gewesen war, die mittlere Hirndurchblutung in den Gruppen 1 und 2 wieder auf jeweils 44 ml · 100 g^{-1} · min^{-1} abgefallen, lag aber noch signifikant über der vor Bypassbeginn. In der Gruppe 3 dagegen war die Hirndurchblutung leicht, aber nicht signifikant gegenüber dem in Hypothermie gemessenen Wert auf ebenfalls 44 ml · 100 g^{-1} · min^{-1} und damit auch über die vor Beginn der EKZ bestimmte Durchblutung angestiegen. Gleichzeitig war in allen 3 Gruppen die Viskosität weiter abgefallen, während die zerebralen Perfusionsdrücke sich nicht signifikant gegenüber den Drücken vor und während des Bypasses verändert hatten, sich also weiterhin innerhalb des Autoregulationsbereichs bewegten. Nur bei je einem Patienten in Gruppe 2 (Patient 6) und 3 (Patient 7) war er auf 45 mm Hg abgesunken, jedoch ohne Zeichen eines im Vergleich zum Meßzeitpunkt II erhöhten anaeroben Stoffwechsels infolge inadäquater zerebraler Perfusion.

Zwar waren mittlerer arterieller und zerebraler Perfusionsdruck in Gruppe 3 signifikant höher als in Gruppe 1; da sich aber in beiden Gruppen (bis auf den oben erwähnten Patienten in Gruppe 3) die Drücke im Autoregulationsbereich befanden, ist dieser Unterschied bedeutungslos, zumal die mittlere Hirndurchblutung in beiden Gruppen gleich war. Die Tatsache, daß bei Op.-Ende die Hirndurchblutung in allen 3 Gruppen 44 ml · 100 g^{-1} · min^{-1} betrug, spricht dafür, daß auch postoperativ die Wahl des Flowmusters nicht von Belang war und daß dem Säure-Basen-Management (der

Höhe des p_aCO_2) während der hypothermen Phase der EKZ die entscheidende Bedeutung für die Höhe des zerebralen Blutflusses zukommt.

Die um ca. 30 % abgefallene Viskosität könnte eine ausreichende Erklärung für den Anstieg der Hirndurchblutung von im Mittel 30–34 ml $\cdot$ 100 g^{-1} $\cdot$ min^{-1} auf 44 ml $\cdot$ 100 g^{-1} $\cdot$ min^{-1} bieten, zumal die pH und p_aCO_2-Werte sich kaum von denen zum Meßzeitpunkt II unterschieden. Eine stärkere Beeinflussung der postoperativen Hirndurchblutung durch Mikroembolien in den Gruppen 1 und 2 erscheint zu diesem Zeitpunkt unwahrscheinlich, da sich die hirnvenöse O_2-Sättigung gerade in diesen beiden Gruppen deutlich normalisiert hatte. Eine entsprechende Beobachtung wurde auch von Feddersen et al. [34] gemacht, die daher den Grund für die Hyperperfusion nach kardiopulmonalem Bypass ebenfalls am ehesten in der noch bestehenden Hämodilution sahen. Unterstützt wird diese Meinung dadurch, daß von unterschiedlichen Untersuchern sowohl bei α-stat- als auch bei pH-stat-Regulation des Säure-Basen-Haushalts nach Beendigung des kardiopulmonalen Bypasses eine höhere Hirndurchblutung gemessen wurde als vorher [54, 59, 64, 79, 98], obwohl nach Henriksen [54] das Ausmaß der postmaschinellen Hyperperfusion in der Gruppe von Patienten mit dem hohen p_aCO_2-Wert während EKZ größer war und damit wieder für eine Mitbeteiligung von Mikroembolien spricht. Dies kann jedoch nach der vorliegenden Untersuchung nicht bestätigt werden. Andererseits stellten Johnsson et al. [64] fest, daß die zerebrale Hyperperfusion trotz gleichbleibenden Hämatokrits im Verlauf der Postbypassphase wieder abnahm, fanden jedoch keine Erklärung für dieses Phänomen. Einen möglichen Hinweis bietet die Publikation von Hoffman et al. [59], worin die in der Aufwärmphase vorübergehend auftretende Hy-perperfusion mit einer noch bestehenden hypothermiebedingten Vasoparalyse begründet wird.

Die EEG-Spektralanalysen ließen in keiner Gruppe herdförmige Schädigungen des Gehirns erkennen. Die noch verminderte neuronale Aktivität, die gekennzeichnet war durch geringere α-Wellentätigkeit und niedrigere Amplituden als vor Bypassbeginn, sind wohl weniger mit durch Mikroemboli entstandenen Ischämien zu erklären als dadurch, daß das Gehirn den Nasopharyngeal- und Rektaltemperaturen von 34,7–35 °C entsprechend noch unterkühlt war. Dem widersprechen nicht die Befunde von Massopust et al. [83] und Gibbon et al. [43], die ebenfalls eine verzögerte Erholung der EEG-Aktivität selbst nach Erreichen normaler Temperaturen sahen, und dies als Folge einer vorübergehenden Stoffwechseldepression aufgrund einer veränderten Zellmembranpermeabilität bezeichneten.

Entsprechend der Körpertemperatur und der neuronalen Aktivität erholte sich bei Operationsende auch der Hirnstoffwechsel wieder weitgehend. Die Sauerstoffaufnahme stieg signifikant auf das Niveau vor Bypassbeginn an, während sich die Glukoseaufnahme der einzelnen Patienten unterschiedlich verhielt. In den meisten Fällen stieg sie ebenfalls an, konnte jedoch im Mittel den Vergleichswert nicht ganz erreichen. Dadurch ist der besonders in der Gruppe 1 deutliche Anstieg des aeroben Index bedingt. Da die arteriellen Glukosekonzentrationen im Vergleich zu den Werten vor Op.-Beginn nicht abgefallen waren, eine Hypoglykämie also ausgeschlossen ist, könnte dieser allerdings nicht signifikante Anstieg des aeroben Index durch O_2-Verbrauch für nicht glukoseabhängige Stoffwechselprozesse bedingt sein, etwa für eine Utilisation von Ketonkörpern, die in der vorliegenden Untersuchung jedoch nicht bestimmt wurden. Laktat- und Pyruvatstoffwechsel sowie der anaerobe Index blieben weiterhin unverändert. Auch Feddersen et al. [34], Murkin et al. [98] und Woodcock et al. [170] berichteten über eine weitgehende Normalisierung der zerebralen O_2-Aufnahme nach Entwöhnung vom kardiopulmonalen Bypass. Daneben konnten Hoffman et al. [59] bei der Ziege keine signifikanten Veränderungen des Laktatstoffwechsels vor, während und nach EKZ finden. Nach Settergren et al. [136] stiegen sogar nach tiefer Hypothermie und Kreislaufstillstand bei Kindern die zerebrale O_2- und Glukoseaufnahme wieder auf ihr Ausgangsniveau an.

Dennoch kann trotz der Normalisierung dieser global gemessenen Stoffwechselparameter nicht ausgeschlossen werden, daß kleine regionale ischämische Herde mit einem vorwiegend anaeroben Stoffwechsel entstanden waren, zumal das Laktation, wie ausgeführt, die Blut-Hirn-Schranke nur langsam permeieren kann.

Am Vormittag des ersten postoperativen Tages hatte sich der Hirnstoffwechsel der Patienten der Gruppe 1 wieder vollständig seiner am Vortag gemessenen Ausgangshöhe angeglichen, während in Gruppe 2 und besonders in Gruppe 3 die Glukoseaufnahme noch erniedrigt, der aerobe Index demzufolge erhöht war, was dieselben Ursachen haben kann, wie für die Postbypassphase bereits diskutiert. Der bei 38 °C zu erwartende 5 %ige Anstieg des Hirnstoffwechsels [24] könnte durch einen leichten Narkoseüberhang kompensiert worden sein.

Im Gegensatz zum Stoffwechsel war die Hirndurchblutung am 1. postoperativen Tag in allen 3 Gruppen weiterhin erhöht und lag im Mittel um 14–26 ml · 100 g^{-1} · min^{-1} über den am wachen Patienten gemessenen Ausgangswerten des Vortages, begleitet von einem um 22-45 % niedrigeren zerebralen Gefäßwiderstand. Für diese Erhöhung der Hirndurchblutung können weder p_aCO_2 noch mittlerer arterieller oder zerebraler Perfusionsdruck verantwortlich gemacht werden. Auch dem angestiegenen Herzindex kommt kaum eine Bedeutung für die Hirndurchblutung zu. Hier ist wohl eher die Temperatursteigerung auf ca. 38 °C zu nennen, die allerdings nur einen ganz geringen Teil der Durchblutungssteigerung bewirkt haben kann [24], sowie die gegenüber dem Vortag noch um etwa 25 % erniedrigte Viskosität. Daneben kann es auch bei einigen Patienten, deren p_aO_2-Werte zwischen 50 und 70 mm Hg lagen, zu einer hypoxisch bedingten Steigerung der Hirndurchblutung gekommen sein. Weniger wahrscheinlich ist hingegen eine Hyperperfusion infolge von Mikroembolien. Bralet et al. [16] und Weyne et al. [166] beobachteten nach tierexperimenteller Mikroembolisation von Teilen des Gehirns zwar noch nach 24 h eine Luxusperfusion, diese war aber gekoppelt mit einer anhaltenden Stoffwechseldepression, d. h. einer Entkopplung zwischen Flow und Metabolismus. In der vorliegenden Untersuchung kann aufgrund der im Vergleich zum Vortag unveränderten hirnvenösen O_2-Sättigung jedoch nicht von einer Entkopplung ausgegangen werden.

Bis auf die niedrigere Glukoseaufnahme der Patienten der Gruppe 3 am 1. postoperativen Tag, was allerdings auch an der geringen Anzahl von Patienten in dieser Gruppe liegen kann, gab es keine statistisch signifikanten Unterschiede zwischen den 3 Gruppen. Demzufolge haben sich weder die verschiedenen Flowmuster noch Säure-Basen-Haushalte auf die postoperative Entwicklung von Hirndurchblutung und -stoffwechsel ausgewirkt.

Neurologische Störungen nach Operationen
mit extrakorporaler Zirkulation

Die Häufigkeit neurologischer Störungen nach Operationen mit EKZ hat zwar infolge perioperativ verbesserter Technik und Überwachung abgenommen [18], beträgt aber auch heute noch bis zu 64 % am 1. postoperativen Tag [144], wobei der Schweregrad vom leichten passageren Verwirrtheitszustand über Gedächtnis- und Koordinationsstörungen, Agnosien, Nystagmus, Gesichtsfeldausfälle bis zu schweren motorischen Störungen, zum Koma oder sogar Hirntod reicht. Glücklicherweise bilden sich viele dieser Störungen komplett zurück, doch hat eine Langzeitstudie gezeigt, daß selbst die Patienten, die nur unmittelbar postoperativ eine vorübergehende zerebrale Funktionseinschränkung erlitten hatten, nach 5 Jahren noch eine deutliche intellektuelle Leistungsminderung aufwiesen [145]. Die Ätiologie der neurologischen Komplikationen nach Herzoperationen ist nicht eindeutig geklärt, doch werden am häufigsten Mikroembolien und zerebrale Hypoperfusion infolge von Hypotension oder eines unzureichenden Perfusionsvolumens als auslösende Faktoren betrachtet. So fanden Stockard et al. [149] eine eindeutige Korrelation zwischen Ausmaß und Dauer von intraoperativen Hypotensionen und ischämischen EEG-Veränderungen sowie globalen neurologischen Defekten in der postoperativen Phase. Auch Branthwaite [18] sieht in der besonders zu Beginn des Bypasses häufig auftretenden hypotensiven Phase eine Ursache für mögliche neurologische Schäden, bezeichnet aber in einer anderen Publikation [17] ebenso wie die Arbeitsgruppen um Tufo [164], Smith [144], Nussmeier [107] und wie Kolkka u. Hilberman [68] auch das Alter des Patienten und die Dauer der EKZ als mitverantwortlich. Andererseits konnten Åberg et al. [1] keine Korrelation zwischen Alter, Perfusionsdauer und neurologischer Schädigung finden. Rebeyka et al. [124] und Miyamoto et al. [95] wiesen in tierexperimentellen Untersuchungen auf ein ausreichendes Perfusionsvolumen als wichtigen Faktor zur Erhaltung eines aeroben Stoffwechsels und einer uneingeschränkten zerebralen Funktion hin, während Ellis et al. [33] und Kolkka u. Hilberman [68] dem Perfusionsvolumen und dem Perfusionsdruck eine untergeordnete Bedeutung zumessen, da sie trotz Anwendung von Flows zwischen 30 und 50 ml · kg^{-1} · min^{-1} bei Drücken zwischen 30 und 60 mm Hg bei ihren Patienten keine erhöhte Inzidenz zerebraler Komplikationen im Vergleich zu mit hohen Flows perfundierten Kollektiven sahen.

Es wird vermutet, daß die Enzephalopathien als globale neurologische Störungen durch eine allgemeine zerebrale Minderperfusion, die fokalen und lokalisierten Defekte dagegen eher durch Mikroemboli verursacht seien [21, 168], eine Hypothese, die durch pathohistologische Befunde erhärtet wird. Aguilar et al. [2] fanden in 85 % der Gehirne von Patienten, die nach Operationen mit EKZ verstorben waren, relevante neuropathologische Veränderungen durch Emboli in kleinen zerebralen Gefäßen, die zu akuten Nervenzelldegenerationen, Infarktherden und perivaskulären und fokalen subarachnoidalen Hämorrhagien geführt hatten. Witoszka et al. [168] führten bei 20 Patienten postmortal eine Hirnsektion durch und diagnostizierten in 13 Fällen anoxische Zelldegenerationen in den besonders hypoxieempfindlichen Hirnarealen wie Ammonshorn und Kleinhirnrinde und in 6 Fällen eine diffuse Nekrose der Großhirnrinde. Diesen Schäden waren immer hypotensive Episoden vorausgegangen. Fokale Infarkte als Folge von Luftembolien, Kalkpartikeln oder einer Basilararterienthrombose wurden 8mal gefunden. Auch Tufo et al. [164] stellten akute anoxische neuronale

Schäden vorwiegend im Hippocampus fest, daneben aber auch embolisch bedingte Infarkte in der Großhirnrinde und perivaskuläre Infarkte in der weißen Substanz.

Die größtenteils aus Luft, Fett, Plättchenaggregaten und Kalzium bestehenden Emboli entstehen jedoch nicht zwangsläufig als direkte Folge extrakorporaler Zirkulation, sondern entstammen auch dem Operationsfeld selbst. Als mögliche Quellen seien hier Kalkpartikel genannt, die sich beim Abklemmen der Aorta aus atheromatösen Plaques lösen [1], Luft aus dem linken Herzen oder Koagel aus einem akinetischen Bezirk des linken Ventrikels [21]. Daneben werden Fettembolien häufiger nach Sternotomie als nach lateraler Thorakotomie beobachtet [44].

Nach Sanderson et al. [133] können diffuse Nervenzellveränderungen auch unter dem Einfluß des nichtpulsatilen Flows entstehen, da sie solche Schäden nach pulsatiler Perfusion nicht sahen. Andererseits traten fokale, embolisch bedingte Läsionen unter beiden Perfusionsformen auf.

Weiterhin können zerebrale Schädigungen auch durch einen hohen arterio-venösen Temperaturgradienten in der Abkühlphase ausgelöst werden. Almond et al. [5] beobachteten bei Hunden, die mit einem arterio-venösen Gradienten von mehr als 20 °C abgekühlt worden waren, akute anoxische Zelldegenerationen und Nekrosen im Kleinhirn, Hippocampus, den Basalganglien und der Großhirnrinde, als deren Ursache sie eine Linksverschiebung der O_2-Bindungskurve im kalten Blut mit konsekutiver O_2-Mangelversorgung des noch warmen Gewebes diskutierten.

In einer kürzlich erschienen Publikation [100] wird auf eine andere Möglichkeit der Entstehung neurologischer Störungen während EKZ hingewiesen. Nervin et al. fanden heraus, daß neurologische und psychometrische Defizite häufiger bei Patienten auftraten, die in der Präbypassphase akzidentell hyperventiliert worden waren, d. h. mit Beginn des Bypasses einen stärkeren p_aCO_2-Anstieg erlebt hatten als normoventilierte Patienten. Sie begründeten dies damit, daß die bei erhaltener Gefäßreaktivität dem p_aCO_2-Anstieg folgende Zunahme des zerebralen Blutflusses einen Anstieg des Hirndrucks bewirke, was besonders in Kombination mit einer in der frühen Bypassphase häufig auftretenden Hypotension zu einem gefährlichen Absinken des zerebralen Perfusionsdrucks und damit zu einer Hypoperfusion des Gehirns führen könne. Daraus könnte man weiter folgern, daß ein temperaturkorrigiertes Säure-Basen-Management bei rascher Abkühlung und sofortiger Zufuhr von exogenem CO_2 wegen der stärkeren p_aCO_2-Schwankungen möglicherweise häufiger neurologische Störungen zur Folge hat als ein nicht temperaturkorrigiertes Regime.

Dieser Aspekt könnte u. U. dann auch bei der Erklärung der neurologischen Entwicklung der hier untersuchten Patienten von Bedeutung sein.

In der vorliegenden Studie wiesen 5 von 14 neuropsychologisch untersuchten Patienten der Gruppe 1 ebenso wie 2 von 8 untersuchten Patienten der Gruppe 2 noch nach einer Woche postoperativ neurologische Auffälligkeiten auf, die vorher nicht bestanden hatten. Unabhängig von der Perfusionsart handelte es sich dabei auffälligerweise in allen Fällen um diskrete Läsionen tiefer gelegener Hirnteile wie Mittelhirn, Kleinhirn, Pons und Medulla oblongata, die von der A. basilaris versorgt werden. Die klinischen Zeichen bestanden in einer diskreten Parese des 12. Hirnnerven, einseitigem oder rotatorischem Endstellnystagmus, Absinktendenz eines Armes, Dysdiadochokinese, Ptosis, szenischen Abläufen bei geschlossenen Augen, Doppelbildern und okzipitalem Dauerkopfschmerz. Drei Patienten gaben an, unmittelbar postoperativ unter Konzentrationsstörungen gelitten zu haben. Da dieses Symptom bei der Nachuntersuchung jedoch regelmäßig verschwunden war, kann es auch auf den Einfluß von Sedativa und Analgetika in der frühen postoperativen Phase zurückzuführen sein.

Die hier erhobenen Befunde stehen in Einklang mit Befunden von Brierley [22], der in neuropathologischen Untersuchungen nach Herzoperation verstorbener Patienten Läsionen ebenfalls vorwiegend im hinteren Teil des Gehirns entdeckte. Die meisten der Patienten hatten intra- oder postoperativ schwere hypotensive Episoden durchgemacht. Cassie et al. [26] hingegen fanden zwar Schädigungen auch vorwiegend im Okzipitallappen, Kleinhirn und Hirnstamm; bei ihren Patienten waren diese jedoch durch Infarkte durch Fremdkörperpartikel aus der Herz-Lungen-Maschine bedingt. Die A. basilaris könnte aufgrund ihrer anatomischen Gegebenheiten früher mit Durchblutungsstörungen auf hypotensive Episoden reagieren als andere Hirnarterien. Zudem könnten Teile ihres Stromgebiets bevorzugt durch Mikroemboli okkludierbar sein. Die diskreten zerebralen Funktionsstörungen der hier untersuchten Patienten könnten somit sowohl durch Perfusionsstörungen geringeren Grades, wie unbemerkte kurzfristige Blutdruckabfälle, als auch durch Mikroembolien verursacht worden sein. Jedenfalls wurden bei keinem der neurologisch auffälligen Patienten während des Untersuchungszeitraums hämodynamische Besonderheiten registriert. Andererseits waren die Patienten, bei denen Abfälle des arteriellen Mitteldrucks auf Werte unter 50 mm Hg aufgetreten waren, neurologisch unauffällig. Bei 3 der klinisch neurologisch veränderten Patienten (Patienten 2 und 8 der Gruppe 1 sowie Patient 3 der Gruppe 2) fanden sich relativ hohe CBF-Werte von 171, 127 und 127 ml $\cdot$ 100 g^{-1} $\cdot$ min^{-1} während der hypothermen Bypassphase; jedoch stellten diese in beiden Gruppen nicht die höchsten gemessenen Werte dar. Bei Patient 15 der Gruppe 2 fiel während EKZ eine über den Ausgangswert erhöhte Viskosität auf, die als Ursache für Mikrozirkulationsstörungen in Frage kommen kann, obwohl die globale Hirndurchblutung angestiegen war. Nur bei einem Patienten (Patient 4 der Gruppe 1) kann eine verlängerte Perfusionszeit von 236 min in Verbindung mit einer hohen Laktatabgabe von 8,12 µmol $\cdot$ 100 g^{-1} $\cdot$ min^{-1} während der hypothermen Bypassphase als Auslöser zerebraler Funktionsstörungen geltend gemacht werden. Von denjenigen Patienten, bei denen eine mögliche Ischämie aufgrund einer in Hypothermie erhöhten Glukoseaufnahme diskutiert wurde, war einer neurologisch nicht nachuntersucht worden, die anderen waren unauffällig. Aufgrund dieser Ergebnisse können daher in der vorliegenden Untersuchung weder der nichtpulsatile Flow noch metabolische oder stärkere hämodynamische Entgleisungen und nur bedingt die Perfusionszeit mit dem Auftreten neurologischer Störungen in Zusammenhang gebracht, Mikroembolien dagegen nicht ausgeschlossen werden.

Die Art der neurologischen Befunde macht gleichzeitig verständlich, daß anhand der EEG-Spektralanalysen keine Ausfälle erkennbar waren. Zudem wurde von Witoszka et al. [168] beschrieben, daß selbst größere neurologische Defekte nicht immer mit entsprechenden EEG-Befunden korrelieren, und daß speziell durch Mikroemboli bedingte Infarkte im EEG oft nicht verifizierbar sind. Dazu kommt noch, daß die Aussagefähigkeit des EEG wegen der in Hypothermie starken allgemeinen Suppression in dieser Phase begrenzt ist. Andererseits stellten Steen et al. [146] fest, daß selbst eine ungestörte zerebrale Energiebilanz keine Garantie für eine positive neurologische Entwicklung darstellt.

Vielleicht sind nicht mehr so sehr Technik und Länge der EKZ als vielmehr andere, bisher wenig beachtete Faktoren für die Mehrzahl der heute nach Herzoperationen auftretenden neuropsychologischen Veränderungen verantwortlich. So fanden Breuer et al. [21] bei der Untersuchung von 421 Patienten im Anschluß an eine aortokoronare Bypassoperation zwar keine Korrelation zwischen zerebralen Störungen und der Perfusionszeit, aber zwischen dem Auftreten von Enzephalopathien und der postoperativen Abhängigkeit von intraaortaler Ballonpumpe und Katecholaminen, d. h. zwischen generalisierten Hirnfunktionsstörungen und einem postoperativ sich entwickelnden low-output-Syndrom. Schlaganfälle waren nach Breuer et al. dagegen weniger auf intraoperative Druckschwankungen als auf Luft im linken Ventrikel, Ablösung von Kalkplaques aus der Aortenwand, versehentliche Punktion der A. carotis anstelle der V. jugularis interna, postoperative Arrhythmien und postoperative Hypotensionen zurückzuführen. Savageau et al. [134] benannten neben dem low-output-Syndrom das Alter des Patienten, die Schwere der Herzerkrankung, Länge und Schwierigkeitsgrad der Operation, Intubationsprobleme, hohe Blutverluste, postoperative metabolische Entgleisungen und die Aufenthaltsdauer auf der Wachstation als entscheidende Faktoren für die postoperative klinisch-neurologische Entwicklung.

Die Patienten der vorliegenden Untersuchung waren jünger als 60 Jahre, wiesen keine neurologischen Vorerkrankungen auf, waren nicht herzinsuffizient und postoperativ hämodynamisch so stabil, daß sie weder Katecholamine noch eine Kreislaufunterstützung durch eine Ballonpumpe benötigten. Ihre Verweildauer auf der Wachstation betrug auch in allen Fällen nicht länger als 1 Tag. Dennoch können kurzfristige postoperative Hypotensionen auf der Wachstation nicht mit Sicherheit ausgeschlossen werden, können also neben den obengenannten p_aCO_2-Schwankungen und intraoperativen Mikroembolien ebenfalls Mitverursacher der diskreten neurologischen Veränderungen von 7 der 22 untersuchten Patienten sein.

Letztlich sind aber wohl vor, während und nach Herzoperationen eine Vielzahl von Einflüssen auf die Hirnfunktion möglich, die sich allein oder in Kombination im Einzelfall deletär auf den jeweiligen Neurostatus und die psychologische Entwicklung auswirken können.

Schlußfolgerungen

Weder hinsichtlich des Stoffwechsels und der Hirndurchblutung während und nach EKZ noch hinsichtlich des Auftretens und der Art neurologischer Störungen ergaben sich in dieser Untersuchung Unterschiede zwischen pulsatiler und nichtpulsatiler Perfusionstechnik. Während der O_2-Verbrauch bei 26 °C, dem Van t'Hoffschen Gesetz entsprechend, um 59–65 % und die Glukoseaufnahme um 41–49 % gesenkt wurden, blieben Laktat- und Pyruvatstoffwechsel unverändert ohne einen signifikanten Anstieg des anaeroben Stoffwechselanteils, so daß insgesamt sowohl unter pulsatilem wie nichtpulsatilem Flow während EKZ der Energiebedarf des Gehirns vorwiegend durch einen oxidativen Metabolismus gedeckt wurde. Gleiches gilt für die Postbypass- und die postoperative Phase, in der sich der Stoffwechsel wieder auf sein Ausgangsniveau einstellte. Einschränkend muß allerdings berücksichtigt werden, daß mit den in dieser Untersuchung global gemessenen Stoffwechselparametern kleine ischämische Bezirke mit einem vorwiegend anaeroben Stoffwechsel evtl. nicht erfaßt werden. Als sensitivere Ischämieparameter wurden bisher die Adenylatkinase im Liquor [1] und die CK-BB, ein hirnspezifisches Isoenzym der Kreatinkinase, im Liquor bzw. Blut vorgeschlagen [130, 157]. Doch ist die Aussagefähigkeit dieser beiden Enzyme noch umstritten, weil eine Erhöhung der Adenylatkinase, als Enzym der Zellmembran, häufig nur eine vorübergehende Membranpermeabilitätsstörung anzeigt, die ohne Beeinträchtigung der Zellviabilität verläuft und daher für die klinisch-neurologische Entwicklung bedeutungslos ist. Zudem erscheint es riskant, bei Patienten, die kurz darauf systemisch heparinisiert werden, eine Lumbalpunktion durchzuführen. Die Bestimmung der CK-BB führt andererseits heute noch häufig zu Kreuzreaktionen mit der herzspezifischen CK-MB. Außerdem ist dieses Enzym nicht nur hirnspezifisch; es wurde vielmehr bisher auch im Magen-Darm-Takt, in Blase, Prostata, Uterus, Lunge und Schilddrüse gefunden [163] .

Im Gegensatz zum Hirnstoffwechsel stieg die Hirndurchblutung sowohl unter pulsatiler als auch nichtpulsatiler Perfusion in Hypothermie stark an, was zu einer Entkopplung zwischen Flow und Metabolismus führte. Als Ursache dieser Luxusperfusion sind Viskositätserniedrigung durch Hämodilution, reaktive Hyperämie nach Episoden verminderter zerebraler Perfusion oder in Randzonen durch Mikroemboli entstandener Infarktherde, hauptsächlich aber wohl das temperaturkorrigierte (pH-stat-)Säure-Basen-Management zu nennen, das zur Aufrechterhaltung eines temperaturkorrigierten p_aCO_2-Werts von 40 mm Hg die Zugabe von exogenem CO_2 zum Frischgas erforderlich macht. Hierdurch kommt ein nicht temperaturkorrigierter p_aCO_2-Wert von etwa 65 mm Hg zustande, der bei erhaltener Gefäßreaktivität zu einer starken Erhöhung der Hirndurchblutung führt. Im Gegensatz dazu erlaubt ein nicht temperaturkorrigiertes (α-stat-)Säure-Basen-Management ein Absinken des p_aCO_2-Werts mit abnehmender Temperatur. Folglich ist unter diesem Regime die Hirndurchblutung in Hypothermie geringer, so daß die Kopplung zwischen Flow und Metabolismus besser erhalten bleibt. Gleichzeitig bleibt die Autoregulationsfähigkeit der Hirngefäße bestehen. Setzt man die Entstehung von Mikroemboli während EKZ voraus, so ist nachvollziehbar, daß bei niedrigerer Hirndurchblutung eine geringere Rate von Mikroemboli ins Gehirn gelangt als bei einem hohen Anteil der Hirndurchblutung am systemischen Flow. Demzufolge muß der Anteil der durch Mikroemboli ausgelösten Hyperperfusion bei einer nicht temperaturkorrigierten Säure-Basen-Regulation geringer sein. Ein weiterer negativer Aspekt der pH-stat-Regulation besteht darin, daß es zwar unter CO_2-Einfluß zu einer Dilatation von Gefäßen in gesunden Arealen, aber nicht von bereits maximal dilatierten Gefäßen in ischämischen Regionen kommt. Auf diese Weise könnte ein Stealphänomen auftreten, wodurch die Versorgung der ischämischen Gebiete weiter verschlechtert würde [166]. Daneben könnte ein temperaturkorrigiertes Säure-Basen-Management aufgrund der plötzlichen p_aCO_2-Erhöhung zu Beginn des Bypasses zu erhöhtem Hirndruck und damit niedrigerem zerebralen Perfusionsdruck mit der Möglichkeit der Entstehung neurologischer Schäden führen [100]. Für den Hirnstoffwechsel in Hypothermie ist das Säure-Basen-Management dagegen nicht von Bedeutung.

Möglicherweise ist die pH-stat-Regulation dafür verantwortlich, daß in dieser Studie kein unterschiedlicher Einfluß von pulsatiler und nichtpulsatiler Perfusion auf Hirnstoffwechsel und Hirndurchblutung festgestellt werden konnte, denn die starke Luxusperfusion in Hypothermie spricht dafür, daß der CO_2-Effekt auf die Hirngefäße den der Barorezeptoren außer Kraft gesetzt hat. Vielleicht könnte man bei nicht temperaturkorrigierter Regulation des Säure-Basen-Haushalts unter pulsatilem Flow tatsächlich niedrigere Gefäßwiderstände, eine höhere Hirndurchblutung trotz erhaltener Autoregulation und Kopplung zwischen Flow und Metabolismus, eine höhere

O_2-Aufnahme und niedrigere Laktatproduktion und dann evtl. auch eine niedrigere neurologische Komplikationsrate beobachten als unter nichtpulsatilem Flow.

Das Argument, man solle in Hypothermie CO_2 zugeben, um einer weiteren alkalotisch bedingten Verschiebung der O_2-Bindungskurve nach links und damit einer unzureichenden O_2-Verfügbarkeit des Gewebes zu begegnen, erscheint nicht stichhaltig, wenn man bedenkt, daß mit zunehmender Hypothermie der Anteil des physikalisch gelösten O_2 am zerebralen O_2-Verbrauch ansteigt, bei 26 °C z. B. bis zu 50 % betragen kann, so daß eine Linksverschiebung der O_2-Bindungskurve die O_2-Versorgung des Gewebes in Hypothermie nicht einschränkt [150].

Berücksichtigt man alle diese Faktoren, scheint für das Gehirn ein nicht temperaturkorrigiertes Säure-Basen-Management zumindest unter den Bedingungen der EKZ physiologischer zu sein als eine pH-stat-Regulation. Auch könnte die α-stat-Regulation, evtl. in Kombination mit pulsatiler Perfusion, die Rate neurologischer Schäden herabsetzen, obwohl ein großer Teil der heute nach Herzoperationen auftretenden neurologischen Defekte wohl weniger durch die EKZ selbst als durch eine Vielzahl von Faktoren bedingt zu sein scheint, beginnend mit den Vorerkrankungen des Patienten bis zur postoperativen Aufenthaltsdauer auf der Wachstation. Die Ähnlichkeit der neurologischen Symptome der hier untersuchten Patienten (immer das Versorgungsgebiet der A. basilaris betreffend) ist auffallend; eine gemeinsame Ursache konnte jedoch nicht gefunden werden. Ob die Vertiefung einer Barbituratnarkose bis zur isoelektrischen Linie im EEG während der gesamten Dauer der EKZ über eine Verminderung des zerebralen Energiebedarfs das Ausmaß ischämischer Defekte verkleinert und damit auch den Schweregrad sensorisch-motorischer Defekte, wie die Untersuchung von Nussmeier et al. [107] impliziert, erscheint fraglich, zumal eine derartig tiefe Barbituratnarkose mit einem erhöhten postoperativen Bedarf an Katecholaminen verbunden ist.

5. Zusammenfassung

Bei 37 Patienten wurde während einer Koronarbypassoperation der Einfluß unterschiedlicher Verfahren der extrakorporalen Zirkulation in Hypothermie auf den Hirnmetabolismus und die Hirndurchblutung untersucht. Es wurden 3 Gruppen gebildet, die sich hinsichtlich des angewendeten Flowmusters und des p_aCO_2-Werts während der EKZ unterschieden. Gruppe 1: nichtpulsatiler Flow, Normokapnie im Sinne eines temperaturkorrigierten Säure-Basen-Managements; Gruppe 2: pulsatiler Flow, Normokapnie; Gruppe 3: nichtpulsatiler Flow, Hypokapnie.

Die Narkose wurde mit 7 μg · kg^{-1} Fentanyl und 200 μg · kg^{-1} Midazolam eingeleitet und mit 0,15 μg · kg^{-1} · min^{-1} Fentanyl und 3 μg · kg^{-1} · min^{-1} Midazolam aufrechterhalten. Neben der allgemeinen Hämodynamik wurden folgende Parameter gemessen bzw. berechnet: zerebraler Perfusionsdruck und Gefäßwiderstand, absolute Viskosität im arteriellen Blut, Hirndurchblutung (Argon-Fremdgastechnik), zerebrale O_2- und Glukoseaufnahme sowie Laktat- und Pyruvatabgabe, aerober und anaerober Index, Rektal- und Nasopharyngealtemperatur sowie arterielle und venöse Bluttemperatur während der EKZ. Die Messungen wurden im Wachzustand, nach Narkoseeinleitung, während der EKZ bei 26 °C venöser Bluttemperatur, bei Op.-Ende und am 1. postoperativen Tag durchgeführt. Die hirnelektrische Aktivität wurde am Operationstag mit Hilfe einer aperiodischen EEG-Analyse überwacht. 22 der 37 Patienten wurden präoperativ sowie 7 Tage postoperativ neuropsychologisch untersucht.

Die Fentanyl/Midazolam-Anästhesie führte bereits in Normothermie zu einer Abnahme der Hirndurchblutung um bis zu 49 % bedingt durch eine Reduktion der zerebralen O_2-Aufnahme um bis zu 28 % und der Glukoseaufnahme um bis zu 36 %. Laktat- und Pyruvatstoffwechsel verringerten sich ebenfalls, während aerober und anaerober Index unverändert blieben. Parallel dazu zeigte sich im EEG eine Zunahme niedrigfrequenter Wellen mit hoher Amplitude. In Hypothermie (26 °C) kam es zu einer weiteren, dem Van t'Hoffschen Gesetz entsprechenden Abnahme der zerebralen O_2-Aufnahme um 65 % (Q_{10} = 2,85) unter pulsatilem und um 59 % (Q_{10} = 2,47) unter nichtpulsatilem Flow sowie der Glukoseaufnahme um 41 bzw. 49 %. Die Unterschiede zwischen beiden Gruppen waren jedoch statistisch nicht signifikant. Laktat- und Pyruvatstoffwechsel, aerober und anaerober Index veränderten sich nicht signifikant. Der Energiebedarf des Gehirns wurde somit sowohl während pulsatiler als auch nichtpulsatiler Perfusion in Hypothermie weiterhin durch einen vorwiegend aeroben Stoffwechsel gedeckt. Die hirnelektrische Aktivität war zu diesem Zeitpunkt bis zur elektroenzephalographischen Inaktivität (0-Linie) unterdrückt.

Im Gegensatz zum Metabolismus stieg die Hirndurchblutung in Hypothermie um 178–209 % an, was einer Entkopplung zwischen Flow und Metabolismus gleichkommt. Dabei bestand kein signifikanter Unterschied zwischen dem Ausmaß der Luxusperfusion unter pulsatiler und dem unter nichtpulsatiler Perfusion, so daß die Flowform per se als Ursache der Hyperperfusion ausscheidet. Starke Druckschwankungen mit hypotensiven Episoden sind ebenfalls auszuschließen, da der Perfusionsdruck während des gesamten Untersuchungszeitraums im Autoregulationsbereich lag. Eher kommen die Abnahme der Viskosität infolge Hämodilution oder eine reaktive Hyperämie in Randzonen durch Mikroemboli entstandener Infarktherde in Frage. Die Hauptursache der Luxusperfusion stellt allerdings das temperaturkorrigierte Säure-Basen-Management dar, das zur Aufrechterhaltung eines temperaturkorrigierten p_aCO_2-Werts von 40 mm Hg die Zugabe von exogenem CO_2 zum Frischgas des Oxygenators erforderlich macht. Dadurch kommt bei 26 °C ein nicht temperaturkorrigierter p_aCO_2-Wert von ca. 65 mm Hg zustande und bei erhaltener CO_2-Reagibilität der Hirngefäße eine Zunahme des zerebralen Blutflusses.

Die Unterbrechung der CO_2-Zufuhr (d. h. ein nicht temperaturkorrigiertes Säure-Basen-Management) hatte dementsprechend in Hypothermie eine niedrigere Hirndurchblutung zur Folge. In der Gruppe der hypokapnischen Patienten entsprach die Hirndurchblutung in Hypothermie derjenigen in Normothermie, d. h. die Kopplung zwischen Flow und Metabolismus blieb besser erhalten. Der Stoffwechsel wurde hingegen durch den veränderten Säure-Basen-Haushalt in Hypothermie nicht beeinflußt. Ein nicht temperaturkorrigiertes Säure-Basen-Management scheint daher zumindest während der EKZ für das Gehirn physiologischer zu sein.

Postoperativ waren Säure-Basen-Haushalt und Perfusionsform während der EKZ ohne Auswirkung auf die Normalisierung des Hirnstoffwechsels und des EEG. Die Höhe der Hirndurchblutung wurde zu diesem Zeitpunkt vorwiegend durch die noch erniedrigte Viskosität bestimmt. Alle 7 auffälligen der 22 neuropsychologisch untersuchten Patienten wiesen 7 Tage nach der Operation diskrete Störungen in Hirnarealen auf, die von der A. basilaris versorgt werden, unabhängig davon, ob sie mit pulsatilem oder nichtpulsatilem Flow perfundiert worden waren, obwohl bei keinem Patienten eine pathologische EEG-Veränderung aufgetreten war. Trotz der Ähnlichkeit der Symptome konnte keine gemeinsame Ursache gefunden werden. Mikroembolien und/ oder unbemerkte kurzfristige postoperative Hypotensionen können nicht ausgeschlossen werden. Wahrscheinlich ist heute die verbesserte Technik der EKZ weniger wichtig für die zerebrale Homöostase als eine Vielzahl anderer, kaum vorhersehbarer prä-, intra- und postoperativer Faktoren.

Literaturverzeichnis

1. Åberg T, Ronquist G, Tydén H, et al (1984) Adverse effects on the brain in cardiac operations as assessed by biochemical, psychometric, and radiologic methods. J Thorac Cardiovasc Surg 87: 99–105

2. Aguilar MJ, Gerbode F, Hill JD (1971) Neuropathologic complications of cardiac surgery. J Thorac Cardiovasc Surg 61: 676–685

3. Alexander SC, Cohen PJ, Wollman H et al (1965) Cerebral carbohydrate metabolism during hypocarbia in man. Studies during nitrous oxide anesthesia. Anesthesiology 26: 624–632

4. Alexich AS, Tanaka T (1962) Acidosis in deep blood stream hypothermia and its possible causes. Ann Chir Thorac Cardiovasc 1: 587–590

5. Almond CH, Jones JC, Snyder HM, Grant SM, Meyer BW (1964) Cooling gradients and brain damage with deep hypothermia. J Thorac Cardiovasc Surg 48: 890–897

6. Andersen K, Waaben J, Husum B et al (1985) Nonpulsatile cardiopulmonary bypass disrupts the flow-metabolism couple in the brain. J Thorac Cardiovasc Surg 90: 570–579

7. Angell James JE (1971) The effects of altering mean pressure, pulse pressure and pulse frequency on the impuls activity in baroreceptor fibers from the aortic arch and right subclavian artery in the rabbit. J Physiol (Lond) 214: 65–88

8. Aoyagi M, Flasterstein AH, Barnette J et al (1975) Cerebral effects of profound hypothermia (18 °C) and circulatory arrest. Circulation [Suppl 1] 51/52: 52–60

9. Astrup J (1982) Energy requiring cell functions in the ischemic brain: Their critical supply and possible inhibition in protective therapy. J Neurosurg 56: 482–497

10. Astrup J, Møller Sørensen P, Rahbek Sørensen H (1981) Oxygen and glucose consumption related to Na^+-K^+ transport in canine brain. Stroke 12: 726–730

11. Astrup J, Møller Sørensen P, Rahbek Sørensen H (1981) Inhibition of cerebral oxygen and glucose consumption in the dog by hypothermia, pentobarbital, and lidocaine. Anesthesiology 55: 263–268

12. Baughman VL, Hoffman WE, Albrecht RF, Miletich DJ (1987) Cerebral vascular and metabolic effects of fentanyl and midazolam in young and aged rats. Anesthesiology 67: 314–319

13. Bering EA (1961) Effect of body temperature change on cerebral oxygen consumption of the intact monkey. Am J Physiol 200: 417–419

14. Bernhard WF, Carroll SE, Schwarz HF, Gross RE (1961) Metabolic alterations associated with profound hypothermia and extracorporeal circulation in the dog and man. J Thorac Cardiovasc Surg 42: 793–803

15. Berntman L, Dahlgren N, Siesjö BK (1979) Cerebral blood flow and oxygen consumption in the rat brain during extreme hypercarbia. Anesthesiology 50: 299–305

16. Bralet J, Beley P, Jemaa R, Bralet AM, Beley A (1987) Lipid metabolism, cerebral metabolic rate, and some related enzyme activities after brain infarction in rats. Stroke 18: 418–425

17. Branthwaite MA (1972) Neurological damage related to open-heart surgery. A clinical survey. Thorax 27: 748–753

18. Branthwaite MA (1975) Prevention of neurological damage during open-heart surgery. Thorax 30: 258–261

19. Bregman D, Bowman FO Jr, Parodi EN et al (1977) An improved method of myocardial protection with pulsation during cardiopulmonary bypass.Circulation [Suppl II] 56: 157–160

20. Bretschneider HJ, Cott L, Hilgert G, Probst R, Rau G (1966) Gaschromatographische Trennung und Analyse von Argon als Basis einer neuen Fremdgasmethode zur Durchblutungsmessung von Organen. Verh Dtsch Ges Kreislaufforsch 32: 267–273

21. Breuer AC, Furlan AJ, Hanson MR et al (1983) Central nervous system complications of coronary artery bypass graft surgery: prospective analysis of 421 patients. Stroke 14: 682–687

22. Brierley J B (1963) Neuropathological findings in patients dying after open-heart surgery. Thorax 18: 291–304

23. Carlsson C, Hägerdal M, Kaasik AE, Siesjö BK (1976) The effects of diazepam on cerebral blood flow and oxygen consumption in rats and its synergistic interaction with nitrous oxide. Anesthesiology 45: 319–325

24. Carlsson C, Hägerdal M, Siesjö BK (1976) The effect of hyperthermia upon oxygen consumption and upon organic phosphates, glycolytic metabolites, citric acid cycle intermediates and associated amino acids in rat cerebral cortex. J Neurochem 26: 1001–1006

25. Carlsson C, Smith DS, Keykhah MM, Englebach J, Harp JR (1982) The effects of high dose fentanyl on cerebral circulation and metabolism in rats. Anesthesiology 57: 375–380

26. Cassie AB, Riddell AG, Yates PO (1960) Hazard of antifoam emboli from bubble oxygenator. Thorax 15: 22–29

27. Clark RE, Dietz DR, Miller JG (1976) Continuous detection of microemboli during cardiopulmonary bypass in animals and man. Circulation [Suppl III] 54: 74–78

28. Cohen PJ, Wollman H, Alexander SC, Chase PE, Behar MG (1964) Cerebral carbohydrate metabolism in man during halothane anesthesia. Anesthesiology 25: 185–191

29. Cohen PJ, Alexander SC, Smith TC, Reivich M, Wollman H (1967) Effects of hypoxia and normocarbia on cerebral blood flow and metabolism in conscious man. J Appl Physiol 23: 183–189

30. Cooper KE, Denyon JF (1957) A comparison of temperatures measured in the rectum, esophagus and on the surface of the aorta during hypothermia in man. Br J Surg 44: 416, 616–619

31. Cremer JE, Cunningham VJ, Pardridge WM, Braun LD, Oldendorf WH (1979) Kinetics of blood-brain barrier transport of pyruvate, lactate, and glucose in suckling, weanling, and adult rats. J Neurochem 33: 439–445

32. Dunn J, Kirsh MM, Harness J et al (1974) Hemodynamic, metabolic, and hematologic effects of pulsatile cardiopulmonary bypass. J Thorac Cardiovasc Surg 68: 138–147

33. Ellis RJ, Wisniewski A, Potts R et al (1980) Reduction of flow rate and arterial pressure at moderate hypothermia does not result in cerebral dysfunction. J Thorac Cardiovasc Surg 79: 173–180

34. Feddersen K, Arén C, Nilsson NJ, Rådegran K (1986) Cerebral blood flow and metabolism during cardiopulmonary bypass with special reference to effects of hypotension induced by prostacyclin. Ann Thorac Surg 41: 395–400

35. Fisher B, Fedor EJ, Smith JW (1961) Temperature gradients associated with extracorporeal perfusion and profound hypothermia. Surgery 50: 758–764

36. Forster A, Juge O, Morel D (1982) Effects of midazolam on cerebral blood flow in human volunteers. Anesthesiology 56: 453–455

37. Forster A, Juge O, Louis M, Nahory A (1987) Effects of a specific benzodiazepine antagonist (RO 15–1788) on cerebral blood flow. Anesth Analg 66: 309–313

38. Fox LS, Blackstone EH, Kirklin JW, Stewart RW, Samuelson PN (1982) Relationship of whole body oxygen consumption to perfusion flow rate during hypothermic cardiopulmonary bypass. J Thorac Cardiovasc Surg 83: 239–248

39. Fox LS, Blackstone EH, Kirklin JW et al (1984) Relationship of brain blood flow and oxygen consumption to perfusion flow rate during profoundly hypothermic cardiopulmonary bypass. J Thorac Cardiovasc Surg 87: 658–664

40. Frater RWM, Wakayama S, Oka Y et al (1980) Pulsatile cardiopulmonary bypass: Failure to influence hemodynamics or hormones. Circulation [Suppl I] 62: 19–25

41. Geha AS, Malt SH, Nara Y, Baue AE (1971) Effect of cardiopulmonary bypass on cerebral metabolism. J Thorac Cardiovasc Surg 61: 200–211

42. Geha AS, Salaymeh MT, Abe T, Baue AE (1972) Effect of pulsatile cardiopulmonary bypass on cerebral metabolism. J Surg Res 12: 381–387

43. Gibbon TF, Hayward JS, Walker D (1984) EEG and visual evoked potentials of conscious man during moderate hypothermia. Electroencephalogr Clin Neurophysiol 58: 48–54

44. Gilman S (1965) Cerebral disorders after open-heart operations. N Engl J Med 272: 489–498

45. Goodman TA, Gerard DF, Bernstein EF, Dilley RB (1976) The effects of pulseless perfusion on the distribution of renal cortical blood flow and renin release. Surgery 80: 31–39

46. Gottstein U, Held K (1969) Effekt der Hämodilution nach intravenöser Infusion von niedermolekularen Dextranen auf die Hirnzirkulation des Menschen. Dtsch Med Wochenschr 94: 522–526

47. Govier AV, Reves JG, McKay RD et al (1984) Factors and their influence on regional cerebral blood flow during nonpulsatile cardiopulmonary bypass. Ann Thorac Surg 38: 592–600

48. Hägerdal M, Harp JR, Nilsson L, Siesjö BK (1975) The effect of induced hypothermia upon oxygen consumption in the rat brain. J Neurochem 24: 311–316

49. Hägerdal M, Harp JR, Siesjö BK (1975) Influence of changes in arterial pCO_2 on cerebral blood flow and cerebral energy state during hypothermia in the rat. Acta Anaesthesiol Scand]Suppl] 57: 25–33

50. Hägerdal M, Keykhah M, Perez E, Harp JR (1979) Additive effects of hypothermia and phenobarbital upon cerebral oxygen consumption in the rat. Acta Anaesthesiol Scand 23: 89–92

51. Halley MM, Reemtsma K, Creech O (1958) Cerebral blood flow, metabolism and brain volume in extracorporeal circulation. J Thorac Surg 36: 506–518

52. Harper AM (1965) Physiology of cerebral blood flow. Br J Anaesth 37: 225–235

53. Harris EA, Seelye ER, Squire AW (1971) Oxygen consumption during cardiopulmonary bypass with moderate hypothermia in man. Br J Anaesth 43: 1113–1120

54. Henriksen L (1986) Brain luxury perfusion during cardiopulmonary bypass in humans. A study of the cerebral blood flow response to changes in CO_2, O_2, and blood pressure. J Cereb Blood Flow Metab 6: 366–378

55. Henriksen L, Hjelms E, Lindeburgh T (1983) Brain hyperperfusion during cardiac operations. J Thorac Cardiovasc Surg 86: 202–208

56. Hickey RF, Hoar PF (1983) Whole-body oxygen consumption during low-flow hypothermic cardiopulmonary bypass. J Thorac Cardiovasc Surg 86: 903–906

57. Hickey PR, Buckley MJ, Philbin DM (1983) Pulsatile and nonpulsatile cardiopulmonary bypass: review of a counterproductive controversy. Ann Thorac Surg 36: 720–737

58. Høedt-Rasmussen K, Sveinsdottir E, Lassen NA (1966) Regional cerebral blood flow in man determined by intra-arterial injection of radioactive inert gas. Circ Res 18: 237–247

59. Hoffman WE, Miletich DJ, Albrecht RF (1982) Differential cerebral hypothermia. Cryobiology 19: 392–401

60. Hoffman WE, Albrecht RF, Miletich DJ, Hagen TJ, Cook JM (1986) Cerebrovascular and cerebral metabolic effects of physostigmine, midazolam and a benzodiazepine antagonist. Anesth Analg 65: 639–644

61. Hoffman WE, Miletich DJ, Albrecht RF (1986) The effects of midazolam on cerebral blood flow and oxygen consumption and its interaction with nitrous oxide. Anesth Analg 65: 729–733

62. Jacobs LA, Klopp EH, Seamone W, Topaz SR, Gott VL (1969) Improved organ function during cardiac bypass with a roller pump modified to deliver pulsatile flow. J Thorac Cardiovasc Surg 57: 703–712

63. Jobes DR, Kennel EM, Bush GL, Mull TD, Lecky JH (1977) Cerebral blood flow and metabolism during morphine nitrous oxide anesthesia in man. Anesthesiology 47: 16–18

64. Johnsson P, Messeter K, Ryding E, Nordström L, Ståhl E (1987) Cerebral blood flow and autoregulation during hypothermic cardiopulmonary bypass. Ann Thorac Surg 43: 386–390

65. Kent B, Peirce EC II (1974) Oxygen consumption during cardiopulmonary bypass in the uniformly cooled dog. J Appl Physiol 37: 917–922

66. Kety SS, Schmidt CF (1948) The nitrous oxide method for the quantitative determination of cerebral blood flow in man: theory, procedure and normal values. J Clin Invest 27: 476–483

67. Kirchheim HR (1976) Systemic arterial baroreceptor reflexes. Physiol Rev 56: 100–176

68. Kolkka R, Hilberman M (1980) Neurologic dysfunction following cardiac operation with low-flow, low-pressure cardiopulmonary bypass. J Thorac Cardiovasc Surg 79: 432–437

69. Lafferty JJ, Keykhah MM, Shapiro HM, Horn K van, Behar MG (1978) Cerebral hypometabolism obtained with deep pentobarbital anesthesia and hypothermia (30° C). Anesthesiology 49: 159–164

70. Landymore RW, Murphy DA, Kinley CE et al (1978) Does pulsatile flow influence the incidence of postoperative hypertension? Ann Thorac Surg 28: 261–268

71. Landymore RW, Murphy DA, Kinley CE (1981) Does pulsatile flow improve glucose tolerance during extracorporeal circulation? J Cardiovasc Surg 22: 239–244

72. Lassen NA (1966) The luxury-perfusion syndrome and its possible relation to acute metabolic acidosis localized within the brain. Lancet II: 1113–1115

73. Lassen NA, Christensen MS (1976) Physiology of cerebral blood flow. Br J Anaesth 48: 719–734

74. Lassen NA, Ingvar DH (1961) The blood flow of the cerebral cortex determined by radioactive [85]krypton. Experientia 17: 42–43

75. Levine FH, Philbin DM, Kono K et al (1981) Plasma vasopressin levels and urinary sodium excretion during cardiopulmonary bypass with and without pulsatile flow. Ann Thorac Surg 32: 63–67

76. Loomis CW, Brunet D, Milne B, Cervenko FW, Johnson GD (1986) Arterial isoflurane concentration and EEG burst suppression during cardiopulmonary bypass. Clin Pharmacol Ther 40: 304–313

77. Lübbers DW (1972) Physiologie der Gehirndurchblutung. In: Gänshirt H (Hrsg) Der Hirnkreislauf. Thieme, Stuttgart, S. 214–260
78. Lundar T, Lindegaard KF, Frøsaker T et al (1985) Dissociation between cerebral autoregulation and carbon dioxide reactivity during nonpulsatile cardiopulmonary bypass. Ann Thorac Surg 40: 582–587
79. Lundar T, Lindegaard KF, Frøsaker T et al (1985) Cerebral perfusion during nonpulsatile cardiopulmonary bypass. Ann Thorac Surg 40: 144–150
80. Lundar T, Lindegaard KF, Frøsaker T et al (1986) Cerebral carbon dioxide reactivity during nonpulsatile cardiopulmonary bypass. Ann Thorac Surg 41: 525–530
81. Lying-Tunell U, Lindblad BS, Malmlund HO, Persson B (1980) Cerebral blood flow and metabolic rate of oxygen, glucose, lactate, pyruvate, ketone bodies and amino acids. I. Young and old normal subjects. Acta Neurol Scand 62: 265–275
82. Mandelbaum I, Burns WH (1965) Pulsatile and non-pulsatile blood flow. JAMA 191: 657–662
83. Massopust LC, Wolin LR, White RJ, Kadoya S, Taslitz N (1970) Electroencephalographic characteristics of brain cooling and rewarming in monkey. Exp Neurol 26: 518–526
84. Matsumoto T, Wolferth CC Jr, Perlman MH (1971) Effects of pulsatile and non-pulsatile perfusion upon cerebral and conjunctival microcirculation in dogs. Am Surg 37: 61–64
85. Mavroudis C (1978) To pulse or not to pulse. Ann Thorac Surg 25: 259–271
86. McConnell DH, White FN, Nelson RL et al (1975) Importance of „alkalosis" in maintenance of ideal blood pH during hypothermia. Surg Forum 26: 263–265
87. Michenfelder JD (1974) The interdependency of cerebral functional and metabolic effects following massive doses of thiopental in the dog. Anesthesiology 41: 231–236
88. Michenfelder JD (1978) Hypothermia plus barbiturates: Apples plus oranges? Anesthesiology 49: 157–158
89. Michenfelder JD, Theye RA (1968) Hypothermia: Effect on canine brain and whole-body metabolism. Anesthesiology 29: 1107–1112
90. Michenfelder JD, Theye RA (1969) The effects of profound hypocapnia and dilutional anemia on canine cerebral metabolism and blood flow. Anesthesiology 31: 449–457
91. Michenfelder JD, Theye RA (1971) Effects of fentanyl, droperidol, and innovar on canine cerebral metabolism and blood flow. Br J Anaesth 43: 630–635
92. Michenfelder JD, Theye RA (1975) In vivo toxic effects of halothane on canine cerebral metabolic pathways. Am J Physiol 229: 1050–1055
93. Miletich DJ, Ivankovich AD, Albrecht RF et al (1976) Absence of autoregulation of cerebral blood flow during halothane and enflurane anesthesia. Anesth Analg 55: 100–109
94. Milnor WR (1972) Pulsatile blood flow. N Engl J Med 287: 27–34
95. Miyamoto K, Kawashima Y, Matsuda H et al (1986) Optimal perfusion flow rate for the brain during deep hypothermic cardiopulmonary bypass at 20° C. J Thorac Cardiovasc Surg 92: 1065–1070
96. Mori A, Sono J, Nakashima M, Minami K, Okada Y (1981) Application of pulsatile cardiopulmonary bypass for profound hypothermia in cardiac surgery. Jpn Circ J 45: 315–322
97. Muraoka R, Yokata M, Aoshima M et al (1981) Subclinical changes in brain morphology following cardiac operations as reflected by computed tomographic scans of the brain. J Thorac Cardiovasc Surg 81: 364–369
98. Murkin JM, Farrar JK, Tweed WA, McKenzie FN, Guiraudon G (1987) Cerebral autoregulation and flow/metabolism coupling during cardiopulmonary bypass: the influence of p_aCO_2. Anesth Analg 66: 825–832
99. Nakayama K, Tamiya T, Yamamoto K, Izumi T, Akimoto S (1963) High amplitude pulsatile pump in extracorporeal circulation with particular reference to hemodynamics. Surgery 54: 798–809
100. Nevin M, Colchester ACF, Adams S, Pepper JR (1987) Evidence for involvement of hypocapnia and hypoperfusion in aetiology of neurological deficit after cardiopulmonary bypass. Lancet II: 1493–1495
101. Newberg LA, Milde JH, Michenfelder JD (1983) The cerebral metabolic effects of isoflurane at and above concentrations that suppress cortical electrical activity. Anesthesiology 59: 23–28
102. Newberg Milde L, Milde JH, Michenfelder JD (1985) Cerebral functional, metabolic, and hemodynamic effects of etomidate in dogs. Anesthesiology 63: 371–377
103. Nilsson L, Kogure K, Busto R (1975) Effects of hypothermia and hyperthermia on brain energy metabolism. Acta Anaesthesiol Scand 19: 199–205
104. Ninomiya I, Irisawa H (1967) Aortic nervous activities in response to pulsatile and nonpulsatile pressure. Am J Physiol 213: 1504–1511

105. Nordström CH, Rehncrona S (1978) Reduction of cerebral blood flow and oxygen consumption with a combination of barbiturate anaesthesia and induced hypothermia in the rat. Acta Anaesthesiol Scand 22: 7–12

106. Nugent M, Artru AA, Michenfelder JD (1982) Cerebral metabolic, vascular, and protective effects of midazolam maleate. Comparison to diazepam. Anesthesiology 56: 172–176

107. Nussmeier NA, Arlund C, Slogoff S (1986) Neuropsychiatric complications after cardiopulmonary bypass: cerebral protection by a barbiturate. Anesthesiology 64: 165–170

108. Ogata T, Ida Y, Nonoyama A, Takeda J, Sasaki H (1960) A comparative study of the effectiveness of pulsatile and nonpulsatile flow in extracorporeal circulation. Arch Jpn Clin 29: 59–66

109. Olesen J, Paulson OB, Lassen NA (1971) Regional cerebral blood flow in man determined by the initial slope of the clearance of the intraarterially injected [133]xenon. Stroke 2: 519–540

110. Pappas G, Winter SD, Kopriva CJ, Steele PP (1975) Improvement of myocardial and other vital organ functions and metabolism with a simple method of pulsatile flow (IABP) during clinical cardiopulmonary bypass. Surgery 77: 34–44

111. Pardridge WM, Oldendorf WH (1977) Transport of metabolic substrates through the blood-brain barrier. J Neurochem 28: 5–12

112. Parsons RJ, McMaster PD (1938) Effect of pulse upon formation and flow of lymph. J Exp Med 68: 353–376

113. Peirce EC II, Wallis DE, Law NP, Conard J (1965) Studies in perfusion hypothermia with special references to „deep hypothermia" and circulatory arrest. J Surg Res 7: 296–305

114. Pelligrino DA, Miletich DJ, Hoffman WE, Albrecht RF (1984) Nitrous oxide markedly increases cerebral cortical metabolic rate and blood flow in the goat. Anesthesiology 60: 405–412

115. Philbin DM, Levine FH, Emerson CW et al (1979) Plasma vasopressin levels and urinary flow during cardiopulmonary bypass in patients with valvular heart disease. Effect of pulsatile flow. J Thorac Cardiovasc Surg 78: 779–783

116. Philbin DM, Levine FH, Kono K et al (1981) Attenuation of the stress response to cardiopulmonary bypass by the addition of pulsatile flow. Circulation 64: 808–812

117. Philbin DM, Hickey PR, Buckley MJ (1982) Should we pulse? J Thorac Cardiovasc Surg 84: 805–806

118. Plum F, Posner JB (1967) Blood and cerebrospinal fluid lactate during hyperventilation. Am J Physiol 212: 864–870

119. Prough DS, Stump DA, Roy RC et al (1986) Response of cerebral blood flow to changes in carbon dioxide tension during hypothermic cardiopulmonary bypass. Anesthesiology 64: 576–581

120. Quasha AL, Tinker JH, Sharbrough FW (1981) Hypothermia plus thiopental: prolonged electroencephalographic suppression. Anesthesiology 55: 636–640

121. Rahn H (1974) Body temperature and acid base regulation. Pneumonologie 151: 87–94

122. Rau G (1969) Messung der Koronardurchblutung mit der Argon Fremdgasmethode. Tierexperimente und Untersuchungen am Patienten bei niedriger und hoher Durchblutung. Arch Kreislaufforsch 58: 322–398

123. Ream AK, Reitz BA, Silverberg G (1982) Temperature correction of pCO_2 and pH in estimating acid-base status: an example of the emperor's new clothes? Anesthesiology 56: 41–44

124. Rebeyka IM, Coles JG, Wilson GJ et al (1987) The effect of low-flow cardiopulmonary bypass on cerebral function: an experimental and clinical study. Ann Thorac Surg 43: 391–396

125. Reeves RB (1972) An imidazole alphastat hypothesis for vertebrate acid-base regulation: Tissue carbon dioxide content and body temperature in bullfrogs. Respir Physiol 14: 219–236

126. Reivich M (1964) Arterial pCO_2 and cerebral hemodynamics. Am J Physiol 206: 25–35

127. Renou AM, Vernhiet J, Macrez P et al (1978) Cerebral blood flow and metabolism during etomidate anaesthesia in man. Br J Anaesth 50: 1047–1050

128. Rosenthal TB (1948) The effects of temperature on the pH of the blood and plasma in vitro. J Biol Chem 173: 25–30

129. Rosomoff HL, Holoday DA (1954) Cerebral blood flow and cerebral oxygen consumption during hypothermia. Am J Physiol 179: 85–88

130. Rossi R, Ekroth R, Lincoln C et al (1986) Detection of cerebral injury after total circulatory arrest and profound hypothermia by estimation of specific creatine kinase isoenzyme levels using monoclonal antibody techniques. Am J Cardiol 58: 1236–1241

131. Sakabe T, Kuramoto T, Kumagae S, Takeshita H (1976) Cerebral responses to the addition of nitrous oxide to halothane in man. Br J Anaesth 48: 957–962

132. Salerno TA Henderson M, Keith FM, Charvette EJP (1981) Hypertension after coronary operation. Can it be prevented by pulsatile perfusion? J Thorac Cardiovasc Surg 81: 396–399
133. Sanderson JM, Wright G, Sims FW (1972) Brain damage in dogs immediately following pulsatile and non-pulsatile blood flows in extracorporeal circulation. Thorax 27: 275–286
134. Savageau JA, Stanton BA, Jenkins CD, Klein MD (1982) Neuropsychological dysfunction following elective cardiac operation. I. Early assessment. J Thorac Cardiovasc Surg 84: 585–594
135. Schaff HV, Ciardullo RC, Flaherty JT, Brawley RK, Gott VL (1977) Regional ischemia distal to critical coronary stenosis during prolonged fibrillation: Improvement with pulsatile perfusion. Circulation [Suppl II] 56: 25–32
136. Settergren G, Öhqvist G, Lundberg S et al (1982) Cerebral blood flow and cerebral metabolism in children following cardiac surgery with deep hypothermia and circulatory arrest. Clinical course and follow-up of psychomotor development. Scand J Thorac Cardiovasc Surg 16: 209–215
137. Shepard RB, Kirklin JW (1969) Relation of pulsatile flow to oxygen consumption and other variables during cardiopulmonary bypass. J Thorac Cardiovasc Surg 58: 694–702
138. Shepard RB, Simpson DC, Sharp JF (1966) Energy equivalent pressure. Arch Surg 93: 730–740
139. Siesjö BK (1978) Brain energy metabolism. John Wiley & Sons, Chicester New York Brisbane Toronto, pp 324–344
140. Siesjö BK, Wieloch T (1985) Cerebral metabolism in ischemia: neurochemical basis for therapy. Br J Anaesth 57: 47–62
141. Singh RKK, Barratt-Boyes BG, Harris EA (1980) Does pulsatile flow improve perfusion during hypothermic cardiopulmonary bypass? J Thorac Cardiovasc Surg 79: 827–832
142. Smith AL (1977) Barbiturate protection in cerebral hypoxia. Anesthesiology 47: 285–293
143. Smith AL, Wollman H (1972) Cerebral blood flow and metabolism: Effects of anesthetic drugs and techniques. Anesthesiology 36: 378–400
144. Smith PLC, Treasure T, Newman SP et al (1986) Cerebral consequences of cardiopulmonary bypass. Lancet I: 823–825
145. Sotaniemi KA, Mononen H, Hokkanen TE (1986) Long-term cerebral outcome after open-heart surgery. A five-year neuropsychological follow-up study. Stroke 17: 410–416
146. Steen PA, Michenfelder JD, Milde JH (1979) Incomplete versus complete cerebral ischemia: improved outcome with a minimal blood flow. Ann Neurol 6: 389–398
147. Steen PA, Newberg L, Milde JH, Michenfelder JD (1983) Hypothermia and barbiturates: Individual and combined effects on canine cerebral oxygen consumption. Anesthesiology 58: 527–532
148. Stephan H, Sonntag H, Schenk HD, Kohlhausen S (1987) Einfluß von Disoprivan (Propofol) auf die Durchblutung und den Sauerstoffverbrauch des Gehirns und die CO_2-Reaktivität der Hirngefäße beim Menschen. Anaesthesist 36: 60–65
149. Stockard JJ, Bickford RG, Schauble JF (1973) Pressure-dependent cerebral ischemia during cardiopulmonary bypass. Neurology 23: 521–529
150. Swan H (1984) The importance of acid-base management for cardiac and cerebral preservation during open-heart surgery. Surg Gynecol Obstet 158: 391–414
151. Takeda J (1960) Experimental study of peripheral circulation during extracorporeal circulation with a special reference to a comparison of pulsatile flow with non-pulsatile flow. Arch Jpn Chir 29: 1407–1412
152. Takeshita H, Okuda Y, Sari A (1972) The effects of ketamine on cerebral circulation and metabolism in man. Anesthesiology 36: 69–75
153. Tauchert M, Kochsiek K, Heiss HW, Rau G, Bretschneider HJ (1971) Technik der Organdurchblutungsmessung mit der Argon-Methode. Z Kreislaufforsch 60: 871–881
154. Taylor KM (1981) Pulsatile cardiopulmonary bypass. J Cardiovasc Surg 22: 561–568
155. Taylor KM, Wright GS, Reid JM et al (1978) Comparative studies of pulsatile and nonpulsatile flow during cardiopulmonary bypass. II. The effects on adrenal secretion of cortisol. J Thorac Cardiovasc Surg 75: 574–578
156. Taylor KM, Bain WH, Russell M, Brannan JJ, Morton IJ (1979) Peripheral vascular resistance and angiotension II levels during pulsatile and non-pulsatile cardiopulmonary bypass. Thorax 34: 594–598
157. Taylor KM, Devlin BJ, Mittra SM et al (1980) Assessment of cerebral damage during open-heart surgery. A new experimental model. Scand J Thorac Cardiovasc Surg 14: 197–203
158. Theye RA, Michenfelder JD (1976) The effects of nitrous oxide on canine cerebral metabolism. Anesthesiology 29: 1119–1124

159. Todd MM, Drummond JC (1984) A comparison of the cerebrovascular and metabolic effects of halothane and isoflurane in the cat. Anesthesiology 60: 276–282
160. Tranmer BI, Gross CE, Kindt GW, Adey GR (1986) Pulsatile versus nonpulsatile blood flow in the treatment of acute cerebral ischemia. Neurosurgery 19: 724–731
161. Trinkle JK, Helton NE, Wood RE, Bryant LR (1969) Metabolic comparison of a new pulsatile pump and a roller pump for cardiopulmonary bypass. J Thorac Cardiovasc Surg 58: 562–567
162. Trinkle JK, Helton NE, Bryant LR, Griffen WO (1970) Pulsatile cardiopulmonary bypass. Clinical evaluation. Surgery 68: 1070–1078
163. Tsung SH (1976) Creatine kinase isoenzyme patterns in human tissue obtained at surgery. Clin Chem 22: 173–175
164. Tufo HM, Ostfeld AM, Shekelle R (1970) Central nervous system dysfunction following open heart surgery. JAMA 212: 1333–1340
165. Vernhiet J, Renou AM, Orgogozo JM, Constant P, Caille JM (1978) Effects of a diazepam-fentanyl mixture on cerebral blood flow and oxygen consumption in man. Br J Anaesth 50: 165–169
166. Weyne J, Deley G, Demester G et al (1987) PET studies of changes in cerebral blood flow and oxygen metabolism after unilateral microembolization of the brain in anesthetized dogs. Stroke 18: 128–137
167. Wihte FN (1981) A comparative physiological approach to hypothermia. J Thorac Cardiovasc Surg 82: 821–831
168. Witoszka MM, Tamura H, Indeglia R, Hopkins RW, Simeone FA (1973) Electroencephalographic changes and cerebral complications in open-heart surgery. J Thorac Cardiovasc Surg 66: 855–864
169. Wollmann H, Stephen GW, Clement AJ, Danielson GK (1966) Cerebral blood flow in man during extracorporeal circulation. J Thorac Cardiovasc Surg 52: 558–564
170. Woodcock TE, Murkin JM, Farrar JK et al (1987) Pharmacologic EEG suppression during cardiopulmonary bypass. Cerebral hemodynamic and metabolic effects of thiopental or isoflurane during hypothermia and normothermia. Anesthesiology 67: 218–224
171. Yaster M, Koehler RC, Traystman RJ (1987) Effects of fentanyl on peripheral and cerebral hemodynamics in neonatal lambs. Anesthesiology 66: 524–530
172. Zumbro GL Jr, Shearer G, Fishback ME, Galloway RF (1978) A prospective evaluation of the pulsatile assist device. Ann Thorac Surg 28: 269–272